Mitch Tulloch, MCSE, MCT
Patrick Santry, MCSD, MCT

Dominando
IIS 5.0

Tradução
Savannah Hartmann

Revisão técnica
dataSafe Informática Ltda.

Do original
Administering IIS 5.0
Original edition copyright© 2000 by The McGraw-Hill Companies, Inc. All rights reserved.
Portuguese language edition copyright© 2000 by Editora Ciência Moderna Ltda. All rights reserved.
Copyright© 2001 Editora Ciência Moderna Ltda.
Todos os direitos para a língua portuguesa reservados pela EDITORA CIÊNCIA MODERNA LTDA.
Nenhuma parte deste livro poderá ser reproduzida, transmitida e gravada, por qualquer meio eletrônico, mecânico, por fotocópia e outros, sem a prévia autorização, por escrito, da Editora.

Editor: Paulo André P. Marques
Supervisão Editorial: Carlos Augusto L. Almeida
Produção Editorial: Friedrich Gustav Schmid Junior
Capa e Layout: Renato Martins
Diagramação e Digitalização de Imagens: Érika Loroza
Tradução: Savannah Hartmann
Revisão: Cássia Pinto
Revisão Técnica: Datasafe Informática Ltda.
Assistente Editorial: Daniele M. Oliveira

Várias **Marcas Registradas** aparecem no decorrer deste livro. Mais do que simplesmente listar esses nomes e informar quem possui seus direitos de exploração, ou ainda imprimir os logotipos das mesmas, o editor declara estar utilizando tais nomes apenas para fins editoriais, em benefício exclusivo do dono da Marca Registrada, sem intenção de infringir as regras de sua utilização.

FICHA CATALOGRÁFICA

Tulloch, Mitch e Santry, Patrick ***Dominando IIS 5.0*** Rio de Janeiro: Editora Ciência Moderna Ltda., 2001. Comunicação de dados em microcomputadores I — Título ISBN: 85-7393-119-1	 CDD 001642

Editora Ciência Moderna Ltda.
Rua Alice Figueiredo, 46
CEP: 20950-150, Riachuelo – Rio de Janeiro – Brasil
Tel: (021) 201-6662/201-6492/201-6511/201-6998
Fax: (021) 201-6896/281-5778
E-mail: lcm@novanet.com.br

Para minha esposa, Karyn; minhas filhas, Katie e Karleigh e meu filho, Patrick Jr. (mais conhecido como P.J.)

- Patrick

Para minha esposa Ingrid

- Mitch

Sumário

Prefácio XVII

Capítulo 1 - Como instalar o IIS 5.0 1
   Introdução 1
   Que serviços fazem parte do IIS 5.0? 2
   Configurações de sistema para instalar IIS 5 2
      Configurações de hardware 2
      Exigências de software 3
      Recomendações de software 4
   Aspectos de instalação para IIS 5.0 4
      Aspectos de sistema operacional 4
      Aspectos de compatibilidade 4
   Configuração de instalação padrão do IIS 5.0 Windows 2000 4
   Como personalizar a sua instalação do IIS 5.0 7
   Como atualizar o IIS 5.0 8
      Como adicionar e remover componentes 9
      Como remover o IIS 5.0 10
      Como obter informações sobre versões 12
      Como obter documentação online 13
   Notas de acréscimo: lista de verificação para implementar o IIS 5.0 14
      Etapa 1 — Estimativa (Você precisa do IIS 5.0?) 15
      Etapa 2 — Objetivo (Por quê? O quê? Como? Quando? Quem? Quanto?) 16
      Etapa 3 — Recrutamento (Pense em equipe de trabalho e delegue!) 18
      Etapa 4 — Treinamento (Conheça seu trabalho!) 18
      Etapa 5 — Obtenção (Compre, peça, tome emprestado... mas,
      por favor, sem pirataria!) 19
      Etapa 6 — Teste (Olhe antes de saltar!) 19
      Etapa 7— Use (Rode, mas não rode sobre ninguém!) 20

Etapa 8 — Documente (Arrume tempo para isto!) 22
Etapa 9 — Monitore (Como ele opera?) 22
Etapa 10 — Avalie (Você atingiu seus objetivos?) 23
Etapa 11 — Previsão (Seja pró-ativo!) 24
Etapa 12 — Manutenção (Fique atento ao que está acontecendo!) 24
Resumo 25
Para mais informações 25
   Web site da Microsoft 25
   Newsgroups públicos da Microsoft 25
   Microsoft TechNet 26

Capítulo 2 - Ferramentas para administração 27

Introdução 27
Como entender o Microsoft Management Console 28
Como usar o Microsoft Management Console 29
   Como inicializar o MMC 29
   O layout MMC 29
   Como criar um novo console MMC 33
   Como acrescentar um snap-in ao MMC 35
   Como personalizar um console MMC 37
   Como acrescentar um nó ao MMC 40
   Como salvar um console MMC 42
   Outros exemplos de como usar o MMC 44
   Como usar MMC para administração remota 46
Guia — Como usar o MMC para habilitar o Internet Service
   Manager (HTML) para administração remota 46
Como entender o Internet Service Manager (HTML) 51
Como usar o Internet Service Manager (HTML) 52
   Como iniciar o Internet Service Manager (HTML) 52
   Como configurar propriedades do site com o Internet
     Service Manager (HTML) 53
Como entender o Windows Scripting Host 55
Como usar o Windows Scripting Host 56
   Como executar scripts a partir da linha de comando, usando o WSH 57
   Opções de linha de comando para o WSH 58
   Como executar scripts a partir do desktop usando o WSH 59
   Como configurar arquivos .wsh para scripts WHS para Windows 59
Resumo 60
Para mais informações 61
   Web site da Microsoft 61
   Newsgroups públicos Microsoft 61
   Revista Windows NT 61

Capítulo 3 - Como administrar o serviço WWW 63

Introdução 63
Como entender o Hypertext Transfer Protocol 63
   Como entender HTTP 64

Sumário

Um exemplo de sessão HTTP ... 65
Como entender o serviço WWW ... 66
    Como entender tipos de páginas de propriedade WWW ... 67
    Como acessar a página WWW Service Master Properties ... 68
    Como acessar a página WWW Site Properties ... 69
    Como acessar a página WWW Directory Properties ... 70
    Como acessar a página WWW File Properties ... 70
    Como entender Inheritance Overrides ... 70
Como configurar páginas WWW Property ... 71
    Como configurar propriedades default para IIS ... 72
    Como configurar Default Bandwidth Throttling para IIS ... 72
    Como configurar tipos MIME default para IIS ... 73
    Como configurar propriedades Master de servidor WWW ... 75
    Como configurar WWW Site Identification (WWW site de identificação) ... 76
    Como configurar limites e tempo de encerramento de conexão WWW ... 77
Para mais informações ... 106
    O W3C — World Wide Web Consortium ... 106

Capítulo 4 - Como administrar a segurança ... 109

Introdução ... 109
Como entender a segurança do IIS ... 110
Como entender a segurança de endereço IP e de nome de domínio ... 112
    Como configurar restrições de endereço IP e de nome de domínio ... 112
    Estratégias para usar segurança em endereço IP e nome de domínio ... 113
Como entender a autenticação de segurança no IIS ... 114
    Como configurar acesso anônimo ... 118
    Estratégias para usar acesso anônimo ... 120
    Como configurar autenticação básica ... 121
    Estratégias para usar Basic Authentication ... 123
    Como configurar autenticação condensada ... 124
    Estratégias para usar autenticação condensada ... 124
    Como configurar autenticação integrada Windows ... 124
    Estratégias para usar autenticação integrada ... 126
    Como combinar métodos de autenticação IIS ... 126
Como entender permissões IIS ... 126
    Como configurar permissões IIS ... 127
    Estratégias para proteger seu site com permissões IIS ... 128
Como entender permissões NTFS ... 129
    Como configurar permissões NTFS ... 130
    Estratégias para proteger seu site com permissões NTFS ... 131
    Como combinar permissões NTFS e IIS ... 132
Guia — Como proteger seu Web site usando o IIS Permissions Wizard ... 133
Outros métodos para proteger servidores IIS ... 137
    Como proteger o IIS desabilitando serviços desnecessários,
    protocolos e ligações ... 137
    Como proteger o IIS, desabilitando a navegação no diretório ... 140

Como proteger o IIS por logging 140
Como proteger IIS com auditoria NTFS 140
Como proteger o IIS com a aplicação de pacotes de serviço e hotfixes 143
Como proteger o IIS escrevendo e publicando uma política
de segurança corporativa 144
Resumo 144
Para mais informações 145
    Web site da Microsoft 145
    Newsgroups públicos Microsoft 145
    Conjunto de recursos Microsoft Windows 2000 145
    Microsoft Technet 145

Capítulo 5 - Como administrar diretórios e servidores virtuais 147

Introdução 147
Como entender diretórios virtuais 148
    Diretórios virtuais locais 148
    Diretórios virtuais remotos 149
    Por que usar diretórios virtuais? 149
    Desvantagens de diretórios virtuais 150
Caminho das pedras — Como criar um diretório virtual 150
Como configurar diretórios virtuais 154
    Como apagar diretórios virtuais 155
Como usar diretórios virtuais 156
    Cenário 156
    Possível solução 156
Entendendo servidores virtuais 157
    O que caracteriza um servidor virtual? 158
    Por que usar servidores virtuais? 159
Guia — Como criar um servidor virtual 160
Como configurar servidores virtuais 165
Como apagar servidores virtuais 165
Como usar servidores virtuais 166
    Cenário 167
    Possível solução 167
Como entender Host Header Names (Nomes de cabeçalho host) 168
    Como configurar identidades múltiplas para um servidor virtual 168
    Por que usar Host Header Names? 170
Resumo 170
    Para mais informações 170

Capítulo 6 - Administrando conteúdo 171

Introdução 171
Como administrar conteúdo 172
Como estabelecer políticas e procedimentos de desenvolvimento de conteúdo 173
Ferramentas para desenvolvimento de conteúdo 174
    Como criar conteúdo da Web com Microsoft FrontPage 175

Sumário

Guia — Como criar uma FrontPage Web ... 176
Como criar conteúdo da Web com Microsoft Office ... 186
WebDAV — Web Distributed Authoring and Versioning (Produção
de Conteúdo e Controle de Versão Distribuídos pela Web) ... 189
Como apresentar um Web site a partir de um banco de dados ... 190
Guia — Como exportar um banco de dados Access 2000
para Active Server Pages ... 191
Resumo ... 196
Para mais informações ... 197
    Microsoft Web site ... 197
    Microsoft Public Newsgroups ... 197
    Microsoft TechNet ... 198

Capítulo 7 - Como administrar clientes ... 199

Introdução ... 199
O que é o Internet Explorer 5.0? ... 200
    Por que usar Internet Explorer 5.0? ... 200
Como entender e configurar a segurança do Internet Explorer 5.0 ... 200
    Como configurar zonas de segurança no IE 5.0 ... 201
    Como configurar opções de ajuste de segurança no IIS 5.0 ... 204
Como entender o Internet Explorer 5.0 Active Setup ... 205
... 206
    O que é o Internet Explorer Administration Kit? ... 206
    Usos do Internet Explorer Administration Kit ... 206
    Como obter e instalar o IEAK ... 207
    Como se preparar para usar o IEAK em um ambiente corporativo ... 208
    Guia — Como usar o IEAK para criar um pacote ... 209
    Como distribuir o IE 5.0 usando pacotes IEAK ... 229
    Como fazer a manutenção do pacote do IE 5.0
    usando o IEAK Profile Manager ... 231
Resumo ... 232
Para mais informações ... 232
    Microsoft Web site ... 232
    Microsoft Public Newsgroups ... 233
    Microsoft TechNet ... 233

Capítulo 8 - Como administrar a indexação ... 235

Introdução ... 235
O que Indexing Services pode fazer? ... 236
Como funciona o Indexing Service? ... 237
    Como entender o processo de indexação ... 237
    Como entender o processo de consulta ... 242
    Recursos de correção automática de erros do Indexing Service ... 246
Como configurar o Indexing Service ... 246
    Planejamento para indexação ... 247
    Como administrar o Indexing Service usando o MMC ... 247

Como verificar o status de indexação 248
Como configurar as propriedades globais de Indexing Service 249
Como determinar os diretórios sendo atualmente indexados 251
Como determinar as propriedades armazenadas por um catálogo 253
Como forçar a varredura de um diretório virtual 255
Como forçar uma consolidação   255
Como interromper e parar o Content Index Service 255
Como habilitar a indexação em diretórios virtuais 256
Como habilitar indexação em diretórios não-virtuais (físicos) 257
Configurações de registro do Index Server 257
Guia — Como indexar um servidor virtual 258
Resumo 267
Para mais informações 268
    Microsoft Web site 268
    Microsoft Newsgroup 268

Capítulo 9 - Como administrar o serviço FTP 269

Introdução 269
Como entender o File Transfer Protocol 269
    Como funciona uma sessão FTP   270
    O utilitário Netstat 271
Entendendo a segurança de um site FTP 273
Como configurar as propriedades de um site FTP 274
    Como configurar a identificação de um site FTP 276
    Como configurar limites e tempo de encerramento de conexão FTP 277
    Como configurar o registro FTP   277
    Como ver e encerrar sessões FTP usuário 277
    Como configurar métodos de autenticação FTP 278
    Como configurar operadores do site FTP 280
    Como configurar mensagens FTP 280
    Como configurar a localização do diretório base FTP 282
    Como configurar permissões de acesso FTP 283
    Como configurar estilo de listagem de diretório FTP 284
    Como configurar o nível de segurança IP em um site FTP 284
    Como configurar o FTP para administração pelo IIS 3.0 285
Teste — Como criar um site FTP   285
Resumo 297
Para mais informações 297
    Microsoft Web Site 297
    Microsoft Newsgroups 297

Capítulo 10 - Como administrar a performance 299

Monitoramento de performance do IIS 300
    Performance Monitor 301
    Task Manager (Gerenciador de tarefa) 312
    Utilitários de linha de comando TCP/IP 313

Sumário **XI**

Registros IIS 315
Event Viewer 316
Network Monitor (monitor de rede) 317
IIS WCAT — Web Capacity Analysis Tool (Ferramenta
de análise de capacidade Web) 317
Ajuste de performance do IIS 319
    Como remover aplicativos desnecessários 319
    Como parar serviços desnecessários 319
    Como otimizar o uso do registro IIS 320
    Como otimizar o uso do SSL 321
    Como restringir o uso de largura de banda 321
    Como restringir acesso de uso 322
    Como limitar conexões 322
    Como habilitar HTTP Keep-Alives 322
    Como otimizar o uso da memória contra velocidade de resposta 323
    Como otimizar tipo de conteúdo 324
    Como otimizar o uso do processador 324
    Uso de aplicativos de alta performance 324
Resumo 325
Para mais informações 326
    Microsoft Web Site 326

Capítulo 11 - Como administrar SSL com Certificate Services 327

Como entender o Secure Sockets Layer 328
    Como funciona o SSL 328
    Como implementar o SSL no IIS 5.0 330
Como entender Certificate Services 331
    Como instalar Certificate Services 331
Teste — Criação e instalação de um certificado de site 336
    Como criar um par de chaves e a solicitação de certificado 337
    Como enviar um arquivo de solicitação de certificado
    a uma Certificate Authority 340
    Ferramentas Certificate Server 343
    Como instalar um Server Certificate 345
    Como habilitar o SSL em um servidor virtual 347
    Como acrescentar o certificado CA ao armazenamento-raiz
    do browser-cliente 349
Resumo 356
Para mais informações 356
    VeriSign 356

Capítulo 12 - Como administrar o serviço SMTP 357

Introdução 357
Como entender o serviço SMTP 358
    Como funciona o serviço SMTP 358
    Como o serviço SMTP processa o correio 360

Como instalar o serviço SMTP 362
Ferramentas para administrar o serviço SMTP 363
Como configurar o serviço SMTP 365
    Como configurar a identificação de um servidor virtual SMTP 365
    Como configurar conexões de entrada SMTP 366
    Como configurar conexões de saída SMTP 367
    Como configurar o registro SMTP 368
    Como configurar acesso a um servidor virtual SMTP 368
    Comunicação protegida 369
    Controle de conexão 370
    Como configurar restrições de retransmissão SMTP 370
    Como configurar limites de mensagem SMTP 371
    Como configurar ajustes de retransmissão SMTP 374
    Configurando ajustes avançados de entrega SMTP 375
    Como configurar métodos de autenticação SMTP para mensagens de saída 376
    Configurando o roteamento LDAP 377
    Como configurar operadores de site SMTP 379
Como entender o serviço de domínios SMTP 379
    Como criar um novo serviço de domínio SMTP 380
Guia — Como enviar uma mensagem usando o diretório Pickup 382
Como monitorar e ajustar o desempenho do serviço SMTP 386
Resumo 387
Para mais informações 387

Capítulo 13 - Como administrar o serviço SMTP 389

Introdução 389
Como entender o serviço NNTP 390
    Como funciona o Network News Transfer Protocol 390
Como instalar o serviço NNTP 392
Como administrar o serviço NNTP 395
Como configurar propriedades de servidor virtual NNTP 396
    Como configurar identificação de servidor virtual NNTP 396
    Como configurar conexões NNTP 398
    Como configurar gravação de registro para NNTP 398
    Como configurar servidor virtual de acesso NNTP 398
    Como especificar a conta de acesso anônimo 399
    Comunicação protegida 400
    Restrições a endereço IP e a nome de domínio 400
    Como configurar restrições de postagem NNTP 401
    Como configurar extração de servidor NNTP e mensagens de controle 404
    Como configurar newsgroups NNTP moderados 404
    Como configurar operadores de servidor virtual NNTP 405
    Como configurar newsgroups NNTP 405
Guia: Como criar e administrar um newsgroup 406
    Criação de um novo newsgroup 406
    Postagem para um newsgroup, usando o Outlook Express 409

Sumário

Como ajustar uma política de expiração de newsgroup 412
Como mapear um diretório base de newsgroup para um diretório virtual 414
Como configurar as propriedades do diretório virtual 420
Como monitorar e otimizar desempenho de serviço NNTP 422
Resumo 423
Para mais informações 423
    Microsoft Web Site 424
    TechNet 424

Capítulo 14 - Como administrar Active Server Pages 425

Introdução 425
Como entender Active Server Pages 426
    O que são Active Server Pages? 427
    Como usar scripts Active Server Page 427
Exemplo 1 — Um formulário HTML simples com um processador
de formulário ASP 429
Exemplo 2 — Um conversor simples de medidas de distância em ASP 432
Exemplo 3 — Outro conversor em ASP 435
Exemplo 4 — Como usar ASP para enviar e-mail através do serviço de SMTP 438
    Como usar objetos Active Server Pages 441
    Como usar objetos ASP internos 441
    Como usar objetos ASP instaláveis 442
    Como usar componentes Active Server Page 442
    Guia — Como estabelecer uma conexão de um banco
    de dados para um servidor SQL 442
Exemplo 4 — Como se conectar a um banco de dados através de ASP 448
Como entender serviços COM+ 449
    Como entender transações 450
    Active Server Pages e COM+ 450
    Guia — Como configurar um aplicativo 451
    Como configurar componentes de serviços 453
Resumo 454
Para mais informações 455

Capítulo 15 - Como solucionar problemas 457

Aspectos de instalação 459
    Instalar ou fazer upgrade (atualizar)? 459
    Servidor SQL e IIS 5.0 459
    Cem por cento de uso da CPU 459
Problemas de documentação 460
    Impossibilidade de acessar documentação online
    de qualquer máquina, exceto o IIS Server 460
Administração remota 460
    Impossibilidade de acessar ferramentas de administração
    remota (HTML) exceto no IIS Server 460
O serviço WWW 460
    Nenhum formato de logon disponível na página de propriedades WWW 460

Aspectos de acesso e autenticação 461
   Usuários não podem acessar o Web site 461
   Usuários anônimos não podem acessar o Web site 461
   Usuários não podem acessar o Web site usando autenticação básica 462
   Usuário Netscape em estação de trabalho UNIX
      não pode acessar o Web site 462
   Ferramentas de autenticação de terceiros 462
Diretórios e servidores virtuais 462
   Impossibilidade de criar servidores virtuais com o IIS 5.0
      no Windows 2000 Professional 462
   Estão faltando endereços IP 463
Aspectos de desenvolvimento de conteúdo 463
   Erro "Erro de servidor: impossível acessar arquivos
      de configuração de servidor" 463
   Impossível salvar conteúdo ativo no FrontPage da Web 463
   Usuários não podem fazer login no IIS usando FrontPage 463
Site Server e edição comercial de Site Server 464
   Site Server Express 464
   Impossível instalar Site Server ou edição comercial de Site Server 464
Proxy Server 2.0 e Windows 2000 464
Serviços de indexação 464
   Documentos filtrados não estão zerados após uma Filtragem Geral 464
   Filtragem geral é interrompida antes da finalização 465
   Documentos em UNC remoto compartilhado não são indexados 465
   Indexing Services indexa diretórios FrontPage ocultos 465
   Consulta não retorna o resultado esperado 465
   Mensagem "Consulta muito longa" 465
O serviço FTP 466
   Impossível fazer upload para o site FTP quando
      o acesso anônimo está desabilitado 466
Aspectos de desempenho 466
   Erro "Erro Winsock: espaço em buffer não suportado" 466
SSL e Certificate Server 466
   Impossível usar Host Header Names com SSL habilitado 466
O serviço SMTP 467
   Mensagens são corrompidas 467
   Diretório Queue cheio 467
   Arquivos .bad no diretório Queue 467
O serviço NNTP 467
   Como configurar o serviço NNTP para fornecer alimentação
      de notícias USENET por meio da tecnologia PUSH 467
   Como usar Telnet para verificar qual serviço NNTP está aceitando conexões ... 467
Active Server Pages 468
   Erros de aplicativo 468
   Erros ODBC 468

Sumário **XV**

Pacotes e correções de serviço 469
    Service Pack 1 para Windows 2000 469
    Windows update 469

Apêndice A 471

Apêndice B 505

Índice 521

Prefácio

Em fevereiro de 2000, a Microsoft lançou o *Windows 2000 Operating System* (Sistema Operacional Windows 2000). Como parte do sistema operacional padrão, a instalação é a versão 5.0 do premiado servidor WWW da Microsoft, IIS 5.0 — *Internet Information Services 5.0* (Serviços de informações para a Internet). IIS 5.0 é a plataforma de escolha para administradores de sistema e de rede que planejam implementar intranets e extranets corporativas, para ISP — Internet Service Providers (Provedores de serviços de Internet), que hospedam serviços comerciais na Web, e para programadores que desenvolvem complexos aplicativos para a Web.

Quem deveria ler este livro?

Como administrar IIS 5.0 é destinado a administradores de redes e de sistemas que precisam aprender rapidamente como instalar, configurar e administrar o IIS 5.0 em seu ambiente de rede. No acelerado ritmo atual do mundo corporativo, com consolidação e *downsizing* (redução de tamanho) ocorrendo em todos os lugares, com freqüência espera-se que administradores façam mais com menos, trabalhem mais tempo e assumam novas responsabilidades. Eles têm menos tempo para familiarizarem-se com a gama de novos produtos e atualizações que invadem o mercado; aprender é, portanto, parte essencial de seus empregos, para expandir deveres administrativos de modo a incluir desenvolvimento e manutenção de intranets, extranets e várias formas de conectividade de Internet.

Embora você tente manter-se ao par de desenvolvimentos de Internet, aprendendo HTML, PERL e SSL, seu trabalho torna-se ainda mais difícil pelo fato de que a própria Internet continua evoluindo. Isso exige que você adquira novas habilidades, tais como escrever ASPs — Active Server Pages, VBScript e JavaScript, Dynamic HTML, ActiveX e Java, conectividade de banco de dados ODBC, canais, fluxo de áudio e vídeo, e *gateways* (elos de ligação) de telefonia e fax na Internet.

Quem pode suportar um ritmo tão rápido de desenvolvimento? Certamente não o administrador de rede cheio de trabalho! Web *servers* (Servidores da Web), que começaram com uma diversão bem-vinda de tarefas rotineiras de sintonização e manutenção de rede, *upgrades* de servidor e suporte de *desktop* (computador de mesa), agora voltam-se para o que alguns acreditam ser "o próximo grande evento" e que outros acreditam ser um sumidouro de tempo, esforço, dinheiro e largura de banda de rede. Há alguns anos atrás, configurar e manter um Web *server* era divertido; agora, com freqüência, é desgastante, devido às altas exigências de gerenciamento.

Este livro pretende trazer algum alívio para suas pressões diárias. Ao invés de tentar apresentar tudo para todos, o foco centra-se na instalação do IIS 5.0 e das ferramentas correlatas da forma mais rápida possível e sua execução na rede — em outras palavras, como *gerenciar* e *administrar* servidores IIS 5.0 dentro de sua empresa. Adotamos uma abordagem *direcionada por tarefa*, com diversos *testes*, enfatizando uma abordagem de *transmissão*, para que o leitor desenvolva as habilidades necessárias. Partimos do pressuposto de que não existe qualquer familiaridade com Web *servers* ou versões anteriores do IIS, embora, certamente, isto seja útil.

Como administrar o IIS 5 também será útil para quem precisa configurar e usar o IIS 5.0 ou quer saber como se faz isso. Gerentes MIS — Management Information System (Sistema de informações gerenciais), provedores de serviço de Internet, consultores de rede e integradores de sistema, aficcionados e alunos a caminho de se tornarem M.C.S.E. (Engenheiro de Sistemas Certificado Microsoft), todos se beneficiarão com a abordagem deste livro. Tendo você configurado anteriormente um servidor IIS ou não, este livro dar-lhe-á as habilidades e o conhecimento essencial para configurar uma intranet ou extranet baseada em IIS, administrar clientes e ferramentas de conteúdo de desenvolvimento, partilhar habilidades essenciais e conhecimentos com usuários e, em geral, conseguir realizar as tarefas necessárias tão indolor e rapidamente quanto possível.

Um público para a qual este livro *não é* inicialmente direcionado é o de projetistas de aplicativos avançados baseados na Web. Active Server Pages e COM+ requerem um livro completo exclusivo para eles, pois o campo de desenvolvimento de aplicativos para a Web torna-se rapidamente uma matéria em separado, exigindo um conhecimento de arquitetura Windows, OB+DBC, ActiveX e linguagens de programação de alto nível, como C++. Normalmente, administradores de rede e sistema não têm tempo para tais coisas; sua preocupação principal é suportar e manter a infra-estrutura essencial de rede que suporta todos os aplicativos de rede (deixando de lado os incêndios). Escrever *scripts* para realizar tarefas administrativas básicas é uma coisa; programação de alto nível e desenvolvimento de aplicativo distribuído é outra bem diferente.

Informações sobre desenvolvimento de aplicativos avançados baseados na Web, usando ferramentas como Active Server Pages e COM+, são apresentadas no Capítulo 14 deste livro, mas resumidamente e com caráter introdutório. O conhecimento dessas ferramentas não é exigido para realizar as tarefas administrativas básicas com o IIS 5.0, mas as informações são incluídas para fornecer uma introdução a essas ferramentas e sinalizar o que elas podem fazer. Projetistas sérios de aplicativos da Web precisarão consultar outras fontes para informações mais amplas quanto ao uso dessas ferramentas avançadas.

Prefácio **XIX**

Do que trata este livro?

Este livro trata de três áreas básicas de administração de sistema e rede, pois ele se relaciona à implementação de intranets, extranets e conectividade de Internet.

1. *Como administrar servidores.* Apresentados em detalhe neste livro, estão os componentes centrais referentes ao IIS 5.0 e serviços correlatos incluídos no Windows 2000:
    - componentes do IIS 5.0: serviço WWW, serviço FTP, serviço SMTP e serviço NNTP;
    - Microsoft Indexing Services (Serviços de indexação Microsoft);
    - Microsoft Certificate Services (Serviços certificados Microsoft).

    COM+ é coberto, mas resumidamente. Conceitos básicos, como TCP/IP e DNS, são apresentados nos apêndices.

2. *Como administrar clientes.* Trata da administração do Internet Explorer 5 usando o IEAK — Internet Explorer Administration Kit (Kit de administração do Internet Explorer). Esta ferramenta não está incluída no Windows 2000, mas o *download* pode ser feito a partir do Web *site* da Microsoft. O IEAK é uma ferramenta valiosa para administradores de rede que planejam instalar ou atualizar máquinas de clientes para o Internet Explorer 5.0.

3. *Como administrar desenvolvedores de conteúdo.* Microsoft FrontPage 2000 é apresentado como uma ferramenta-padrão para desenvolvedores de conteúdo dos níveis iniciante e intermediário, para uso na montagem de Intranet e Web *sites*. No livro, são explorados diversos métodos para publicação de conteúdo Web, incluindo Microsoft Office e WebDAV.

Simples conectividade de banco de dados na Web é coberta resumidamente. Access 2000 cria um aplicativo Active Server Pages da Web para publicar dinamicamente um banco de dados em um Web *site*. É oferecido outro método para conexão a bancos de dados SQL Server, usando ASP. Para muitos objetivos, estes métodos serão suficientes, mas projetistas de aplicativos avançados baseados na Web desejarão considerar outras ferramentas, tais como Microsoft Visual InterDev e Microsoft SQL Server, que não são cobertas neste livro.

Desenvolvimento de aplicativos para a Web com Active Server Pages é introduzido de forma resumida, através de exemplos. Projetistas que querem aprender mais sobre ASPs precisarão consultar outros materiais de referência.

Recursos deste livro

Alguns dos recursos que tornam este livro útil para administradores, tanto como um guia para inicializar e configurar IIS 5.0, quanto como um guia de referência com objetivos de administração e solução de problemas, são:

- *Testes.* Muitos dos capítulos do livro incluem testes, passo a passo, que os leitores podem usar como ponto de partida para adquirir experiência com o produto. Esses testes podem ser facilmente personalizados em sua configuração de rede particular.
- *Seção de títulos baseada em tarefa.* Geralmente, a seção de títulos indica a tarefa administrativa que a seção cobre (por ex., registro de configuração WWW, criação de servidores virtuais, forçar uma varredura em um diretório virtual, etc.)

- **Tomadas de tela.** Diversas tomadas de tela complementam o texto, tornando o livro útil para o aprendizado, tanto diante do console, quanto longe dele.
- **Para mais informações.** Ao final de cada capítulo, são sugeridas fontes de informações adicionais, incluindo o *site* da Microsoft na Web, *newsgroups* (grupos de discussão), lista de servidores, artigos de revistas e TechNet.

Visão geral dos capítulos

O Capítulo 1, *Como instalar o IIS 5.0*, apresenta os vários componentes incluídos no Windows 2000, as exigências de sistema para instalação e configuração. Também está incluída uma lista de verificação para os administradores planejarem e implementarem o IIS 5.0 em um ambiente corporativo.

O Capítulo 2, *Ferramentas para administração*, oferece uma visão geral do MMC — Microsoft Management Console (Console de gerenciamento Microsoft), uma ferramenta administrativa do Windows 2000 que oferece a estrutura central para gerenciar serviços deste sistema operacional. O MMC é parte integrante do sistema de gerenciamento administrativo do Windows 2000. Neste capítulo também são cobertas a administração do IIS com base em HTML e em Windows Scripting Host.

O Capítulo 3, *Como administrar o serviço WWW*, examina as opções de configuração de serviço WWW disponíveis para administradores; acesso a essas opções através de páginas específicas e ajustes de configuração em nível Master, *site*, diretório e arquivo. Também está incluída uma introdução básica ao HyperText Transfer Protocol 1.1 suportado pelo IIS 5.0.

O Capítulo 4, *Como administrar segurança*, mostra as diferentes maneiras como um Web *site* pode ser protegido, incluindo exclusão de endereços IP e domínios, configuração de métodos de autenticação, configurações de permissões IIS e NTFS, desabilitação de serviços desnecessários, realização de auditorias, definição de políticas de segurança e assim por diante.

O Capítulo 5, *Como administrar diretórios e servidores virtuais*, apresenta criação, configuração e remoção de servidores virtuais; criação e configuração de diretórios virtuais para conteúdo local e remoto e compreensão de cabeçalhos de *host* (hospedeiro).

O Capítulo 6, *Como administrar conteúdo*, examina políticas de estabelecimento e procedimentos para desenvolver conteúdo para Web *sites*, selecionando ferramentas para desenvolvimento, administração de conteúdo com FrontPage2000 e Microsoft Office 2000 para desenvolvimento de conteúdo da Web. O Capítulo 6 revê WebDAV — Web Distributed Authoring and Versioning e edição de conteúdo dinâmico para a Web a partir de um banco de dados Access, usando Access 2000.

O Capítulo 7, *Como administrar clientes*, vê a implementação do Internet Explorer 5.0 como um software-cliente, configurando opções de segurança para o IE 5.0 e usando o Internet Explorer Administration Kit para criar pacotes personalizados de instalação, baseados em administração.

O Capítulo 8, *Como administrar indexação*, examina a indexação de gerenciamento de *site*, usando Index Services (Serviços de indexação), procurando desenvolver a compreensão de como funciona o Index Services e mostrando como criar páginas de consulta, além de um teste sobre como indexar um servidor virtual.

Prefácio **XXI**

O Capítulo 9, *Como administrar o serviço FTP*, explica a sessão FTP, a configuração de ajustes FTP, usando as páginas apropriadas e aspectos de segurança FTP. Há também um teste de criação de um *site* FTP e conexão a ele.

O Capítulo 10, *Como administrar desempenho*, observa o monitoramento do desempenho IIS usando Windows 2000 Performance Monitor (Monitor de desempenho Windows 2000) e outras ferramentas administrativas e técnicas do Windows 200 para sintonizar e otimizar o desempenho de servidores IIS.

O Capítulo 11, *Como administrar o IIS com Certificate Services*, observa como o protocolo SSL — Secure Sockets Layer habilita sessões HTTP seguras, instalando e configurando Certificate Services, gerando e instalando solicitações certificadas, submetendo uma solicitação certificada a uma Certificate Authority (autoridade certificada) e um teste de capacitação SSL em um *site*.

O Capítulo 12, *Como administrar o serviço SMTP*, descreve o mecanismo de instalação de um serviço SMTP, configuração dos ajustes do serviço usando páginas características e uso do serviço.

O Capítulo 13, *Como administrar o serviço NNTP*, cobre a instalação e a configuração do serviço NNTP, usando páginas características, entendimento do serviço NNTP, criação de *newsgroups* com o IIS, ajuste de políticas de término de *newsgroup*, envio de correio para *newsgroups* com o Outlook Express e um teste de criação e encaminhamento de um *newsgroup*.

O Capítulo 14, *Como administrar Active Server Pages*, apresenta os conceitos básicos de criação de aplicativos baseados na Web com a utilização de Active Server Pages e entendimento de COM+. São apresentados diversos exemplos de aplicativos simples desenvolvidos com Active Server Pages.

O Capítulo 16, *Solução de problemas*, oferece várias informações acessíveis e técnicas para a solução de problemas com o IIS 5.0 e outros componentes do Windows 2000. Muitas dessas dicas foram extraídas de situações da vida real experimentadas por administradores de servidores IIS 5.0.

O Apêndice A, *TCP/IP básico*, traz os conceitos básicos de configuração de TCP/IP para redes, usando Windows 2000, incluindo os conceitos de sub-rede, necessários para excluir endereços IP.

O Apêndice B, *DNS básico*, inclui uma explicação do DNS — Domain Name System (Sistema de nome de domínio) e um teste de inicialização e configuração de DNS em uma rede, usando Windows 2000 em relação com Active Directory.

Capítulo **1**

Como instalar o IIS 5.0

Introdução

IIS 5.0 — Internet Information Services 5.0 (Serviços de Informação para a Internet, versão 5.0) da Microsoft faz parte do sistema operacional Windows 2000, que está disponível nos revendedores Microsoft em todo o mundo. Ao final deste capítulo, você terá conhecimentos básicos sobre:

- Componentes de Internet do Windows 2000;
- Exigências de sistema para instalar o Windows 2000 Server com IIS 5.0;
- Aspectos de instalação do IIS 5.0;
- Como instalar o IIS 5.0 pela primeira vez ;
- Atualização de versões anteriores do IIS em NT para Windows 2000 Server;
- Como adicionar e remover componentes para a Internet no Windows 2000;
- Como acessar informações sobre lançamentos, versões e documentação *online*.

Que serviços fazem parte do IIS 5.0?

A Microsoft colocou o IIS 5.0 entre as opções de instalação de Windows 2000. Neste livro, trataremos dos seguintes componentes de Internet:

- Microsoft Internet Information Services 5.0 (IIS 5.) — inclui um servidor de Internet completo com serviços WWW, FTP, SMTP e NNTP; suporte a Active Server Pages (Páginas de Servidor Ativo); suporte para *Web* Distributed Authoring and Versioning — WebDAV (Produção de Conteúdo e Controle de Versão Distribuídos pela Web) e duas ferramentas administrativas: snap-in (módulo adicional) do Internet Service Manager (Gerente de Serviço de Internet) para gerenciar o Microsoft Management Console — MMC (Console de Gerenciamento da Microsoft) e Internet Service Manager (HTML) para administração por navegadores Web;
- FrontPage 2000 Server Extensions (Extensões de Servidor FrontPage 2000), que oferecem capacidade de *conexão por meio de interface* entre clientes executando FrontPage 2000 e Web *sites* em IIS.

Configurações de sistema para instalar IIS 5

Nesta seção estão relacionadas às exigências de hardware e software *mínimas* e *recomendadas* para os sistemas executarem o IIS 5.0 ou outros componentes de serviços de Internet. As reais exigências de sistema dependerão de fatores tais como:

- O uso pretendido para o servidor;
- A carga de tráfego esperada no servidor;
- Outros aplicativos a serem executados no servidor;
- Se os recursos de clustering serão utilizados;

Para determinar as exigências reais do sistema, os administradores devem realizar um teste de instalação, usando as configurações recomendadas de hardware e software recomendadas e depois monitorar o desempenho do servidor usando o Performance Monitor (Monitor de desempenho), com cargas reais ou simuladas, para determinar quais elementos de hardware (processador, memória, disco, rede) que necessitam ser atualizados. Veja o Capítulo 10 para obter informações sobre teste de carga de IIS usando a WCAT — Web Capacity Analysis Tool (Ferramenta de Análise de Capacidade da Web).

Configurações de hardware

O IIS 5.0 é parte da instalação Windows 2000, por isso existem exigências *mínimas* de hardware para instalar o Windows 2000 Server. De acordo com a Microsoft, são as seguintes as configurações exigidas:

Processador	Pentium/133
Memória	128MB

Capítulo 1 - Como instalar o IIS 5.0   3

Espaço disponível no HD   2GB de espaço no disco rígido com 1,0GB de espaço livre
Monitor   VGA

Eis algumas observações sobre essas exigências de hardware:

- Use as exigências recomendadas como mínimas ou iniciais. O desempenho com 128MB de RAM é intoleravelmente lento, portanto comece com 256MB de RAM e trabalhe daí para cima.
- Além disso, as exigências de disco rígido declaradas devem ser pelo menos o dobro, se for feita uma instalação *personalizada* e a maioria dos componentes for selecionada.
- O monitor SVGA só é importante apenas para ver conteúdo da Web.
- Em geral, servidores Web de produção executando IIS 5.0 provavelmente, devem ter pelo menos processadores Pentium III 500 com 512MB de RAM e placas Ethernet de 100MB na maioria dos ambientes de intranet corporativa em grande e média escala. Isto depende muito do tráfego que você espera ter em seu Web *site* e a quantidade de código extra de processamento para seu aplicativo da Web, caso utilize Active Server Pages.

Exigências de software

A seguir, estão os requisitos para instalação do IIS 5.0:

- Sistema operacional Windows 2000 ou superior;
- Protocolo TCP/IP;
- NTFS para todos os *drives* IIS (recomendado por questões de segurança).

Nota:

O IIS 5.0 também pode ser instalado no Windows 2000 Professional, mas ele se instala como uma versão inferior, faltando-lhe, portanto, alguns recursos essenciais que possui ao ser instalado no Windows 2000 Server ou Advanced Server, tal como as capacidades de:

- *Hospedar múltiplos Web sites em uma máquina;*
- *Conectar-se em um banco de dados compatível com ODBC;*
- *Restringir acesso por endereços IP;*
- *Isolar processos.*

Essencialmente, o Windows 2000 Professional não foi concebido para ser um servidor Web de produção, no entanto ele pode ser usado para:

- *Publicar conteúdo de grupo de trabalho da Web dentro de uma LAN—Local Area Network (rede de área local);*
- *Realizar administração remota do IIS em servidor NT;*
- *Um estágio de servidor para desenvolvimento de aplicativos da Web antes de entrarem efetivamente na produção.*

Recomendações de software

O software a seguir é recomendado se você planeja usar IIS 5.0 em um ambiente de produção de intranet corporativa de médio ou grande porte:

- Serviços de resolução de nome — tanto em um servidor WINS ou em um servidor DNS (DNS recomendado);
- Software *browser* de cliente — Microsoft Internet Explorer 5 ou superior;
- Ferramentas de desenvolvimento de conteúdo — Microsoft FrontPage 2000;
- Ferramentas de desenvolvimento de aplicativo — Microsoft Visual InterDev;
- Sistemas de gerenciamento de banco de dados relacionais — Microsoft SQL Server 7 ou Access.

Aspectos de instalação para IIS 5.0

Por padrão, o IIS 5.0 é instalado como parte da instalação do sistema operacional Windows 2000. As seções a seguir são itens aos quais você deve estar atento antes de fazer sua instalação Windows 2000 com IIS 5.0.

Aspectos de sistema operacional

O IIS 5.0 pode ser instalado no Windows 2000 Advanced Server, Server ou Professional. O IIS 5.0 *não pode* ser instalado em nenhuma das versões de Windows NT 4.0 ou Windows 95/98.

Aspectos de compatibilidade

Se você estiver atualizando do Windows NT para o Windows 2000, ou se quiser instalar o Proxy Server 2.0 em uma instalação de Windows 2000, você também precisará atualizar sua instalação do Proxy 2.0. Você pode fazer o *download* do Proxy Server Setup Wizard (Assistente de Inicialização de Servidor Proxy) para realizar o *upgrade* a partir do *site* da Microsoft. Para obter mais informações, faça contato com a Microsoft ou visite o artigo *TechNote* (Nota técnica) na Web para realizar o *upgrade*: http://technet.microsoft.com/cdonline/Content/Complete/Internet/Server/Proxy/msp2wiz.htm.

Configuração de instalação padrão do IIS 5.0 Windows 2000

Depois que sua máquina tiver o sistema operacional instalado, existem determinadas configurações que pertencem aos serviços de Internet às quais você, como administrador IIS, deve estar atento.

Capítulo 1 - Como instalar o IIS 5.0 5

Usando o Windows 2000 Explorer, você pode examinar alguns dos novos diretórios instalados na máquina, incluindo vários subdiretórios de conteúdo padrão do diretório-pai (Figura 1-1).

Supondo que as opções default foram selecionadas durante a inicialização, o conteúdo dos subdiretórios em Inetpub devem incluir:

```
AdminScripts    Contém VBScripts para gerenciar o IIS no Windows Scripting Host;
ftproot         O diretório default para o serviço de edição FTP;
iissamples      Exemplos de arquivos para exibir as capacidades do IIS;
```

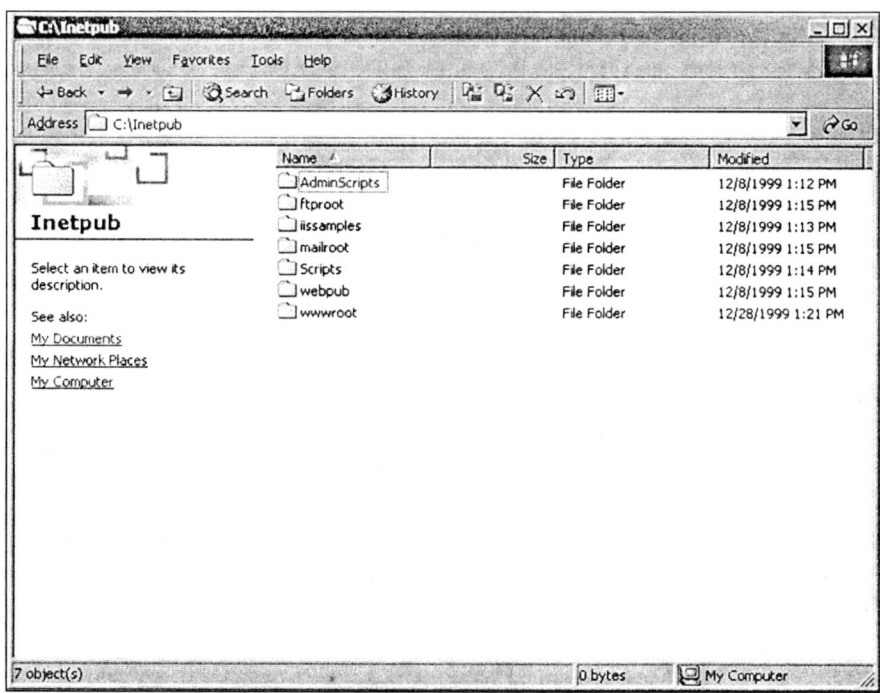

Figura 1-1 Estrutura do diretório default depois da instalação do Windows 2000

`Mailroot`	Contém diretórios para enviar e receber correspondência;
`scripts`	Localização dos *scripts* pertencentes ao Web *site default*;
`wwwroot`	Diretório inicial default para o serviço de publicação WWW.

Novos arquivos de aplicativos ficam localizados em:

`C:\Program Files\`

Arquivos para o Internet Service Manager (HTML) ficam localizados em:

`C:\winnt\system32\inetsrv\`

Na instalação, o Windows 2000 cria duas contas. Você deve familiarizar-se com elas e saber como elas afetam os serviços de Internet na máquina (Figura 1-2).

As novas contas são:

- IUSR_SERVERNAME (ou IUSR_DOMAINNAME), onde SERVERNAME é o nome do servidor membro (ou DOMAINNAME é o nome do domínio). Esta conta é chamada de *Internet Guest Account* (Conta de Convidado da Internet) e é usada pelo IIS para habilitar usuários a se conectarem com o serviço WWW usando Anonymous Access (Acesso Anônimo) como seu método de autenticação. A conta é um membro do grupo local *Guests* (Convidados);

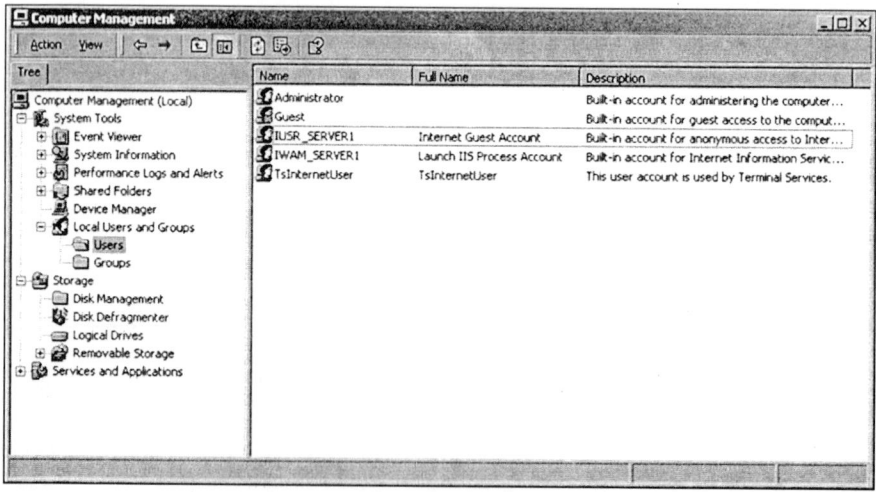

Figura 1-2 Contas criadas pelo Windows 2000 para gerenciar o IIS

Capítulo 1 - Como instalar o IIS 5.0   **7**

- IWAM_SERVERNAME (ou IWAM_DOMAINNAME), onde SERVERNAME é o nome do servidor membro (ou DOMAINNAME é o nome do domínio). Esta conta é chamada de Web Application Manager Account (Conta de Gerente de Aplicativo Web) e é usada por COM+ Services para executar aplicativos IIS seguros com isolamento de processo. A conta é um membro do grupo local COM+ Trusted Process Identities (Identidades de Processo Confiáveis COM+), que também é criada na inicialização do Windows 2000.

Como personalizar a sua instalação do IIS 5.0

Depois que você instalar o Windows 2000 Server em um novo sistema, o aplicativo Windows 2000 Configure Your Server (Configurar seu servidor Windows 2000) (veja a Figura 1-3) iniciará quando você se conectar pela primeira vez em seu servidor. Isto permite que você faça configuração personalizada de vários serviços oferecidos pelo sistema operacional Windows 2000.

Para personalizar a sua nova instalação do IIS 5.0, selecione Web/Media Server a partir das opções de navegação à esquerda do aplicativo Configure Your Server (veja a Figura 1-4). Selecione a opção Web Server que se abre sob a opção de menu Web/Media Server para ver uma lista de opções para o seu IIS 5.0.

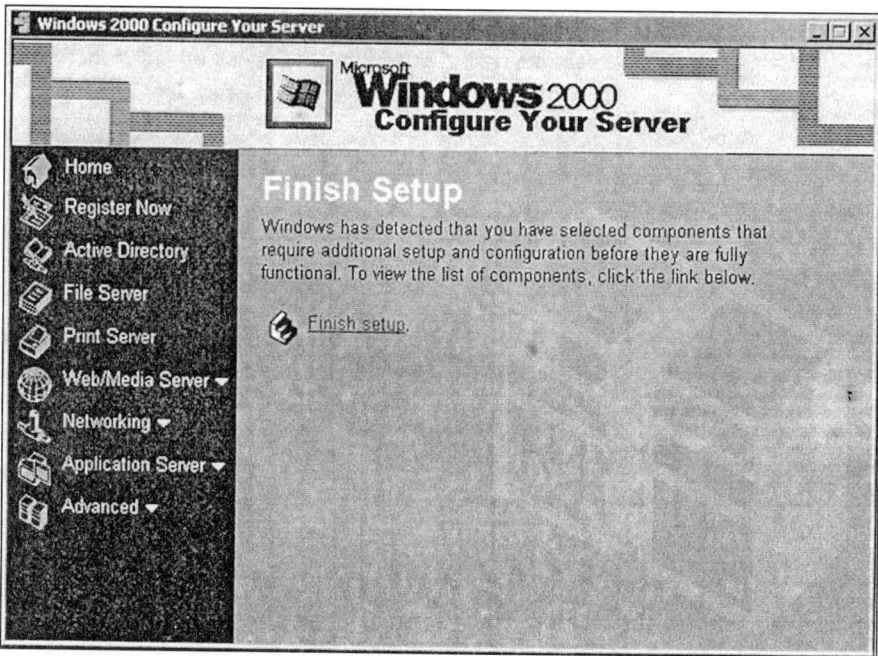

Figura 1-3 *Aplicativo Configure Your Web Server*

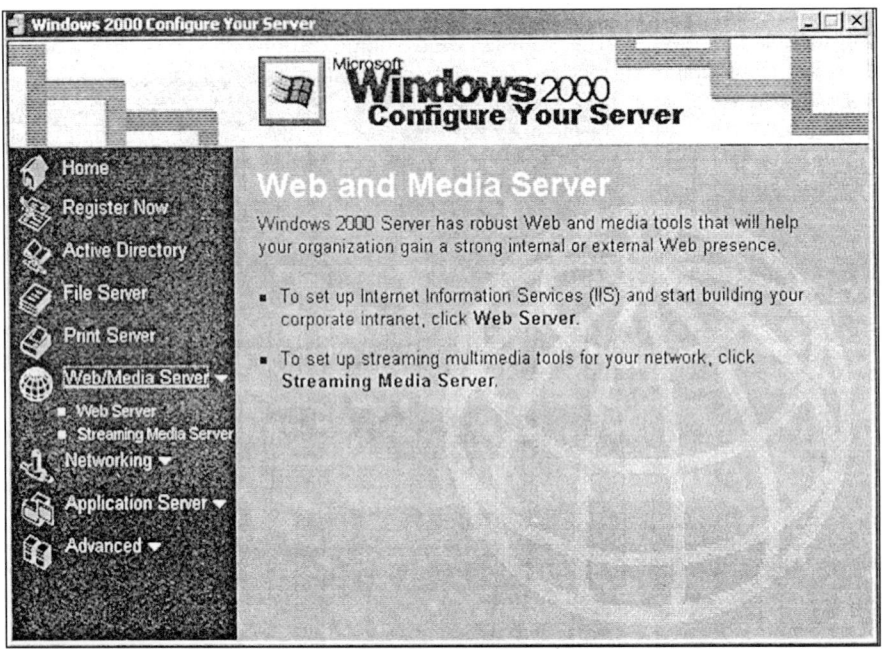

Figura 1-4 Etapa 2 do aplicativo Configure Your Web Server

Depois que você tiver selecionado a opção Web Server, aparecerá uma tela (veja a Figura 1-5), oferecendo-lhe opções para criar novos diretórios virtuais, iniciar seu IIS Manager (Gerenciador IIS), e ajuda *online* para o IIS 5.0. Estas opções serão discutidas em detalhes nos capítulos posteriores deste livro.

Como atualizar o IIS 5.0

Se atualmente você estiver executando o IIS 4 em Windows NT, quando fizer o *upgrade* para Windows 2000, a instalação automaticamente detectará a instalação IIS 4 e atualizará seus componentes atuais de Internet, mantendo intactas as informações de configuração.

Microsoft Transaction Server não existe mais no sistema operacional Windows 2000. Se atualmente você tiver Microsoft Transaction Server gerenciando objetos DCOM, seus pacotes MTS serão atualizados para serem executados sob a nova arquitetura COM+.

Capítulo 1 - Como instalar o IIS 5.0

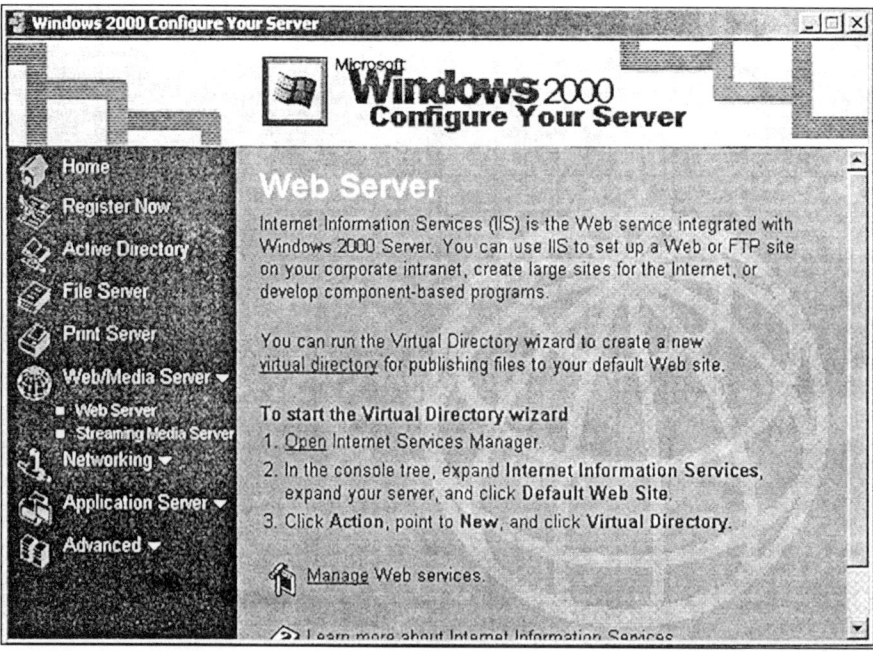

Figura 1-5 Etapa 3 do aplicativo Configure Your Web Server

Não há outros aspectos importantes referentes à atualização para IIS 5.0 a partir de versões anteriores de IIS. *Assegure-se apenas de fazer um backup completo antes de iniciar a atualização e upgrade.*

 **Nota:**
Ao atualizar para Windows 2000 a partir de um sistema NT, o IIS 5.0 será instalado apenas por padrão apenas se o IIS tiver sido instalado anteriormente no sistema operacional. Se você quiser acrescentar o IIS 5.0 à atualização, você precisa selecionar a opção de instalação personalizada.

Como adicionar
e remover componentes

Você pode adicionar e remover componentes, usando o programa Add/Remove (Adicionar/Remover) no Control Panel (Painel de Controle) do Windows 2000.

Para adicionar ou remover componentes do Windows 2000, clique em Start (Iniciar), Settings (Configurações), Control Panel e depois inicie o aplicativo Add/Remove Programs (Figura 1-6).

Selecione Configure Windows (Configurar Windows). Clique no botão Components (Componentes), que apresentará instruções *online* para instalar, adicionar ou remover componentes do Windows 2000. A partir deste ponto, selecione os serviços que você deseja alterar (veja a Figura 1-7). A Tabela 1-1 mostra o nome do componente e breves descrições do que está disponível no IIS 5.0.

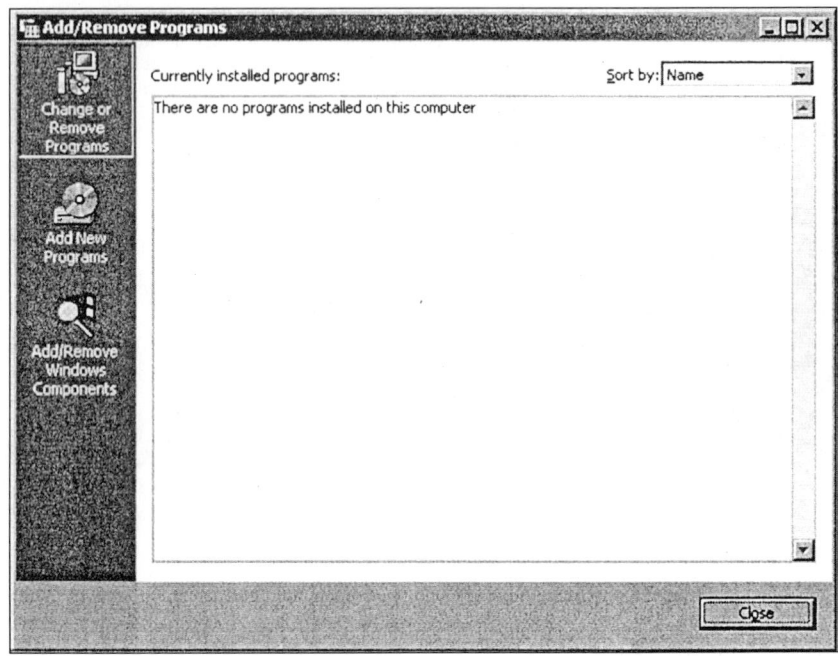

Figura 1-6 *O aplicativo Add/Remove Programs*

Nota:

Ao remover componentes de Internet do Windows 2000, o administrador deve estar atento, pois alguns serviços dependem de outros para serem executados. Para obter informações sobre essas dependências, reporte-se à seção da Online Documentation (Documentação online) intitulada Installing IIS *(Como instalar IIS).*

Como remover o IIS 5.0

Para remover o IIS 5.0 de sua instalação Windows 2000, use o procedimento esboçado na seção anterior *Como acrescentar e remover componentes*. Selecione Internet Information Services (IIS); isto removerá o IIS, bem como os componentes dependentes subjacentes. Selecionando o botão Details (Detalhes), você pode remover subcomponentes do IIS 5.0, tais como NNTP, SMTP ou FTP.

Capítulo 1 - Como instalar o IIS 5.0   **11**

Determinados diretórios e arquivos permanecem no sistema após a remoção do IIS 5.0. Eles estão relacionados abaixo. Esses arquivos podem ser removidos do sistema com segurança (a menos que eles contenham conteúdo da Web que você tenha desenvolvido). Observe que alguns desses diretórios e arquivos podem não estar presentes, dependendo do tipo de inicialização realizada.

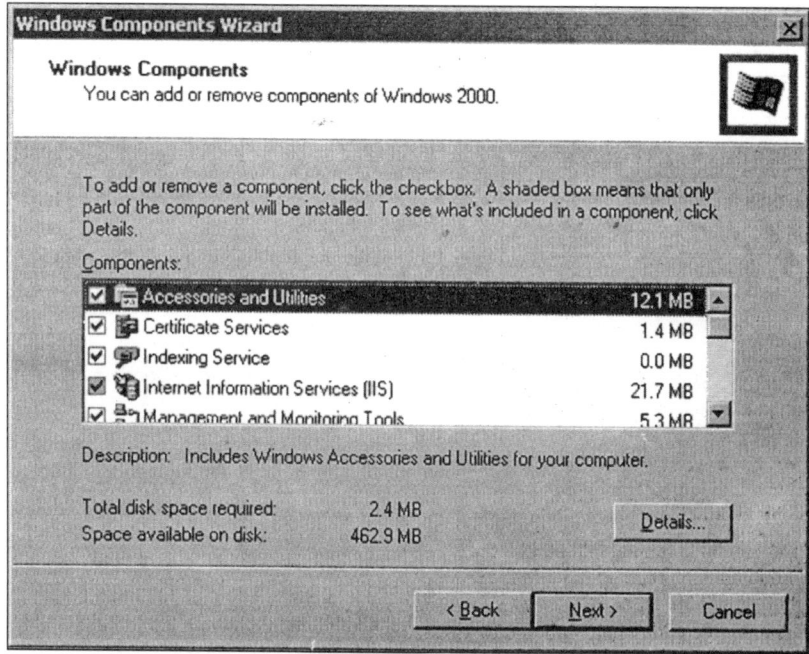

Figura 1-7 Como remover componentes do IIS

Conteúdo de diretórios IIS:

\Inetpub\wwwroot\

\Inetpub\ftproot\

\Inetpub\Iissamples\

\Winnt\System32\inetsrv\iisfecnv.dll

Diretórios NNTP:

\Inetpub\news*.*

\Inetpub\nntpfile*.*

\Winnt\Help\news\

Diretórios SMTP:

`\Inetpub\Mail\`

`\Inetpub\Mailroot\`

Tabela 1-1 Componentes e subcomponentes de IIS 5.0

Componente	Descrição
Arquivos comuns	Arquivos solicitados que são compartilhados por diversos serviços
Documentação	Ajuda e documentação *online* sobre IIS 5.0
Serviços de FTP — File Transfer Protocol (Protocolo de Transferência de Arquivos)	Serviço FTP para transferir arquivos
Extensões de servidor FrontPage 2000	Usadas para desenvolvimento de conteúdo remoto e gerenciamento de Web *site*
Internet Information Services Snap-in	Snap-in do Microsoft Management Console para gerenciar IIS 5.0
Internet Services Manager (HTML)	Utilitário de gerenciamento baseado na Web para gerenciar o servidor Web a partir de uma localização remota
Serviço NNTP	Network News Transport Protocol (Protocolo de Transporte de Notícias de Rede), usado para serviços de *newsgroups* em cadeia
Serviço SMTP	Simple Mail Transport Protocol (Protocolo de Transporte Simples de Correio), usado para oferecer serviços de e-mail
Visual InterDev Emprego de suporte remoto RAD	Para o emprego de aplicativos a partir de uma localização remota — usado para servidores de desenvolvimento ,não recomendado para ambientes de produção
World Wide Web Server	Suporta acesso aos seus Web *sites*

Como obter informações sobre versões

Se acontecerem problemas durante a instalação e o uso do IIS 5.0 ou em outros componentes de Internet do Windows 2000, você pode querer obter informações sobre esses componentes —antes da instalação — no Web *site* da Microsoft:

`www.microsoft.com/windows2000/`

Capítulo 1 - Como instalar o IIS 5.0

Como obter documentação *online*

A documentação *online* para o IIS 5.0 é instalada no servidor como conteúdo da Web para leitura, usando o Internet Explorer 5 (Figura 1-8). Assim, para ler a documentação, o IIS 5.0 precisa ser instalado com sucesso, e o serviço WWW precisa iniciar adequadamente.

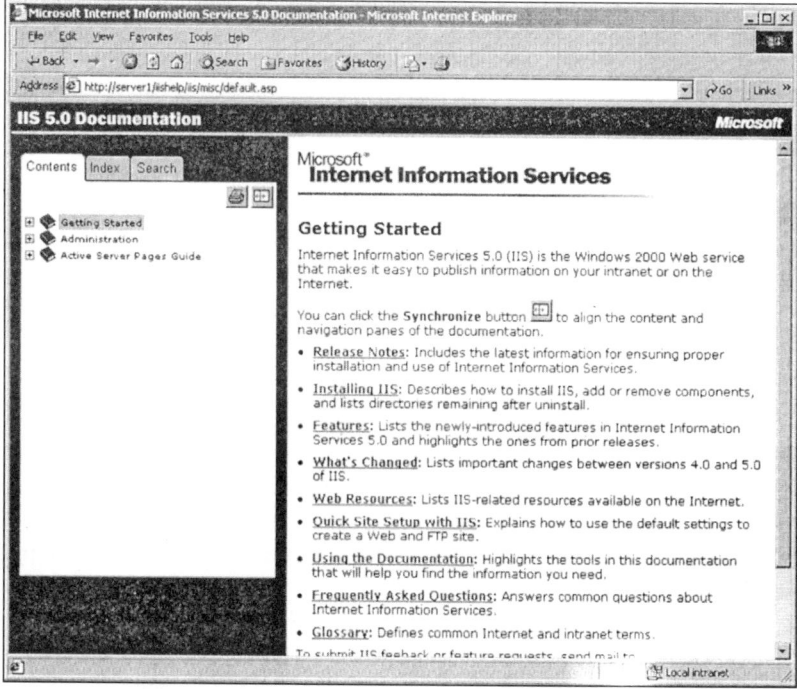

Figura 1-8 Como ter acesso à documentação online do IIS

A documentação *online* pode ser acessada a partir de *browsers* remotos, usando o URL

`http://<server_name>/iisHelp/`

onde `<server_name>` é o nome NetBIOS, nome de domínio completo ou endereço IP do servidor IIS.

A documentação *online* apresenta a alternativa de impressão de seções inteiras da documentação, se desejado.

Notas de acréscimo: lista de verificação para implementar o IIS 5.0

Apresentamos alguns comentários finais sobre a implementação do IIS 5.0 em seu ambiente de rede para ajudá-lo a manter a sua sanidade. Implementar o IIS 5.0 em um ambiente corporativo como uma intranet ou servidor Internet não é um trabalho que você, como um administrador de rede, deve achar leve. Apenas há alguns anos atrás, a situação era muito mais simples e, provavelmente, se parecia com isso:

- Como administrador de rede, você instalou e configurou um servidor básico de Web, para uso na Internet ou na intranet, além de outras ferramentas associadas necessárias, tais como um servidor DNS;
- Como administrador de rede, você registrou o nome de domínio de sua empresa na Internic;
- Como administrador de rede, você aprendeu o suficiente sobre HTML para criar o Web *site* da empresa, cujo tamanho devia ser de 10 a 25 páginas. Provavelmente você "roubou" (tomou emprestado) alguns gráficos de outros *sites* para fazê-lo parecer decente. Você também tinha a responsabilidade de atualizar o *site*, quando necessário;
- Como administrador de rede, você aprendeu o suficiente de Perl para escrever *scripts* de modo a habilitar formulários em seu *site*; possivelmente, também criou um grupo de discussão simples. Quando, porém, seu chefe perguntou se você podia conectar o Web *site* ao banco de dados da empresa, você se esquivou e disse que as ferramentas ainda não eram adequadas para tanto;
- Como administrador de rede, seu endereço de e-mail estava em sua *home page* (página pessoal) como Webmaster. Você obteve todas as honras e cumprimentos das pessoas que visitaram seu *site*.

Agora as coisas são *muito* diferentes. A Internet é um grande negócio, conectividade de banco de dados é a norma, sistemas de comércio são o futuro, servidores da Web têm dado lugar a Web *farms*, HTML deu lugar a ferramentas RAD, abundam aspectos legais e expectativas foram para o alto. Portanto, antes de implementar seu próximo servidor Web, enfrente os fatos: *Você não pode mais fazer tudo*. Atualmente, nem um único profissional IT tem a experiência ou o tempo necessários para se familiarizar com toda a miríade de aspectos de desenvolvimento de Internet/intranet. Você teria que ser gerenciador, consultor, administrador de rede, programador de banco de dados, especialista em VB, *designer* gráfico, instrutor e suporte a cliente, tudo em um, para ser capaz de fazer tudo. Não sei quanto a você, mas eu prefiro não tentar.

Então, por onde você deve começar? Para ajudá-lo a implementar o IIS 5.0 em seu ambiente de rede, eis aqui uma metodologia de 12 etapas que é útil para implementar quaisquer atualizações significativas de servidor, ou instalação de dados em um ambiente corporativo.

1. Estimar
2. Objetivar
3. Recrutar

Capítulo 1 - Como instalar o IIS 5.0   **15**

4. Treinar
5. Obter
6. Testar
7. Empregar
8. Documentar
9. Monitorar
10. Avaliar
11. Prever
12. Manter

Essa metodologia de 12 etapas é apresentada na seção a seguir na forma de uma série de perguntas que você deve fazer a si próprio e tarefas que você deve realizar conforme progride através dos estágios de planejamento, projeto e implementação de IIS 5.0 em sua rede corporativa. À medida que você fizer sua leitura, faça a si mesmo cada pergunta e veja, por si mesmo, como cada tarefa será realizada. Marque cada ponto como você o considera. Escreva perguntas adicionais e tarefas próprias nc espaço fornecido à medida que lhe ocorrerem.

Etapa 1 — Estimativa
(Você precisa do IIS 5.0?)

- Você está familiarizado com os aspectos da atual configuração de rede de sua empresa, como eles se relacionam com a implementação do IIS 5.0?
- Você tem servidores IIS 4.0 que precisarão ser atualizados?
- Você tem *browsers* Internet Explorer 4.0 que precisarão ser atualizados para IE 5.0? Sistemas de usuário final precisarão de memória adicional para executar o IE 5.0?
- Você tem alguma preocupação quanto ao tráfego adicional de rede que resultará da implementação do IIS 5.0 em sua intranet ou na Internet?
- Sua empresa tem alguma política de segurança aplicada com relação ao emprego de servidores da Web?
- Você está familiarizado com os recursos que são novos em IIS 5.0? Se necessário, visite o Web *site* da Microsoft para conhecer estes novos recursos:

    `www.microsoft.com/windows2000/`

- Você já pensou em por que quer fazer a atualização dos servidores da Web para IIS 5.0? Os principais motivos são preocupações válidas ou menores?
  Quais dos seguintes grupos estão forçando o emprego? Há algum resistindo a ele? Por quê?
    - Gerência
    - Departamento IT
    - Usuários finais

- Você dispõe, agora, dos recursos necessários para considerar a implementação do IIS 5.0?
  - Hardware (servidores e periféricos)
  - Hardware (infra-estrutura de rede)
  - Software (troca de dados, desenvolvimento de site e manutenção)
  - Treinamento (seu e de outros)
  - Orçamento
  - Tempo
  - Pessoal (IT, programadores, desenvolvedores Web)
- Relacione quaisquer perguntas adicionais, preocupações ou idéias que você possa ter com relação à *estimativa* de necessidade de sua empresa adotar o IIS 5.0 neste momento.

___

___

Etapa 2 — Objetivo (Por quê? O quê? Como? Quando? Quem? Quanto?)

- Relacione agora, três razões *por que* sua empresa precisa fazer o *upgrade* na sua estrutura intranet/Internet existente para IIS 5.0. Se você não puder fazer isso, não continue.

___

___

- Descreva resumidamente *o que* será preciso comprar, atualizar ou realocar para permitir que o IIS 5.0 possa ser implementado em sua rede.
  Considere fatores como:
  - Servidores;
  - Periféricos;
  - Componentes de rede;
  - *Firewalls*;
  - Software (administrativo e de usuário final);
  - Licenças (por servidor e por estação);
  - Recursos materiais (administrativos e de usuário final);
  - Cursos e treinamentos (administrativo e de usuário final);
  - Outros.
- Descreva *como* e *quando* você planeja implementar o IIS 5.0 na rede. Trace seu plano como uma série de etapas, com um limite de tempo, deixando para si mesmo espaço para circunstâncias imprevistas.

Capítulo 1 - Como instalar o IIS 5.0   **17**

- Esboce *quem* tem responsabilidade pelo que em seu plano. Especificamente, você deve ser capaz, agora, de sugerir nomes para cada uma das funções da Tabela 1-2, ainda que você não planeje usar imediatamente todos os recursos e toda a funcionalidade do IIS 5.0. Alguns nomes podem aparecer em mais de um lugar na tabela — assegure-se apenas de que o seu nome não apareça em todas as linhas!

Tabela 1-2 Implementação de responsabilidades

Função/responsabilidade	Nome(s)
Líder do projeto (líder técnico, idealizador e planejador)	Você — por isso você está lendo este livro!
Contraparte de gerenciamento do líder do projeto (responsável por determinar necessidades corporativas, ajudando a buscar financiamento, estabelecendo políticas referentes a conteúdo e uso, etc.)	
Equipe técnica (de seu departamento IT; pessoas a quem você pode delegar tarefas de implementação técnica)	
Desenvolvedor(es) de banco de dados (se você planeja implementar conectividade de banco de dados em seu Web *site*)	
Desenvolvedor(es) e programador(es) VBScript/ Jscript (podem ser necessários para personalizar o desenvolvimento do *site*)	
Pessoa(s) responsável(eis) por recrutamento, treinamento e supervisão da equipe de desenvolvimento do Web *site*, que, de fato, criará o conteúdo do *site*	
Empresa(s) de *design* gráfico externa(s), para as necessidades gráficas do Web *site* (faça valer o dinheiro!)	
Empresa(s) de treinamento externa(s) para as suas necessidades de treinamento técnico e de usuário final (também faça valer o dinheiro!)	
Pessoa(s) responsável(eis) pela realização de suporte técnico à equipe de desenvolvimento do Web *site* (de seu departamento IT)	

- Faça uma estimativa de *quanto* deve ser despendido para implementar seu projeto. Ofereça um desdobramento de custos de acordo com o que você precisa e quando precisará.

- Relacione quaisquer perguntas adicionais, preocupações, ou idéias que você possa ter com relação a *escrever* uma proposta e *preparar* uma apresentação sobre a implementação de IIS 5.0 em sua rede corporativa, agora.

___

___

___

Etapa 3 — Recrutamento
(Pense em equipe de trabalho e delegue!)

- Tendo a sua proposta aprovada pela gerência, comece informando tanto aos usuários quanto à gerência, o seguinte:
  - Objetivo da implantação do IIS 5.0 na empresa;
  - Data(s) prevista(s) para a implantação;
  - Como a implantação afetará os usuários;
  - Pessoas e grupos responsáveis por funções e tarefas específicas; ...
  - Com quem fazer contato se surgirem problemas.
- Crie uma breve descrição, por escrito, de objetivos e funções para cada indivíduo ou grupo que estará envolvido no projeto, incluindo gerenciamento de contatos e usuários finais.
- Reuna-se com esses indivíduos e grupos para rever seus papéis e responsabilidades. Marque encontros regulares e trace para eles, antecipadamente, suas expectativas quanto ao que devem documentar e relatar a você no que se refere aos progressos obtidos.
- Relacione perguntas adicionais, preocupações ou idéias que você possa ter com relação a *recrutar uma equipe* para implementar o IIS 5.0 agora em sua rede corporativa.

___

___

Etapa 4 — Treinamento
(Conheça seu trabalho!)

- Você leu toda a documentação *online* de IIS 5.0?
- Você sente necessidade de obter treinamento adicional antes de implementar o IIS 5.0 em sua rede corporativa? Se afirmativo, você pode checar a lista de cursos do MOC — Microsoft Official Curriculum (Currículo Oficial da Microsoft), no Web *site* da

Capítulo 1 - Como instalar o IIS 5.0   **19**

Microsoft, ou fazer contato com seu CTEC — Microsoft Certified Technical Education Center (Centro de Treinamento Técnico Certificado) para se informar sobre os cursos atuais. Os cursos MOC estão listados em

`www.microsoft.com/train_cert`

- As pessoas que desenvolvem o conteúdo do Web *site* em sua empresa necessitam de algum treinamento? Você pode querer discutir com a gerência ou com as chefias de departamentos e avaliar as necessidades de treinamento, nesta ocasião, para usuários finais e projetistas de conteúdo.
- Os usuários finais, para migrarem de IE 4.0 para IE 5.0, precisarão de treinamento para capacitá-los a fazer uso eficaz das capacidades e do potencial do novo *browser*?
- Relacione perguntas adicionais, preocupações ou idéias que você possa ter com relação a treinamento de indivíduos e grupos para implementação e uso, com sucesso, do IIS 5.0 em sua rede corporativa, agora.

_____

_____

_____

Etapa 5 — Obtenção (Compre, peça, tome emprestado... mas, por favor, sem pirataria!)

- Faça a sua lista de compras desejadas para implementar o IIS 5.0 e tente obter a aprovação da fatura pela gerência.
- Relacione todas as perguntas adicionais, preocupações ou idéias que você possa ter com relação a *obter* hardware e software necessários que lhe permitam uma implementação bem sucedida do IIS 5.0 em sua rede corporativa, no momento.

_____

_____

_____

Etapa 6 — Teste (Olhe antes de saltar!)

- Faça uma instalação de teste e procure familiarizar-se completamente com o produto. O equipamento de teste deve ser idêntico, em hardware, aos seus servidores finais de produção e deve ser feito ou em uma instalação nova (em um equipamento novo ou limpo) ou a partir de um *upgrade* em uma cópia da imagem de disco de um servidor Web IIS 5.0 completo, com conteúdo do Web *site* da intranet da empresa existente (se houver).

- Faça uma instalação de teste do IIS 5.0 em um equipamento semelhante à média dos equipamentos dos usuários finais. Aplique todas as restrições de usuário que você tenha decidido acrescentar, usando o Internet Explorer Administration Kit da Microsoft. Teste essas restrições.
- Tente acessar todos os aspectos do conteúdo migrado para ver se todas as funções do Web *site* funcionam (formulários, Active Server Pages, conectividade de banco do dados, etc.).
- Você leu as notas de atualizações sobre o IIS 5.0? Veja em www.microsoft.com/windows2000 as mais recentes notas relativas a problemas, atualizações e testes para problemas de instalação.
- Você instalou todas as atualizações e testes que encontrou no Web *site* da Microsoft? Você os testou?
- Você navegou pela base de conhecimento do TechNet referente ao IIS 5.0 para ver que outros problemas pode encontrar?
- Você publicou nos *newsgroups* públicos da Microsoft os problemas que você encontrou ou as dúvidas que surgiram? (Isto é mais barato do que ligar para a linha de suporte da Microsoft!). Você pode encontrar esses *newsgroups* apontando seu leitor de notícias para o seguinte servidor NNTP:

  msnews.microsoft.com

- Relacione perguntas, preocupações ou idéias que você possa ter com relação a *testar* seu hardware e software, de modo a conseguir uma implementação bem sucedida do IIS 5.0 agora, em sua rede corporativa.

___

Etapa 7— Use (Rode, mas não rode sobre ninguém!)

- Comece, notificando tanto os usuários quanto a gerência sobre a data prevista para ativação dos novos servidores IIS 5.0. Faça isso com aproximadamente uma ou duas semanas de antecipação e, novamente, dois dias antes da implantação. Peça a eles para avisá-lo naquela ocasião, ou após, se ocorrerem problemas de rede que possam estar relacionados com o novo servidor.
- Faça cópias de seus servidores IIS existentes antes de atualizá-los para o IIS 5.0 e Windows 2000. Faça cópias também do conteúdo dos diretórios Web e FTP, *scripts* e aplicativos também.
- Tendo adquirido o hardware e o software necessários — e experiência —, vá em frente e instale o IIS 5.0 em seus novos sistemas de produção, ou faça um *upgrade* em seus servidores IIS 4.0 existentes para IIS 5.0. Aplique também quaisquer pacotes de serviço, correções ou atualizações que estejam disponíveis no momento para este produto.

Capítulo 1 - Como instalar o IIS 5.0   **21**

- Empregue ou atualize sistemas de usuário final para Internet Explorer 5.0, assegurando-se de que você aplicou quaisquer pacotes de serviços, correções ou atualizações disponíveis para este produto. Use o Internet Explorer Administration Kit para personalizar *browsers* de usuário final de acordo com as necessidades de sua empresa.
- A esta altura você mesmo está fazendo todo o trabalho técnico? (Só para verificar.)
- Depois de completar a instalação, verifique no Windows 2000 Event Viewer para assegurar-se de que não existem problemas imprevistos com a instalação.
- Enquanto seus novos servidores ainda não estão *online*, faça alguns testes locais básicos com eles, incluindo a execução de cada ferramenta administrativa e conexão aos serviços WWW e FTP, usando o Internet Explorer 5.0.
- Configure os ajustes de segurança em seus novos servidores de acordo com a política de segurança de rede de sua empresa. Considere todos os aspectos de segurança, incluindo:
    - Direitos administrativos;
    - Direitos de desenvolvimento de conteúdo;
    - Direitos de *browser* e acesso;
    - Filtragem de endereço IP;
    - Configuração de *firewall*;
    - Métodos de acesso remoto;
    - Métodos de autenticação;
    - Permissões de diretório.
- Instale as ferramentas administrativas do IIS 5.0 no consoles do seu administrador ou instale neles o Internet Explorer 5.0 para administração remota.
- Coloque o(s) novo(s) servidor(es) na rede e monitore em busca de mudanças abruptas em padrões de tráfego na rede ou reclamações de usuários.
- Teste a administração remota dos novos servidores a partir dos consoles do seu administrador.
- Teste o acesso a partir de estações de usuário final com direitos de *browser*. Informe aos usuários finais para contatá-lo se tiverem problemas em acessar os novos servidores.
- Teste a criação de conteúdo a partir de estações de usuário final que têm direitos de criação de conteúdo. Informe as pessoas responsáveis pela criação de conteúdo para contatá-lo se tiverem problemas em realizar suas tarefas.
- Revise quaisquer *bugs* (erros) que apareçam durante o emprego.
- Relacione perguntas adicionais, preocupações ou idéias que você possa ter com relação ao *emprego* do IIS 5.0 em sua rede corporativa, agora.

Etapa 8 — Documente
(Arrume tempo para isto!)

- Documente todos os problemas e peculiaridades que apareçam durante o teste e a utilização.

- Documente todas as configurações de segurança (usuários, grupos, IP, métodos de autenticação, permissões de diretório) implementadas nos novos servidores. Indique a ordem na qual essas configurações foram feitas.

- Documente responsabilidades e funções de indivíduos e grupos envolvidos, tanto na instalação quanto na utilização.

- Documente as reclamações de usuários que vierem a ocorrer durante as duas semanas após a implantação, ainda que elas não pareçam, àquela altura, estarem diretamente relacionadas com o emprego do IIS 5.0.

- Relacione perguntas adicionais, preocupações ou idéias que você possa ter com relação à *documentação* do emprego de seu IIS 5.0 no momento.

_____

_____

Etapa 9 — Monitore
(Como ele opera?)

- Use o Windows NT Performance Monitor para monitorar objetos selecionados e contadores referentes ao desempenho do IIS 5.0.

- Execute o Performance Monitor e crie arquivos de log para análise de servidor e otimização. Assegure-se de ter espaço em disco suficiente para o registro.

- Ajuste alertas para objetos e contadores que afetam criticamente o desempenho a e utilização.

- Use os arquivos de log para criar uma linha básica dos períodos de baixo e alto uso dos servidores IIS 5.0. Para ajustar o desempenho, à medida que os usuários tornam-se familiarizados com os novos servidores, aguarde uma ou duas semanas após a implantação antes de criar seus logs de padrão de comparação, dando duas semanas adicionais de log de atividade do servidor.

- Continue a registrar para criar um banco de dados de informações para análise e otimização de servidor.

- Identifique quaisquer "gargalos" no desempenho do servidor e tente corrigi-los, implementando atualizações de hardware, tais como:
    - Adicionar mais de memória;
    - Upgrade do processador ou adicionar mais processadores;
    - Upgrade de controladores de disco e discos rígidos;
    - Upgrade de placas adaptadoras de rede.

Capítulo 1 - Como instalar o IIS 5.0   **23**

- Sintonize o desempenho de servidor, alterando opções de configuração nas páginas de propriedades para serviços WWW e FTP. Monitore os efeitos dessas alterações e tente otimizar os ajustes para um melhor desempenho.
- Sintonize o desempenho do servidor proxy, se você estiver usando um proxy intermediário para executar IIS 5.0 como um servidor extranet.
- Desenvolva uma agenda e designe responsabilidade para monitoramento de desempenho constante, em longo prazo, dos servidores IIS 5.0.
- Relacione perguntas adicionais, preocupações ou idéias que você possa ter com relação ao *monitoramento* e *otimização* do atual desempenho do IIS 5.0.

Etapa 10 — Avalie
(Você atingiu seus objetivos?)

- Aproximadamente dois ou três meses depois da instalação, reuna-se com sua equipe de implantação e faça contato com o usuário final. Avalie o sucesso do projeto. Especificamente, encaminhe aspectos conforme detalhamos a seguir.
  - Os desenvolvedores de conteúdo sentem-se confortáveis no trabalho com a nova plataforma?
  - Os desenvolvedores estão utilizando os novos recursos do IIS 5.0?
  - Algum grupo demonstra precisar de mais treinamento para poder fazer uso total das potencialidades do IIS 5.0?
  - Os usuários finais estão satisfeitos com velocidade, acessibilidade e funcionalidade da intranet/extranet?
  - Os usuários finais estão confortáveis com quaisquer restrições no IE 5.0 que você adicionou ao uso do Internet Explorer Administration Kit? Eles estão cientes dos motivos de tal personalização?
  - As atuais políticas de segurança estão funcionando? Alguma sugestão para modificação?
  - O tempo, o esforço e o dinheiro gastos na implementação foram válidos?
  - Eles têm outras idéias, sugestões ou preocupações que gostariam de expressar àquela altura?
- Prepare um breve relatório para a gerência, resumindo a satisfação do projetista e do usuário final, agora que a implementação está completa.
- Relacione perguntas adicionais, preocupações ou idéias que você possa ter com relação à *avaliação* do emprego do IIS 5.0 agora.

Etapa 11 — Previsão (Seja pró-ativo!)

- Considere seu encontro de avaliação com os projetistas de conteúdo e usuários finais e seu atual desempenho de monitoramento e discuta com sua equipe técnica como e quando a sua atual implementação do IIS 5.0 pode precisar de atualização. Considere aspectos tais como:
  - Acrescentar servidores adicionais para acomodar o tráfego de usuário;
  - Reposicionar servidores para lidar mais eficientemente com o tráfego;
  - Aumentar a capacidade da rede (tamanho de banda disponível);
  - Acrescentar novas plataformas de desenvolvimento, como Microsoft Visual InterDev;
  - Acrescentar nova funcionalidade de servidor (por exemplo, SQL Server, Site Server Commerce Edition, e assim por diante);
  - Preparar um relatório resumido para a gerência, destacando como e quando tais atualizações serão necessárias, dependendo da evolução da empresa e das necessidades dos usuários;
  - Relacione perguntas adicionais, preocupações, ou idéias que você possa ter com relação à *previsão de crescimento* futuro da utilização do IIS 5.0 neste momento.

_____

_____

_____

Etapa 12: Manutenção (Fique atento ao que está acontecendo!)

- Visite regularmente o Web *site* da Microsoft IIS para obter quaisquer novidades referentes a:
  - novas versões ou atualizações do IIS 5.0;
  - pacotes de serviço, correções e atualizações para o Windows 2000;
  - novos acréscimos, controles e ferramentas para ampliar a funcionalidade do IIS 5.0;
  - versões novas e atualizadas de IE 5.0;
  - pacotes de serviço, correções e atualizações para IE 5.0;
  - conferências, eventos, *newsletters* e *newsgroups* referentes ao IIS 5.0 e ao desenvolvimento de intranets;
- Treine e estabeleça um grupo de suporte técnico para solução de problemas referentes ao IIS 5.0. Solicite relatórios mensais deste grupo, tendo em vista os problemas encontrados com mais freqüência e como eles foram solucionados;
- Continue, regularmente, a monitorar o desempenho de servidor e avalie a satisfação do projetista e do usuário final. Forneça regularmente relatórios à gerência, prevendo futuras exigências e avaliando necessidades futuras;

Capítulo 1 - Como instalar o IIS 5.0

- Relacione perguntas adicionais, preocupações ou idéias que você possa ter com relação à *manutenção* do IIS 5.0 a esta altura;

_____

_____

_____

- Receba o seu pagamento — você merece!

Resumo

O IIS 5.0 e outros componentes Internet do Windows 2000 são instalados por *default* com o Windows 2000. Os administradores devem estar cientes de todos os aspectos que precisam ser verificados antes de instalar o IIS 5.0 em um ambiente de produção. Este capítulo apresentou alguns destes aspectos; obtenha informações sobre versões no Web *site* da Microsoft, você terá mais detalhes sobre cada componente Internet do Windows 2000.

Para mais informações

A seguir estão algumas sugestões de fontes nas quais você poderá obter informações adicionais sobre instalação e manutenção do IIS 5.0.

Web *site* da Microsoft

Para informações gerais com relação ao IIS 5.0, visite a seção IIS do Web *site* da Microsoft, em

`www.microsoft.com/windows2000`

Para fazer o *download* do Internet Explorer 5, visite o *site*

`www.microsoft.com/windows/ir/default.htm`

Newsgroups públicos da Microsoft

Para *newsgroups* públicos referentes ao IIS 5.0, acesse o servidor de notícias `msnews.microsoft.com` e assine os seguintes grupos:

`microsoft.public.inetserver.iis`
`microsoft.public.inetserver.misc`

Microsoft TechNet

Consulte a mais recente edição do CD *Microsoft TechNet* para obter informações na seguinte categoria:

`windowsproductfamily/mswindows2000/mswindows2000server/resourcekit/`
`windows200internetinformationservices`

A revista *Microsoft Certified Professional*, de janeiro de 2000, apresenta um artigo sobre o recurso, intitulado Web Wizardry! IIS 5.0 Lends Security and Speed to Your Online Efforts (Assistente da Web, IIS 5.0 proporciona segurança e velocidade aos seus esforços *online*). O artigo oferece uma visão geral útil do IIS 5.0. Você também pode visitar o Web *site* da revista em

`www.mcpmag.com`

Capítulo **2**

Ferramentas para administração

Introdução

O componente central de qualquer servidor da Web é a ferramenta administrativa usada para gerenciar serviços, recursos e desempenho. O IIS 5.0 vem com um conjunto completo de ferramentas para administração, tanto local quanto remota. Depois de terminar este capítulo, você terá uma idéia básica da funcionalidade e das capacidades das seguintes ferramentas administrativas:

- MMC — Microsoft Management Console — permite aos administradores gerenciar servidores IIS 5.0 a partir de qualquer computador no qual o MMC e seus *snap-ins* módulos adicionais estejam instalados;
- Versão HTML do Internet Service Manager — permite administrar remotamente servidores IIS 5.0 de qualquer computador com um *browser* que suporte frames e JScript;
- WSH — Windows Scripting Host — possibilita que *scripts* administrativos escritos em VBScript ou JScript sejam executados diretamente em qualquer *desktop* ou a partir de uma linha de comando.

Como entender o Microsoft Management Console

O MMC — Microsoft Management Console é um ambiente de gerenciamento que oferece uma estrutura para que ferramentas de administração de servidores e rede especialmente projetadas sejam utilizadas . Estas ferramentas especialmente projetadas são chamadas de *snap-ins,* e elas oferecem ao administrador a capacidade de gerenciar uma ampla variedade de recursos e serviços de rede e servidor.

Um *snap-in* é o menor elemento de capacidade de gerenciamento de rede. Sem a adição de *snap-ins*, ao ambiente do MMC é inútil, pois ele não tem funcionalidade de gerenciamento inerente. Uma coleção de *snap-ins* salva como um arquivo .msc é conhecida como uma *tool* (ferramenta).

Todas as ferramentas administrativas padrão do Windows 2000 — por exemplo, User Manager (Gerenciador de usuário), Server Manager (Gerenciador de servidor), Event Viewer (Visualizador de evento) — são executadas como *snap-ins* a partir do Management Console. O MMC também é executado no Windows NT 4.0 e superior e no Windows 95/98, permitindo que administradores gerenciem remotamente recursos e servidores de rede, mesmo a partir de uma estação de trabalho Windows 95/98.

As vantagens da administração baseada em MMC incluem:

- Capacidade de criar consoles de administração personalizados que são *baseados em tarefa* — ao invés de ser confrontado com uma desconcertante gama de ferramentas separadas, um administrador pode criar um console de gerenciamento especificamente para administração de servidor Web, que tem apenas aquelas ferramentas para administrar servidores Web, outro console para administração de acesso remoto e assim por diante. A administração é simplificada, reduzindo a confusão de ferramentas desnecessárias e oferecendo apenas o que é preciso para a tarefa;

- Capacidade de *delegar* a outros tarefas de gerenciamento limitado — um administrador sênior pode criar um console para um administrador júnior, que capacita funcionalidade limitada, como monitoramento de backup e desempenho. O console de gerenciamento é salvo como um simples arquivo .msc, que pode ser entregue por e-mail ou lido a partir de uma rede compartilhada.

- Existência de uma *estrutura padronizada*, que oferece uma única *interface* integrada para a execução de *snap-ins* — todos os *snap-ins* precisam estar em conformidade com o aparência e o sentido do MMC, facilitando a administração e reduzindo o tempo exigido para aprender novas ferramentas administrativas.

A versão 1.2 do Microsoft Management Console é parte do sistema operacional Windows 2000. Esta versão do MMC inclui *snap-ins* para gerenciar os diversos componentes do IIS 5.0 que integram o sistema operacional Windows 2000:

- Internet Information Server 5.0;
- Serviço SNMP — Simple Mail Transfer Protocol;
- Serviço NNTP — Network News Transfer Protocol;
- Serviço FTP — File Transfer Protocol.

Como usar o Microsoft Management Console

Como inicializar o MMC

Quando o IIS 5.0 é instalado em um sistema, o *snap-in* apropriado para o MMC é instalado para oferecer ferramentas para administrar o IIS. Em um servidor IIS, o Microsoft Management Console pode ser inicializado de duas maneiras, conforme veremos a seguir.

Método 1 — Para iniciar o Microsoft Management Console a partir do atalho Internet Service Manager no menu Start (Iniciar), escolha Start, Programs (Programas), Administrative Tools (Ferramentas administrativas), Internet Service Manager. Isto abre uma janela de console MMC com o *snap-in* IIS 5.0 carregado. O atalho Start Menu é mapeado para um arquivo de configuração Microsoft Management Console, ou *tool* (salvo como um arquivo .msc), que contém a janela de configuração MMC salva e ajustes de *layout*. Este arquivo de configuração é localizado, seguindo este caminho em um servidor Windows NT:

`C:\winnt\system32\inetsrv\iis.msc`

Tools (Ferramentas) (arquivos .msc) são pequenos arquivos que podem ser copiados ou enviados por e-mail para estações de trabalho de administradores ou operadores de servidor aos quais foram delegadas tarefas específicas de gerenciamento, tais como administrar serviço SNMP em um servidor IIS. Se um administrador sênior tem o MMC instalado na sua máquina, junto com os arquivos *snap-ins* instalados, ele pode criar uma ferramenta sob medida e enviá-la para o administrador júnior ou operador, que será capaz de iniciar o console, simplesmente clicando na ferramenta (arquivo .msc).

Método 2 — Para inicializar o MMC sem *snap-ins* instalados (funcionalidade para o console vazio pode ser acrescentada, carregando *snap-ins*), clique Start, Run (Executar) e entre com o seguinte caminho:

`C:\winnt\system32\mmc.exe`

Os *snap-ins* precisarão ser carregadas no console, para capacitá-lo a realizar tarefas administrativas. Veja a seção *Como adicionar um* snap-in *ao MMC* para obter mais informações sobre como fazer isso.

Se for escolhido o método 1, uma janela de console se abre, mostrando o nome do servidor IIS sob o nó Internet Information Services (veja a Figura 2-1).

O *layout* MMC

O *layout* da janela do console é semelhante ao familiar formato do Windows Explorer e consiste de dois painéis: o *painel de escopo* e o *painel de resultados*.

O painel de escopo (painel esquerdo) oferece uma visão hierárquica de todos os elementos de rede que podem ser gerenciados com o MMC. Estes elementos de rede são chamados de *nodes* (nós) e incluem servidores, serviços de rede, diretórios, arquivos, controles ActiveX e assim por diante. Esta coleção de todos os nós gerenciáveis é chamada de *namespace* (espaço de nome).

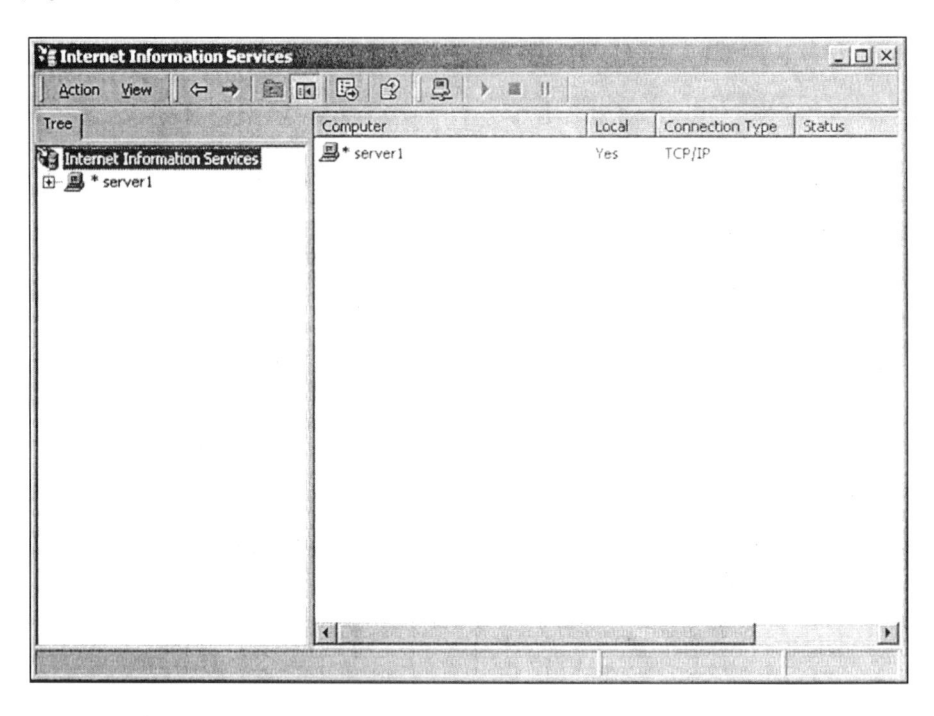

Figura 2-1 O Internet Services Manager

O painel de resultados (painel direito) mostra as propriedades gerenciáveis de qualquer nó que esteja selecionado no painel de escopo. Na Figura 2-2, o nó Default Web Site (Web *site* default) no servidor IIS chamado server1 é selecionado no painel de escopo (*namespace*), enquanto o painel de resultados mostra todos os nós gerenciáveis que existem na hierarquia *namespace* sob o nó server1, incluindo diretórios virtuais e até arquivos.

O MMC é um aplicativo MDI — Multiple Document Interface (*Interface* de Documento Múltiplo). Isto é, você pode criar múltiplas janelas-filho dentro da mesma janela-pai do console. A Figura 2-2 mostra o console com apenas uma janelas filha aberta; outras janelas podem ser acrescentadas, mostrando visões diferentes do mesmo *namespace*. Essas janelas podem ser organizadas em cascata, maximizadas ou minimizadas, como em qualquer aplicativo MDI.

Capítulo 2 - Ferramentas para administração

O console MMC aberto para gerenciar o IIS contém a *rebar* (barra reforçada) no alto da janela, que é varia de acordo com o nó selecionado no console MMC.

Outros elementos da janela do console que não estão visíveis no console IIS, mas que serão cobertos mais adiante neste capítulo, incluem a barra Menu e a barra de ferramentas Main (Principal) (veja a seção *Como criar um novo console MMC*).

A *rebar* (veja a Figura 2-3) é uma barra de ferramentas que pode ser personalizada. Sua aparência, que varia de acordo com o contexto, depende do nó selecionado no painel de escopo. Uma comparação entre as Figuras 2-1 e 2-2 mostra a aparência variável da *rebar*.

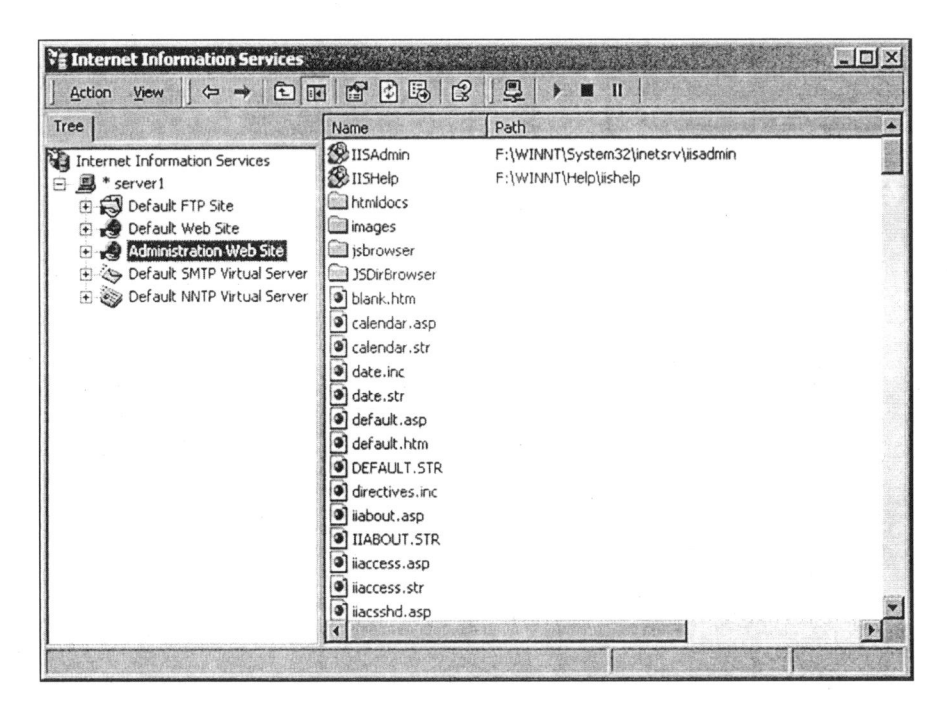

Figura 2-2 O nó Default Web Site no Internet Services Manager

Figura 2-3 A rebar é uma barra de ferramentas personalizável, que varia de acordo com o contexto

Por exemplo, quando o Default Web Site (ou qualquer outro nó na seção IIS do *namespace* MMC) estiver selecionado, a *rebar* mostra os seguintes botões:

- *Action* (Ação) — clicar neste botão gera um menu *drop-down* que tem, essencialmente, a mesma funcionalidade que o menu de atalho que é acessado com um clique no botão direito do mouse em um nó no *namespace*;
- *View* (Visualização) — clicar neste botão gera um menu *drop-down* que permite alterar os ícones de visualização no painel de resultados (exatamente como no Windows Explorer);
- *Delete* (Apagar) — um botão de nó;
- *Show properties* (Mostrar propriedades) de um botão de nó;
- *Up (Acima)* — Um nível acima;
- *Show/Hide* (Mostrar/ocultar) o painel de escopo;
- *Add* (Acrescentar) um computador à lista de botão;
- Botão de nó *Start* (Iniciar), para iniciar um Web *site*;
- Botão de nó *Stop* (Parar), para parar um Web *site*;
- Botão de nó *Pause* (Interromper), para interromper um Web *site*.

Nota:

Nas versões anteriores do IIS, de modo a parar todos os seus Inet Services, você tinha ou que ir para Services e parar, e iniciá-los a partir dali, ou usar uma parada de rede a partir da linha de comando. Agora você pode parar e reiniciar todos os processos IIS a partir do IIS Manager.

1. Selecione o nome de servidor para os serviços IIS que você deseja encerrar. Clique no botão direito do mouse e selecione Restart Internet Services (Reiniciar Serviços Internet). Isto exibirá uma caixa de diálogo (veja a Figura 2-4) para iniciar, parar e reinicializar o servidor selecionado.

2. Você também pode usar o comando de parar a rede para reiniciar processos do IIS.

   1. Abra uma linha de comando prompt.
   2. Digite
      ```
      net stop iisadmin
      ```
   3. Digite
      ```
      net start w3svc
      ```

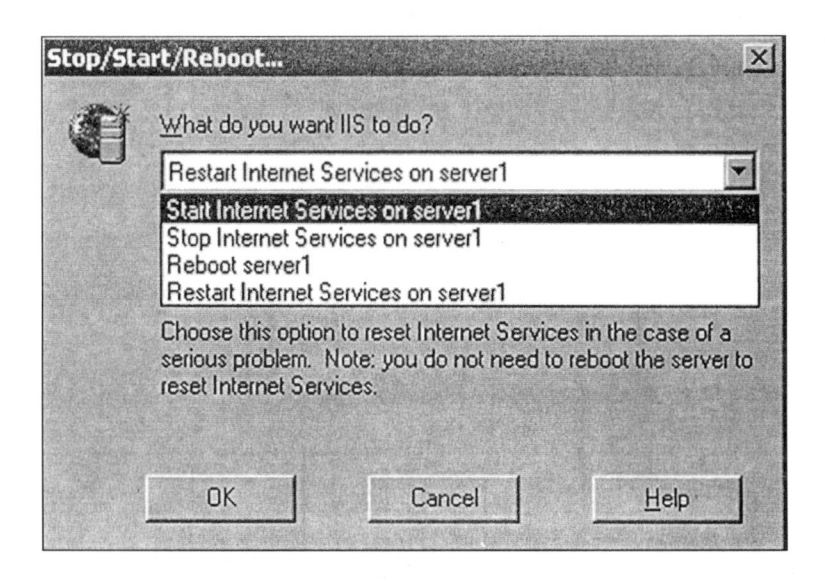

Figura 2-4 A caixa de diálogo Stop/Start/Reboot (Parar/Iniciar/Reinicializar)

Na maioria dos casos, você só precisa parar um Web *site* individual. Selecionar um nó de Web *site* (servidor virtual) no MMC e clicar no botão Stop só pára aquele *site*, não o serviço WWW.

A barra de *status* (no fundo do console) mostra detalhes referentes ao nó atualmente selecionado.

Como criar um novo console MMC

Para criar uma nova janela de console (vazia), selecione Run a partir do menu Start e digite no MMC. Isto iniciará uma nova ocorrência do MMC. Uma janela vazia de console aparecerá (Figura 2-5). Observe a única janela-filho dentro da janela do console-pai. O único nó no console é o nó de alto nível, chamado Console Root (Raiz de console).

A janela de console não terá capacidade de gerenciamento até que acrescentemos *snap-ins* a ela.

Neste modo, você notará a adição de duas novas barras, que não estavam lá quando estávamos no console IIS Manager MMC — a barra Menu e a barra de ferramentas Main. A barra de menu oferece as opções descritas a seguir.

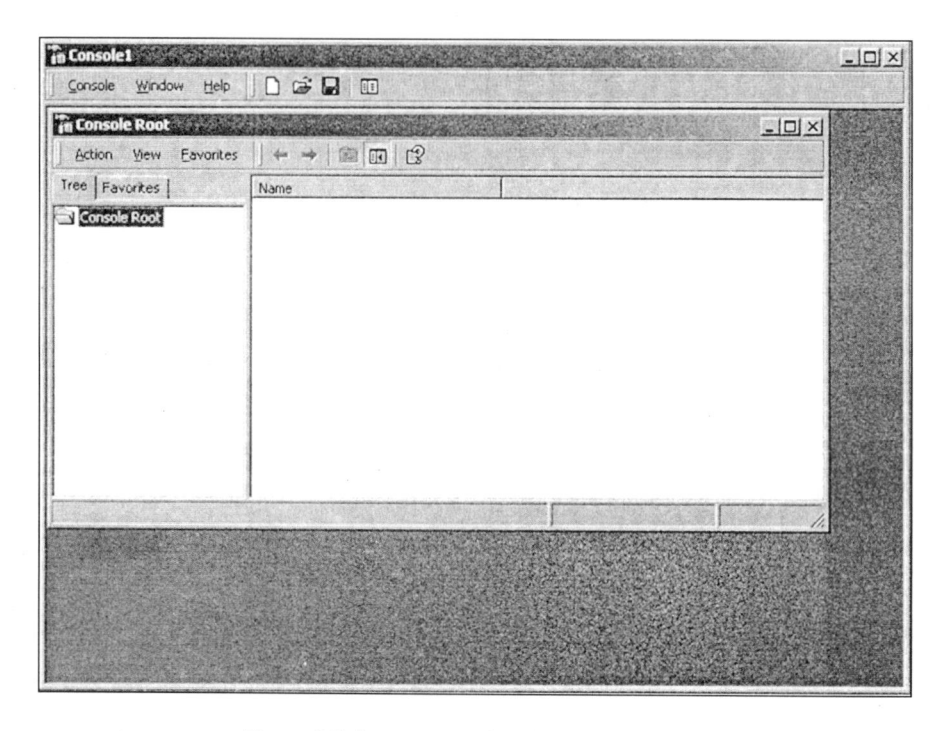

Figura 2-5 Aparece uma janela de console vazia

- Crie uma *nova* ferramenta (arquivo .msc)
- *Abra* uma ferramenta existente
- *Salve* uma configuração de ferramenta
- *Adicione* (ou remova) um *snap-in* ao console
- *Personalize* a aparência do MMC
- *Acesse* os arquivos de ajuda MMC

A barra de ferramentas Main (abaixo da barra Menu) tem, essencialmente, a mesma função da barra de menu. Nela estão contidos os cinco botões descritos a seguir.

- *Crie* um novo botão de console;
- *Abra* um botão de console existente;
- *Salve* o botão de console atual;
- *Novo* botão de janela;
- *Botão Sobre*.

Capítulo 2 - Ferramentas para administração   35

Como acrescentar um *snap-in* ao MMC

A seguir, acrescentaremos um *snap-in* individual para Internet Services Manager à janela do console. Existem dois tipos básicos de *snap-ins* para o MMC:

- Snap-ins *individuais* (ou apenas, *snap-ins*) — fornecem capacidade de gerenciamento para produtos BackOffice selecionados. Um exemplo seria o *snap-in* Internet Information Server, que fornece a funcionalidade do Internet Service Manager;
- *Extensões de* snap-ins (ou apenas, *extensões*) — fornecem funcionalidade adicional, ampliando as capacidades de gerenciamento dos *snap-ins* existentes. Um exemplo seria a extensão Mail-SMTP para o *snap-in* Internet Information Server.

Para adicionar um novo *snap-in* ao MMC, selecione Console, Add/Remove Snap-in da barra de menu. A caixa de diálogo Add/Remove Snapp-in aparece (Figura 2-6).

Para adicionar um *snap-in* individual, selecione a guia Standalone (Individual) e clique em Add (Adicionar). A caixa Add Standalone Snap-in aparece (Figura 2-7). Selecione Internet Information Services (por exemplo), e clique em Add. Internet Information Services agora é listado como um console *snap-in* na caixa de diálogo Add/Remove Snap-in. O *snap-in* Internet Information Services oferece a funcionalidade total do Internet Service Manager para configurar o servidor IIS 5.0.

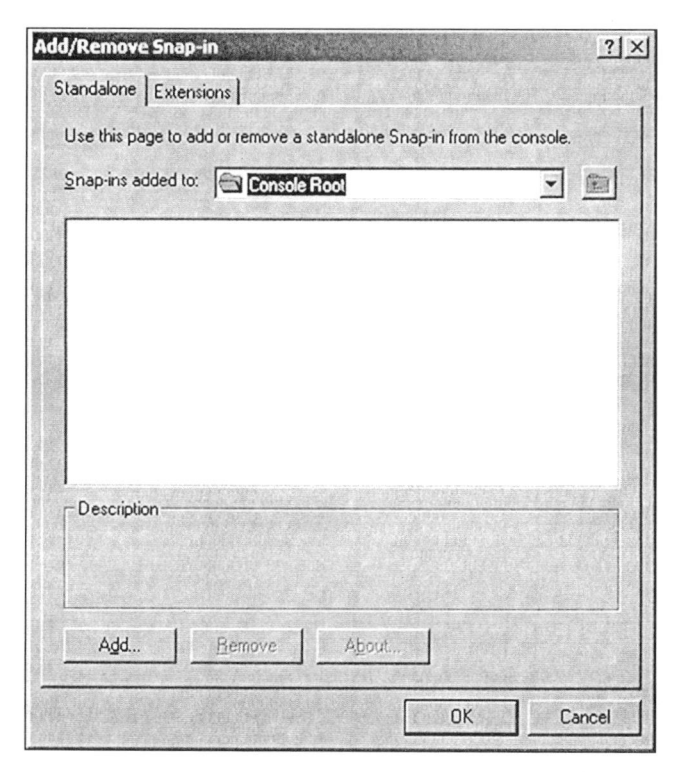

Figura 2-6 A caixa de diálogo Add/Remove Snap-in

Além de adicionar *snap-ins* individuais ao console *namespace*, a caixa de diálogo Add Standalone Snap-in também permite que você adicione:

- *Pastas* — são pastas virtuais que podem ser usadas para organizar seu *namespace* MMC. Observe que os nós Root Console e Internet Information Services também aparecem como ícones de pastas no *namespace* MMC;
- *Links* (ligações) *para endereços da Web* — são nós de *hyperlink* (hiperligação) URL que aparecerão no painel de resultados quando forem selecionados. Um exemplo aparece abaixo, na seção *Como acrescentar um nó ao MMC*;
- *Controles gerais* e *controles de monitoramento* — controles ActiveX que podem ser embutidos no *namespace* como o nó resultante para o nó que você está instalando presentemente (esta funcionalidade é oferecida como uma estrutura para desenvolvedores e será ampliada em versões futuras do MMC).

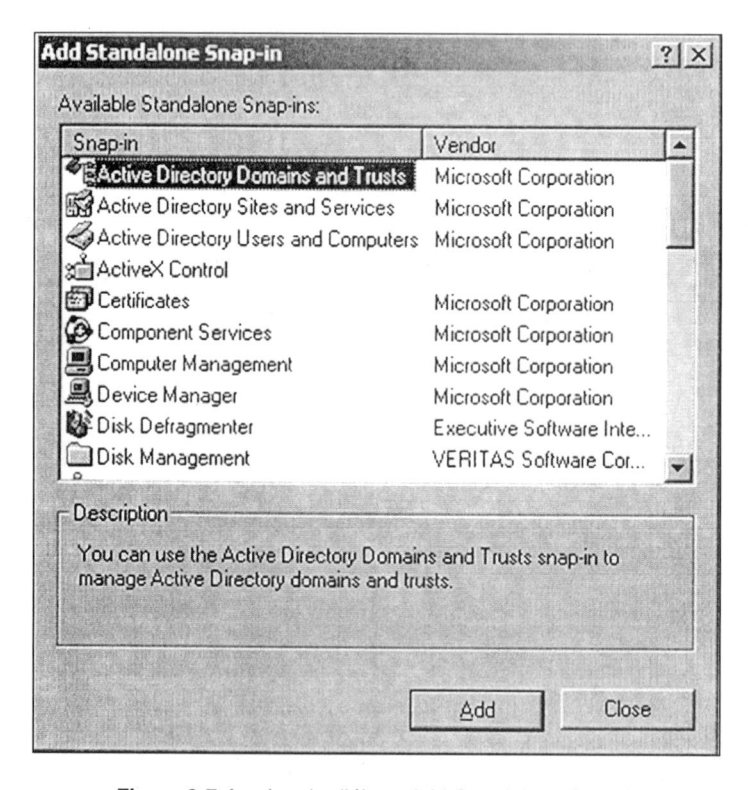

Figura 2-7 *A caixa de diálogo Add Standalone Snap-in*

Capítulo 2 - Ferramentas para administração   **37**

Para adicionar uma extensão de *snap-in*, selecione a guia Extensions (Extensões) na caixa Add/Remove Snap-in (Figura 2-8). Selecione o *snap-in* que você deseja ampliar a partir da lista *drop-down*, para obter uma série de caixas de verificação que mostra as extensões que você pode adicionar. Selecione as extensões desejadas (por exemplo, a extensão Mail-SMTP) e clique em OK para voltar à janela de console MMC. O *snap-in* Internet Information Server com a extensão Mail-SMTP foi adicionado à janela de console (Figura 2-9).

Como personalizar um console MMC

A Figura 2-9 mostra o novo console criado na seção anterior. Observe que este console tem apenas uma janela-filho, chamada *Console1 – Console Root*.

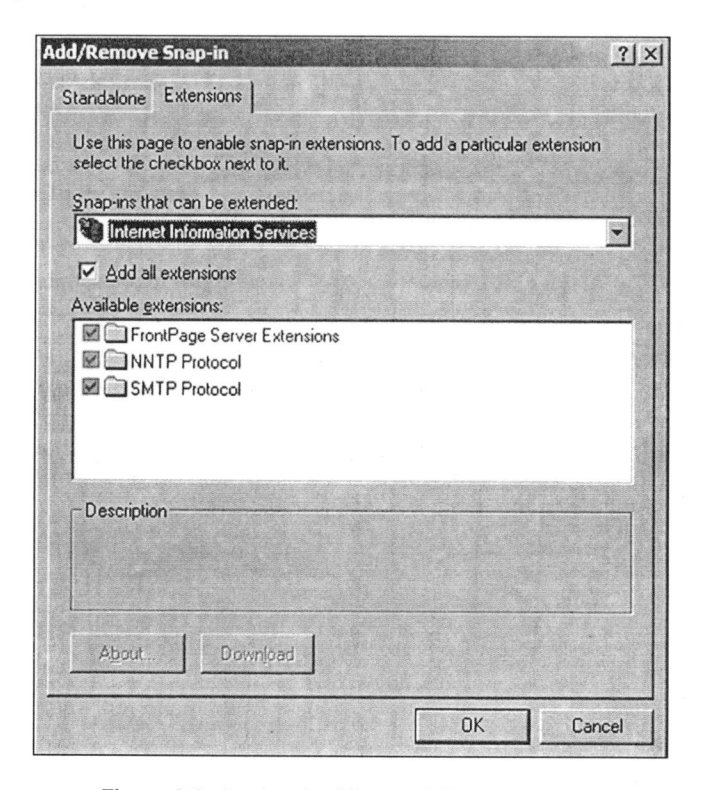

Figura 2-8 A caixa de diálogo Add/Remove Snap-in

Nosso recém-criado console pode ser personalizado de diversas maneiras. Por exemplo, você pode querer criar uma nova janela-filho, cuja função seja a de habilitar a administração de um único servidor IIS 5.0. Para fazer isso, selecione o nó Internet Information Server no painel de escopo, para mostrar os servidores IIS 5.0 que atualmente podem ser gerenciados no painel de resultados. Se o servidor que você deseja administrar não aparecer no painel de resultados, você precisará conectar-se a ele primeiro, clicando com o botão direito do mouse no nó Internet Information Server no painel de escopo, selecionando Connect (Conectar) no atalho de menu e entrando com o nome do servidor IIS 5.0 ao qual você deseja conectar-se.

No painel de resultados, selecione o servidor IIS 5.0 para o qual você deseja para criar uma janela-filho MMC e clique com o botão direito do mouse no nó do servidor. Selecione New Window from Here (Nova janela aqui) no menu de atalho ou clique no botão Action na *rebar*, selecione New Window from Here no menu *drop-down*.

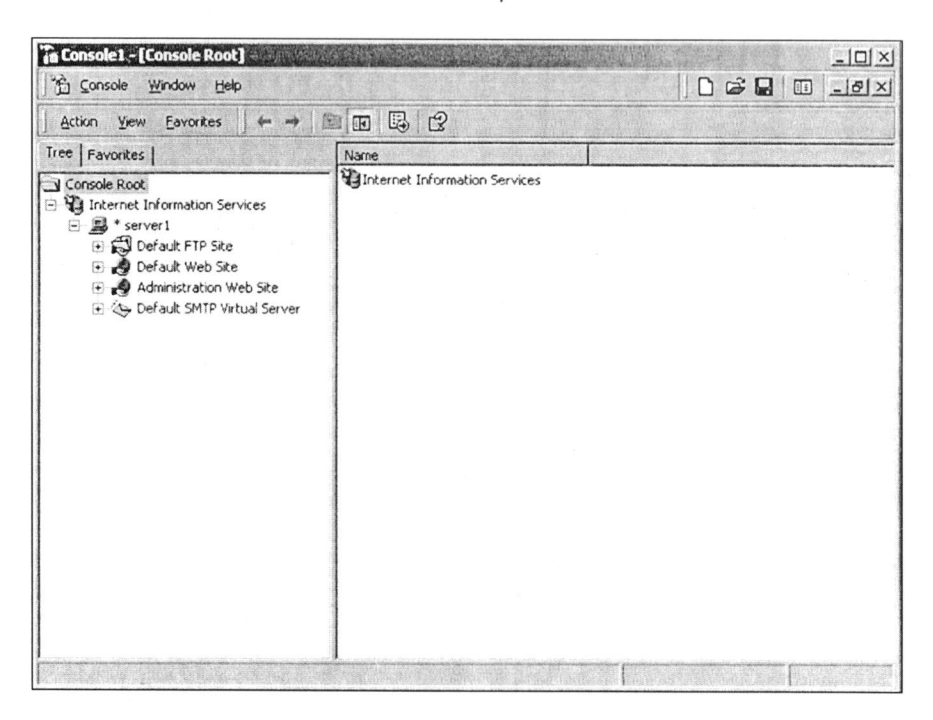

Figura 2-9 O snap-in IIS, com a extensão Mail-SMTP, foi adicionado à janela do console

Qualquer dessas ações renomeia a janela-filho original como 1:CONSOLE ROOT e cria uma segunda janela-filho chamada 2:* <server name> (nome de servidor). Neste exemplo, ela é 2:*SERVER1 (veja a Figura 2-10). A segunda janela-filho tem o servidor IIS 5.0, que você selecionou nas etapas acima, como o nível acima de seu *namespace*.

Capítulo 2 - Ferramentas para administração

Observe que, embora as duas janelas tenham diferentes nós *root*, ambas oferecem visualizações do mesmo *namespace*. Um console MMC só pode exibir um *namespace* de cada vez.

Essas duas janelas-filho podem ser redimensionadas, "azulejadas" ou dispostas em cascata como em qualquer aplicativo MDI. Por exemplo, selecione a nova janela 2:*SERVER1, maximize-a e depois, troque a visualização no painel de resultados, clicando no botão View na *rebar* e depois selecionando Large (Grande) a partir da lista *drop-down* como o ícone de tamanho no painel de resultados. O resultado é mostrado na figura 2-11.

Depois de criar a segunda janela-filho, você pode fechar a janela-filho original, que contém o nó Console Root. Se fizer isto, a parte superior do *namespace* MMC, do console atualmente aberto, torna-se um único servidor IIS 5.0 (server1 nas Figuras 2-10 e 2-11). Os ajustes de console podem então ser salvos como um arquivo de configuração .msc, ajustados para o modo apenas de leitura e entregues para um administrador ou operador designado, cuja tarefa é apenas administrar o servidor único chamado server1.

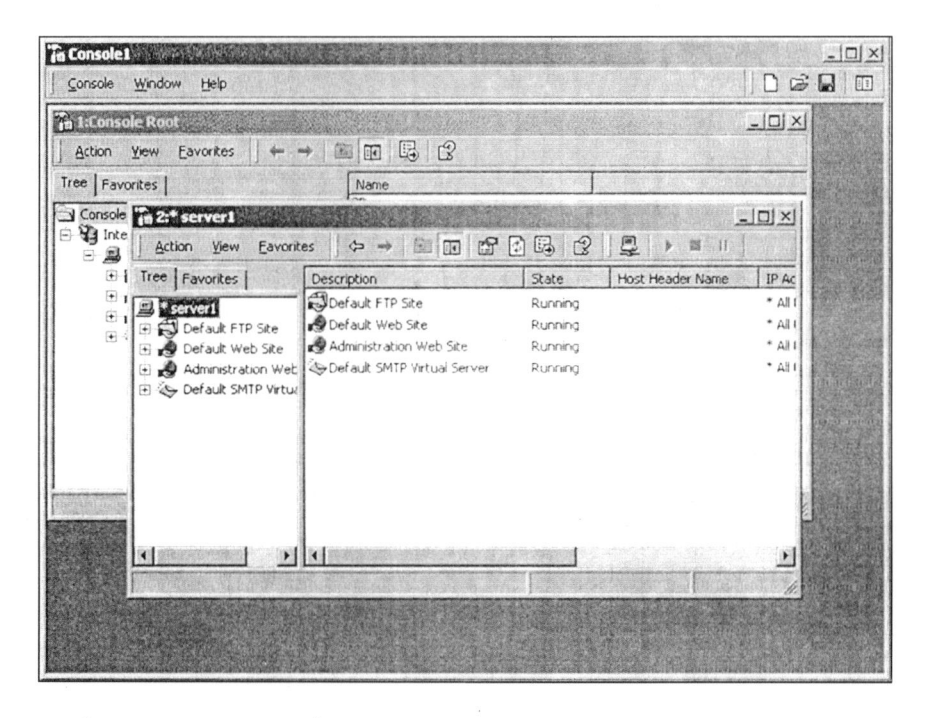

Figura 2-10 Uma segunda janela-filho é criada

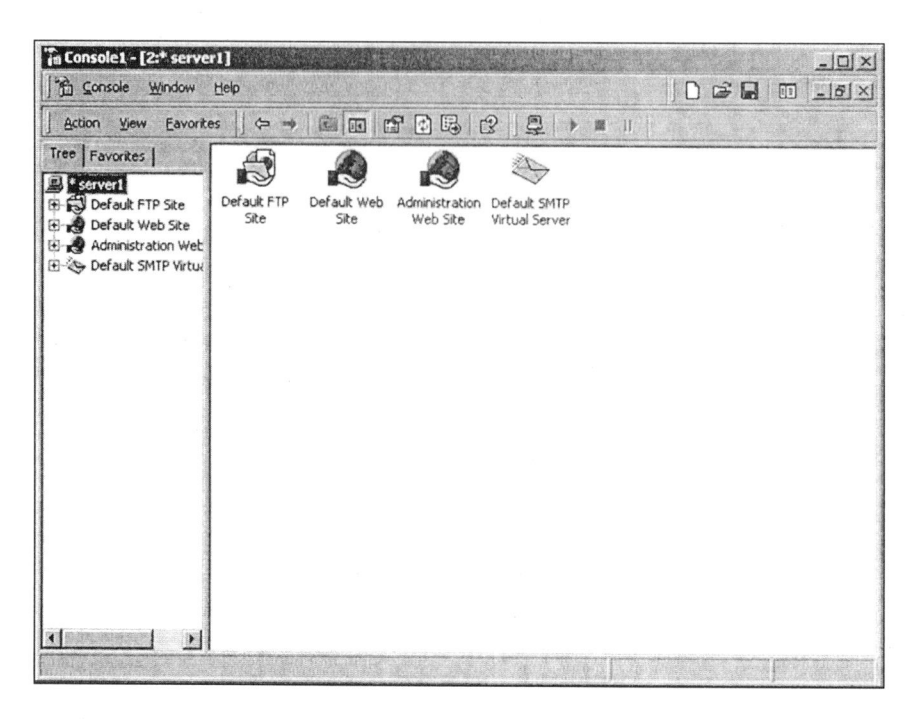

Figura 2-11 A janela-filho pode ser redimensionada

Como acrescentar um nó ao MMC

Conforme mencionado anteriormente, diversos tipos de nós podem ser adicionais ao console, inclusive pastas virtuais, *links* para endereços da Web e controles ActiveX. Aqui, damos um exemplo de como adicionar um nó ao console, que funciona como um *link* para a *homepage* do servidor IIS em seu Web *site* default. Este nó será imediatamente colocado atrás do nó Internet Information Services no *namespace*.

Para adicionar um novo nó ao MMC:

Selecione o nó Internet Information Services no painel de escopo e escolha Console, Add-Remove Snap-in do menu, para abrir a caixa Add/Remove Snap-in. Clique no botão Add para abrir a caixa Add Standalone Snap-in, selecione Link to Web Address (*Link* para endereço Web), por exemplo, e clique em Add.

Este método abrirá o Link to Web Address Wizard (Assistente de *link* para endereço da Web). Digite o URL

```
http://<server_name>
```

onde `<server_name>` é o nome NetBIOS, ou nome completo do domínio do servidor IIS 5.0 para o qual você deseja criar um *link* para sua *homepage* em seu Web *site* default (Figura 2-12).

Capítulo 2 - Ferramentas para administração

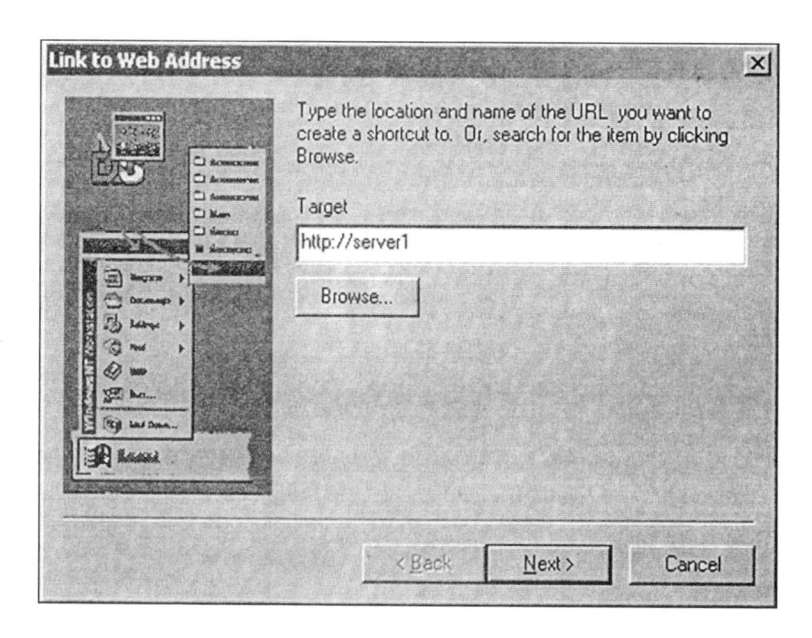

Figura 2-12 O Assistente de link para endereço Web

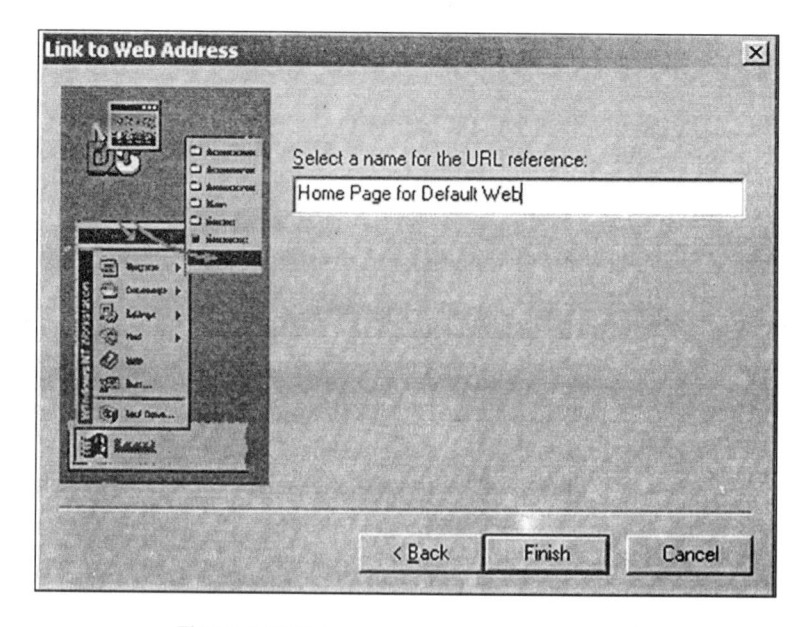

Figura 2-13 Entre com um nome para o novo nó

Clique em Next (Próximo) e entre com um nome amigável (descrição) para este novo nó (escolhemos o nome *Home Page for Default Web* (*Página inicial* para Web default) neste exemplo). Depois, clique em Finish (Terminar) para criar o novo nó (veja a Figura 2-13). Observe que um ícone de página da Web aparece no painel de resultados quando o nó Internet Information Services é selecionado no painel de escopo.

Sua janela de console pode ser mais personalizada ainda, pois nós que têm ícones de pasta (por exemplo, pastas virtuais e *snap-ins*), *links* para endereços da Web e controles ActiveX podem ser cortados, copiados e colados segundo diferentes organizações, usando o botão Action na *rebar* ou usando os menus de atalho que aparecem quando você clica com o botão direito do mouse nesses nós.

Finalmente, clique no novo ícone Home Page for Default Web, no painel de escopo (ou clique duas vezes sobre o nó no painel de resultados), e a página da Web se abrirá no painel de resultados, conforme apresentado na Figura 2-14.

Note que, ao ser aberta uma página da Web no painel de resultados, botões adicionais de navegação para a Web tornam-se disponíveis na *rebar* (observe a Figura 2-14). Lembre-se de que a aparência da *rebar* é alterada de acordo com o contexto, dependendo do nó selecionado no momento.

Como salvar um console MMC

Para salvar o console recém-configurado:

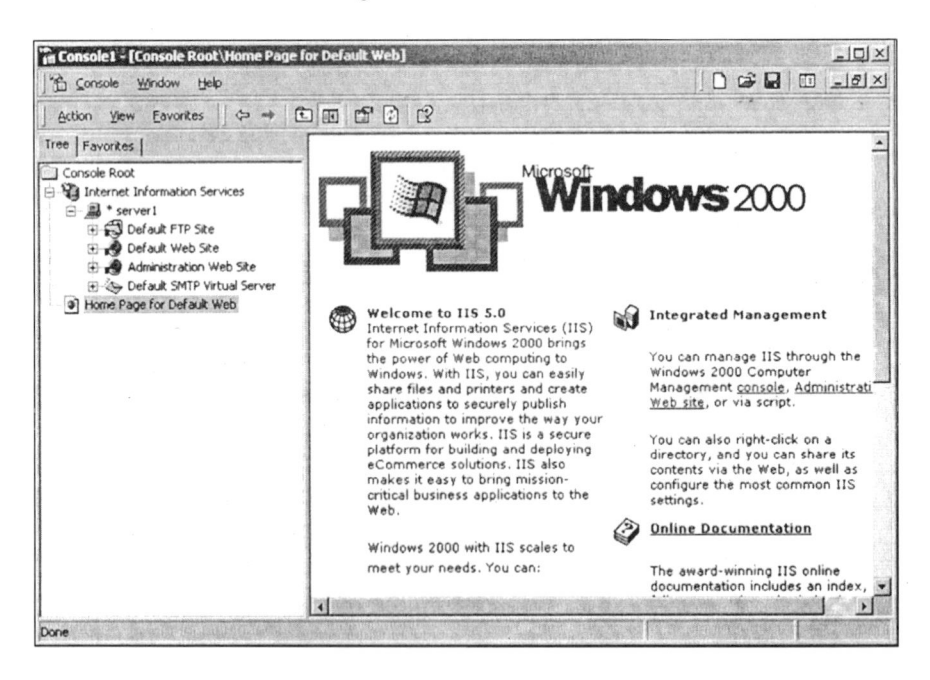

Figura 2-14 A página da Web se abre no painel de resultados

Capítulo 2 - Ferramentas para administração   **43**

Escolha Console, Save (Salvar) ou Save As (Salvar como) a partir do menu; ou

Clique no botão Save na barra de ferramentas principal.

A caixa de diálogo Save As aparece. Digite um nome de arquivo para seu novo console e salve-o com a extensão default .msc no local que você especificar. O arquivo .msc que você cria é chamado de *ferramenta*.

São as seguintes as possíveis localizações para salvar uma ferramenta:

- Pasta Administrative Tools (Ferramentas administrativas) (esta é a localização-default para salvar arquivos .msc), que aparece na pasta Programs no menu Start (veja a Figura 2-15). Isto coloca a recém-criada ferramenta em Administrative Tools na pasta

    `C:\Documents and Settings\Administrator\Start Menu\Programs\Administrative Tools\`

- Uma rede compartilhada em um volume NTFS, acessível a outros administradores e operadores de servidor. Por exemplo, se você criar um console padronizado, adicionando apenas alguns nós, você pode querer ajustar o arquivo .msc para o modo apenas de leitura, a fim de que o administrador ou o operador ao qual você delegar o console não possa modificar o arquivo;

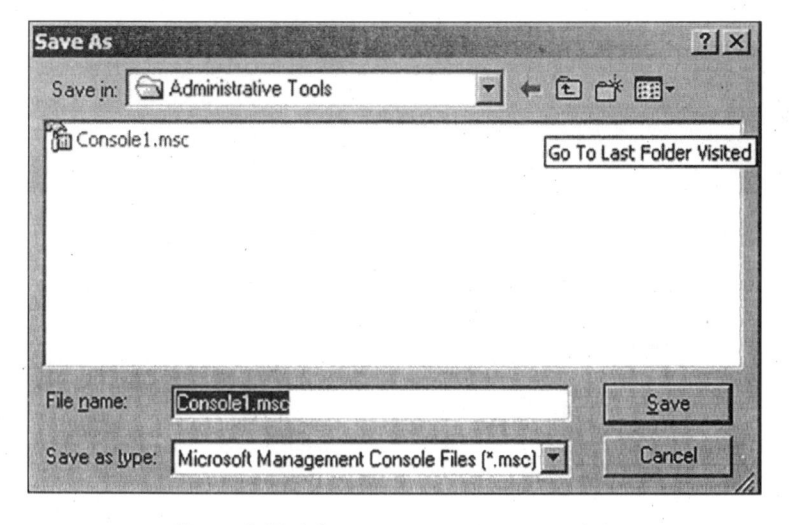

Figura 2-15 A ferramenta recentemente criada pode ser salva na pasta Tools.

- Anexada a uma mensagem de e-mail enviada a um administrador ou operador designado.

Nota:

O administrador ou operador designado que usa o arquivo .msc que você criou, precisa ter o MMC instalado localmente em sua máquina, com os snap-ins necessários adicionados, de modo a ser capaz de usar o arquivo .msc. O arquivo .msc contém apenas informações de configuração e não tem capacidade de gerenciamento intrínseco.

Outros exemplos de como usar o MMC

Olhe novamente, por um instante, a Figura 2-2. Ela mostra o Web *site* padrão selecionado no painel de escopo no servidor IIS 5.0 chamado server1. O painel de resultados mostra o conteúdo (páginas da Web e arquivos) que formam este Web *site*. Mas, onde, de fato, estão localizados os conteúdos? Em outras palavras, qual é a localização (local ou na rede) do diretório pessoal do Web *site* default?

Para obter a resposta a esta pergunta, na tela igual à da Figura 2-2, simplesmente clique com o botão direito do mouse no nó Default Web Site no MMC e selecione Explore (Explorar) para abrir o Windows Explorer (Figura 2-16). Esta ação abrirá o Windows Explorer no diretório inicial para o Web *site* default, neste caso:

`C:\winnt\inetpub\wwwroot\`

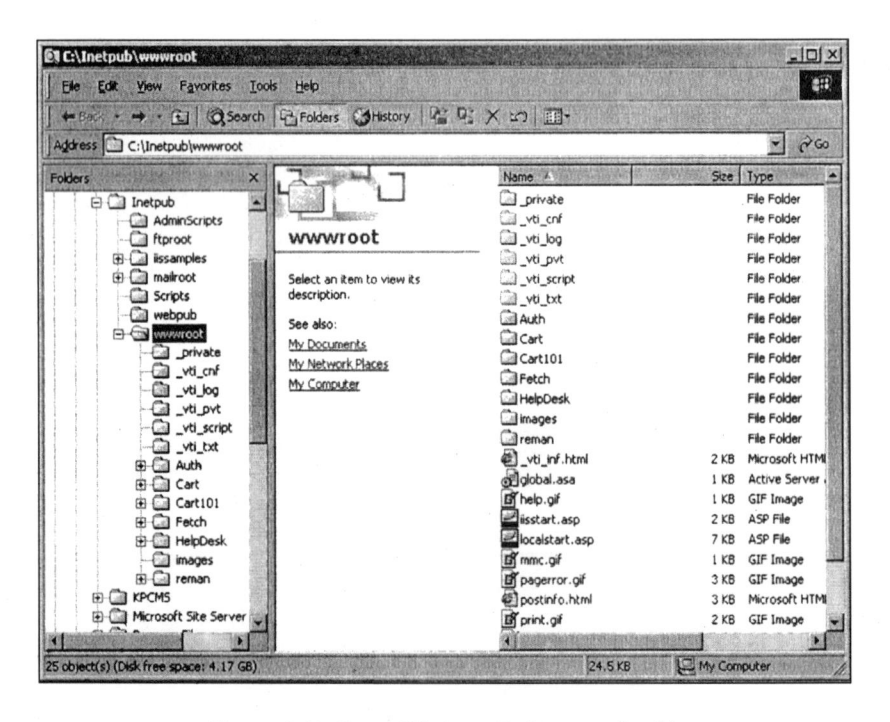

Figura 2-16 Abra o Windows Explorer no diretório inicial para o Web site *default*

Capítulo 2 - Ferramentas para administração **45**

É fácil fazer ajustes em um Web *site* usando o MMC. Na tela da Figura 2-2, simplesmente clique com o botão direito do mouse no nó Administration Web Site e selecione Properties para acessar a caixa Administration Web Site Properties (veja a Figura 2-17).

No Capítulo 3, *Como administrar o serviço WWW*, veremos como usar essas páginas de propriedades para uma ampla variedade de configurações para servidores, *sites WEB e de FTP* e mesmo para diretórios e arquivos individuais.

Ajustes feitos nas páginas de propriedades são armazenados na *Metabase* — um banco de dados hierárquico residente na memória, onde são armazenadas as configurações e propriedades do IIS 5.0. Muitos desses ajustes foram armazenados no Registro em versões anteriores de IIS, mas agora estes ajustes migraram para a Metabase, pois ela é mais flexível e mais rápida de acessar do que o Registro. Entretanto, algumas chaves de registro IIS permanecem para garantir a compatibilidade com versões anteriores do IIS.

No Windows 2000 Server Resource Kit, você encontrará uma ferramenta chamada Metabase Editor, que permite a você modificar a Metabase do IIS da mesma forma que você modificaria o Registro de sistema do Windows 2000. O arquivo de inicialização para instalar metaedit está localizado em `<cdroot>\apps\metadit` do Windows 2000 Server Resource Kit.

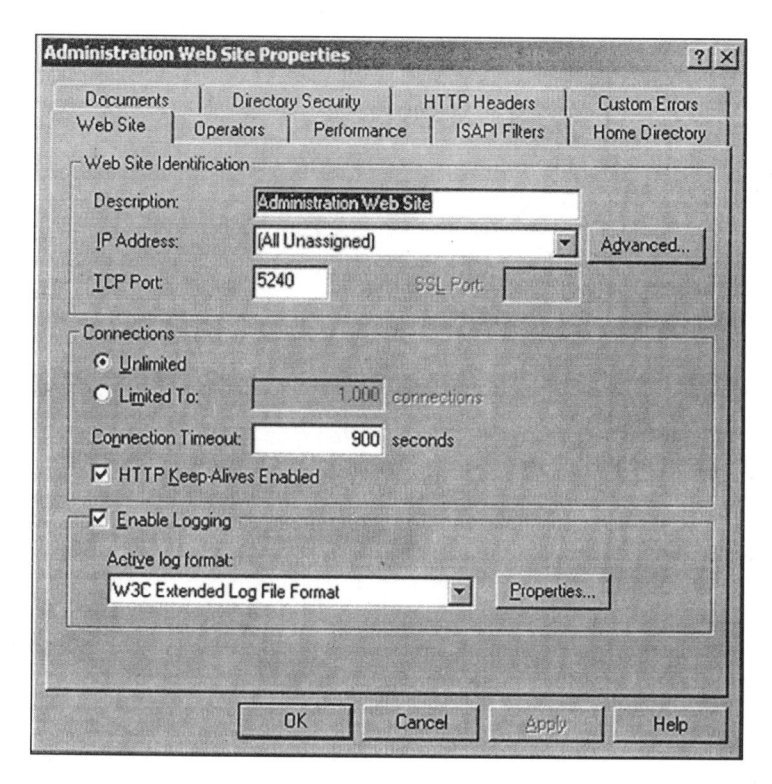

Figura 2-17 Acesse a caixa de diálogo Administration Web Site Properties

Exatamente como com o Registro, fazer ajustes incorretamente no Metabase pode tornar seu servidor IIS 5.0 incapaz de operar, portanto é necessário cuidado extremo com o Metabase. Para obter informações sobre APIs VBScript para editar o Metabase consulte a documentação *online* do IIS.

Como usar MMC para administração remota

Passamos pela personalização de um console MMC, acrescentando nós para nossa máquina local, mas você também pode usar com facilidade os mesmos métodos para administrar outros servidores localizados em sua LAN — Local Area Network. A partir de qualquer máquina Windows 2000 você pode iniciar MMC e criar um console que contenha o Internet Services Manager. Você pode conectar-se a um servidor remoto a partir de MMC de duas maneiras:

Selecione Internet Services Manager; clique com o botão direito do mouse para abrir o menu de opções, selecione Connect e digite o servidor ao qual você deseja se conectar;

ou

Selecione Internet Services Manager, selecione Action, Connect a partir do menu de opções e digite o servidor ao qual você deseja se conectar.

Você precisa ter o *snap-in* apropriado instalado na máquina-cliente na qual você está localmente logado para gerenciar a máquina remota. Você pode ver os resultados de ter mais de uma máquina no MMC na Figura 2-18.

Guia — Como usar o MMC para habilitar o Internet Service Manager (HTML) para administração remota

Você pode usar o MMC para configurar *sites* da Web e de FTP criados em seu servidor IIS. Por exemplo, na Figura 2-2, simplesmente clique com o botão direito do mouse no nó Administration Web Site e selecione Open ou Browse no menu de atalho. Isto abre a *página inicial do site* de administração Web usado para administrar remotamente servidores IIS 5.0 com apenas um *browser*. O site de administração Web também é conhecido como *Internet Service Manager HTML* e é uma ferramenta para administração remota de servidores IIS utilizando um *browser* padrão da Web. Apresentaremos o Internet Service Manager (HTML) na próxima seção deste capítulo.

Capítulo 2 - Ferramentas para administração 47

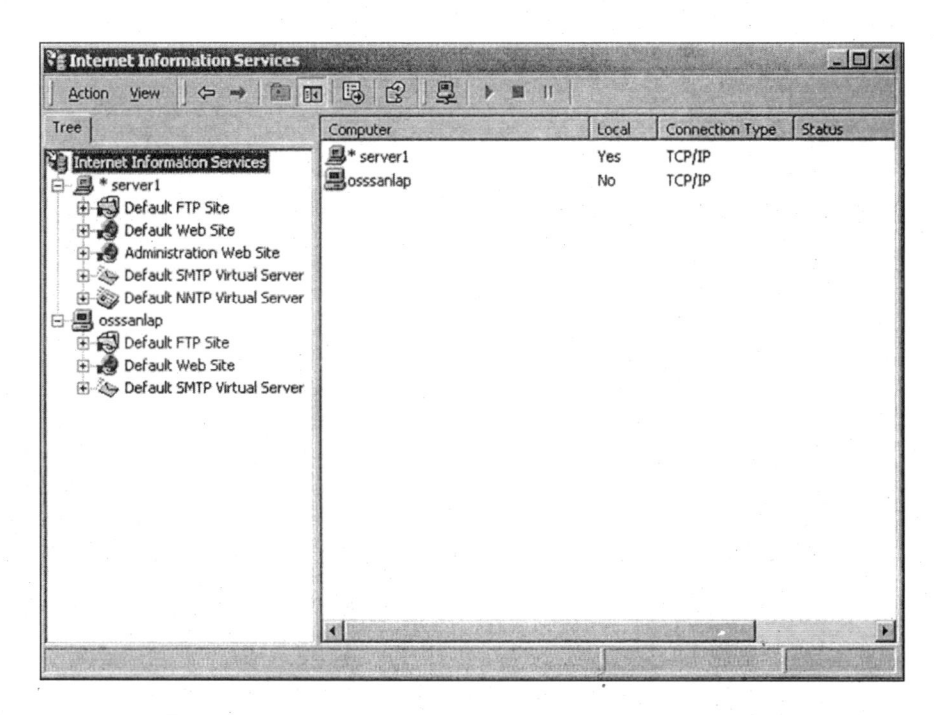

Figura 2-18 Os resultados de ter mais de uma máquina no MMC

Observe a Figura 2-19: o que, de fato, se abre se tentamos o procedimento acima é uma página de erro HTTP 403. Isto ocorre porque, depois de uma instalação default do IIS 5.0, os ajustes de segurança precisam ser modificados para permitir a administração remota de servidores IIS 5.0 e o acesso à administração do Web *site* a partir de um *browser*. Os ajustes default para a administração do Web *site* quando o IIS 5.0 é instalado incluem uma restrição de endereço IP, que só permite que o *site* seja acessado pelos seguintes URLs:

`http://localhost:<tcp_port_number>;`

ou

`http://127.0.0.1:<tcp_port_number>.`

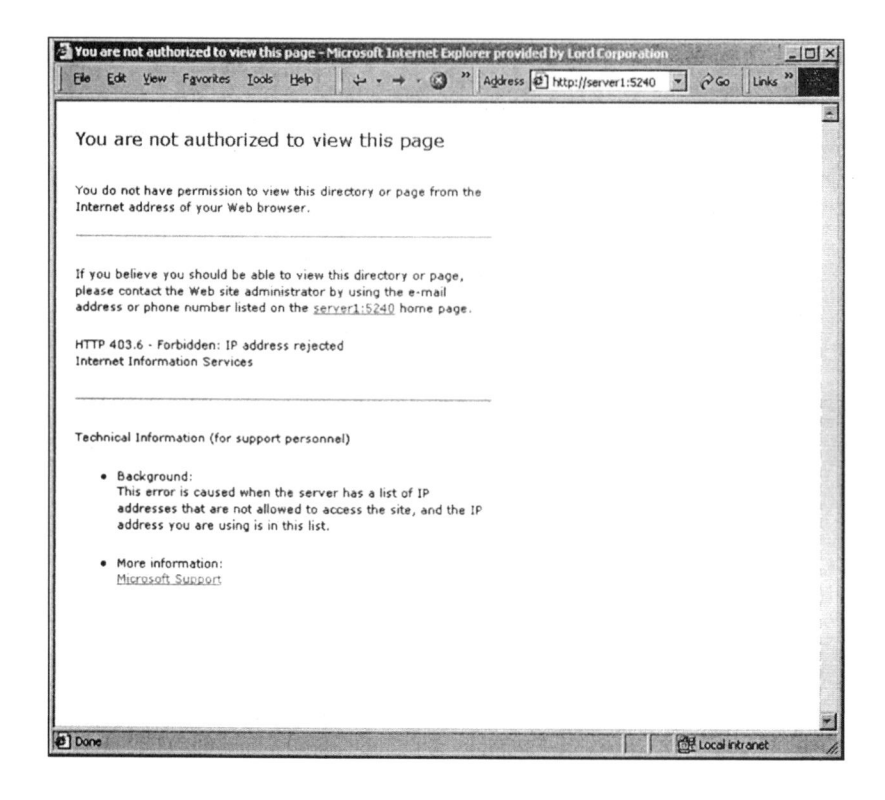

Figura 2-19 Página HTTP Error 403

Onde <tcp_port_number> é o número da porta para a administração do Web *site*. Este pode ser encontrado na guia do Web *site* da folha Administration Web Site Properties. Na Figura 2-17, este número de porta é 5240, assim a administração do Web *site* pode ser acessada a partir dos URLs:

http://localhost:5240;

ou

http://127.0.0.1:5240.

Capítulo 2 - Ferramentas para administração 49

Entretanto, os dois URLs acima só vão funcionar se o *browser* estiver instalado no próprio servidor. Além do mais, se você clicar com o botão direito do mouse no nó de administração do Web *site* no MMC e selecionar Browse, o *browser* tentará abrir o *site*

`http://<server_name>:<tcp_port_number>`

ou, neste caso

`http://server1:5240`

que não funciona nem local, nem remotamente, devido à restrição colocada ao endereço IP.
Esta restrição de endereço IP default significa, essencialmente que, quando você instala o IIS 5.0, você só pode usar o Internet Service Manager (HTML) para gerenciar o servidor a partir de um *browser* que esteja instalado localmente no servidor IIS. Você precisa acessá-lo pelo *localhost* (hospedeiro local) ou através do endereço *loopback*, e não pelo do nome NetBIOS do servidor ou do nome completo de domínio. Portanto, se queremos capacitar administradores para usar *browsers* em computadores remotos para administrar os servidores IIS, precisamos refazer as configurações default de segurança.

Para remover essa restrição de endereço IP, acesse a folha Administration Web Site Properties (Figura 2-17), selecione a guia Directory Security e clique no botão Edit para IP Address and Domain Name Restrictions. Com isso, temos a caixa de diálogo IP Address and Domain Name Restrictions, conforme mostrado na figura 2-20.

Observe o ajuste default para este Web *site*: todos aqueles endereços IP têm acesso negado, exceto o endereço *loopback* 127.0.0.1. Está permitido o acesso ao site.

Selecione o botão de rádio Granted Access para autorizar todos os compûtadores a acessarem o Web *site*. Desta forma, um administrador será capaz de administrar o servidor IIS usando a administração do Web *site* de qualquer computador, independente de seu endereço IP, bastando que o computador tenha o *browser* adequado instalado.

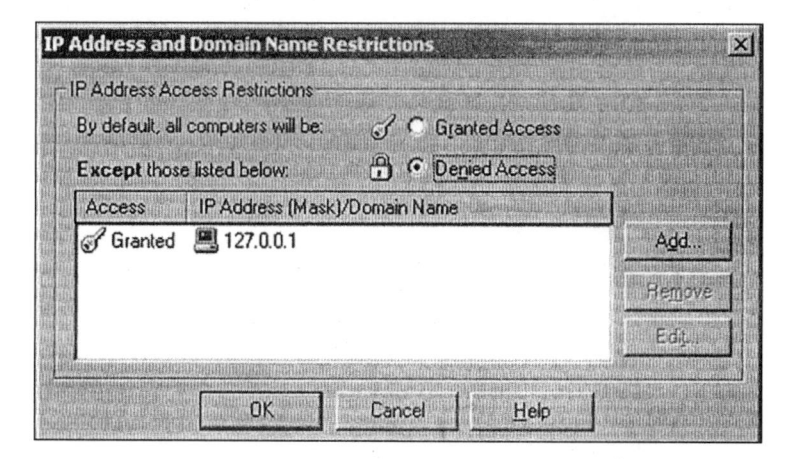

Figura 2-20 A caixa de diálogo IP Address and Domain Name Restrictions

É claro que permitir a todos os computadores acessarem a administração do Web *site* cria uma brecha na segurança; qualquer um que conheça qual porta de administração do Web *site* está sendo utilizada pode conectar-se ao *site* e realizar tarefas administrativas.

Precisamos fechar essa brecha. Na página Administration Web Site Properties, selecione novamente a guia Directory Security e clique no botão Edit para o acesso Anonymous e o controle de autenticação. Isto mostra a caixa de diálogo Authentication Methods, conforme mostrado na Figura 2-21. Remova a seleção Anonymous Access (se ela estiver selecionada), assegurando-se de que apenas a autenticação Integrated Windows esteja habilitada. Fazendo isso, você terá mais segurança na restrição, de modo que, para administrar o *site*, você precisa ter uma conta de usuário Windows válida. Depois, clique no botão OK para confirmar as alterações e feche a caixa de diálogo.

A seguir, selecione a guia Operators e assegure-se de que apenas o grupo que recebeu privilégios de operador no Web *site* de administração seja o grupo local de administradores. Isto protege o *site*, pois apenas membros do grupo local de administração têm permissão para acessá-lo.

Finalmente, para garantir a segurança, remova o grupo Everyone de todos os arquivos e subdiretórios no diretório que contém os arquivos Internet Service Manager (HTML), ou seja:

`C:\winnt\system32\inetsrv\`

Agora você deve ser capaz de conectar-se, com segurança, local ou remotamente, ao Web *site* de administração, usando o seguinte URL a partir de um *browser* adequado em qualquer computador no domínio em que você está registrado como administrador:

Figura 2-21 A caixa de diálogo Authentication Methods

Capítulo 2 - Ferramentas para administração   51

```
http://<server_name>:<tcp_port_number>
```

ou, neste caso

```
http://server1:7935
```

Quando você usa este URL no Internet Explorer 5.0, o resultado é aquele mostrado na Figura 2-22.

O uso de MMC para configurar páginas de propriedade de servidor IIS 5.0 para sites Web e de FTP será explanado em mais detalhes nos Capítulos 3 e 10.

Como entender o Internet Service Manager (HTML)

Como mencionado acima, o IIS 5.0 inclui uma versão baseada em *browser* do Internet Service Manager, o ISM — Internet Service Manager (HTML). O 'ISM (HTML) permite administrar remotamente servidores IIS 5.0 a partir de *browsers* em uma intranet ou na Internet. A seção anterior lidou com o uso do MMC para modificar configurações de segurança IIS, para habilitar administração remota com o ISM (HTML).

Figura 2-22 Agora você pode conectar-se com segurança, local ou remotamente, ào Web site de administração

Para usar o ISM (HTML), o administrador precisa saber para qual porta TCP a Web *site* de administração está configurada para uso, porque, estando o IIS 5.0 instalado em uma máquina, ele atribui aleatoriamente um número de porta (entre 2000 e 9999) para oWeb *site* de administração. Entretanto, a o Web *site* de administração responderá a todos os nomes de domínio configurados no servidor IIS, desde que o número da porta seja anexado à solicitação.

O ISM (HTML) executará a partir de *browsers* que suportem JScript e *frames* — por exemplo, Internet Explorer 3.02 ou superior.

O ISM (HTML) permite aos administradores realizarem a maioria das funções de gerenciamento que o MMC oferece. No entanto, determinadas funções que podem ser realizadas no MMC não podem ser realizadas a partir de ISM (HTML), tais como configurar o Web *site* de administração.

Como usar o Internet Service Manager (HTML)

Nas seções que seguem, aprenderemos como iniciar o Internet Service Manager e como usá-lo para configurar propriedades do *site*.

Como iniciar o Internet Service Manager (HTML)

Para iniciar o ISM (HTML) a partir do próprio servidor IIS, acesse o URL:

`http://<host>:<admin_port_number>`

onde <host> é o endereço IP, o nome NetBIOS ou o nome completo de domínio do servidor e <admin_port_number> é o número de porta TCP atribuído ao Web *site* de administração. O resultado é mostrado na tela capturada na Figura 2-22.

Para acessar o ISM (HTML) a partir de uma máquina remota, acesse o URL

`http://<hostname>:<admin_port_number>`

ou

`http://<hostname>/iisadmin:<admin_port_number>`

Membros do grupo Administrators podem usar qualquer um dos métodos acima; outros operadores do Web *site* só podem usar o segundo método.

Capítulo 2 - Ferramentas para administração   **53**

Como configurar propriedades do *site* com o Internet Service Manager (HTML)

O Capítulo 3 discute em profundidade as várias opções para configurar o IIS 5.0. O Capítulo 3 lida apenas com o uso do MMC para administrar o IIS, mas usar o ISM (HTML) é essencialmente a mesma coisa, exceto que, ao invés de usar páginas de propriedades em guias, o ISM (HTML) usa *hyperlinks* para acessar diferentes páginas de configuração. Depois de aprender como administrar o IIS com o MMC, basta um passo para administrá-lo com ò ISM (HTML).

Não obstante, eis aqui um pequeno exemplo do uso de ISM (HTML) para configurar o IIS. Para configurar o grupo local de SERVER1\IIS Operators como operadores do Web *site* para o Web *site* default, siga as seguintes etapas, usando o ISM (HTML):

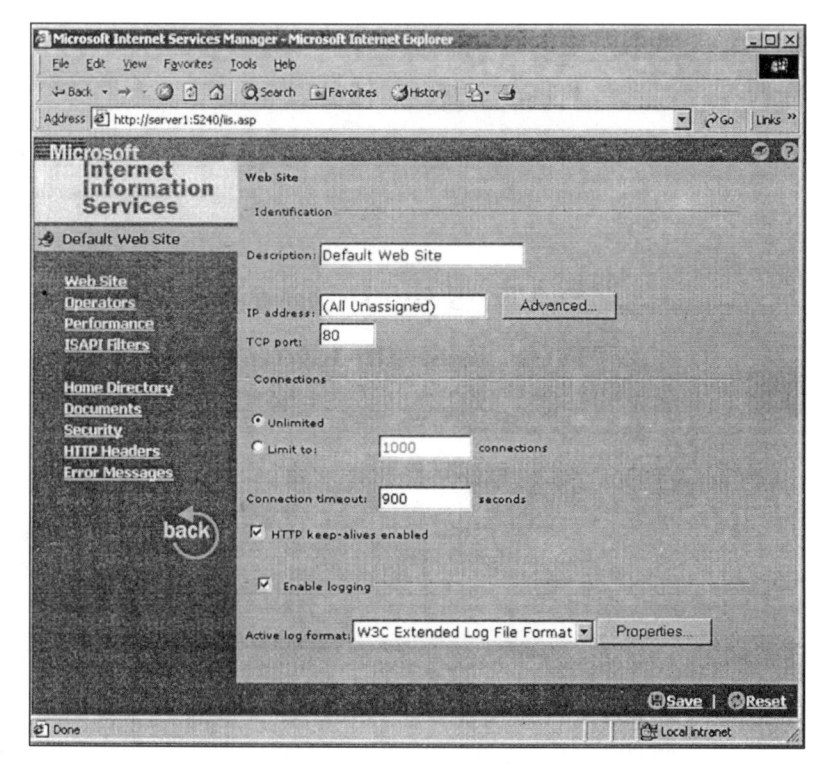

Figura 2-23 Configure o grupo local de SERVER1\IIS Operators como operadores do Web site para o Web site default

Selecione o ícone Default Web Site no painel direito (veja a Figura 2-23) e clique no *hyperlink* Properties, no painel esquerdo;

ou

Clique duas vezes no *hyperlink* Default Web Site, no painel direito na Figura 2-23.

Qualquer dos métodos carrega a nova página no *browser*, que se parece com a da Figura 2-24.

Para conceder privilégios de operador para o Web *site* default a um grupo local chamado IIS Operators no servidor SERVER1, clique no *link* Operators, no painel direito (veja a Figura 2-23). Teremos uma nova visualização no Internet Explorer, que relaciona todos os operadores atuais para o Web *site* default, conforme mostrado na Figura 2-24.

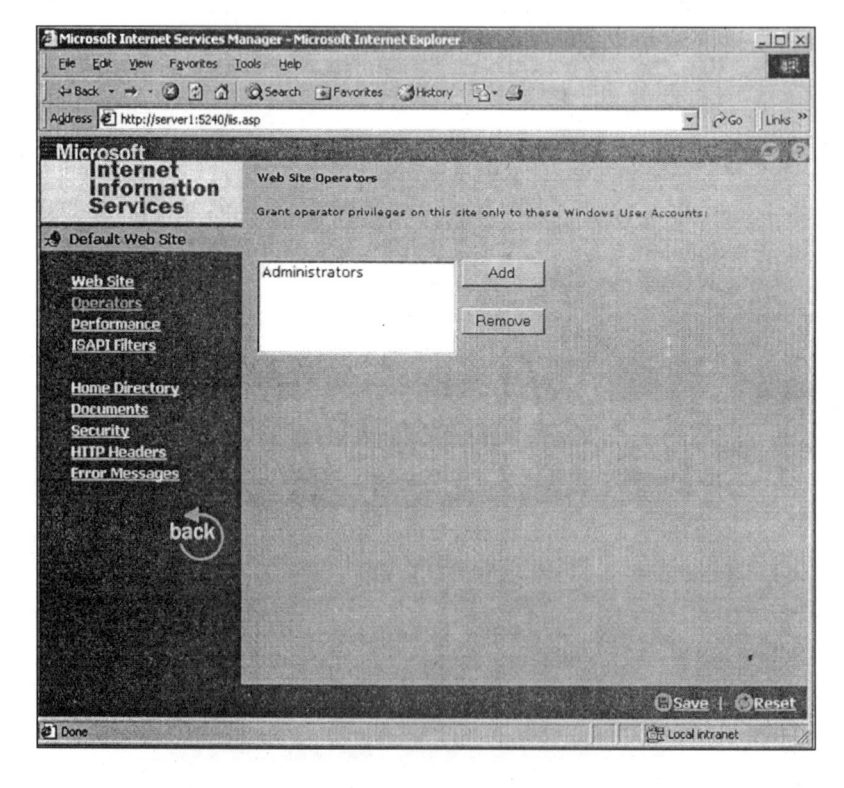

Figura 2-24 Uma nova página é carregada no browser

Capítulo 2 - Ferramentas para administração

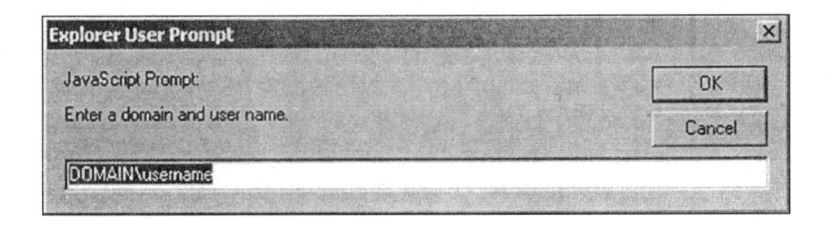

Figura 2-25 O prompt do *Explorer Use*

Depois, clique no botão Add, mostrado na Figura 2-23. A caixa de diálogo Explorer User Prompt aparece, indicando para você entrar com o nome do usuário ou grupo ao qual você deseja conceder privilégios de operador (veja a Figura 2-25). Se você estiver concedendo permissões a um grupo global a partir de um domínio, você deve entrar com o nome de domínio, seguido pelo nome do grupo global. Neste exemplo, estamos usando grupos locais, por isso você deve digitar o nome da máquina local e o grupo local correspondente, da seguinte maneira:

`<domain_name ou machine_name>\<group>`

Para o nosso exemplo, você deve entrar com:

`SERVER1\IIS Operators`

Clique em OK para fechar a caixa de diálogo. Para aplicar as configurações, clique no ícone Save, no pé da página ISM (HTML).

Para verificar seu trabalho, abra o MMC no servidor e acesse a folha Property do Web *site* default. Selecione a guia Operators e verifique se SERVER1\IIS Operators foi adicionado à relação de operadores.

Como entender o Windows Scripting Host

A terceira e última ferramenta de administração incluída no Windows 2000 é WSH — Windows Scripting Host. Esta ferramenta funciona como um controlador de ActiveX *scripting engines*, permitindo a execução de *scripts* administrativos tanto a partir da linha de comando, quanto diretamente de atalhos no *desktop*.

Atualmente a Microsoft oferece três produtos que executam linguagens de *script*:

- Internet Information Services executa Active Server Pages, que são *server-side scripts* executados em servidores Web;
- Internet Explorer pode executar *client-side scripts* no *browser*;
- O Windows Scripting Host pode executar *scripts* diretamente em consoles de administrador.

As linguagens usuais de *script* para o Windows Scripting Host são VBScript — Visual Basic Scripting Language e Jscript — JavaScript, porém outros *scripting engines*, como Perl, podem ser registrados no sistema e mapeados para o WSH. Veja a seção de documentação *online*, denominada *Windows Scripting Host Programmer's Reference* (Referência do programador de Windows Scripting Host) para informações mais detalhadas sobre como registrar um novo *scripting engine* para WSH.

A principal vantagem de usar o WSH é que *scripts* escritos em VBScript e JScript são muito mais poderosos do que aqueles escritos com a linguagem de *script* padrão de arquivos de comando em lote MS-DOS. Usando VBScript ou JScript, o administrador pode escrever *scripts* interativos ou em lote (isto é, não-interativos), que realizam tarefas administrativas, tais como:

- Criação de usuários e grupos;
- Configuração de variáveis de ambientes;
- Configuração de chaves no Registro e no Metabase;
- Mapeamento de *drives* de rede;
- Realização de autenticação adicional de usuário.

O WSH é executado no Windows 2000 Server, Professional, Advanced Server e Windows 98.

Você pode fazer *download* do WSH separadamente e instalá-lo em sua máquina, visitando o seguinte URL, no Web *site* da Microsoft:

msdn.microsoft.com/scripting.

Exemplos de *scripts* estão incluídos na instalação do WSH em:

C:\winnt\samples\WSH e **C:\inetpub\AdminScripts**

Confira os exemplos relacionados na Tabela 2-1.

Os *scripts* da Tabela 2-1 e outros exemplos de *scripts* também estão disponíveis no Web *site* da Microsoft como um arquivo *self-extracting* (auto-extração). Para obter estes exemplos, abra o URL

msdn.microsoft.com/scripting.

Como usar o Windows Scripting Host

Esta seção apresenta a configuração e execução de *scripts*, usando o WSH. Desenvolver e testar *scripts* em VBScripts e JScripts exige conhecimento das respectivas linguagens de *script* e está além do escopo deste livro.

Capítulo 2 - Ferramentas para administração

Como executar *scripts* a partir da linha de comando, usando o WSH

Scripts em VBScript ou JScript podem ser executados a partir da linha de comando, usando a versão *command-line-only* (apenas-linha-de-comando) do WSH. Esta versão *command-line-only* do WSH é chamada cscript.exe e está localizada no caminho

`C:\winnt\system32\cscript.exe`

embora ela possa ser instalada em qualquer lugar no caminho principal do sistema.

Tabela 2-1 *Scripts* e funções

Script	O que ele faz
`C:\winnt\samplesWSH\Chart.vbs` `C:\winnt\samples\WSH\Chart.js`	Demonstra como acessar Microsoft Excel usando o WSH
`C:\winnt\samples\WSH\Excel.vbs` `C:\winnt\samples\WSH\Excel.js`	Demonstra as propriedades de WSH no Microsoft Excel
`C:\winnt\samples\WSH\Network.vbs` `C:\winnt\samples\WSH\Network.js`	Exibe nomes de usuário e computador, lista *drives* de rede e mapeia novos
`C:\winnt\samplesWSH\Registry.vbs` `C:\winnt\samples\WSH\Registry.js`	Escreve chaves para o registro e depois as apaga
`C:\winnt\samples\WSH\Shortcut.vbs` `C:\winnt\samples\WSH\Shortcut.js`	Cria um atalho para o Notepad no *desktop*
`C:\winnt\samples\WSH\Showvar.vbs`	Lista as variáveis de ambiente do servidor
`C:\InetPub\AdminScripts\adsutil.vbs`	Utilitário de administração IIS que manipula IIS através do uso de ADSI
`C:\InetPub\AdminScripts\chaccess.vbs`	Altera permissões de acesso em seus Web *sites*
`C:\InetPub\AdminScripts\contftp.vbs`	Retira da pausa um servidor FTP
`C:\InetPub\AdminScripts\contsrv.vbs`	Retira da pausa um Web *site* individual
`C:\InetPub\AdminScripts\contWeb.vbs`	Retira da pausa um servidor Web
`C:\InetPub\AdminScripts\dispnode.vbs`	Exibe as propriedades de um nó especificado
`C:\InetPub\AdminScripts\disptree.vbs`	Imprime uma árvore de objetos de administração a partir do nó *root* da máquina local
`C:\InetPub\AdminScripts\findWeb.vbs`	Busca um computador na Web, o qual você especificou, e exibe suas propriedades
`C:\InetPub\AdminScripts\mkw3site.vbs`	Cria um novo Web *site* virtual
`C:\InetPub\AdminScripts\mkWebdir.vbs`	Cria um diretório Web virtual fora de um Web *site* especificado

Tabela 2-1 Continuação

Script	O que ele faz
C:\InetPub\AdminScripts\pauseftp.vbs	Coloca em pausa um *site* FTP
C:\InetPub\AdminScripts\pausesrv.vbs	Coloca em pausa um Web *site* individual
C:\InetPub\AdminScripts\pauseWeb.vbs	Coloca em pausa os serviços da Web
C:\InetPub\AdminScripts\startftp.vbs	Inicia um *site* FTP
C:\InetPub\AdminScripts\startsrv.vbs	Inicia um Web *site* individual
C:\InetPub\AdminScripts\startWeb.vbs	Inicia os serviços da Web
C:\InetPub\AdminScripts\stopftp.vbs	Pára um *site* FTP
C:\InetPub\AdminScripts\stopsrv.vbs	Pára um Web *site* individual
C:\InetPub\AdminScripts\stopWeb.vbs	Pára os serviços da Web
C:\InetPub\AdminScripts\synciwam.vbs	Sincroniza as contas IWAM. Usado para identidades de objeto sendo executado em COM+.

Para executar o exemplo de *script* showvar.vbs a partir da linha de comando, abra uma janela Command Prompt e digite

`cscript showvar.vbs.`

O resultado será uma série de caixas de diálogo exibindo as variáveis de ambiente atualmente definidas no servidor IIS.

Opções de linha de comando para o WSH

A sintaxe completa para executar *scripts* com a linha de comando da versão WSH é a seguinte:

`cscript <script_filename> <host_options> <script_options>`

onde

- `<script_filename>` é o caminho para o *script* (a menos que ele esteja localizado no diretório atual);
- `<host_options>` são opções precedidas por duas barras inclinadas (//), que habilitam ou desabilitam determinados aspectos do WSH;
- `<script_options>` são parâmetros precedidos por uma barra inclinada (/) que são passados ao *script* para ele ser executado adequadamente (dependendo do *script*).

A Tabela 2-1 explica as opções de *host* disponíveis com a linha de comando da versão WSH.

Como executar *scripts* a partir do *desktop* usando o WSH

Scripts em VBScript ou JScript podem ser executados a partir do *desktop*, usando a versão para Windows do WSH. Esta versão do WSH é chamada wscript.exe e está localizada no caminho

`C:\winnt\system32\wscript.exe`

embora ela possa ser executada em qualquer lugar no caminho do sistema principal.

Para executar o exemplo de *script* showvar.vbs a partir do *desktop*, siga um dos procedimentos indicados:

- clique duas vezes no ícone de showvar.vbs no Windows Explorer, My Computer (Meu computador), na caixa Find (Localizar) ou no *desktop*. O WSH faz uso das extensões de arquivo .vbs e .js para executar *scripts*;
- clique em Start, Run, digite o caminho para o *script* e clique em OK;
- vá para a linha de comando e digite

    `wscript showvar.vbs`

Novamente, o resultado será uma série de caixas de diálogo, exibindo as variáveis de ambiente atualmente definidas no servidor IIS.

Como configurar arquivos .wsh para *scripts* WHS para Windows

Exatamente como programas DOS sendo executados na antiga plataforma Windows 3.1 precisavam de um arquivo PIF para configurar o ambiente no qual eles eram executados, *scripts* que são executados com a versão para Windows do WSH podem usar um arquivo de configuração chamado de arquivo .wsh.

Configurações por *script* podem ser feitas, criando um arquivo .wsh para cada *script*. *Scripts* podem ter múltiplos arquivos .wsh, permitindo a um administrador criar múltiplas configurações para executar *scripts* e depois atribuir diferentes configurações para diferentes pessoas no sistema.

Para criar um arquivo .wsh para um *script* (por exemplo, showvar.vbs), localize o *script* no Windows Explorer ou em My Computer, clique com o botão direito do mouse no *script* e selecione Properties. Selecione a guia Scripts da página de propriedades e selecione as opções de configuração em tempo de execução, de acordo com o desejado para este *script* em particular.

Quando você fechar a caixa Properties, um arquivo chamado showvar.vbs é criado no mesmo diretório do *script*. Este arquivo pode ser aberto em qualquer editor de textos e se parece com o que segue, dependendo das opções selecionadas:

```
[ScriptFile]
Path5C:\winnt\Samples\wsh\showvar.vbs
[Options]
Timeout=10
DisplayLogo=1
BatchMode=0
```

Enquanto arquivos .wsh ajustam opções para *scripts* específicos, também é possível ajustar opções globais para todos os *scripts* sendo executados pelo WSH. Para ajustar opções globais para todos os *scripts* executados pelo WSH, localize o arquivo wscript.exe no diretório System32 e clique nele duas vezes para abrir a caixa Windows Scripting Host. Na guia General (Geral), selecione as opções em tempo de execução que você deseja como default para todos os *scripts* executados em sua máquina. As ações atualmente disponíveis na versão 2.0 do WSH são:

- parar *scripts* após um número especificado de segundos;
- exibir logotipos, quando *scripts* são executados no modo de comando.

Dado que as opções disponíveis são mais limitadas, a versão do WSH baseada em Windows é mais adequada para *scripts* interativos ao invés de *scripts* em lote.

Para executar um *script* usando o arquivo .wsh, clique duas vezes no arquivo .wsh para executar o *script*. Se você clicar duas vezes no próprio *script*, ele ignorará o arquivo .wsh.

Nota:

Assegure-se de manter o arquivo .wsh no mesmo diretório do script. Se você mover o arquivo .wsh para um diretório diferente, você deve editar o arquivo e modificar a declaração Path (Caminho) dentro dele.

Resumo

Existem três ferramentas principais para administrar um servidor IIS, a versão HTML do Internet Service Manager para administração remota usando um *browser*, o Windows Scripting Host para *scripts* em lote e interativos de comandos administrativos, que são executadas tanto no *desktop* quanto a partir da linha de comando e o Microsoft Management Console. Você pode selecionar a ferramenta mais adequada às tarefas administrativas que você precisa realizar. Administradores também devem visitar regularmente o Web *site* da Microsoft para atualizar as ferramentas de gerenciamento.

Capítulo 2 - Ferramentas para administração   61

Para mais informações

Para mais informações, tente os seguintes recursos impressos e de Internet.

Web *site* da Microsoft

Para informações gerais sobre ferramentas Microsoft de gerenciamento, visite o Web *site* da Microsoft em

`www.microsoft.com\management`

A Microsoft também oferece Microsoft Terminal Services (Serviços de Terminal Microsoft) para um método de administrar remotamente um Windows 2000 Server. Para informações, reporte-se à documentação do Windows 2000.

As mais recentes informações sobre o Microsoft Management Console (MMC) podem ser encontradas em

`http://www.microsoft.com/management/mmc/helpmenu_productnews.htm`

Newsgroups públicos Microsoft

Para *newsgroups* referentes ao MMC, conecte-se ao servidor de notícias `msnews.microsoft.com`. Recomendamos que você se inscreva no

`microsoft.public.management.mmc`.

Revista *Windows NT*

A edição de dezembro de 1999 apresenta um artigo intitulado "Windows Scripting Host 2.0 — The Scoop on the Windows Script File Format" (Furo de reportagem sobre o formato de arquivo *script* do Windows), que oferece uma visão geral útil sobre o Windows Scripting Host.

A edição de dezembro de 1999 traz também o artigo intitulado "A Tour Through Beta 3" (Um passeio pelo Beta 3), que apresenta uma visão geral de gerenciamento do Windows 2000 usando MMC.

A edição de outubro de 1999 tem um artigo, disponível apenas na Web, intitulado "Getting the Most Out of MMC" (Como obter o máximo do MMC), que fornece informações úteis sobre MMC e seu uso com o Windows 2000.

`www.winntmag.com/Articles/Content/7415_01.html`

Você também pode visitar o Web *site* do Windows NT Magazine em `www.winntmag.com`.

Capítulo **3**

Como administrar o serviço WWW

Introdução

O *World Wide Web* (WWW) Publishing Service é o principal componente do Internet Information Services 5.0, capacitando a publicação de ambos os conteúdos Web, estático e dinâmico, e possibilitando a administração remota do IIS 5.0 através do Internet Explorer 5.0. Depois de terminar este capítulo, você será capaz de:

- Entender o HTTP — *Hypertext Transfer Protocol*, que oferece suporte ao serviço WWW e como o protocolo HTTP 1.1 é implementado no IIS 5.0;
- Configurar o serviço WWW no IIS 5.0;
- Configurar as propriedades Master, Site, Directory e File para Web *sites*;
- Copiar ajustes de configuração do IIS 5.0.

Como entender o Hypertext Transfer Protocol

O WWW Publishing Service é a parte de servidor do protocolo HTTP cliente/servidor. HTTP é o protocolo de camada-aplicativo que suporta a comunicação entre clientes WWW (chamados *browsers*) e servidores WWW (ou servidores Web). Os *browsers* fazem solicitações HTTP aos servidores da Web, e o servidor responde com respostas HTTP.

A maioria dos servidores WWW suporta a versão 1.1 do HTTP. Atualmente, o HTTP 1.1 é um Draft Standard (Rascunho-padrão) proposto pelo W3C — World Wide Web Consortium e pela IETF — Internet Engineering Task Force. Uma especificação Draft Standard é considerada a etapa final para um produto ser Internet Standard. O HTTP 1.1 tem sido implementado em servidores Web de última geração (inclusive o IIS 4.0 e superiores) e *browsers* de clientes (incluindo o Internet Explorer 4.0 e superiores).

Como entender HTTP

HTTP é um protocolo *stateless* (sem declarações). Em outras palavras, o cliente WWW estabelece uma conexão com um servidor WWW, o servidor transfere o arquivo solicitado ao cliente e a conexão é então encerrada sem que o servidor retenha qualquer memória da transação. Veja mais detalhes do processo de transação HTTP na Figura 3-1.

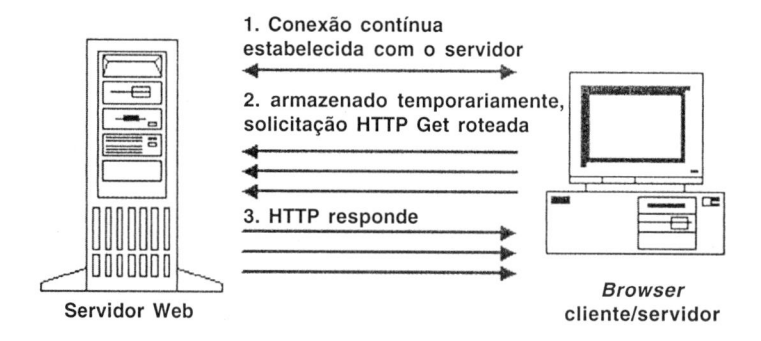

Figura 3-1 Detalhes do HTTP 1.1

1. Um cliente WWW (por exemplo, Internet Explorer) usa um protocolo de transporte (normalmente TCP) para estabelecer uma conexão, em geral na porta 80, com o serviço WWW sendo executado em um servidor WWW (por exemplo, Internet Information Server).

2. Depois que a conexão é estabelecida, o cliente envia uma solicitação ao servidor, normalmente uma mensagem HTTP Get request (HTTP recebe a mensagem de solicitação), pedindo um arquivo do servidor (o primeiro arquivo solicitado é o texto da própria página da Web). O HTTP Get request inclui um cabeçalho com o número da solicitação. O cabeçalho contém informações sobre o tipo de método de transação solicitada, as capacidades do cliente WWW (*browser*) que está fazendo a solicitação e outros dados. O cliente também pode enviar múltiplas solicitações ao servidor, sem aguardar por uma resposta — isto é conhecido como *pipelining* (encadeamento). Encadear uma implementação recente no rascunho HTTP 1.1 resulta em menos atrasos e transferências de arquivo mais rápidas. As solicitações também podem ser armazenadas temporariamente, significando que várias solicitações GET (Obter) são reunidas e depois enviadas ao servidor.

Capítulo 3 - Como administrar o serviço WWW   65

3. O serviço WWW no servidor responde à solicitação, transferindo o arquivo solicitado (um código de erro é retornado se o arquivo solicitado não estiver disponível).
4. O servidor tem capacidade para estabelecer uma conexão *contínua* com o cliente, mantendo assim a conexão TCP aberta enquanto estiverem conectados. Com isso, a transferência dos arquivos que compõem as páginas da Web fica mais rápida, reduzindo a necessidade de estabelecer repetidas ou múltiplas conexões. Este é um aperfeiçoamento em relação às implementações anteriores de HTTP.

Um exemplo de sessão HTTP

Usar uma ferramenta como o Network Monitor da Microsoft permite que você veja o conteúdo de pacotes HTTP diretamente e entenda o que acontece quando um *browser* faz uma solicitação HTTP a um servidor WWW. Vamos considerar um exemplo em que o Internet Explorer 5.0 é o cliente e o Internet Information Server 5.0 é o servidor.

1. Ao ver uma página da Web no *browser*, o usuário clica em um *hyperlink* que aponta para o URL:

   Server1.anycorp.com/resumes/janet.htm

2. Clicar sobre este *link* leva o *browser* a emitir a seguinte mensagem HTTP de solicitação Get ao servidor:

   ```
   GET /resumes/janet.htm HTTP/1.1
   Accept: image/gif, image/x-xbitmap, image/jpeg, image/pjpeg,
        Application/msword, application/vnd.ms-powerpoint, */*
   Accept-Language: en-us
   Accept-Encoding: gzip, deflate
   User-Agent: Mozilla/5.0 (compatible; MSIE 5.0; Windows NT)
   Host: server1
   Connection: Keep-Alive
   ```

   A partir dos cabeçalhos de solicitação do cliente, podemos observar o seguinte:

   - O nome do computador do servidor WWW é server1;
   - O cliente (IE5.0) é um *browser* compatível com HTTP 1.1;
   - O cliente solicita o arquivo /resumes/janet.htm a partir do *root* do servidor.

3. O servidor recebe a solicitação e responde com uma série de pacotes HTTP, o primeiro dos quais contém cabeçalhos de resposta e a parte inicial do arquivo solicitado:

   ```
   HTTP/1.1 200 OK
   Server: Microsoft-IIS/5.0
   Connection: Keep-Alive
   Date: Thu, 06 Jan 2000 19:00:36 GMT
   Content-Type: text/html
   Accept-Ranges: bytes
   ```

```
Last-Modified: Wed, 05 Jan 2000 17:45:28 GM
Ettag: "d0293c63743cbc1:df3"
Content-Length: 3097
<HTML><HEAD><TITLE>Resume of Janet
Smith</TITLE<</HEAD><BODY><H1>Janet Smith,
M.C.S.E.</H1><P><HR><P>My name is Janet Smith, and I am
currently a consultant with...
```

Verificando os cabeçalhos de resposta do servidor, podemos observar o seguinte:

- O servidor (IIS 5.0) é um servidor WWW compatível com HTTP 1.1;
- O tipo de conteúdo que retorna ao cliente é texto/html;
- O arquivo que retorna tem 3097 bytes.

Como entender o serviço WWW

O IIS 5.0 tem um serviço WWW compatível com HTTP 1.1 com uma ampla faixa de ajustes que podem ser configurados para otimizar a sua utilização como um servidor intranet, extranet ou Internet. A principal ferramenta para administrar e configurar o serviço WWW no IIS 5.0 é o *snap-in* ISM — Internet Service Manager para o MMC — Microsoft Management Console. Usando o *snap-in* ISM para o MMC, um administrador pode gerenciar qualquer quantidade de servidores IIS 5.0 em uma rede local.

Para gerenciamento remoto de IIS 5.0 com um *browser* da Web, o Internet Service Manager (HTML) oferece grande parte da funcionalidade do MMC. Devido à similaridade em funcionamento das duas ferramentas, apenas o *snap-in* do ISM para o MMC será coberto neste capítulo, pois esta é a principal ferramenta para a administração de servidor.

Para iniciar Internet Service Manager, escolha Start, Programs, Administrative Tools, Internet Service Manager. Isto abrirá o Microsoft Management Console, a partir do qual você pode expandir o nó Internet Information Services no painel de escopo (do lado esquerdo) e selecionar o servidor IIS local instalado — neste caso, server1. O painel de resultados (do lado direito) exibe os nós configuráveis de IIS em execução no server1 (veja a Figura 3-2).

O serviço WWW em execução no servidor selecionado (server1 em nosso exemplo) é gerenciado principalmente com o uso de *páginas de propriedade*. Cada nó no *namespace* do servidor (incluindo o próprio servidor IIS, o Web site padrão, outros servidores virtuais e diretórios virtuais e até mesmo páginas e arquivos individuais da Web) é um nó no MMC, que tem seu próprio conjunto de *propriedades*. Estas propriedades são acessadas assim:

- Selecionando o nó e clicando no botão Properties na *rebar*;
- Selecionando o nó, clicando no botão Action na *rebar* e escolhendo Properties a partir do menu *drop-down*;
- Clicando com o botão direito do mouse no nó e escolhendo Properties a partir do menu de atalho.

Capítulo 3 - Como administrar o serviço WWW

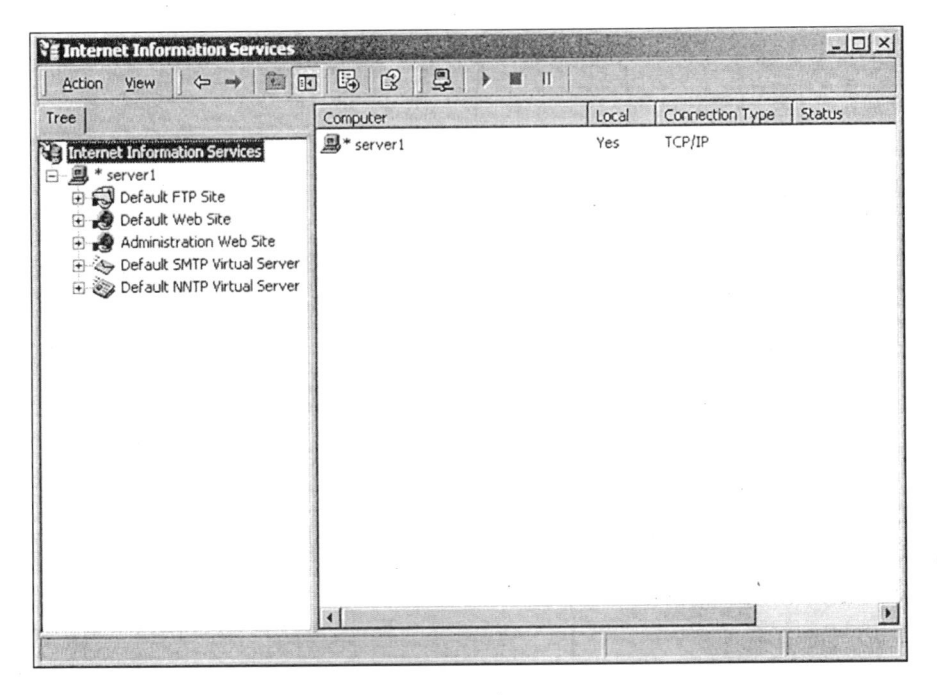

Figura 3-2 Os nós configuráveis do IIS

O IIS 5.0 pode ser configurado para ter uma quantidade ilimitada de Web *sites* sendo executados nele, simultaneamente, cada qual correspondendo a seu próprio endereço IP único e FQDN — Fully Qualified Domain Name. Cada um desses *servidores virtuais* (ou Web *sites*) age e se comporta como se fosse uma máquina inteiramente distinta, como se você tivesse várias máquinas IIS 5.0 em sua rede. Cada uma delas pode ser configurada separadamente e parada, iniciada e interrompida independentemente. A criação de servidores virtuais (Web *sites*) será tratada em mais detalhes no Capítulo 5, *Como administrar diretórios e servidores virtuais*.

Como entender tipos de páginas de propriedade WWW

As páginas de propriedade para o serviço WWW no IIS 5.0 podem ser configuradas em quatro níveis diferentes:

Páginas de propriedade M*aster* (principal, superior);

Páginas de propriedade S*ite;*

Páginas de propriedade D*irectory*;

Páginas de propriedade F*ile.*

Acompanhe, a seguir, uma explicação dos quatro níveis de páginas de propriedade IIS para o serviço WWW, junto com instruções de como você pode acessar e fazer ajustes de propriedade para cada nível.

1. *Propriedades Master* — Propriedades Master podem ser configuradas para todos os Web *sites* em execução no servidor IIS. Para acessar propriedades Master, clique com o botão direito do mouse no nó do servidor IIS no Microsoft Management Console e selecione Properties a partir do menu de atalho.

2. *Propriedades Site* — Propriedades Site (ou propriedades de servidor virtual) podem ser configuradas individualmente para cada Web *site* em execução no servidor IIS, incluindo o Web *site* default que é criado na instalação do IIS. Para acessar propriedades Site, clique à direita do nó do Web *site* no MMC e selecione Properties a partir do menu de atalho.

3. *Propriedades Directory* — Propriedades Directory (ou propriedades de diretório virtual) podem ser individualmente configuradas para cada diretório virtual definido dentro de um Web *site* no servidor. Todos os arquivos herdarão os ajustes de propriedade do diretório virtual que os contém. Para acessar propriedades Directory, clique com o botão direito do mouse no diretório virtual dentro do Web site e selecione Properties a partir do menu de atalho.

4. *Propriedades File* — Propriedades File podem ser individualmente configuradas para cada página da Web dentro de um diretório virtual ou Web *site*. Para acessar propriedades File, clique com o botão direito do mouse na página da Web selecionada e escolha Properties no menu de atalho.

As configurações para todas as páginas de propriedade WWW são armazenadas na Metabase, uma estrutura de banco de dados que substitui algumas funções do Windows 2000 Registry para IIS 5.0.

As seções que seguem descrevem como acessar e configurar os quatro tipos de páginas de propriedades, usando, como exemplo, o Web *site* default criado na instalação do IIS 5.0.

Como acessar a página WWW Service Master Properties

Clique com o botão direito do mouse no nó servidor (server1 na Figura 3-2) e selecione Properties a partir do menu de atalho para trazer para a frente a página Server Properties (veja a Figura 3-3). A partir desta página, selecione WWW Service e clique em Edit para trazer para a frente a página WWW Service Master Properties.

Todos os ajustes feitos na página Master Properties são automaticamente herdados pelo Web *site* default (*root*) e por todos os *novos* Web *sites* virtuais que venham a ser criados depois. Entretanto, se as Master Properties forem alteradas mais tarde, os Web *sites* virtuais existentes *não* herdarão estas mudanças, a menos que eles sejam configurados para isso; apenas novos Web *sites* virtuais herdarão automaticamente os ajustes.

Capítulo 3 - Como administrar o serviço WWW

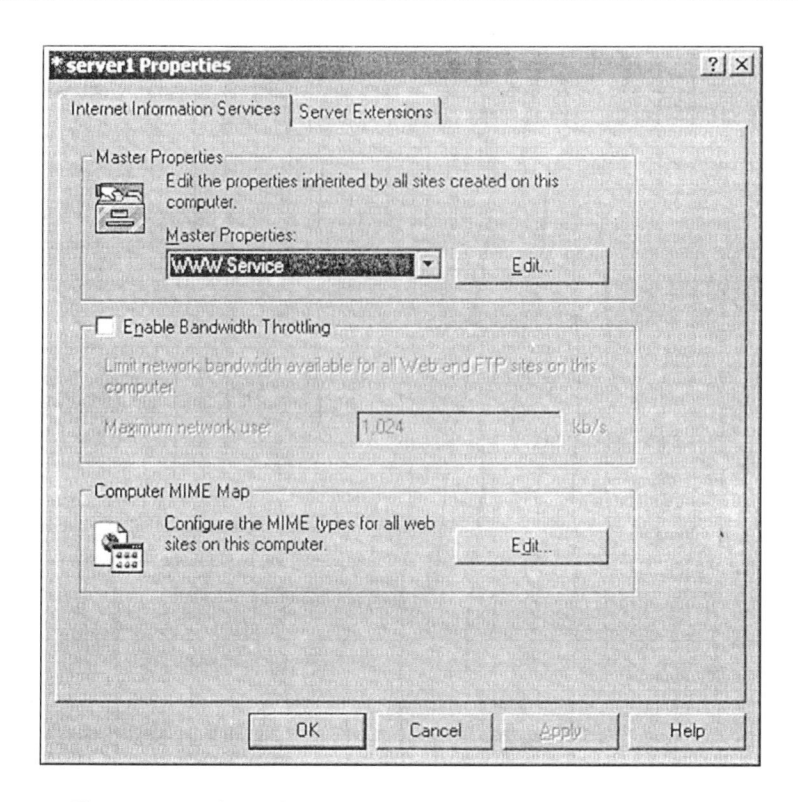

Figura 3-3 A página Server Properties no Internet Services Manager

Como acessar a página WWW Site Properties

Clique com o botão direito do mouse no nó Default Web *site* (veja a Figura 3-2) e selecione Properties a partir do menu de atalho, trazendo para a frente a página WWW Site Properties (neste caso, a página Default WWW Site Properties). Os ajustes feitos nesta página de propriedade afetam apenas o Web *site* selecionado e gravam por cima dos ajustes feitos na página WWW Master Properties.

O Web *site* default exibido na Figura 3-2 pode ser acessado por um *browser* através do URL:

`http://server1/`

Observe que a página WWW Site Properties tem as mesmas guias da página WWW Master Properties, exceto pela ausência da guia Service para compatibilidade de suporte para aplicativos Web IIS 3.0.

Como acessar a página WWW Directory Properties

Clique com o botão direito do mouse em qualquer diretório virtual (tal como o nó IISSAMPLES sob o Web *site* default) e selecione Properties a partir do menu de atalho para trazer para a frente a página Virtual Directory Properties (neste caso, a página de propriedades IISSAMPLES). Os ajustes feitos nesta página de propriedade afetam apenas o diretório virtual selecionado e gravam por cima dos ajustes feitos anteriormente nas páginas WWW Master Properties e WWW Site Properties.

O diretório virtual IISSAMPLES sob o Web *site* default (veja a Figura 3-2), pode ser acessado por um *browser* através do URL:

```
http://server1/IISSAMPLES/
```

Como acessar a página WWW File Properties

Clique com o botão direito do mouse em qualquer nó de arquivo (página da Web, arquivo de imagem, arquivo de *script* e assim por diante) e selecione Properties a partir do menu de contexto, para trazer para a frente a página File Properties. Todo ajuste feito nesta página de propriedade afeta apenas o arquivo selecionado.

No restante deste capítulo, as figuras serão tomadas das páginas WWW Master Properties e Default WWW Site Properties, pois as páginas destas duas propriedades têm a maioria das opções de configuração. A maior parte do que é dito aplica-se também às páginas WWW Directory Properties e WWW File Properties.

Como entender Inheritance Overrides

Para ver como o ajuste das propriedades de um nó no servidor *namespace* pode afetar as propriedades de nós-filhos abaixo dele, tente o exercício proposto a seguir:

Acesse a página WWW Service Master Properties em seu servidor IIS 5.0 instalado. Mude a Connection Timeout (tempo de conexão encerrado) a partir do valor-default de 900 segundos para um novo valor de 450 segundos e clique duas vezes em OK.

A seguir, acesse a página Default WWW Site Properties e observe que a Connection Timeout agora é de 450 segundos. Mude este valor para 1800 segundos e clique em OK.

Acesse novamente a página WWW Service Master Properties. Mude a Connection Timeout para 450 segundos de volta para 900 segundos e clique em OK. Uma caixa de diálogo chamada Inheritance Overrides aparece, indicando que o nó-filho Default WWW Site Properties sobregravou o valor de Connection Timeout que você acabou de ajustar, e perguntando se você deseja selecionar este nó-filho para reverter seu valor de Connection Timeout para o novo valor-default. Selecione Default WWW Service e clique duas vezes em OK.

Observe que *ambas* as páginas, WWW Service Master Properties e Default WWW Site Properties agora têm um tempo de encerramento de 900 segundos.

O funcionamento é semelhante ao que descrevemos abaixo:
- Quando um *novo* Web *site* é criado, automaticamente ele herda os ajustes da propriedade Master do servidor IIS no qual ele é criado;
- Quando um *novo* diretório virtual da Web é criado, automaticamente ele herda os ajustes da propriedade Site do Web *site* no qual ele é criado;
- Quando uma *nova* página ou subdiretório da Web é criada em um diretório virtual ou Web *site*, automaticamente ela herda as propriedades do diretório virtual ou do Web *site* que a contém.

Entretanto,
- Quando um ajuste de propriedade Master é alterado, você tem a opção de passar a alteração para todos os Web *sites existentes* no servidor IIS;
- Quando um ajuste de propriedade Site é alterado, você tem a opção de passar a alteração para todos os diretórios virtuais *existentes* no Web *site*;
- *Mas*, quando uma propriedade em um diretório virtual é alterada, as alterações, *automaticamente*, são aplicadas a todas as páginas da Web e subdiretórios do diretório virtual.

Como configurar páginas WWW Property

Os quatro tipos diferentes de páginas de propriedade WWW têm diferentes opções (guias) disponíveis, dependendo de serem elas opções de nível Master, Site, Directory ou File. São as seguintes as guias de página de propriedades disponíveis para cada nível:
- Guia de *Web site* (níveis Master, Site e Directory) — configura a identificação do *site*, endereço IP, porta TCP e limite de conexões; capacita e configura registro de log;
- Guia *de operadores* (níveis Master e Site) — concede privilégios ao operador;
- Guia de *desempenho* (níveis Master e Site) — sintoniza o desempenho de *cache* (área de armazenamento) do servidor, *throttling* (gargalo, estreitamento, estrangulamento) de largura de banda para *site*, habilita HTTP Keep-Alives;
- Guia de *filtros ISAPI* — Internet Server Application Program Interface (Interface de programas aplicativos do servidor de Internet) (níveis Master e Site) — ajusta opções para filtros ISAPI;
- Guia de H*ome Diretório* (níveis Master, Site, Directory e File) — configura localização de conteúdo e permissões de acesso, habilita indexação, cria FrontPage da Web, permite busca em diretório, habilita registro de log, configura ajustes de aplicativo, estabelece permissões de execução (em nível de propriedades Directory, isto é chamado de guia de *Virtual Directory*; em nível de propriedades File, é chamada de guia de *File*);

- Guia de *documentos* (níveis Master, Site e Directory) — especifica documentos default, habilita rodapés;
- Guia de *segurança de diretório* (níveis Master, Site, Directory e File) — configura métodos de autenticação, configura SSL, permite ou proibe acesso a endereços IP e nomes de domínio;
- Guia de *cabeçalhos HTTP* (níveis Master, Site, Directory e File) — configura expiração de conteúdo, especifica cabeçalhos HTTP personalizados, configura classificação de conteúdo, modifica mapeamentos MIME;
- Guia de *erros personalizados* (níveis Master, Site, Directory e File) — configura mensagens de erro HTTP personalizadas;
- Guia de *serviço* (apenas nível Master) — ajusta um Web *site* padrão para aplicativos que ainda usam ajustes IIS 3.0 e ajustes para compressão HTTP de documentos.

Além desses, a página IIS Server Properties pode ser usada para estreitar a largura de banda WWW globalmente e para configurar os mapeamentos globais MIME.

Como configurar propriedades default para IIS

Para configurar as propriedades default para um servidor IIS, selecione um nó de servidor (por exemplo, server1) na hierarquia Internet Information Services, no painel de escopo do MMC, e clique no botão Properties na r*ebar*, para acessar a página Server Properties (onde "Server" é substituído pelo nome atual do servidor, neste caso, server1 — veja a Figura 3-3). A partir desta página de propriedades, você pode ajustar as propriedades default ou globais para todos os *sites* Web e de FTP no servidor selecionado. Estas propriedades incluem a largura de banda máxima usada pelos serviços WWW e FTP e os tipos reconhecidos de MIME default.

Como configurar Default Bandwidth Throttling para IIS

Para limitar a quantidade de largura de banda de rede que os serviços WWW e FTP usam, marque Enable Bandwidth Throttling nesta página de propriedades e entre com um valor máximo para usar na rede, em kilobytes por segundo (KBps). O valor default é 1.024 MBps ou 1 megabyte por segundo (MB/s). O estreitamento da largura de banda é útil se seu servidor IIS realiza múltiplas tarefas em sua rede, tais como funcionar como controlador de domínio ou servidor de correio.

Uma regra valiosa sugerida pela Microsoft é que, inicialmente, você estreite a largura de banda para 50% e depois ajuste-a para cima ou para baixo, conforme a necessidade, monitorando o desempenho de servidor. Para um *backbone* padrão de 100 MBps com placa PCI Ethernet, um bom valor inicial para uso máximo de rede seria, portanto, 50 MBps (6.100 KBps).

Capítulo 3 - Como administrar o serviço WWW

> **Nota:**
>
> O estreitamento da largura de banda do serviço WWW aplica-se apenas à entrega de páginas estáticas (HTML) da Web e não a páginas dinâmicas, tais como ASPs — Active Server Pages.

Como configurar tipos MIME default para IIS

Outra opção que você pode configurar a partir desta página de propriedades são os tipos MIME que o serviço WWW envia aos *browsers* no cabeçalho de resposta HTTP. MIME quer dizer Multipurpose Internet Mail Extensions (Extensões de correio da Internet de objetivos múltiplos). MIME foi inicialmente desenvolvida como uma extensão ao protocolo original de correio da Internet, definido pela RFC 822 (uma classificação de pedido de registro) para permitir a transmissão de conteúdo diferente de texto em pacotes e codificado dentro de mensagens de e-mail apenas de texto.

MIME é usado em sessões HTTP como a seguir descrevemos:

1. Um *browser*-cliente contata um servidor WWW, solicitando um documento, que pode ser texto, HTML, imagens, áudio ou algum outro formato. Por exemplo, digamos que o cliente solicite um arquivo de som de determinado servidor fornecido pelo URL

   `server1.anycorp.com/sounds/bullfrog.au`

2. O servidor busca a extensão de arquivo .au em sua tabela de mapeamentos MIME (uma tabela que combina extensões de arquivo com tipos MIME) e depois determina que o tipo MIME para o arquivo solicitado é

   `audio/basic`

3. O servidor retorna o arquivo solicitado, precedido uma série de cabeçalhos de resposta. Um dos cabeçalhos de resposta indica o tipo MIME do documento sendo retornado na forma de um cabeçalho de tipo de conteúdo:

   `Content-type: audio/basic`

4. O cliente busca este tipo de conteúdo em sua própria tabela de mapeamentos MIME para determinar o que fazer com o arquivo, se deve:
   - Exibir o documento em uma janela do *browser*;
   - Chamar um aplicativo de auxílio para apresentar o documento;
   - Pedir a intervenção do usuário — uma caixa de diálogo aparece, perguntando se o usuário deseja salvar ou abrir o arquivo. Se Open (Abrir) for selecionado, o usuário precisa especificar com que aplicativo o arquivo será aberto, como se o cliente não estivesse familiarizado com o tipo de MIME retornado.

Para ver uma lista de mapeamentos MIME para o serviço WWW, clique no botão Edit, na página de Server Property, para obter a página de propriedade File Types (Figura 3-4).

Para configurar um novo mapeamento MIME, clique em New Type e defina o tipo de conteúdo MIME e a associação de arquivo a ser mapeada para este tipo. Para editar um tipo existente, selecione o tipo e clique em Edit.

Por que você iria querer criar seu próprio mapeamento MIME? Digamos que você tenha uma coleção de *scripts* Perl que quer disponibilizar como simples arquivos de texto para expor a usuários em seu grupo global Developer. Normalmente, *scripts* Perl têm a extensão .pl, ainda que sejam salvos em simples formato de texto. O que você pode fazer é registrar um novo tipo MIME para seu serviço WWW, clicando New Type e entrando com a extensão de arquivo e tipo MIME, conforme mostrado na Figura 3-5.

Quando um *browser* tenta acessar um URL, tal como

`server1.anycorp.com/scripts/sample.pl`

o servidor retorna o arquivo com um cabeçalho, indicando que o arquivo é de tipo texto/plain, e o *browser* exibe o arquivo como texto não formatado dentro da janela do *browser*. Claro, você deve assegurar-se de que os *scripts* Perl estejam em um volume NTFS para que apenas o grupo global Developer possa receber permissão para ler o diretório contendo os *scripts*.

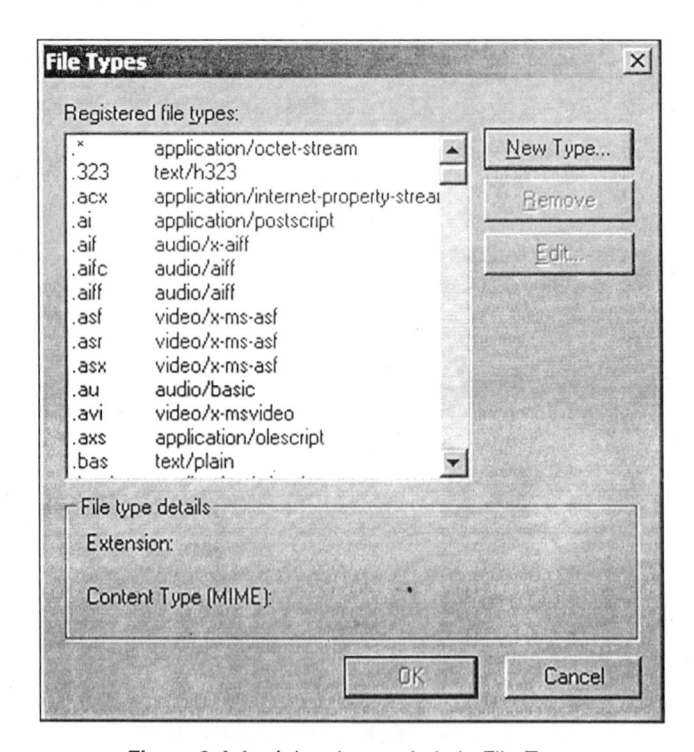

Figura 3-4 A página de propriedade File Types

Capítulo 3 - Como administrar o serviço WWW   75

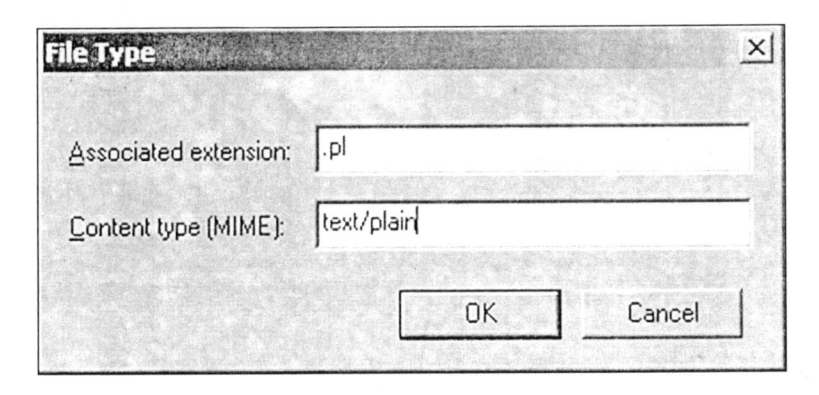

Figura 3-5 Entrando com uma extensão de arquivo e tipo MIME

Como configurar propriedades Master de servidor WWW

Além de configurar o estreitamento default de largura de banda e tipos MIME default, a página Server Properties permite que você acesse e edite propriedades Master do servidor. Estes ajustes de propriedades Master serão herdados como default por todos os Web *sites* criados dali por diante no servidor (embora estes ajustes possam ser gravados por cima, ajustando propriedades pelos próprios Web *sites*).

Para configurar as propriedades WWW Master, selecione WWW Service na caixa *drop-down* Master Properties na página Server Properties e clique no botão Edit. A página WWW Service Master Properties aparecerá (veja a Figura 3-6). As dez guias desta página de propriedade permitem personalização completa das propriedadesdefault para todos os Web *sites* criados deste momento em diante no servidor IIS selecionado. As seções a seguir dão detalhes sobre muitos dos ajustes que podem ser configurados usando esta página de propriedades, apesar de os ajustes funcionarem essencialmente da mesma forma se forem configurados nos níveis Master, Site, Directory ou File.

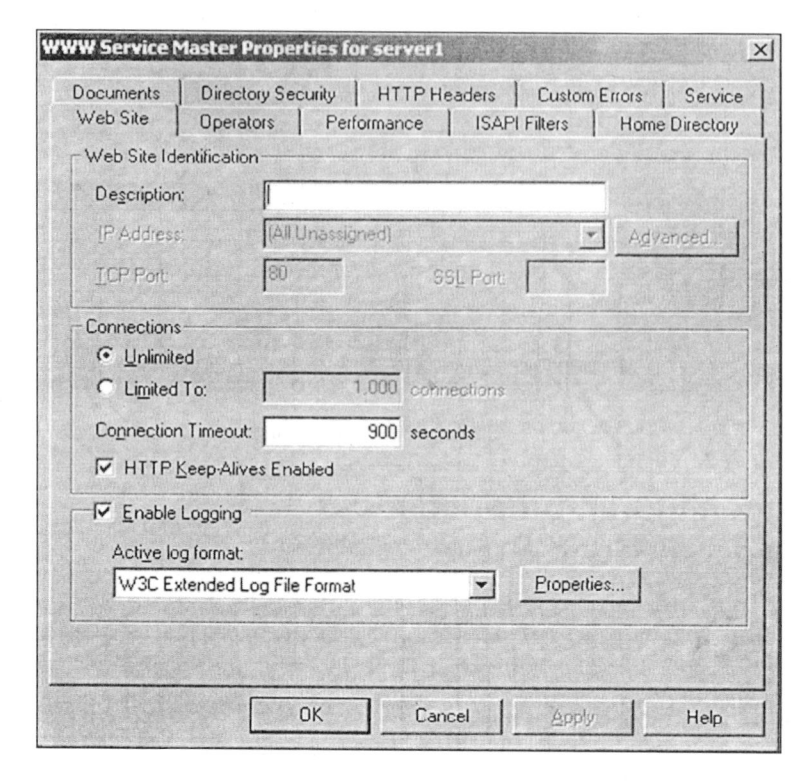

Figura 3-6 A página de propriedades WWW Service Master

Como configurar WWW Site Identification (WWW *site* de identificação)

Entre com uma descrição amistosa na caixa de texto Description para o Web *site* selecionado. Esta descrição aparecerá anexada ao nó do Web *site* no MMC.

Determinados ajustes nesta página WWW Service Master Properties aparecem acinzentados na Figura 3-6, pois um servidor foi selecionado para ser configurado, ao invés de um Web *site* específico. O endereço IP, a porta TCP e as propriedades Advanced (Avançadas) só podem ser configurados a partir da página WWW Site Properties, não a partir da página WWW Service Master Properties. A porta SSL só pode ser configurada se o Web *site* estiver ajustado para usar SSL.

Na página WWW Site Properties, use a caixa *drop-down* IP Address para atribuir um endereço IP em particular para o Web *site* selecionado. Se aqui você deixar o ajuste em All Unassigned, o Web *site* responderá a todos os endereços IP que não estão especificamente atribuídos a outros Web *sites*, fazendo deste o Web *site* default. Apenas endereços IP que foram previamente configurados no aplicativo Network do Control Panel aparecerão na caixa *drop-down*.

Capítulo 3 - Como administrar o serviço WWW

A porta-padrão TCP para HTTP é a porta 80. Para mudar este valor, entre com um novo número na caixa TCP Port. Notifique os usuários sobre a mudança no número da porta, pois, ao tentarem acessar este *site* FTP, terão que incluir o número da porta.

Por exemplo, se a porta for mudada para 6800 e os usuários estiverem tentando acessar o *site* através do Internet Explorer, eles precisam navegar porum URL tal como

`http://139.53.5.118:6800`

ou

`http://super.santry.com:6800`

(usando a resolução de nome DNS), ou

`http://super:6800`

(usando a resolução de nome NetBIOS).

> **Nota:**
> Não use outros Well-Known Port Numbers *que não 80 para o número de porta HTTP. Se você fizer isso, podem ocorrer conflitos com outros serviços TCP. Well-Known Port Numbers são discutidos no Capítulo 9,* Como administrar o serviço FTP.

A caixa da porta SSL será apresentada no Capítulo 11.

O botão Advanced é usado para configurar identidades adicionais do Web *site*. Ele permite que você configure Host Header Names, um recurso do IIS 5.0 que habilita múltiplos Web *sites* a ter, cada qual seu próprio nome de domínio completa, mas ser mapeado no mesmo endereço IP e número de porta TCP. Isto é coberto no Capítulo 5, *Como administrar diretórios e servidores virtuais.*

Como configurar limites e tempo de encerramento de conexão WWW

Selecione uma das opções:

- Ilimitado — para habilitar um número ilimitado de conexões simultâneas no servidor;
- Limitado a — para especificar o número máximo de conexões simultâneas permitidas no servidor. O valor default é de 1.000 conexões.

> **Nota:**
>
> Para proibir temporariamente acesso ao servidor da Web, você precisa ajustar o campo Limited (Limitado) em zero. Depois, quando um cliente tentar acessar uma página no servidor, o servidor retornará uma mensagem de 403 que exibirá a seguinte mensagem na janela do browser:
>
> ```
> HTTP Error 403
> 403.9 Access Forbidden: Too many users are connected
> ```
>
> Este erro pode ser ocasionado se o servidor da Web estiver ocupado e não puder processar sua solicitação devido a tráfego intenso. Por favor, tente conectar novamente mais tarde.
>
> Por favor, entre em contato com o administrador do servidor da Web se o problema persistir.
>
> Códigos de situação HTTP serão tratados mais adiante, neste capítulo.

Ajuste o Connection Timeout Interval para o período de tempo, em segundos, até que o servidor se desconecte de um usuário inativo. O valor-padrão é 900 segundos (15 minutos). Se o HTTP Keep-Alive estiver habilitado na guia Performance (Desempenho), um cliente solicitará uma página do servidor, uma conexão estará formada, o servidor apresentará a página ao cliente e a conexão permanecerá aberta, no caso de o cliente solicitar outra página (o processo fica mais ágil, eliminando a necessidade de o cliente estabelecer nova conexão). Caso o cliente não solicite uma página adicional, este recurso de tempo de encerramento, eventualmente, leva a conexão a ser fechada pelo servidor, liberando portas TCP para outras utilizações.

Como configurar registro de log WWW — Selecione Enable Logging para ligar os recursos de r de log do serviço WWW. O registro de log é habilitado por default para que administradores possam rastrear os *sites* que estão sendo acessados e por quais usuários, a freqüência com que estes *sites* estão sendo acessados, se as respostas do servidor foram bem sucedidas e assim por diante.

Selecione um formato de registro de log Active (Ativo) da lista *drop-down*. Microsoft IIS 5.0 oferece registro de log em quatro formatos possíveis:

- Microsoft IIS Log File Format;
- NCSA Common Log File Format;
- W3C Extended Log File Format;
- ODBC Logging.

Os três primeiros formatos produzem simples registros de log de texto ASCII. Estes podem ser vistos em um editor de texto simples, como o Notepad, importado para um banco de dados, ou importado para programas de análise de registro de log.

Capítulo 3 - Como administrar o serviço WWW   79

Além disso, o W3C Extended Log File Format é personalizável, permitindo aos administradores selecionarem os parâmetros a incluir no registro de log. O formato default para registro de log IIS é o W3C Extended Log File Format.

Para ajustar as opções de registro de log para estes três formatos, selecione o formato desejado e clique no botão Properties para acessar a página Microsoft Logging Properties. Depois, use esta página para selecionar:

- O período de tempo de registro de log, por exemplo:
  - Criar novos registros de log em uma base diária, semanal ou mensal;
  - Permitir que o arquivo de registro de log cresça a um tamanho ilimitado;
  - Criar um novo arquivo de registro de log quando o antigo atingir um limite fixo especificado.

- A localização dos arquivos de registro de log, que, por default, é no diretório

  `C:\winnt\system32\logfile\`

- Quais parâmetros incluir no registro de log (apenas para W3C Extended Log File Format).

Como entender o formato de arquivo de registro de log IIS Microsoft — Este formato é um arquivo de texto ASCII de campo fixo delimitado por vírgula. Um nome típico para tal arquivo de registro de log pode ser

    In000109.log   Criado em 9 de janeiro, 2000

    inetsv23.log   O vigésimo-terceiro arquivo de registro de log de tamanho limitado criado

A saída típica de tal registro pode ser como descrito a seguir:

```
10.107.3.201, -, 01/9/00, 11:02:22, W3SVC1, SERVER1, 10.107.3.200,
53998, 275, 5585, 200, 0, GET, /Default.asp, -,

10.107.3.201, -, 01/9/00, 11:02:28, W3SVC1, SERVER1, 10.107.3.200,
2354, 395, 200, 0, GET, /iissamples/default/nav2.gif, -,

10.107.3.201, -, 01/9/00, 11:02:28, W3SVC1, SERVER1, 10.107.3.200,
2634, 395, 644, 200, 0, GET, /iissamples/default/MSFT.GIF, -,
```

Para ajudar na interpretação do Microsoft IIS Log File Format, a Tabela 3-1 relaciona os campos contidos na última entrada do registro de log anterior e seus significados.

Como entender o formato de arquivo de registro de log comum NCSA — O NCSA Common Log File Format é um arquivo de texto ASCII de campo fixo delimitado por espaço. Um nome típico para tal arquivo de registro de log pode ser

    nc000109.log   Criado em 9 de janeiro, 2000

    ncsa23.log   O vigésimo-terceiro arquivo de registro de log de tamanho limitado criado

Tabela 3-1 Exemplo de campos no Microsoft IIS Log File Format

Dados de elemento	Valor típico
Endereço IP do cliente	10.107.3.201
Nome de usuário do cliente (- se anônimo)	-
Data de solicitação	9/1/00
Horário de solicitação	01:02:56
Serviço solicitado (W3SVC1 é o serviço WWW)	W3SVC1
Nome do servidor	SERVER1
Endereço IP do servidor	10.107.3.200
Tempo de espera de processador do servidor (ms)	1282
Bytes enviados pela solicitação do cliente	395
Bytes retornados pela resposta do servidor	2167
Código de *status* HTTP retornado	200
Código de *status* Win32 retornado	0
Método solicitado	GET (obter)
Documento solicitado	/iissamples/default/nav2.gif

A saída típica para tal registro de log pode ser como a seguir:

```
10.107.3.201 - - {09/Jan/2000:11:06:39 -0600] "GET
/iissamples/default/iis3.GIF HTTP/1.0" 200 3558

10.107.3.201 - - [09/Jan/2000:11:06:42 -600] "GET /default.asp
HTTP/1.0" 200 5518

10.107.3.201 - - [09/Jan/2000:11:06:46 -0600] "GET
/iissamples/default/IE.GIF HTTP/1.0" 200 8866
```

Para ajudar a interpretar o formato de arquivo de registro de log comum NCSA, a Tabela 3-2 relaciona os campos contidos na última entrada do registro de log anterior e seus significados.

Como entender o W3C Extended Log File Format — O formato de arquivo de registro de log estendido W3C é um arquivo de texto ASCII de campo variável, delimitado por espaço, com cabeçalhos. Um nome típico para tal arquivo de registro de log pode ser

    Ex000109.log   Criado em 9 de janeiro, 2000

    extend23.log   O vigésimo-terceiro arquivo de registro de log de tamanho limitado criado

Capítulo 3 - Como administrar o serviço WWW   81

A saída típica deste registro de log pode ser como a seguir, quando todas as opções de registro de log estendidas são selecionadas:

#Software: Microsoft Internet Information Services 5.0

#Version: 1.0

#Date: 2000-01-10 01:02:54

#Fields: date time c-ip cs-username s-sitename s-computername s-ip cs-method cs-uri-stem cs-uri-query sc-status sc-win32-status sc-bytes cs-bytes time-taken s-port cs(User-Agent) cs(Cookie)

Tabela 3-2 Exemplo de campos no NCSA Common Log File Format

Dados de elemento	Valor típico
Endereço IP do cliente	10.107.3.201
Domínio/nome de usuário do cliente	[em branco]
Data e horário da solicitação	09/Jan/2000:01:02:56
Diferença GMT	-0600
HTTP solicitado	"GET/iissamples/default/nav2gif HTTP1.0"
Código de situação HTTP retornado	200
Bytes retornados pela resposta do servidor	2167

cs(Referer)

2000-01-10 01:02:54 10.107.3.201 - W3SVC1 SERVER1 10.107.3.200
GET/Default.asp - 200 0 5585 275 4697 80
Mozilla/2.0+(compatible;+MSIE3.0;+Windows195) - -2000-01-10
01:02:56 10.107.3.201 - W3SVC1 SERVER1 10.107.3.200
GET/iissamples/default/IISTitle.gif - 200 0 21576 399 761 80
Mozilla/2.0+(compatible;+MSIE3.0;+Windows195)
ASPSESSIONIDGQGGGYP5HILJEGPCGGLNFFKEKHEBCGHM http://server1/

2000-01-10 01:02:56 10.107.3.201 - W3SVC1 SERVER1 10.107.3.200
GET /iissamples/default/nav2.gif - 200 0 2167 395 1282 80
Mozilla/2.0+(compatible;+MSIE13.0;+Windows195)
ASPSESSIONIDGOGGGYP5HILJEGPCGGLNFFKEKHEBCGHM http://server1

Para ajudar na interpretação do W3C Extended Log File Format, a Tabela 3-3 relaciona os campos contidos na última entrada do registro de log anterior e seus significados.

Como entender o registro de log ODBC — O quarto formato de registro de log é o ODBC Logging, específico do IIS. O ODBC Logging permite aos administradores registrar transações WWW diretamente em um banco de dados compatível com ODBC, tal como Microsoft SQL Server ou Microsoft Access. As etapas envolvidas no registro de log em um banco de dados são como descrevemos a seguir.

1. Crie um banco de dados e defina uma tabela dentro dele. Dê à tabela um nome (o nome-default sugerido é InternetLog).
2. Crie os seguintes campos dentro da tabela, para conter os dados registrados:

Campo	Tipo de dados
ClientHost (Cliente *host*)	varchar (255)
Username (Nome de usuário)	varchar (255)
LogTime (Horário de registro)	datetime
Service (Serviço)	varchar (255)
Machine (Equipamento)	varchar (255)
ServerIP (Servidor IP)	varchar (50)
ProcessingTime (Tempo de processamento)	int
BytesRecvd (Bytes recebidos)	int
BytesSent (Bytes enviados)	int
ServiceStatus (*Status* do serviço)	int
Win32Status (*Status* de Win32)	int
Operation (Operação)	varchar (255)
Target (Alvo)	varchar (255)
Parameters (Parâmetros)	varchar (255)

Tabela 3-3 Exemplo de campos no W3C Extended Log File Format

Dados de elemento	Valor típico
Data de solicitação	10-01-2000
Horário da solicitação	01:02:56
Endereço IP do cliente	10.107.3.201
Nome de usuário do cliente (- se anônimo)	-
Serviço solicitado (W3SVC1 é o serviço WWW)	W3SVC1
Nome do servidor	SERVER1

Capítulo 3 - Como administrar o serviço WWW

Tabela 3-3 Exemplo de campos no W3C Extended Log File Format

Dados de elemento	Valor típico
Endereço IP do servidor	10.107.3.200
Método solicitado	GET
Documento solicitado	/iissamples/default/nav2.gif
Query de busca (se houver)	-
Código de *status* HTTP retornado	200
Código de *status* Win32 retornado	0
Bytes retornado pela resposta do servidor	2167
Bytes enviados pela solicitação do cliente	395
Tempo de espera do processador do servidor (ms)	1282
Porta TCP do servidor	80
Tipo de cliente (conhecido como agente-usuário)	Mozilla/4.0+(compatible;+MSIE+4.0;+Windows+98
Cookie (se houver)	ASPSESSIONIDGQGGGGYP=HILJEGPCGGLNFFKEKHEBCGHM
Referido (o *site* que contém o *link* que o usuário clicou para obter esta página)	http://server1

3. Use a página de propriedades System DNS da opção ODBC no painel de controle e forneça ao banco de dados um sistema DNS — Data Source Name (Nome de origem de dados). Isto é necessário para que ODBC possa referenciar a tabela. O default DNS sugerido é HTTPLOG.

4. Selecione ODBC Logging como formato de registro de log Active na guia Web *site* da página WWW Service Master Properties. Clique no botão Properties para acessar a página de propriedades ODBC Logging (Figura 3-7).

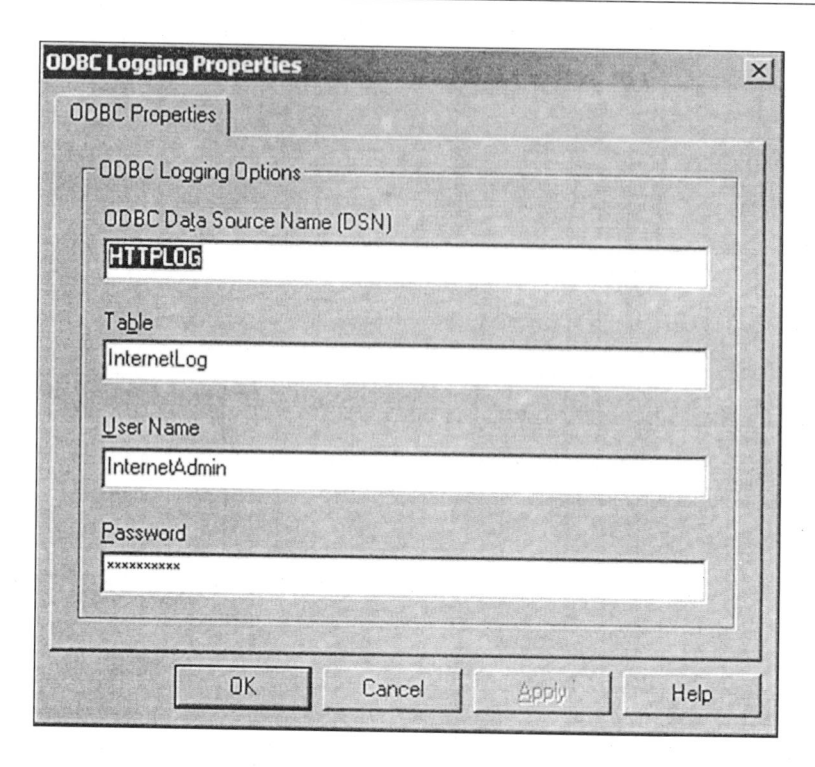

Figura 3-7 A página de registro ODBC

5. Entre com o sistema DNS, o nome da tabela e o nome do usuário e a senha, se estes forem necessários para conectar o banco de dados. Clique em OK para começar a registrar.

Como configurar operadores do Web site — A guia Operators, na página WWW Service Master Properties é usada para especificar quais contas de usuário Windows 2000 terão privilégios de operador para todos os Web *sites* no servidor IIS (Figura 3-8). A guia Operators em uma página WWW Site Properties pode ser usada para especificar quais contas de usuário Windows terão privilégios de operador para um Web *site*, em especial, selecionado. Por default, o grupo local Administrators recebe privilégios de operador em todos os Web *sites* em um servidor IIS. Operadores de Web *site*, entretanto, *não* têm que ser membros do grupo local Administrators.

Para adicionar um usuário ou grupo à lista de operadores, clique em Add e selecione o usuário ou grupo a partir da página de propriedade Add Users and Groups (adicionar usuários e grupos).

Capítulo 3 - Como administrar o serviço WWW

Operadores de Web *site* têm direito a realizar tarefas administrativas simples nos Web *sites* para os quais eles são atribuídos. Estas tarefas incluem:

- Estabelecer permissões de acesso;
- Habilitar e configurar registro de log;
- Habilitar e configurar término de conteúdo;
- Habilitar e configurar classificação de conteúdo;
- Definir documentos com problemas;
- Adicionar rodapés às páginas da Web.

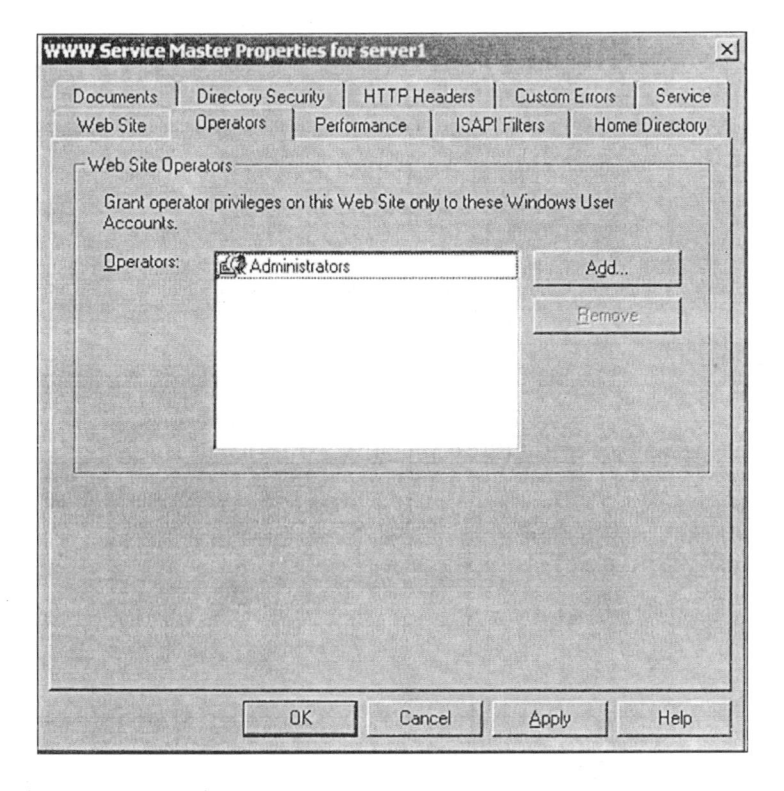

Figura 3-8 Como adicionar novos operadores de WWW Service

Operadores *não podem* realizar as seguintes tarefas, a menos que eles também sejam membros do grupo local Administrators:

- Configurar endereço IP e número de porta;
- Estreitar a largura de banda;
- Alterar a conta de usuário anônimo;
- Criar e mapear diretórios virtuais;
- Configurar ajustes de aplicativo.

Tipicamente, operadores de Web *site* incluem o grupo local Administrators e o pessoal da empresa ou departamento, responsável pelo gerenciamento do Web *site* em particular. Geralmente, um administrador cria um arquivo .msc *read-only* (apenas de leitura) representando uma janela MMC, com apenas um nó no painel de escopo, isto é, o Web *site* a ser administrado. O operador do Web *site* tem então permissão para usar este arquivo .msc para abrir uma janela MMC para administrar o Web *site*.

Como configurar WWW Performance Tuning — O controle deslizante apresentado na guia Performance (Figura 3-9) permite que você ajuste o desempenho de seu servidor com base no número de acessos esperados por dia. Se o número selecionado for ligeiramente maior do que o número real de acessos, o servidor apresentará um bom desempenho. Mas se o número selecionado for muito maior do que o número de acessos real, muito da memória do servidor será usada para armazenar temporariamente acessos ao servidor, e o resultado será um decréscimo no desempenho geral do servidor. Use em seu servidor as capacidades de registro de log IIS para determinar o número de acessos por dia e faça os ajustes necessários.

Como configurar WWW Bandwidth Throttling — Conforme ilustra a Figura 3-9, esta opção está acinzentada pela página WWW Service Master Properties, pois ela é globalmente configurada na página Server Properties (veja a Figura 3-3). Na página WWW Site Properties, o valor selecionado aqui sempre será gravado por cima do valor default estabelecido na página Server Properties, mesmo que o valor selecionado seja maior do que o valor na página Server Properties.

Capítulo 3 - Como administrar o serviço WWW

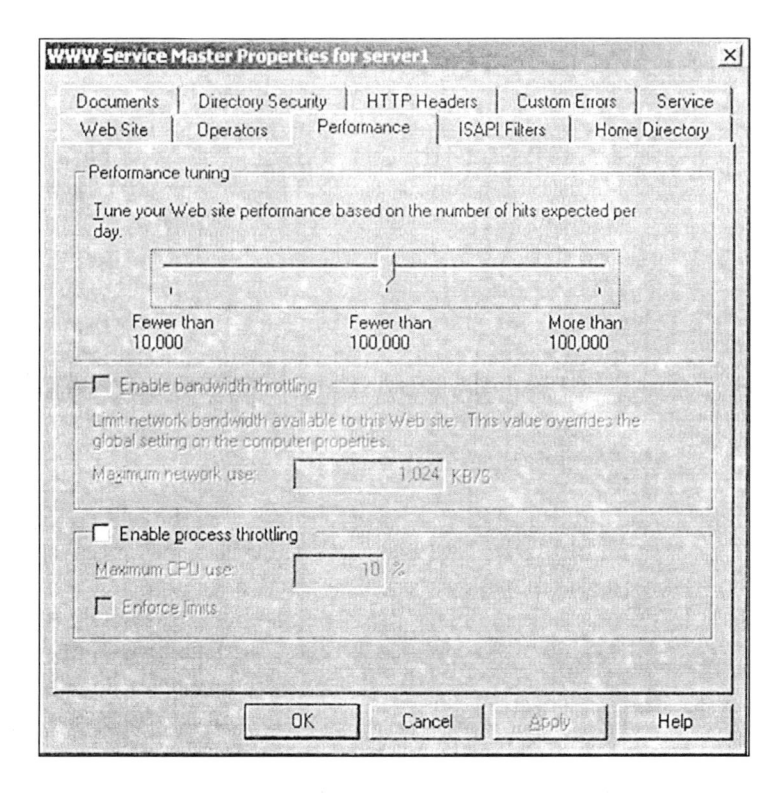

Figura 3-9 *Configuração de sintonização de desempenho, estreitamento de largura de banda e HTTP Keep-Alives*

Como configurar HTTP Keep-Alive — Marque a caixa de seleção mostrada na figura 3-9 para habilitar ou desabilitar HTTP Keep-Alive no servidor. Quando a caixa estiver marcada, o servidor manterá uma conexão aberta com um cliente, ao invés de abrir e fechar uma nova conexão cada vez que uma solicitação HTTP Get for feita pelo cliente. HTTP Keep-Alive é um formulário avançado de HTTP 1.1 Persistent Connections (Conexões persistentes HTTP 1.1) e é habilitado por default.

Como configurar filtros ISAPI — O IIS 5.0 suporta uma variedade de formas de ampliar a funcionalidade do servido WWW, incluindo:

- ASPs — Active Server Pages;
- ISAPI — Internet Server Application Programming Interface (*Interface* de programação de aplicativo servidor de Internet);
- CGI — Common Gateway Interface (*Interface* comum de Gateway);
- IDC — Internet Database Connector (Conector de banco de dados de Internet).

Antes do advento do IIS, a maioria dos servidores WWW só suportava aplicativos CGI — Common Gateway Interface. CGI é um estágio anterior de padrão permitindo a servidores WWW se comunicar com aplicativos *gateway* pelo lado do servidor. Tipicamente, um Webmaster poderia escrever um *script* CGI em uma linguagem *script*, tal como Perl, e depois salvar o *script* em um subdiretório cgi-bin/ do Web *site* sendo desenvolvido. Este programa CGI podia ser um simples *script* para processar os resultados de uma submissão a partir de um formulário HTML. O problema básico é que, cada vez que um programa CGI é chamado, é iniciado um novo processo no servidor. Assim, quando programas CGI são acionados com freqüência, a sobrecarga acrescentada, devido às múltiplas cópias do mesmo programa CGI sendo executado simultaneamente no servidor, pode facilmente fazer o desempenho do servidor diminuir perceptivelmente.

A Microsoft desenvolveu a ISAPI como uma alternativa ao CGI. Como CGI, aplicativos ISAPI oferecem uma forma de ampliar as capacidades de um servidor WWW. Chamar um aplicativo ISAPI não cria uma nova instância do aplicativo, enquanto chamar um *script* CGI sempre gera um novo processo, mesmo que um processo semelhante já esteja sendo executado no servidor. Aplicativos ISAPI são encadeados e podem ser executados dentro do mesmo espaço de processo como IIS, tornando assim mais eficiente o uso de recursos do sistema e melhorando consideravelmente o desempenho do servidor. Normalmente, aplicativos ISAPI são escritos e compilados em C++ e oferecem desempenho muito melhor do que engines (ferramentas) de interpretação de *script*, tal como Perl. Escrever e desenvolver aplicativos ISAPI exige conhecimento de uma linguagem de programação de alto nível, tal como C++, e está além do escopo deste livro.

Os aplicativos ISAPI dividem-se em duas categorias:

- *Extensões ISAPI* são carregadas por solicitação, para oferecer funcionalidade adicional para Web *sites* específicos em execução no servidor. Um exemplo é um DLL que lida com um formulário em uma página da Web. Em geral, extensões ISAPI são DLLs que processam dados recebidos de uma solicitação HTTP, por exemplo:

    `http://scripts/extension.dll?var1+var2+var...`

- *Filtros ISAPI* são carregados quando o serviço WWW se inicializa e permanecem na memória até que o servidor IIS seja parado. Eles são disparados por ocasião de algum evento no sistema, no servidor IIS, e oferecem funcionalidade adicional a todos os Web *sites* que são executados no servidor. Exemplos incluem DLLs que oferecem um método de autenticação personalizada, realizam criptografia de dados, geram registros de log personalizados e realizam análise de tráfego.

Use a guia Filters ISAPI na página WWW Service Master Properties (Figura 3-10) ou página de propriedades do WWW *Site* para adicionar, remover, editar ou alterar a ordem de filtros ISAPI no servidor ou *site*. Clique em ADD para adicionar um novo filtro ISAPI, mapeando um nome amigável para o filtro, para o caminho local ou de rede do arquivo executável do filtro. Filtros podem ser adicionados, removidos ou apagados, além de receberem uma classificação de prioridade e uma ordem de execução.

Capítulo 3 - Como administrar o serviço WWW

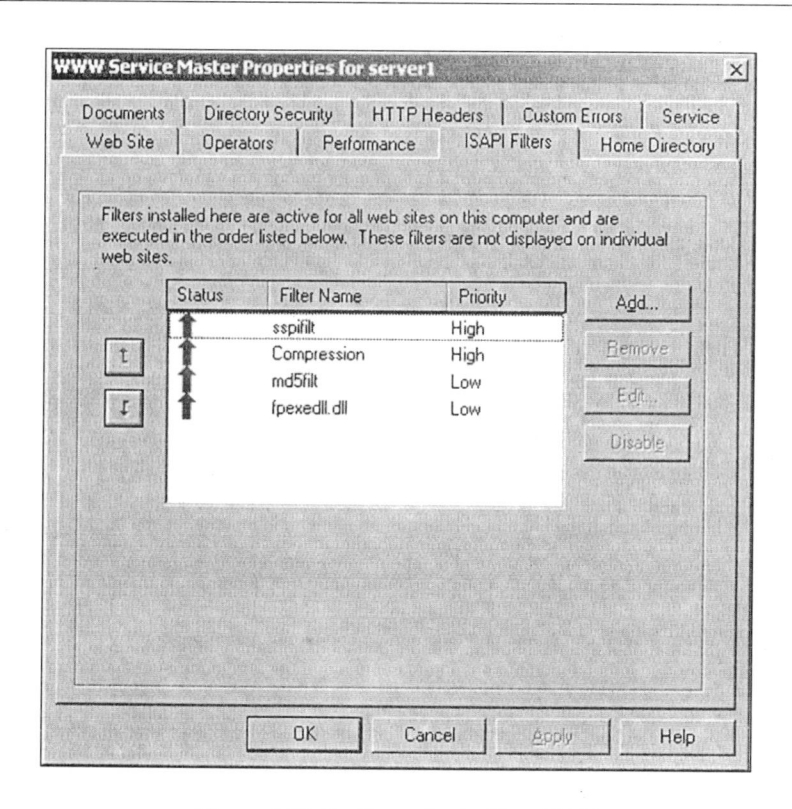

Figura 3-10 Configuração de filtros ISAPI

A caixa Details mostra a situação atual (carregado na memória, descarregado da memória ou desabilitado) de cada filtro ISAPI, seu nome amigável e arquivo executável e sua prioridade.

Criar filtros ISAPI envolve programação de alto nível e está além do escopo deste livro. Consulte a documentação *online* para obter mais informações sobre a criação de aplicativos ISAPI. O IIS 5.0 vem com alguns exemplos de aplicativos ISAPI que podem ser compilados com um compilador C++ e testados no IIS 5.0. Você encontrará mais informações sobre estes exemplos na documentação *online*, se estiver interessado no assunto.

Como configurar localização de conteúdo WWW — O Home Directory de um Web *site* é o lugar de armazenamento de sua página inicial e do conteúdo a ela relacionado. Este ajuste está acinzentado na página WWW Service Master Properties (veja a Figura 3-11), mas está disponível na página WWW Site Properties.

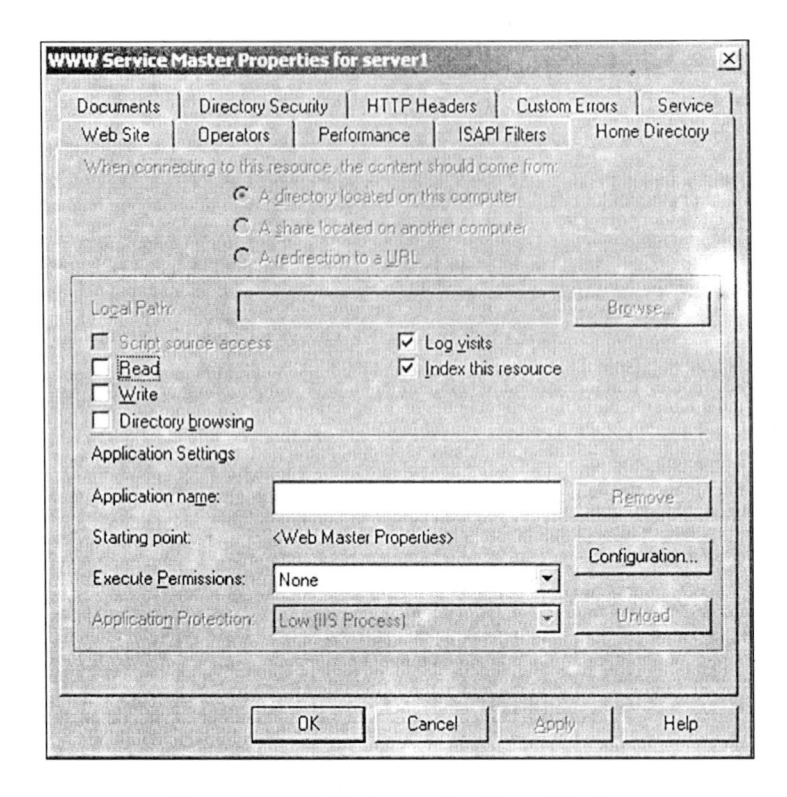

Figura 3-11 Ajuste das opções Home Directory

Quando você instala o IIS, ele cria um Web *site* default com um diretório inicial localizado em

`C:\inetpub\wwwroot`

Se você criar um novo Web *site* no servidor, você tem a opção de especificar a localização do novo diretório inicial do *site*. Usando os botões de rádio nesta página de propriedade, você pode escolher uma das três possíveis opções.
- *Um diretório local* neste computador

    Entre o novo caminho, ou busque o novo diretório inicial localizado neste servidor. Por exemplo:

    `C:\webstuff\newhome`

Capítulo 3 - Como administrar o serviço WWW

- *Uma rede compartilhada* localizada em outro computador
  Entre com o caminho UNC compartilhado no servidor selecionado. Por exemplo:

  `\\webcontent\newhome`

  Clique Connect As e defina o nome de usuário e a senha das credenciais de segurança que permitirão aos usuários acessarem o conteúdo da rede compartilhada. Não use aqui uma conta Administrator — ela pode ser um risco à segurança.

- *Um redirecionamento* para um URL
  O redirecionamento diz ao cliente para buscar em outro lugar a documentação procurada. Você pode redirecionar solicitações de cliente para o diretório inicial, entrando com um URL completo na caixa de texto, tal como:

  `http://webserver2/newhome`

A criação de novos Web *sites* e a configuração de seus diretórios iniciais são apresentadas em mais detalhes no Capítulo 5.

Como configurar permissões de acesso a WWW — Se o diretório inicial de um Web *site* estiver mapeado para um diretório local ou para um diretório compartilhado na rede (opções 1 e 2 na lista anterior), as seguintes permissões de acesso IIS podem ser habilitadas para aquele diretório (veja a Figura 3-11):

- Acesse Enable Read (Permissão de leitura) se você quiser que os usuários sejam capazes de pesquisar o conteúdo do diretório inicial ou de um selecionado. Normalmente, diretórios contendo arquivos HTML (páginas da Web) devem ter acesso Read (de leitura) para que os usuários possam vê-los; aqueles diretórios contendo arquivos que você não deseja que os usuários leiam (por exemplo, *scripts* CGI e aplicativos ISAPI) devem ter o acesso Read desabilitado;

- Acesse Enable Write, se você quiser que os clientes sejam capazes de fazer *upload* de conteúdo ou editar arquivos no diretório.

Note que as permissões de acesso à Web destinadas a diretórios desta maneira precisam ser combinadas com as permissões NTFS se o diretório estiver em um volume NTFS. Isto é coberto em mais detalhes no Capítulo 4, *Como administrar segurança*.

> **Nota:**
>
> *Para proibir temporariamente o acesso a um Web site, para que você possa fazer alterações nele, selecione a página WWW Site Properties, selecione a guia Home Directory e desmarque a caixa de seleção Read.*

Como configurar controle de conteúdo WWW — Conforme ilustrado na Figura 3-11, selecione Log Access se você quiser registrar visitas de cliente no diretório inicial ou selecionado. Observe que o registro precisa *primeiro* ser habilitado na guia do Web *site* da página de propriedades. Este ajuste permite que o registro seja habilitado de forma seletiva em diferentes Web *sites* no servidor e em diferentes diretórios virtuais dentro de um *site*.

Selecione Directory Browsing Allowed se você quiser permitir que os usuários percorram a estrutura de diretório de seu Web *site*. Normalmente, a navegação em diretório é desabilitada, deixando esta opção desmarcada, pois permitir a um usuário acesso às informações sobre a estrutura de diretório de seu Web *site* pode ajudá-lo a conseguir acesso não autorizado ao conteúdo de *site*.

Se faltar um documento default (default.htm, default.asp ou index.htm) em seu diretório inicial ou selecionado, e a navegação em diretório estiver desabilitada, um *browser* que tente acessar seu diretório receberá uma mensagem HTTP de código de *status* 403:

`HTTP/1.1 403 Access Forbidden`

Entretanto, se faltar um documento default em seu diretório inicial ou selecionado, mas a navegação em diretório estiver habilitada, um *browser* que acesse seu diretório exibirá uma estrutura de diretório de estilo UNIX. A Figura 3-12 ilustra um *browser* tentando acessar o diretório /images no server1:

> **Nota:**
>
> *Diretórios virtuais não aparecem em listagens de diretório. Para navegar por um diretório virtual, você precisa fornecer um URL completo do diretório virtual no browser.*

Capítulo 3 - Como administrar o serviço WWW

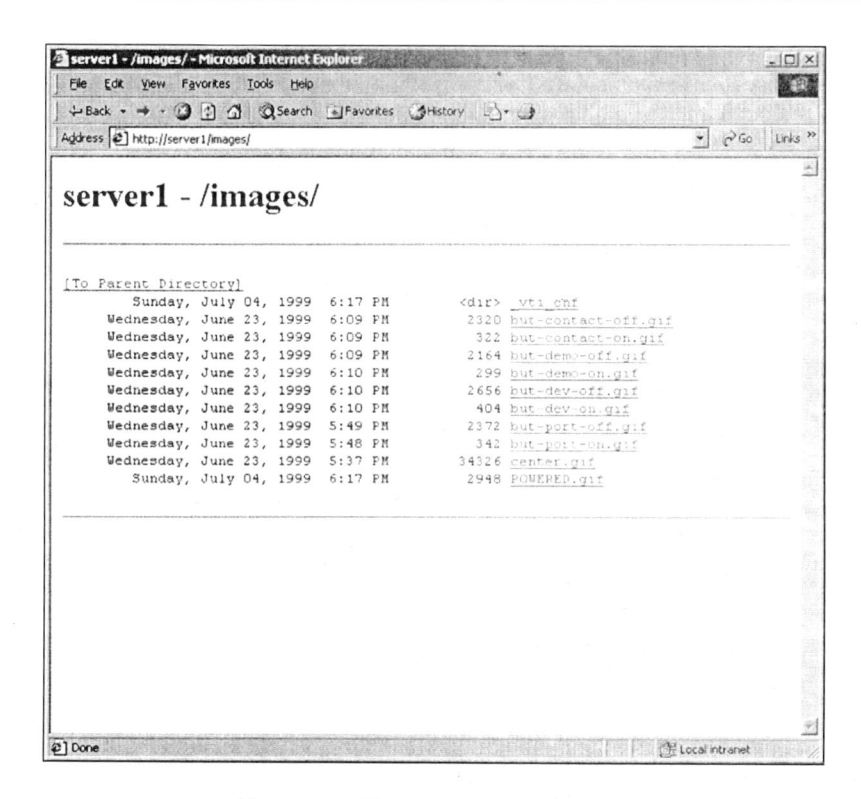

Figura 3-12 Visualização de um diretório quando a navegação em diretório é habilitada no servidor

Selecione Index This Directory (Indexar este diretório) para que o Microsoft Index Server inclua o diretório inicial ou selecionado na indexação *full-text* (texto completo) de seu Web *site*. Isto será tratado em mais detalhes no Capítulo 8.

Selecione FrontPage Web para criar umFrontPage Web para o diretório inicial ou selecionado. Isto será coberto em mais detalhes no Capítulo 6.

Como configurar ajustes de aplicativo WWW — Aplicativos incluem todos os diretórios e arquivos residentes em um diretório especificados como um ponto inicial de aplicativo, até que seja encontrado outro ponto inicial. Configurar o diretório inicial de um Web *site* garante que todos os diretórios sob o diretório inicial, e todos os diretórios virtuais no *site*, sejam parte do mesmo aplicativo. Ajustes de aplicativo são particularmente relevantes para *sites* que contenham scripts ASP — Active Server Pages.

Clique no botão Remove na página WWW Service Master Properties (veja a Figura 3-11) para remover um aplicativo existente em um *site*. O botão Remove agora se torna um botão Create. Para criar um novo aplicativo para o seu *site*, clique no botão Create e entre com um nome amigável para seu aplicativo na caixa de texto Name. Clique no botão Configuration para configurar seu aplicativo, usando a página de propriedade Application Configuration (veja a Figura 3-13).

A guia App Mappings na página de propriedade Application Configuration pode ser usada para mapear intérpretes e *engines de script* para determinadas extensões de nome de arquivo. Por exemplo, se um *browser* tentar acessar o URL

`http://server1/default.asp`

os ajustes de mapeamento de aplicativo determinam que, se um usuário tentar acessar o diretório inicial do *site*, o servidor observará o mapeamento do arquivo *.asp e verá qual aplicativo lida com este tipo; a saber:

`C:\inetpub\wwwroot\system32\inetsrv\asp.dll`

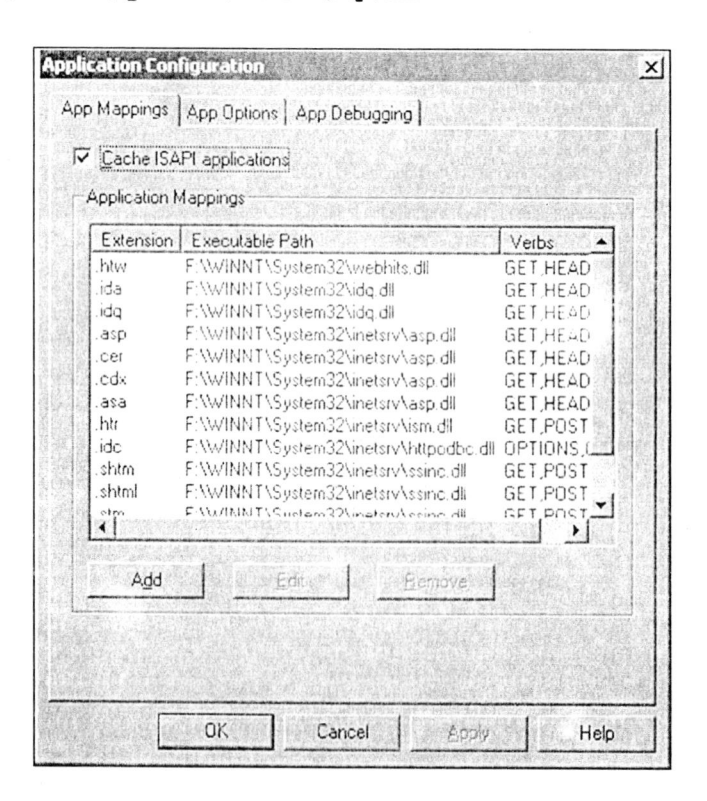

Figura 3-13 Configuração de um aplicativo WWW

Selecionar Cache ISAPI Applications permite que ISAPI DLLs sejam carregadas e depois armazenadas, o que agiliza a operação do servidor.

A guia App Options na página de propriedades Application Configuration oferece as seguintes opções:

- *Habilitar situação de sessão* — selecionar esta caixa de seleção habilitará a aplicativos ASP criar uma nova sessão para cada usuário e permitirá que o usuário seja rastreado através de múltiplas páginas ASP;
- *Habilitar armazenamento* — selecionar esta caixa de seleção levará o servidor a coletar a saída ASP e armazená-la antes de enviá-la ao cliente;
- *Habilitar caminhos-pai* — selecionar esta caixa de seleção permite aos ASP usar caminhos relativos aos diretórios-pai, usando ../ para subir um nível. Se isto for habilitado, não dê permissão de execução para o diretório inicial; pode ocorrer uma falha de segurança se o usuário puder chegar ao diretório inicial e executar um binário dentro deste diretório;
- *Linguagem ASP default* — a linguagem ASP default é VBScript. Isto pode ser mudado aqui (por exemplo, para JScript);
- *Tempo de encerramento de script ASP* — este ajuste determina o tempo que asp.dll permitirá que um *script* ASP seja executado.

A guia App Debugging (Depuração de aplicativo) na página de propriedades Application Configuration pode ser usada para:

- Habilitar depuração de script ASP no lado do servidor;
- Habilitar depuração de script ASP pelo lado do cliente;
- Gerar mensagens de erro ASP detalhadas para serem enviadas ao cliente quando acontecer um erro. Incluído na mensagem de erro está um arquivo e o número de linha no *script* que ocasionou o erro;
- Gerar uma mensagem de texto para ser enviada ao cliente quando ocorrer um erro.

Depois, você pode ajustar Application Protection, que determina como o aplicativo da Web será processado. O ajuste default é médio (compartilhado), significando que ele será executado no processo ou espaço de memória de outros aplicativos. Você também pode selecionar baixo (processo IIS), significando que ele será executado no mesmo processo que o servidor IIS, ou alto (isolado), significando que o aplicativo será executado em seu próprio espaço, sem afetar quaisquer dos aplicativos em execução no servidor.

Finalmente, precisam ser atribuídas permissões para o aplicativo ser executado.

- Permissão de *script* habilita a execução de *scripts* mapeados em uma *script engine*.
- Permissão de execução permite a qualquer binário executável ser executado no diretório.

> **Nota:**
>
> Permissão de script *normalmente é mais segura do que permissão de execução e deve ser sempre usada quando um* site *contiver* scripts *mapeados em uma* script engine *sendo executado no IIS 5.0.*

Como configurar documentos default WWW — Na guia Documents, selecione Enable Default Document (veja a Figura 3-14) para definir que um arquivo é retornado quando uma solicitação de um *browser* contiver um diretório (por exemplo, asdf), mas não um arquivo específico. Se este ajuste estiver habilitado, o URL solicitado

```
http://server1/asdf/
```

retornará um dos seguintes arquivos:

```
http://server1/asdf/default.htm
```

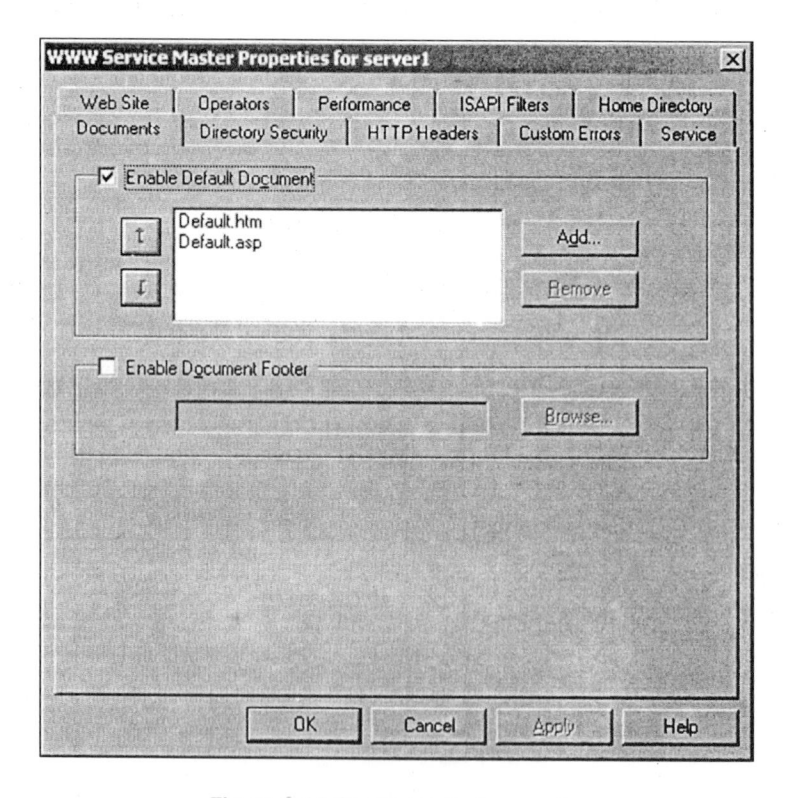

Figura 3-14 Configurando documentos default e rodapés

Capítulo 3 - Como administrar o serviço WWW

ou

`http://server1/asdf/default.asp`

Se existirem ambos os tipos de arquivos no diretório inicial, o primeiro na caixa de listagem (default.htm) será retornado ao *browser*. A ordem na caixa de listagem pode ser modificada, usando os botões de seta para cima e para baixo.

Podem ser definidos outros tipos de arquivo default. Um comumente definido é index.htm, que ou pode ser uma página de índice ou uma página inicial. Se nenhum documento default for encontrado, o servidor retornará uma mensagem de código de *status* 403 (Access Forbidden) ou fornecerá uma listagem de arquivos e subdiretórios no diretório, dependendo se o servidor estiver configurado para permissão de navegação no diretório.

Como configurar rodapés de documento WWW — Selecione Enable Document Footer (veja a Figura 3-14) para ter um segmento HTML automaticamente anexado a cada documento recuperado a partir do servidor. Especifique caminho local completo para o segmento rodapé.

Como configurar acesso anônimo e controle de autenticação WWW — Use a guia Directory Security na página de propriedades (veja a Figura 3-15) para configurar o tipo de logon de autenticação de entrada a ser usado por *browsers* que tentem acessar seu Web *site*. Estes ajustes serão considerados em detalhes no Capítulo 4.

Como configurar endereço IP e restrições de nome de domínio WWW — A guia Directory Security da página de propriedade também pode ser usada para ajustar as propriedades de segurança de seu servidor (veja a Figura 3-15). Estes ajustes serão tratados em detalhes no Capítulo 4.

Como configurar comunicações seguras WWW — A guia Directory Security na página de propriedade também pode ser usada para ajudar a configurar ajustes SSL para seu Web *site* (veja a Figura 3-15). Estes ajustes serão tratados em detalhes no Capítulo 12.

Como configurar expiração de conteúdo WWW — Na guia HTTP Headers, selecione Enable Content Expiration (veja a Figura 3-16) para permitir que seu servidor retorne informações de expiração de conteúdo nos cabeçalhos de resposta a uma solicitação HTTP. Use estes ajustes para páginas da Web que mudam seu conteúdo com alguma freqüência (por exemplo, páginas de avisos) e para tornar mais ágil o processo de visualização das páginas.

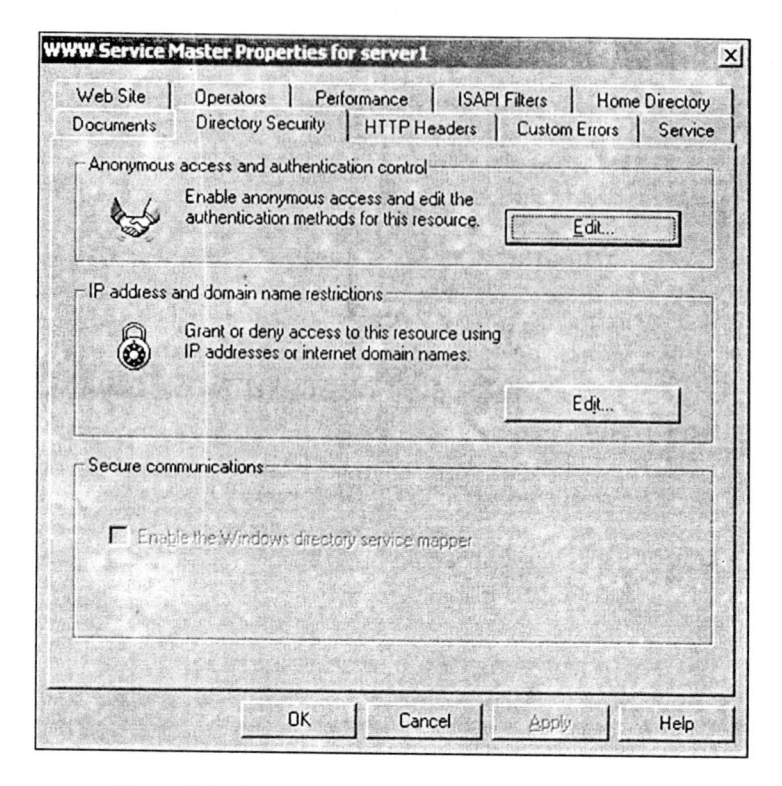

Figura 3-15 Configuração de ajustes de segurança WWW

Se a expiração de conteúdo estiver habilitada, da próxima vez que um *browser* acessar uma página, ele usará as informações de cabeçalho de resposta para determinar se o conteúdo na página está expirado ou não. Se o conteúdo tiver expirado, o *browser* solicitará uma nova cópia da página, na expectativa de que a página tenha sido atualizada desde o recebimento do original. Se o conteúdo não houver expirado, o *browser* dará o conteúdo atual como ainda válido e tentará recuperar a página a partir de seu *cache* do lado do cliente, o que torna mais ágil o processo de visualização das páginas.

Os ajustes de expiração de conteúdo incluem:

- *Expiração imediata* — uma nova cópia da página será carregada da próxima vez que a página for solicitada; a página nunca será carregada a partir do cache do lado do cliente;

- *Expiração após* <minutes/hours/days> (minutos/horas/dias) — o conteúdo expirará após um intervalo de tempo especificado. Até que este intervalo se esgote, o cliente tentará recuperar a página do *cache*, o que tornará mais ágil o processo de visualização das páginas;

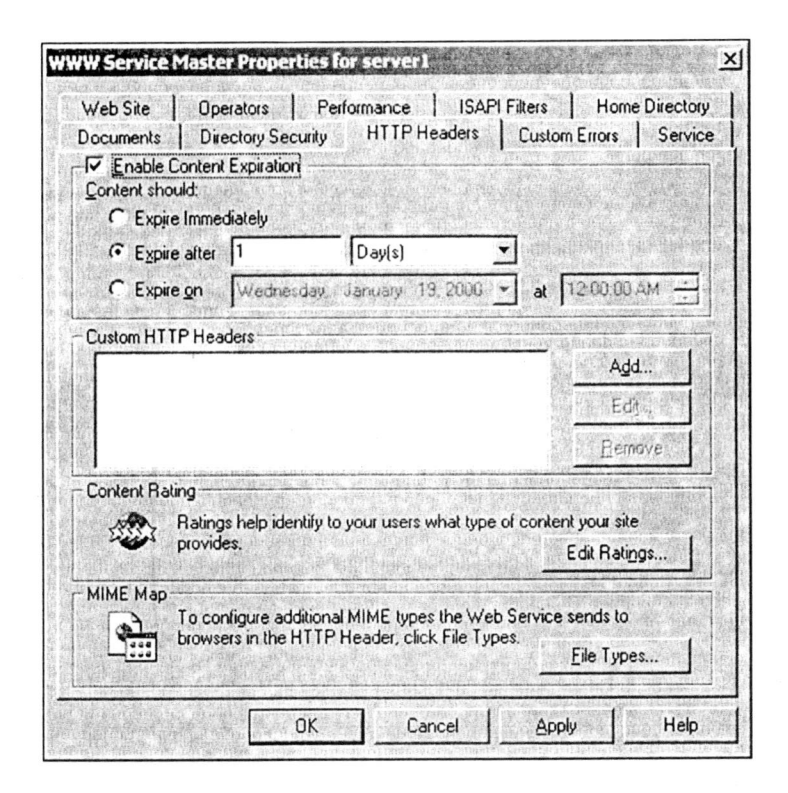

Figura 3-16 Configuração de expiração de conteúdo, cabeçalhos HTTP personalizados, classificação de conteúdo e mapa MIME

- *Expiração em <date/time>* (data/horário) — o conteúdo expirará na data e no horário especificados. Até que este tempo se esgote, o cliente tentará recuperar a página do *cache*, tornando mais ágil a visualização das páginas.

Como configurar cabeçalhos HTTP personalizados WWW — Conforme mostrado na Figura 3-16, clique em Add para criar um cabeçalhos HTTP personalizados de resposta (nome/valores associados) para serem retornados a clientes que fizerem solicitações HTTP ao diretório inicial ou selecionado. Estes cabeçalhos podem conter informações de controle que chamam respostas especializadas de *browsers* clientes configurados de forma adequada, *firewalls* e servidores *proxy*.

Como configurar categoria de conteúdo WWW — Conforme mostrado na Figura 3-16, selecione Edit Ratings (Editar categorias) para estabelecer categorias de conteúdo para o diretório inicial ou selecionado. Estas categorias de conteúdo foram desenvolvidos pelo RSAC — Recreational Software Advisory Council e podem ser usados por *browsers* como o Internet Explorer 3.0 e versões superiores, para determinar se o cliente tem privilégios para ver o *site*. Para mais informações sobre o RSAC, visite seu Web *site* em:

www.rsac.org.

Categorias de conteúdo abrangem quatro áreas (veja a Figura 3-17):
- Violência;
- Sexo;
- Nudez;
- Linguagem.

Para testar o sistema de classificação de conteúdo, tente o exercício que propomos a seguir.

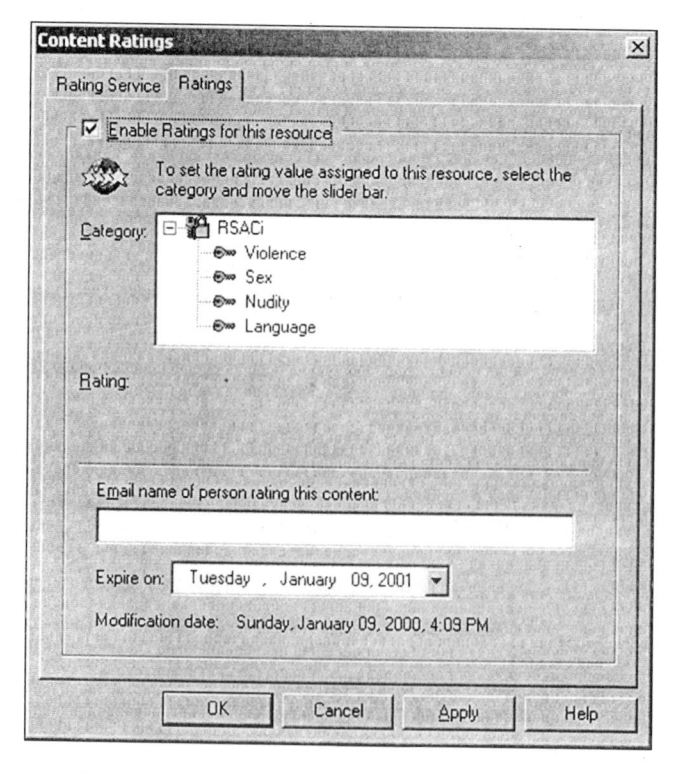

Figura 3-17 A página de propriedade Content Rating com classificação de conteúdo habilitada

Marque a caixa Enable Ratings for This Resource, selecione a categoria Language e mova o deslizador para o nível 2 (blasfêmias moderadas). Entre com seu endereço de e-mail, como a pessoa que está classificando o conteúdo de seu servidor e ajuste a data de expiração para uma semana a partir de hoje. Clique em Apply para configurar as classificações de seu servidor. Isto indica que seu *site* contém imprecações moderadas e deve ser visto apenas por aqueles com os privilégios correspondentes.

Agora, inicie um *browser* habilitado para classificação de conteúdo, tal como Internet Explorer 5.0 e escolha Internet Options a partir do menu Tools no *browser*. Selecione a guia Content na página de propriedade Internet Options. Note que Content Advisor tem um botão rotulado Enable; isto indica que Content Advisor ainda não está habilitado em seu *browser*. Tente acessar o Web *site* default de seu servidor usando o *browser*; você não deverá ter dificuldade para fazer isto.

Habilite Content Advisor em seu *browser*, clicando no botão Enable na guia Content da página de propriedade Internet Options. Você é solicitado a entrar com uma senha de supervisor, que é usada para evitar que pessoas desautorizadas (seus filhos, por exemplo) alterem as classificações que você está prestes a ajustar. Digite sua senha de supervisor e digite-a novamente para confirmação.

A página de propriedades Content Advisor agora aparece, sendo semelhante, em aparência, à página de propriedades Content Ratings do IIS 5.0, mostrada na Figura 3-17. Selecione a categoria Language e verifique que o deslizador está ajustado no nível zero (gíria inofensiva). Isto indica que *sites* classificados como tendo uma linguagem de nível 0 são aceitos pelo *browser* e serão exibidos, mas qualquer *site* com um classificação de linguagem de nível mais alto será inacessível. Clique duas vezes em OK e depois feche seu *browser*; o Content Advisor não será efetivado até que o *browser* reinicie.

Agora teste a classificação de seu *site*, reiniciando seu *browser* e tentando acessar novamente o Web *site* default do servidor. Desta vez você deve receber uma caixa de mensagem como aquela mostrada na Figura 3-18.

Observe que seu *browser* não permitirá que você acesse o *site* a menos que você entre com a senha de supervisor. Entre com a senha e veja o *site*. Agora, configure o Content Advisor de seu *browser* para permitir que você veja *sites* com classificação de linguagem a nível 2. Feche e reinicie seu *browser* e tente acessar o *site*; desta vez você terá sucesso.

Finalmente, desabilite o recurso Content Advisor no Internet Explorer 5.0 e desabilite as classificações de conteúdo em seu servidor para retornar tudo à posição em que você começou.

A página de propriedades Content Advisor do Internet Explorer 5.0 tem uma guia General com duas importantes opções de configuração:

- Selecione Users Can See Sites That Have No Rating se você estiver usando seu *browser* para ver *sites* na Internet. A grande maioria dos *sites* na Internet não é classificada sob este sistema, portanto, deixando esta opção desmarcada significará que você não será capaz de acessar praticamente nada na Internet. Content Advisor só será eficaz se for largamente implementado em *browsers* tais como o Internet Explorer e em servidores como o Internet Information Server;
- Selecione Supervisor Can Type a Password to Allow Users to View Restricted Content se você quiser a opção de ver conteúdo restrito quando você visitar um *site*.

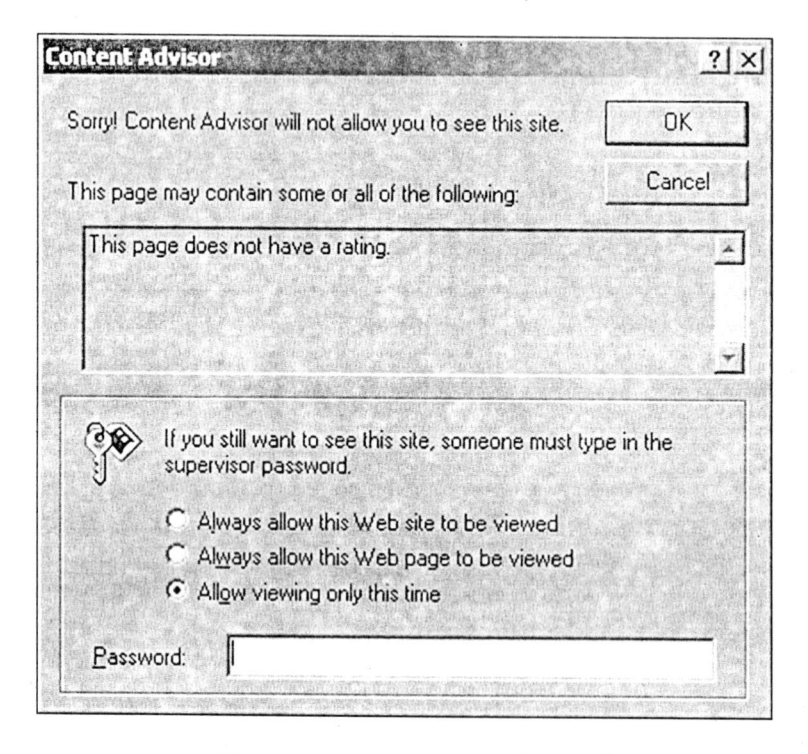

Figura 3-18 Tentando acessar um site com a classificação de conteúdo ativada.

Como configurar tipos MIME adicionais WWW — Você pode configurar outros tipos MIME, além daqueles já definidos na seção *Como configurar tipos MIME padrão no IIS*. Se tipos MIME forem configurados aqui para o diretório inicial ou selecionado e depois os tipos Master MIME forem alterados, os tipos Master MIME sobregravam as mudanças feitas no diretório inicial ou selecionado; as mudanças não são fundidas.

Capítulo 3 - Como administrar o serviço WWW   **103**

Como configurar mensagens de erro HTTP — Quando um cliente (*browser*) faz uma solicitação HTTP a um servidor, o servidor responde, enviando uma série de cabeçalhos de resposta, seguida pelo arquivo ou arquivos solicitado(s). Se a transação é bem sucedida, o primeiro cabeçalho solicitado enviado pelo servidor, tipicamente, se parece com isto:

```
HTTP/1.1 200 OK
```

(Volte à seção *Um exemplo de sessão HTTP* neste capítulo se você precisar de mais informações sobre cabeçalhos HTTP de solicitação/resposta). O número 200 no cabeçalho de resposta é um código de *status* HTTP que indica que a transação foi bem sucedida. Códigos de *status* HTTP geralmente pertencem a uma das três categorias:

- 200 a 299 — significa que a transação foi *bem sucedida*;
- 300 a 399 — significa que ocorreu um *redirecionamento*;
- 400 a 599 — significa que ocorreu algum tipo de *erro*.

O IIS 5.0 permite ao administrador personalizar mensagens de código de *status* HTTP da terceira categoria. Para personalizar um código de *status* HTTP, primeiro selecione-o na página de propriedade (veja a Figura 3-19) e escolha um dos seguintes procedimentos:

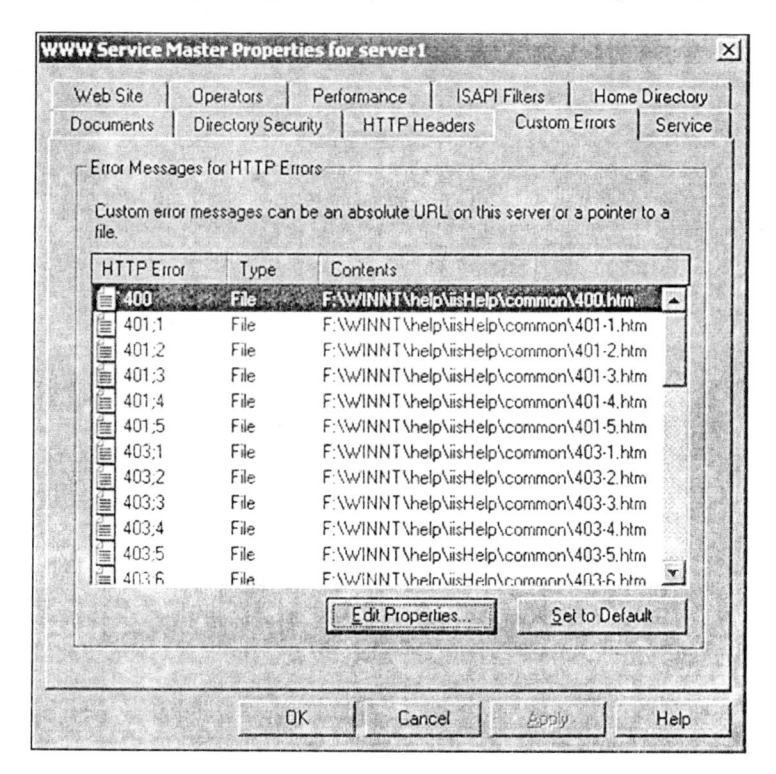

Figura 3-19 Configuração personalizada de códigos de erro HTTP

- Clique em Set to Default (Ajustar para default) se você quiser que o servidor retorne a mensagem de *status* default (padrão);
- Clique em Edit Properties para acessar a caixa Error Mapping Properties (Propriedades de mapeamento de erro).

Acessar a caixa Error Mapping Properties permite que você personalize um código de *status* HTTP de três formas possíveis, selecionando o tipo de mensagem:

- Default — para que o servidor exiba a mensagem de *status* default. Estas mensagens são definidas pelas especificações HTTP e são muito breves; às vezes, pouco informativas (por exemplo, "400 Bad Request" — má solicitação);
- Arquivo — para que o servidor exiba uma página de erro personalizada, armazenada localmente no servidor ou em um *drive* de rede. A Microsoft fornece um conjunto de páginas de erro personalizadas que são mais informativas do que mensagens de erro default (veja a Tabela 3-4). Como administrador, você pode querer personalizar mais estas páginas, acrescentando a logomarca da empresa, um *link* mailto (enviar para) ao *site* do administrador, um formulário de retorno, anúncio e assim por diante. Estas páginas de erro personalizadas estão localizadas em seu servidor, no diretório

`c:\winnt\help\iisHelp\common;`

Tabela 3-4 Códigos de *status* HTTP e seus significados

Campo	Tipo de dados
ClientHost	Varchar (255)
Username	Varchar (255)
LogTime	Datetime
Service	Varchar (255)
Machine	Varchar (255)
ServerIP	Varchar (50)
ProcessingTime	Int
BytesRecvd	Int
BytesSent	Int
ServiceStatus	Int
Win32Status	Int
Operation	Varchar (255)
Target	Varchar (255)
Parameters	Varchar (255)

Capítulo 3 - Como administrar o serviço WWW   **105**

- URL — para que o servidor redirecione o cliente a um URL (o URL deve estar no servidor local). Este URL pode apontar para uma página personalizada ou para um *script* ou programa executável que lida com a condição de erro. A única exigência é que o URL precisa existir; caso contrário, o servidor retornará uma mensagem "200 Request Successful" (solicitação bem sucedida) ao cliente.

Como configurar o Web *site* default IIS 5.0 — Para cada instalação do IIS 5.0, um (e apenas um) Web *site* no servidor pode ser selecionado para administração por uma versão anterior de Internet Service Manager (versão 3.0 ou anterior). Escolha qual *site* (se for o caso) você deseja administrar desta forma na caixa *drop-down*, na guia Service (veja a Figura 3-20). Esta guia aparece *apenas* na página WWW Service Master Properties.

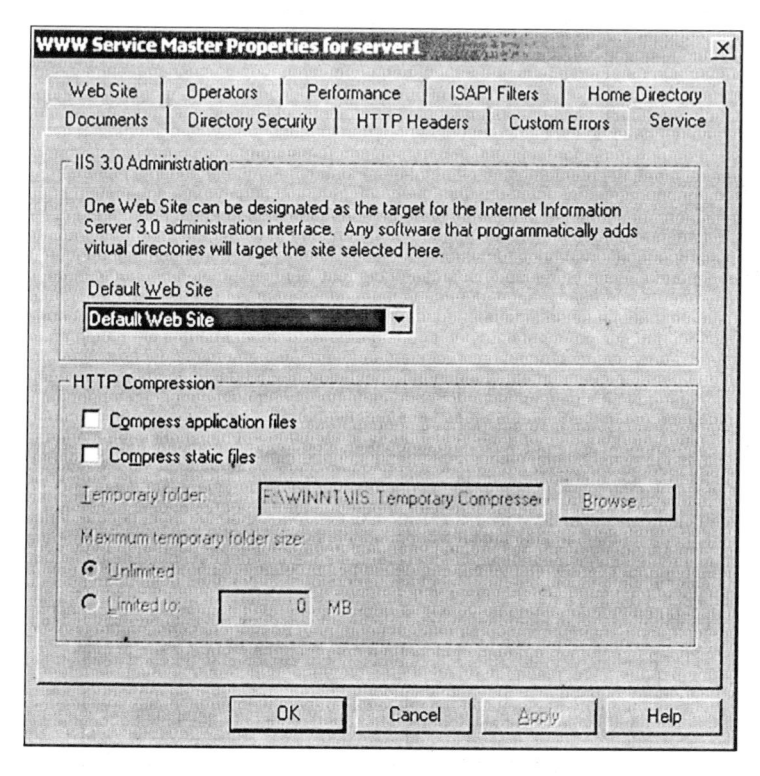

Figura 3-20 *Como configurar o Web* site *default IIS 3.0 e compressão HTTP*

Compressão HTTP — Um novo recurso do IIS 5.0 é a capacidade de comprimir documentos tanto estáticos (HTML) quanto dinâmicos (ASP). A compressão HTTP funciona apenas se o *browser*-cliente puder suportá-la, como faz o IE 5.0. A compressão aumenta a quantidade de processamento que precisa ser feita no servidor, mas pode reduzir o tamanho da transmissão em 80%. Seria melhor monitorar o desempenho de seu servidor da Web depois de implementar a compressão, para ver o impacto da compressão no uso do processador de seu servidor.

Para capacitar a compressão, selecione Compress Static Files ou Compress Application Files na guia Service (veja a Figura 3-20). Depois digite em um diretório onde os arquivos comprimidos devem ser mantidos. Observe que os documentos devem ser armazenados em uma partição NTFS e em um *drive* local que não seja comprimido usando compressão de arquivo NTFS.

Para mais informações

Para mais informações sobre HTTP — Hypertext Transfer Protocol, verifique algumas das fontes a seguir indicadas.

O W3C —World Wide Web Consortium

O W3C é um grupo de organizações internacionais, neutro quanto a fabricantes, cujo objetivo é promover o desenvolvimento de protocolos-padrão para a World Wide Web. Para informações sobre a situação atual do HTTP, visite o Web *site* do W3C em

`www.w3.org`

O W3C também publica uma revista chamada *World Wide Web Journal*. Existe uma versão *online* desta revista em

`www.w3j.com`

Para participar de discussões técnicas referentes ao desenvolvimento de HTTP e softwares correlatos, você pode assinar a lista de correio em

`www-talk@w3.org`

Envie uma mensagem de e-mail para `www-talk-request@w3.org` com o assunto de SUBSCRIBE (assinatura) e nada no corpo da mensagem. Literalmente, existem dúzias de listas disponíveis a partir de W3C, mas esta, provavelmente é a de interesse mais geral.

Capítulo 3 - Como administrar o serviço WWW **107**

Para encaminhar perguntas mais gerais e menos técnicas referentes a HTTP, tente mandá-las para o *newsgroup*

`comp.infosystems.www`

ou um dos outros *newsgroups* relevantes `comp.infosystems`.

A IETF - Internet Engineering Task Force — A IETF é outra organização preocupada com o desenvolvimento da arquitetura subjacente aos protocolos Internet para aumentar o desempenho geral da Internet. A IETF consiste de indivíduos organizados em grupos de trabalho dedicados a tarefas específicas, comunicando-se principalmente através de listas de correio. O HTTP Working Group é um exemplo. Para mais informações sobre a IETF, visite seu Web *site* em

`www.ietf.org`

Capítulo **4**

Como administrar a segurança

Introdução

A segurança é a principal preocupação dos administradores de rede, e o Internet Information Services 5.0, executado no Windows 2000, apresenta um ambiente confiável, escalável, para hospedar com segurança Web *sites* Internet, intranet e extranet. Ao terminar este capítulo, você será capaz de:

- Descrever os diversos métodos de segurança disponíveis para Web *sites* hospedados pelo IIS 5.0 no Windows 2000;
- Configurar o IIS para conceder ou negar o acesso de usuários com base em seus endereços IP de cliente ou nomes de domínio de Internet;
- Entender e configurar a autenticação de segurança do IIS, incluindo acesso anônimo, autenticação básica e Integrated Windows Authentication (Autenticação integrada Windows);
- Entender e configurar permissões IIS para Web *sites* e páginas individuais;
- Entender e configurar permissões NTFS para Web *sites* e páginas individuais;
- Entender como combinar permissões IIS e NTFS;

- Entender outros métodos de ampliação da segurança em servidores IIS, incluindo desativação de protocolos e serviços desnecessários e, através de monitoramento de ajustes de segurança eficazes, implementar auditoria NTFS e registro IIS.

Segurança adicional para o IIS pode ser obtida com a implementação da SSL — Secure Sockets Layer (Camada de soquetes seguros) em combinação com certificados de cliente X.509. O Capítulo 11 trata deste tema mais detalhadamente.

Como entender a segurança do IIS

Os Administradores podem controlar o acesso a conteúdos da Web hospedados no IIS 5.0 executado em servidores Windows 2000 de quatro maneiras principais:

- *Segurança de endereço IP e nome de domínio* — o IIS permite a administradores controlar o acesso de clientes a Web *sites*, diretórios virtuais e arquivos individuais com base no endereço IP ou no nome de domínio do cliente ou grupo que tenta acessar o recurso. A segurança do endereço IP e nome de domínio aplica-se a todos os usuários que tentam acessar o recurso, independente do grupo a que eles pertençam;

- *Autenticação de segurança IIS* — o IIS permite aos administradores controlarem o acesso dos clientes a Web *sites*, diretórios virtuais e arquivos individuais com base em métodos de autenticação de usuário configurados para o recurso. A autenticação de segurança IIS aplica-se a todos os usuários que tentam acessar o recurso, independente do grupo a que pertençam;

- *Permissões IIS* — com o IIS, os administradores podem controlar o acesso de clientes a Web *sites*, diretórios virtuais e arquivos individuais baseados em permissões de acesso à Web. As permissões IIS aplicam-se a todos os usuários que tentam acessar o recurso, independente do grupo a que pertençam;

- *Permissões NTFS* — O Windows 2000 permite que os administradores controlem o acesso dos clientes a diretórios físicos e a arquivos com base em permissões NTFS de acesso ao recurso. Diferente dos outros três métodos, permissões NTFS oferecem níveis de detalhe, concedendo diferentes permissões a diferentes usuários e grupos.

Das quatro alternativas, o método mais fundamental para proteção de acesso a Web *sites* é o NTFS — Windows NT File System. Antes de configurar qualquer outra forma de segurança, assegure-se de que as permissões NTFS para o conteúdo publicado estejam configuradas corretamente. O IIS é tão seguro quanto o sistema de arquivos no qual ele é executado.

Capítulo 4 - Como administrar a segurança   **111**

> **Nota:**
>
> O sistema de arquivos FAT—File Allocation Table não é recomendado para hospedar conteúdo da Web, pois ele não fornece qualquer segurança para o nível de diretório ou de arquivo. Se você tiver conteúdo da Web armazenado em uma partição FAT, use o utilitário convert.exe do Windows 2000 para mudar o sistema de arquivo para NTFS. A sintaxe para este comando é:
>
> `Convert C:/fs:ntfs`

A Figura 4-1 mostra o processo pelo qual os quatro métodos de segurança são aplicados quando o IIS recebe uma solicitação para acessar um recurso. Com base nesta figura, cada um dos esquemas de segurança será examinado em detalhe, na ordem na qual eles são aplicados.

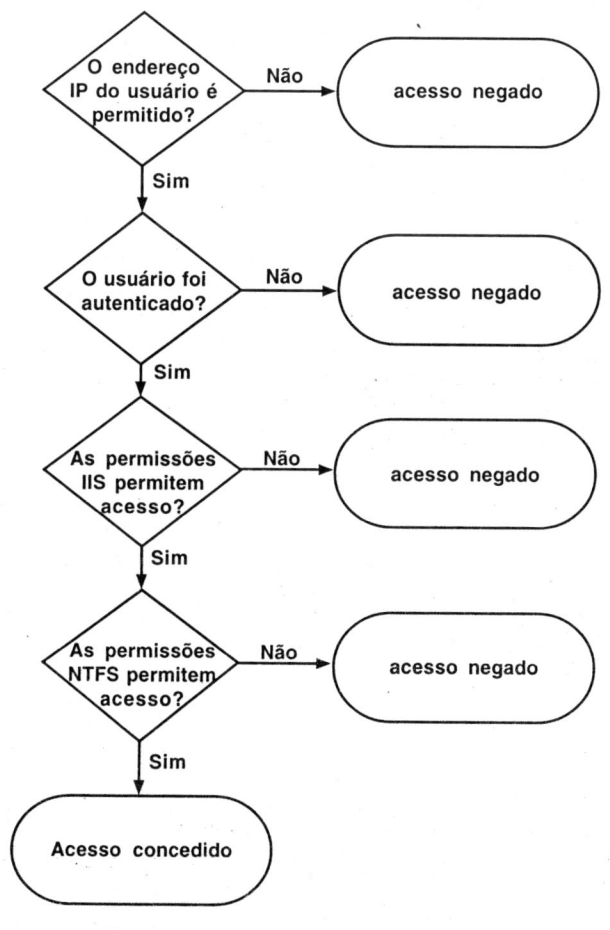

Figura 4-1 Aplicação dos quatro métodos de segurança quando um usuário tenta acessar o IIS

Como entender a segurança de endereço IP e de nome de domínio

O IIS pode ser configurado para conceder ou negar acesso a Web *sites*, diretórios virtuais ou arquivos individuais, dependendo do endereço IP ou nome de domínio Internet do cliente. Isto é feito, configurando restrições de endereço IP e nome de domínio para o recurso. Os clientes podem ser *hosts* individuais ou todos os computadores em uma sub-rede em particular. Este é um ajuste de segurança global para cada recurso e é independente do grupo em particular ao qual pertence o usuário que tenta acessar o recurso.

Como configurar restrições de endereço IP e de nome de domínio

O método para configurar restrições de endereços IP e nome de domínio varia, dependendo de para que você os esteja configurando.

- Para configurar restrições de endereço IP e nome de domínio para servidores virtuais (Web *sites*), diretórios virtuais e quaisquer subdiretórios físicos de um servidor virtual, clique com o botão direito do mouse no nó do recurso no *Microsoft Management Console* (MMC), selecione Properties a partir do menu Context, escolha a guia Directory Security na página de propriedade e clique em Edit em IP Address and Domain Name Restrictions.

- Para configurar restrições de endereço IP e nome de domínio para qualquer arquivo em um diretório virtual ou servidor, clique com o botão direito do mouse no nó do arquivo no MMC, selecione Properties do menu Context, escolha a guia File Security na página de propriedades e clique em Edit em IP Address and Domain Name Restrictions.

A caixa IP Address and Domain Name Restrictions habilita administradores a conceder ou negar acesso a servidores, *sites* e páginas, com base em endereços IP e nomes de domínio da Internet (veja a Figura 4-2). Antes de configurar a segurança de endereço IP e de nome de domínio, você precisa decidir se *concederá* acesso a todos os *hosts*, *exceto* àqueles especificados, ou *negará* o acesso a todos os *hosts*, *exceto* àqueles especificados.

Para permitir ou negar acesso a *hosts*, clique em Add para trazer para a frente a caixa de diálogo Grant Access On (Permitir/conceder acesso) ou a caixa Deny. Depois escolha uma das seguintes opções apresentadas.

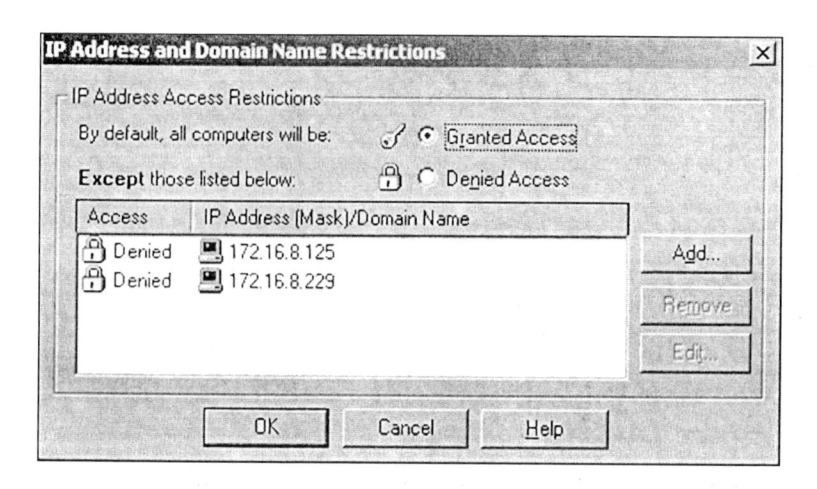

Figura 4-2 Configuração de restrições a IP e a nome de domínio

- *Computador individual* — Entre com o endereço IP do host individual ao qual você deseja conceder ou negar acesso. Se sua rede suporta DNS, você também pode clicar em DNS Lookup, entrar com o FQDN do host ao qual você deseja conceder ou negar acesso e ter seu servidor DNS resolvendo o FQDN em um endereço IP.
- *Grupo de computadores* — Entre com o endereço IP de rede e máscara sub-rede da rede à qual você deseja conceder ou negar acesso (veja a Figura 4-3).
- *Nome de domínio* — Entre com o nome do domínio de Internet ao qual você deseja conceder ou negar acesso. Pode aparecer uma caixa de diálogo, avisando-o de que esta opção exige DNS Reverse Lookup, o que pode ocasionar impacto no desempenho do servidor.

Estratégias para usar segurança em endereço IP e nome de domínio

Tente as seguintes estratégias para usar segurança de endereço IP e nome de domínio.

- Se seu servidor da Web oferece uma conexão extranet a outra empresa, você pode querer rejeitar acesso a todos os computadores, exceto para os endereços IP de rede da outra empresa.

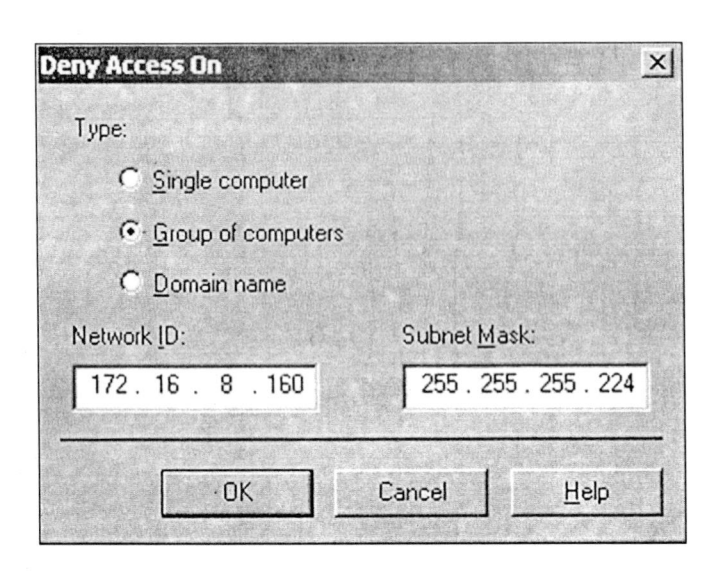

Figura 4-3 Negando acesso a um grupo de computadores por endereço IP

- Se uma tentativa de invadir sua rede vier de 207.166.52.4, você pode querer rejeitar o acesso àquele endereço IP ou a toda a rede 207.166.52.40.
- Se seu servidor IIS oferece serviços intranet a sua LAN e a sua LAN também está conectada à Internet externa, você pode querer conceder acesso aos números de sua rede e negar acesso a todos os outros.

Como entender a autenticação de segurança no IIS

O IIS pode ser configurado para controlar acesso a Web *sites*, diretórios virtuais ou arquivos individuais, dependendo do método de autenticação de logon usado pelo cliente. Isto é feito, configurando a autenticação de segurança IIS para o recurso. Este é um ajuste de segurança global para cada recurso e é independente do grupo em particular ao qual pertence o usuário que tenha acesso ao recurso.

Os quatro esquemas de autenticação IIS disponíveis são:

- *Acesso anônimo* — qualquer um pode acessar o Web *site*, o diretório virtual ou o arquivo individual assim configurado;
- *Autenticação básica* — os usuários precisam fornecer uma conta e uma senha válidas de usuário Windows 2000 em resposta a uma caixa de diálogo de logon para o Web *site*, o diretório virtual ou o arquivo individual assim configurado;

Capítulo 4 - Como administrar a segurança 115

- *Autenticação condensada* — este método envia a senha para a rede como valor residual. Esta opção só pode ser usada por um domínio Windows 2000. Este método pode ser usado para transmitir logins por um *firewall* de rede ou *proxy*. Atualmente, este método só pode ser usado se o *browser* for Internet Explorer 5 ou superior.

- *Autenticação Windows integrada* — usuários já logados em suas máquinas com uma conta válida de usuário Windows são automaticamente autenticados e têm acesso concedido ao Web *site*, ao diretório virtual ou ao arquivo individual assim configurado.

Estes quatro esquemas de autenticação podem ser configurados para controlar o acesso a:

- Todo o conteúdo Web hospedado no servidor IIS;
- Web *sites* individuais hospedados no servidor IIS;
- Diretórios virtuais individuais em um Web *site*;
- Subdiretórios físicos individuais em um Web *site*;
- Páginas da Web individuais ou outros arquivos em um Web *site*.

Para configurar autenticação de segurança do IIS como o ajuste default para *todos os Web sites* hospedados em seu servidor IIS, inicie o MMC — Microsoft Management Console, abra a página WWW Service Master Properties de seu servidor IIS e selecione a guia Directory Security (Figura 4-4). A seguir, clique em Edit para abrir a caixa de diálogo Authentication Methods (Figura 4-5). Selecione qualquer combinação dos quatro métodos de autenticação disponíveis e clique em OK para fechar a página de propriedades Authentication Method.

Agora, clique em Apply, na página WWW Service Master Properties. Se os ajustes default que você tiver escolhido forem diferentes dos ajustes de quaisquer nós-filhos no servidor *e* estes ajustes de nós-filhos tiverem mudado desde que os ajustes default foram ajustados, a caixa Inheritance Overrides se abrirá, permitindo que você selecione quais nós-filhos devem herdar os ajustes default que você selecionou para o nó-pai (veja a Figura 4-6). Por default, automaticamente, *todos* os nós-filhos herdam quaisquer ajustes feitos, usando a página WWW Service Master Properties.

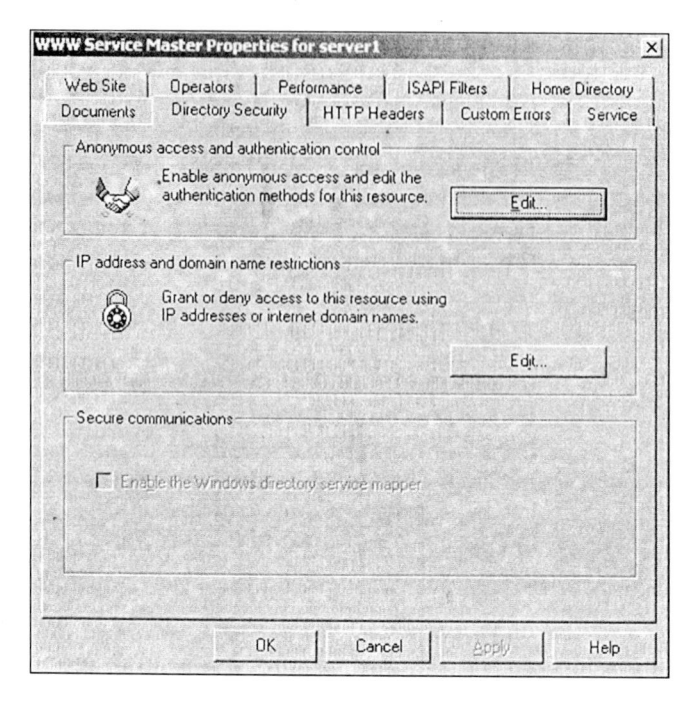

Figura 4-4 A guia Directory Security da página WWW Service Master Properties

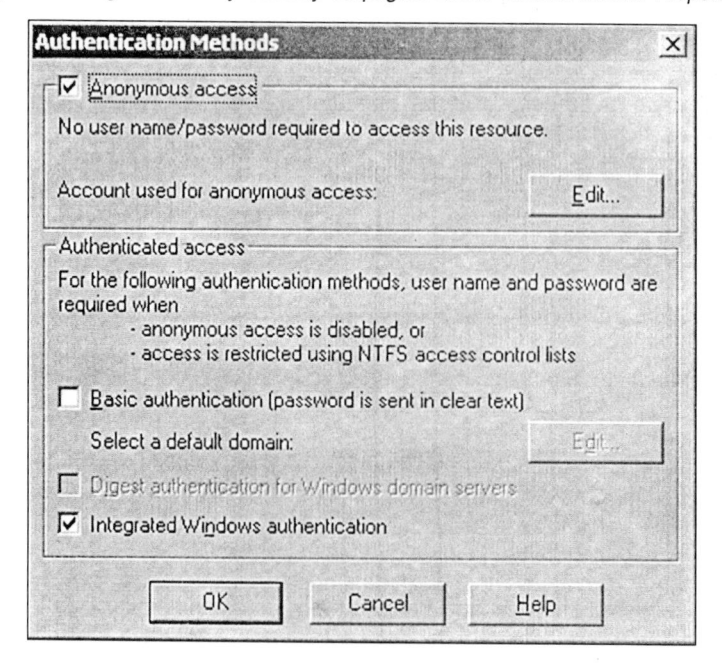

Figura 4-5 Seleção de métodos de autenticação

Capítulo 4 - Como administrar a segurança **117**

Para configurar a autenticação de segurança do IIS para um Web *site*, diretório virtual ou diretório físico *específico* hospedado em seu servidor IIS, use o MMC e clique com o botão direito do mouse no nó que representa o recurso ao qual você deseja restringir o acesso e selecione Properties para abrir a página Properties <resource_name> de seu recurso.

A seguir, escolha a guia Directory Security e clique em Edit para abrir a página de propriedades Authentication Methods. Selecione qualquer combinação dos quatro métodos de autenticação disponíveis e clique em OK para fechar a página de propriedades Authentication Methods.

Agora, clique em Apply na página Properties <resource_name>. Se os ajustes que você tiver escolhido para este Web *site* forem diferentes dos ajustes de quaisquer nós-filhos neste *site* e estes ajustes de nós-filhos tiverem mudado desde que os ajustes-padrão foram mudados, a caixa Inheritance Overrides será aberta, permitindo que você especifique quais nós-filhos devem herdar os ajustes que você selecionou.

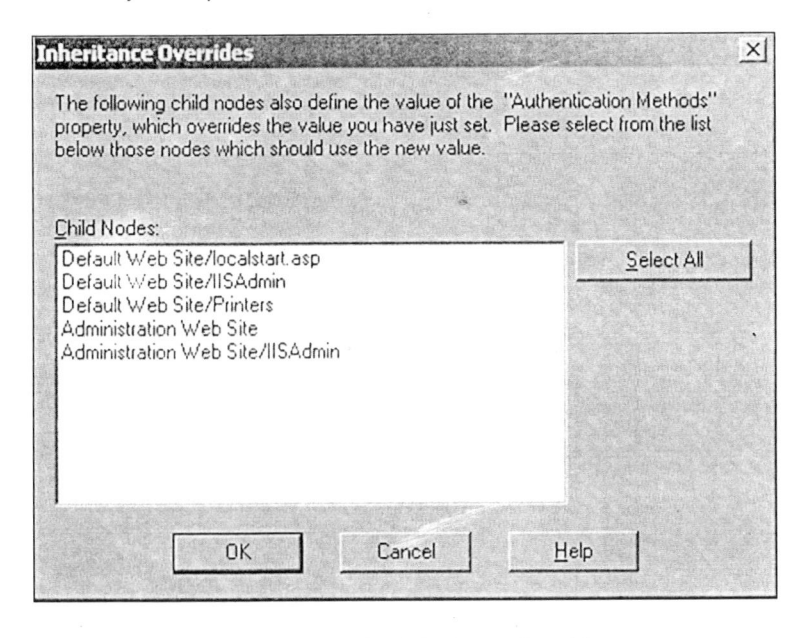

Figura 4-6 A caixa Inheritance Overrides

Finalmente, para configurar a autenticação de segurança do IIS para um arquivo específico dentro de um servidor ou diretório virtual, use o MMC, clique com o botão direito do mouse no nó representando o arquivo para o qual você deseja restringir acesso e selecione Properties para abrir a página Properties <resource_name> desta página. Escolha a guia File Security e clique em Edit para abrir a página de propriedade Authentication Methods. Selecione qualquer combinação dos três métodos de autenticação disponíveis e clique em OK.

Como configurar acesso anônimo

O primeiro esquema de autenticação IIS que examinamos é chamado *acesso anônimo*. Quando o IIS é instalado, o programa de inicialização cria uma conta especial de usuário, chamada Internet Guest Account. Usando o User Manager — se o IIS estiver instalado em um servidor-membro, ou User Manager for Domains, se o IIS estiver instalado em um controlador de domínio — podemos ver que esta conta tem as seguintes propriedades:

- O nome de usuário é IUSR_SERVERNAME, onde SERVERNAME é o nome do servidor no qual o IIS está instalado;
- O usuário não pode alterar a senha;
- A senha nunca expira.;
- O usuário é um membro do grupo local Guests (convidados).

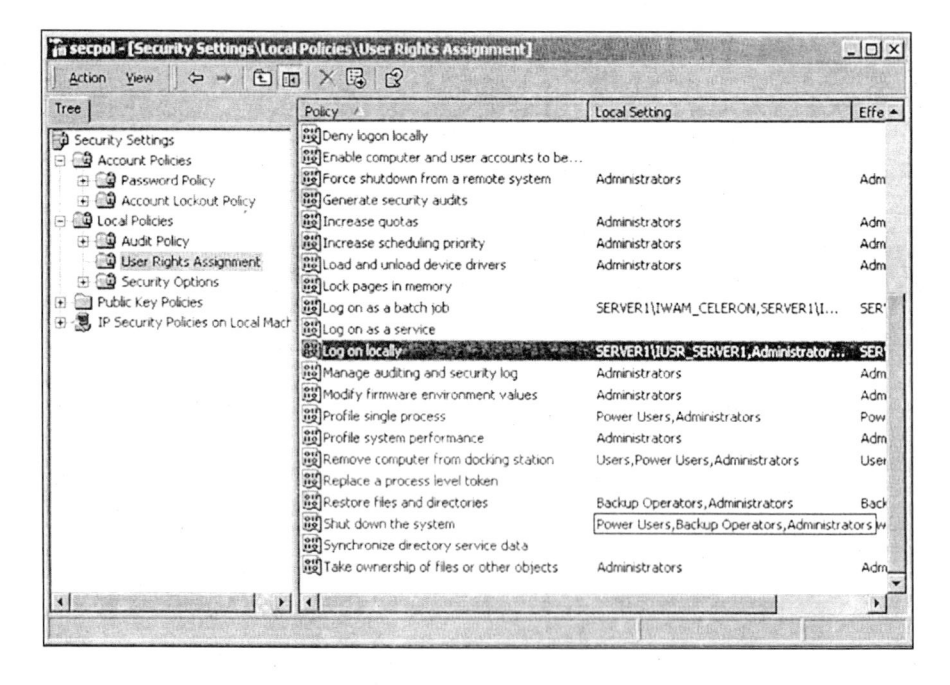

Figura 4-7 IUSR_SERVER1
precisa ter o direito de se lofar localmente

Capítulo 4 - Como administrar a segurança **119**

Além disso, usando o console Local Security Policy MMC e selecionando o nó User Rights Assignment a partir do nó Local Policies, no painel direito você pode ver a política Log on Locally (veja a Figura 4-7). Se selecionarmos as propriedades da política Log on Locally, poderemos ver que a Internet Guest Account tem este direito (veja a Figura 4-7). Se você marcar outras políticas, verá que a Internet Guest Account é apenas parte da política Log on Locally.

Por default, Allow Anonymous Access é habilitado na página de propriedades Authentication Methods do seu servidor IIS (veja a Figura 4-5). Isto significa que todos os usuários, tenham eles contas válidas de usuário Windows ou não, têm permissão de acesso a conteúdo da Web em seu servidor IIS. Em outras palavras, a conta IUSR_SERVERNAME permite acesso de convidado a todos os usuários que acessam seu servidor, sem exigir uma conta e uma senha específicas de usuário.

Se necessário, a conta usada para permitir acesso anônimo pode ser mudada, selecionando Edit na página de propriedades Authentication Method. Isto abre a caixa Anonymous User Account (veja a Figura 4-8). Você pode usar esta opção em uma das seguintes situações:

- Se, acidentalmente, você tiver apagado a conta IUSR_SERVERNAME existente, e precisar criar uma nova conta para acesso anônimo;
- Você quiser renomear a conta IUSR_SERVERNAME para evitar qualquer falha de segurança que possa ocorrer, caso alguém mude os direitos e permissões do grupo Guests. Alguém pode tentar invadir a conta IUSR_SERVERNAME se acontecer de as configurações para o grupo Guests estarem incorretas;

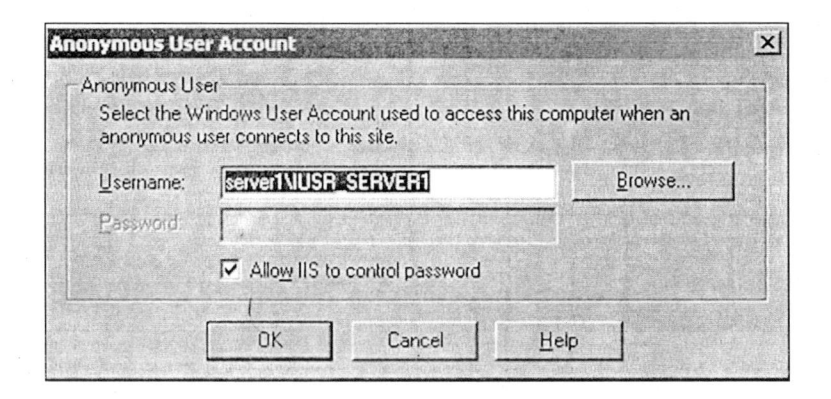

Figura 4-8 Configurando Anonymous User Account

- Se o seu servidor IIS estiver instalado em um *servidor-membro* Windows 2000 e o IIS precisar oferecer acesso anônimo a conteúdo da Web armazenado em outros servidores em seu domínio, você pode precisar substituir o padrão IUSR_SERVERNAME, que é uma conta local no servidor membro, por uma conta de domínio total à qual podem ser designadas permissões em outros servidores no domínio. Se o IIS estiver instalado em um *controlador de domínio*, este não é o caso;
- Se você tiver diversos servidores IIS instalados em servidores-membros Windows 2000 e você quiser harmonizar suas várias contas IUSR_SERVERNAME para ter apenas uma Internet Guest Account, você pode criar uma nova conta IUSR em um controlador de domínio e substituir as contas locais IUSR existentes pela nova conta IUSR global. Isto simplificará os ajustes de ACLs para recursos que tenham conteúdo da Web em volumes NTFS.

Antes de usar esta opção, você precisa criar uma nova conta para acesso anônimo, usando o *snap-in* Active Directory Users and Computers. Assegure-se de atribuir a ele o mesmo direito que tem IUSR_SERVERNAME; isto é, o direito de se logar localmente no servidor, ou servidores, IIS ao qual ele se aplica. Depois, use a caixa Anonymous User Account para designar uma nova conta de usuário para acesso anônimo ao seu servidor IIS. Deixe selecionada a caixa de verificação Enable Automatic Password Synchronization, para que o Windows 2000 sincronize automaticamente os ajustes IIS com a senha definida no *snap-in* Active Directory Users and Computers.

Estratégias para usar acesso anônimo

Quando deve ser usado acesso anônimo? Algumas situações possíveis são descritas a seguir.

- No caso de a segurança precisar ser baixa, e o *site* destinar-se ao público em geral através da Internet.
- Em uma intranet corporativa sem conexão com a Internet.
- Nos casos em que a segurança precisa ser alta, e os usuários não podem ser habilitados a passar, acidentalmente, suas credenciais por *links* WAN para acessar o Web *site* corporativo.

Nota:

> Se você tiver modificado os direitos e permissões do grupo local Guests, a Internet Guests Account também herdará estes novos direitos e permissões, pois ela é membro do grupo Guests. Sempre marque os direitos e as permissões do grupo Guests em seu sistema antes de capacitar acesso anônimo ao servidor IIS da Web.

Capítulo 4 - Como administrar a segurança

Como configurar autenticação básica

O segundo esquema de autenticação IIS de que tratamos aqui é chamado *basic authentication*. Autenticação básica é o método-padrão HTTP de autenticação de usuário e é suportado pela maioria dos *browsers* da *Web*.

Se Basic Authentication for selecionada na página de propriedades Authentication Methods para um recurso (veja a Figura 4-5), um cliente que tente acessar um servidor virtual, um diretório virtual ou um arquivo individual verá uma caixa de diálogo Enter Network Password (Figura 4-9). Então, o usuário precisa fornecer uma conta e senha de usuário Windows válidas para ter permissão de acessar a página que está tentando ver. Se uma conta inválida for sucessivamente fornecida, por três vezes, nesta caixa, o servidor retornará a seguinte mensagem ao *browser*-cliente:

`HTTP Error 401.1 Unauthorized Logon Failed`

Autenticação básica não é um esquema seguro de autenticação e deve ser usado apenas em ambientes de baixa segurança. Na autenticação básica, o nome de usuário e a senha são codificados em uma *string* de caracteres ASCII, usando um processo conhecido como *uuencoding*. (A caixa de diálogo Authentication Methods diz que autenticação básica envia o nome de usuário e a senha como *clear text*, texto *claro*, mas, na verdade, este não é o caso). Esta *string uuencoded* codificada *uu*, que é facilmente decifrável com um algoritmo matemático simples, é então incluída no pacote HTTP Get Request como um cabeçalho de solicitação HTTP, tal como:

`Authentication: Basic ZG9uYWxkOnBhc3N3Jk`

Figura 4-9 A caixa de diálogo Enter Network Password para autenticação básica

A Figura 4-10 mostra uma captura do Network Monitor (Monitor de rede) de uma solicitação de autenticação básica. Qualquer pessoa com acesso suficiente à sua rede para capturar tais pacotes pode, facilmente, decodificar a *string* de autenticação e depois utilizar o nome de usuário e a senha para invadir sua rede Windows. Portanto, não use autenticação básica, a menos que ela seja necessária em um dos seguintes casos:

- Para fornecer um nível básico de autenticação em ambiente de baixa segurança;
- Para fornecer autenticação para clientes não-Microsoft em uma *rede heterogênea* (isto é, uma rede que também inclua estações de trabalho UNIX, clientes Macintosh e assim por diante).

A autenticação básica pode ser combinada com criptografia SSL — Secure Sockets Layer para oferecer um esquema seguro de autenticação em ambientes heterogêneos. Isto garante que não apenas a autenticação de usuário, mas *todo* o tráfego cliente-servidor, inclusive transferência de dados, seja fortemente criptografado. A criptografia SSL oferece maior nível de segurança, mas atinge negativamente o desempenho do servidor. SSL é coberto no Capítulo 11.

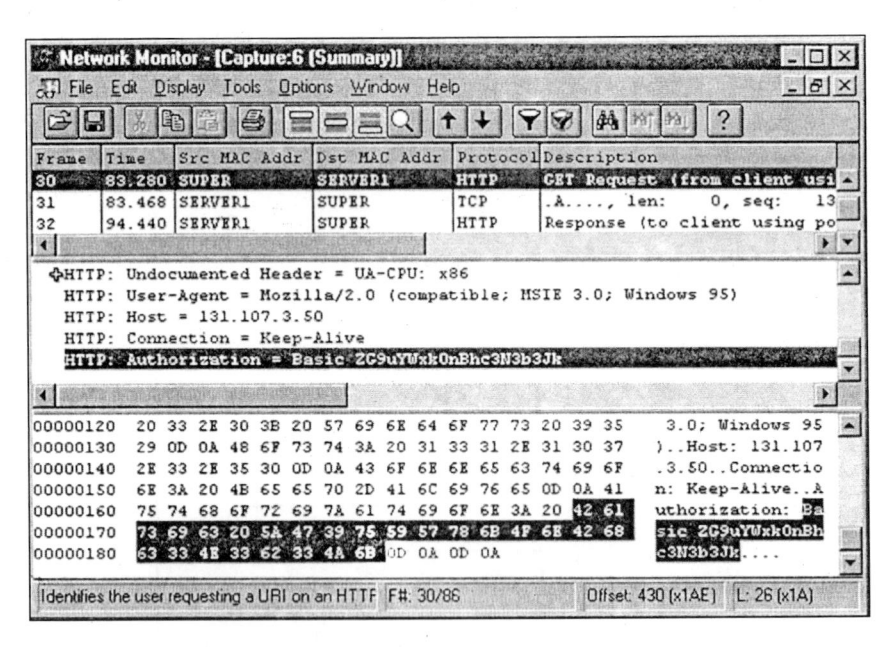

Figura 4-10 Captura do Network Monitor de uma sessão de autenticação básica

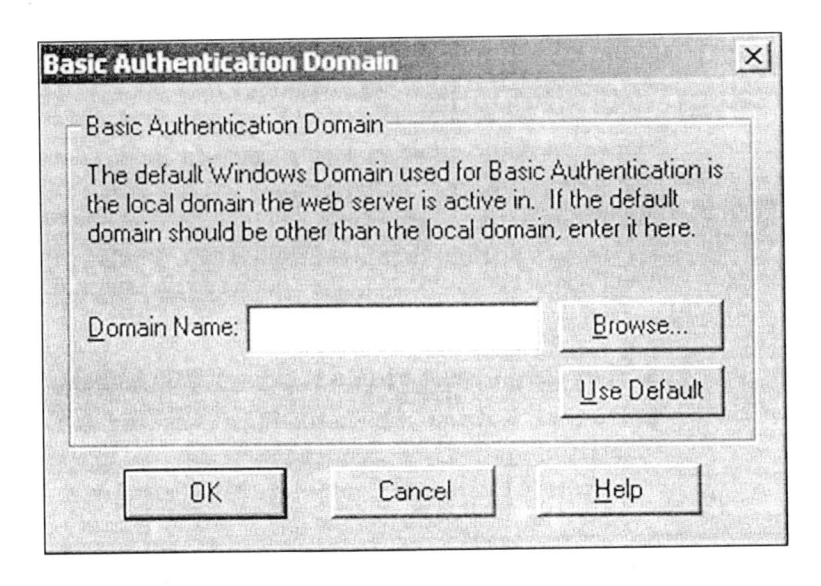

Figura 4-11 Configuração de autenticação básica de domínio

Você pode configurar IIS para encaminhar uma solicitação de autenticação básica a um domínio que não o domínio do servidor. Para fazer isto, selecione Basic Authentication na página de propriedades Authentication Methods e clique em Edit para exibir a caixa de diálogo Basic Authentication Domain. Procure o nome do domínio ou forneça um nome de domínio para autenticação e clique em OK (veja a Figura 4-11).

Estratégias para usar Basic Authentication

Quando deve ser usada autenticação básica? Algumas situações possíveis são as seguintes:

- Em um ambiente de rede heterogêneo, no qual a segurança é baixa e é exigida autenticação a sistemas que não sejam Windows 2000;
- Em um ambiente de baixa segurança, no qual alguns usuários têm *browsers*, tais como Netscape Navigator, que não podem usar Windows Integrated Authentication;
- Em um ambiente de segurança média, no qual empresas precisam oferecer acesso extranet a conteúdo que não é restrito (por exemplo, fornecer aos distribuidores acesso a catálogos *online*). Neste caso, Uma conta única é criada pelo fornecedor e usada pelos distribuidores para se logarem no servidor Web do fornecedor. Esta conta é alterada regularmente;
- Em um ambiente de alta segurança, combinada com SSL, para permitir que informações de conteúdo restrito sejam transmitidas com segurança através de conexões extranet entre empresas.

Como configurar autenticação condensada

Digest Authentication é um passo acima a partir do texto Basic Clear, pois ela envia senhas pela Internet em formato residual (ou "picado", seccionado). A autenticação condensada ainda não é um padrão Internet e só é suportada por Internet Explorer 5 acessando um domínio gerido por um controlador de domínio Windows 2000.

Para usar a Digest Authentication, configure assim o seu domínio Windows 2000:

- O IIS 5.0 precisa estar em um domínio Windows 2000;
- As contas de usuário precisam ter Save Password as Encrypted Clear Text habilitado na caixa de diálogo de propriedades de conta de usuário, no *snap-in* Active Directory Users and Computers.

> *Nota:*
> *A autenticação condensada armazena as senhas como simples arquivos plain text no gerenciador de domínio. Este arquivo é usado para comparar os resíduos enviados pelo IIS. É importante proteger este arquivo de acesso. Leia atentamente a documentação Windows 2000 para ter informações sobre a segurança do servidor.*

Estratégias para usar autenticação condensada

Quando a autenticação condensada deve ser usada? A seguir estão algumas sugestões.

- Quando você quiser mais segurança do que o texto Basic Clear pode oferecer.
- Quando você desejar acessar um recurso que esteja por trás de um *firewall* ou de um *proxy*.

Como configurar autenticação integrada Windows

O quarto e último método de autenticação IIS é chamado *Windows Integrated Authentication*. Na autenticação integrada, o servidor faz a autenticação do cliente através de um intercâmbio de pacotes criptografados, e nenhum desses pacotes contém a senha em qualquer forma. Este é o mais seguro dos quatro esquemas de autenticação do IIS, sob uma perspectiva de rede, e ocorre de diferentes maneiras, dependendo da configuração de rede.

- Se o usuário está logado em um sistema Windows 2000 com uma conta de usuário de domínio válida, o processo de segurança integrada é transparente ao usuário. Simplesmente o usuário tenta acessar o recurso desejado, uma série de pacotes HTTP faz a autenticação automática do usuário com base em suas atuais credenciais de logon e o usuário acessa a página. Não aparece nenhuma caixa de logon para o usuário manipular. Entretanto, um gerenciador de domínio precisa estar acessível para que a autenticação integrada seja bem sucedida.

Capítulo 4 - Como administrar a segurança

- Se o usuário está logado em um sistema Windows 95 que participa de um grupo de trabalho, ele se vê diante de uma caixa de diálogo Enter Network Logon e precisa fornecer um nome de usuário e uma senha válidos para Windows 2000 para acessar o recurso. Novamente, um gerenciador de domínio precisa estar acessível para que o método de autenticação seja bem sucedido.

A autenticação integrada Windows é suportada pelo software cliente Microsoft Explorer 2.0 e superior. Atualmente, a autenticação integrada não é suportada por qualquer versão do Netscape Navigator.

Como em qualquer esquema de autenticação de senha, simples diretivas precisam ser seguidas, para garantir que a segurança não seja rompida. Os administradores precisam planejar e reforçar a política de conta apropriada, para garantir que senhas não sejam roubadas ou adivinhadas. A partir do menu inicial, selecione Administrative Tools, Domain Security Policy, para iniciar o *snap-in* Domain Security Policy MMC. Expanda o nó Account Policies e o nó subjacente. Você verá o nó Password Policy (Figura 4-12). A partir daqui você pode configurar as políticas em suas contas:

- Definindo um comprimento mínimo de senha;
- Estabelecendo um prazo máximo de validade para a senha antes de ela expirar;

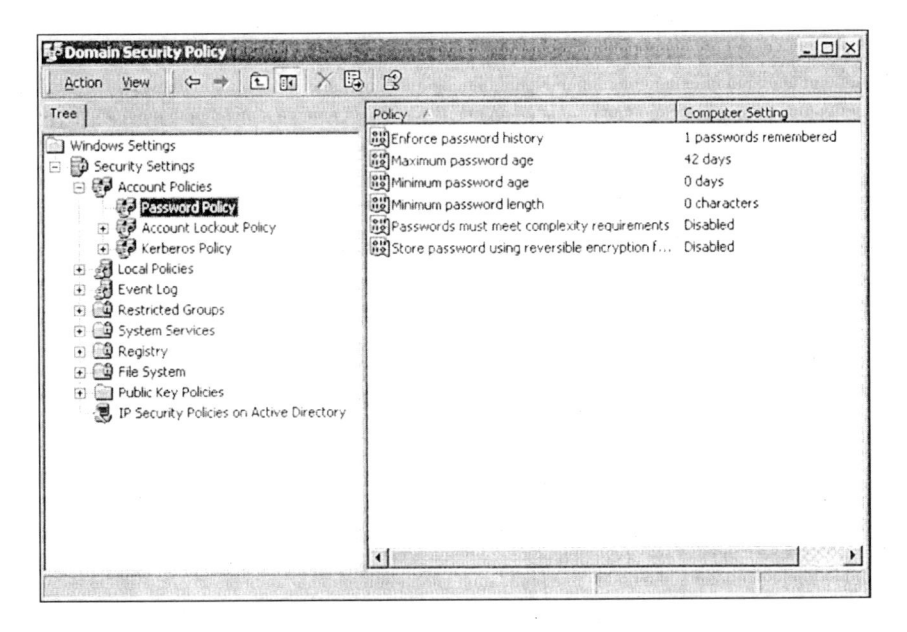

Figura 4-12 Ajuste de políticas no snap-in Domain Security Policy MMC

- Garantindo exclusividade de senha, pela manutenção de um histórico de senha;
- Habilitando o bloqueio de senha após algumas tentativas infrutíferas de logon;
- Forçando os usuários a se logarem antes que possam mudar uma senha.

Além das medidas anteriores, assegure-se de ter uma política de segurança de rede por escrito, com diretrizes claras para usuários: como escolher uma senha segura, como proteger uma senha e as conseqüências de violar a política de segurança da empresa.

Estratégias para usar autenticação integrada

Quando a autenticação integrada deve ser usada? Algumas situações possíveis são como aquelas descritas a seguir.

- Nos casos em que a segurança precisa ser alta e apenas usuários de domínio terão permissão para acessar o *site*.
- Em uma intranet corporativa composta de estações de trabalho Windows 2000 e Windows 98, para oferecer segurança e eliminar a necessidade de os usuários entrarem com informações de logon cada vez que acessarem a intranet.

Como combinar métodos de autenticação IIS

Qualquer de dois ou todos os quatro métodos de autenticação podem ser habilitados no mesmo recurso. As regras gerais para combinar estes métodos são as seguintes:

- Se o acesso anônimo e outro método de autenticação (autenticação básica ou autenticação integrada), estiverem ambos, habilitados no mesmo recurso, o acesso anônimo é tentado primeiro. Se isto falhar (por exemplo, se a permissão NTFS no recurso tiver acesso explicitamente negado a IUSR_SERVERNAME), é tentado o outro método;
- Se os métodos de autenticação básica, autenticação condensada e autenticação integrada estiverem todos habilitados no mesmo recurso, a autenticação integrada tem a precedência e será tentada em primeiro lugar pelo *browser*-cliente.

Como entender permissões IIS

O IIS pode ser configurado para controlar o acesso a Web *sites*, diretórios virtuais ou físicos ou a arquivos individuais baseados em permissões de acesso à Web atribuídas ao recurso. Isto é feito, configurando permissões IIS para o recurso. Este é um ajuste de segurança global para cada recurso e é independente do grupo em particular ao qual pertence o usuário que acessa o recurso.

Capítulo 4 - Como administrar a segurança   127

Como configurar permissões IIS

- Para configurar permissões IIS para um servidor virtual, clique com o botão direito do mouse em seu nó no MMC, selecione Properties do menu Context e escolha a guia Home Directory na página de propriedades do nó.
- Para configurar permissões IIS para um diretório virtual, clique com o botão direito do mouse em seu nó no MMC, selecione Properties do menu Context e escolha a guia Virtual Directory na página de propriedades do nó.
- Para configurar permissões IIS para um diretório físico, clique com o botão direito do mouse em seu nó no MMC, selecione Properties do menu Context e escolha a guia Directory na página de propriedades do nó.
- Para configurar permissões IIAS para um arquivo individual, clique com o botão direito do mouse em seu nó no MMC, selecione Properties do menu Context e escolha a guia File na página de propriedades do nó.

A Figura 4-13 mostra a guia Virtual Directory da página de propriedades IISSAMPLES, como um exemplo. Observe que as permissões *leitura* e *script* estão habilitadas no diretório virtual.

O IIS oferece dois tipos de *permissões de acesso* para restringir o acesso a diretórios virtuais, pastas e arquivos (veja a Figura 4-13). Um destes tipos de permissão, ou ambos, podem ser selecionados para qualquer recurso.

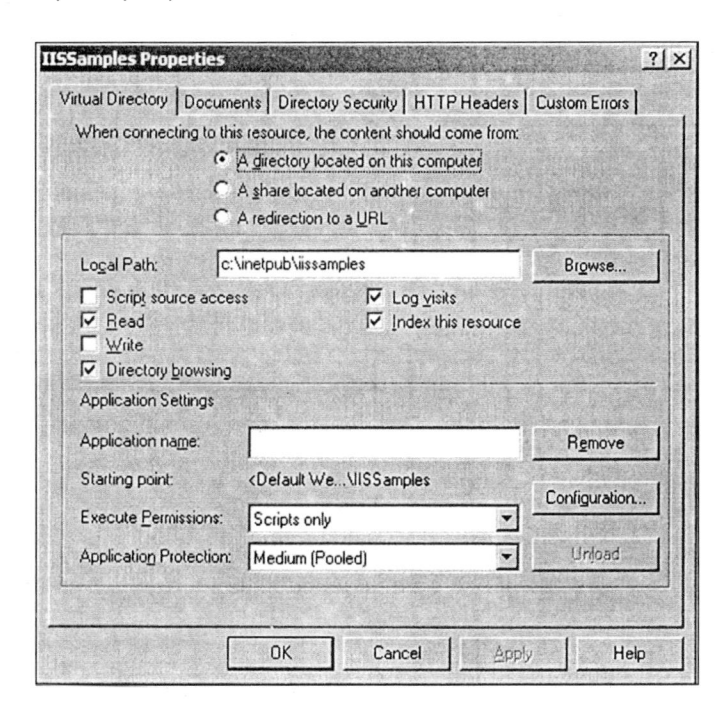

Figura 4-13 Configuração de permissões IIS para um diretório virtual

- **Read** — Selecione esta caixa de verificação para permitir a clientes exibir o conteúdo de seu diretório ou pasta virtual, ou para permitir que eles exibam seu arquivo.
- **Write** — Selecione esta caixa de verificação para permitir aos clientes gravarem no conteúdo de seu diretório ou pasta virtual, ou para permitir que eles sobregravem um arquivo existente.

Além de permissões de acesso, se seu diretório contém arquivos ou *scripts* executáveis, você pode configurar *Execute Permissions* para estes arquivos, escolhendo uma das opções:

- **None** — nenhum executável pode ser executado neste diretório;
- **Scripts** — *Scripts* associados a uma *script engine* têm permissão para serem executados neste diretório. Isto inclui Active Server Pages, *scripts* IDC, *scripts* CGI e outros.
- **Scripts e executáveis** — ambos, *scripts* e executáveis binários, têm permissão para serem executados neste diretório.

Estratégias para proteger seu *site* com permissões IIS

Permissões IIS são atribuídas, dependendo do tipo de recurso acessado. As permissões típicas do IIS para vários recursos estão relacionadas na Tabela 4-1.

Nota:

Tenha cuidado ao atribuir ambas as permissões de gravação e execução, para uma pasta. Isto pode permitir a usuários carregar e executar executáveis binários em seu servidor. Este nível de permissão só deve ser atribuído a desenvolvedores de confiança. Sempre que possível, use permição de script ao invés executável.

Tabela 4-1 Permissões IIS sugeridas

Tipo de conteúdo Web	Permissões IIS sugeridas
Conteúdo estático da Web	Leitura e nenhum
Active Server Pages	Leitura e *script*
Outros *scripts*	Leitura e *script*
Programas executáveis	Leitura e executável
Conteúdo de banco de dados	Leitura, gravação e nenhum

Como entender permissões NTFS

O Windows 2000 pode ser configurado para controlar o acesso a diretórios e a arquivos físicos com base em permissões NTFS atribuídas ao recurso. Diferente dos três outros métodos descritos, permissões NTFS oferecem níveis de detalhe, habilitando diferentes permissões a serem atribuídas a diferentes usuários e grupos. Para permissões NTFS serem usadas, volumes hospedando conteúdo Web precisam ser formatados com o NTFS — *Windows NT File System* (NTFS).

Existem seis permissões NTFS básicas:

- Read (R — Leitura)
- Write (W — Gravação)
- Execute (X — Executar)
- Delete (D — Apagar)
- Change permissions (P — Mudar permissões)
- Take ownership (O — Tomar posse)

Estas seis permissões raramente são usadas individualmente, mas são agrupadas para formar o que é chamado *permissões-padrão NTFS*. Existem dois conjuntos diferentes de permissões-padrão NTFS: aqueles que se aplicam a pastas (diretórios) e aqueles que se aplicam a arquivos individuais. As Tabelas 4-2 e 4-3 resumem os dois tipos. Além destas permissões-padrão, os administradores podem criar permissões de *acesso especial*, que consistem em qualquer combinação entre as permissões básicas NTFS, RWXDP e O.

Tabela 4-2 Permissões-padrão NTFS para pastas

Tipo de acesso	Pastas	Arquivos nas pastas
Nenhum acesso	Nenhuma	Nenhum
Leitura	RX	RX
Alteração	RWXD	RWXD
Adicionar	WX	Não especificado
Adicionar e ler	RWX	RX
Listar	RX	Não especificado
Controle total	RWXDPO	RWXDPO

Tabela 4-3 Permissões-padrão NTFS para arquivos

Tipo de acesso	Permissões-padrão NTFS
Nenhum acesso	Nenhuma
Leitura	RX
Alteração	RWXD
Controle total	RWXDPO

Quando um volume é formatado com NTFS, todos os recursos (arquivos e pastas) no volume têm ACL — Acces Control Lists criado para eles. O ACL de um recurso especifica os usuários e os grupos que têm acesso (e qual o tipo de acesso) ao recurso. A Figura 4-14 mostra o ACL da pasta C:\intepub\www-root em um típico servidor IIS.

Como configurar permissões NTFS

O acesso de usuário a um recurso em um volume NTFS é determinado pelo ACL do recurso e pela associação do usuário nos grupos Windows 2000. Por exemplo, se o usuário tiver permissão de *controle total* e um grupo ao qual o usuário pertence tenha apenas permissão *de leitura* no recurso, o usuário tem permissão de *controle total* no recurso. Em outras palavras, quando permissões NTFS são combinadas, a permissão efetiva é a permissão *menos restritiva*:

`Full control+Read=Full control`

A exceção a esta regra é que quando a permissão *nenhum acesso* combina com qualquer outra permissão-padrão NTFS, o resultado é sempre *nenhum acesso*:

`No access+Any NTFS permission=No access`

Quando o ACL de uma pasta é modificado, todos os arquivos dentro daquela pasta geralmente herdam os novos ajustes. Isto pode ser alterado, desfazendo a seleção na caixa de verificação Replace Permissions on Existing Files na caixa de diálogo Directory Permissions (veja a Figura 4-14). Este também pode ser aplicado recursivamente, marcando a caixa de verificação Replace Permissions on Subdirectories.

Capítulo 4 - Como administrar a segurança

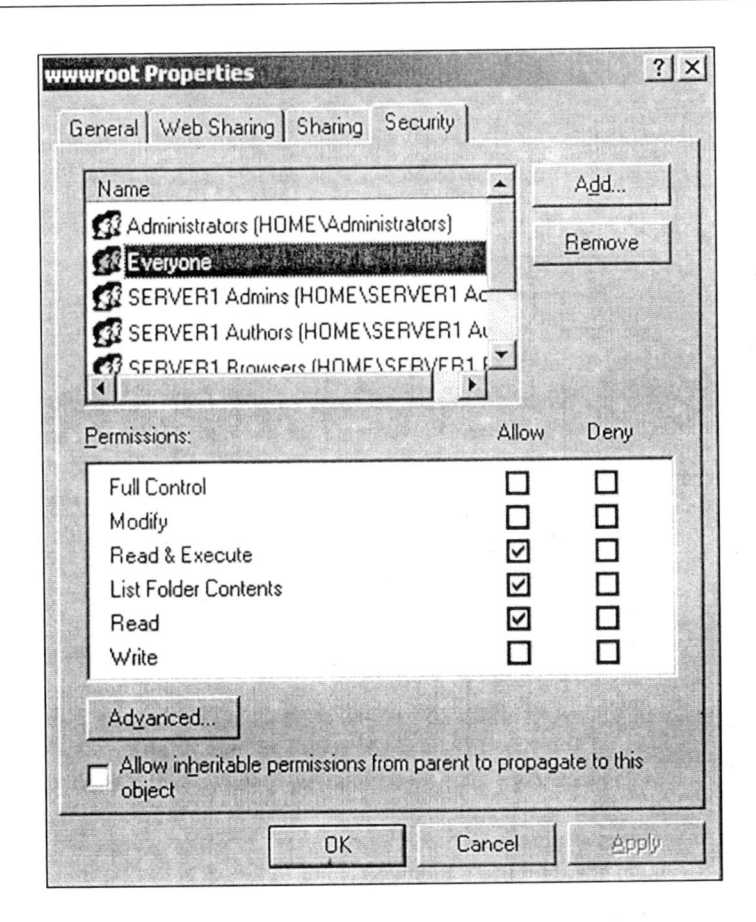

Figura 4-14 Permissões em root
(raiz) do IIS Default Directory

Estratégias para proteger seu *site* com permissões NTFS

Configurar permissões NTFS deve ser a sua principal preocupação para proteger acesso a um Web *site*. A primeira etapa na configuração de segurança NTFS em um servidor IIS deve ser a remoção do grupo Everyone do ACL no diretório virtual ou na página da Web. O grupo Everyone significa exatamente o que ele quer dizer — *qualquer um!* Isto inclui Internet Guest Account, o Windows 2000 Guest Account interno, o grupo Guests e assim por diante. Removendo o grupo Everyone, você elimina a possibilidade de uma falha de segurança com base nas formas de acesso de conta de convidado.

Se for usada autenticação básica ou integrada, a estratégia mais simples é atribuir a permissão interna *read* (RX) ao grupo Users para permitir a todos os usuários válidos no domínio Windows 2000 acesso de leitura a seus Web *sites*. Esta pode ser a melhor estratégia, se o seu servidor IIS hospedar conteúdo da Web para acesso de funcionário na intranet da empresa. Depois, o acesso pode ser restrito a indivíduos ou departamentos, atribuindo a eles, individualmente, permissão de *nenhum acesso* ao recurso, o que grava por cima da permissão de leitura previamente atribuída. O acesso pode ser ampliado para desenvolvedores de conteúdo, por exemplo, concedendo-lhes permissão de *alteração* (RWXD).

Outro aspecto a considerar é que as permissões NTFS atribuídas ao recurso dependem do tipo de recurso que é acessado. Semelhante às permissões IIS discutidas anteriormente, típicas permissões NTFS para diversos recursos estão relacionadas na Tabela 4-4.

Como combinar permissões NTFS e IIS

O esquema mais seguro é empregar ambas as permissões, IIS e NTFS. A regra simples para tal combinação é que permissões que explicitamente negam acesso têm precedência sobre permissões que explicitamente garantem acesso. Para intranets, uma estratégia geral para planejar combinações de permissões IIS e NTFS pode incluir as seguintes diretivas:

- Atribuir permissão IIS de leitura ao diretório, para permitir navegação;
- Atribuir permissão IIS de *script* aos diretórios que contenham Active Server Pages ou outros *scripts*;
- Atribuir permissão NTFS de leitura ao grupo local de usuários;
- Atribuir permissão NTFS de alteração ao grupo responsável pela criação de conteúdo no diretório;

Tabela 4-4 Permissões NTFS sugeridas

Tipo de conteúdo da Web	Permissões NTFS sugeridas
Conteúdo estático da Web	Leitura (RX)
Active Server Pages	Leitura (RX)
Outros *scripts*	Leitura (RX) ou acesso especial (X)
Programas executáveis	Leitura (RX) ou acesso especial (X)
Conteúdo de banco de dados	Alteração (RWXD)

Capítulo 4 - Como administrar a segurança

- Atribuir permissão NTFS de controle total aos administradores de grupo local e a qualquer outro responsável de grupo pela administração do servidor no qual reside o diretório;
- Atribuir permissão NTFS de nenhum acesso a qualquer grupo ou usuário que não tenha permissão de navegar no conteúdo do diretório;
- Remover o grupo Everyone do ACL.

Guia — Como proteger seu Web site usando o IIS Permissions Wizard

Você pode usar o IIS Permissions Wizard (Assistente de permissões IIS) para proteger seu Web site. Este assistente permite que você faça configurações de segurança para sites direcionados para uso externo ou interno, percorrendo de uma série de caixas de diálogo.

Neste guia, usaremos o IIS Permissions Wizard para proteger um Web site de uma intranet.

Primeiro, abra o snap-in Internet Services Manager MMC e expanda o nó Default Web site (Web site default) de modo a exibir o diretório virtual IISSamples (veja a Figura 4-15).

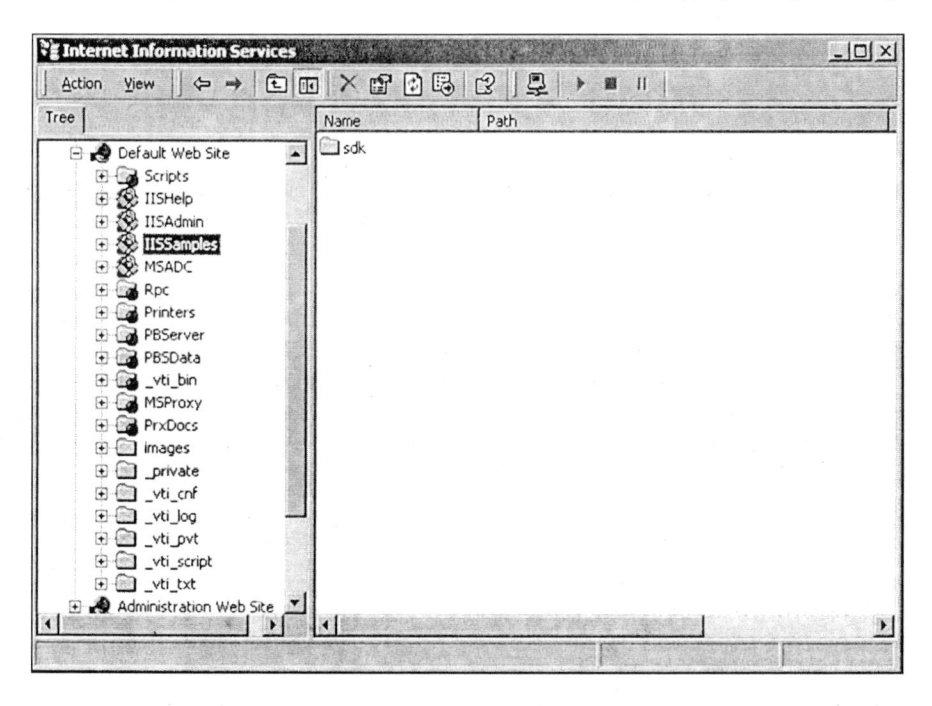

Figura 4-15 Proteção do IISSamples Virtual Directory

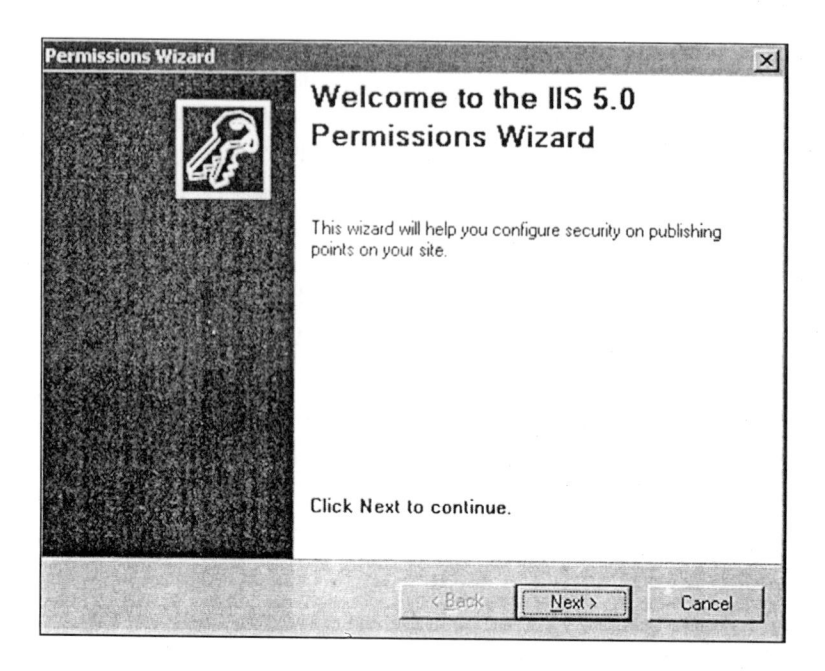

Figura 4-16 O IIS 5.0 Permissions Wizard

Clique com o botão direito do mouse no diretório virtual IISSamples e selecione All Tasks, Permissions Wizard para iniciar Permissions Wizard (veja a Figura 4-16). Clique no botão Next para iniciar o assistente.

Conforme a tela apresentada na Figura 4-17, escolha Select New Security Settings from a Template, que permitirá que você personalize os ajustes de segurança deste diretório virtual. Selecionar a opção Inherit All Security Settings aplicará as permissões do diretório-pai a este diretório virtual. Clique no botão Next para continuar a configurar o diretório virtual.

Em uma caixa de diálogo igual àquela mostrada na Figura 4-18 você seleciona o tipo de gabarito que melhor se ajusta ao Web *site* que você deseja proteger. Há duas opções possíveis:

- Web site público — selecione esta opção para habilitar acesso anônimo ao *site*, a partir do mundo externo. Isto permite que páginas ASP sejam executadas e que usuários da Internet acessem suas páginas através da conta IUSR_MACHINENAME;
- Web site protegido — selecione esta opção para um *site* protegido, tal como um *site* de intranet ou extranet. Todos os usuários que acessarem o *site* terão uma conta de domínio Windows válida.

Para este guia, selecione *Web site protegido* e depois clique no botão Next, para prosseguir.

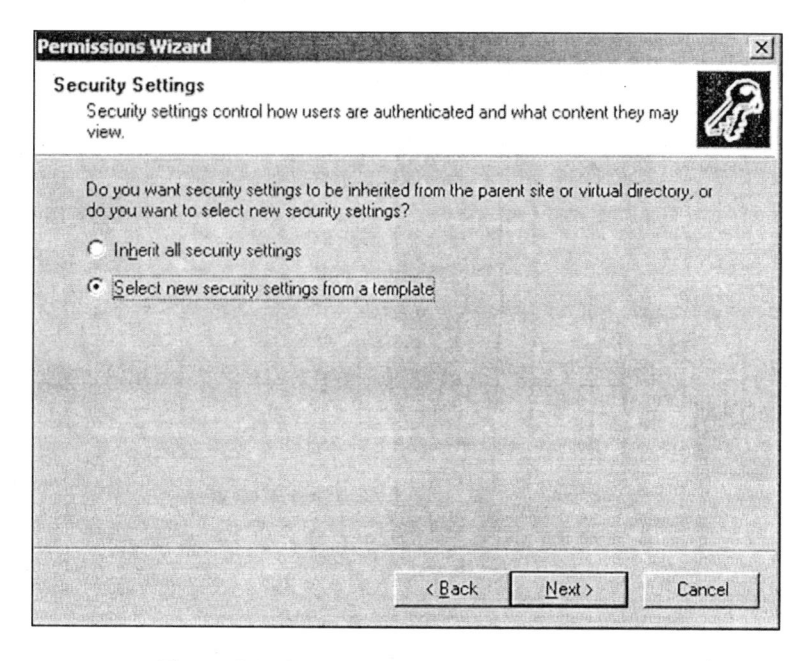

Figura 4-17 Seleção de um gabarito de permissões
para o diretório virtual

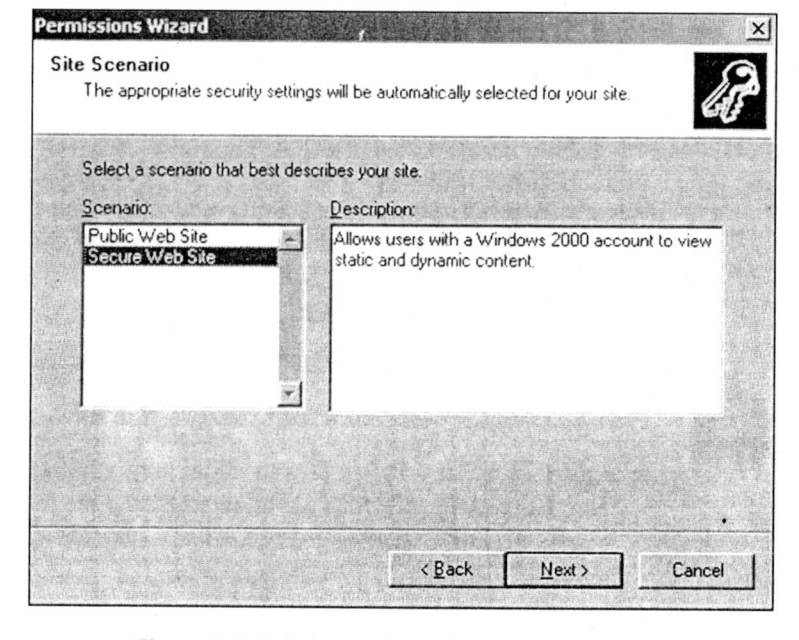

Figura 4-18 Selecione o tipo de gabarito para combinar
com sua função da Web

Na próxima tela (veja a Figura 4-19), selecione Replace All Directory e File Access Permissions. Esta opção aplicará os ajustes de segurança do Assistente a todas as pastas e arquivos derivados ao diretório Virtual IISSamples.

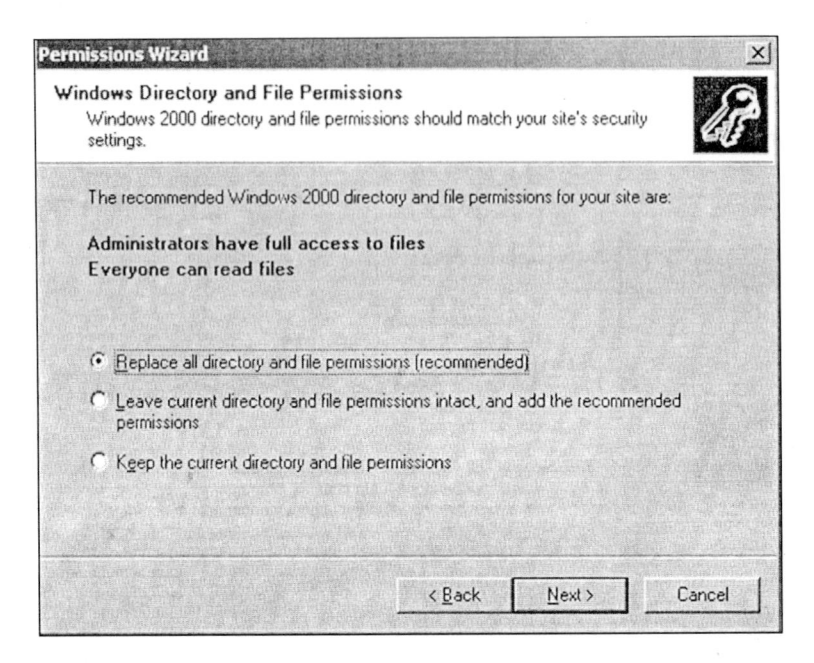

Figura 4-19 Substituição de permissões em todos subdiretórios e arquivos

Outras opções disponíveis são deixar intactas as permissões e habilitar o assistente a aplicar as permissões recomendadas ao diretório virtual atual e não aos diretórios-filhos, ou manter as atuais permissões sem quaisquer modificações. Clique no botão Next para ter uma visão geral das mudanças que serão aplicadas ao diretório virtual depois que o assistente estiver completo (veja a Figura 4-20). Clique no botão Finish para fechar o assistente.

Nota:

Você deve voltar sempre e verificar as permissões que foram aplicadas pelo Permissions Wizard, para garantir que elas estejam de acordo com as políticas de segurança adotadas.

Capítulo 4 - Como administrar a segurança

Outros métodos para proteger servidores IIS

Esta seção discute algumas ações adicionais que os administradores podem realizar para aumentar a segurança dos servidores IIS.

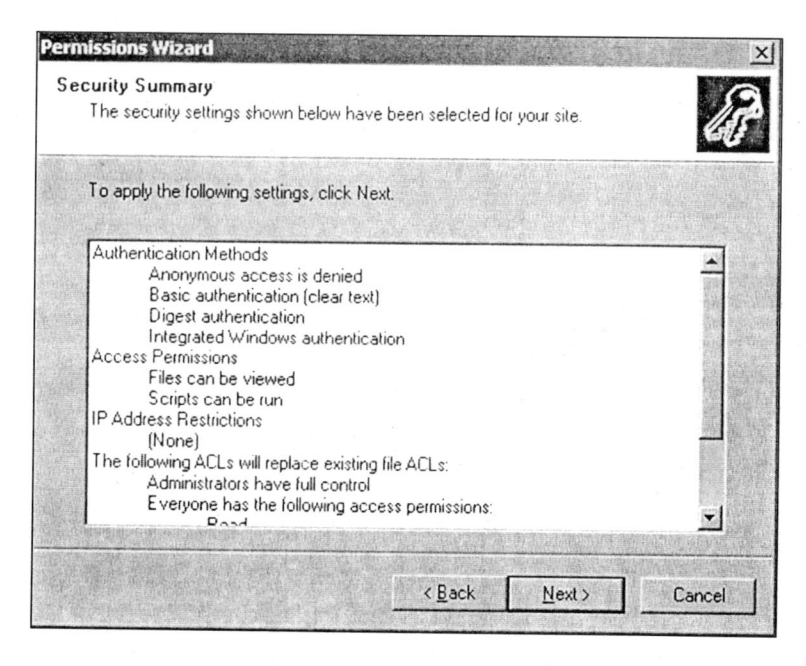

Figura 4-20 Resumo das mudanças que serão aplicadas pelo Permissions Wizard

Como proteger o IIS desabilitando serviços desnecessários, protocolos e ligações

Incapacitar serviços desnecessários em seu servidor IIS traz diversas vantagens:

- O desempenho será melhorado devido à diminuição da demanda de recursos do sistema;
- Ocorrerão menos erros administrativos, pois haverá menos opções para configurar;
- Haverá menos vulnerabilidades de sistema a serem exploradas por *hackers* maliciosos.

Serviços podem ser desabilitados, clicando com o botão direito do mouse no ícone My Computer no *desktop* e selecionando Manage no menu de contexto. Isto abrirá o *snap-in* Computer Management (Figura 4-21). Expanda o nó Services and Applications para exibir o nó Services. Clique no nó Services para exibir os serviços disponíveis no painel direito do MMC. Selecione o serviço que você deseja desabilitar, clique com o botão direito do mouse para trazer para a frente o menu de contexto, selecione propriedades no menu de contexto para apresentar a caixa de diálogo Service (Figura 4-22). Escolha Disabled e clique em OK.

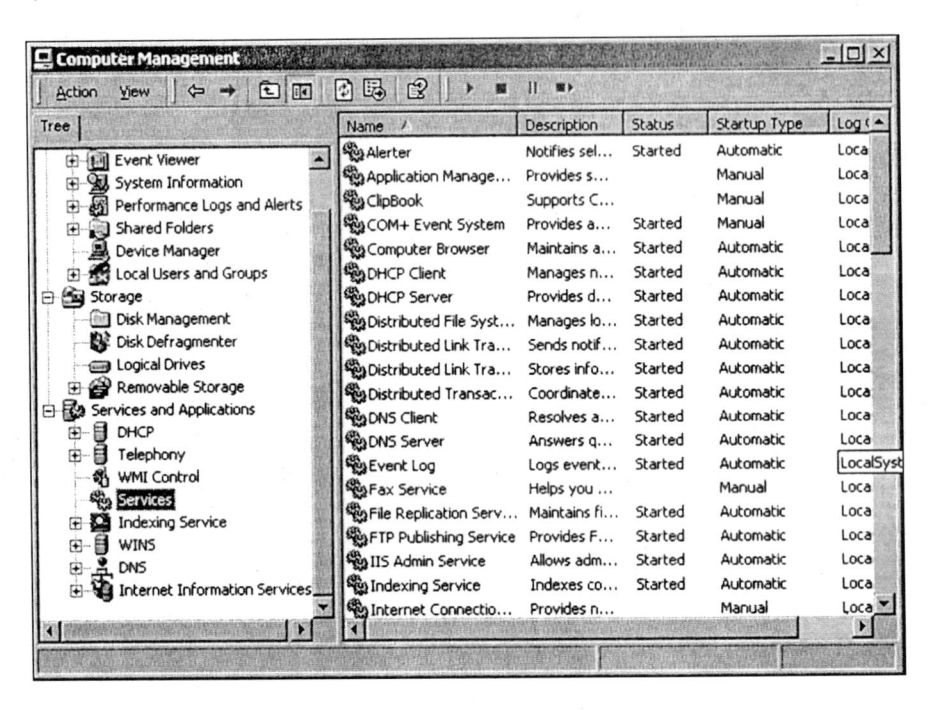

Figura 4-21 Relação de serviços no snap-in Computer Management

Um serviço que você pode querer desabilitar em seu servidor IIS é aquele do Server. O motivo para fazer isto é que, quando este serviço está sendo executado, quaisquer compartilhamento que sejam criados no servidor aparecerão quando os usuários navegarem pela rede. Estes compartilhamentos podem formar um ponto de entrada em potencial para o servidor. Por exemplo, em um volume NTFS, o Windows 2000 compartilha automaticamente o *root* como um compartilhamento oculto para objetivos administrativos (por exemplo, como \\SERVERNAME\C$). Com o serviço Server desabilitado, você evita que *hackers* tentem conectar tais compartilhamentos.

Capítulo 4 - Como administrar a segurança   **139**

Uma alternativa é instalar uma segunda placa de rede em seu servidor IIS, conectando uma placa à LAN e outra à Internet. As ligações da placa de rede podem então ser configuradas usando a Network in Control Panel para que o serviço Serve seja ligado apenas pelo lado LAN da placa de rede.

Esteja atento para o fato de que, se o serviço Server for habilitado para operar na Internet, não apenas ele pode ser uma possível deficiência de segurança, mas você também pode não preencher mais as exigências de licenciamento da Microsoft. Isto ocorre porque o IIS usa HTTP, enquanto que o serviço Server usa o protocolo SMB. As exigências de licenciamento da Microsoft aplicam-se a SMB, mas não a HTTP. Portanto, quaisquer conexões SMB ao seu serviço Server da Internet solicitarão uma licença de cliente para ficar de acordo com as exigências de licenciamento da Microsoft para o Windows 2000 Server.

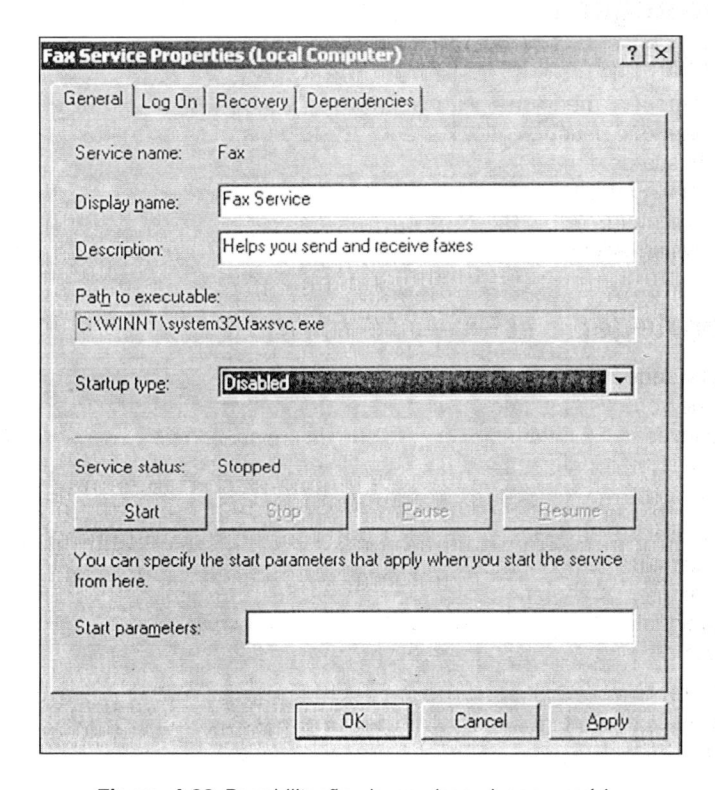

Figura 4-22 Desabilitação de serviços desnecessários

É uma boa idéia remover ou desunir protocolos desnecessários, pela óbvia razão de que quanto mais simples for o seu sistema, mais fácil será configurá-lo e menos provavelmente algo importante será perdido ou mal configurado.

> *Nota:*
>
> *Parar o serviço Server também pára o serviço Computer Browser e o serviço Microsoft Message Queue. Tenha certeza de que você compreende as conseqüências de parar serviços em seu sistema; você pode ver-se diante de resultados inesperados.*

Como proteger o IIS, desabilitando a navegação no diretório

No capítulo anterior, mencionei que a navegação no diretório normalmente deve ser desabilitada para que usuários não possam ver e navegar pela estrutura do diretório de seu servidor, em busca de pontos fracos para invadir. Para incapacitar a navegação no diretório em um servidor virtual, diretório virtual ou pasta, acesse a página Property do nó e selecione a guia Home Directory, Virtual Directory ou Directory, respectivamente. Assegure-se de que Directory Browsing Allowed esteja desmarcado.

Como proteger o IIS por *logging*

Registrar a atividade HTTP em seu servidor é outra forma de proteger seu *site*. O registro de log permite que você busque padrões incomuns de acesso ao servidor, que possam indicar tentativas de invasão. Por exemplo, um registro de log pode indicar que um endereço IP de cliente individual tentou registrar-se em um *site* em particular 600 vezes em um único dia, o que pode indicar uma tentativa de invasão ao sistema.

O registro de log também pode revelar outros padrões de comportamento incomum de cliente. Por exemplo, você pode descobrir que clientes estão visitando com freqüência uma parte relativamente pouco importante de seu Web *site*. Provavelmente, você deve verificar por si mesmo aquela seção, no caso de a atividade ser associada a uma falha de segurança naquela seção do *site*.

É importante rever os registros de log regularmente para detectar possíveis falhas de segurança. Uma boa maneira de fazer isto é importar os arquivos de registro de log IIS para um aplicativo de análise de registro de log e usar isto para gerar relatórios de utilização do *site*.

Como proteger IIS com auditoria NTFS

Volumes NTFS oferecem outra forma de registro de log, chamada auditoria. Juntos, registro de log IIS e auditoria NTFS oferecem informações importantes relativas ao desempenho de segurança de seu servidor IIS.

Capítulo 4 - Como administrar a segurança   **141**

Para habilitar auditoria em um arquivo, pasta ou *drive*, inicie o *snap-in* Local Security Policies e expanda o nó Local Policies. Selecione o nó Audit Policy. No painel à direita do MMC, você verá uma listagem de eventos dos quais você pode fazer a auditoria (veja a Figura 4-23). Selecione o tipo de atividade que você deseja rastrear no servidor, a partir do painel direito e clique duas vezes. Isto exibirá a caixa de diálogo Local Security Policy Setting (veja a Figura 4-24). Selecione as opções que você deseja registrar em log nesta caixa de diálogo e clique em OK. Os eventos serão escritos em seu registro de log Security e podem ser vistos com o Event Viewer.

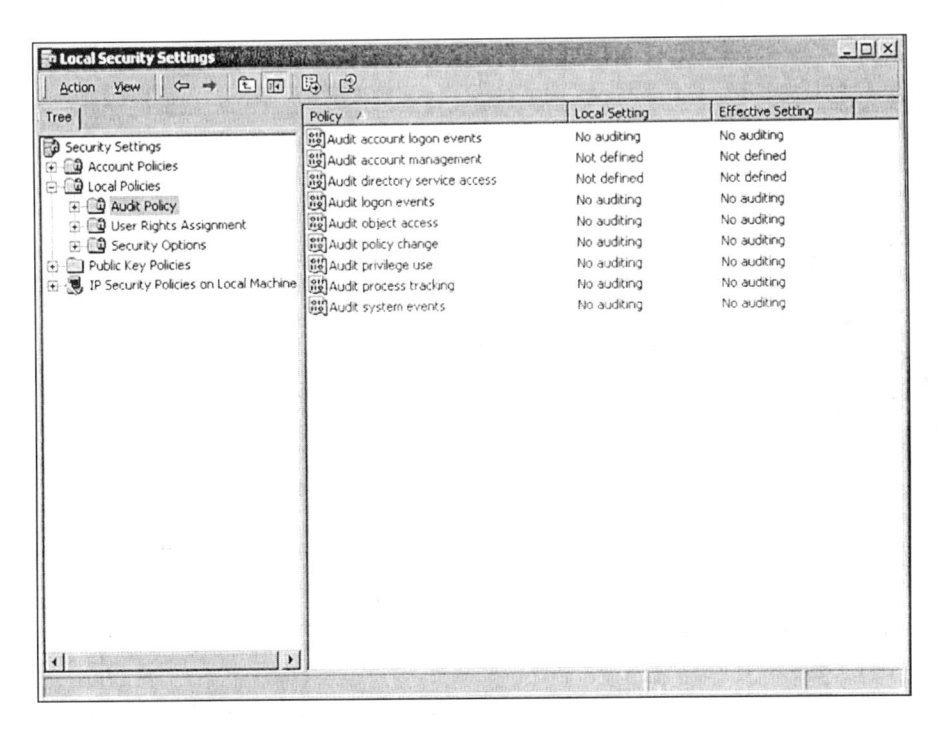

Figura 4-23 Snap-in *Local Security Policies MMC*

Estratégias para fazer auditoria em conteúdo da Web — Apresentamos aqui algumas estratégias para uma auditoria eficiente.

- Marque Success for Logon and Logoff para obter estatísticas sobre o número de usuários que conectam-se com sucesso ao servidor IIS.
- Marque Failure for Logon and Logoff para detectar possíveis tentativas de invasão contra o servidor.
- Marque Failure for File and Object Access para rastrear tentativas de conectar o conteúdo que não deve estar, em geral, disponível a qualquer usuário.

Depois de a auditoria ser habilitada, você pode acessar a propriedade de qualquer evento auditado, clicando no recurso (pastas, arquivos e assim por diante) e selecionando Properties no menu contexto (consulte a Figura 4-14). Isto exibirá a caixa de diálogo Resource Properties. Clique no botão Advanced para exibir a caixa de diálogo Access Control Settings e clique na guia Auditing. Você verá uma lista de eventos que estão passando por auditoria para aquele recurso em particular (veja a Figura 4-25). Você também pode adicionar eventos a serem examinados pela auditoria, clicando no botão Add, que mostrará uma lista de usuários e grupos a serem selecionados para a auditoria. Selecione um grupo — outra caixa de diálogo aparecerá, listando aqueles eventos que podem ser alvo de auditoria (veja a Figura 4-26).

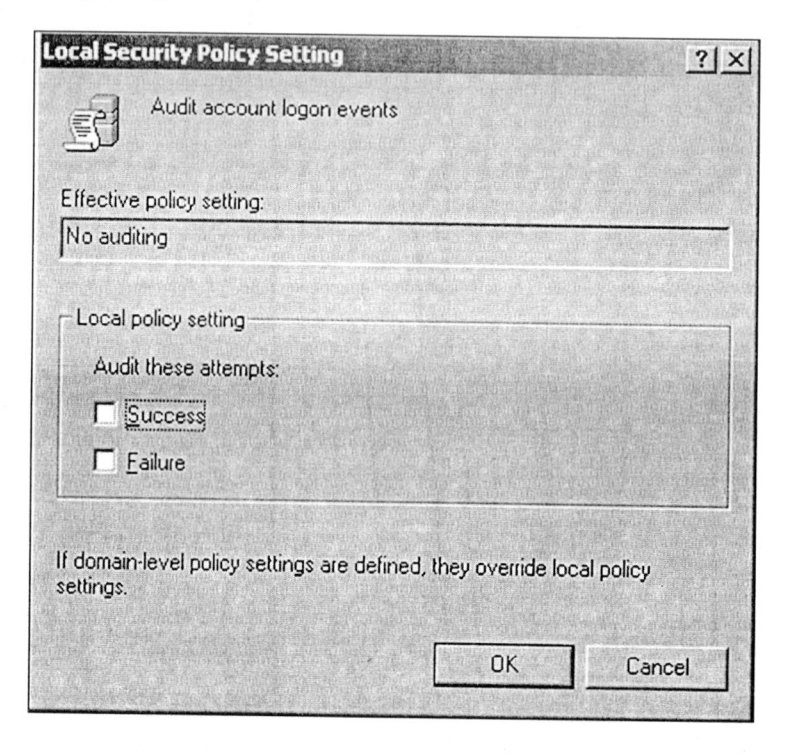

Figura 4-24 Estabelecimento de uma política de auditoria

Capítulo 4 - Como administrar a segurança   **143**

Como proteger o IIS com a aplicação de pacotes de serviço e *hotfixes*

Aplique sempre os mais recentes *service packs*, *hotfixes* (correções atualizadas) e *upgrades* para o Windows 2000 para sanar quaisquer falhas de segurança que tenham sido descobertas nestes produtos. Nenhum produto é completamente seguro, e sua contínua vigilância como administrador é crítica para manter um servidor da Web funcionando e protegido (e possivelmente, também, para manter seu emprego). Certifique-se de verificar seu sistema periodicamente com o Windows Update para mantê-lo atualizado.

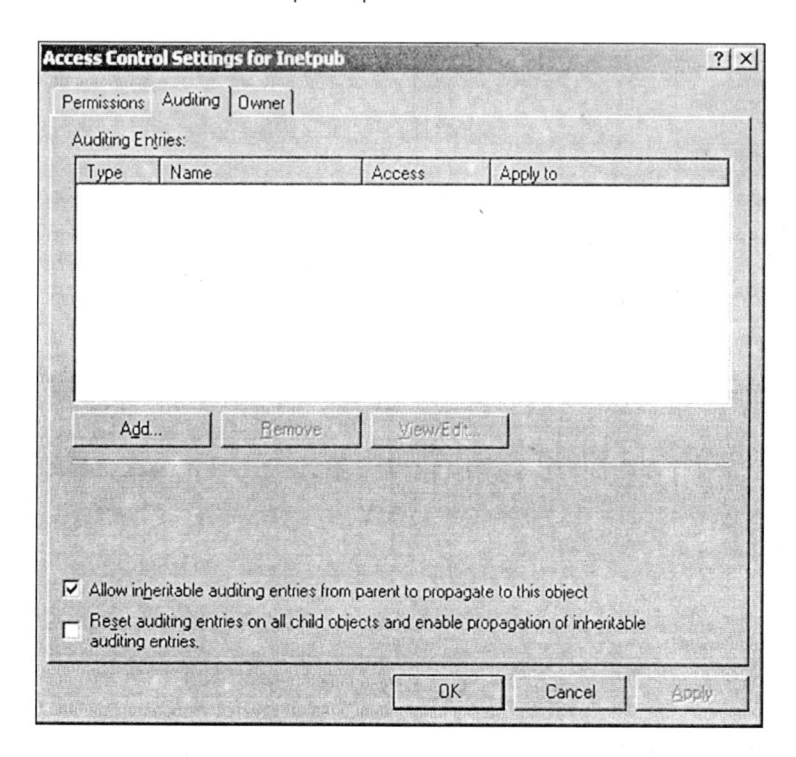

Figura 4-25 Vista das propriedades de auditoria do recurso

Como proteger o IIS escrevendo e publicando uma política de segurança corporativa

Em redes corporativas, é crítico que você não apenas configure ajustes de segurança, mas também estabeleça uma política de segurança da empresa, por escrito. Boa parte das falhas de segurança de rede não vem de *hackers* que atacam de fora, mas de empregados de má fé. Uma política de segurança claramente comunicada, destacando conduta inaceitável e suas possíveis conseqüências, pode servir como um freio eficaz contra a sabotagem dos servidores por usuários internos.

Resumo

O IIS 5.0 oferece uma série de mecanismos para proteger o acesso ao servidor, seja ele empregado como um servidor para Internet, intranet ou extranet. Estes mecanismos incluem autenticação IIS, permissões IIS, permissões NTFS, restrições a endereço IP e nome de domínio, desabilitação e desligamento de serviços e protocolos desnecessários, registro de log e acesso a auditoria em seu *site*, aplicação de atualizações e estabelecimento e comunicação de uma política de segurança da empresa. Este capítulo esboçou estratégias para usar estas abordagens na segurança de seu servidor contra acesso não autorizado.

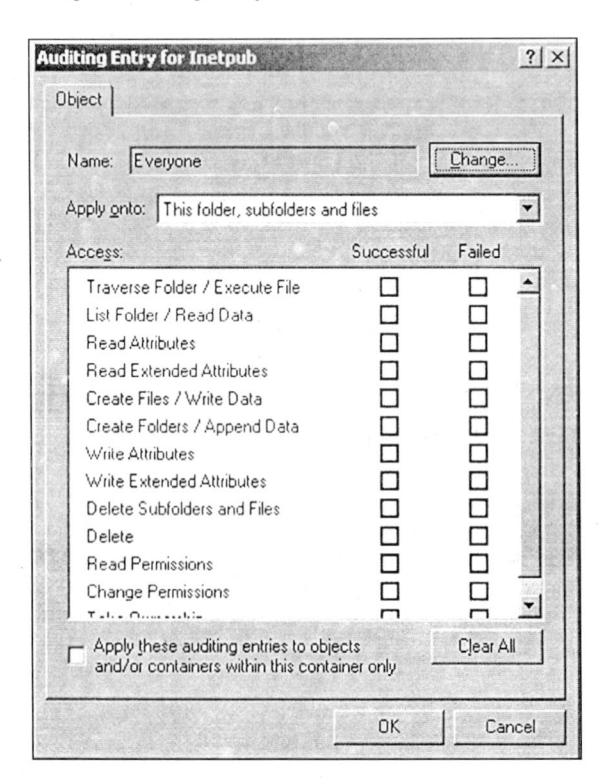

Figura 4-26 *Configuração de auditoria NTFS para um diretório*

Capítulo 4 - Como administrar a segurança   145

Para mais informações

Tente os recursos que indicamos a seguir para obter mais informações sobre administração de segurança.

Web *site* da Microsoft

Para uma excelente fonte de informações sobre aspectos de segurança referentes ao IIS e ao Windows 2000, visite o Web *site* Microsoft Security Advisor em:

www.microsoft.com/security

O *site* tem artigos, estudos específicos, informações-padrão sobre segurança e tecnologias e seções em separado, lidando com aspectos de segurança para vários produtos Microsoft.

Newsgroups públicos Microsoft

Aspectos gerais do IIS, incluindo segurança, são discutidos nos *newsgroups*:

microsoft.public.inetserver.iis
microsoft.public.inetserver.misc

Conjunto de recursos Microsoft Windows 2000

O componente *Internet Guide* do conjunto de recursos Windows 2000 tem informações úteis sobre aspectos de segurança do IIS na seção de segurança do Internet Information services 5.0 Resource Kit.

Microsoft Technet

TechNet tem alguns artigos úteis sobre segurança de Internet, localizados em:

Technologies | Internet

O rascunho de especificação IETF para segurança condensada pode ser encontrado em:

http://www.ietf.org/rfc/rfc2069.txt

Capítulo **5**

Como administrar diretórios e servidores virtuais

Introdução

Organizar o conteúdo para a Web é um tema importante a ser tratado por intranets corporativas de múltiplos departamentos e por servidores de Internet que hospedam conteúdo para mais de uma empresa. O Internet Information Services 5.0 permite que administradores organizem conteúdo para a Web de duas maneiras: em diretórios virtuais e em servidores virtuais. Ao terminar este capítulo, você será capaz de:

- Entender o que são diretórios virtuais e suas finalidades;
- Criar, configurar e apagar diretórios virtuais de conteúdo armazenado em servidores locais ou remotos;
- Entender o que são servidores virtuais e suas finalidades;
- Criar, configurar e apagar servidores virtuais de conteúdo armazenado em servidores, locais ou remotos;
- Entender cabeçalhos *host* e como eles são usados para configurar servidores virtuais.

Como entender diretórios virtuais

Um *diretório virtual* é um mecanismo que permite que o conteúdo Web seja armazenado em locais diferentes do diretório *default*.

`C:\inetpub\wwwroot`

que vem a ser o diretório base do Web *site default*, que é criado na máquina local onde o IIS está instalado. Isto é conseguido definindo-se um *alias (apelido)* para o diretório virtual e mapeando este *alias* para a localização física do conteúdo da Web. O real conteúdo da Web pode estar localizado em:

- Um diretório na máquina local (neste caso, um *diretório virtual local*);
- Um compartilhamento em um servidor remoto (aqui, um *diretório virtual remoto*).

Diretórios virtuais locais

Para um exemplo de um diretório virtual local, considere o mapeamento

`marketing ⇔ D:\MarketingDept\Webstuff`

que designa o apelido marketing para o conteúdo da Web armazenado no diretório

`D:\MarketingDept\Webstuff`

que está na máquina local (isto é, a máquina na qual o IIS está instalado). Se a máquina local estiver em um servidor intranet chamado server1, o Web *site* Marketing Department (departamento de marketing) seria acessado pela seguinte URL:

`http://server1/marketing`

O exemplo anterior ilustra por que é usado o termo diretório virtual: o usuário tenta acessar o subdiretório marketing, que parece ser um subdiretório do diretório base do Web *site default* no servidor IIS. Em outras palavras, o caminho para o diretório Marketing parece ser

`C:\inetpub\wwwroot\marketing`

Mas este subdiretório, na verdade, não existe. Ao contrário, ele é um *alias*, e representa o verdadeiro diretório

`D:\MarketingDept\Webstuff`

Podemos dizer que diretórios virtuais são *mapeamentos de espaço URL dentro do espaço de diretório*.

Diretórios virtuais remotos

Para um exemplo de um *diretório virtual remoto*, considere o mapeamento

`sales` ⇔ `\\Fileserv4\SalesWeb`

que atribui o *alias* sales ao conteúdo Web armazenado no compartilhamento Salesweb, , localizado na máquina remota Fileserv4.

Note que os diretórios virtuais remotos são mapeados para compartilhamentos UNC (Universal Naming Convention — "Convenção Universal de Nomenclatura", padrão de nomenclatura de compartilhamentos de rede, que sempre inicia por duas contrabarras - \\),. Novamente, se o IIS estiver instalado em uma máquina chamada server1, o Web *site* Sales Department seria acessado pela seguinte URL:

`http://server1/sales`

Por que usar diretórios virtuais?

Diretórios virtuais, especialmente os remotos, são úteis por vários motivos:

- Fica *mais fácil* deixar conteúdo em servidores de arquivos já existentes. Mover conteúdo de um servidor para outro envolve diversas tarefas administrativas: planejamento de capacidade e atualização do novo servidor, novos mapeamentos de unidades de disco para o acesso direto ao conteúdo (sem ser pela Web), instrução de usuários com relação à mudança de local do conteúdo e assim por diante. Uma regra de ouro para administradores é, se funciona bem, não mexa!
- Realizar *backups* (cópias de segurança) de conteúdo é mais simples se o conteúdo for mantido nos servidores de arquivo atuais. A sua rede tem um esquema de *backup* programado para os servidores de arquivos atuais; ao usar diretórios virtuais remotos, você não precisa modificar o esquema de *backup* existente;
- A *atualização* da capacidade dos servidores que armazenam o conteúdo da intranet pode ser feita sem derrubar os servidores Web, reduzindo significativamente o tempo de interrupção do servidor Web;
- A s*egurança* é aumentada, permitindo àqueles que criam conteúdo acessar apenas servidores que hospedam conteúdo, não os servidores da Web. Não é preciso criar compartilhamentos nos servidores da Web, tornando-os menos propensos a ataques de *hackers*;
- O conteúdo pode ser *segregado* entre departamentos com a utilização dos diretórios virtuais. Cada departamento pode acessar seu próprio conteúdo da Web através de uma URL única (`http://<server>/<dept_alias>`) que é mapeada para um diretório único em um servidor. Os departamentos podem trabalhar independentemente em seus *sites* e só precisam ter suas páginas pessoais ligadas à página inicial do Web *site* da empresa (`http://<server>/default.htm`) para que elas possam ser localizadas e vistas na intranet;

- Um balanceamento de carga pode ser feito, armazenando conteúdo para diferentes departamentos em diferentes servidores de arquivos;
- O conteúdo pode ser armazenado na rede, em lugares onde possa ser *facilmente acessado e atualizado*. Servidores da Web podem ser instalados em lugares de fácil acesso para os administradores (embora a versão HTML do Internet Service Manager permita que a maioria das funções de gerenciamento do IIS seja feita remotamente, de qualquer lugar na rede).

Desvantagens de diretórios virtuais

A principal desvantagem de usar diretórios virtuais é a ligeira queda no desempenho que se verifica quando o conteúdo armazenado em servidores remotos é acessado pela rede. Duas providências simples podem reduzir a queda de desempenho:

- Melhoria das placas de rede dos servidores
- Dispor os servidores Web fisicamente próximos ao local onde o conteúdo é armazenado

Caminho das pedras —
Como criar um diretório virtual

Diretórios virtuais podem ser criados e gerenciados com qualquer uma das seguintes ferramentas:

- Internet Services Manager (ISM);
- Versão HTML do Internet Service Manager;
- Windows Scripting Host.

Neste teste, usaremos o MMC (Microsoft Management Console) com o *snap-in* ISM para criar e configurar um diretório virtual no Web *site default*.

Primeiro, crie e armazene o conteúdo da Web que precisa ser publicado ou em um diretório local do servidor IIS ou em uma rede remota compartilhada. Atribua permissões NTFS apropriadas para controlar o acesso à pasta com o conteúdo.

No Microsoft Management Console, clique com o botão direito do mouse no Web *site* (aqui, o Default Web Site) ao qual você deseja acrescentar um diretório virtual. A partir do menu de atalho que aparece, selecione New, Virtual Directory e o New Virtual Directory Wizard aparecerá (Figura 5-1). Clique em Next para iniciar o assistente. Entre com o alias a ser usado para acessar o diretório virtual e clique em Next (Figura 5-2).

A seguir, você precisará especificar o caminho para o conteúdo de diretório na máquina *local*, se você estiver criando um diretório virtual local (Figura 5-3), ou o caminho UNC para o compartilhamento de rede que contém o conteúdo da Web, se você estiver criando um diretório virtual *remoto* (Figura 5-4). Em qualquer caso, você pode digitar o caminho ou selecionar Browser para localizá-lo.

Se você especificar conteúdo armazenado em um servidor remoto, a próxima etapa será fornecer credenciais suficientes para obter acesso à pasta remota (Figura 5-5).

Figura 5-1 O New Virtual Directory Wizard
(Assistente de Criação de Novo Diretório Virtual)

Figura 5-2 Especificação alias a ser usado

Esta pode ser uma conta *Guest* (Convidado), uma conta de usuário de domínio especialmente definida ou uma conta de um grupo, que só terá acesso ao diretório virtual. Tenha o cuidado de usar uma conta com as mínimas permissões necessárias para oferecer acesso ao conteúdo. *Nunca use uma conta de administrador para oferecer acesso a um diretório virtual.*

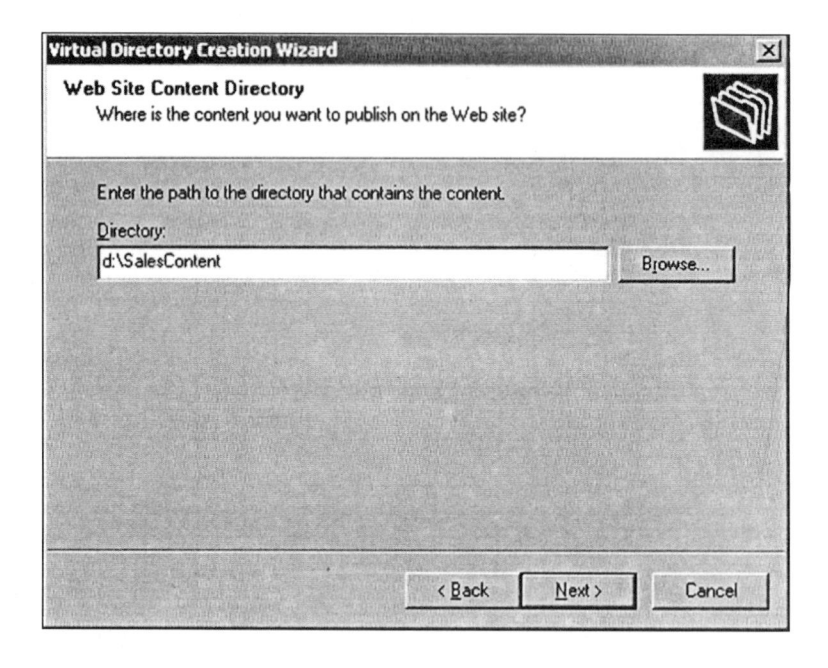

Figura 5-3 Especificação do caminho a usar

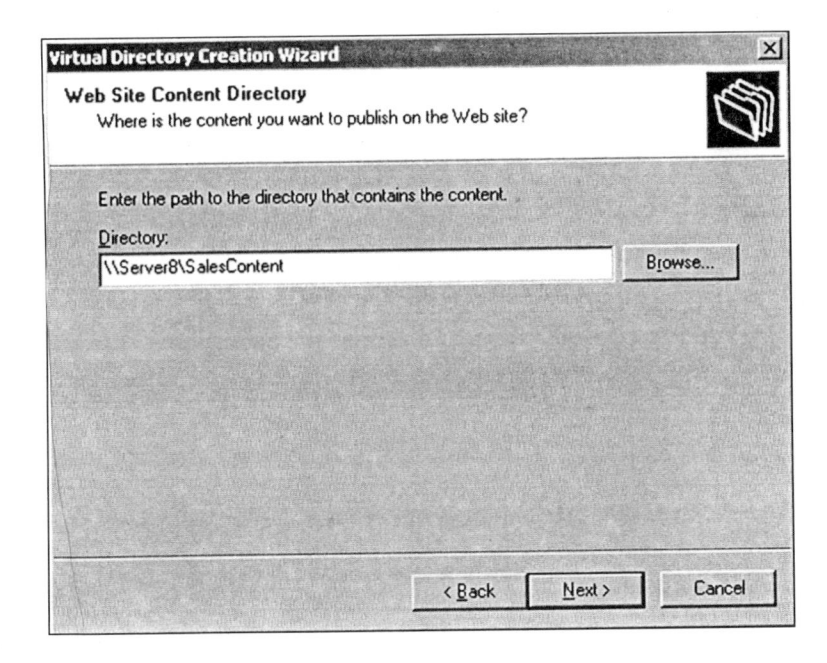

Capítulo 5 - Como administrar diretórios e servidores virtuais

Figura 5-4 Especificação do caminho UNC para conteúdo armazenado remotamente

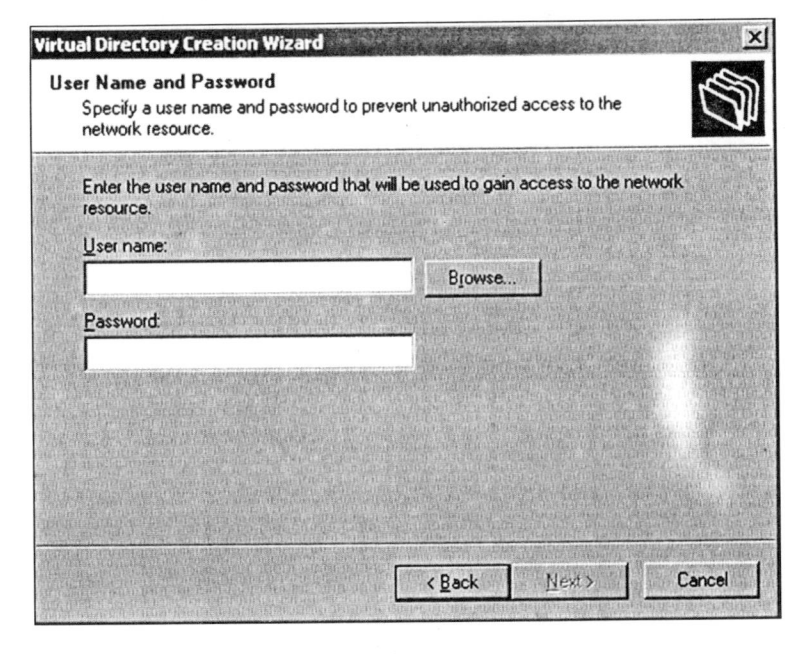

Figura 5-5 Especificação de credenciais para acessar conteúdo remoto

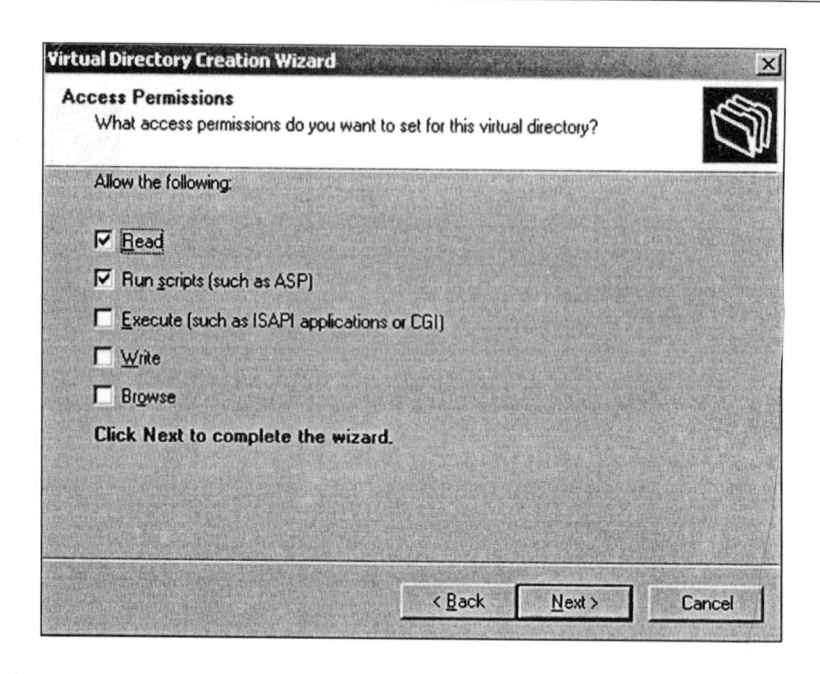

Figura 5-6 Especificação de permissões
de acesso ao diretório virtual

Finalmente, especifique as permissões de acesso ao IIS que você deseja para o diretório virtual (Figura 5-6). As permissões incluem:

- Acesso de leitura;
- Acesso de escrita;
- Acesso aos *scripts*;
- Acesso para execução;
- Acesso para folhear diretório.

Por *default*, são habilitadas permissões de acesso de leitura e *script*.

Como configurar diretórios virtuais

Quando um diretório virtual é criado, ele herda as configurações estabelecidas na página Web Site Property do Web *site* ao qual pertence o diretório virtual. Este, por sua vez, herda os ajustes estabelecidos na página Master Property do servidor IIS. Para modificar estes ajustes para o diretório virtual, clique com o botão direito do mouse no diretório virtual no MMC e selecione Properties no menu de atalho. Esta ação abrirá a página Virtual Directory Property (Figura 5-7), que tem cinco guias que permitem que você faça configurações como as que são descritas a seguir:

- Guia Virtual Directory — localização da pasta mapeada, permissões de acesso, ajustes da aplicação;

Capítulo 5 - Como administrar diretórios e servidores virtuais   **155**

- Guia Documents — documentos default, rodapés;
- Guia Directory Security — tipos de autenticação, restrições IP, SSL;
- Guia HTTP Headers — tempo de validade para o conteúdo, cabeçalhos personalizados, classificação de conteúdo, mapeamentos MIME;
- Guia Custom Errors — mapa para páginas de código de *status* HTTP.

Para mais informações sobre essas configurações, consulte o Capítulo 3, *Como administrar o serviço WWW*.

Como apagar diretórios virtuais

Para apagar um diretório virtual, clique à direita do nó do diretório virtual no Internet Services Manager Console e selecione Delete no menu de atalho. Confirme a remoção. Você também pode apagar o diretório virtual, selecionando o nó e pressionando a tecla Delete no teclado, escolhendo o ícone Delete da barra reforçada ou selecionando Delete no menu *drop-down* Action na barra reforçada.

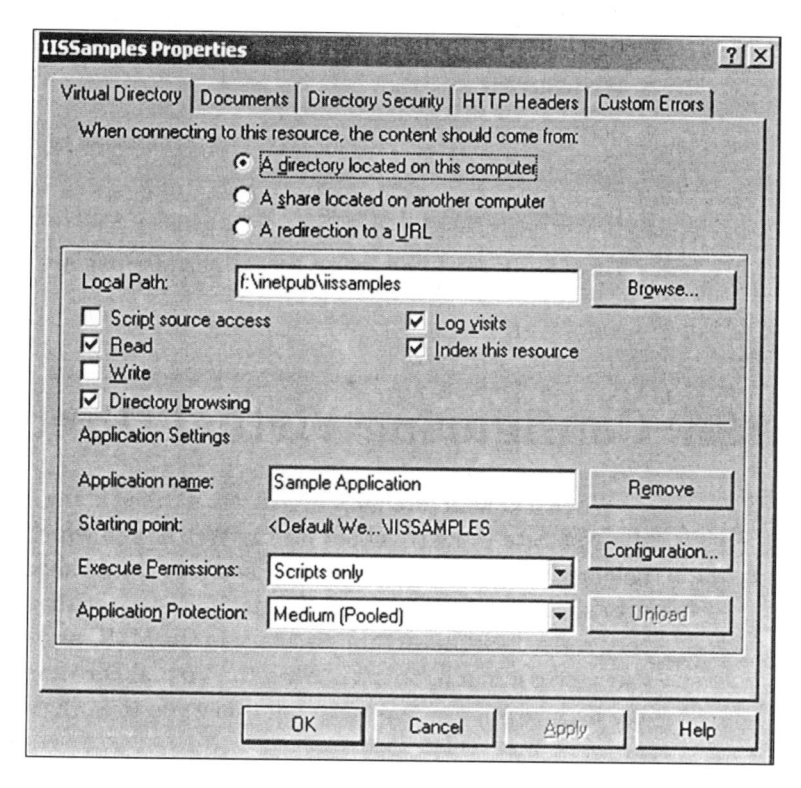

Figura 5-7 Página Virtual Directory Property

> **Nota:**
> Apagar um diretório virtual não apaga o conteúdo da Web armazenado na pasta ou no diretório compartilhado para o qual o diretório base do alias está mapeado. Esta ação apaga apenas o mapeamento entre o alias e a pasta de conteúdo.

Como usar diretórios virtuais

O cenário a seguir ilustra a utilidade de usar diretórios virtuais em uma intranet.

Cenário

A gerência de MTIT LTD. designa ao administrador de rede da empresa a tarefa de desenvolver uma intranet corporativa. Esta intranet deverá ter conteúdo criado pelas seguintes divisões: Planejamento, Registros e Projeto. Cada divisão será responsável pelo desenvolvimento de seu próprio conteúdo. Estas divisões também têm extenso legado de conteúdo (documentos Word, Excel e PowerPoint) armazenado em um servidor de arquivos chamado file2.mtit.com, que está trabalhando em capacidade quase total. É pedido ao administrador de rede para empregar recursos mínimos para montar a intranet. Atualmente, os usuários têm Office 95 e Netscape Navigator 3 em suas estações. O problema é como proceder.

Possível solução

Instrua projetistas de conteúdo para armazenarem seu conteúdo da Web na pasta de suas divisões em `file2.mtit.com`. Dê-lhes ferramentas de criação HTML e treinamento suficiente para fazê-los prosseguir. Esta pode ser uma boa ocasião para fazer um *upgrade* para o Office 2000, que oferece aos usuários capacidade de criação em HTML. Você pode, como alternativa, fazer o *download* dos Assistentes de Internet para Word 95, Excel 95 e PowerPoint 95 do Web *site* da Microsoft, acrescentando funcionalidade ao Office 95.

Instale o Internet Information Server em um servidor existente que não esteja sendo utilizado em sua capacidade quase total. Como exemplo, escolha `backup3.mtit.com`.

Crie três diretórios virtuais chamados *planning* (planejamento), *records* (registros) e *design* (projeto) dentro do Web *site* padrão no servidor IIS. Mapeie estes aliases para as pastas compartilhadas apropriadas no servidor de arquivos remoto, para permitir acesso através de URLs tais como:

`http://backup3.mtit.com/planning`

`http://backup3.mtit.com/records`

`http://backup3.mtit.com/design`

Deixe as permissões NTFS como atualmente ajustadas em `file2.mtit.com` e modifique os ajustes de segurança do IIS conforme parecer adequado, de acordo com as necessidades de segurança da empresa e a natureza do conteúdo.

Crie uma home-page para o Web *site* padrão que a identifique como a intranet da empresa, estabeleça políticas e regras de uso e forneça *links* para cada home-page de divisão em seus próprios diretórios virtuais.

Padronize o Internet Explorer 5.0 como o navegador que deve ser usado pela empresa. Salve documentos do Office 2000 como HTML e visualize-os no Internet Explorer 5. Com isso será possível ver documentos legados a partir do Internet Explorer sem primeiro precisar converter grandes quantidades de documentos legados em formato HTML.

Entendendo servidores virtuais

Servidores virtuais são diferentes de diretórios virtuais. No IIS, os servidores virtuais são um mecanismo pelo qual vários Web *sites* podem ser hospedados em um único servidor IIS 5.0. De fato, o servidor IIS comporta-se como se, na verdade, ele fosse múltiplos servidores IIS, cada um com suas propriedades, conteúdo e operadores de Web *site* designados. O IIS 5.0 permite que um número ilimitado de servidores virtuais seja criado. Servidores virtuais, por sua vez, podem conter um ou mais diretórios virtuais. Um diretório virtual é sempre criado dentro de um servidor virtual ou no Web *site default*.

Um servidor virtual é criado, definindo-se um novo Web *site* e mapeando-se este *site* para o diretório base do conteúdo da Web para o *site*. O diretório base do servidor virtual pode ser mapeado para:

- Um diretório na máquina local;
- Um diretório compartilhado em um servidor remoto.

Servidores virtuais aceitam que múltiplos *hosts* ou nomes de domínio façam referência ao mesmo servidor IIS físico. Por exemplo, os URLs

```
http://mis
http://marketing
http://sales
```

poderiam todas referir-se ao mesmo servidor físico da intranet. Como outro exemplo, os URLs

```
http://www.mtit.com
http://www.santry.com
```

da mesma forma, poderiam referir-se ao mesmo servidor físico de Internet. Neste caso, cada Web *site* ou servidor virtual pertence a uma empresa distinta.

Nota:
Outro nome para um servidor virtual é Web site. *Estes dois termos serão usados, indistintamente neste livro.*

O que caracteriza um servidor virtual?

Servidores virtuais (isto é, Web *sites*) são identificados unicamente pelos três parâmetros seguintes:

- Endereço IP;
- Número de porta TCP;
- Nome de cabeçalho *host*.

Desde que dois servidores virtuais sejam diferentes em um destes três parâmetros, ambos podem existir e serem executados no mesmo servidor IIS. Por exemplo, em um servidor IIS com apenas um endereço IP designado e apenas um *hostname* definido no servidor DNS, você ainda pode hospedar múltiplos Web *sites*, designando a cada um deles um número de porta único. Estes serão identificados individualmente por URLs, tais como:

http://server6

http://server6:7200

http://server6:25803

Na primeira URL apresentada acima, o número de porta não é especificado, levando o servidor a responder à porta HTTP padrão, que é a porta 80. Nos outros dois URLs, um número de porta foi escolhido aleatoriamente, entre os números 1023 e 65535, excluindo os números de porta bem conhecidos, definidos no arquivo de texto

C:\winnt\system32\drivers\etc\services

Da mesma forma, diversos Web *sites* poderiam ser criados no IIS 5 — cada qual com um endereço IP diferente, mas com o mesmo número (padrão) de porta TCP (porta 80).

O recurso do Windows 2000 que torna viáveis servidores virtuais é a designação de endereços IP múltiplos a um servidor único, um processo conhecido como *multihoming* (hospedagem múltipla). Para hospedar múltiplos nomes de domínio em um único servidor IIS, você pode designar ao seu servidor tantos endereços IP quantos Web *sites* você tiver para hospedar. Quando você cria um Web *site*, você o designa a um dos endereços IP ligados ao servidor IIS. Para ver como acrescentar endereços IP adicionais ao seu servidor Windows 2000, veja o Apêndice A.

Web *sites* múltiplos também podem ter o mesmo endereço IP e número de porta TCP, usando um recurso chamado *host header names* (nomes de cabeçalho hospedeiro), que será explicado mais adiante, neste capítulo.

Capítulo 5 - Como administrar diretórios e servidores virtuais

Nota:
Quando você tem múltiplos endereços IP designados a um servidor IIS, cada vez que você cria um novo servidor virtual, você precisa designar a ele um endereço IP. Se você não designar ao servidor virtual um endereço IP, mas, ao contrário, deixar o endereço IP como "todos não designados" na página de propriedades do servidor virtual, o servidor virtual responde a qualquer dos endereços IP que estejam ligados ao servidor, porém não designados a qualquer outro servidor virtual, tornando este servidor virtual o Web site padrão.

Por que usar servidores virtuais?

- Servidores virtuais são úteis por muitas das mesmas razões que diretórios virtuais: segurança, facilidade de *backups* e *upgrades*, segregação e administração de conteúdo e assim por diante. No entanto, servidores virtuais oferecem ainda mais recursos do que os diretórios virtuais.

- Servidores virtuais são *completamente configuráveis*. Cada servidor virtual se comporta como se fosse um servidor IIS separado, e todas as opções de configuração para o Web *site* padrão estão disponíveis para qualquer outro Web *site*.

- Servidores virtuais podem ser *parados, iniciados* e *interrompidos*, exatamente como um verdadeiro servidor IIS. Por exemplo, você pode querer parar um servidor virtual para atualizar o conteúdo ou para alterar as permissões de acesso.

- Aos servidores virtuais podem ser designados operadores de Web *site* separados. Cada departamento pode ter seu próprio servidor virtual e ter usuários que podem administrar totalmente seu *site*. Nota: Sob o ponto de vista do administrador, este é provavelmente o principal benefício de usar servidores virtuais — você pode *delegar* a administração de servidores virtuais a seus operadores de Web *site*!

- Parâmetros de *estreitamento de largura de banda* e *ajuste de desempenho* podem ser estabelecidos para cada servidor virtual.

- Servidores virtuais podem conter qualquer quantidade de diretórios virtuais. Por exemplo, o Web *site* Marketing poderia conter um diretório base e vários subdiretórios, cujo conteúdo pode ser localizado em lugares não contíguos em diversos servidores na rede, tais como:

    http://marketing.mtit.com/

    http://marketing.mtit.com/proposals

    http://marketing.mtit.com/contacts/

Guia — Como criar um servidor virtual

Os servidores virtuais podem ser criados e gerenciados com as mesmas ferramentas usadas para criar e gerenciar diretórios virtuais, isto é:

- O *snap-in* (módulo adicional) ISM — Internet Service Manager do MMC — Microsoft Management Console;
- A versão HTML do Internet Service Manager;
- O Windows Scripting Host.

Neste teste, usaremos o MMC para criar e configurar um servidor virtual (Web *site*) em um servidor IIS 5.

Primeiro, crie e armazene seu conteúdo principal da Web (a página pessoal e as páginas de mesma importância) que precisam ser apresentadas tanto no diretório local em seu servidor IIS quando em compartilhamento remoto de rede. Atribua permissões NTFS apropriadas para controlar o acesso ao conteúdo da pasta Web.

Para criar um servidor virtual com o Microsoft Management Console, clique com o botão direito do mouse no servidor físico IIS (o ícone se parece com um pequeno computador), ao qual você gostaria de adicionar um servidor virtual. No menu de atalho que aparece, selecione New, Web Site. O New Web Site Wizard aparecerá (veja a Figura 5-8). Clique em Next para iniciar o assistente. Entre com um nome amigável para descrever o Web *site* (este nome aparecerá ao lado do nó do servidor virtual no MMC) e clique em Next (Figura 5-9).

Figura 5-8 O New Web Site Wizard

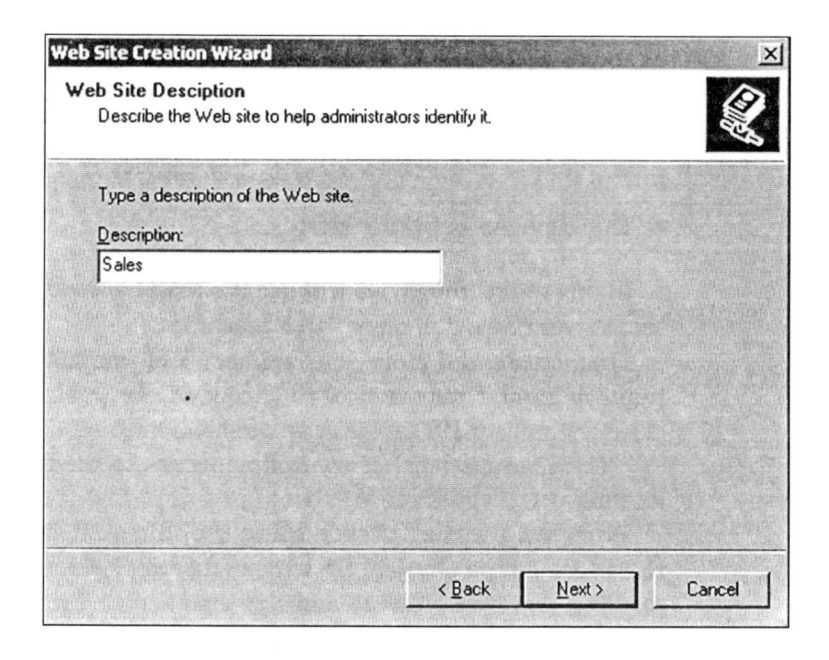

Capítulo 5 - Como administrar diretórios e servidores virtuais **161**

Figura 5-9 Como entrar com um nome amigável para o site

Use a caixa *drop-down* para selecionar um endereço IP disponível a partir dos endereços IP ligados ao seu servidor ou selecione All Unassigned, se você quiser que este servidor virtual seja seu novo Web *site* padrão (Figura 5-10).

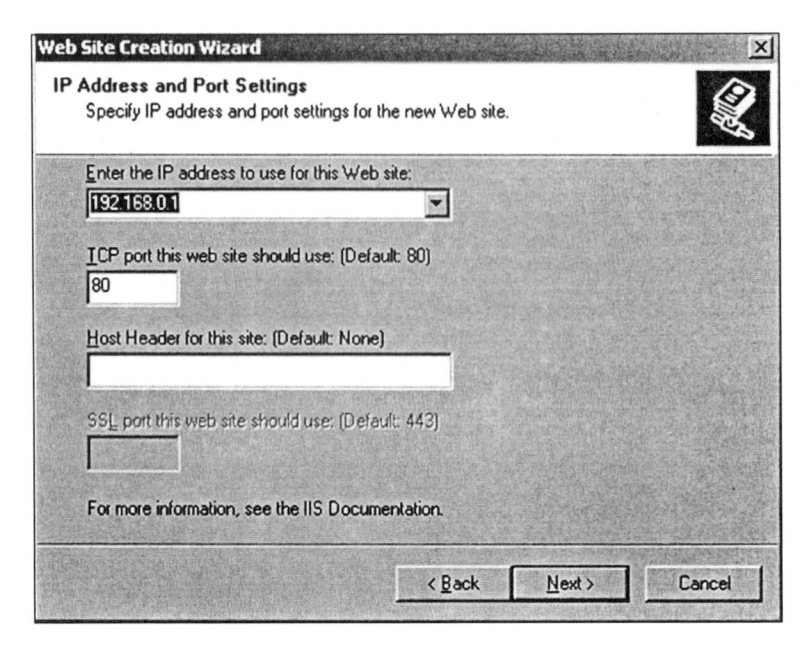

Figura 5-10 Atribuição de endereço IP e número de porta para o servidor virtual

Nota:

Assegure-se de selecionar um endereço IP que ainda não seja usado por outro servidor virtual ou por seu Web site padrão. Se você selecionar um endereço IP que já esteja em uso, o New Web Site Wizard não indicará qualquer erro a esta altura, mas depois, quando você tentar iniciar o servidor virtual, aparecerá uma caixa de diálogo com a mensagem "A duplicate name exists on the network" (Existe um nome em duplicata na rede), e você não será capaz de iniciar o servidor virtual.

Da mesma forma, se o Web site padrão existente tiver "All Unassigned" como seu endereço IP (veja a guia Web site na página Default Web Site Properties), e se você tentar designar o mesmo valor "All Unassigned" como o endereço IP ao novo servidor virtual, você receberá uma mensagem de erro quando tentar iniciar seu servidor virtual: "The service could not be started because it is not correctly configured. Make sure that its server bindings do not conflict with other sites running on the same machine" (O serviço não pôde ser iniciado por não estar corretamente configurado. Assegure-se de que as ligações de servidor deste site não estejam em conflito com outros sites sendo executados no mesmo computador).

Você também pode configurar a partir de qual porta TCP seu servidor virtual será acessado (a porta-padrão é 80).

Se conexões SSL (Secure Socket Layer) estiverem habilitadas, você também pode configurar a porta SSL que o servidor virtual deve usar (o padrão é 443).

A seguir, especifique o local do home directory (*diretório base*), que é o diretório inicial de conteúdo de seu servidor virtual e que contém a home page (página inicial) do seu Web *site*.

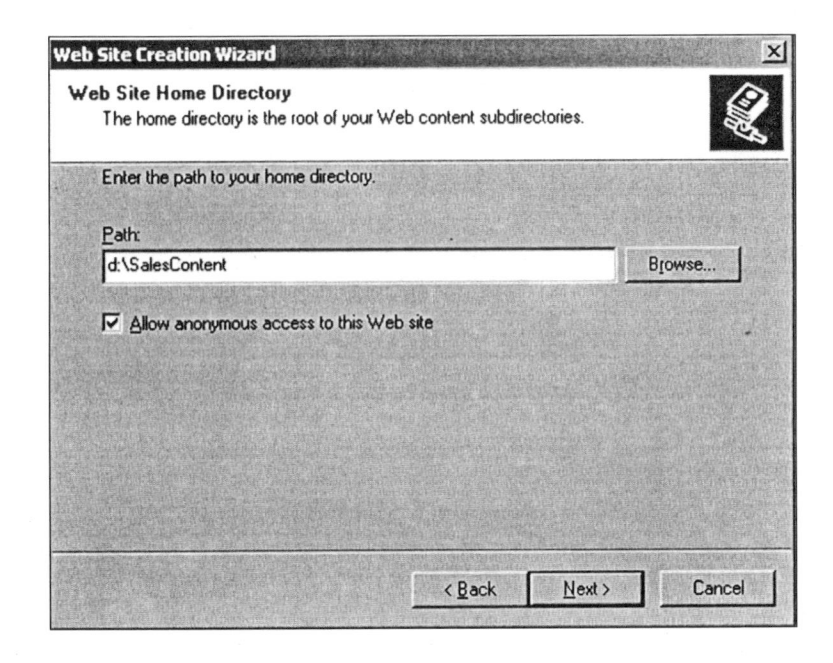

Capítulo 5 - Como administrar diretórios e servidores virtuais   **163**

Figura 5-11 *Mapeamento de um diretório base do servidor virtual para uma pasta local*

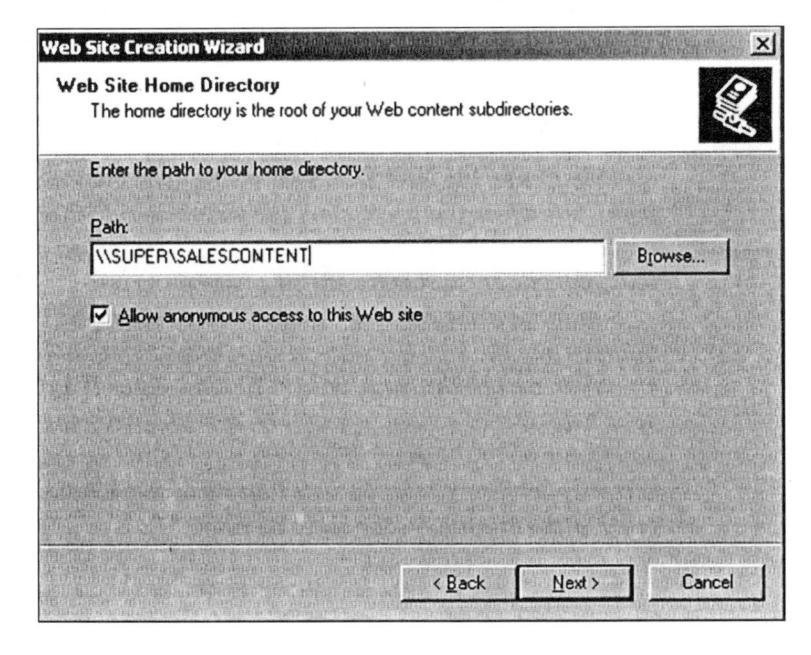

Figura 5-12 *Mapeamento de um diretório base do servidor virtual para um compartilhamento de rede*

Isto pode ser uma pasta no servidor local (Figura 5-11) ou um caminho UNC para um compartilhamento em um servidor remoto (Figura 5-12). Em qualquer caso, você também pode escolher, a esta altura, permitir acesso anônimo a seu Web *site*, marcando a caixa de verificação.

Se você escolher mapear o diretório base do servidor virtual para uma rede compartilhada, você precisará especificar credenciais que permitam o nível de acesso adequado à pasta remota (Figura 5-13). Não atribua uma conta de administrador a um servidor virtual.

Finalmente, especifique as permissões de acesso IIS que você deseja para o servidor virtual (Figura 5-14). Estas permissões incluem:

- Acesso de leitura;
- Acesso de escrita;
- Acesso de *script*;
- Acesso para executar;
- Acesso para navegar pelo diretório.

Por padrão, são concedidas permissões de acesso de leitura e *script*.

Seu servidor virtual (Web *site*) agora está criado, mas está em uma condição *stopped (parada)*. Para iniciar seu servidor virtual, clique com o botão direito do mouse no MMC e selecione Start a partir do menu de atalho.

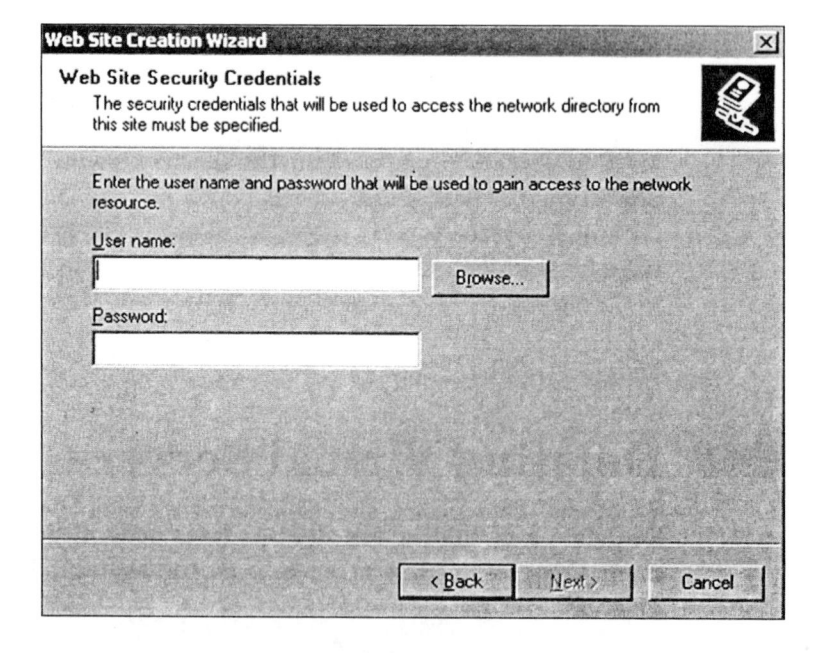

Figura 5-13 Especificação de credenciais para acesso à pasta remota

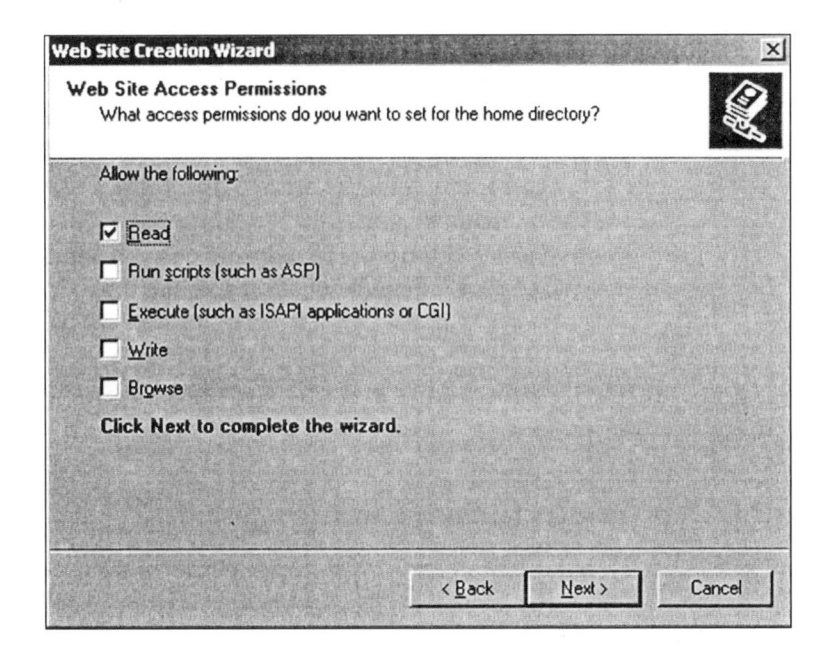

Capítulo 5 - Como administrar diretórios e servidores virtuais 165

Figura 5-14 Designação de permissões de acesso ao servidor virtual

Como configurar servidores virtuais

Quando um servidor virtual é criado, ele herda as configurações estabelecidas na página Master Property do servidor IIS no qual ele é criado. Para modificar essas configurações para o diretório virtual, clique com o botão direito do mouse no servidor virtual, no MMC, e selecione Properties no menu de atalho. Isto abrirá a página Web Site Property (Figura 5-15), que tem as mesmas nove guias da página Default Web Site Property, permitindo que você configure totalmente o seu Web *site*. Para mais informações sobre esses ajustes, consulte o Capítulo 3.

Como apagar servidores virtuais

Para apagar um servidor virtual, clique com o botão direito do mouse no Microsoft Management Console e selecione Delete no menu de atalho para confirmar a remoção.

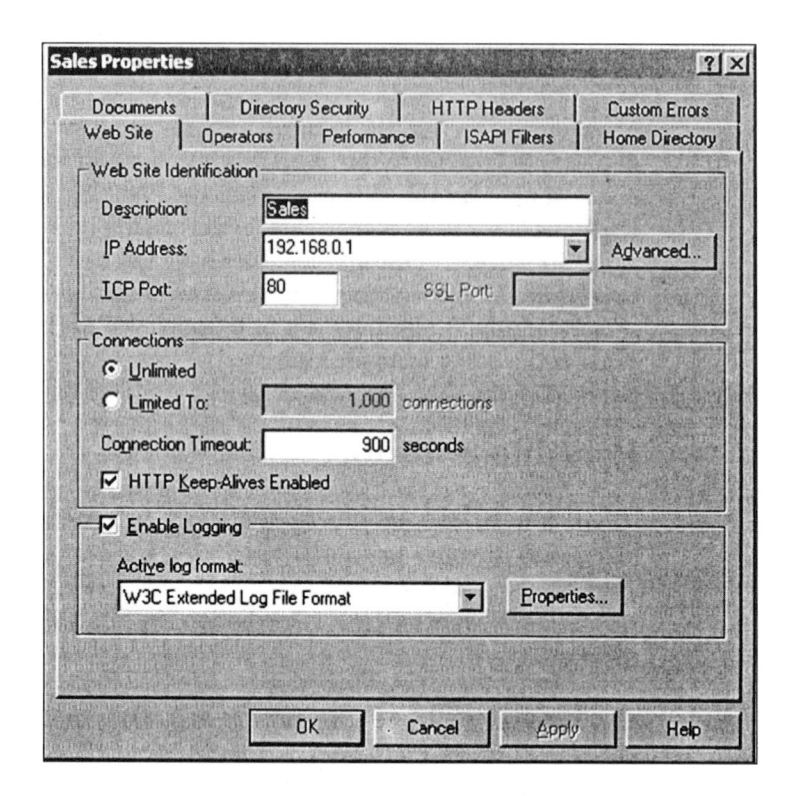

Figura 5-15 Propriedades de Web site
para um servidor virtual na condição parada

Nota:

Apagar um servidor virtual não apaga o conteúdo da Web em seu diretório base; apenas apaga o mapeamento do servidor virtual para o diretório base.

Como usar servidores virtuais

Abaixo, revisitamos o cenário dado anteriormente neste capítulo para ilustrar a utilidade de usar servidores virtuais em uma intranet.

Capítulo 5 - Como administrar diretórios e servidores virtuais   **167**

Cenário

A tarefa de desenvolver uma intranet corporativa é encaminhada pelo administrador de rede para a MTIT LTD. Esta intranet terá conteúdo criado e gerenciado pelas seguintes divisões: Planejamento, Registros e Design. Cada divisão será responsável pelo desenvolvimento de seu próprio conteúdo e pela administração de acesso a ele. Estas divisões também têm extenso conteúdo legado (documentos Word, Excel e PowerPoint) armazenado em várias pastas em diversos servidores de arquivos. Recursos mínimos são empregados para montar a intranet. Qual a melhor maneira para prosseguir?

Possível solução

Crie um diretório base para cada divisão em um servidor de arquivos que tenha espaço disponível para hospedar os diretórios base. Instrua projetistas de conteúdo a armazenar suas páginas principais e outras páginas relevantes em seus diretórios pessoais. Forneça-lhes ferramentas de criação HTML e treinamento suficiente para ir adiante.

Instale o Internet Information Server em um servidor existente que tenha recursos suficientes disponíveis. Vamos partir do princípio que este servidor seja denominado www.mtit.com. Crie três servidores virtuais no servidor IIS. Nomeie estes servidores como:

planning.mtit.com

records.mtit.com

design.mtit.com

Mapeie estes servidores virtuais para seus respectivos diretórios base.

Designe operadores de Web *site* para cada servidor virtual. Dê a essas pessoas treinamento sobre como modificar suas configurações de Web *site*, como criar diretórios virtuais, como gerenciar o acesso aos *sites*, e assim por diante. Os operadores precisarão criar diretórios virtuais para habilitar acesso ao conteúdo legado, sem precisar de conversão do conteúdo para HTML. Por exemplo, a divisão de Planejamento pode criar um diretório virtual acessado pelo URL

`http://planning.mtit.com/ppt`

que mapeia para uma pasta contendo arquivos PowerPoint de apresentação de sessões de planejamento.

Crie uma página pessoal para o Web *site* padrão www.mtit.com, identificando a intranet da empresa, estabeleça políticas e regras de uso e ofereça *links* para cada página pessoal da divisão em seus próprios Web *sites*.

Padronize o Internet Explorer 5.0 como o *browser*-cliente a ser usado pela empresa.

Como entender Host Header Names (Nomes de cabeçalho *host*)

O IIS 5.0 permite que múltiplos nomes de domínio sejam mapeados para um único endereço IP e número de porta TCP, usando um mecanismo chamado *host header names*. Este mecanismo é um novo recurso do IIS 5.0 não disponível nas versões anteriores do IIS, e é um novo recurso da especificação HTTP 1.1. Para usar cabeçalhos *host* em uma intranet ou na Internet, são necessárias algumas configurações.

- Múltiplos nomes *host* precisam ser mapeados para um único endereço IP, usando ou um servidor DNS ou um arquivo HOSTS, para que os nomes *hosts* possam ser resolvidos para o endereço IP. Para obter informações sobre configuração de servidor Windows DNS, veja o Apêndice B.
- *Browsers* compatíveis com HTTP 1.1 precisam ser usados (MS Internet Explorer 3.0 ou superior ou Netscape Navigator 2.0 ou superior).
- Múltiplos nomes de cabeçalho *host* precisam ser configurados na página Web Site Property para cada servidor virtual.

Como configurar identidades múltiplas para um servidor virtual

Para configurar identidades múltiplas para um servidor virtual, clique com o botão direito do mouse no servidor virtual selecionado, no MMC, e selecione Properties a partir do menu de atalho para abrir a página Web Site Properties. Selecione a guia Web Site e clique no botão Advanced para abrir a página Advanced Multiple Web site Configuration (Figura 5-16). Esta página é usada para adicionar, remover e editar identidades em seu Web *site*.

Para especificar uma identidade adicional para seu Web *site*, clique no botão Add e especifique o endereço IP, porta e nome de cabeçalho *host* (Figura 5-17). O IIS 5.0 permite que você especifique múltiplos nomes de cabeçalho *host* para a mesma combinação IP/porta.

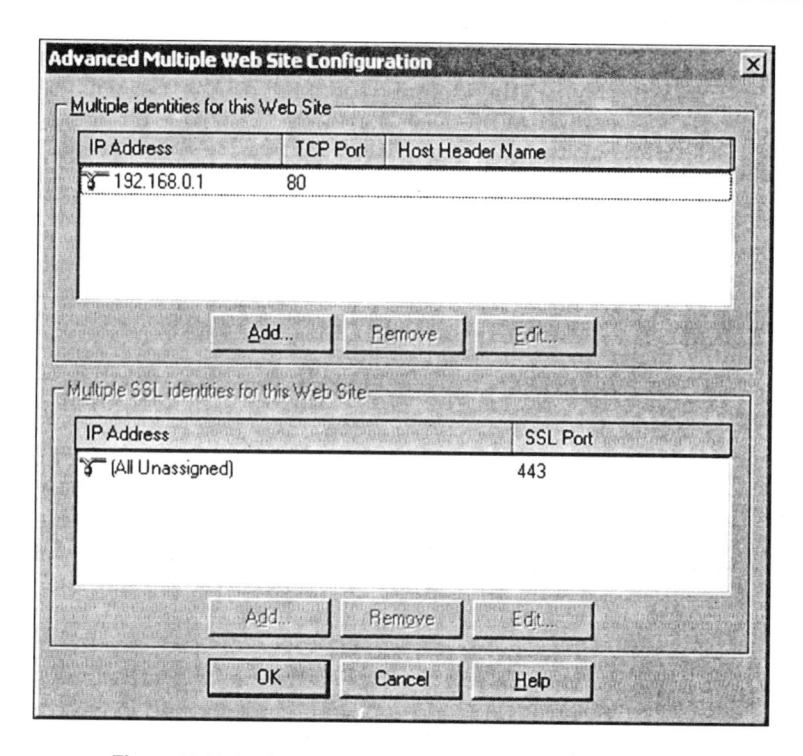

Capítulo 5 - Como administrar diretórios e servidores virtuais

Figura 5-16 A página Advanced Multiple Web Site Properties

Figura 5-17 Especificação de uma identidade de Web site

Por que usar Host Header Names?

Suponha que sua empresa, a MTIT LTD., tenha um servidor IIS com um Web *site* acessado pelo URL

`http://www.mtit.com`

Ocorre uma fusão com outra empresa. Por algum tempo, sua empresa tem uma dupla identidade, MTIT Ltd. e Santry Ltd. Você registra o novo nome de domínio `santry.com` usando o mesmo endereço IP, pois você quer acessar o Web *site* da MTIT com o URL alternativo

`http://www.santry.com`

Para completar o processo, você configura o servidor da Web para responder à identidade adicional, conforme descrito na seção anterior, e acessa o *site* usando um *browser* compatível com HTTP 1.1.

Outro exemplo: suponha que você seja um provedor de serviços de Internet e hospede várias centenas de Web *sites*, cada qual tendo seu próprio nome de domínio, mas você só tem um número limitado de endereços IP disponíveis. Para superar esta limitação, você pode usar nomes de cabeçalho de *host* e designar todos os nomes de domínio a um único endereço IP. Nesta situação, você deve precisar habilitar usuários com *browsers* mais antigos, que não suportam nomes de cabeçalho *host*, para alcançar o *site* certo. Consulte a documentação *online* do IIS 5.0 sobre o tópico *"Supporting Host Header Names in Older Browsers" (Como suportar Host Header Names em browser mais antigos)* para mais informações sobre como fazer as configurações necessárias.

Resumo

O IIS 5.0 oferece dois mecanismos para mapear conteúdo local e remoto a URLs: servidores virtuais (ou Web *sites*) e diretórios virtuais. Combinando estes dois recursos, os administradores podem delegar o gerenciamento de Web *sites* a operadores segundo suas áreas de Web *site* ou intranets, ou a proprietários de Web *sites* em um *site* público da Internet, facilitando assim o seu trabalho. Estes servidores e diretórios virtuais podem ser criados e apagados sem afetar o conteúdo no qual eles são baseados.

Para mais informações

TechNet tem algumas informações úteis sobre servidores virtuais e diretórios virtuais, embora ele se refira às versões anteriores do IIS. Procure por "Planning Your Content Directories and Virtual Servers" (*Como planejar seus diretórios de conteúdo e servidores virtuais*) em:

`Internet, Server, MS Internet Information Server, Technical Notes, Installation and Planning Guide, Chapter 6`

Capítulo **6**

Administrando conteúdo

Introdução

A criação e a manutenção do conteúdo de Web *sites* não deve ser trabalho do administrador, mas responsabilidade dos designers de páginas Web, desenvolvedores de banco de dados e programadores. O administrador deve oferecer experiência técnica, orientação e suporte a estes grupos e estabelecer regras, procedimentos e mecanismos para facilitar o desenvolvimento e a manutenção de Web *sites*. Este capítulo apresenta os aspectos relativos ao desenvolvimento de Web *sites* que são importantes para os administradores, incluindo:

- Definição de políticas e procedimentos para desenvolver conteúdo de Web *site*;
- Seleção das ferramentas apropriadas ao desenvolvimento de conteúdo para a Web;
- Administração e utilização do Microsoft FrontPage para desenvolvimento de conteúdo para a Web;
- Administração e utilização do Microsoft Office para desenvolvimento de conteúdo para a Web;
- Apresentação de um banco de dados Access na Web usando Active Server Pages.

Como administrar conteúdo

Administrar conteúdo não é o mesmo que desenvolver conteúdo, mas exige um entendimento básico das ferramentas, dos procedimentos e dos mecanismos para desenvolvimento de conteúdo. No atual ambiente de TI (Tecnologia da Informação) de mudanças rápidas, quando empresas ajustam-se às mudanças e redirecionam recursos para continuarem competitivas, o gerenciamento tenta, com freqüência, delegar ao sobrecarregado administrador de rede ou de sistema a tarefa adicional de planejar, desenvolver e manter Web *sites* para a Internet ou para a intranet da empresa.

Resista às tentativas de delegarem essa tarefa a *você*.

A essência do desenvolvimento do Web *site* não é formatar documentos em HTML ou escrever *scripts* ou programas. Estes são simplesmente a estrutura básica que suporta o que realmente são os Web *sites*, isto é:

- Veículos para comunicar objetivos, políticas, produtos e serviços da empresa para empregados, sócios comerciais e para o mundo;
- Ferramentas para capacitar funções comerciais de colaboração entre departamentos e entre clientes e serviços;
- Um reflexo do entendimento da administração sobre para onde a empresa está indo e para onde está direcionada.

Como administrador de rede ou sistema, normalmente você não deve esperar que a gerência peça para você realizar tarefas como:

- Desenhar a nova logomarca da empresa;
- Fazer um comunicado aos clientes;
- Escrever o relatório anual da empresa ou um plano de negócios;
- Produzir um comercial de TV para comercializar um produto ou serviço;
- Escrever uma política que não esteja diretamente relacionada a aspectos de TI;
- Decidir sobre quais documentos da empresa devem ser publicados e quais não devem sê-lo;
- Projetar um gabarito para currículos de empregados;
- Determinar quem deve ter acesso a determinados arquivos da empresa.

Ainda que a gerência frequentemente não entenda, a verdade é que, pedindo a você, como administrador de rede, que crie o Web *site* da empresa ou o *site* da intranet, ela está pedindo que você realize estes tipos de tarefas e tome decisões que pertencem ao domínio da gerência executiva e departamental e que normalmente são feitas por pessoal assistente e de gerência de nível médio.

Como administrador, é importante que você levante estes pontos junto à gerência, não apenas para se livrar de deveres extras, mas também porque você não deve assumir responsabilidade por tarefas e decisões que, por direito, pertencem a outros, treinados para fazê-las. Se você as fizer, se verá pisando nos pés de outras pessoas, muitas vezes gerando resultados dolorosos.

Como estabelecer políticas e procedimentos de desenvolvimento de conteúdo

A sua resposta à gerência diante do pedido que você desenvolva o *site* para a Internet ou para a intranet da empresa deve incluir os passos a seguir descritos.

1. Reunião com a gerência para determinar os alvos gerais do *site*, quais são os objetivos pretendidos e como avaliar o cumprimento dos objetivos — em outras palavras, escolha uma equipe líder em projeto. Representantes da gerência executiva, marketing e de TI normalmente devem estar envolvidos nisto.

2. Determine quem será responsável por tomar decisões sobre cada assunto especificamente e sobre o que deve ser incluído no *site* e o que não deve. Geralmente, isto significa designar liderança de seções do *site* a gerentes de nível médio e gerentes de departamentos.

3. Determine quem será responsável pelos pedidos e pela criação de conteúdo, desenvolvimento de aplicativos e programação personalizada. Em geral, isto envolve equipes de pessoal de secretaria e assistência, desenvolvedores de aplicativos e pessoal de suporte de TI.

4. Estabeleça uma política por escrito, indicando claramente as responsabilidades de cada participante da equipe de desenvolvimento do *site*. Para mais informações sobre esse aspecto, veja a relação do Capítulo 1, *Como instalar o IIS 5.0*.

5. Determine quais recursos serão necessários para completar o projeto, inclusive hardware, software e treinamento de pessoal. Desenvolva uma proposta que inclua uma análise de custo, mostrando que é mais econômico treinar e usar pessoal já empregado e as necessidades de programação externa, do que utilizar o tempo caro de um administrador ou dar-lhe um treinamento técnico adicional. Por exemplo, treinar cinco pessoas da área de secretaria para usar FrontPage e tê-las realizando 100 horas de desenvolvimento do *site* será mais rápido e menos oneroso do que ter um administrador de rede, com alto salário, gastando 500 horas de desenvolvimento de *site*. Como outro exemplo, terceirizar o desenvolvimento do banco de dados ou outras necessidades de programação por US$5.000,00 será consideravelmente mais fácil, econômico e rápido do que ter um administrador gastando várias semanas de cursos de treinamento técnico avançado em programação ou desenvolvimento de banco de dados.

6. Familiarize-se com as ferramentas básicas que serão usadas para criar o *site* para a Internet ou para a intranet da empresa. Desta forma, você pode oferecer assistência aos desenvolvedores de conteúdo, fazendo recomendações sobre desenho de estrutura e navegação do *site*, aconselhando sobre o uso de recursos avançados destas ferramentas e oferecendo outros conselhos e suporte técnico. Se possível, tente gerenciar o orçamento para você e seu pessoal de TI cursarem o Microsoft Official Curriculum, sobre ferramentas tais como Internet Information Services 5.0, Internet Explorer 5.0, FrontPage, Visual InterDev, SQL Server, e assim por diante.

7. Finalmente, desenvolva procedimentos para desenvolvedores de conteúdo e programadores, para que eles saibam exatamente como:
   - Adicionar, editar e remover conteúdo em seções do *site*;
   - Criar, testar e depurar *scripts*, programas e aplicativos;
   - Ficar em conformidade com padrões de estilo e estrutura de navegação, para dar a todo o *site* da Internet ou da intranet aspecto e sentido consistentes;
   - Realizar as limitadas tarefas administrativas designadas aos operadores do Web *site*;
   - Solicitar assistência técnica do pessoal de apoio do departamento de TI para o Web *site*.

Ferramentas para desenvolvimento de conteúdo

A decisão quanto às ferramentas que serão usadas para criar o *site* da Internet ou da intranet de sua empresa é algo que você não deve fazer sozinho, mas decidir junto com a gerência. A escolha final quanto às ferramentas que serão empregadas dependerá de uma série de fatores:

- Fundos disponíveis para compra de software;
- Fundos disponíveis para treinamento;
- Exigências de licenciamento (outro aspecto de custo);
- Aspectos de capacidade de servidor e cliente (por exemplo, exigências de memória e HD);
- Aspectos relativos à conversão de documentação legada;
- Custos de *design* gráfico e *layout*;
- Exigências de *script* e programação;
- Restrições e exigências de segurança.

Como um exemplo, vi grandes empresas, com milhares de empregados, desenvolverem uma intranet funcional com Notepad como a principal ferramenta de desenvolvimento. Os desenvolvedores baixaram gráficos da Internet e digitalizaram imagens com ferramentas de *shareware* de edição de imagem. O departamento de TI e a gerência trabalharam juntos para estabelecer políticas para determinar quem seria responsável por qual função da intranet e eles cuidaram de algumas páginas de instruções em HTML básico e alguns apontadores, para descobrir mais informações na Internet. Foi incrível o quanto eles conseguiram com recursos tão limitados.

Então, novamente, vi pequenas empresas usarem ferramentas como Microsoft FrontPage, Access e SQL Server para implementar Web *sites*, com o objetivo de garantir funcionalidade a seus negócios. Com alguns dias de treinamento técnico e muitos assistentes, estas empresas puseram sistemas *online*, apresentaram catálogos interativos, estabeleceram extranets seguras e assim por diante.

Capítulo 6 - Administrando conteúdo   **175**

Neste livro, obviamente, não vamos considerar como usar Notepad como ferramenta de desenvolvimento de conteúdo da Web — embora ainda existam motivos reais para que desenvolvedores de conteúdo aprendam HTML. É bom para desenvolvedores de conteúdo conhecer o básico de HTML de maneira a compensar algumas das deficiências dos aplicativos de autoria WYSIWYG em montar o código HTML base. Da mesma forma, se seus desenvolvedores de conteúdo forem criar aplicativos dinâmicos da Web usando ASP, eles devem conhecer o básico de HTML, de forma a desenvolver algo que seja visualmente atrativo ao usuário.

O que iremos considerar no restante deste capítulo é como implementar, administrar e usar as duas ferramentas Microsoft Web de apresentação mais populares e úteis: Microsoft FrontPage 2000 e Microsoft Office 2000. Como administrador, você precisará conhecer o bastante sobre a funcionalidade de tais ferramentas para instalá-las adequadamente, atribuir permissões apropriadas e oferecer consultoria técnica a desenvolvedores de conteúdo sobre como usá-las para criar novo conteúdo da Web, converter conteúdo legado para HTML, criar conectividade para conteúdo de banco de dados e assim por diante.

A despeito de tudo o que eu disse sobre delegar desenvolvimento de conteúdo a pessoal assistente e de gerenciamento médio apropriado, o fato é que, de início, provavelmente você será responsável por projetar a estrutura do *site*, montando um rascunho da página pessoal e talvez criando um aplicativo de demonstração de banco de dados da Web para teste ou objetivos de piloto. Portanto, é uma vantagem sua, como administrador, conhecer o bastante sobre desenvolvimento de conteúdo, para começar — apenas não permita que exijam que você faça tudo!

Como criar conteúdo da Web com Microsoft FrontPage

FrontPage é a ferramenta de criação de conteúdo da Web mais popular da Microsoft. O FrontPage 2000 é totalmente integrado ao ambiente Microsoft Office 2000, oferecendo a mesma verificação ortográfica, tesauros, macros e outras ferramentas de edição encontradas em outros aplicativos Office. Estes recursos fazem o FrontPage 2000 valer o preço do *upgrade*.

Eis alguns recursos do FrontPage 2000:

- Um editor de página da Web cheio de recursos integrados WYSIWYG;
- Ambiente de gerenciamento de Web *site* hierárquico, que inclui muitas visualizações e capacidade de gerenciamento de *links*;
- Criação e gerenciamento de *framesets* usando o recurso de arrastar e largar;
- Assistentes para facilitar a criação de vários tipos de Web *sites*;
- Gabaritos para criação de página da Web;
- Temas para personalizar o *layout* e o *design* gráfico de *sites*;
- Geração automática de barras de navegação;

- Componentes FrontPage para tarefas de automação, como indexação de um *site*, aumento da capacidade de busca, ativação de formulários e agenda;
- Suporte para Dynamic HTML, Cascading Style Sheets, controles ActiveX, *applets* Java, JavaScript e *scripts* Visual Basic;
- Suporte para Active Server Pages e assistentes para conectividade de banco de dados ODBC.

Os usuários finais que usam FrontPage como sua principal ferramenta de desenvolvimento de conteúdo precisarão de orientação e suporte para usar o FrontPage com eficácia. Qualquer curso de treinamento de FrontPage oferecerá a eles as habilidades necessárias para produzir FrontPage Webs simples e desenhar e editar páginas da Web, mas você, o administrador, ou um membro de sua equipe de suporte de TI, precisa estar familiarizado o suficiente com o FrontPage para dar consultas técnicas sobre aspectos como:

- Criação e gerenciamento de gabaritos de documentos;
- Uso de cabeçalhos e rodapés de documentos;
- Projeto de páginas que serão rapidamente carregadas, sem desperdício de largura de banda;
- Incorporação de componentes ActiveX ou *applets* Java nos *sites*;
- Importação de conteúdo da Web criado com outras ferramentas para FrontPage Webs;
- Geração de registros e relatórios de uso pelo *site*;
- Implantação do Microsoft Index Server (Servidor de Indexação) para capacitar busca de texto completo;
- Atribuição a usuários e grupos, de permissões FrontPage para navegação, autoria e administração;
- Instalação e configuração de extensões FrontPage.

Guia — Como criar uma FrontPage Web

A seção a seguir leva você a fazer um teste de criação e adição de conteúdo a uma FrontPage Web em um servidor IIS 5.0. Microsoft FrontPage usa o termo *Web* para se referir a um Web *site* ou servidor virtual.

Antes de implementar o FrontPage como uma ferramenta de desenvolvimento de conteúdo, veja aqui algumas idéias sobre onde e como instalar o FrontPage na rede. Em geral, um dos três cenários é o escolhido (veja a Figura 6-1).

1. Instale o FrontPage em estações cliente (95/98, NT Workstation ou Windows 2000 Professional) *sem* instalar o Personal Web Server ou o IIS (Windows 2000 Professional) nas estações.

Capítulo 6 - Administrando conteúdo

Estação de trabalho FrontPage → servidor de produção IIS 5.0

Estação de trabalho FrontPage e IIS 5.0 → servidor de produção IIS 5.0

Estação de trabalho FrontPage → Servidor intermediário IIS 5.0 → servidor de produção IIS 5.0

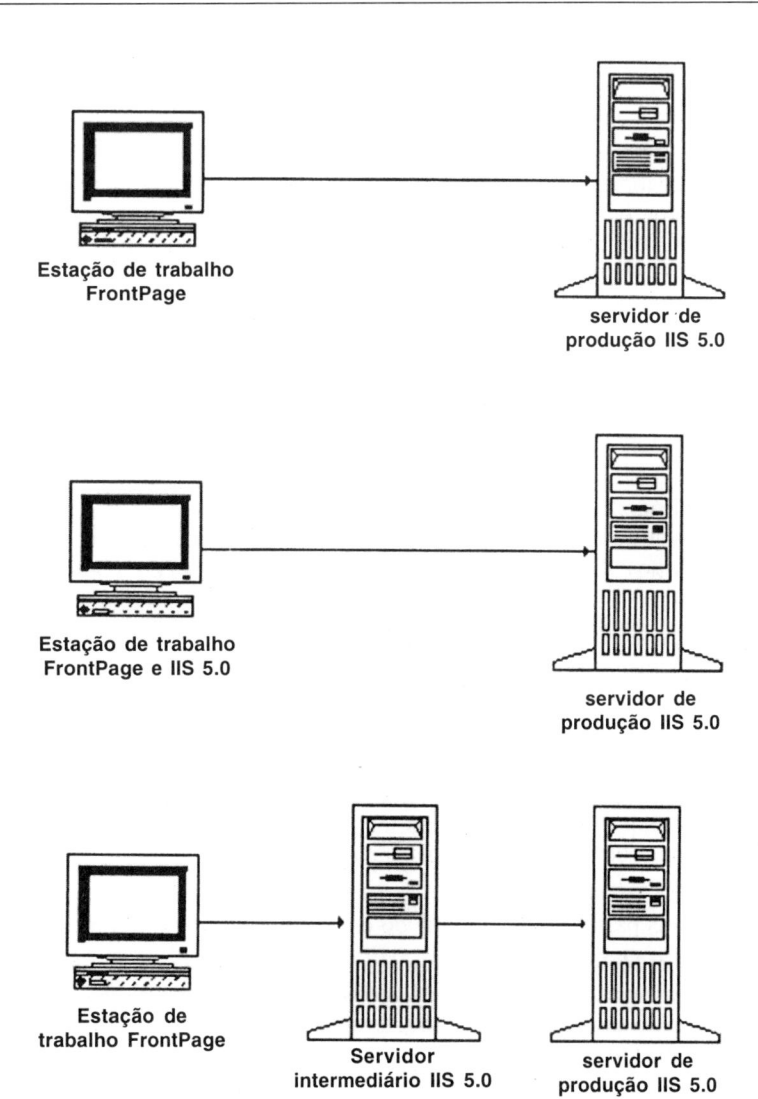

Figura 6-1 Três maneiras de apresentar conteúdo a partir de clientes a servidores IIS

Faça com que desenvolvedores criem e editem conteúdo *diretamente* nos servidores de produção, executando o IIS. Este é o método mais simples e é apropriado para ambientes de baixa e média segurança.

2. Instale o FrontPage em estações cliente junto *com* o IIS. Faça com que desenvolvedores criem e editem conteúdo nas estações e depois apresentem o conteúdo aos servidores de produção executando o IIS (ou faça com que um administrador copie o conteúdo para o servidor de produção). Este método é adequado quando Web *sites* não envolvem *scripts* ou aplicativos complexos que não podem ser desenvolvidos no Personal Web Server da Microsoft ou no Windows 2000 Professional com IIS.

3. Instale o FrontPage nas estações *sem* instalar o Personal Web Server nelas. Faça com que desenvolvedores criem e editem conteúdo em um servidor intermediário aos servidores de produção. Este método é apropriado para ambientes de média e alta segurança, mas exige maior supervisão administrativa.

Vamos imaginar o primeiro cenário acima e instalar apenas as partes de desenvolvimento da Web de FrontPage 2000 em uma estação de trabalho, omitindo o Personal Web Server e outros componentes administrativos. Execute o logon na estação cliente como Administrator e instale o FrontPage 2000, sem selecionar as extensões Personal Web Server ou FrontPage Server.

Uma alternativa seria instalar o FrontPage 2000 no próprio servidor e executar o logon no cliente, como Administrator, para realizar as etapas abaixo. A vantagem deste procedimento é que você pode criar Webs e designar permissões de autoria sem precisar ir à estação para fazê-lo. Este é o procedimento que seguimos abaixo.

Se você estiver trabalhando com FrontPage em seu ambiente de rede, é uma boa idéia visitar regularmente o Web *site* da Microsoft, para fazer o *download* da versão mais atual das extensões do servidor FrontPage e instalá-las, não apenas para eliminar *bugs* de versões anteriores, mas para obter os novos e excitantes recursos para desenvolvedores da Web.

Depois de instalar o FrontPage, nossa próxima tarefa será criar um novo servidor virtual (Web *site*) no servidor IIS para abrigar o conteúdo criado, usando o FrontPage.

Usando o Microsoft Management Console, conecte-se ao servidor IIS, clique com o botão direito do mouse no ícone de servidor e selecione New, Web site a partir do menu de atalho para abrir o New Web site Wizard. Complete as etapas do Assistente para criar um novo *Web site* fazendo o seguinte:

- Dê ao Web *site* um nome amistoso (neste caso, MySite);
- Estabeleça um endereço IP fixo (aqui, 192.16.0.54);
- Entre com o caminho para o diretório base do *site* (aqui, C:\MySiteHome);
- Atribua as permissões apropriadas (deixe selecionadas Read e Script).

Capítulo 6 - Administrando conteúdo

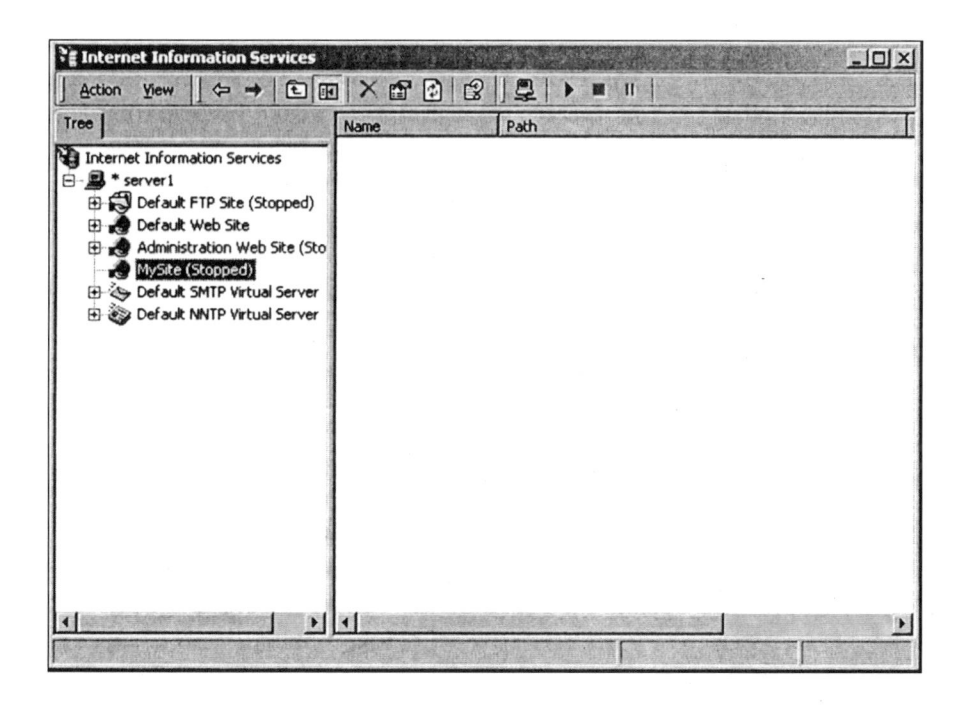

Figura 6-2 Um recém-criado site denominado MySite

Observe que o recém-criado Web *site* está em uma posição *stopped (parada)* e ainda não tem conteúdo, porque o diretório base do *site* C:\MySiteHome atualmente está vazio (veja a Figura 6-2).

A esta altura, se o diretório base C:\MySiteHome estiver em um volume NTFS, você pode querer verificar as permissões ao diretório e assegurar-se de que aqueles que têm a responsabilidade de criar e editar o conteúdo do Web *site* têm as permissões necessárias (por exemplo, para mudar ou RWXD).

Agora que criamos um novo Web *site*, nossa próxima tarefa será prepará-lo para receber conteúdo do FrontPage. Selecione o nó MySite e clique com o botão direito do mouse sobre ele. A partir do menu de contexto, selecione All Tasks (Todas as Tarefas), Configure Server Extensions (Configurar Extensões de Servidor). Esta ação inicia o Server Extensions Configuration Wizard (Assistente de Configuração de Extensões do Servidor) (veja a Figura 6-3). Clique no botão Next para iniciar o Wizard.

Aparece uma caixa de diálogo (veja a Figura 6-4) para configurar os grupos locais para acesso ao *site*. Nestes grupos estarão contidas as contas dos *browsers*, autores e administradores. Por padrão, o endereço IP da Web, ou nome, será fornecido como um prefixo da conta. Neste exemplo, foi fornecido MySite como um prefixo de nome de grupo, de forma a diferenciar esta Web de outras Webs localizadas no servidor. Clique no botão Next para prosseguir.

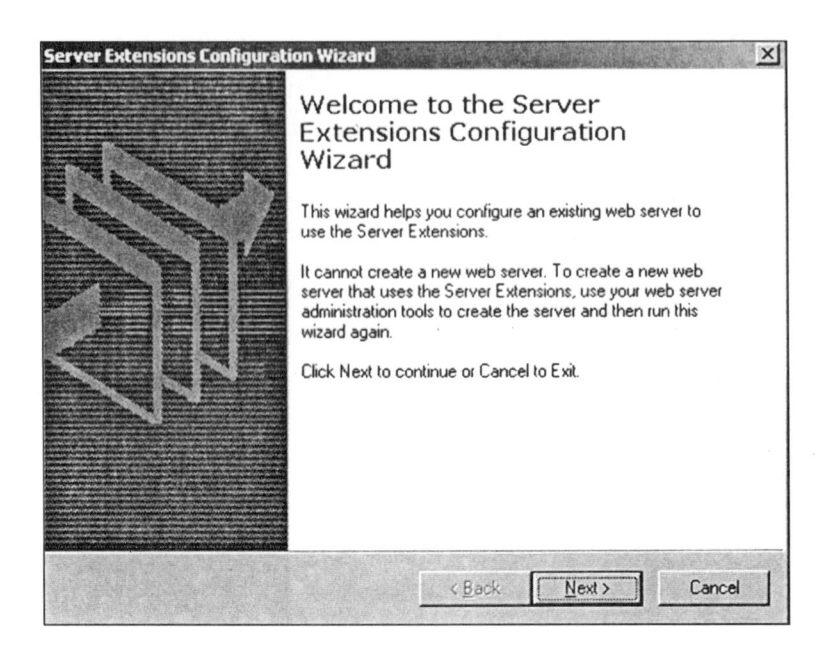

Figura 6-3 Inicialização do Server Extensions Configuration Wizard

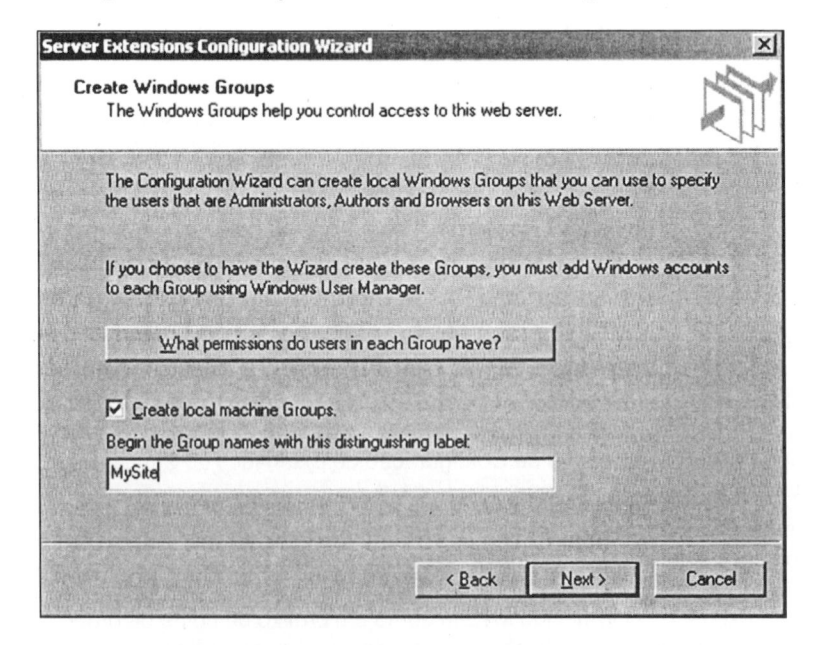

Figura 6-4 Especificação de grupos para acesso ao FrontPage Web

Capítulo 6 - Administrando conteúdo   **181**

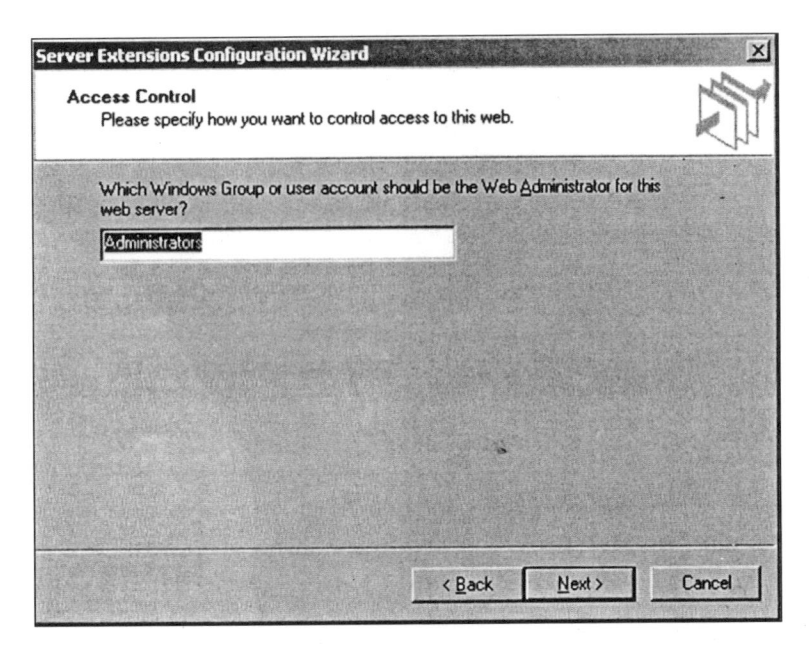

*Figura 6-5 Especificação do grupo local de administradores
a ser acrescentado ao grupo de administradores do FrontPage Web*

Na caixa de diálogo que aparece na Figura 6-5, especifique o grupo que terá acesso como administrador desta FrontPage Web. Este grupo será então acrescentado ao novo grupo MySite Administrators, que será criado quando este Wizard se completar. Clique no botão Next para continuar.

Nesta caixa de diálogo (veja a Figura 6-6), especifique informações do servidor local SMTP e o endereço eletrônico a ser usado quando este Web enviar e-mail. Isto é usado para o componente e-mail das extensões FrontPage, que permite a autores enviar e-mails a partir de uma página da Web. Clique no botão Next para continuar. Aparecerá um resumo do Wizard. Clique no botão Finish para completar a operação e fechar a caixa de diálogo do Wizard.

Essencialmente, foi formada uma nova FrontPage *root* Web no servidor virtual MyWeb. Para ver estes diretórios virtuais sob MySite, usando o MMC, você precisa clicar no botão Action e selecionar Refresh no menu *drop-down* (veja a Figura 6-7). Estes diretórios virtuais mapeiam para subdiretórios verdadeiros do diretório base do *site*, C:\MySiteHome. Muitos destes diretórios estão ocultos e não serão exibidos no Windows Explorer, a menos que Show All Files (Mostrar todos os arquivos) seja habilitado na página de propriedades Folder Options (Opções de pasta), aberto por Tools, Folder Options, no Windows Explorer.

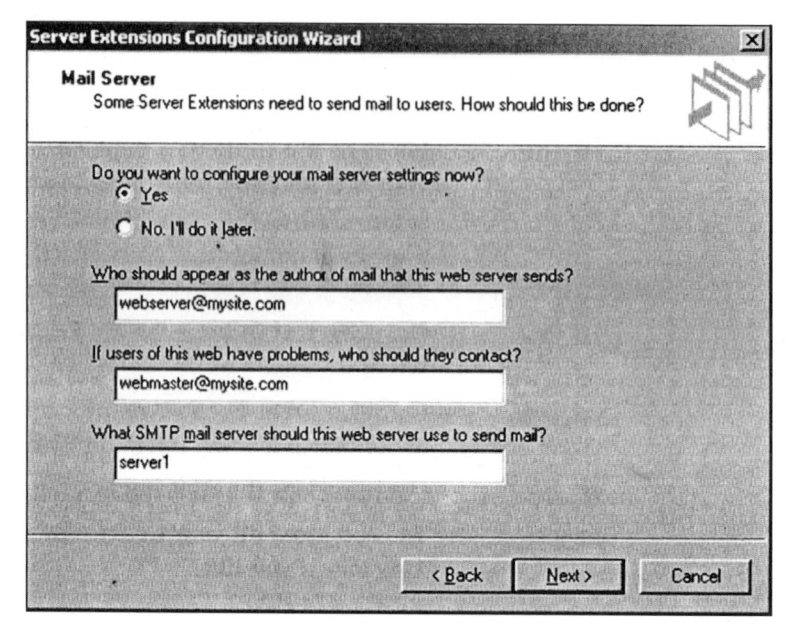

Figura 6-6 Especificação do servidor local SMTP
e ajustes de e-mail

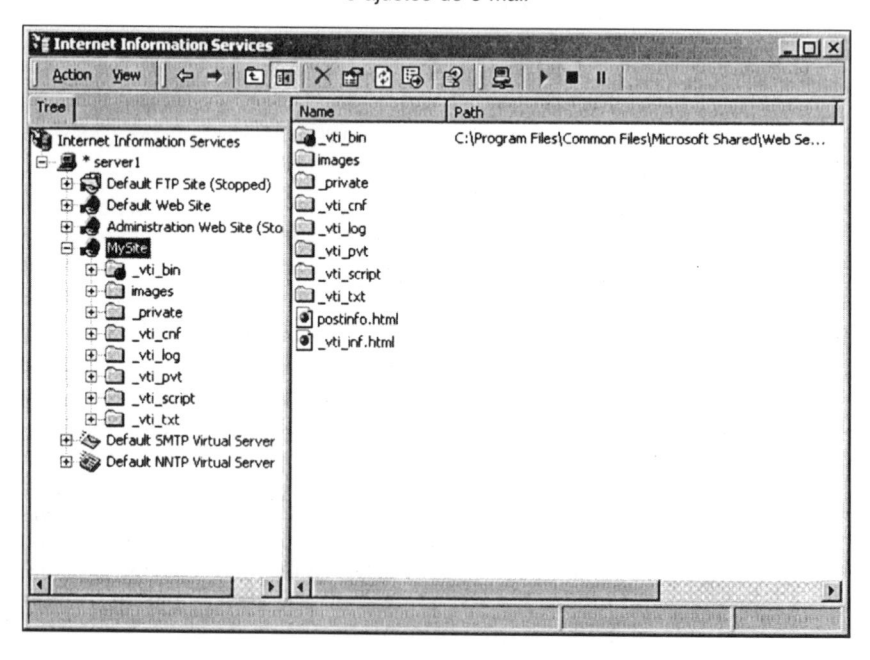

Figura 6-7 Diretórios virtuais do FrontPage root Web
no servidor virtual MySite

Capítulo 6 - Administrando conteúdo 183

Alguns destes diretórios virtuais são importantes para administradores, por isso oferecemos aqui algumas breves explicações sobre sua utilização (para obter mais infomações sobre diretórios virtuais, consulte a literatura existente sobre o FrontPage).

_private/ — Usado para páginas que não devem ser visíveis nos *browsers*, ou indexado por máquinas de busca (por exemplo, gabaritos, cabeçalhos, rodapés).

_vti_cnf/ — Parece conter uma duplicata de cada página do Web *site*. De fato, as páginas duplicadas só têm o nome igual ao original, entretanto contêm uma série de pares nome/valor, especificando elementos como a data em que a página foi modificada pela última vez, quem modificou, etc.

_vti_txt/ — Contém índices de texto para o componente FrontPage Search WebBot.

_vti_pvt/ — Contém outras informações de FrontPage, tais como a lista de dependências e Webs filhas.

_vti_log/ — Contém arquivos de registro, se registros de autoria estiverem habilitados.

images/ — Permite armazenar todas as imagens de seu *site* neste diretório, se você quiser fazê-lo.

Um diretório virtual chamado _vti_bin/ contém executáveis (DLLs) usados pelo FrontPage com objetivos de administração e autoria. Este diretório aponta para um diretório centralizado, que todas as FrontPage Webs costumam localizar em C:\Program Files\Common Files\Microsoft Shared\Web Server Extensions\40\isapi.

Agora que o administrador criou um novo servidor virtual com uma FrontPage root Web no servidor IIS, usamos o MMC para iniciar o servidor virtual. Podemos então ir para a estação com o FrontPage instalado, conectar a esta nova FrontPage Web que criamos, e atualizá-la com novo conteúdo.

Execute o logon na estação cliente como um usuário com permissão de *author* e *browser (autoria e navegação)* e inicie o FrontPage. A partir do menu File, selecione Open Web. Uma caixa de diálogo aparecerá (veja a Figura 6-8). Digite o endereço IP (ou nome de domínio, se DNS estiver habilitado) do servidor virtual ao qual você deseja se conectar (neste caso, 192.168.0.54 de MySite) e clique em Open para abrir a FrontPage Web.

Para criar algum conteúdo para este Web *site*, criaremos uma nova Web usando um assistente e acrescentando o conteúdo resultante à Root Web existente. Selecione File, New, Web para abrir a caixa de diálogo New FrontPage Web (veja a Figura 6-9). Selecione o Corporate Presence Wizard (Presença de assistente corporativo), marque Add to Current Web na caixa de verificação e clique em OK para iniciar o Corporate Presence Web Wizard (veja a Figura 6-10). Siga as etapas do assistente, fazendo as seleções pertinentes para personalizar o *site*, se desejado, e clique em Finish na última etapa. O FrontPage automaticamente criará um Web *site* corporativo básico.

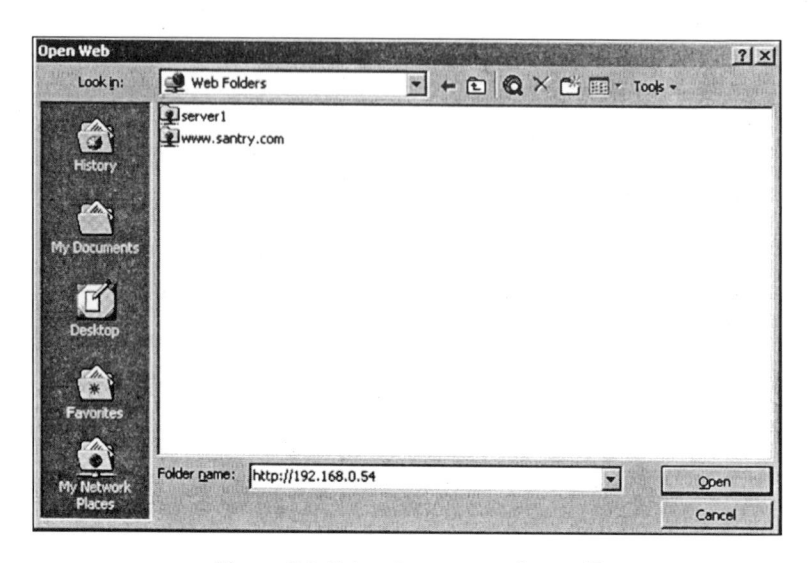

Figura 6-8 Entrando com o endereço IP
da recém-criada FrontPage Web

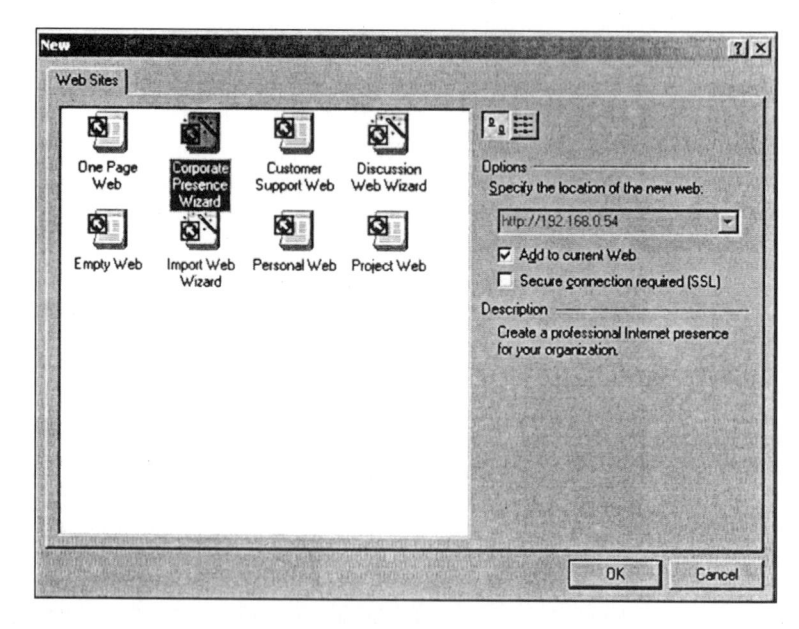

Figura 6-9 Acréscimo de conteúdo
a uma Web existente usando um assistente

Capítulo 6 - Administrando conteúdo   **185**

O FrontPage exibe as várias páginas que formam seu recém-criado Web *site*. Explore as diversas visualizações do seu *site* usando a barra Views à esquerda. A Figura 6-11 mostra o *site* na visualização Folder, mas outras visualizações permitem que você examine a estrutura de navegação do *site*, veja a posição dos *hyperlinks*, corrija *links* partidos e assim por diante.

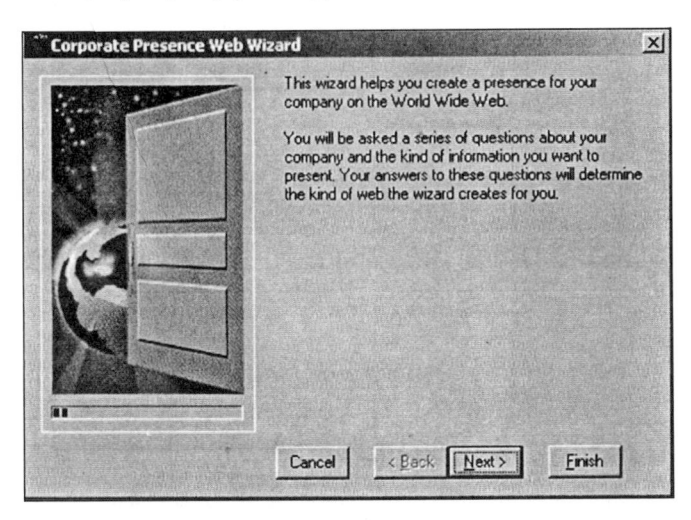

***Figura 6-10** O Corporate Presence Web Wizard ajuda você a criar um Web site de aspecto profissional*

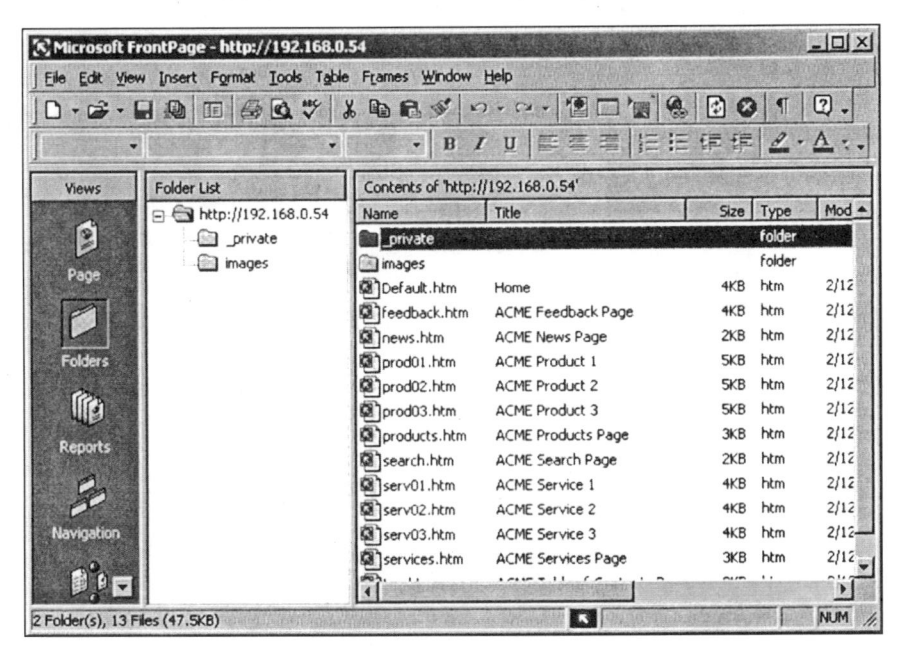

***Figura 6-11** O site MySite Web, criado com o FrontPage 2000*

A esta altura, você pode querer acrescentar gráficos ao seu Web *site*, selecionando e aplicando um dos *themes (temas)* disponíveis. Estes temas são gabaritos de projeto que especificam o *layout* e o aspecto gráfico de todas as páginas em seu *site*. Um tema pode ser mudado em qualquer ocasião, com alguns cliques do mouse. Seu Web *site* nunca precisará parecer antiquado e cansativo, pois ele pode ser atualizado a qualquer momento.

A partir do menu Format (Formato), selecione Themes (Temas). Escolha um tema da caixa de diálogo Themes (uma visualização será mostrada para cada tema no qual você clicar). Selecione se você deseja usar cores vivas, acrescentar gráficos ativos ou imagem de fundo, e clique em OK (veja a Figura 6-12).

Como uma etapa final, veja seu novo Web *site* usando um *browser (navegador)*, por exemplo, o Internet Explorer (veja a Figura 6-13). Se o *site* for para uso em uma intranet, examine o seu aspecto no *browser* definido como padrão da empresa. Em se tratando de um Web *site* para a Internet, veja-o no Internet Explorer e no Netscape Navigator, usando ambas as versões do software, a atual e a mais antiga. Isto garantirá que quem quer que veja seu *site* verá o que você espera que seja visto.

Como criar conteúdo da Web com Microsoft Office

O Microsoft Office também é uma poderosa plataforma de desenvolvimento de conteúdo para Web *sites*. O Office 2000 vem com funcionalidade HTML interna, permitindo que você tanto crie facilmente novas páginas da Web, quanto converta documentos legados para HTML a fim de possibilitar acesso universal aos mesmos.

Páginas da Web representam um tipo de formato de documento universal, pois uma página da Web criada em uma máquina pode ser vista em qualquer outra máquina equipada com um *browser*. *Browsers* estão disponíveis para todas as plataformas, constituindo um tipo de *software-cliente universal*.

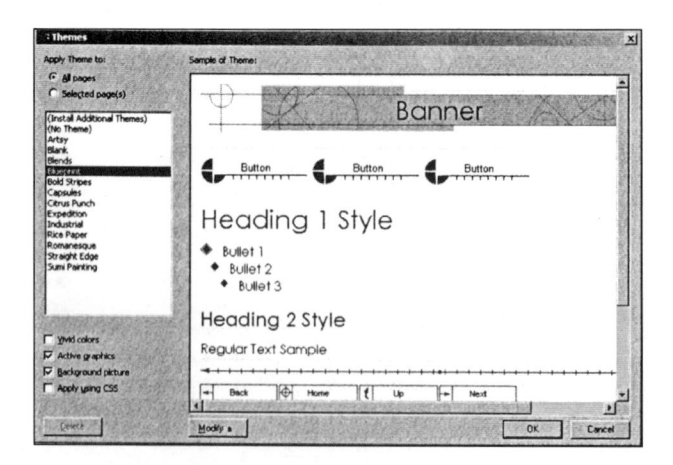

Figura 6-12 Aplicação de um tema a seu Web site *para melhorar sua aparência*

Capítulo 6 - Administrando conteúdo

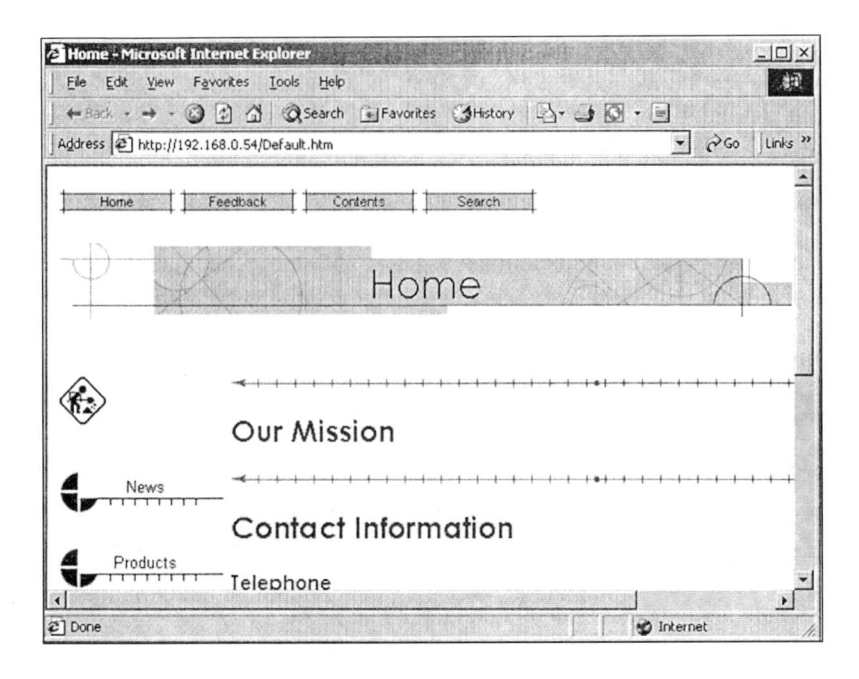

Figura 6-13 *O Web* site *final de MySite.*
Tudo o que ele precisa é o acréscimo do verdadeiro conteúdo!

Suítes Office, tal como o Microsoft Office, por outro lado, constituem um tipo de sistema de publicação de documentos legados. Para ver um documento Word ou Excel produzido em uma máquina, a estação precisa ter instaladas ou versões completas do Microsoft Word ou Excel, *ou* visualizadores especiais, apenas de leitura, dos mesmos Word ou Excel.

Se seu Web *site* conterá grande quantidade de documentos legados (documentos Word, Excel ou PowerPoint), você tem duas opções para exibi-los:

- Converter os documentos legados para HTML, usando o Office 2000;
- Garantir que as estações que precisam folhear seu *site* tenham Microsoft Office instalado nelas ou, pelo menos, visualizadores Office apenas de leitura instalados.

Se você não puder controlar os softwares que suas máquinas-cliente terão instalados (o que normalmente é o caso dos *sites* da Internet), a primeira opção pode ser a única viável a ser seguida. Usar a opção de salvar o documento como uma página da Web permite que usuários do Internet Explorer 5 vejam o documento exatamente no estado em que ele estava ao ser criado no Word. O Office 2000 usa uma combinação de XML e Cascading Style Sheets para armazenar as informações de documento, o que permite que ele seja exibido no IE exatamente da forma com que se parecia ao ser criado no Office 2000. Usar esta opção de salvar o documento como uma página da Web dá a uma empresa a vantagem de poder usar o recurso *Web Distributed Authoring and Versioning* (WebDAV — Produção de Conteúdo e Controle de Versão Distribuídos pela Web), que será discutido mais adiante, neste capítulo.

Outra opção é salvar o documento em seu formato original. Se todas as estações estiverem equipadas com Microsoft Office ou visualizadores Office, elas podem abrir uma cópia apenas de leitura do documento. Para *sites* de intranet, tais padrões podem ser aplicados por toda a empresa. Em *sites* para a Internet, sua melhor aposta pode ser salvar os documentos em HTML ou, pelo menos, fornecer aos usuários a opção de baixar o visualizador adequado.

A Figura 6-14 exibe o resultado de navegar pelo documento personal.doc usando o Internet Explorer 5, quando a máquina-cliente também tem o Office 2000 instalado. O resultado é que o aplicativo Word abre-se dentro da janela do *browser*, permitindo aos usuários verem e editarem documentos, enquanto permanecem dentro dos limites da janela do *browser*.

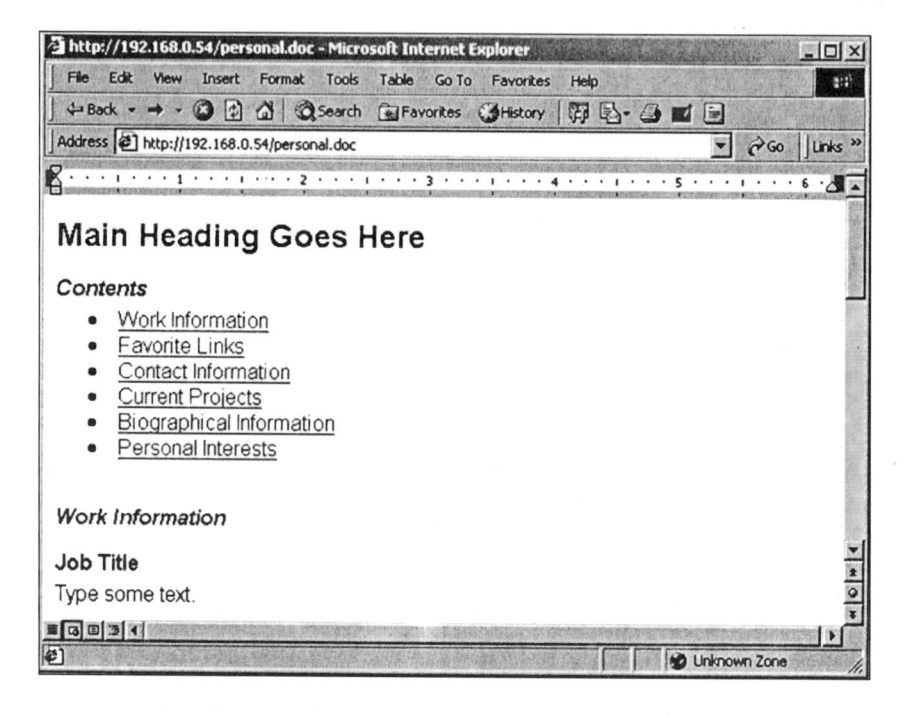

Figura 6-14 Visualização de um documento Word no IE 5 em um computador com o Office 2000 instalado

Capítulo 6 - Administrando conteúdo   **189**

WebDAV — Web Distributed Authoring and Versioning (Produção de Conteúdo e Controle de Versão Distribuídos pela Web)

Usando o Office 2000 e o Internet Explorer 5.0, você pode usufruir do WebDAV. WebDAV é um conjunto de extensões ao HTTP que permite o desenvolvimento participativo e a autoria na Web. WebDAV possibilita que você veja pastas e arquivos em um servidor da Web através do Windows Explorer (veja a Figura 6-15) e edite documentos como se eles estivessem em seu sistema ou unidade de rede. São as seguintes as exigências para usar WebDAV:

- Internet Explorer 5;
- IIS 4 ou superior;
- Extensões FrontPage.

A Figura 6-15 mostra o Windows Explorer. Sob o nó My Network Places (Meus locais de rede) estão mapas de servidores da Web que foram previamente conectados com sucesso. Você pode expandir a raiz da Web, neste caso o endereço IP, e ver documentos e diretórios contidos no servidor da Web. Você pode abrir documentos diretamente, copiar, mover e apagar documentos, como se eles estivessem em uma rede ou unidade local.

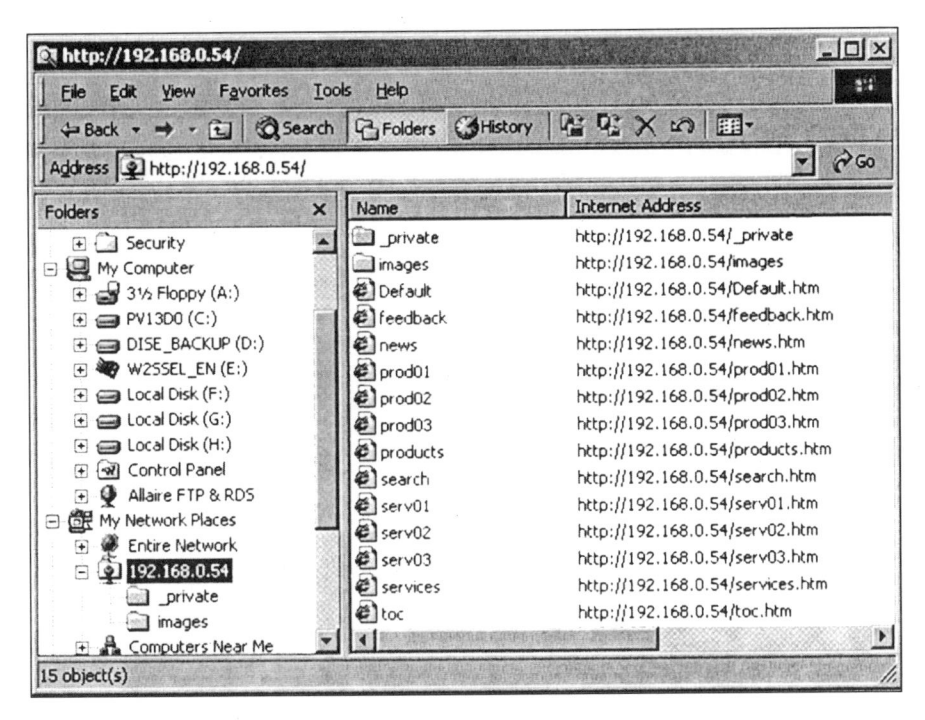

Figura 6-15 Visualização de uma estrutura de Web site usando Windows Explorer através do WebDAV

O WebDAV permite a usuários usar as ferramentas familiares do Office 2000 para editar conteúdo diretamente no Web *site* usando HTTP. Um autor pode digitar o URL do documento e depois abri-lo para editar, clicando no ícone Edit, no Internet Explorer. O Internet Explorer é inteligente o suficiente para abrir o documento no mesmo aplicativo no qual ele foi criado. O IE exibirá, na barra de ferramentas, o ícone do aplicativo que criou o documento. Clique no ícone para abrir o documento no aplicativo, para edição. O autor pode, então, salvar as mudanças do documento diretamente em seu lugar.

Para saber mais sobre o WebDAV, consulte o Windows 2000 Resource Kit.

Como apresentar um Web *site* a partir de um banco de dados

Como outro exemplo do poder das ferramentas Microsoft para criar conteúdo para a Web, apresentamos o guia a seguir, que ilustra a facilidade de uso do Microsoft Access 2000 para criar Active Server Pages que se conectam a um banco de dados Access e exibem conteúdo a partir dele.

Integrar bancos de dados relacionais em seu Web *site* pode ser feito de duas maneiras básicas:

- O método *push* (empurrar), através do qual o banco de dados gera automaticamente páginas HTML estáticas de maneira periódica, ou cada vez que determinada quantidade de informações é atualizada no banco de dados. O método *push* é útil para bancos de dados que se alteram com pouca freqüência. As páginas HTML estáticas geradas podem representar dados em tabelas, resultados de consultas e assim por diante. Um bom exemplo deste método é o Assistente SQL Server Web, uma ferramenta para apresentação de conteúdo HTML estático a partir de um banco de dados SQL;

- O método *pull* (puxar), que envolve o uso de Active Server Pages ou algum outro mecanismo para gerar, dinamicamente, conteúdo de banco de dados cada vez que a página é acessada. Este método é mais útil quando as informações de banco de dados mudam freqüentemente, ou no caso de a maioria das informações atuais precisarem ser acessadas sempre. Um exemplo do modelo *pull* é criar Active Server Pages para consultar um banco de dados Access, exportando o banco de dados para ASP.

Estes dois métodos usam o mecanismo ODBC — Open Database Connectivity, que pode ser usado para acessar dados a partir de quase qualquer banco de dados comercial relacional.

Capítulo 6 - Administrando conteúdo   **191**

Guia — Como exportar um banco de dados Access 2000 para Active Server Pages

O guia que apresentamos a seguir mostra como usar Access 2000 para criar Active Server Pages dinâmicos que apresentam informações a partir de um banco de dados Access ao servidor virtual, MySite, anteriormente criado. Access é adequado para grupos de trabalho quando apenas algumas dezenas de usuários estão consultando o banco de dados, ao passo que SQL Server é adequado para aplicativos de banco de dados Web para empresas. O Access 2000 permite que você exporte para um banco de dados usando os métodos push ou pull. Examinaremos o método pull.

Inicie o Microsoft Access 2000 e use um banco de dados existente ou crie um novo, usando o New Database Wizard. O banco de dados mostrado na Figura 6-16 foi criado usando o gabarito Ledger (Livro-razão) no New Database Wizard; ele foi preenchido com exemplos de dados criados pelo assistente. Este banco de dados é chamado Ledger1.mdb e está localizado no diretório pessoal do Web *site* MySite no servidor IIS; isto é, no diretório C:\MySiteHome, que é compartilhado na rede como \\SERVER1\MySiteHome.

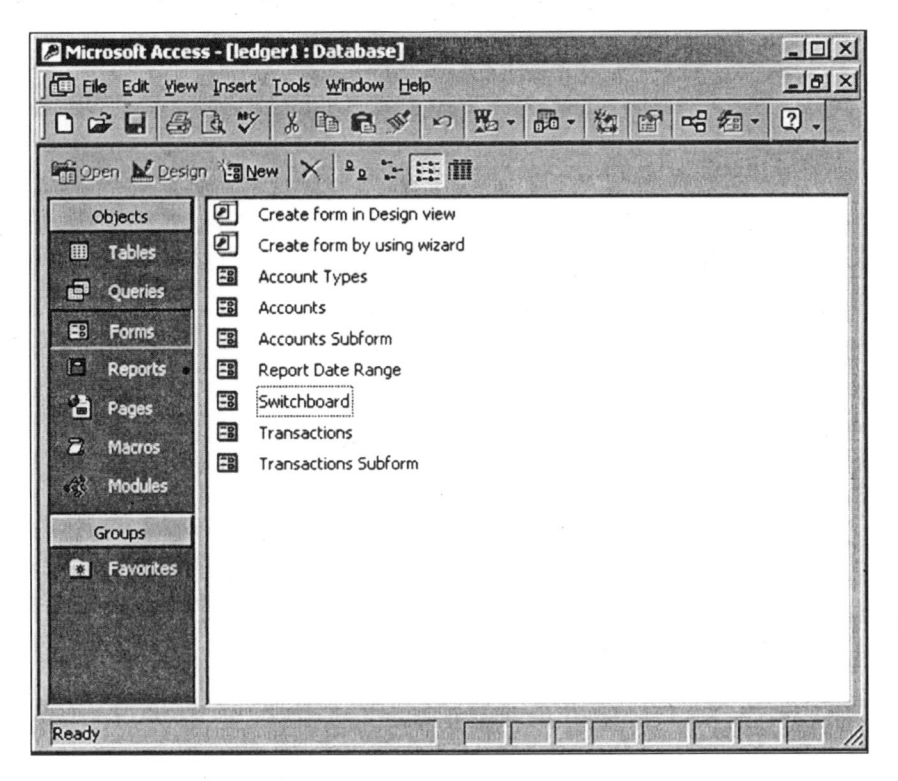

Figura 6-16 Um banco de dados chamado Ledger1.mdb criado com o Access 2000

A partir do menu File, selecione Export para abrir a caixa de diálogo Export Table (Exportar tabela) (veja a Figura 6-17). A seguir, precisamos especificar onde queremos apresentar o banco de dados; isto é, em qual diretório local ou rede compartilhada queremos que as Active Server Pages geradas sejam colocadas. Neste exemplo, conforme apresentado na Figura 6-17, decidimos mostrar as páginas no diretório onde o próprio banco de dados está localizado: no diretório pessoal do Web *site* MySite, no servidor IIS em C:\MySiteHome, que é compartilhado na rede como \\SERVER1\MySiteHome.

A partir do menu *drop-down* Save as Type, selecione a opção Microsoft Active Server Pages (.asp) e clique no botão Save. Isto trará para o primeiro plano a caixa de diálogo Output Options (Opções de saída) (veja a Figura 6-18).

Nesta caixa de diálogo (veja a Figura 6-18), você pode selecionar um gabarito que será aplicado às suas páginas da Web dinamicamente geradas, para acrescentar formatação e aperfeiçoar sua aparência. Se você decidir escolher um gabarito, primeiro deve copiá-lo para onde seu banco de dados será localizado (isto é, copiar o gabarito no diretório base de seu Web *site* no servidor IIS, se aí você colocar o banco de dados). Neste guia não é especificado nenhum gabarito.

Para que seu servidor se conecte com o banco de dados Access que você deseja publicar, você precisará especificar um DSN (*Data Source Name*) para ODBC.

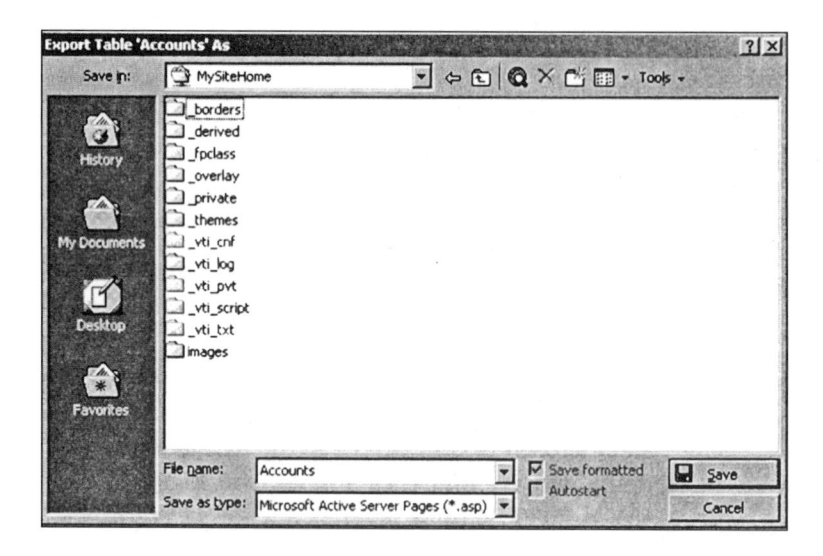

Figura 6-17 Exportação da tabela de banco de dados para uma Active Server Page

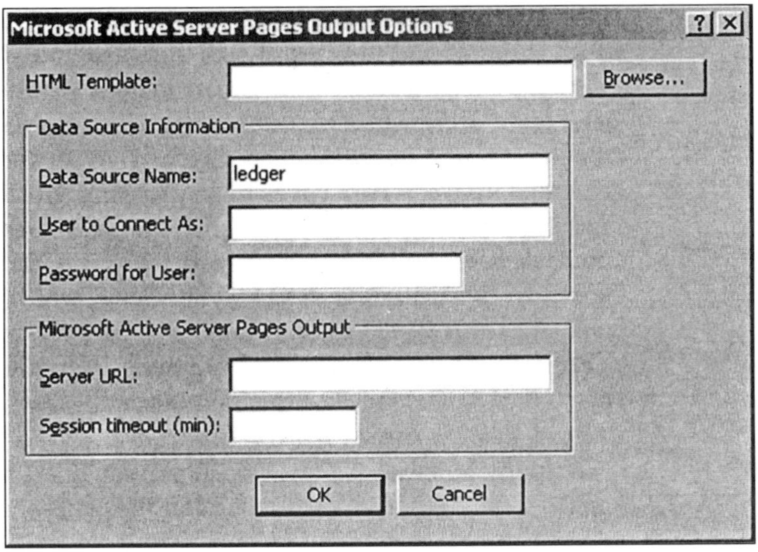

Capítulo 6 - Administrando conteúdo

Figura 6-18 *Especificação de opções para exportar o Active Server Page*

Neste exemplo, o banco de dados é chamado Ledger1.mdb, e o nome da fonte de dados selecionado para representá-lo na rede é *ledger* (veja a Figura 6-18). A opção mais simples é estabelecer isto como um *System DSN* (uma conta de usuário e senha podem ser necessárias) para que a fonte dos dados seja visível a todos os usuários na máquina onde a fonte dos dados é definida (isto será feito mais tarde). Clique no botão OK para fechar esta caixa de diálogo e criar o arquivo.

A Figura 6-19 mostra o conteúdo do Web *site* MySite no Microsoft Management Console (você pode ter que selecionar Refresh no menu *drop-down* Action para obter esta visualização). Observe os seguintes arquivos:

- Ledger1.mdb (o próprio banco de dados — o arquivo Ledger1.ldb é um artefato do arquivo de banco de dados sendo aberto no Access 2000);
- Accounts.asp (o Active Server Page que gera uma página da Web com o conteúdo atual da tabela Accounts).

De fato, antes de podermos navegar pela Active Server Page, primeiro precisamos definir o DSN de sistema do banco de dados em ODBC. Abra as páginas de propriedades do ODBC Data Source Administrator (veja a Figura 6-2), selecionando Start, Programs, Administrative Tools, Data Sources (ODBC). Selecione a guia System DSN e clique em Add. A caixa New Data Source aparece. Selecione o Microsoft Access Driver como o *driver* de banco de dados a ser usado para se conectar com seu banco de dados e clique em Finish (veja a Figura 6-21). A caixa de diálogo ODBC Microsoft Access 2000 Setup aparece. Entre com *member* como Data Source Name (veja a Figura 6-22). Depois, clique em Select e navegue até localizar o banco de dados Ledger1.mdb no diretório base C:\MySiteHome.

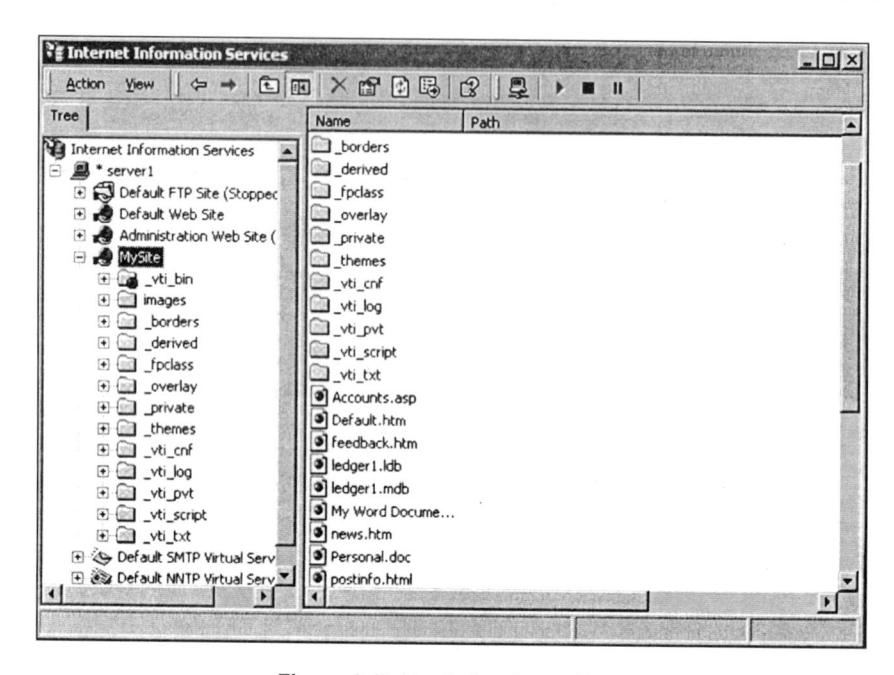

Figura 6-19 Um Active Server Page
foi adicionado ao Web site MySite

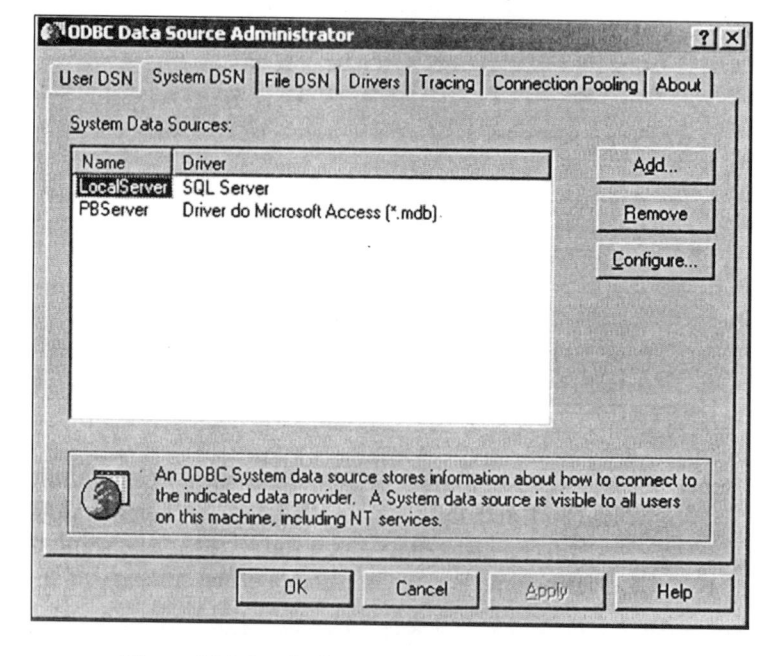

Figura 6-20 A guia System DSN no gerenciador ODBC

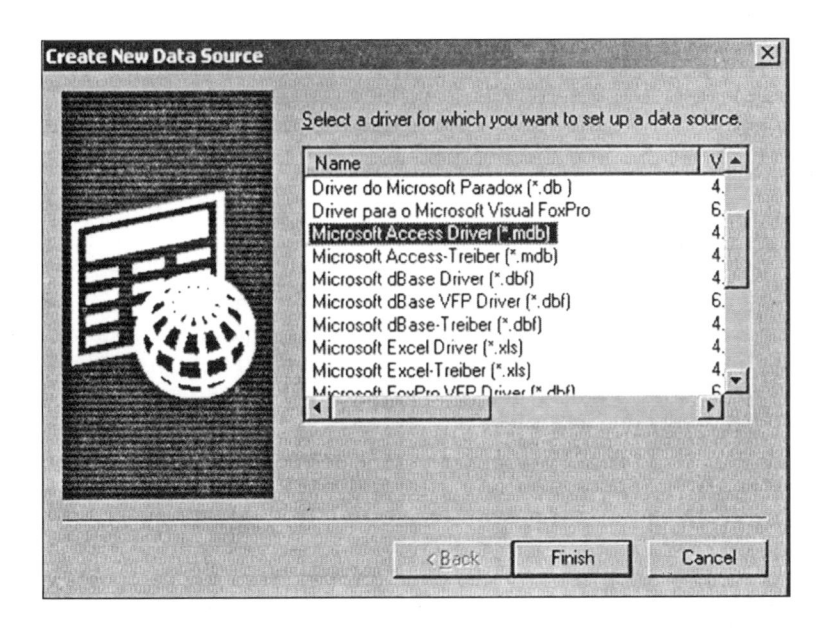

Figura 6-21 Seleção de Microsoft Access Driver

Figura 6-22 Dê um nome de fonte de dados
ao seu banco de dados

Neste ponto, você também pode criar um novo banco de dados, compactar ou corrigir um previamente existente. Para uma explicação de outras opções, veja o arquivo de ajuda do ODBC.

Ao navegar para selecionar seu banco de dados, você também pode especificar as seguintes opções, clicando na caixa de verificação apropriada:

- Modo de leitura;
- Modo exclusivo.

Selecione o banco de dados Ledger1.mdb e clique em OK para encerrar (veja a Figura 6-23).

Finalmente, você está pronto para testar a Active Server Page, para ver se ela consulta dinamicamente o banco de dados em busca de suas informações. Assegure-se de que o diretório base MySite tenha ambas as permissões, de leitura e *script* em IIS (marque a página de propriedades MySite no MMC), pois estas permissões são exigidas para executar adequadamente as Active Server Pages.

No MMC, clique com o botão direito do mouse no arquivo Accounts.asp e selecione Browse no menu de atalho. Isto abrirá o Internet Explorer e executará o *script* na página, levando-a a retornar o conteúdo atual da tabela Payment para o *browser* Web (veja a Figura 6-24).

Resumo

Neste capítulo, discutimos gerenciamento de conteúdo em ambientes intranet e Internet. Também cobrimos ferramentas do Microsoft Office para editar documentos e manter conteúdo. Discutimos o uso de WebDAV para capacidades ampliadas de autoria e gerenciamento de documento remotos. Este capítulo também contém informações sobre FrontPage 2000 para aqueles que procuram ferramentas mais poderosas de gerenciamento e edição de *sites*. Muitos outros recursos de Office 2000 podem permitir gerenciamento de conteúdo para empresas; consulte a documentação do Office 2000 para obter uma cobertura completa do que o Office 2000 pode oferecer.

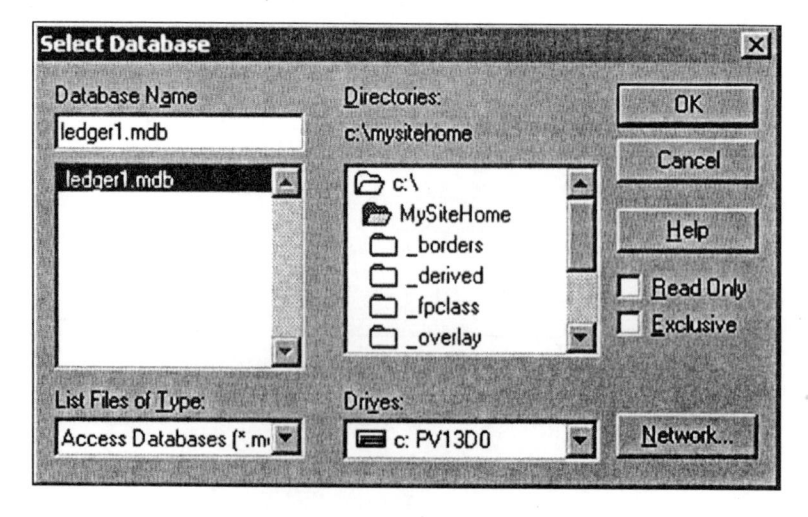

Figura 6-23 Mapa do arquivo de banco de dados para o Sistema DSN

Capítulo 6 - Administrando conteúdo

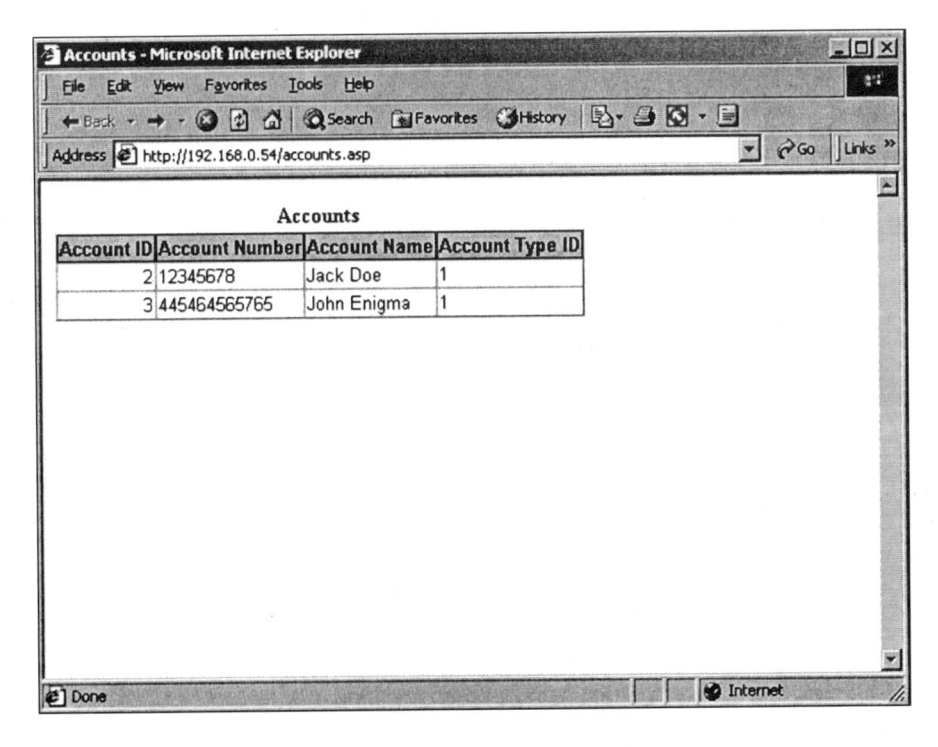

Figura 6-24 Resultados de execução de Accounts.asp

Para mais informações

Para mais informações sobre administração de conteúdo de Web *sites*, veja os seguintes recursos na Internet.

Microsoft Web site

Para uma excelente fonte de informações sobre todos os aspectos de FrontPage 2000, visite

`www.microsoft.com/frontpage`

Microsoft Public Newsgroups

Aspectos do Microsoft FrontPage são discutidos nos *newsgroups*

`microsoft.public.frontpage.*`

O Microsoft Access tem um grande número de diferentes *newsgroups*:

`Microsoft.public.access.*`

Baixe ou instale o Microsoft Office 2000 60 Minute Intranet Kit (Conjunto de 60 minutos de intranet Miscrosoft Office 2000). Isto oferece suporte para extensões Office Server para colaboração e e-mail direcionado.

`www.microsoft.com/office/intranet`

Microsoft TechNet

TechNet tem manuais do FrontPage 2000 localizados em

`Desktop Applications, MS FrontPage, FrontPage Manuals`

O FrontPage 2000 Server Extensions Resource Kit também se encontra incluído em

`Desktop Applications, MS FrontPage, Resource Kit`

Capítulo **7**

Como administrar clientes

Introdução

Administrar o Internet Information Services 5.0 é apenas metade da batalha para o administrador de rede; a outra metade é administrar o software-cliente do usuário final. No Capítulo 6, consideramos a administração de ferramentas de criação de conteúdo de usuário final; neste capítulo, examinamos a administração do software do *browser*-cliente. Depois de terminar este capítulo, você terá um entendimento básico de como instalar, configurar e gerenciar o Microsoft Internet Explorer 5.0 (IE 5.) usando o IEAK — Interne*t* Explorer Administration Kit. Em especial, veremos:

- Os recursos básicos e a funcionalidade de Internet Explorer 5.0;
- As opções de configuração de segurança IE 5.0;
- O processo IE 5.0 Active Setup;
- Como usar o IEAK para criar pacotes personalizados;
- A distribuição de pacotes IEAK personalizados aos clientes.

O que é o Internet Explorer 5.0?

O Internet Explorer 5.0 é a mais recente versão da Microsoft de seu premiado software de *browser* de cliente. O IE 5.0 inclui uma série de componentes *add-on* para ampliar a funcionalidade do cliente em ambos os ambientes, Internet e intranet:

- *Add-ons* de comunicação — NetMeeting, Outlook Express, Chat;
- *Add-ons* de multimídia — NetShow, VRML Viewer, Media Player e mais;
- *Add-ons* de autoria — FrontPage Express, Web Publishing Wizard;
- Melhorias adicionais: Microsoft Wallet, Task Scheduler, Web Fonts, suporte para Compressed HTML, fornecido por IIS 5.0, Digested Security (IIS 5.0);
- Suporte a vários idiomas.

Por que usar Internet Explorer 5.0?

Em uma rede corporativa, é razoavelmente simples padronizar estações com o IE 5.0. O Internet Explorer 5.0 é instalado por default nas estações Windows 2000. Você também pode usar o Internet Explorer Administrative Kit para obter uma versão personalizada do IE 5.0 para seus clientes Windows 2000. Seu IE 5.0 personalizado gravará por cima dos ajustes que existem na instalação inicial de Windows 2000. Você também pode usar o IE 5.0 personalizado para empregar no legado NT e também em clientes Windows 95/98. A administração de estações é simplificada com uso do Microsoft Internet Explorer Administration Kit, descrito mais adiante neste capítulo.

Em um ambiente público, de Internet, os usuários devem ser instruídos a fazerem *upgrade* para o IE 5.0 para aumentarem sua experiência de navegação e desfrutarem dos benefícios dos *sites* hospedados pelo IIS 5.0.

Como entender e configurar a segurança do Internet Explorer 5.0

Para usar o Internet Explorer 5.0 em um ambiente corporativo (e usá-lo eficientemente em um ambiente de Internet), é essencial entender a segurança do Internet Explorer. A segurança do Internet Explorer 5.0 pode ser controlada através de:

- Zonas de segurança;
- Certificados de *site*;
- Opções de ajustes de segurança.

Neste capítulo, consideraremos zonas de segurança e opções de ajustes; certificados de *site* serão tratados no Capítulo 11.

Como configurar zonas de segurança no IE 5.0

O Internet Explorer 5.0 permite que você atribua Web *sites* particulares para zonas específicas. Uma *zona* é um ajuste de segurança que controla acesso a um grupo específico de Web *sites*. Quando o Internet Explorer 5.0 é instalado, ele cria quatro zonas de segurança diferentes:

- Zona intranet local — contém todos os Web *sites* na intranet de sua empresa (LAN) e quaisquer *sites* específicos que você deseja acrescentar. Ou, sob outro ângulo, ele contém todos os Web *sites* que não exigem um servidor *proxy* para acessá-los. Usando o Internet Explorer Administration Kit, que é descrito mais adiante neste capítulo, um administrador pode definir quais *sites* devem ser incluídos nesta zona;
- Zona de *sites* confiáveis — que contém quaisquer *sites* específicos, nos quais você confia e que deseja acrescentar;
- Zona Internet — contém todos os *sites* Internet; isto é, nada na estação local, nem na rede local, e não atribuída a qualquer outra zona;
- Zona de *sites* restritos — contém quaisquer *sites* específicos nos quais você não confia e que deseja acrescentar.

Cada uma destas quatro zonas pode ser configurada em um dos seguintes níveis de segurança:

- *Segurança alta* — todo conteúdo que possa danificar o sistema cliente é excluído;
- *Segurança média* — o usuário é avisado antes que seja executado o conteúdo que pode danificar o sistema-cliente. Controles *unsigned* (não assinados) não serão baixados na estação local;
- *Segurança baixa-média* — igual à segurança média, mas sem *prompts*. Controles *unsigned* não serão baixados na máquina local;
- *Segurança baixa* — qualquer conteúdo é executado sem aviso ou notificação ao usuário;
- *Segurança personalizada* — o ajuste de segurança para cada forma de conteúdo ativo é configurado como *prompt*, desabilitado ou habilitado.

Os ajustes default de segurança para as quatro zonas, quando o Internet Explorer 5.0 é instalado, são como descrevemos a seguir.

Zona de intranet local	Segurança média
Zona de *sites* confiáveis	Segurança baixa
Zona de Internet	Segurança média
Zona de *sites* restritos	Segurança alta

Para configurar zonas de segurança para o IE 5.0, vá ao Control Panel, clique em Internet Options e selecione a guia Security na página de propriedades Internet Options que aparece (veja a Figura 7-1). A partir desta página de propriedades, você pode acrescentar Web *sites* específicos para qualquer uma das quatro zonas, exceto a zona de Internet (que não pode ser configurada).

Por exemplo, vamos acrescentar um novo *site* à zona da intranet local (possivelmente um *site* externo, com um servidor *proxy* desabilitado para este *site*). Na guia Security, selecione Local Intranet e clique no botão Sites. A caixa de diálogo Local intranet zone aparece, perguntando se você deseja incluir nesta zona o seguinte:

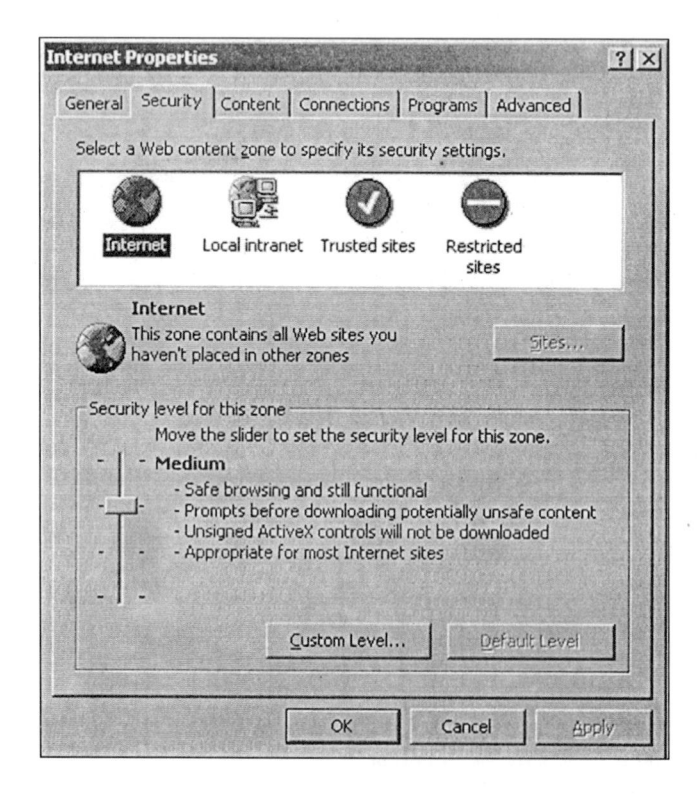

Figura 7-1 Acesso à configuração de zona de segurança no IE 5.0

- Todos os *sites* da intranet local não listados em outras zonas;
- Todos os *sites* que passaram pelo servidor *proxy*;
- Todos os caminhos de rede (usando caminhos UNC).

Capítulo 7 - Como administrar clientes   **203**

Por default, cada um dos três itens acima é marcado (veja a Figura 7-2). Clique em Advanced para abrir outra caixa de diálogo Local intranet zone (veja a Figura 7-3). Nesta nova caixa você pode:

- Especificar os Web *sites* que serão adicionados à zona da intranet local;
- Especificar, exigindo ou não, conexão a *sites* nesta zona usando HTTPS.

Entre com os Web *sites* que você deseja considerar como parte da zona da intranet local e clique em OK. Para configurar outras zonas, o procedimento é o mesmo.

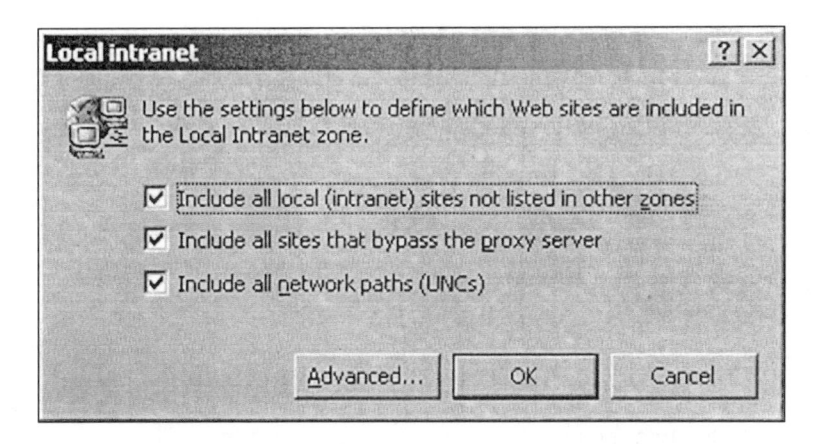

Figura 7-2 *Seleção do que incluir na zona da intranet local*

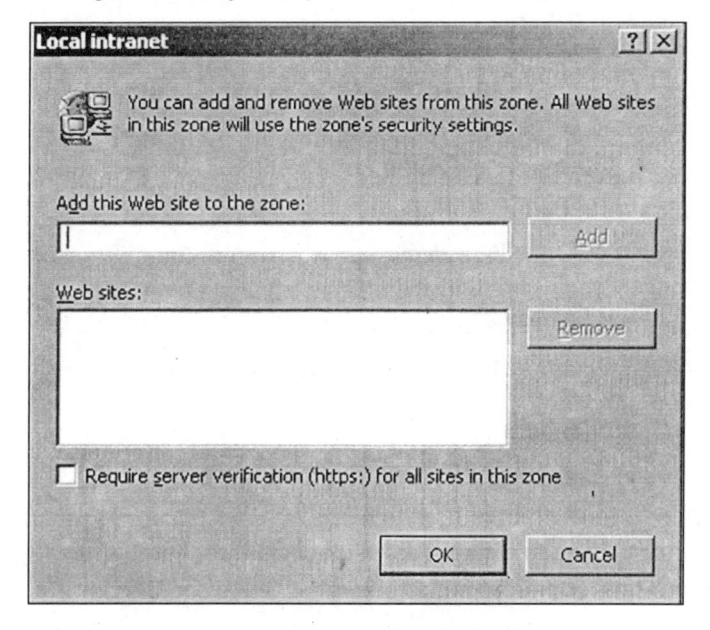

Figura 7-3 *Acréscimo de um Web* site *específico à zona da intranet local*

Como configurar opções de ajuste de segurança no IIS 5.0

O ajuste de segurança personalizado descrito acima permite a você habilitar, desabilitar ou prompt com relação a alguns aspectos de segurança. Para acessar estas opções de segurança, vá para Control Panel e abra o ícone Internet, selecione a guia Security e clique no botão Custom Level. As opções de segurança a seguir descritas podem ser configuradas.

- Configurar controles ActiveX e plug-ins:
    - Download de controles ActiveX *unsigned*;
    - Controles de script ActiveX marcados como seguros para *scripting*;
    - Inicializar e usar *script* de controles ActiveX não marcados como seguros;
    - Download de controles ActiveX *signed* (assinados);
    - Executar controles ActiveX e *plug-ins*.
- Configurar cookies:
    - Todos os *cookies* a serem armazenados em sua estação;
    - Todos os cookies em nível de sessão;
- Configurar download:
    - Download de arquivos;
    - Download de fontes.
- Configurar Java:
    - Permissões Java: alta, média, baixa, desabilitada ou personalizada.
- Configurações variadas:
    - Acesso a fontes de dados através de domínios;
    - Permissões de canal de software;
    - Iniciar a execução de aplicativos e arquivos em uma IFRAME;
    - Navegação em *subframes* através de domínios;
    - Instalação de itens de *desktop*;
    - Submeter formulário de dados não criptografado;
    - Persistência de dados de usuário;
    - *Drag and drop* (arrastar e largar) ou copiar e colar arquivos.
- Configurar *scripting*:
    - *Scripting* de *applets* Java;
    - Ativar scripting.
- Configurar autenticação de usuário (escolher um dos seguintes):
    - logon anônimo (desabilita a autenticação HTTP e utiliza conta convidada);
    - *Prompt* para nome de usuário e senha;

Capítulo 7 - Como administrar clientes   **205**

- Logon automático na zona da intranet (*prompt* para nome de usuário e senha em outras zonas);
- Logon automático com nome de usuário e senha atuais (Windows NT Challenge/ Response e Windows Integrated Authentication).

Outras opções de segurança também podem ser configuradas com a guia Advanced na página de propriedades Internet Options (Figura 7-4).

Como entender o Internet Explorer 5.0 Active Setup

Para administrar o Internet Explorer 5.0, precisamos de um conhecimento básico do processo Active Setup (Inicialização/configuração). A configuração do Internet Explorer 5.0 usa a tecnologia ActiveX, que é executada no computador cliente para oferecer um processo de configuração mais rápido, eficiente e modular. A Active Setup inclui recursos tais como a habilidade de configurar para reconectar à fonte de distribuição e voltar à configuração a partir do ponto em que ela foi interrompida. Ela também oferece informações detalhadas sobre o progresso da configuração, incluindo o tempo estimado para finalização.

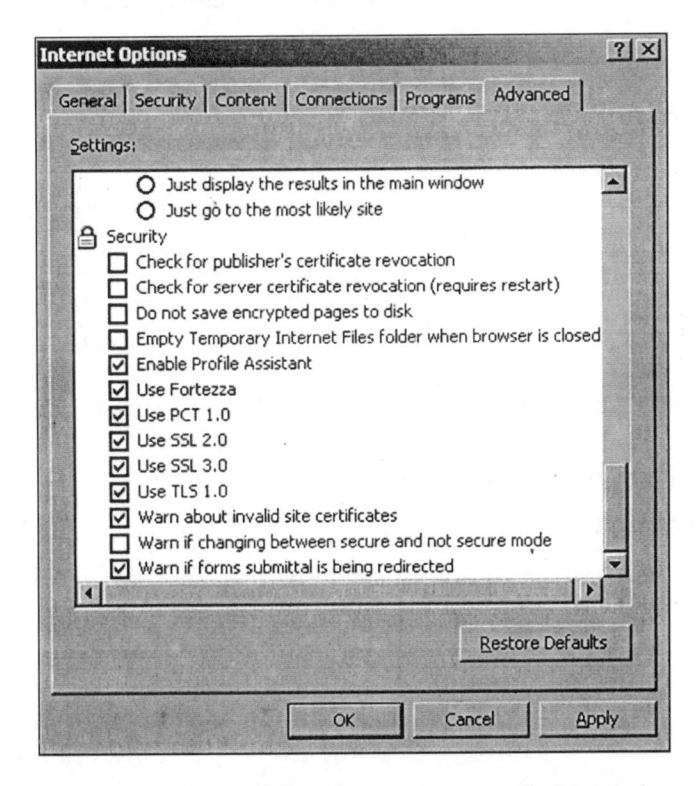

Figura 7-4 *Outros ajustes de segurança na guia Advanced da folha de propriedades Internet Options.*

O IE 5.0 Active Setup é iniciado pela execução do arquivo *self-extracting* (auto-extraído) IE5setup.exe. Este arquivo tem 505KB de tamanho e pode ser baixado pela Internet, copiado de um servidor de distribuição, fornecido por um CD de instalação ou mesmo distribuído em disquete.

O IE5setup.exe reúne as informações necessárias do cliente e depois baixa ou copia para o *drive* local apenas aqueles arquivos .cab que são necessários para instalar ou atualizar os componentes selecionados. Quando os arquivos .cab tiverem sido baixados, Active Setup encerra, e o tradicional ACME *engine setup* assume.

Como administrar clientes IE 5.0 usando o Internet Explorer Administration Kit

O IEAK — Internet Explorer Administration Kit é uma ferramenta destinada a auxiliar administradores a empregar e a suportar configurações personalizadas do Internet Explorer 5.0. O IEAK não está incluído como parte do sistema operacional Windows 2000, mas é uma ferramenta essencial para administradores salvando dados do IE 5.0 em intranets corporativas, ou ISPs que desejem oferecer *browsers*-clientes personalizados, pré-configurados. Nesta seção, veremos como planejar pacotes IE 5.0, criá-los e distribuí-los, usando o IEAK.

O que é o Internet Explorer Administration Kit?

O IEAK inclui as seguintes ferramentas:

- IEAK Wizard — permite a administradores criar pacotes personalizados para instalações IE 5.0;
- IEAK Profile Manager — permite a administradores fazerem a manutenção de clientes IE 5.0, configurando opções de usuário a partir de um local centralizado;
- Connection Manager Administration Kit — permite a personalização de ajustes de conexão de usuários;
- IEAK Help — fornece instruções sobre como usar o IEAK efetivamente.

Usos do Internet Explorer Administration Kit

O IEAK pode ser usado de diferentes maneiras, dependendo se você é administrador de uma intranet corporativa, um provedor de conteúdo de Internet ou um provedor de serviços de Internet.

Capítulo 7 - Como administrar clientes

Administradores de intranet corporativa — Administradores de intranet corporativa podem usar o IEAK para realizar instalações personalizadas do IE 5.0 intervenção manual, para atender às necessidades específicas da empresas. Os administradores podem:

- Salvar dados de *browsers* IE 5.0 com Search, Favorites, Start Page, barra de título e logomarca personalizados;
- Pré-configurar ajustes de segurança para o IE 5.0, incluindo zonas de segurança, classificação de conteúdo, ajustes *proxy* e certificados;
- Personalizar a configuração para incluir componentes opcionais, incluindo componentes de terceiros personalizados;
- Configurar múltiplos servidores de distribuição para equilibrar carregamento;
- Fazer instalações silenciosas (não assistidas);
- Aplicar políticas de sistema e outras restrições durante a instalação.

Provedores de serviço de Internet — Os ISPs — Internet Service Providers podem usar o IEAK para criar pacotes de instalação personalizada do IE 5.0 para clientes Internet. Os ISPs podem:

- Criar pacotes de instalação que incluem componentes de software de terceiros agrupados;
- Definir o idioma da versão do IE 5.0 que será instalada;
- Personalizar o IE 5.0 com Search, Start, Favorites, páginas de suporte, logomarca e título;
- Criar pacotes de registro para novos clientes e pacotes de atualização para clientes atuais;
- Usar o logotipo do IE 5.0 em seus pacotes de material, conforme acordo de licenciamento.

Provedores de conteúdo para Internet — Os ICPs — Internet Content Providers podem usar o IEAK para criar pacotes de instalação do IE 5.0 similares aos dos provedores de serviço de Internet. Além disso, ICPs podem fazer a distribuição automática de softwares através da Internet.

Como obter e instalar o IEAK

O IEAK pode ser baixado a partir do Web *site* protegido

`http://www.microsoft.com/windows/ieak/`

Para fazer o *download* do IEAK a partir deste *site*, siga as etapas indicadas.

1. Registre seu nome e o nome de sua empresa no banco de dados IEAK. Clique na imagem Get the IEAK no lado esquerdo da página, selecione New Registration e complete o formulário de registro. Inclua seu endereço de e-mail. Passadas algumas horas após ter completado o registro, você receberá, por e-mail, uma senha para o *site*.

2. Quando receber sua senha, entre com seu endereço de e-mail e senha na caixa de logon. Ao ser admitido no *site*, você precisará selecionar uma das seguintes opções, descrevendo como você pretende distribuir o IE 5.0:
   - Para clientes de fora da empresa;
   - Para empregados da empresa dentro de sua organização;
   - Para atender a exigências especiais (*browser* de 128-bits, rede *dial-up*).

   Selecione sua opção de distribuição e clique em Next, para ler o acordo de licenciamento.

3. Leia cuidadosamente o acordo de licenciamento. Se você concordar, clique no *link* Sign a License and Distribution Agreement. Quando você clicar no *link*, um e-mail lhe será imediatamente enviado, contendo outra senha, chamada de *customization keycode* (código-chave de personalização). Este código-chave vai habilitá-lo como um usuário IEAK autorizado. Você precisará dele para executar sua cópia de IEAK, portanto assegure-se de imprimi-lo e guardá-lo em local seguro. Você também deve imprimir e manter uma cópia de seu acordo de licenciamento.

4. Baixe a versão de linguagem de IEAK de sua escolha, clicando no *link* Get Internet Explorer Administration Kit. Você também pode comprá-lo em CD a um custo nominal.

5. Pelo acordo de licenciamento, você precisa enviar relatórios trimestrais à Microsoft, sobre as licenças que você distribui a clientes.

Como se preparar para usar o IEAK em um ambiente corporativo

Comece tomando conhecimento dos requisitos para instalar o IEAK:
- Windows NT 4.0 Server (versão 3 ou superior) ou Windows NT 4.0 Workstation; Windows 95/98; ou Windows 2000 (todas as versões);
- Espaço em disco acima de 100MB, dependendo do tipo de instalação selecionada (padrão, ampliada ou total). Se você selecionar vários tipos de instalação (CD, plano ou baixar), você pode precisar 100MB adicionais para cada tipo;
- Internet Explorer 5.0 instalado no sistema para baixar o IEAK.

Além disso, você deve reunir todas as informações necessárias e arquivos personalizados adicionais antes de executar o IEAK. Isto deve incluir o seguinte:
- Criar quaisquer *bitmaps* personalizados que você deseja usar para personalizar o *browser* e colocá-los em uma pasta no servidor de distribuição;
- Planejar seu método de distribuição do pacote personalizado IEAK (a partir da Internet, de um servidor de distribuição ou de um CD ou disquete);
- Obter um certificado digital de uma Certificate Authority e assinar seus arquivos *cabinet* e arquivos personalizados, se necessário, devido aos ajustes de segurança do *browser*;
- Coletar URLs para a página Start, Favoritos e páginas de suporte dos usuários;

Capítulo 7 - Como administrar clientes **209**

- Planejar quais os tipos de ajustes de segurança você deseja implementar nos *browsers*;
- Planejar como você deseja configurar o Windows Desktop Upgrade.

Guia — Como usar o IEAK para criar um pacote

O guia a seguir mostra como usar o IEAK Wizard para criar pacotes personalizados com os objetivos de distribuir e instalar o IE 5.0 em um ambiente de intranet corporativa. Para uso em um ambiente de provedor de serviços de Internet, consulte a documentação *online* do IEAK.

O IEAK Wizard se executa através de uma série de cinco estágios. Cada estágio apresenta diversas etapas. Para iniciar o IEAK Wizard, clique em Start, Programs, Microsoft IEAK, IEAK Wizard.

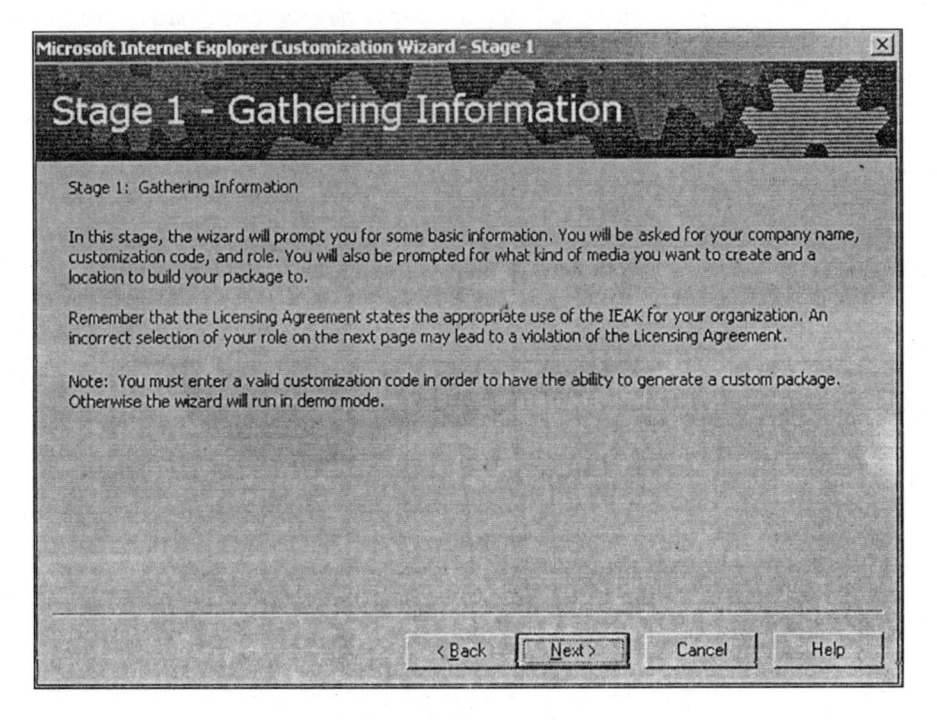

Figura 7-5 O estágio 1 do IEAK Wizard é denominado Gathering Information

Estágio 1 — Gathering Information — O estágio 1 do IEAK Wizard é chamado Gathering Information (Figura 7-5). No estágio 1, você receberá um pedido do IEAK Wizard para fornecer as seguintes informações (Figura 7-6):

- Nome da empresa;
- Código de personalização (obtido durante o processo de registro em IEAK).

Você também precisará fornecer o objetivo que você selecionou em seu acordo de licenciamento para usar o IEAK:

- Provedor/projetista de conteúdo;
- Provedor de serviços;
- Administrador corporativo (selecionamos esta opção).

Nota:
É importante que a seleção que você fez na tela, mostrada na Figura 7-6, esteja de acordo com a seleção feita quando você aceitou seu acordo de licenciamento. Se as duas forem diferentes, você pode estar violando seu acordo de licenciamento.

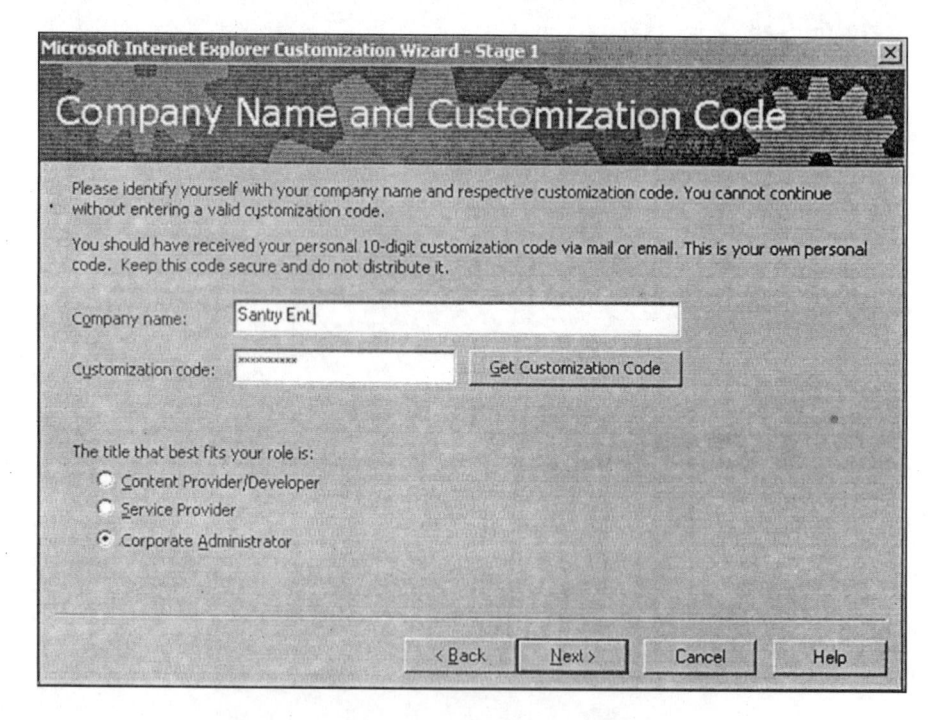

Figura 7-6 Forneça seu código de personalização para prosseguir com o Wizard

Capítulo 7 - Como administrar clientes 211

A seguir, selecione a plataforma à qual você está direcionando este pacote IE. Você precisará criar um pacote para cada plataforma na qual deseja criar uma instalação IE.

Agora, selecione ou crie a pasta em que seus pacotes IE 5.0 personalizados serão colocados quando o assistente terminar (Figura 7-7). Suas instalações do IE 5.0 serão feiras a partir deste diretório de download. Em nosso exemplo, escolhemos o diretório C:\ieaktest. Clique no botão Advanced para especificar um local para arquivos Automatic Version Synchronization.

A seguir, selecione uma linguagem para o pacote IE. Você precisará criar um novo pacote para cada idioma escolhido.

Depois (Figura 7-8), selecione a mídia de instalação, CD ou disquetes, que você deseja usar para empregar o IE 5.0 em sua intranet. Isto completa o estágio 1, Gathering Information.

A seguir (Figura 7-9), selecione as opções de instalação nas quais você deseja configurar seu pacote IE.

Estágio 2 — Como especificar parâmetros Active Setup — O estágio 2 do IEAK Wizard é chamado Specifying Setup Parameters (Figura 7-10). No estágio 2, você precisará conectar-se a um *site* de download da Microsoft e baixar os componentes do IE 5.0 que você usará para criar seus pacotes de instalação personalizada, além dos componentes de suprimento e adicionais de terceirizados que você deseja reunir em seu pacote.

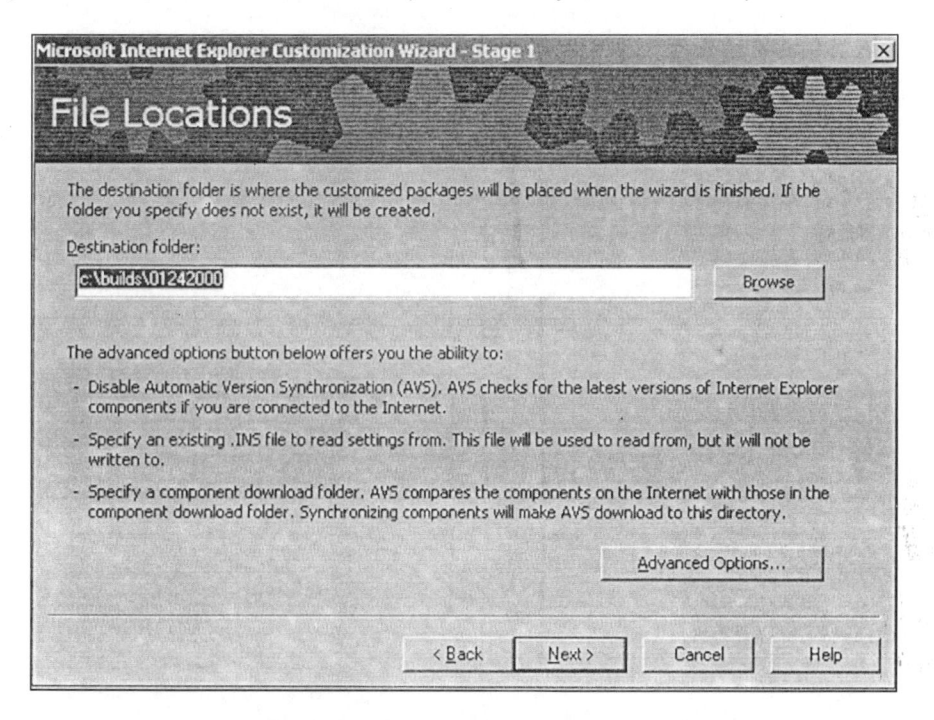

Figura 7-7 Escolha um diretório de instalação

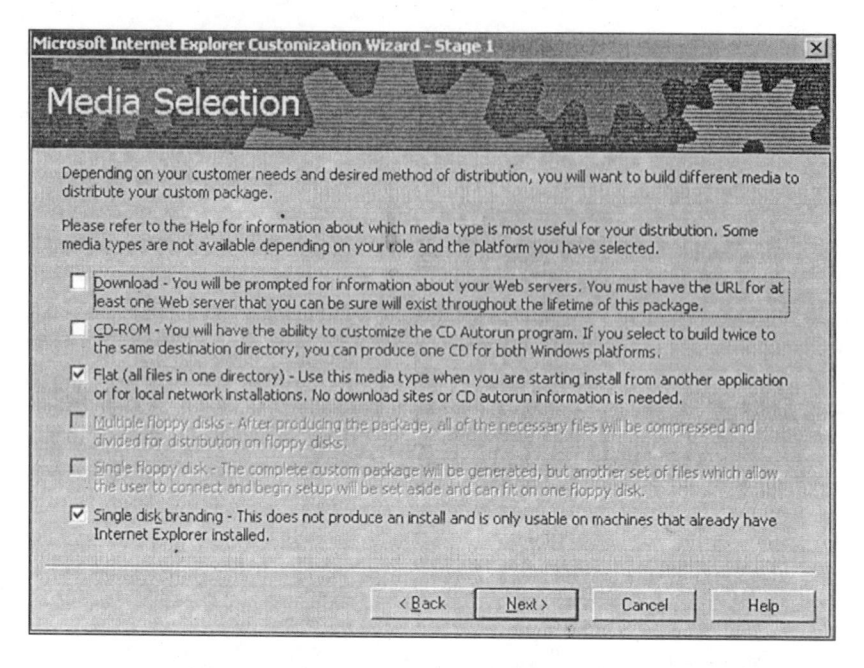

Figura 7-8 Selecione o tipo de mídia de instalação para compor o IE 5

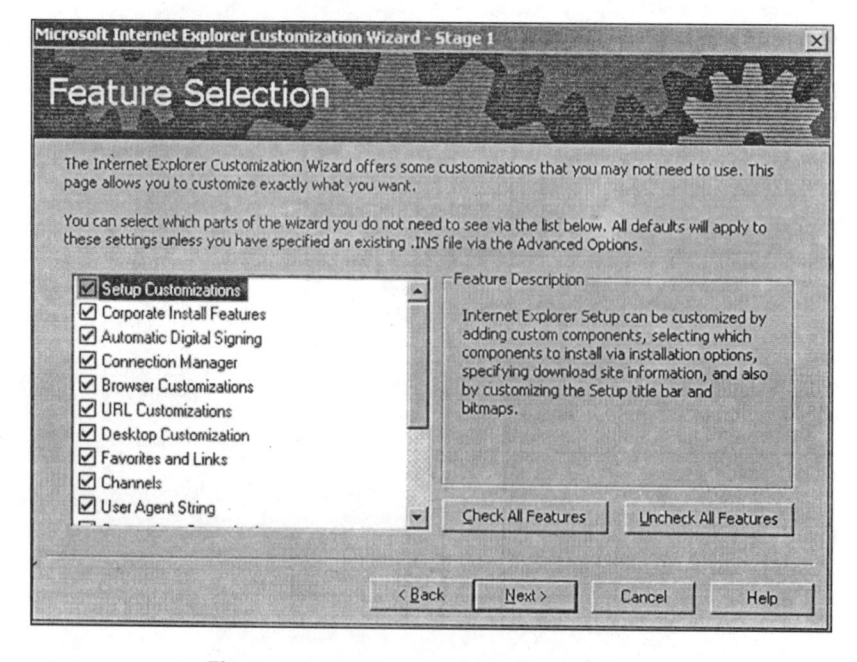

Figura 7-9 Selecione os recursos a configurar

Capítulo 7 - Como administrar clientes   213

Primeiro, lhe será pedido para selecionar um *site* de download da Microsoft a partir do qual você fará o *download* das versões mais recentes do Internet Explorer 5.0 e seus componentes opcionais.

A seguir, selecione, na tela AVS — Automatic Version Synchronization, os componentes que você deseja baixar (Figura 7-11). Esta tela mostra, graficamente, os componentes que você tem e aqueles que você não tem; ela indica também se seus componentes estão atualizados. Os arquivos baixados serão usados para criar os pacotes de instalação personalizada.

Selecione os componentes que você deseja baixar e clique em Synchronize, ou clique em Synchronize All para baixar todos os componentes. Nota: Só o Internet Explorer 5.0 *precisa* ser baixado; todos os outros componentes são opcionais.

A seguir, você terá a oportunidade de selecionar até 10 componentes personalizados ou de terceiros para incorporar aos pacotes de instalação. Estes componentes devem ser arquivos do tipo .exe ou arquivos *cabinet* (.cab). Quaisquer componentes de terceiros personalizados precisam ser assinados. Isto completa o estágio 2, Specifying Setup Parameters.

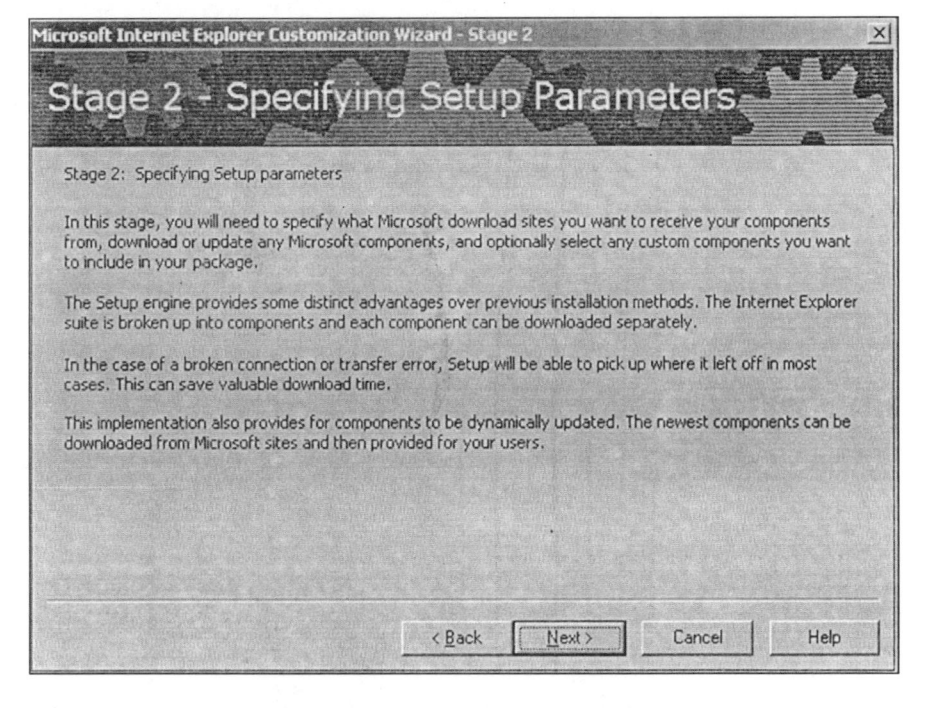

Figura 7-10 O estágio 2 do IEAK Wizard é denominado Specifying Setup Parameters

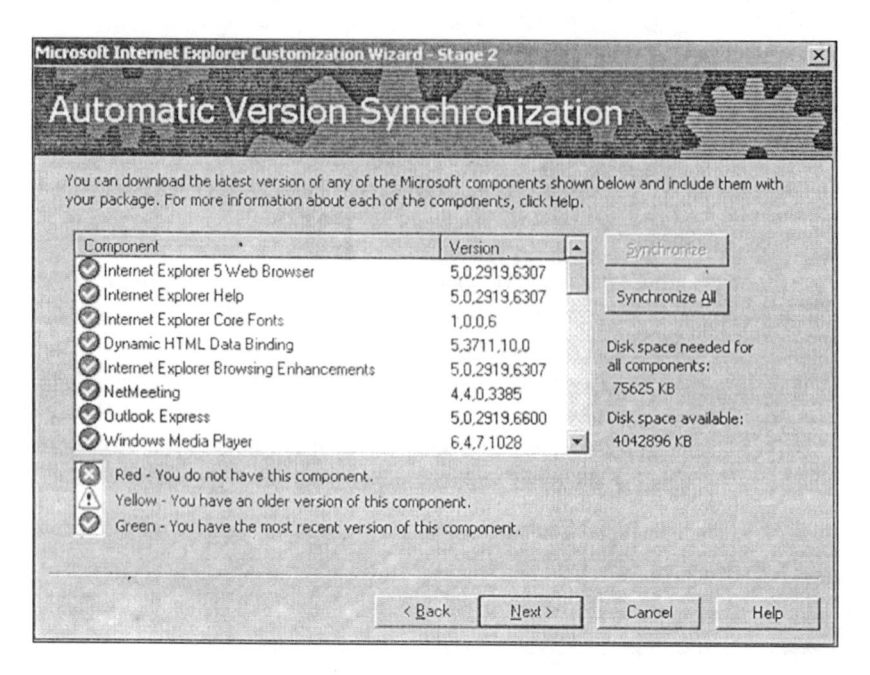

Figura 7-11 Selecione os componentes dos quais será feito o download para criar pacotes personalizados de instalação do IE 5.0

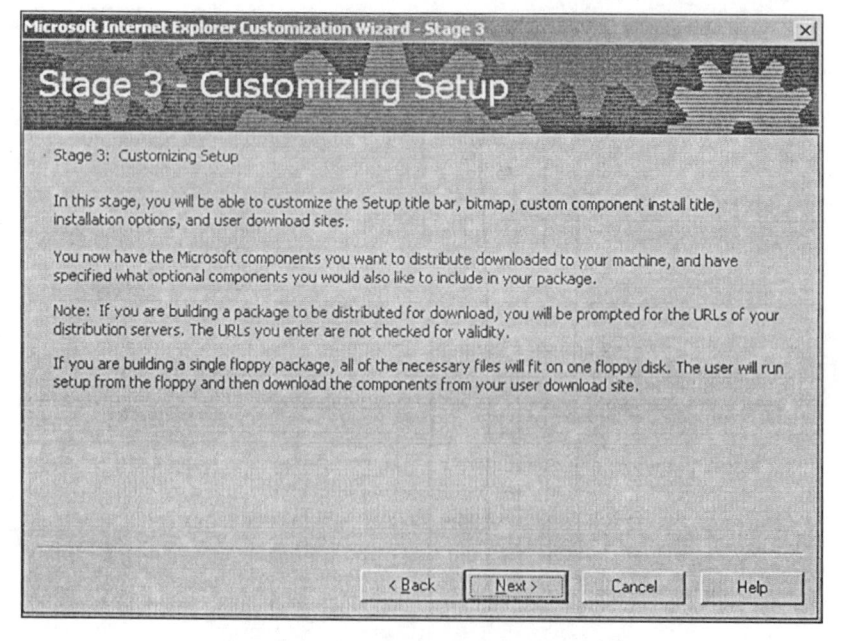

Figura 7-12 O estágio 3 do IEAK Wizard é chamado de Customizing Setup

Capítulo 7 - Como administrar clientes
215

Estágio 3 — Customizing Setup — No estágio 3 do IEAK Wizard, você personaliza o programa Setup que será usado para instalar seus pacotes personalizados (Figura 7-12). A personalização inclui a barra de título, *bitmap*, *sites* para *download* de usuário e mais.

Inicie este estágio escolhendo se você deseja personalizar a barra de título e *bitmap* da tela de Active Setup para seu pacote personalizado. Se você escolher criar um pacote de instalação em CD, você também pode personalizar a tela Autorun do CD.

A seguir, decida se você deseja fazer uma *instalação interativa, sem intervenção manual* ou *silenciosa* de seu pacote personalizado. Uma instalação silenciosa não exige a entrada do usuário em cuja máquina o IE 5.0 está sendo instalado, e o usuário nem mesmo saberá que a instalação está acontecendo (a não ser pelo aumento de atividade no CPU e do *drive*). Uma instalação sem intrvenção manual é basicamente a mesma coisa que a instalação silenciosa, exceto pelo fato de que o usuário pode ver o procedimento da instalação. Instalações silenciosas têm as seguintes limitações:

- Você só pode especificar uma opção de instalação (e não 10 opções) entre diferentes tipos de instalação;
- Você só pode especificar um *site* (não 10 *sites*) para baixar seu pacote;
- Você precisa decidir se deve incluir o *upgrade* do Active Desktop.

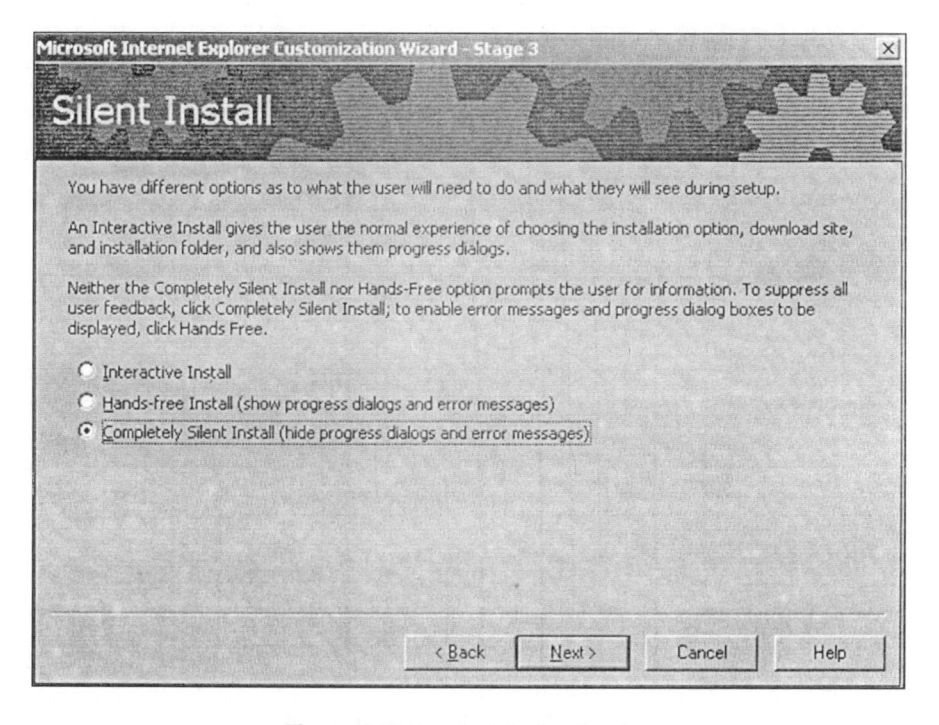

Figura 7-13 Uma instalação silenciosa

Na Figura 7-13, selecionamos uma instalação silenciosa.

A seguir, crie uma opção de instalação ou configure uma opção existente e selecione quais componentes instalar quando esta opção for selecionada (Figura 7-14).

Depois, especifique os *sites* de download, a partir dos quais seus pacotes personalizados serão instalados (Figura 7-15). Para cada *site* de download você precisa especificar:

- O nome do *site*;
- O URL do *site*;
- A região do *site*.

Observe que o URL especificado aqui *não é checado* pelo IEAK Wizard. Você pode especificar baixar até 10 *sites*. No entanto, se você estiver realizando uma instalação silenciosa, você só pode especificar um *site* de download.

A seguir, você precisa especificar um número de versão única para seus pacotes personalizados, a fim de garantir a atualização segundo as versões mais recentes. Você também pode especificar o URL para o qual aponta a opção Internet Explorer Add a Component. A opção Add a Component é acessada pelo ícone Internet, no Control Panel.

A seguir, especifique o diretório-alvo nas estações, nos quais será instalado o programa Internet Explorer. Você pode especificar:

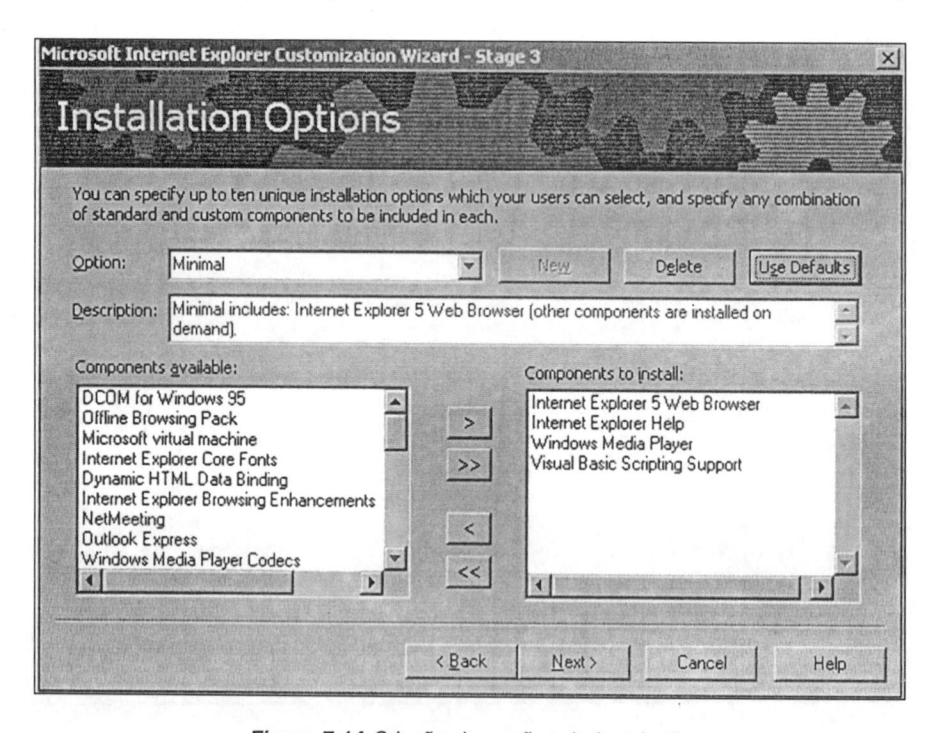

Figura 7-14 Criação de opções de instalação

Capítulo 7 - Como administrar clientes   **217**

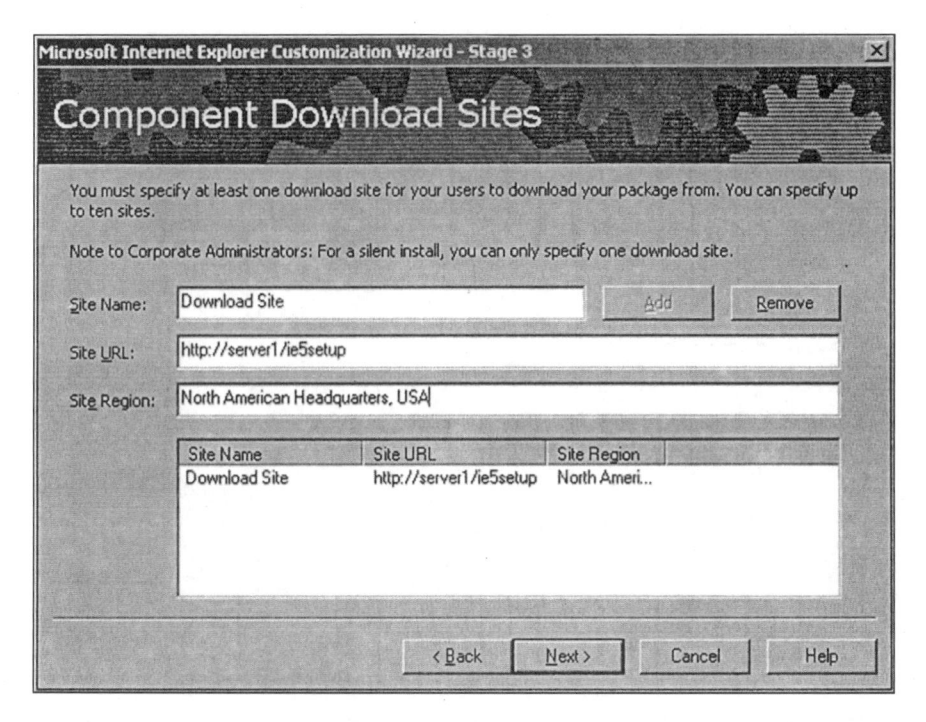

Figura 7-15 Especificação de sites de download para realizar opções de instalação personalizada

- Um subdiretório no diretório Windows;
- Um subdiretório no diretório Program Files;
- O caminho completo para o diretório de destino.

A seguir, especifique se o Windows Update deve ser instalado juntamente com o IE 5.0 (Figura 7-16). O Windows Update capacita o usuário a fazer atualizações no sistema operacional Windows ou no IE, tais como *patches* de segurança. Você também pode especificar um URL personalizado para indicar a atualização do *site* se você não quiser usar o *site* da Microsoft.

Em seguida, especifique um diretório de instalação para o pacote do IE. Você pode permitir que o usuário escolha onde instalar o Internet Explorer (a menos que você esteja fazendo uma instalação silenciosa ou sem intervenção manual).

A seguir (Figura 7-17), especifique se você deseja permitir remoção de instalação do pacote IE 5.0 e se o IE 5.0 será configurado como o *browser* default para ver arquivos da Web.

Depois (Figura 7-18), você pode especificar se deve otimizar a instalação para realização de *downloads* pela Web. Selecionando esta opção, você permitirá que a instalação primeiro verifique a estação do usuário, para ver se existe uma versão recente. Se existir uma versão recente, ela não será baixada, nem instalará o componente; usará aquela já existente.

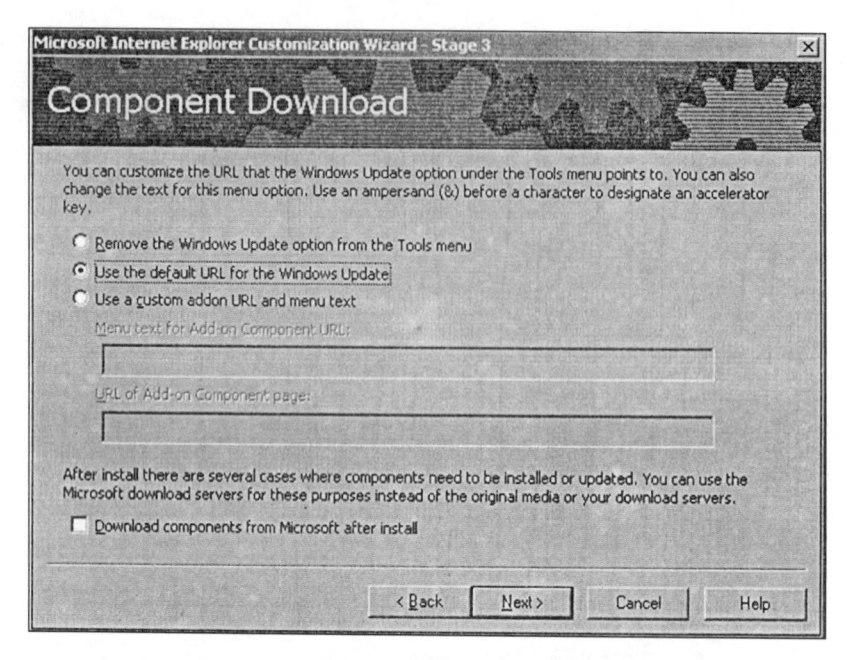

Figura 7-16 Especifique as opções Windows Update

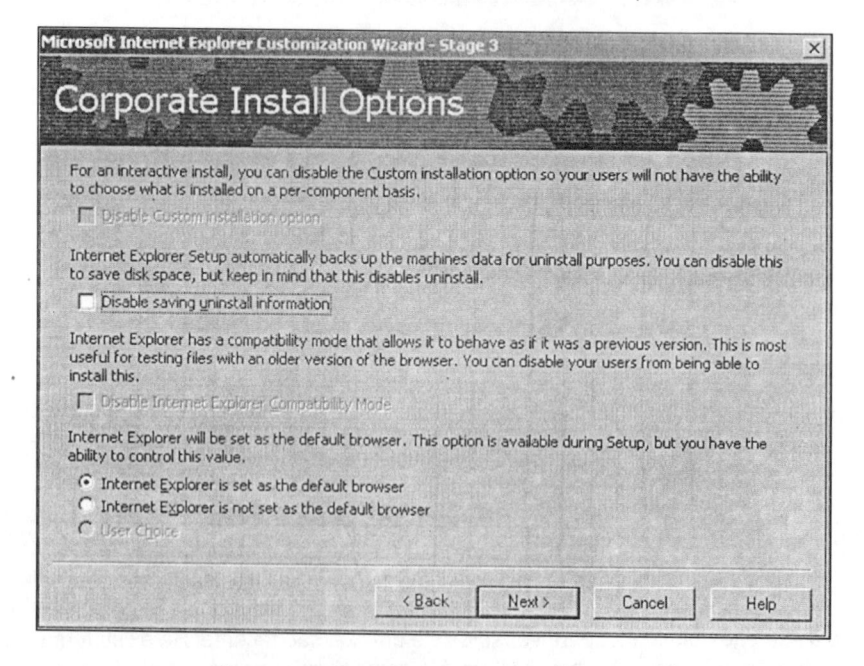

Figura 7-17 Especificação de opções remoção de instalação e ajuste do browser default

Capítulo 7 - Como administrar clientes
219

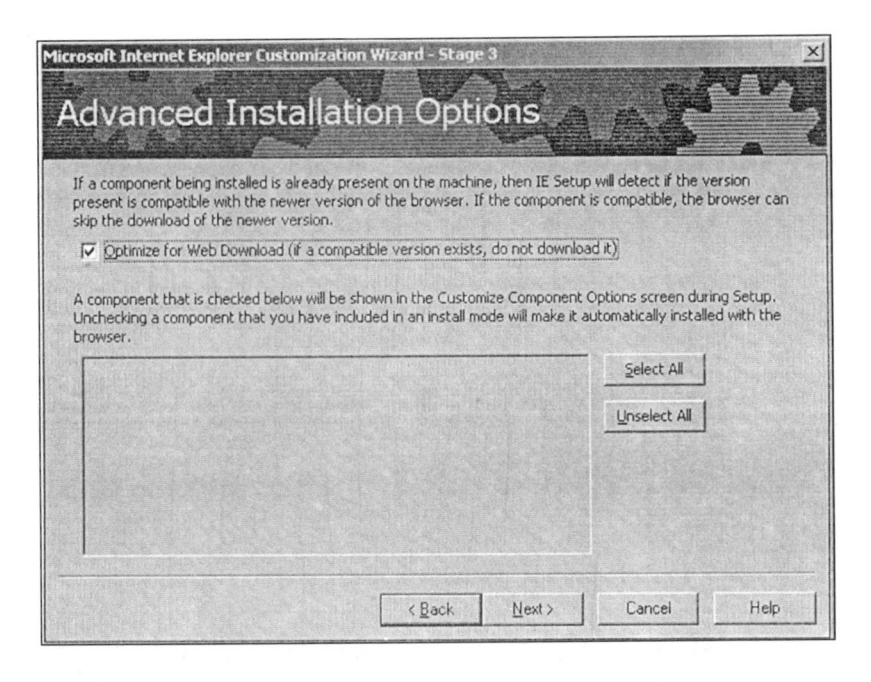

Figura 7-18 Otimização de seu pacote IE para download na Web

A seguir, o IEAK lhe apresentará componentes disponíveis durante a AVS, mas que não foram selecionados como parte desta instalação. Você pode selecionar um componente para disponibilizá-lo na mídia.

A partir da próxima tela (Figura 7-19), você pode iniciar o CMAK — Connection Manager Administration Kit. Este conjunto permite que você configure conexões de informações para seu pacote. Para iniciar o CMAK, clique no botão Start CMAK. Para o objetivo deste guia, clicaremos no botão Next para continuar o IEAK. Para mais informações sobre o CMAK, consulte a documentação do IEAK ou a do Windows 2000.

A seguir, especifique se o Windows Desktop Update deve ser instalado juntamente com o IE 5.0 (Figura 7-20).

Especifique também o Certification Authority se você deseja assinar sua instalação do IE. Isto completa o estágio 3, Customizing Setup.

Estágio 4 — Customizing the Browser — No estágio 4 do IEAK Wizard, você personalizará o *browser* IE 5.0 que será instalado nas estações (Figura 7-21). As opções de personalização incluem barra de título, *bitmap*, página inicial, página de busca, favoritos, zonas de segurança e mais.

Comece especificando quaisquer botões personalizados que você deseja acrescentar à barra de ferramentas do IE 5.0. Para fazer isto, clique no botão Add, que trará para primeiro plano a caixa de diálogo Browser Toolbar Button Information (Figura 7-22). Entre com o título da barra de ferramentas, com a ação a ser feita quando o botão é clicado, com a cor do ícone quando o mouse passa sobre ele e do ícone acinzentado para quando ele é desabilitado. Clique no botão OK para completar a adição de botões. A barra será, então, exibida no Wizard.

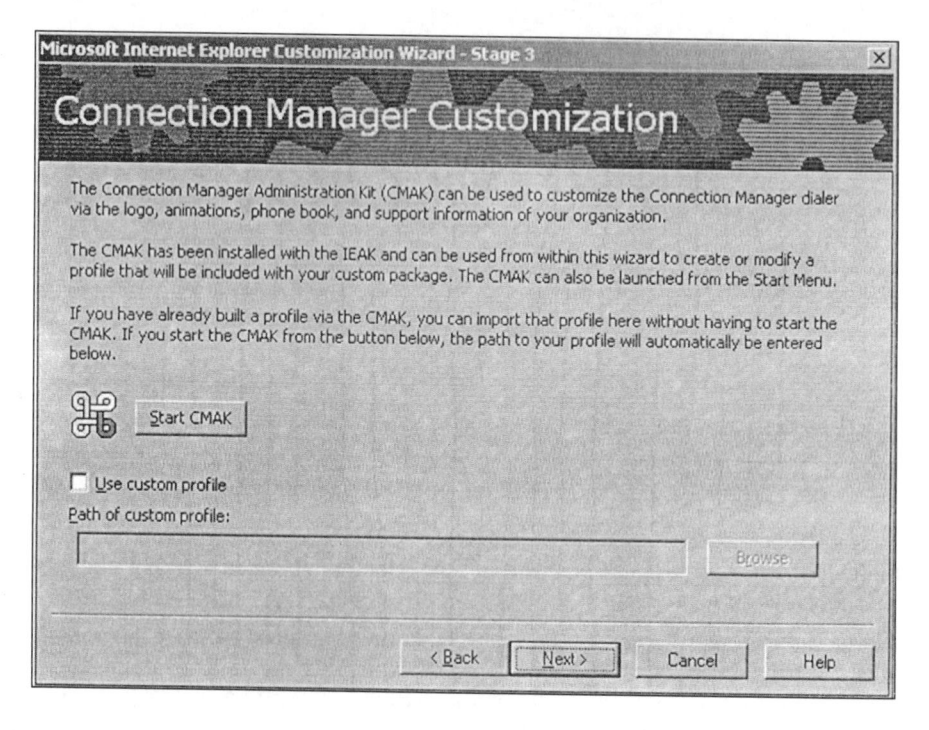

Figura 7-19 Personalização das configurações de conexão da estação

Capítulo 7 - Como administrar clientes 221

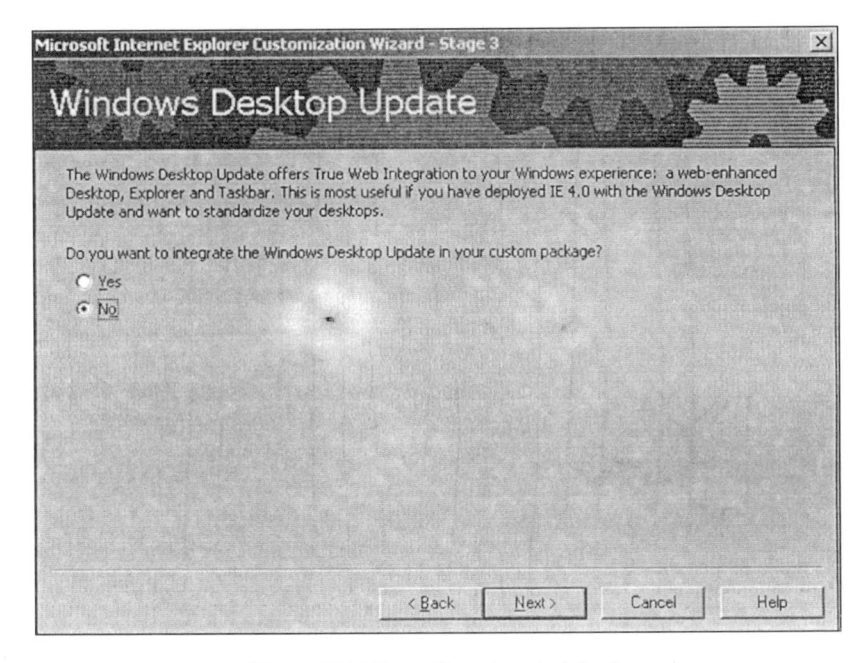

Figura 7-20 Especificando a instalação do Windows Desktop Update

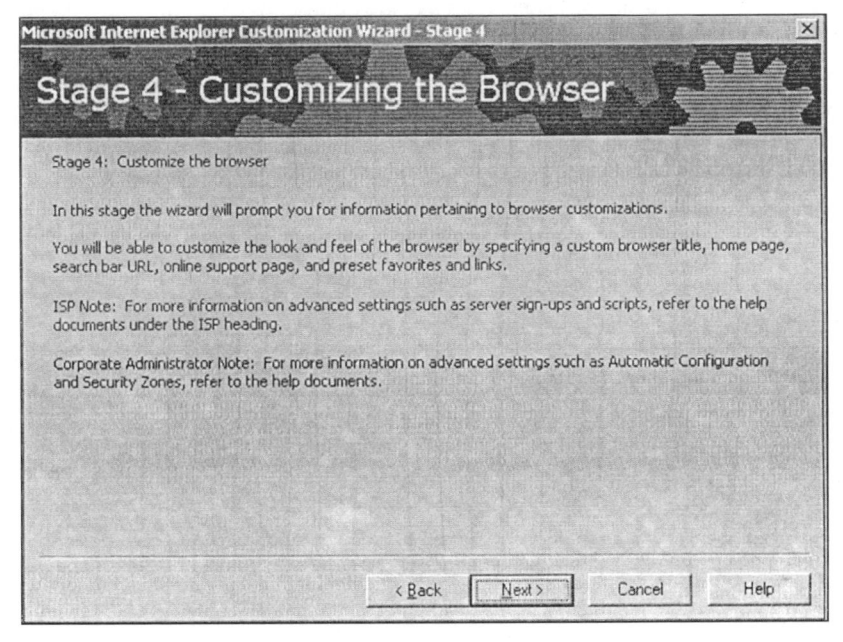

Figura 7-21 O estágio 4 do IEAK Wizard é denominado Customizing the Browser

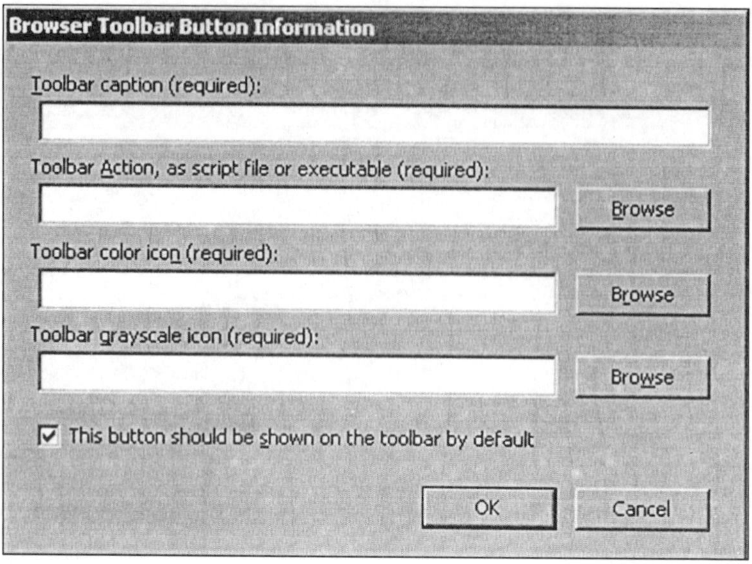

Figura 7-22 A caixa de diálogo Browser Toolbar Button Information

A seguir você pode especificar imagens personalizadas do gráfico animado a ser exibido no canto superior direito do IE 5.0. Isto será exibido enquanto o *browser* estiver fazendo uma solicitação.

Nesta próxima tela, você pode especificar uma logomarca estática a ser usada no canto superior direito para quando o *browser* não estiver executando um processo ou solicitação.

A seguir, personalize a barra de título e o fundo *bitmap* de barra de ferramentas do Internet Explorer 5.0. Depois, especifique as seguintes páginas personalizadas (Figura 7-23):

- Página inicial personalizada;
- Página de busca personalizada;
- Página de suporte personalizada.

Em seguida, crie uma lista personalizada de favoritos com URLs e pastas para organizá-la (Figura 7-24). Clique em Add Folder para criar uma pasta para organizar os favoritos e clique em Add URL para especificar um favorito. Você também pode clicar em Import para carregar uma lista de favoritos existente para seu pacote de instalação.

Capítulo 7 - Como administrar clientes

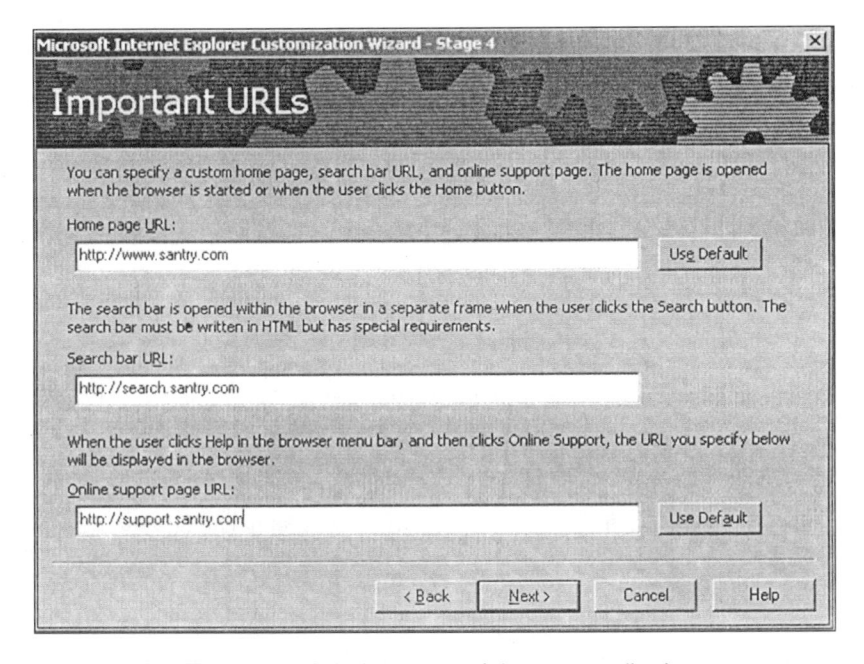

Figura 7-23 Selecione suas páginas personalizadas de início, busca e suporte

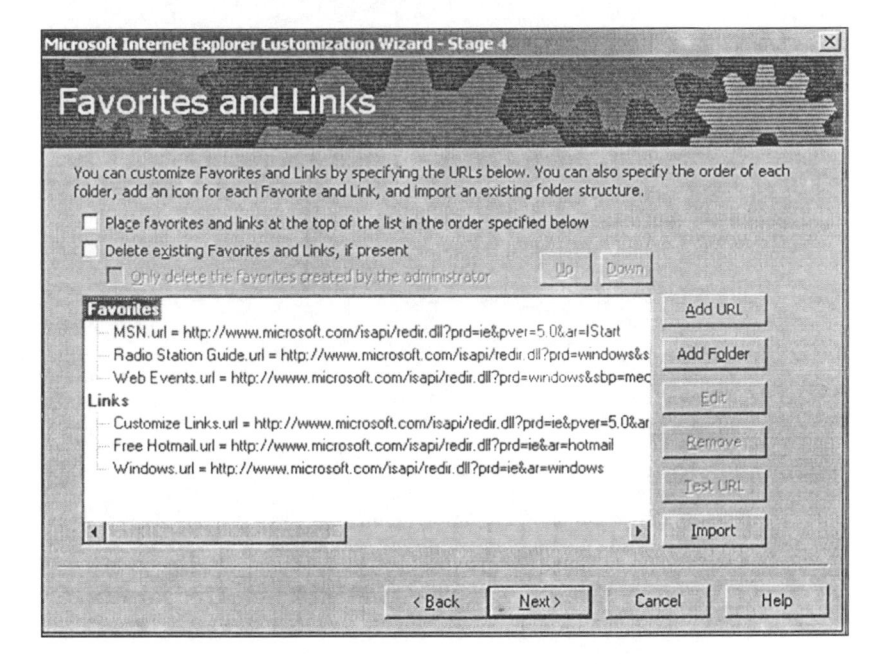

Figura 7-24 Crie uma lista personalizada de favoritos

A seguir, configure as opções de canal para o Internet Explorer. Você pode escolher apagar canais existentes, ativar Channel Bar no *desktop* e acrescentar canais adicionais e categorias. Você também pode clicar em Import para baixar canais existentes em seu pacote de instalação.

Depois, escolha se quer exibir a página de boas-vindas ao Microsoft Internet Explorer na primeira vez em que o *browser* for iniciado (Figura 7-25). Você ainda pode criar uma página de boas-vindas adequada à sua intranet corporativa.

Em seguida, você pode especificar uma *string* personalizada de agente-usuário, a ser anexada à *string* padrão de agente-usuário que o *browser* envia ao servidor da Web durante uma solicitação HTTP.

Na próxima tela, você pode escolher importar seus ajustes de conexão existentes. Você também pode decidir apagar os ajustes de conexão existentes do usuário na estação-alvo. Depois disso, forneça um caminho ao diretório que contém o arquivo .ins, que configura automaticamente o *browser* (Figura 7-26). O arquivo .ins pode ser modificado e configurado, usando o IEAK Profile Manager, que será discutido mais adiante nesta seção.

Em seguida, você pode fazer configurações *proxy* para cada um dos protocolos de Internet (HTTP, FTP e assim por diante) e selecionar se vai usar as configurações *proxy* para a intranet local. Agora, configure ajustes de certificado para o *browser* IE 5.0. Aqui, opções de configuração incluem escolher:

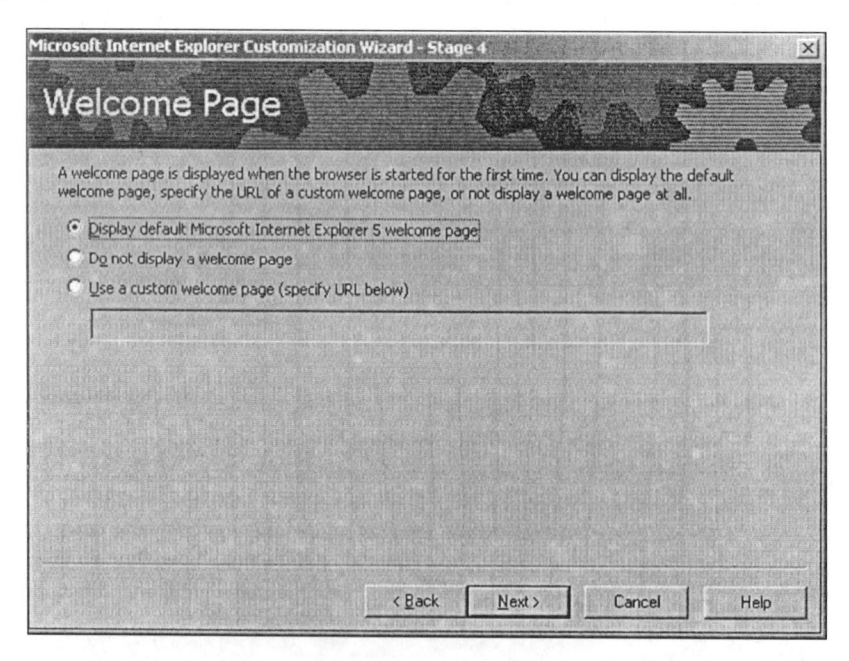

Figura 7-25 Selecione a página Welcome

Capítulo 7 - Como administrar clientes　　　　　　　　　　　　　　　　　　　　**225**

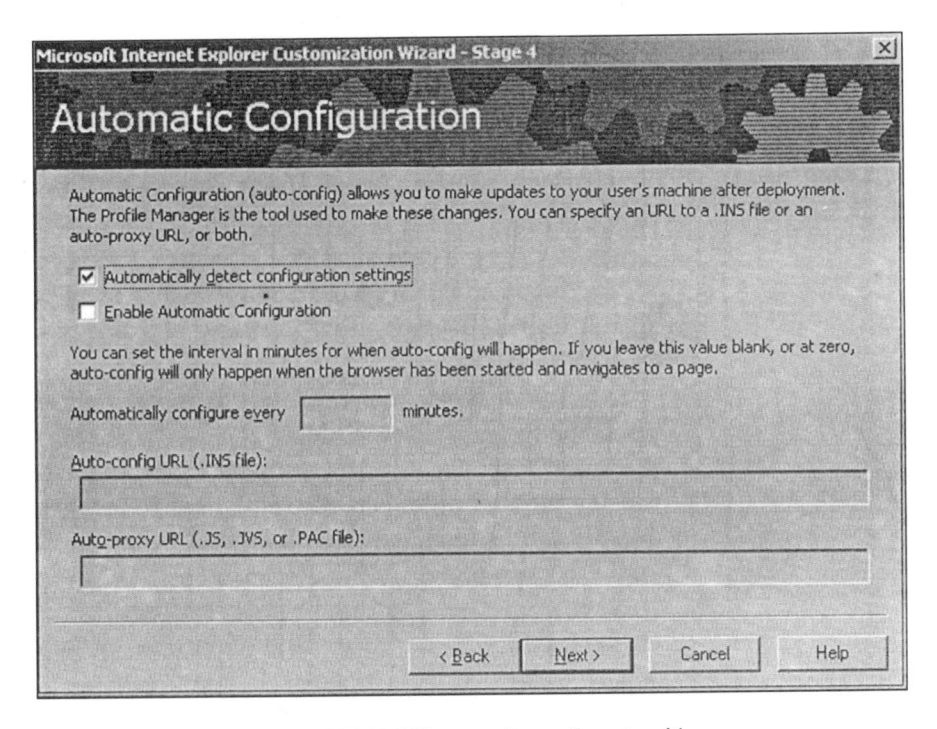

Figura 7-26 Habilite a configuração automática
do browser *usando um arquivo .ins*

- Importar e modificar CAs — Certificate Authorities a partir da estação local;
- Adicionar um novo certificado *root*;
- Importar e modificar ajustes Authenticode.

Em seguida, você pode fazer configurações de segurança e de conteúdo para o *browser* IE 5.0. As opções de configurações incluem personalizar zona de segurança e classificação de conteúdo.

Veja, nas Figuras 7-27 e 7-28, exemplos das duas últimas opções. Isto completa o estágio 4, Customizing the Browser.

Estágio 5 — Customizing Components — No estágio 5 do IEAK Wizard, você pode personalizar opções disponíveis para componentes opcionais e terceirizados que escolheu reunir em seu pacote de instalação (Figura 7-29). Administradores também podem configurar políticas de sistema e vários ajustes para as estações dos usuários.

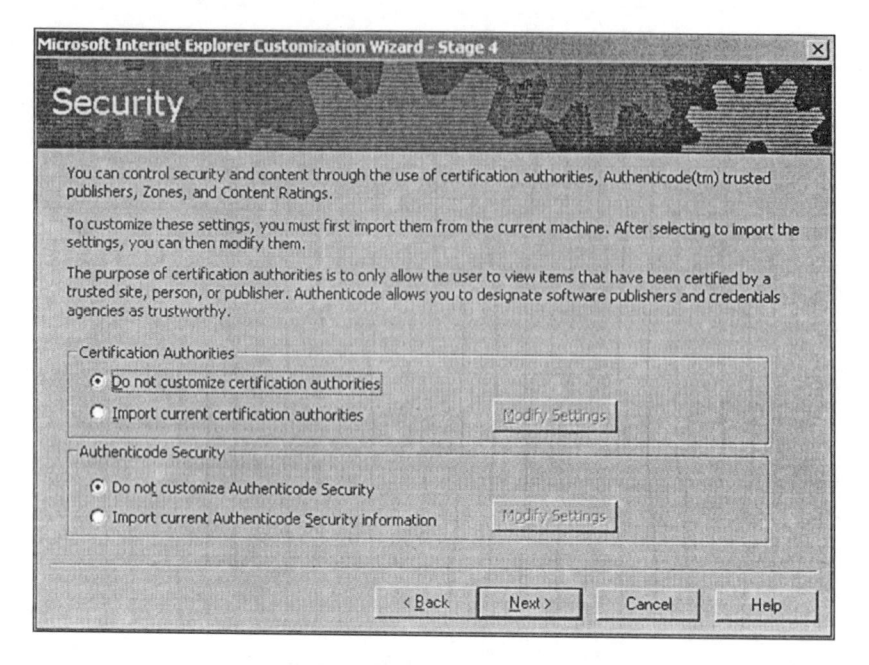

Figura 7-27 Configuração de ajustes
de Certificate Authorities e Authenticode

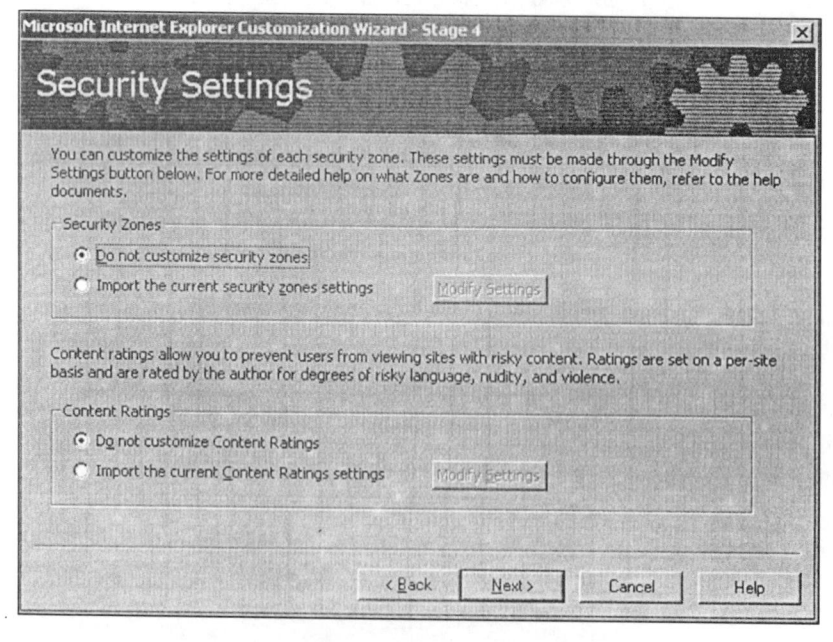

Figura 7-28 Configuração de zonas de segurança
e classificação de conteúdo

Capítulo 7 - Como administrar clientes   227

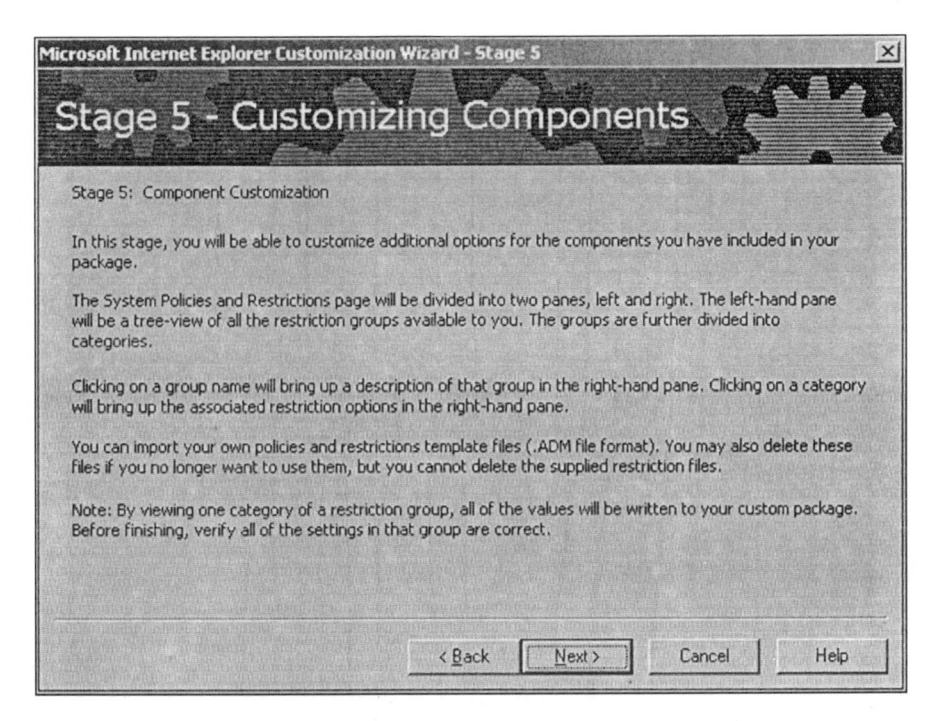

Figura 7-29 O estágio 5 do IEAK Wizard é chamado de Customizing Components

Primeiro, a tela Programs permite a administradores importar seus ajustes de programa atuais na montagem do *browser* IE 5.0.

A seguir (Figura 7-30), você pode fazer configurações de e-mail do Microsoft Outlook Express. Você pode especificar o nome do servidor SMTP e POP e servidor NNTP. As cinco telas a seguir permitem ao administrador configurar várias opções do Outlook Express. Dentre elas estão:

- Página ou mensagem personalizada de boas-vindas;
- Ajustes padronizados do Outlook Express (default para correio ou notícias);
- Acrescentar *newsgroups*;
- Filtragem de *junk mail* (correio inútil);
- Personalizar os elementos que devem ser exibidos na *interface* (barras de ferramentas e painel de visualização);
- Criar assinaturas personalizadas a serem anexadas ao e-mail enviado;
- Conectar-se a um serviço de diretório ou provedor LDAP. Isto pode conectar a um servidor Exchange por exemplo, para verificar endereços.

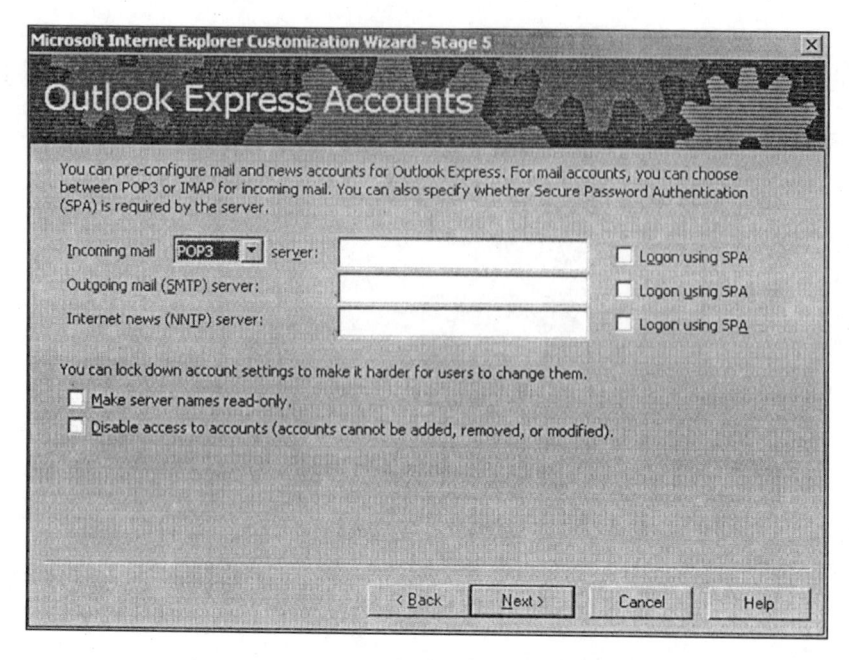

Figura 7-30 Configurações para o Outlook Express

Em primeiro lugar, a tela System Policies and Restrictions permite aos administradores fazer configurações e aplicar políticas de sistema a diversos aplicativos e categorias (Figura 7-31), o que inclui:

- Controle de gerenciamento (controles ActiveX aprovados pelo administrador);
- Ajustes para o Microsoft NetMeeting;
- Ajustes corporativos (para licença corporativa);
- Restrições corporativas (para licença corporativa);
- Ajustes para Internet (por exemplo, autopreenchimento de campos de formulário);
- Identidade de gerenciados (para acesso compartilhado);
- Ajustes de *desktop* Web (inclui políticas de sistema);
- Páginas *offline* (desconectado);
- Microsoft Windows Media Player.

Neste ponto, os administradores também podem importar arquivos de política existentes. Finalmente, clique em Next e depois de novo em Next para fechar o IEAK Wizard. O Internet Explorer Administration Kit agora contém todas as informações necessárias para a criação de um pacote de instalação personalizado.

Capítulo 7 - Como administrar clientes 229

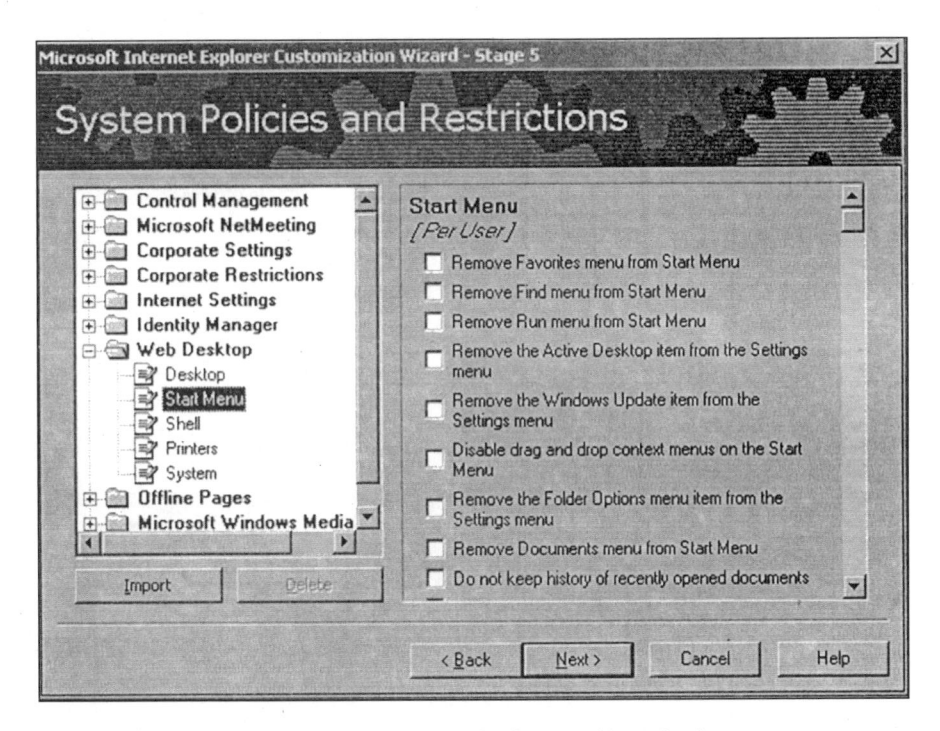

Figura 7-31 Ajustes personalizados e políticas de sistema

O IEAK Wizard completa as seguintes tarefas (Figura 7-32):
- Preparação de arquivos personalizados do IE 5.0;
- Criação do IE 5.0 personalizado;
- Montagem de pastas personalizadas para serem redistribuídas.

Finalmente, aparecerá uma caixa de mensagem indicando que o pacote foi criado e está localizado no caminho indicado (Figura 7-33).

Como distribuir o IE 5.0 usando pacotes IEAK

Para distribuir seu pacote personalizado às estações de sua intranet corporativa, crie um Web *site* ou diretório virtual fornecendo informações sobre o processo de *download*, contendo um *link* para o arquivo de *engine* de instalação Active Setup, IE5setup.exe. Para mais informações sobre distribuição de pacotes IEAK, consulte a documentação *online* do IEAK.

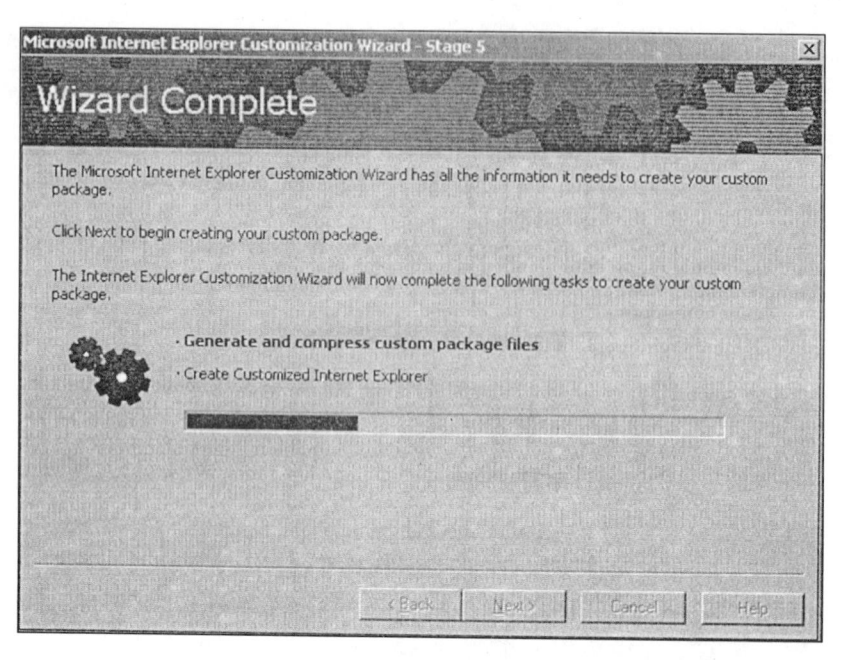

Figura 7-32 Finalização do IEAK Wizard

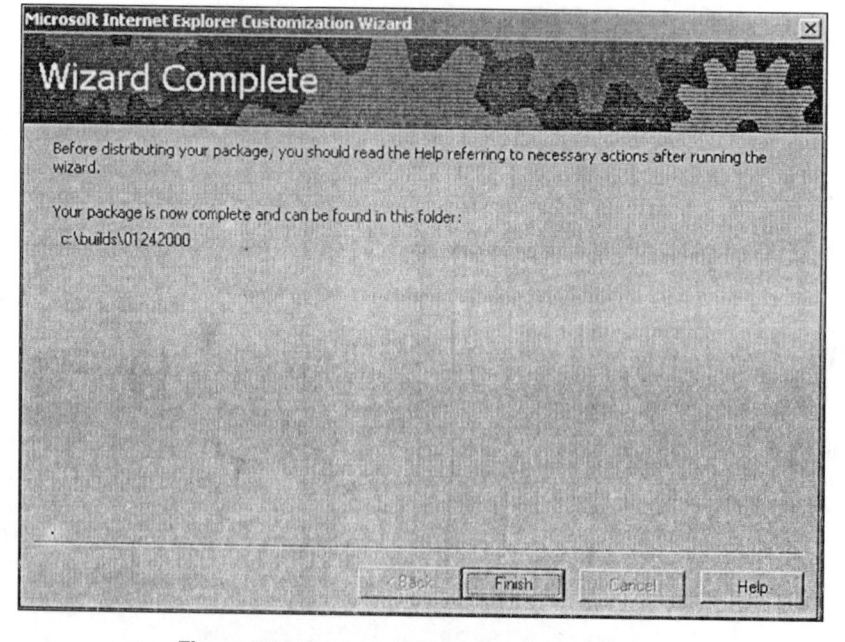

Figura 7-33 O pacote de instalação personalizado do IE 5.0 foi criado com sucesso

Capítulo 7 - Como administrar clientes   **231**

Como fazer a manutenção do pacote do IE 5.0 usando o IEAK Profile Manager

O IEAK Profile Manager habilita administradores a criar, editar e salvar arquivos .ins que contêm as configurações de pacotes de instalação IEAK.

O arquivo default .ins é chamado Install.ins e nosso guia está localizado em

`C:\ieaktest\Install.ins`

Veja, na Figura 7-34, a estrutura de pasta criada no diretório do pacote de instalação

`C:\ieaktest`

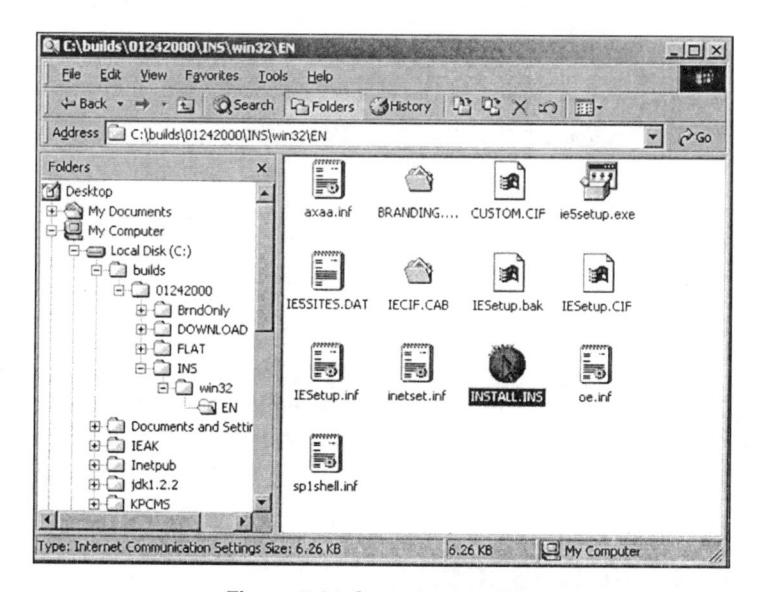

Figura 7-34 O arquivo Install.ins

Para editar o arquivo Install.ins, inicie o IEAK Profile Manager clicando em Start, Programs, Microsoft IEAK, Profile Manager. O resultado é mostrado na Figura 7-35. Agora, selecione File, Open e navegue para abrir o arquivo Install.ins para edição. No painel à esquerda, selecione qualquer item sob:

- *Wizard Settings*, para modificar os ajustes selecionados durante a execução do IEAK Wizard; ou
- *System Policies and Restrictions*, para modificar ajustes de política e restrições de sistema

Na Figura 7-35, o item Browser Title é selecionado sob o cabeçalho Wizard Settings. No painel à direita, você pode agora modificar a barra de título e o *bitmap* exatamente como se você tivesse re-executado uma tela a partir do IEAK Wizard.

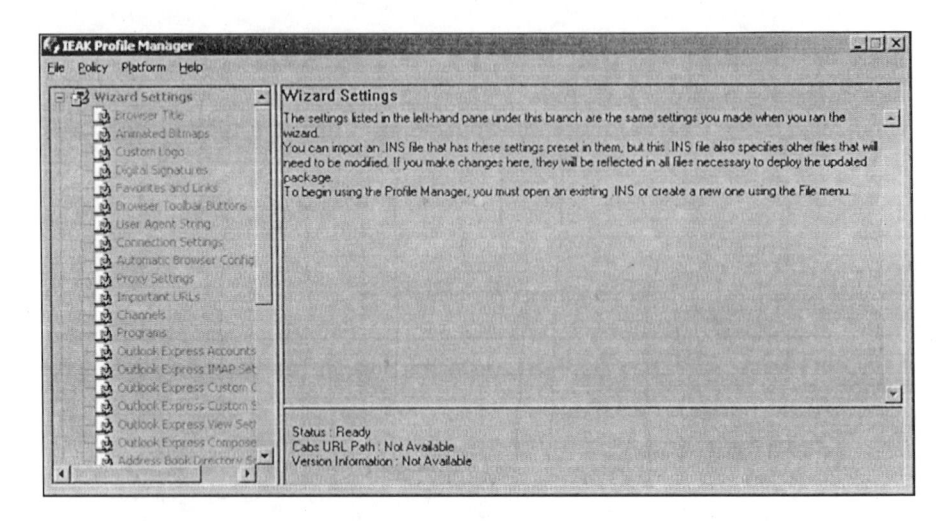

Figura 7-35 Iniciando o IEAK Profile Manager

Quando todos as configurações desejadas tiverem sido modificadas, escolha File, Save, para salvar as alterações do arquivo .ins.

Resumo

O Microsoft Internet Explorer 5.0 é o *browser*-cliente ideal para complementar o Internet Information Server 5.0 em ambos os ambientes, intranet e Internet. Para habilitar administradores e ISPs a gerenciarem e a configurarem pacotes IE 5.0 personalizados para clientes, a Microsoft fornece uma ferramenta adicional, o Microsoft Internet Explorer Administration Kit.

Para mais informações

Para obter mais informações sobre o Internet Explorer e o IEAK, veja os recursos *online* indicados.

Microsoft Web site

Para obter as informações mais recentes sobre o Internet Explorer 5.0, veja o Web *site* da Microsoft em

`www.microsoft.com/ie`

Para registrar e baixar o Internet Explorer Administration Kit, visite o Web *site*

`www.microsoft.com/windows/ieak/`

Microsoft Public Newsgroups

Aspectos do Microsoft Internet Explorer 5.0 são discutidos nos *newsgroups*

`microsoft.public.inetexplorer.ie5.*`

O Microsoft Internet Explorer Administration Kit é discutido no *newsgroup*

`microsoft.public.inetexplorer.ieak`

Microsoft TechNet

Você pode encontrar o Internet Explorer Deployment Guide no TechNet, em:

`Internet, Client, MS Internet Explorer, Technical Notes, Deployment Guide`

Capítulo **8**

Como administrar a indexação

Introdução

A capacidade de indexar grande quantidade de documentos é muito importante para qualquer servidor de Internet ou intranet. O Windows 2000 inclui o recurso Indexing Services 3.0 (Serviços de indexação 3.0), um dispositivo de indexação totalmente integrado que pode indexar HTML e documentos em formato legado, de forma rápida e precisa. Embora não faça parte do IIS 5.0, a importância de fornecer um mecanismo de busca para seu Web *site* é vital, portanto cobriremos Indexing Service neste capítulo. Ao terminar este capítulo, você terá um entendimento básico das capacidades, das funções e do gerenciamento do Indexing Service, inclusive:

- Capacidades básicas do Indexing Service;
- Compreensão do processo de indexação;
- Entendimento do processo de pesquisa;
- Configurar indexação para diversas situações;
- Gerenciar indexação usando o MMC;
- Indexar um servidor virtual.

O que Indexing Services pode fazer?

Indexing Service é integrado ao Internet Information Services 5.0 e garante um meio para os administradores de servidores da Web desenvolverem ferramentas de busca para seus *sites*. O Indexing Service faz a indexação completa tanto do conteúdo (texto) quando das propriedades de uma variedade de formatos de documento, incluindo:

- Páginas da Web em HTML (.htm ou .html);
- Arquivos de texto ASCII (.txt);
- Documentos do Microsoft Word 95, Word 97 e Word 2000 (.doc);
- Planilhas do Microsoft Excel 95, Excel 97, Excel 2000 (.xls);
- Apresentações do Microsoft PowerPoint 95, 97 e 2000 (.ppt);
- Correio e notícias Internet (com Internet Mail e News Services instalados).

Além disso, o Indexing Service é extensível e pode ser configurado para indexar outros formatos de arquivo, tais como documentos WordPerfect ou documentos Adobe PDF. O administrador precisa apenas obter e instalar *filtros de conteúdo* de terceiros conforme o exigido pelos formatos de arquivo.

O Indexing Service pode indexar documentos em múltiplos Web *sites* (servidores virtuais), múltiplos servidores da Web físicos e até mesmo em servidores de arquivo que executem Novell NetWare ou em qualquer outro servidor que possa ser acessado por um caminho UNC — Universal Naming Convention. *Catálogos* Indexing Service podem ser restritos em escopo a um único diretório virtual ou a um único servidor virtual, ou podem transpor muitos diretórios e servidores virtuais ou físicos.

Uma vez que as informações de catálogo são armazenadas em caracteres Unicode, o Indexing Service é capaz de indexar e pesquisar conteúdo em distintos idiomas, incluindo:

- Inglês (norte-americano);
- Inglês (internacional);
- Holandês;
- Francês;
- Alemão;
- Italiano;
- Japonês;
- Espanhol;
- Sueco.

Embora o Indexing Service seja autoconfigurável e execute automaticamente em segundo plano, como um serviço do Windows 2000, usando recursos de sistema quando eles estão disponíveis, o administrador também pode ter controle total do processo de indexação e pode forçar uma varredura ou uma consolidação, em qualquer ocasião, para atualizar o índice. O Indexing Service não requer manutenção e quando ocorre um erro o aplicativo faz a correção automaticamente.

Capítulo 8 - Como administrar a indexação 237

O Indexing Service inclui uma linguagem de *script* proprietária para construir motores de pesquisa, usando arquivos .htm, .idq e .htx. Além disso, para construir pesquisas pode ser usado o recurso Active Server Pages.

Outros recursos avançados de Indexing Service incluem o destaque de *hits*, que é a capacidade de destacar ocorrências de uma palavra em documentos pesquisados, e a habilidade de indexar conteúdos de *news* da USENET.

O Indexing Service é totalmente integrado ao IIS 5.0 e suporta todos os recursos de segurança do Windows 2000. Por exemplo, colocando conteúdo indexado em um volume NTFS, um cliente que realize uma pesquisa verá apenas documentos retornados que o cliente tem permissão para ler, de acordo com as permissões NTFS. A consulta não retornará informações referentes a documentos que o cliente não tem permissão para ler e sequer saberá da existência de tais documentos.

> *Nota:*
>
> Embora o conteúdo a ser indexado possa ser colocado em qualquer servidor, inclusive máquinas Windows 98 ou Novell NetWare, ele deve ser colocado em volumes NTFS em servidores Windows 2000. Isto permite ao Indexing Service usar os recursos de segurança do Windows 2000. Além disso, o sistema de arquivos Windows NT notifica automaticamente o Indexing Service quando algum conteúdo é acrescentado, removido ou alterado no servidor, enquanto que servidores Windows 98 ou NetWare devem ser regularmente checados sobre alterações.

Como funciona o Indexing Service?

A indexação ocorre automaticamente, em segundo plano, quando o serviço Content Index (Índice de conteúdo) do Indexing Service está sendo executado. À medida que documentos são acrescentados ou alterados no *corpus* (isto é, no corpo dos documentos a serem indexados), o serviço de Content Index adiciona, incrementalmente, estes documentos ao catálogo quando estão disponíveis recursos de sistema para que o desempenho geral do servidor IIS não seja afetado.

A seção a seguir explica, em detalhes, o processo de indexação automática. Seções posteriores demonstrarão como administrar manualmente o Indexing Service.

Como entender o processo de indexação

O processo básico pelo qual ocorre a indexação pode ser dividido em uma série de etapas, conforme demonstramos a seguir.

1. Varredura — Inventaria diretórios virtuais e servidores buscando novos documentos a serem indexados.

2. **Filtragem** — Uso de filtros de conteúdo para criar listas de palavras a partir de documentos analisados pela varredura.
3. **Consolidação** — Combinação de listas de palavras e índices anteriores para criar índices sempre atualizados.

A varredura ocorre de duas maneiras:

- Varredura total — todos os documentos em um diretório são indexados;
- Varredura incremental — apenas os documentos que foram modificados são indexados.

A varredura ocorre sempre que:

- É acrescentado um novo diretório ou servidor virtual que precisa ser indexado. Isto dispara uma varredura total do recém-acrescentado diretório ou servidor;
- O sistema é reinicializado, e o serviço Content Index inicia. Isto dispara uma varredura incremental de todos os diretórios previamente indexados para determinar se documentos foram adicionados ou alterados, portanto precisam ser reindexados;
- O NTFS determina se um documento foi acrescentado, removido ou alterado em um diretório configurado para ser indexado. A notificação de mudança é enviada pelo NTFS para o Indexing Service e ocorre uma varredura incremental do diretório;
- Um servidor Windows 98 ou Novell NetWare é checado em busca de mudanças em documentos em um diretório indexado. Se forem encontradas mudanças, acontece uma varredura incremental;
- Uma varredura total é forçada pelo administrador usando o *snap-in* (módulo adicional) Indexing Service Manager do Microsoft Management Console.

Quando ocorre uma varredura e um documento, novo ou alterado, é encontrado, seu conteúdo precisa ser anexado ao índice. A Figura 8-1 esboça, em detalhes, o processo de filtragem. Documentos no corpo que foram varridos e exigem indexação são enviados primeiro a um *content filter* (filtro de conteúdo), cuja função principal é extrair texto do documento. Filtros de conteúdo são associados a diferentes formatos de documentos; por exemplo, há um filtro de conteúdo para Microsoft Word, outro filtro para Excel, e assim por diante. O mecanismo do filtro de conteúdo é extensível para que filtros de terceiros possam ser acrescentados ao Indexing Service, capacitando-o a indexar outros formatos de documentos.

Capítulo 8 - Como administrar a indexação

```
[novo documento] ⇒ [filtro de conteúdo] ⇒ [seqüência de caracteres]
                                                    ⇓
[lista de palavras] ⇐ [normalizador] ⇐ [separador de palavras]
```

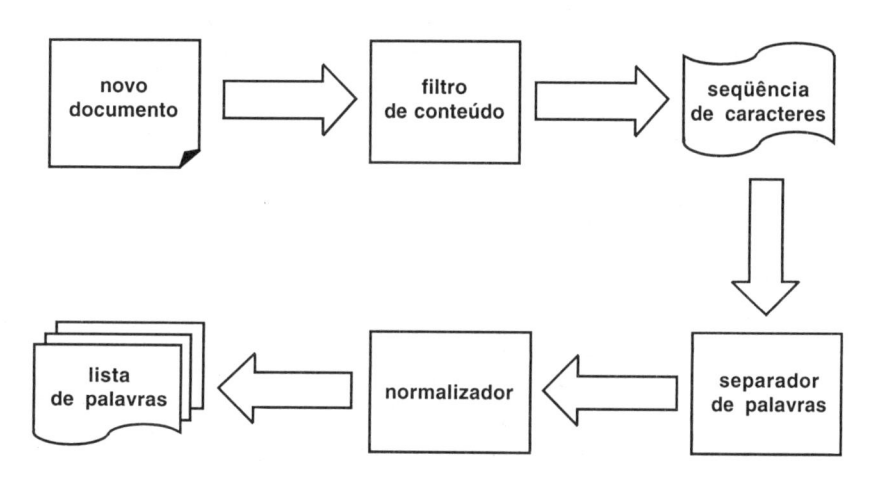

Figura 8-1 Esboço do processo de filtragem

Filtros de conteúdo também são responsáveis por reconhecer a ocorrência de objetos embutidos em documentos e ativar o conteúdo de filtro apropriado para lidar com estes objetos. Finalmente, filtros de conteúdo lidam com trocas de idiomas nos documentos: por exemplo, do francês para o inglês e vice-versa.

O fluxo de caracteres de texto produzido pelo filtro de conteúdo é então enviado a um *word breaker* (separador de palavras), uma ferramenta específica de linguagem para reconhecer palavras dentro da sequência de caracteres. As palavras que são emitidas a partir do separador de palavras são enviadas a um *normalizer* (normalizador), que realiza uma série de tarefas, dentre as quais:

- Remover palavras com ruído (e, o, para, etc.);
- Lidar com letras maiúsculas;
- Remover pontuação.

O resultado final produzido pelo normalizador no processo de filtragem de conteúdo é uma *word list* (lista de palavras), que é um índice temporário do documento que permanece armazenado na RAM do servidor em estado descompactado. Listas de palavras são o resultado final do processo de varredura e filtragem de conteúdo e são o tipo mais simples de índice produzido pelo Indexing Service. Elas formam uma espécie de etapa intermediária temporária para a criação de *índices persistentes*, que são índices de múltiplos documentos compactados, armazenados em disco.

O estágio final da indexação é a combinação, ou *consolidação*, de listas de palavras e índices persistentes para criar um único índice principal. Este processo de fusão ocorre em dois estágios, delineados nas Figura 8-2 e 8-3.

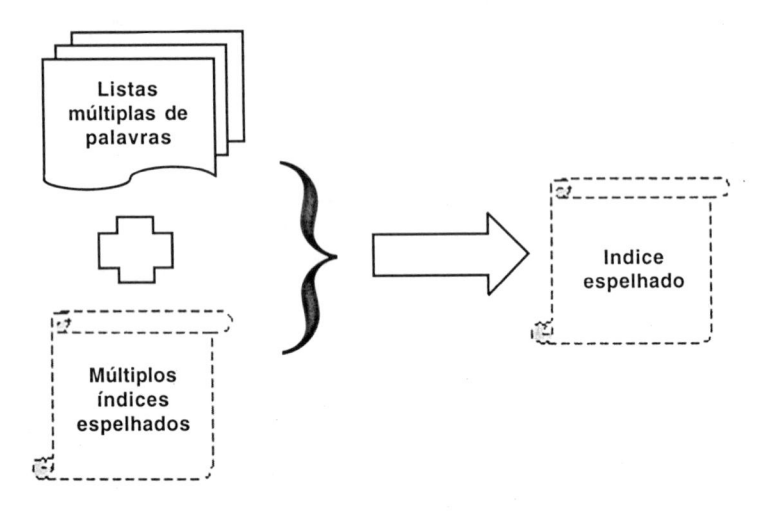

Figura 8-2 *Listas de palavras e índices espelhados (shadow) são combinados em um novo índice por uma consolidação espelhada*

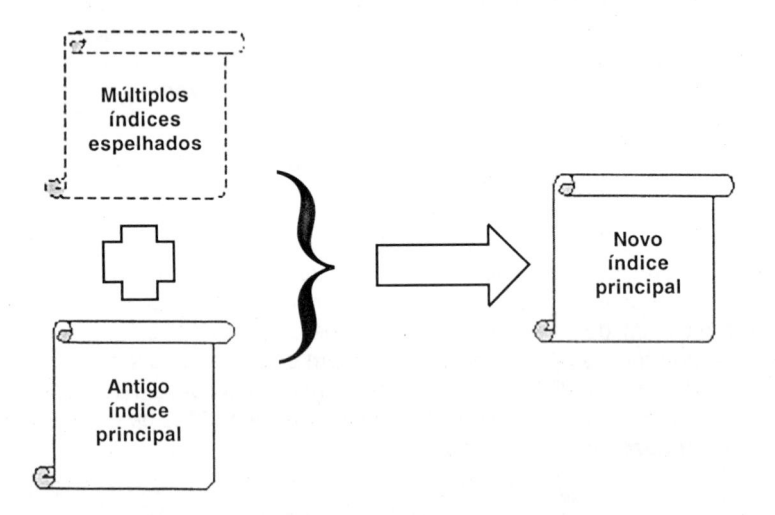

Figura 8-3 *Índices espelhados e antigo índice principal são combinados em um novo índice principal por uma fusão principal*

Capítulo 8 - Como administrar a indexação 241

Shadow indexes (índices espelhados) são índices persistentes (índices armazenados em disco) que são formados pela consolidação de listas de palavras voláteis e outros índices espelhados. Este processo é chamado de *shadow merge* (consolidação espelhada) e ele libera memória do servidor e torna mais ágil a resposta às consultas. O processo de consolidação permite que dados redundantes sejam eliminados do catálogo, o que aumenta a eficiência do processo de consulta. Índices espelhados múltiplos podem estar, e normalmente estão, no catálogo em qualquer ocasião. Índices espelhados também são distinguidos de listas de palavras pois os dados de índice são armazenados em um formato compactado. Consolidações espelhadas ocorrem sob determinadas condições. Estas condições são especificadas por ajustes no Registry (Registro), mas elas também podem ser forçadas a partir do Indexing Service Manager.

Se o sistema está relativamente ocioso e existem recursos disponíveis, ocorre uma *annealing merge* (consolidação rígida). Uma consolidação rígida é um tipo de consolidação espelhade espelhamentos e resulta em menos índices espelhados, liberando espaço em disco e conferindo agilidade às consultas.

O *master index* (índice principal) é o produto final do processo de indexação de conteúdo. Existe apenas um índice principal por catálogo. Este índice principal é mantido atualizado, fundindo-se com índices espelhados para criar um novo índice principal através de um processo conhecido como *master merge* (consolidação principal), que é um recurso muito intenso no servidor. O índice principal é um índice persistente, cujos dados são armazenados em um formato altamente compactado. Quando a indexação é completada em um corpo, não resta nenhuma lista de palavras ou índices espelhados. Existe apenas um índice principal, tornando o processo de consulta ainda mais eficaz. Consolidações principais são disparadas por condições especificadas pelos ajustes no Registry, mas elas também podem ser forçadas a partir do Indexing Service Manager.

O *catalog* (catálogo) é a estrutura organizacional de mais alto nível no Indexing Service e contém o índice, as informações de configuração que identificam os diretórios e os compartilhamentos sendo indexados e outras informações. Cada catálogo é uma entidade distinta, separada; consultas não podem ser feitas através de vários catálogos, são restritas a um único catálogo. Quando é feita uma instalação típica do Windows 2000, é criado um único *catálogo-padrão* para o servidor, e os seguintes diretórios e servidores virtuais são indexados (supondo que o IIS 5.0 esteja instalado no *drive* C):

Web *site* Default	C:inetpub\wwwroot\
Diretório virtual de exemplos do IIS	C:\inetpub\iissamples\
Web *site* de administração do IIS	C:\<system root>\system32\inetsrv\iisadmin\
Documentação do IIS	C:\<system root>\help\

Diretório dos Active Data Objects	`C:\program files\common files\system\ado\`
Diretório de serviços de dados remotos	`C:\program files\common files\system\msdac\`
Diretório de correio SMTP	`C:\inetpub\mail\`

O catálogo-padrão é armazenado no seguinte caminho:

`C:\inetpub\catalog.wci\`

O diretório Catalog.wci nunca é indexado pelo Index Server (Servidor de índice), mesmo que ele esteja mapeado para um diretório virtual.

> **Nota:**
> Você pode não ver a pasta Catalog.wci quando olhá-lo pela primeira vez. O Windows 2000 oculta sistemas de arquivos e pastas do usuário, por padrão, e o Catalog.wci é considerado uma pasta de sistema. Mude suas opções no Windows 2000 Explorer para ver pastas e arquivos ocultos, com isso você poderá ver Catalog.wci.

Catálogo adicionais podem ser criados e estes podem ser atribuídos a documentos armazenados em diretórios virtuais, servidores virtuais e até a múltiplos servidores físicos. Catálogos que são criados precisam estar contidos em lugares cujos ACLs permitam aos administradores e ao sistema terem controle total. Mais adiante neste capítulo apresentamos um guia sobre isto.

> **Nota:**
> As consultas não podem transpor catálogos múltiplos. Por isso, criar novos catálogos significa que você não será mais capaz de buscar globalmente em todo o corpo de seus documentos. Isto pode ser desejável ou não, dependendo da função de seu site.

Como entender o processo de consulta

Indexing Services oferecem várias maneiras de usar arquivos `idq` e `asp`. O método a seguir descreve o processo usado com arquivos `idq` e `htx`:

- Um *formulário de consulta* HTML, que o usuário completa e submete (arquivo `.htm`).
- Um *arquivo de consulta de dados Internet*, o qual define os parâmetros básicos da consulta, incluindo seu escopo e restrições (arquivo `.idq`);

Capítulo 8 - Como administrar a indexação **243**

- Uma *extensão de arquivo* HTML, que formata o resultado da consulta e é usada para gerar uma página de resposta em HTML (arquivo .htx).

Os arquivos .idq e .htx precisam estar em um diretório virtual com permissões de leitura e *script* atribuídas (ou de leitura e execução).

O processo básico de emitir uma consulta e receber uma resposta do Indexing Service também pode ser dividido em uma série de etapas (veja a Figura 8-4).

1. O usuário realiza uma consulta completa e envia o formulário de consulta (aqui chamado de Query.htm).
2. A consulta enviada e o arquivo .idq (aqui chamado de Query.idq) são passados, pelo IIS, ao Index Server, onde são processados nos arquivos dos catálogo.
3. O Index Server retorna os resultados brutos da consulta e os formata, usando o arquivo .htx (aqui chamado de Query.htx).
4. Os resultados formatados são retornados ao usuário como uma página HTML estática (aqui chamada de Result.htm).

Para entender melhor o processo de consulta .idq/.htx, vamos trabalhar com um exemplo simples. Primeiro, o arquivo .htm é um formulário simples, que pede ao usuário que forneça palavras-chave na caixa de texto de consulta e pressione Submit (Enviar) para executar a consulta:

```
<HTML>
<HEAD><TITLE>Simple Query Form</TITLE></HEAD>
<BODY>
<FORM ACTION = "query.idq" METHOD = "GET">
<P>Search for the following:
<INPUT TYPE = "text" NAME = "CiRestriction">
<INPUT TYPE = "submit" VALUE = "Search now!">
<INPUT TYPE = "reset" VALUE = "Erase and start again!">
</FORM>
</BODY>
</HTML>
```

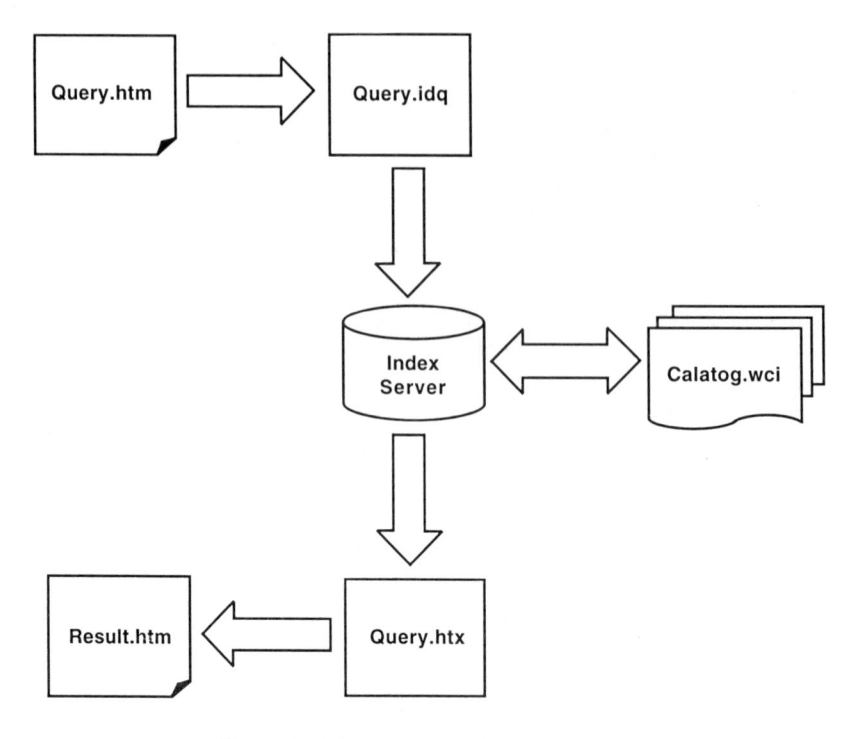

Figura 8-4 *O processo de consulta .idq/.htx*

Observe, no formulário HTML anterior, que:

- O arquivo `Query.idq` toma o lugar de um mecanismo disparador de formulário regular;
- O formulário envia seus dados usando o método `GET`, que anexa os dados da consulta ao URL do disparador e passa isto como um texto *string* ao servidor;
- As palavras de consulta digitadas na caixa de texto são designadas à variável `CiResolution`.

A seguir, suponha que o arquivo de dados de consulta à Internet (`.idq`) tenha a seguinte estrutura:

```
[Query]
CiCatalog=c:\iscatalogs
CiRestriction=%CiRestriction%
CiMaxRecordsInResultSet=50
CiMaxRecordsPerPage=10
```

Capítulo 8 - Como administrar a indexação

```
CiScope=/
CiFlags=DEEP
CiTemplate=/Query.htx
```

O arquivo `Query.idq` acima pode ser explicado assim:

- O catálogo a ser buscado está contido no diretório `C:\iscatalogs`;
- A consulta de palavras buscadas deve estar contida na variável `%CiRestriction%` que é passada a partir do formulário de consulta;
- O número máximo de resultados retornado é `50`;
- O número de resultados retornados por página é `10`;
- O escopo da consulta começa no *root* (`/`) do corpo e inclui todos os subdiretórios (`DEEP`);
- Os resultados gerados pela consulta serão formatados pelo arquivo `Query.htx`.

Finalmente, suponha que, ao processar a consulta, o Index Server retorne os resultados processados com o seguinte arquivo `.htx`:

```
<HTML>
<HEAD><TITLE>Results of simple Query</TITLE></HEAD>
<body>
<%IF cImATCHEDrECORDcOUNT EQ 0%>
No documents for the query "<%CiRestriction%>".
<%else%>
Documents <%CiFirstRecordNumber%> to <%CiLastRecordNumber%> of
    <%if CiMatchedRecordCount eq CiMaxRecordsInResultset%>
    the first
    <%endif%>
<%CiMatchedRecordCount%>
matching the query "<%CiRestriction%>".
<%endif%>
</BODY>
</HTML>
```

Se a consulta retorna um total de 25 documentos, a seguinte página de resultados será apresentada ao usuário:

Documents 1 to 10 of 25 matching the query.

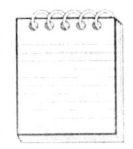

> **Nota:**
>
> Você também pode criar formulários de consulta Indexing Services usando ASPs — Active Server Pages, mas consultas .idq/.htx normalmente são mais rápidas e mais eficientes com o uso de recursos de servidor do que consultas ASP. Veja a seção da MSDN Online Library *sobre* Indexing with Internet Information Services (Indexação com Internet Information Services) *em* msdn.microsoft.com.

Recursos de correção automática de erros do Indexing Service

Quando ocorre um erro no processo de indexação, com freqüência o Indexing Service é capaz de corrigir o erro sem qualquer intervenção do usuário. Alguns exemplos incluem o seguinte:

- Caminhos desconectados — se o Indexing Service está indexando conteúdo em compartilhamento remoto de rede e aquele compartilhamento é desconectado, o Indexing Service checará repetidamente aquele compartilhamento até que a conexão retorne e o catálogo possa ser atualizado;

- Sobrecarga de *buffer* — se o conteúdo é armazenado em um volume NTFS local, o sistema de arquivos normalmente notifica Index Server quando arquivos são modificados e devem ser reindexados. Se a taxa de arquivos modificados é alta, o número de mensagens de modificação de arquivos será alto, resultando em sobrecarga do *buffer* com conseqüente perda de mensagens. O Index Server detecta esta condição e faz uma varredura incremental para corrigi-la;

- Disco cheio — se o volume no qual o catálogo está localizado está quase cheio, a indexação pára e uma mensagem de registro de evento é escrita no registro de aplicativos. O administrador deve, então, interromper o Indexing Service, corrigir o problema (ampliando o volume ou movendo o catálogo para um volume diferente) e depois reiniciar o Indexing Service (as etapas para mover o catálogo para outro volume são delineadas na documentação *online*);

- Corrupção de dados — se os dados do catálogo tornam-se corrompidos (danificados), o Indexing Service escreve uma mensagem de registro de evento no registro de aplicativo e faz, automaticamente, uma recuperação, refiltrando todo o corpo, se necessário. Se for necessária uma nova filtragem, consultas não são permitidas. O administrador deve interromper e depois reiniciar o serviço Content Index, para que a recuperação possa ser iniciada.

> **Nota:**
> Muitos eventos escritos no registro de aplicativo pelo serviço de CI — Content Index (Conteúdo de índice) são apenas informativos. Os administradores devem monitorar regularmente estes registros em busca de avisos e eventos de interrupção.

Como configurar o Indexing Service

O Indexing Service e o processo de indexação podem ser gerenciados de diversas maneiras:

- Usando o *snap-in* Indexing Service Manager do Microsoft Management Console;
- Criando um conjunto de arquivos .ida/.htx personalizados para administração remota através de um *browser* (para catálogos criados pelo usuário);

Capítulo 8 - Como administrar a indexação

- Configurando determinados ajustes Registry para gerenciar a varredura automática e processos de consolidação.

No entanto, antes de implementarmos o Indexing Service, alguns aspectos de planejamento devem ser efetuados.

Planejamento para indexação

Os seguintes aspectos e exigências de sistema devem ser considerados antes de implementar Index Server (visto que o Indexing Service é automaticamente instalado durante uma instalação típica de Windows 2000 Server):

- Arquivos de programa Index Server podem ocupar de 3MB a 12MB, dependendo dos módulos de idioma instalados;
- A memória RAM recomendada depende do tamanho do corpo a ser indexado. As recomendações da Microsoft são descritas a seguir:

Número de documentos	RAM exigida (em MB)
Menos de 100.000	64
100.000-250.000	de 64 até 128
250.000-500.000	de 128 até 256
Mais de 500.000	256 ou mais

- Os valores RAM acima são apenas uma estimativa. As exigências reais dependerão da taxa de consultas e da taxa de modificação de arquivos no corpo. Monitore o desempenho do Indexing Service para determinar se haverá necessidade de mais RAM;
- O tamanho total do corpo a ser indexado deve ser previsto antecipadamente. Aproximadamente 40% deste valor será o espaço em disco necessário para os arquivos `Catalog.wci` para este corpo, portanto selecione um *drive* que tenha espaço livre suficiente para o catálogo. Por exemplo, se os corpos dos documentos a serem indexados ocupam 500MB de espaço no disco rígido, você precisará de um *adicional* de 40% x 500MB = 200MB de espaço livre no disco rígido para o catálogo Index Server e seus arquivos associados.;
- A localização preferencial para seu corpo e para o catálogo é em um volume NTFS em um Windows 2000 Server, para usufruir das vantagens de segurança e do recurso de notificação de mudança de volumes NTFS.

Como administrar o Indexing Service usando o MMC

Conforme mencionado anteriormente, quando é feita a instalação típica do IIS 5.0, o Indexing Service também é instalado. O Web *site default* é imediatamente indexado, criando um catálogo-padrão, `Catalog.wci`, localizado em

`C:\inetpub\`

Para administrar o catálogo *default* no Indexing Service, selecione Start (ou Iniciar, se a sua versão do Windows 2000 for em português), Administrative Tools (Ferramentas administrativas), Computer Management (Gerenciamento de computador) para abrir o Microsoft Management Console. Expanda o nó Services and Applications (Serviços e aplicativos) para exibir o *snap-in* Indexing Service Manager (Figura 8-5).

Como verificar o *status* de indexação

Para verificar o *status* de indexação de cada catálogo, selecione o ícone Indexing Service no painel de escopo (à esquerda). Uma lista de catálogos aparecerá no painel resultante, à direita. No caso da Figura 8-5, os catálogos exibidos serão o catálogo System para buscar o sistema de arquivo e o catálogo Web para fornecer funções de busca ao seu Web *site*.

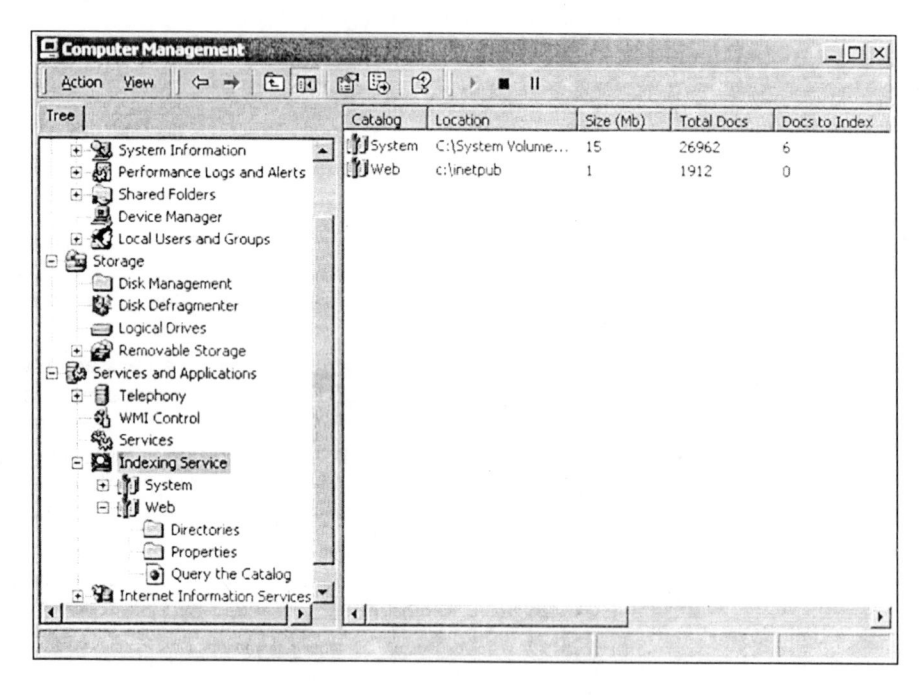

Figura 8-5 *Gerenciamento de Indexing Services com o snap-in MMC*

Capítulo 8 - Como administrar a indexação

As colunas que aparecem na moldura resultante quando o ícone Index Server é selecionado no painel de escopo são como a seguir:

- Catálogo — nome amigável para o catálogo;
- Localização — localização física do diretório `catalog.wci`;
- Tamanho — espaço em disco ocupado por índices persistentes;
- Total de documentos — tamanho dos corpos indexados até o momento;
- Documentos a indexar — quantidade de corpos que ainda serão indexados;
- Deferidos para indexação — quantidade de documentos deixados de lado pela indexação;
- Listas de palavras — quantidade de listas de palavras atualmente na RAM;
- Índices salvos — quantidade de índices gravados no disco rígido;
- *Status* — situação do conteúdo de processo de indexação.

Quando Saved Indexes (Índices salvos) são iguais a um e Docs to Index e Word lists são iguais a zero, os corpos estão totalmente indexados e completamente otimizados para consultas.

O campo *status* pode assumir um dos seguintes valores:

- Consolidação espelhada;
- Consolidação principal;
- Consolidação rígida;
- Varredura necessária;
- Varredura;
- Recuperação.

A única mensagem de *status* que exige a ação do administrador é "Scan required" (Varredura necessária). Ao ver esta mensagem, você deve forçar uma varredura (explicaremos como fazer isto mais adiante).

Como configurar as propriedades globais de Indexing Service

Para configurar propriedades globais para o Indexing Service, clique com o botão direito do mouse no ícone Indexing Service no painel de escopo e selecione Properties a partir do menu de atalho. Aparece a página Properties, catalog_name. Esta página tem três abas: General (Geral), Tracking (Rastreamento) e Generation (Geração).

A guia General (veja a Figura 8-6) exibe:

- O nome amigável do catálogo (o catálogo default é chamado de Web);
- A localização física do diretório de catálogo;
- O tamanho atual do índice principal (em megabytes);

- O tamanho atual da propriedade de *cache* (armazenamento temporário) (em megabytes).

A guia Tracking (veja a Figura 8-7) permite que você:

- Selecione se deve habilitar indexação de diretórios virtuais para o catálogo selecionado;
- Selecione qual servidor virtual (Web *site*) será associado ao seu catálogo selecionado;
- Selecione os novos servidores que serão associados ao catálogo selecionado.

A guia Generation (veja a Figura 8-8) permite que você:

- Escolha se arquivos com extensões de arquivo não registradas serão indexados assim mesmo;
- Escolha se resumos (sumários) serão exibidos quando uma consulta for executada (o default é sim);

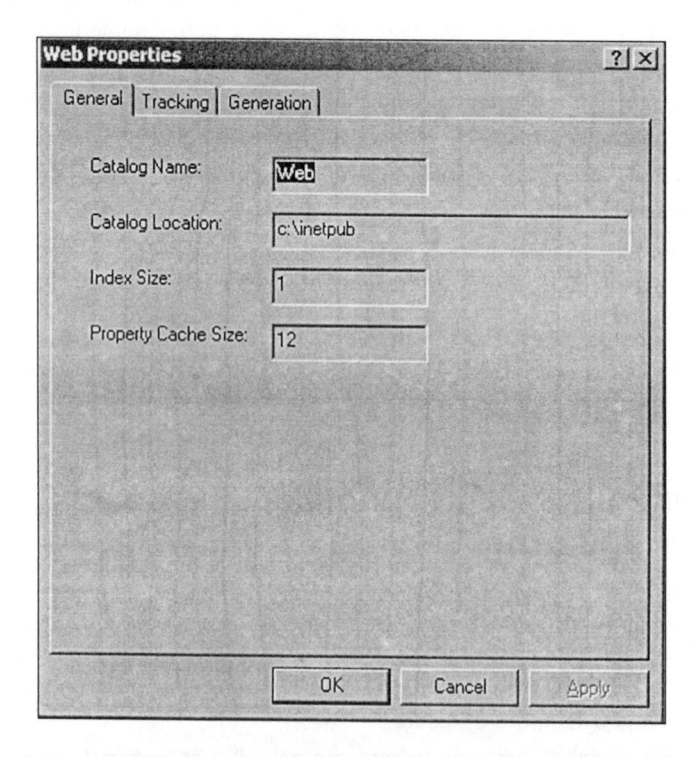

Figura 8-6 A guia General na página de propriedades do catálogo Indexing Services, chamada Web

Capítulo 8 - Como administrar a indexação

- Determine o tamanho máximo (em bytes) dos resumos exibidos quando uma consulta for executada (o default é de 320 bytes);
- Selecione se estes parâmetros serão herdados das propriedades do serviço principal.

Como determinar os diretórios sendo atualmente indexados

Para determinais quais diretórios físicos estão sendo indexados atualmente, expanda o nó do catálogo selecionado no painel de escopo para exibir os ícones Directories and Properties sob ele. Clique no ícone da pasta Directories para selecioná-la e ver os diretórios virtuais sendo indexados neste catálogo, no painel de resultados. (Os diretórios físicos mapeados aos diretórios virtuais no *site* normalmente são exibidos aqui — veja a Figura 8-9.)

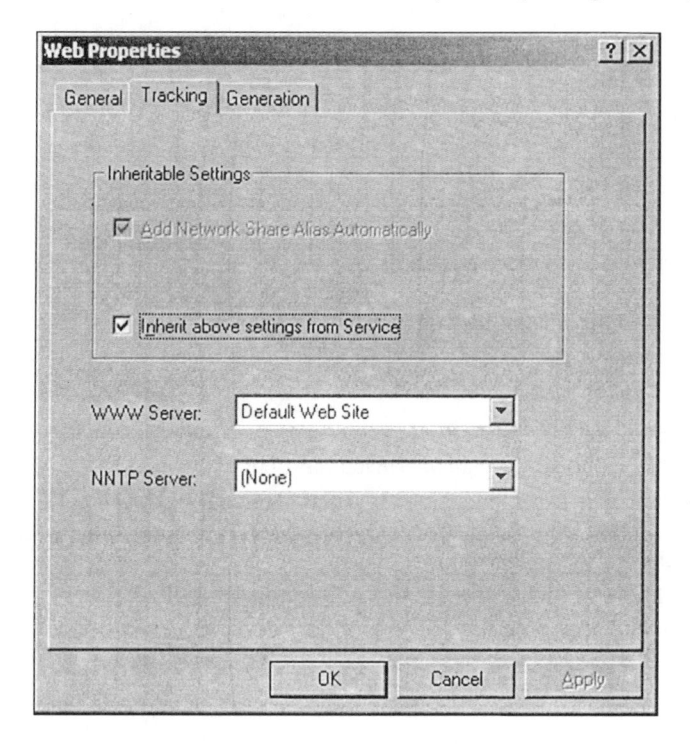

Figura 8-7 A guia Tracking na página de propriedades do catálogo Indexing Services, chamada Web

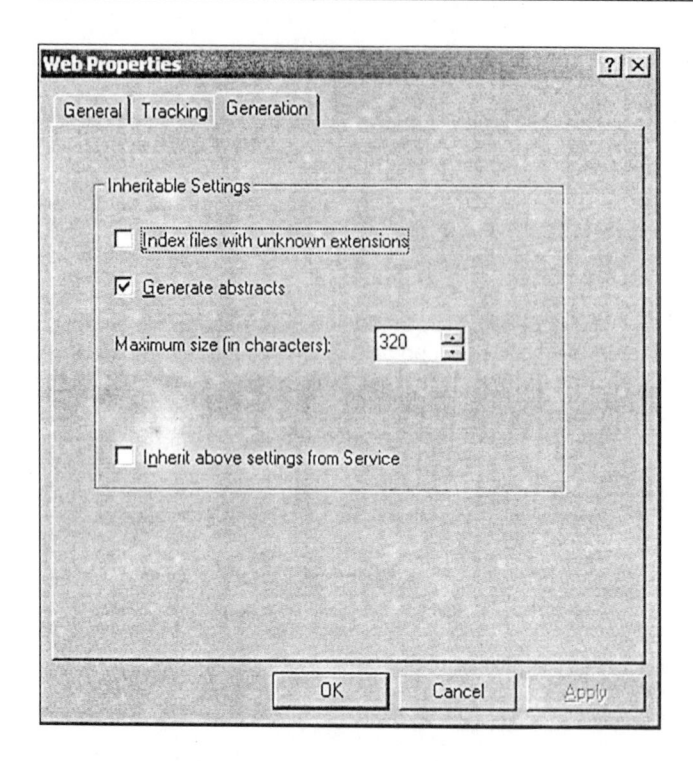

Figura 8-8 *A guia Generation na página de propriedades do catálogo Indexing Services, chamada Web*

As colunas exibidas para cada diretório virtual sendo indexado incluem:

- Root (Raiz) — mostra o caminho físico para cada *root* sendo indexada;
- Alias (Apelido) — Um caminho que o usuário acrescenta, que é retornado quando um cliente submete uma consulta a partir de um computador remoto (o default é Not Applicable — não aplicável);
- Include (Incluir) — onde Yes (Sim) significa que o diretório foi incluído no escopo e está indexado.

Capítulo 8 - Como administrar a indexação 253

Como determinar as propriedades armazenadas por um catálogo

Para determinar as propriedades armazenadas por um catálogo, clique no ícone da pasta Properties sob o ícone do catálogo selecionado no painel de escopo e veja as propriedades armazenadas do catálogo selecionado no painel de resultados (veja a Figura 8-10).

O Indexing Service faz a indexação não apenas do texto de documentos, mas também de suas propriedades. No painel de resultados, estão listadas as várias propriedades que podem ser indexadas, algumas das quais são descritas por nomes amistosos. Se uma propriedade não tem entrada nas colunas Data Type (Tipo de dados) e Cached Size (Tamanho armazenado), atualmente não existem cópias armazenadas daquela propriedade. Informações sobre propriedades individuais também podem ser acessadas, clicando à direita de uma propriedade selecionada e escolhendo Properties a partir do menu de atalho que abre a página Property da propriedade selecionada (veja a Figura 8-11).

Para mais informações sobre propriedades que podem ser armazenadas, consulte o arquivo de ajuda Windows 2000.

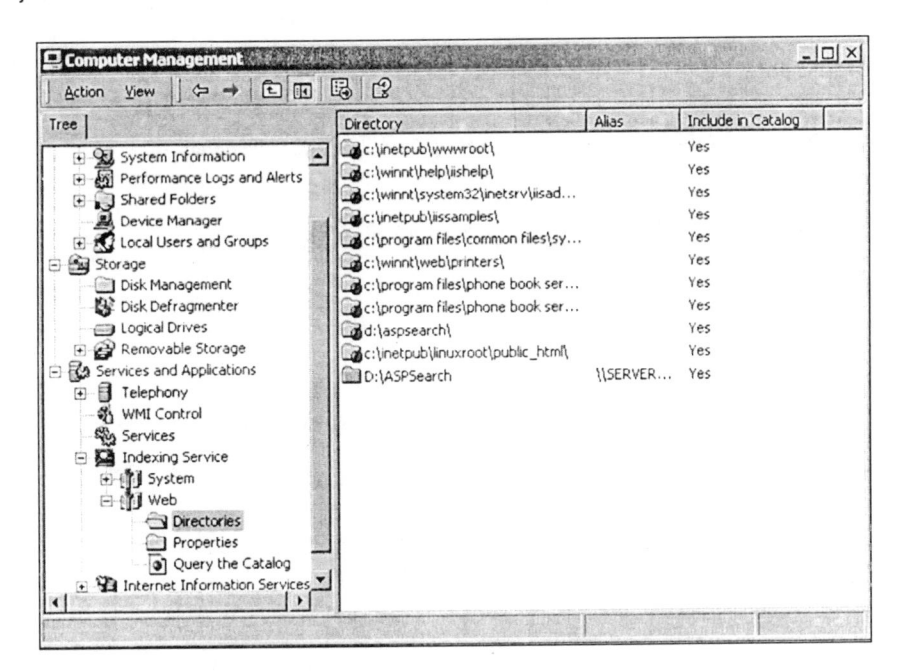

Figura 8-9 Uma lista de diretórios virtuais do catálogo chamado Web sendo indexados, ordenadas por seus caminhos físicos

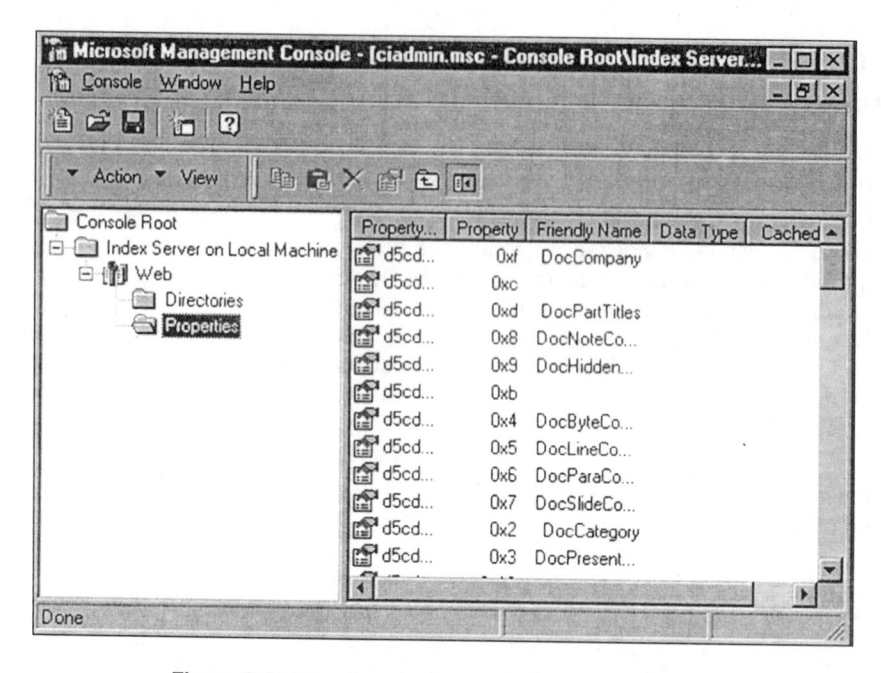

Figura 8-10 Visualizando de propriedades armazenadas de um catálogo selecionado

Figura 8-11 Página de propriedades de uma propriedade em particular

Como forçar a varredura de um diretório virtual

Para forçar a varredura de um diretório virtual, expanda o nó do catálogo selecionado no painel de escopo para mostrar os ícones de pasta Directories and Properties sob ele (veja a Figura 8-9). Clique no ícone de pasta Directories para selecioná-la. A partir da lista de diretórios virtuais mostrada no painel de resultados, clique com o botão direito do mouse no diretório virtual que você deseja digitalizar e selecione All Tasks, Rescan (Full) (Todas as tarefas, Repetir a varredura — Total) do menu de atalho. A caixa de diálogo Full Rescan aparecerá, pedindo que você confirme sua decisão, clicando em Yes.

Em geral, uma varredura deve ser forçada se:

- Você alterou o tamanho da caracterização na página de propriedades do Indexing Services;
- Você acrescentou ou removeu um novo separador de palavra ou filtro (por exemplo, para outro idioma);
- Você alterou a filtragem em extensões que não são reconhecidas.

Como forçar uma consolidação

Para forçar uma consolidação de todos os índices persistentes em um catálogo, clique com o botão direito do mouse no nó do catálogo no painel de escopo e selecione All Tasks, Merge a partir do menu de atalho. A caixa de diálogo Merge aparecerá, pedindo que você confirme sua decisão, clicando em Yes.

Consolidações normalmente são forçadas quando:

- Você acrescenta ao corpo grande quantidade de novos documentos e eles precisam ser imediatamente consultados;
- Consultas ao seu catálogo diminuíram devido à grande quantidade de índices persistentes. Forçar uma consolidação criará um índice principal eficiente, tornando mais eficiente o processo de consulta.

Como interromper e parar o Content Index Service

Para parar ou iniciar o Content Index Service, você pode usar um dos métodos a seguir:

- No *snap-in* Computer Management do MMC, clique com o botão direito do mouse no nó Indexing Services, no painel de escopo, e escolha Stop ou Start no menu de atalho;
- Selecione o nó Services do *snap-in* Computer Management do MMC, selecione o serviço Indexing no painel à direita e selecione Stop ou Start a partir do menu de atalho (veja a Figura 8-12).

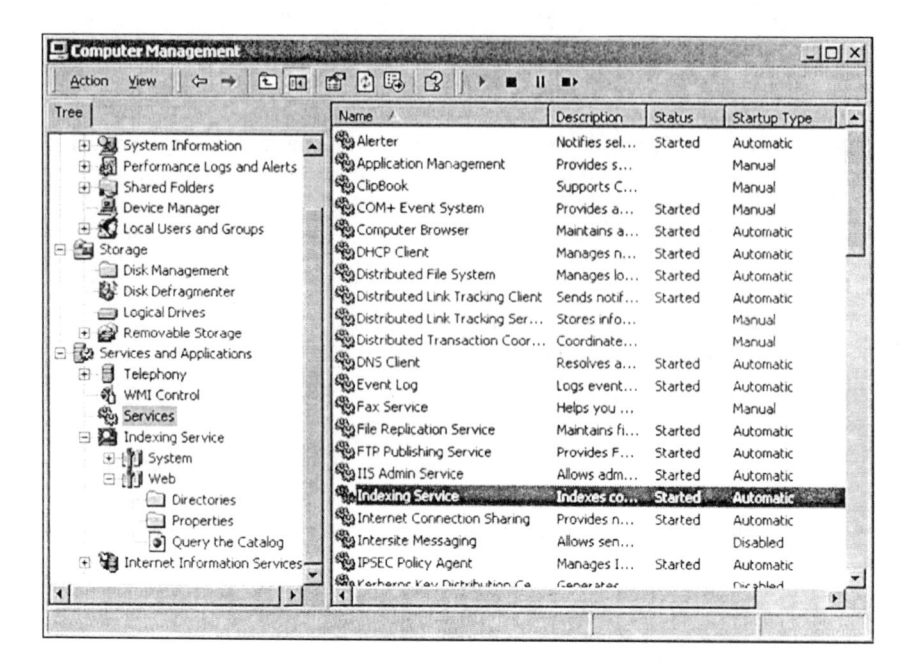

Figura 8-12 Parando e iniciando o Indexing services a partir do nó Services no MMC

Como habilitar a indexação em diretórios virtuais

Para que um diretório virtual seja indexado, clique com o botão direito do mouse no diretório virtual (ou seu servidor virtual pai, se você quiser indexar todos os diretórios virtuais que pertencem a determinado servidor virtual) no Internet Services Manager (MMC com *snap-in* IIS instalado). Selecione Properties para abrir a página Directory Property, selecione a guia Directory e, sob a guia Content Control, coloque uma marca de verificação na caixa de verificação Index This Directory (Indexar este diretório). O Index Server (se ele estiver sendo executado) agora indexará seu diretório virtual.

Você terá um exemplo deste procedimento no teste que apresentamos mais adiante neste capítulo.

Capítulo 8 - Como administrar a indexação   **257**

Como habilitar indexação em diretórios não-virtuais (físicos)

Para levar um diretório não-virtual (físico) a ser indexado, clique com o botão direito do mouse no catálogo ao qual você deseja que o diretório seja indexado, no *snap-in* Computer Management do MMC, e selecione New, Directory no menu de atalho (observe que isto não cria um diretório físico, mas apenas torna disponível para indexação um diretório físico existente). Agora a caixa de diálogo Add Directory aparece (veja a Figura 8-13).

Forneça o caminho local para o diretório físico que você deseja indexar, digite um alias UNC que será o caminho retornado ao cliente quando o cliente consultar o diretório (tipicamente, este é o UNC do diretório compartilhado criado no diretório) e clique em OK.

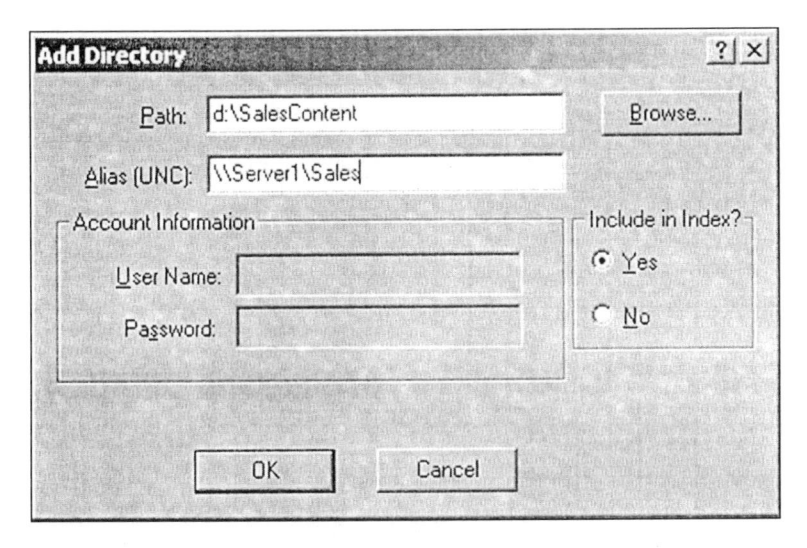

Figura 8-13 Habilitação de indexação
em um diretório físico (não-virtual)

Configurações de registro do Index Server

Administradores também pode configurar determinados parâmetros do registro do Index Server para controlar como os processos de varredura automática e consolidação ocorrem. A seguir está uma lista de algumas das configurações de registro mais importantes. Estas configurações de registro são armazenados sob:

```
\HKEY_LOCAL_MACHINE
    System
        CurrentControlSet
            Control
                ContentIndex
```

Configurações de registro associados com *listas de palavras* e *consolidações espelhadas*:

- MaxWordLists — a quantidade máxima de listas de palavras que pode existir de cada vez. Quando esta quantidade é excedida, ocorre uma consolidação espelhada;
- MaxWordlistSize — a quantidade máxima de memória ocupada por uma lista de palavras em incrementos de 128KB;
- MinWordlistMemory — a quantidade mínima de memória livre necessária para criar listas de palavras;
- MinSizemergeWordlists — o tamanho agregado mínimo de listas de palavras que força uma consolidação espelhada.

Ajustes de registro associados com *consolidações principais*:

- MasterMergeTime — o tempo default de consolidação principal é "cada noite, à meia-noite". Você pode mudar este parâmetro para quando a carga do servidor for menor;
- MinDiskFreeForceMerge — uma consolidação principal será iniciada se o espaço livre em disco for menor do que este parâmetro, e se o espaço de índice espelhado agregado for maior do que MaxShadowFreeForceMerge;
- MaxShadowIndexSize — uma consolidação principal será iniciada se o espaço de índice espelhado agregado exceder este valor;
- MaxFreshCount — se a quantidade de documentos modificados desde a última consolidação espelhada exceder este valor, será feita uma nova consolidação principal.

Guia — Como indexar um servidor virtual

No teste a seguir, usaremos o Indexing Services para indexar um novo servidor virtual a conteúdos da Web que estão tanto na máquina local quando em um compartilhamento de rede. No processo, também criaremos um novo catálogo exclusivamente para este servidor virtual e modificaremos o conjunto existente de arquivos de consulta .idq/.htx para suportar uma página de busca para nosso Web *site*. Você precisará de algum conteúdo misto (arquivos Word e HTML, por exemplo) para o novo *site* se você quiser acompanhar o texto a seguir.

Primeiro, modificaremos o MMC para que possamos administrar ambos, o IIS e o Indexing Services. Clique em Start (ou Iniciar), Run (ou Executar), digite MMC e clique em OK para abrir o MMC.

Na barra de menu MMC, clique em Console, Add/Remove Snap-in. Na caixa de diálogo Add/Remove Snap-in, clique em Add, selecione Indexing Service e clique em OK. A esta altura, a caixa de diálogo Connect to Computer aparece, perguntando se o Indexing Service que você deseja gerenciar é local ou remoto (veja a Figura 8-14). Selecione Local Computer e clique em Finish. Selecione Internet Information Service, clique em OK e depois clique em OK para retornar ao MMC.

Capítulo 8 - Como administrar a indexação

A seguir, criaremos um novo Web Site com um diretório base local e dois diretórios de conteúdo, um local e um remoto. Mas, antes de fazermos isto, criaremos os diretórios necessários. Criamos os seguintes diretórios e acrescentamos o conteúdo descrito a eles:

- Em server1 (máquina local):

    Crie `D:\litroot`;

    Diretório contém default.htm (padrão.htm);

    Crie `D:\lit`;

    Diretório contém documentos HTML.

- Em server2 (máquina remota):

    Crie `C:\lit2`;

    Compartilhe como `MORELIT`;

    Diretório contém documentos Word.

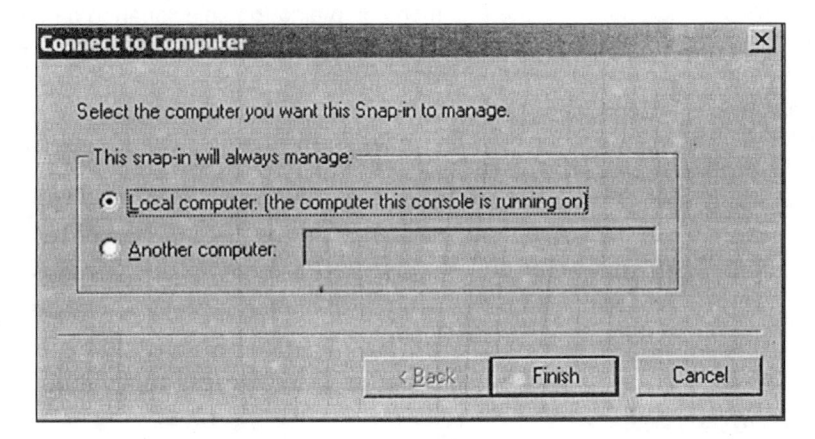

Figura 8-14 Acréscimo do Indexing Service ao MMC

Para criar o novo servidor virtual, abra o nó Internet Information Services no MMC, selecione o nó do servidor local (aqui, server1), clique com o botão direito do mouse nele e selecione New, Web Site no menu de atalho.

O New Web Site Wizard aparece. Forneça um nome para o Web *Site* (por exemplo, MyLitWeb), selecione um endereço IP (aqui, 192.168.0.54, que é um dos endereços IP ligados ao adaptador de rede no server1), escolha D:\litroot como o diretório pessoal, aceite os *defaults* restantes e clique em Finish para criar o novo servidor virtual.

Para criar os dois diretórios virtuais de conteúdo, clique à direita do recém-criado nó MyLitWeb e selecione New, Virtual Directory para executar o New Virtual Directory Wizard. Crie mapeamentos de *aliases* para diretórios físicos como a seguir:

Alias: lit1

Mapeado para: D:\lit em SERVER1

Alias: lit2

Mapeado para: \\SERVER2\MORELIT

Observe que quando você mapeia o segundo *alias* para o compartilhamento UNC, aparece uma caixa de diálogo, solicitando as credenciais de segurança que devem ser usadas para acessar o compartilhamento a partir do Web *site*. Previamente criamos um usuário chamado lituser no controlador de domínio e atribuímos a este usuário permissão de leitura no compartilhamento MORELIT em server2. Este é o usuário, cujas credenciais são agora fornecidas ao *wizard*.

Finalmente, precisamos iniciar o novo servidor virtual, clicando com o botão direito do mouse no nó MyLitWeb e selecionando Start no menu de atalho (ou selecionando o nó e clicando no botão Start na barra reforçada). A Figura 8-15 mostra o servidor virtual recém-criado e seus diretórios virtuais.

Agora criaremos um novo catálogo Indexing Service, especificamente para nosso novo Web *site*. No MMC, clique com o botão direito do mouse no nó Indexing Service e selecione Stop a partir do menu de atalho para parar o Indexing Service.

No servidor local, crie uma pasta para conter o novo catálogo (por exemplo, D:\litcat).

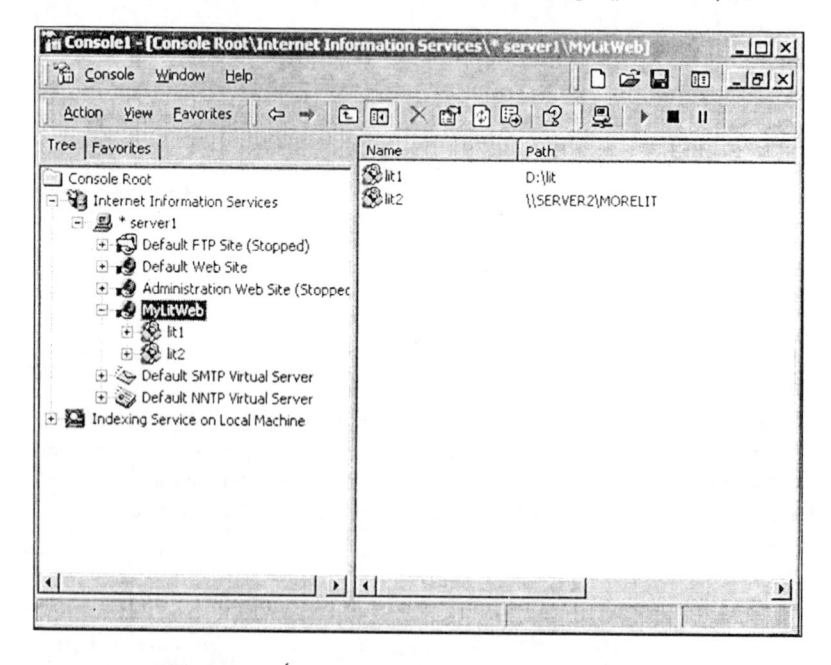

Figura 8-15 *É criado o novo servidor virtual MyLitWeb*

Capítulo 8 - Como administrar a indexação

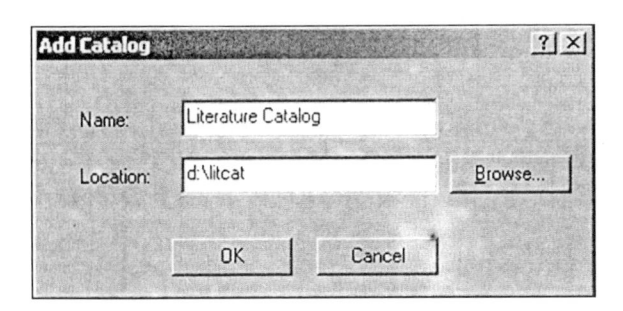

Figura 8-16 Criação de um novo catálogo para o novo servidor virtual

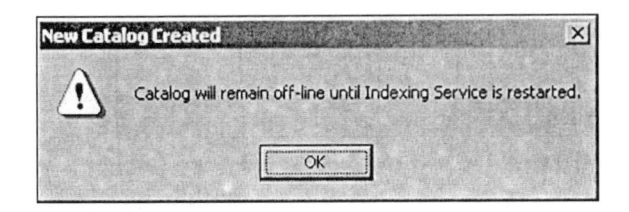

Figura 8-17 O novo catálogo permanece desligado até que o Indexing Service seja reiniciado

Clique com o botão direito do mouse no nó Indexing Service e selecione New, Catalog a partir do menu de atalho. Aparece a caixa de diálogo Add Catalog. Dê um nome ao novo catálogo e forneça sua localização (veja a Figura 8-16). Clique em OK. Uma caixa de diálogo avisa que o catálogo recém-criado permanecerá desligado até que você reinicie o serviço Content Index (veja a Figura 8-17).

Observe que, sob o nó Indexing Service, agora você tem três nós-filhos (veja a Figura 8-18):

- System (sistema), que é o catálogo-padrão para buscar o sistema de arquivo local
- *Web,* que é o catálogo Web padrão;
- Literature Catalog (Literatura do catálogo), que é o catálogo recém-criado.

Campos para tamanho de catálogo, número de documentos e assim por diante não contêm valores no painel de resultados MMC. Isto ocorre porque o serviço Content Index ainda não foi reiniciado.

Se você usar Windows Explorer para olhar os conteúdos de `D:\litcat`, verá que agora ele contém uma pasta `Catalog.wci`.

Antes de reiniciarmos Indexing Service, configuraremos o novo catálogo que criamos. Clique à direita do nó Literature Catalog (ou sempre que você chamá-lo) e selecione Properties a partir do menu de atalho para trazer para a frente a página Literature Catalog Properties.

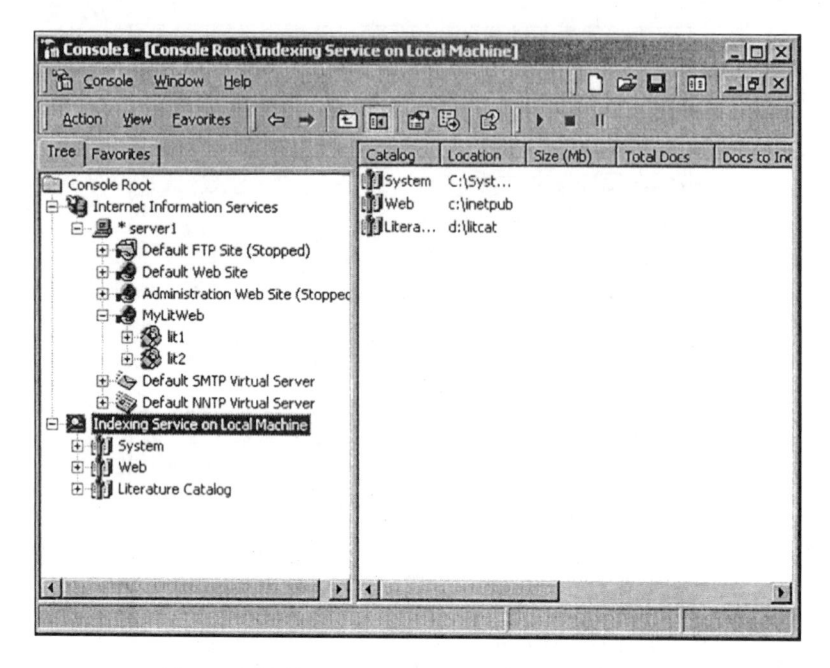

Figura 8-18 Um novo catálogo é criado para indexar o servidor virtual MyLitWeb

A guia General nesta página de propriedades dá as seguintes informações para o novo catálogo:

- Nome de catálogo;
- Localização de catálogo;
- Tamanho de catálogo.

A guia Tracking especifica:

- Opção de indexar diretórios virtuais (o *default* é marcado);
- Qual servidor virtual mapear para o catálogo;
- Opção de indexar novos diretórios e mapear um servidor de *news* ao catálogo.

A partir da caixa *drop-down* Virtual Server, selecione MyLitWeb. Esta ação associa o novo catálogo com o novo servidor virtual (veja a Figura 8-19).

A guia Generation especifica:

- A opção de indexar arquivos que têm extensões não reconhecidas;
- A opção de retornar sumários ou resumos de documentos por ocasião de uma consulta;

Capítulo 8 - Como administrar a indexação

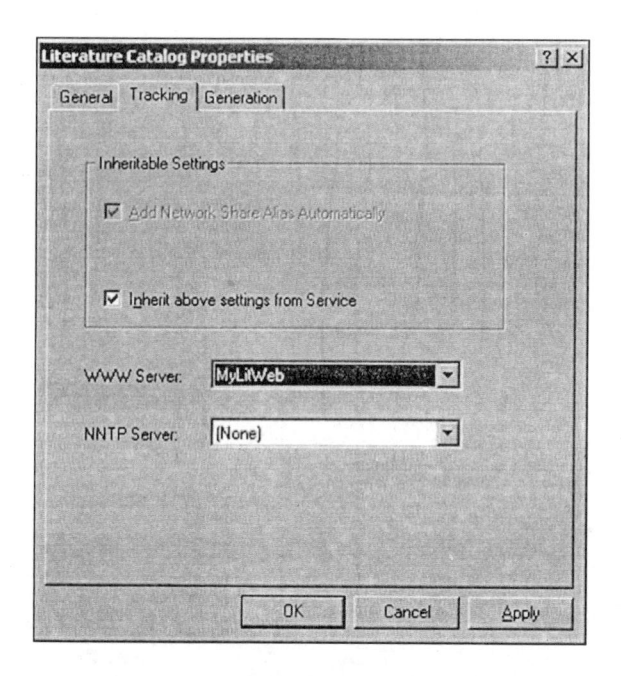

Figura 8-19 Mapeamento de um servidor virtual a um novo catálogo

- O tamanho, em caracteres, dos sumários de arquivo retornados pela consulta;
- A opção herdar configurações de Service (o *default* é marcado).

A esta altura, devemos habilitar nosso novo servidor virtual para indexação. No MMC, sob o nó Internet Information Services, clique com o botão direito do mouse em MyLitWeb para acessar a sua página de propriedades (veja a Figura 8-20). Selecione a guia Home Directory, coloque uma marca de verificação junto a Index this resource (Indexar este recurso) e clique em OK. Todo o *site*, inclusive ambos os diretórios, base e qualquer virtual, agora estão habilitados para indexação e começam a ser indexados automaticamente pelo Indexing Service.

Agora, selecione o nó Indexing Service no MMC e clique no botão Start na barra reforçada para reiniciar Indexing Service.

Nota:

Se você não quiser esperar que a indexação automática comece, pode forçar uma varredura de diretórios virtuais para iniciar o processo de indexação. Se isto falhar em iniciar o processo de indexação, reinicialize a máquina para que a indexação recomece.

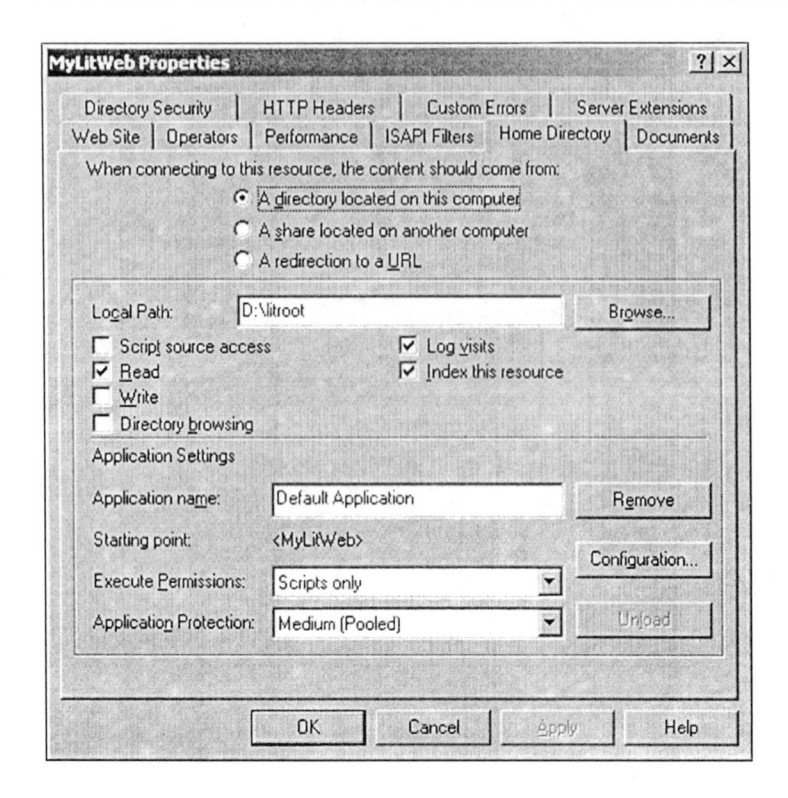

Figura 8-20 Habilitação de indexação em um servidor virtual

O resultado obtido até agora é mostrado na Figura 8-21. Observe nesta figura:

- Sob o nó catálogo (MyLitWeb) estão duas pastas: Directories e Properties;
- Sob o nó Directories estão a pasta base e os dois nós de diretório virtual.

Se o corpo a ser indexado for suficientemente grande, você será capaz de observar a ocorrência da indexação do novo servidor virtual. Selecione o nó Index Server no painel de escopo do MMC e depois oculte o painel de escopo, usando o botão Show/Hide Scope (mostrar/ocultar escopo) na barra reforçada. A Figura 8-22 mostra o progresso da indexação de MyLitWeb. Raízes virtuais estão sendo varridas e, neste ponto:

- Há três de quatro documentos restantes para serem filtrados;
- Não há, na memória, listas de palavras.

Capítulo 8 - Como administrar a indexação

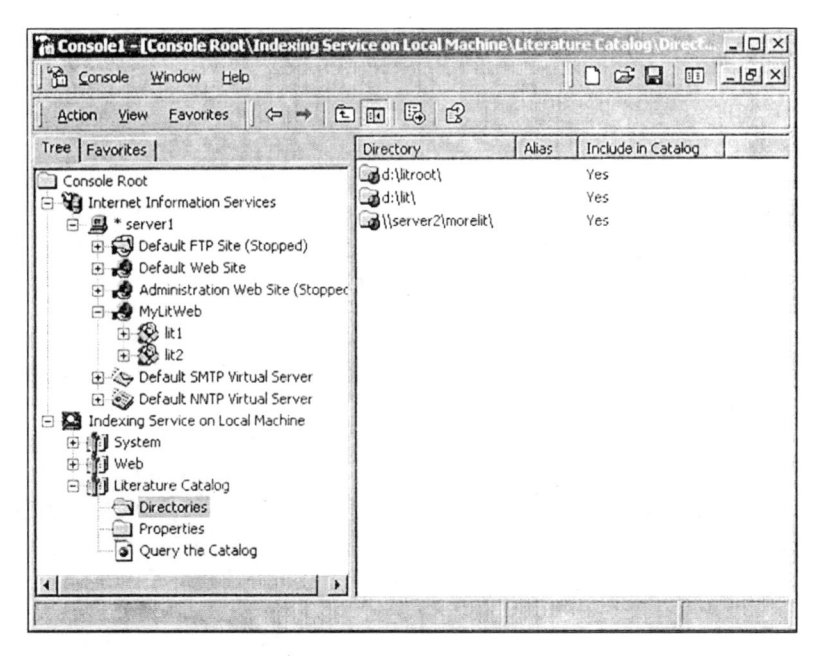

Figura 8-21 Novos nós sob o nó do novo catálogo no lugar do nome MMC

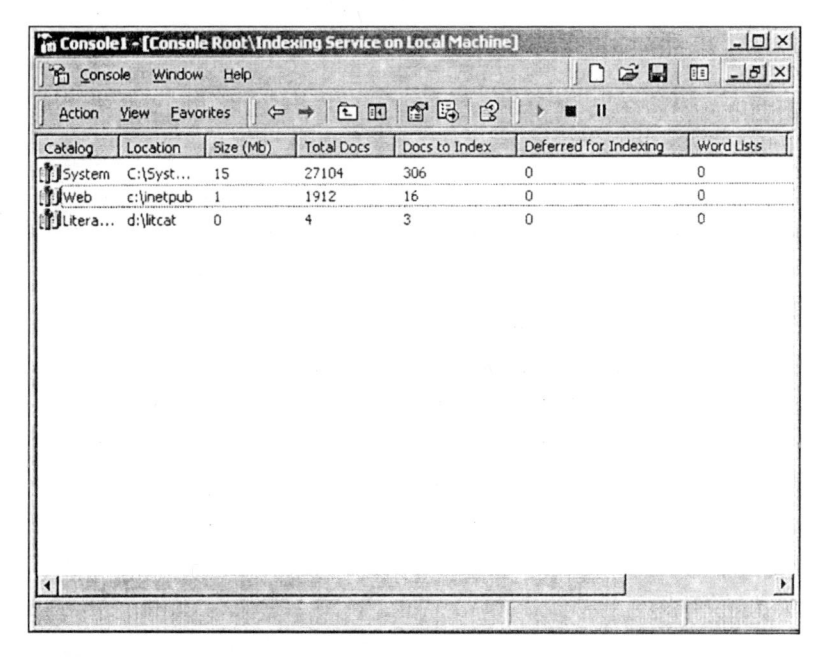

Figura 8-22 Progresso da indexação no catálogo Literature

Pouco tempo depois, a varredura (filtragem) de documentos está completa. A Figura 8-23 mostra o seguinte:

- Todos os documentos agora estão filtrados;
- Uma lista de palavras está na memória.

A esta altura, podemos clicar à direita do nó Literature Catalog e selecionar All Tasks, Merge a partir do menu de atalho. A caixa de diálogo Merge Catalog aparece (veja a Figura 8-24). Clique em Yes para forçar uma consolidação espelhada e depois uma consolidação principal. O resultado final é mostrado na Figura 8-25.

Finalmente, podemos testar o índice e buscar os documentos, selecionando o nó Query Catalog sob o nó Literature Catalog. Isto apresentará um formulário de busca no painel à direita do MMC (veja a Figura 8-26). Digite um critério de busca e clique no botão Search para testar o índice e exibir quaisquer resultados que combinem com este critério.

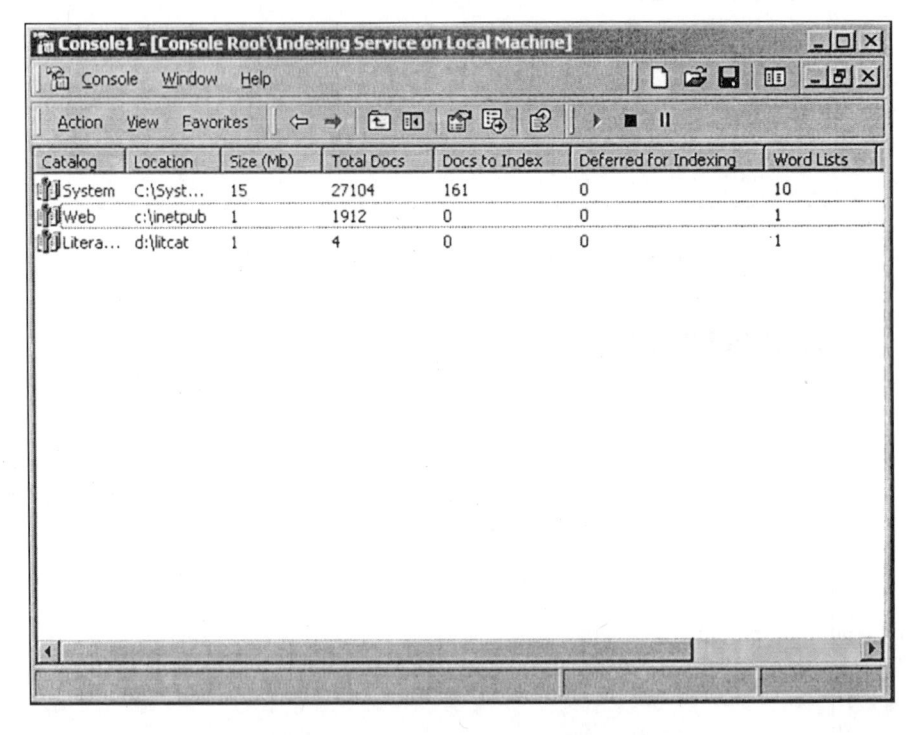

Figura 8-23 Agora todos os documentos estão filtrados e as raízes virtuais varridas

Capítulo 8 - Como administrar a indexação   **267**

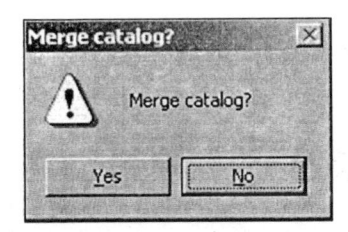

Figura 8-24 A caixa de diálogo do catálogo Merge

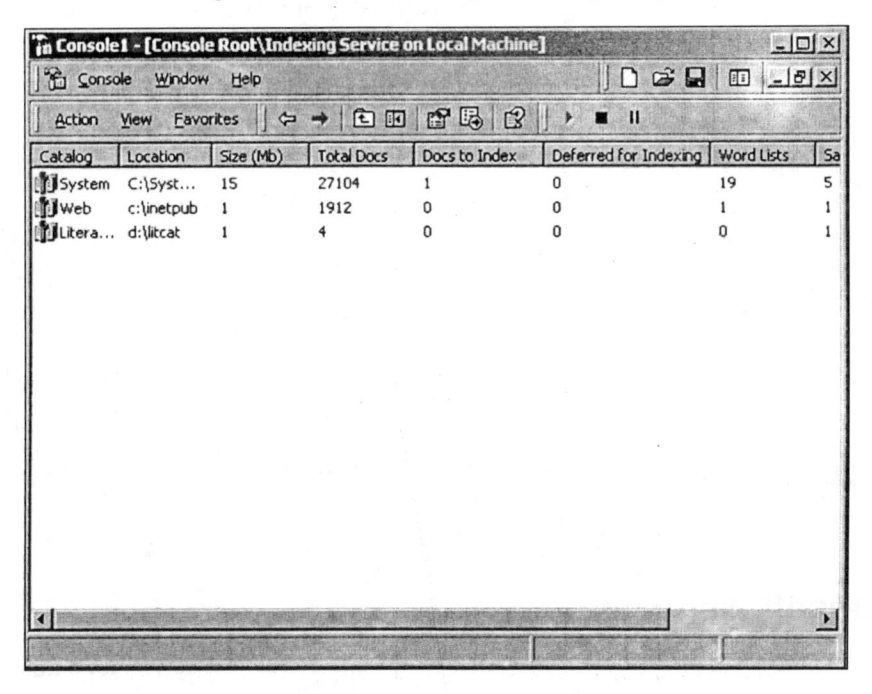

Figura 8-25 Agora o processo de indexação está completo

Resumo

O Indexing Service 3.0 é integrado ao IIS 5.0 e oferece a administradores um mecanismo para indexar conteúdo HTML e legado nos servidores virtuais. Consultas complexas podem ser realizadas com a montagem adequada de arquivos .idq/.htx ou Active Server Pages. O Indexing Service é executado automaticamente em segundo plano como um serviço Windows 2000, mas ele também pode ser administrado manualmente, usando o Microsoft Management Console.

Para mais informações

Para mais informações sobre serviços de indexação, consulte as seguintes fontes *online*.

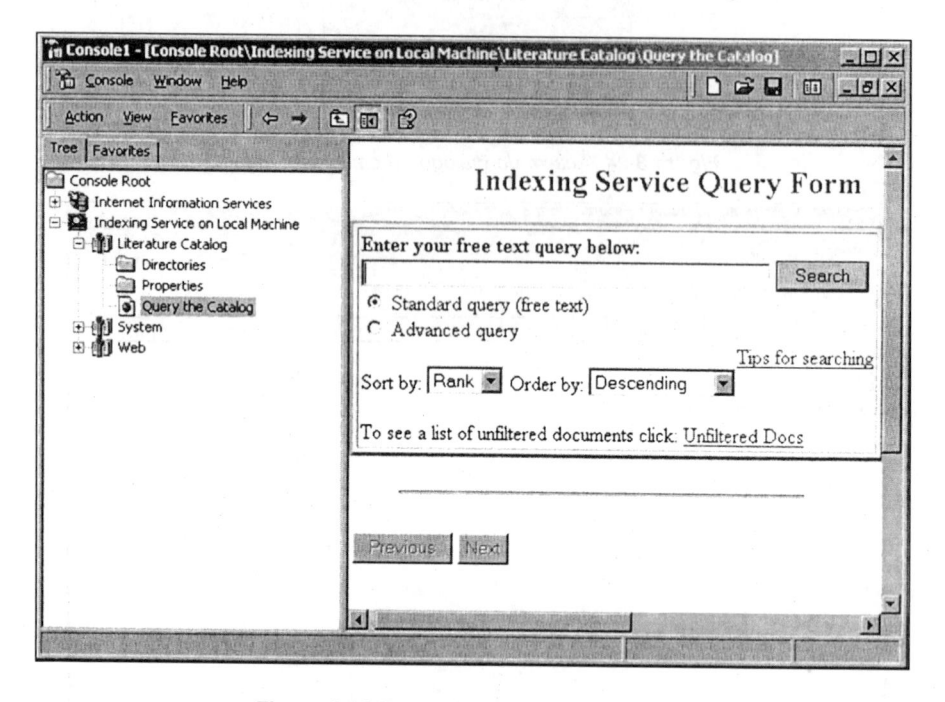

Figura 8-26 Busca do catálogo recém-criado

Microsoft Web site

Para informações gerais sobre Indexing Services, visite o Web *site* do Windows 2000 em

www.microsoft.com/windows2000

Microsoft Newsgroup

O seguinte *newsgroup* é dedicado a discussões de Indexing Service:

microsoft.public.inetserver.indexserver

Capítulo **9**

Como administrar o serviço FTP

Introdução

O Publishing Service FTP — File Transfer Protocol é outro importante componente do Internet Information Services 5.0, capacitando usuários a transferir arquivos entre *sites* da Internet e de intranets. Ao término deste capítulo, você será capaz de administrar o serviço FTP no IIS 5.0 e será capaz de:

- Compreender o mecanismo básico do FTP;
- Entender as implicações de segurança para uso do FTP;
- Configurar propriedades para *sites* FTP;
- Criar e gerenciar um *site* FTP;
- Acessar um site FTP a partir do Internet Explorer e da linha de comando.

Como entender o File Transfer Protocol

O FTP —File Transfer Protocol é um dos mais antigos protocolos da Internet. Ele é um mecanismo pelo qual arquivos podem ser transferidos de um *host* para outro. Apesar do protocolo HTTP ter assumido algumas das funções de FTP, este continua a ser muito empregado em tarefas como:

- Oferecer *sites* dedicados de alta velocidade para *downloads* de aplicativos e para *upgrades* e soluções de *bugs* de softwares;
- Oferecer caixas anônimas apenas de leitura para *uploads* em servidores;

- Capacitar transferências de arquivos em redes de configuração heterogênea (mista) — por exemplo, entre Windows 2000 e UNIX.

Uma razão para a contínua popularidade do FTP é a simplicidade de administração, tema que abordaremos mais adiante.

O FTP é um protocolo cliente-servidor. Para que arquivos possam ser transferidos entre dois *hosts*, um deles precisa estar executando um software-*servidor* FTP (tal como IIS 5.0) e o outro precisa estar executando um software-*cliente* FTP (tal como IE 5.0 ou a linha de comando utilitário FTP, que é parte do Windows 98 e do Windows 2000). Transferências de arquivo podem ser ASCII ou binárias e tomam uma de duas formas:

- *Upload* (enviar carga, colocar) — transferência de arquivos do cliente para o servidor;
- *Download* (obter, receber) — transferência de arquivos do servidor para o cliente.

Como funciona uma sessão FTP

Tal como o HTTP, o FTP usa o TCP como protocolo de transferência, que oferece transferência de arquivo direcionada por conexão confiável. Quando um cliente FTP se conecta a um servidor FTP — o IIS 5.0, por exemplo — uma conexão TCP é estabelecida e permanece aberta até que a sessão seja encerrada ou até que o servidor emita um aviso de tempo esgotado.

O esboço a seguir explica, em linhas gerais, os processos básicos para estabelecimento de uma sessão FTP e de transferência de um arquivo (veja a Figura 9-1).

1. O cliente FTP estabelece uma conexão TCP com o servidor FTP, fazendo uma conexão TCP com o servidor em três passos.

2. Para que uma conexão TCP seja formada, ambos — o cliente e o servidor — precisam abrir uma porta TCP. Os servidores FTP têm dois números de porta pré-designados:

    - A porta 21 é usada para enviar e receber informações de controle FTP. Esta porta é continuamente monitorada pelo servidor FTP, que ouve um cliente FTP que deseja se conectar a ele. Depois que uma sessão FTP é estabelecida, a conexão com a porta 21 permanece aberta durante toda a sessão;
    - A porta 20 é usada para enviar e receber dados FTP (arquivos ASCII ou binários). A porta de dados só é aberta quando os dados estão sendo transferidos. Ela é fechada quando a transferência se completa.

3. Clientes FTP têm seus números de porta dinamicamente designados quando o serviço de cliente FTP é chamado. Os números de porta de cliente são escolhidos dentro de uma faixa entre 1024 até 65.535. Portas entre 0 e 1023 são conhecidas como Well-Known Port Numbers (Números de porta bem conhecidos) e têm usos determinados pela IANA — Internet Assigned Numbers Authority. Para obter uma listagem de Well-Known Port Numbers usados pelo Windows 2000, abra o arquivo de texto

    `C:\winnt\system32\drivers\etc\services`

Capítulo 9 - Como administrar o serviço FTP   **271**

4. Quando uma sessão FTP é iniciada, o cliente abre uma porta de controle que se conecta à porta 21 no servidor.
5. Quando dados precisam ser transferidos, o cliente abre uma segunda porta para conectar-se à porta 20 no servidor. Cada vez que um arquivo é transferido, uma nova porta de dados é aberta pelo cliente e depois liberada.

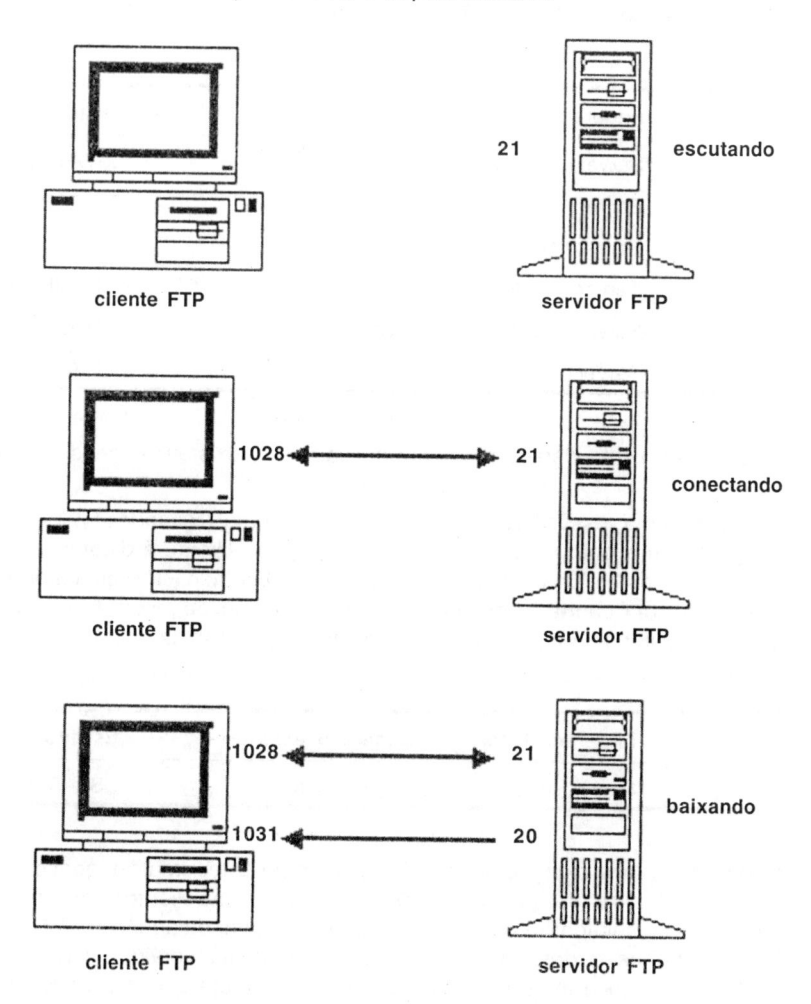

Figura 9-1 Como funciona uma sessão FTP

O utilitário Netstat

O utilitário de linha de comando netstat, disponível para ambos, Windows 2000 e Windows 98, pode ser usado para monitorar e solucionar problemas de conexões FTP. Digitando

netstat -p tcp

um administrador pode ver as estatísticas de conexão do protocolo TCP tanto no lado do cliente quanto no lado do servidor.

Como um exemplo do uso do utilitário `netstat`, a seguir estão os resultados de executar o comando `netstat -p tcp` no servidor durante os vários estágios de uma típica sessão FTP. O cliente é um *host* Windows 98 chamado SUPER, executando o utilitário FTP de linha de comando, e o servidor é um *site* FTP no IIS 5.0.

Protocolo	Endereço local	Endereço externo	Estado
TCP	Server1:1025	Localhost:1026	ESTABELECIDA
TCP	Server1:1026	Localhost:1025	ESTABELECIDA
TCP	Server1:1027	Localhost:1029	ESTABELECIDA
TCP	Server1:1029	Localhost:1027	ESTABELECIDA
TCP	Server1:1041	Localhost:1043	ESTABELECIDA
TCP	Server1:1043	Localhost:1041	ESTABELECIDA

1. Antes de o cliente estabelecer uma sessão FTP, existem apenas conexões TCP locais.
2. Depois que uma sessão FTP for aberta a partir do cliente, digitando `ftp 172.16.8.101` e registrando a entrada como anônimo, a máquina-cliente é dinamicamente designada ao número de porta 1040 como sua porta de controle FTP conectando-se à porta 21 no servidor (a porta 21 no servidor é chamada aqui de `port ftp`). Observe que, a partir daqui, as conexões TCP no *localhost* são omitidas.

Protocolo	Endereço local	Endereço externo	Estado
TCP	Server1:ftp	SUPER:1040	ESTABELECIDA

3. Depois que `dir` é digitado no lado do cliente para obter uma listagem de diretório do servidor FTP, os dados da porta 1047 são designados ao cliente para conectar-se com a porta 20 no servidor (a porta 20 no servidor é chamada aqui de `port ftp-data`). Depois que os dados são transferidos, a porta do servidor vai para o estado TIME_WAIT e fica indisponível para qualquer uso até que o servidor determine o término do tempo de utilização da porta.

Protocolo	Endereço local	Endereço externo	Estado
TCP	Server1:ftp-data	SUPER:1047	TIME_WAIT
TCP	Server1?ftp	SUPER:1045	ESTABELECIDA

Capítulo 9 - Como administrar o serviço FTP 273

4. Depois que `get test.txt` é digitado para o *download* de um arquivo chamado test.txt a partir do servidor, uma segunda porta de dados (1048) é aberta no lado do cliente para a nova transferência de dados.

Protocolo	Endereço local	Endereço externo	Estado
TCP	Server1:ftp-data	SUPER:1047	TIME_WAIT
TCP	Server1:ftp-data	SUPER:1048	TIME_WAIT
TCP	Server1:ftp	SUPER:1045	ESTABELECIDA

5. Depois que a conexão com o servidor é fechada, digitando bye, todas as portas abertas no servidor são colocadas no estado TIME_WAIT até seu tempo de encerramento.

Protocolo	Endereço local	Endereço externo	Estado
TCP	Server1:ftp-data	SUPER:1047	TIME_WAIT
TCP	Server1:ftp-data	SUPER:1048	TIME_WAIT
TCP	Server1:ftp	SUPER:1045	TIME_WAIT

Entendendo a segurança de um *site* FTP

Em geral, *sites* FTP podem ser acessados usando *acesso anônimo*. Com acesso anônimo, um usuário tentando conectar-se a um *site* FTP usa a conta `IUSR_SERVERNAME` criada quando o IIS é instalado. Quando o acesso anônimo é desabilitado:

- Usuários que estabelecem conexão com o utilitário FTP de linha de comando do Windows 2000 precisam registrar sua entrada no *site* FTP usando o nome de usuário `anonymous` (anônimo) e nada como senha (é comum o endereço de e-mail servir como senha, o que permite ao *sitemaster* (administrador do *site*) determinar quem está logado no *site* FTP, em qualquer ocasião);

- Usuários que utilizam *browsers* para se conectarem — o Internet Explorer, por exemplo — são automaticamente autenticados, usando a conta `IUSR_SERVERNAME`. Não é necessário fornecer o nome de usuário ou a senha a partir do *browser*.

Com FTP, a única alternativa para acesso anônimo é o usuário acessar o *site* usando uma conta válida de usuário Windows 2000. O problema é que, com a autenticação FTP, o nome de usuário e a senha são transmitidos como texto claro (isto é, não-criptografado). Qualquer pessoa que execute o Network Monitor (Monitor de rede) ou algum outro dispositivo de análise de protocolo em sua rede será capaz de apanhar credenciais de usuário, resultando em falha na segurança. Por esta razão, *sites* FTP devem ser configurados para acesso anônimo, e este deve ser o *único* esquema de autenticação permitido. Isto evitará que usuários tentem usar suas credenciais de domínio para obter acesso ao *site*. O procedimento para fazer isto será explicado mais adiante, neste capítulo.

Devem ser empregados métodos adicionais de segurança, sempre que necessário, especialmente quando seu *site* FTP estiver conectado à Internet. Leve em conta as seguintes opções:

- Negar acesso a todos os usuários, exceto àqueles de determinados blocos de números de rede IP ou domínios de Internet;
- Verificar se as permissões NTFS estão apropriadamente configuradas em diretórios base, o que inclui mudar a permissão no grupo Everyone (Todos) para *change* (mudar) (RWXD) ao invés de *full control* (controle total) (RWXDPO), ou remover o grupo Everyone e acrescentar a conta `IUSR_SERVERNAME` com a permissão *change* (RWXD);
- Mudar a porta 21, de controle FTP padrão, para outro valor;
- Registrar todas as conexões FTP e analisá-las regularmente, para verificar evidências de invasão;
- Configurar um servidor *proxy* e *firewall* para filtrar pacotes e controlar acesso FTP (o Microsoft Proxy Server 2 pode fazer isto).

Como configurar as propriedades de um *site* FTP

Como o serviço WWW, o IIS 5.0 pode ser configurado para ter um número ilimitado de servidores FTP sendo executado nele simultaneamente, cada qual respondendo a um único endereço IP próprio e FQDN — Fully Qualified Domain Name (Nome de domínio totalmente qualificado). Cada um destes servidores FTP *virtuais* (ou *sites* FTP) age como se fosse uma máquina distinta.

Cada FTP virtual pode ser configurado separadamente e pode ser, independentemente, parado, iniciado e interrompido.

Também como o serviço WWW, as páginas de propriedade do serviço FTP no IIS 5.0 podem ser configuradas em diversos níveis: Master, Site e Directory.

Finalmente, a exemplo do serviço WWW, quando um novo *site* FTP é criado, automaticamente ele herda os ajustes das propriedades Master FTP do servidor IIS no qual ele é criado. Da mesma forma, quando um novo diretório virtual FTP é criado, automaticamente ele herda as propriedades Site do *site* FTP no qual ele é criado. Quando uma configuração de propriedade

Capítulo 9 - Como administrar o serviço FTP 275

Master FTP é alteradaalterado, você tem a opção de passar a alteração para todos os *sites* FTP existentes no servidor IIS. Da mesma forma, quando uma propriedade é alterada em um *site* FTP, você tem a opção de passar esta mudança para todos os diretórios virtuais existentes no *site* FTP.

Você pode acessar e configurar propriedades para cada um dos três níveis, como descrito a seguir.

- Propriedades Master podem ser configuradas para todos os *sites* FTP sendo executados no servidor IIS. Para acessar as propriedades Master, clique à direita no nó do servidor IIS no MMC — Microsoft Management Console e selecione Properties no menu (ou selecione o nó do servidor IIS no MMC, clique no botão Action na barra reforçada e selecione Properties no menu *drop-down*).

- Propriedades Site (ou propriedades Virtual Server) podem ser configuradas individualmente para cada *site* FTP em execução no servidor IIS, incluindo o *site* FTP padrão criado na instalação do IIS. Para acessar a propriedades Site, clique à direita do nó do *site* FTP no MMC e selecione Properties no menu.

- Propriedades *Directory* (ou propriedades Virtual Directory) podem ser configuradas individualmente para cada diretório virtual definido dentro de um *site* FTP no servidor. Todos os arquivos herdarão os ajustes de propriedade do diretório virtual que os contém. Para acessar propriedades Directory, clique à direita do diretório virtual dentro do site FTP e selecione Properties no menu.

Páginas de propriedades FTP têm diferentes opções disponíveis, dependendo dos tipos de configuração de ajustes: Master, Site ou Directory. Eis algumas guias de página de propriedades para cada nível e a função que elas oferecem:

- Guia Site FTP (níveis Master e Site) — configura a identificação do *site*, limita conexões, habilita registros, vê sessões em andamento;

- Guia Security Accounts (Contas de Segurança) (níveis Master e Site) — configura acesso anônimo, concede privilégios de operador;

- Guia Messages (Mensagens) (níveis Master e Site) — configura mensagens de boas-vindas, de saída e mensagens de ocupado;

- Guia Home (or Virtual) Directory (Diretório base ou Diretório Virtual) (níveis Master, Site e Directory) — configura localização de conteúdo e permissões de acesso, escolhe o estilo de listagem de diretório;

- Guia Directory Security (Segurança de Diretório) (níveis Master, Site e Directory) — concede ou rejeita acesso a *hosts*;

- Guia Service (serviço) (apenas nível Master) — designa o *site* FTP que deve ser administrado pelo IIS 3.0 Internet Information Services Manager.

Além destas funções, a página IIS Server Properties pode ser usada para reduzir a largura de banda FTP e configurar os mapeamentos globais MIME. Estes recursos são tratados no Capítulo 3 e funcionam da mesma forma para ambos os serviços, WWW e FTP.

Como configurar a identificação de um *site* FTP

Para dar ao *site* FTP uma descrição amigável que aparecerá junto ao nó no MMC, digite um nome na caixa de texto Description (Descrição) (veja a Figura 9-2).

Use a caixa *drop-down* IP Address para designar um endereço IP em particular ao *site* FTP. Se você mantiver o ajuste em All Unassigned, o *site* FTP responderá a todos os endereços IP que não estão especificamente designados a outros *sites* FTP, efetivando este como o novo *site* FTP padrão. Somente endereços IP que tenham sido previamente configurados no aplicativo Network de Control Panel aparecerão na caixa *drop-down*.

A porta TCP padrão para controle de mensagens FTP é a porta 21. Para mudar este valor, entre com um novo número na caixa TCP Port. *Observe que o servidor IIS precisará ser reinicializado para que o novo número de porta seja efetivado*. Os usuários deverão ser notificados sobre a mudança dos números das portas, pois, ao tentarem acessar o *site* FTP, terão que incluir o número da porta.

Por exemplo, se o número da porta for alterado para 1253, e os usuários estiverem usando o utilitário FTP de linha de comando no Windows 2000 para conectarem-se a um *site* FTP com o endereço 164.43.25.8, para abrir uma sessão, eles terão que digitar, no *prompt* de comando,

`ftp 164.43.25.8:1253`

Se eles tentarem acessar o mesmo servidor usando o Internet Explorer, precisarão usar o URL

`ftp://164.43.25.8:1253`

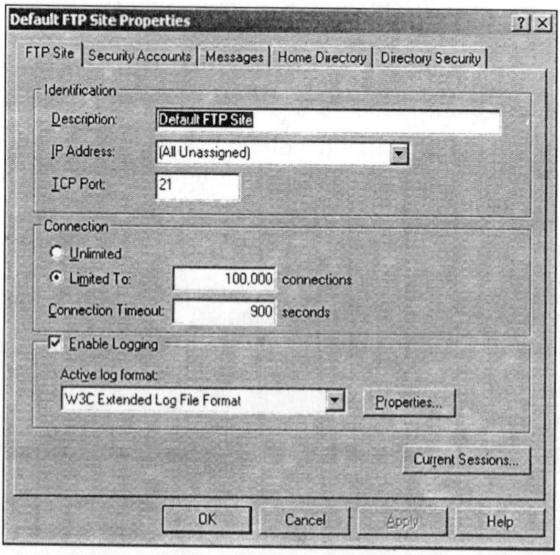

Figura 9-2 Configuração de identificação do site, *limitando conexões, capacitando registro e vendo conexões*

Capítulo 9 - Como administrar o serviço FTP

> **Nota:**
> Não use qualquer dos Well-Known Port Numbers para o número de porta de controle FTP que não a porta 21. Caso contrário, poderão ocorrer conflitos com outros serviços TCP.

Como configurar limites e tempo de encerramento de conexão FTP

A opção Unlimited (Ilimitado) (veja a Figura 9-3) permitirá ao *site* FTP servir simultaneamente a um número ilimitado de conexões. Para limitar o número de conexões FTP simultâneas habilitadas para o *site* (ou ao servidor, se este for um ajuste da propriedade Master), escolha Limited To (Limitado a) e forneça um valor na caixa de texto (o padrão é 100.000).

Para configurar o período de tempo que uma conexão FTP permanece em estado de TIME_WAIT antes que o tempo se encerre e libere a porta para outro uso, entre com um valor na caixa de texto Connection Timeout (Tempo de encerramento de conexão) (o padrão é de 900 segundos, ou 15 minutos).

Como configurar o registro FTP

Por padrão, a caixa de seleção Enable Logging (Habilitar registro) é marcada (veja a Figura 9-2), e os registros são gravados em W3C Extended Log File Format (Formato de arquivo de registro W3C). *Sites* FTP podem ser registrados em um dos seguintes três formatos:

- Microsoft IIS Log File Format;
- ODBC Logging;
- W3C Extended Log File Format.

Para configurar o registro em qualquer destes formatos, selecione o formato usando a caixa *drop-down* de formato de registro Active e clique no botão Properties. A configuração de formatos de registro é coberta no Capítulo 3.

Como ver e encerrar sessões FTP usuário

Para ver as sessões FTP abertas presentemente, clique no botão Current Sessions (Sessões atuais) na guia *site* FTP da página de propriedades Site (ou Master). Isto abre a caixa FTP User Sessions (veja a Figura 9-3), com a qual você pode ver três tipos de informações referente a usuários conectados:

- A senha usada para registrar a entrada no *site* FTP (com acesso anônimo, normalmente os usuários registram-se com o nome de usuário anônimo e usam seu endereço de e-mail como senha, embora eles possam usar qualquer combinação de caracteres como senha);
- O endereço IP da máquina do usuário;
- O tempo decorrido desde o início da sessão.

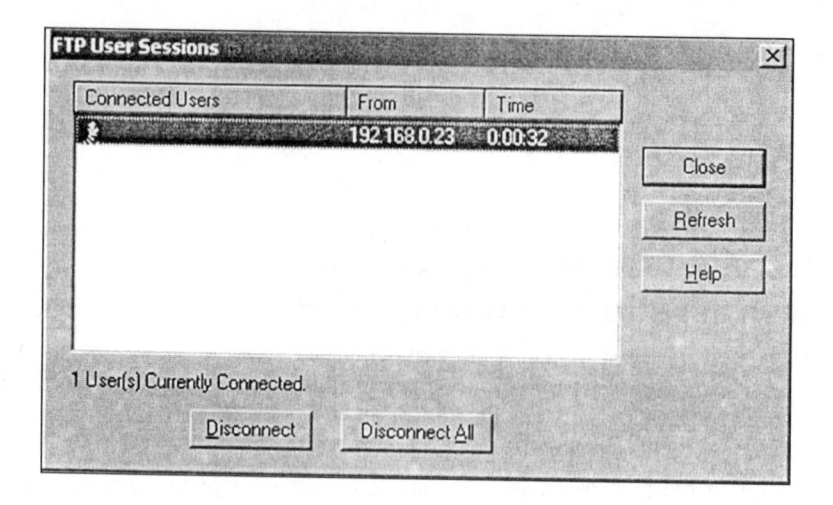

Figura 9-3 Sessões FTP presentemente abertas

Para desconectar um usuário em particular, selecione o usuário e clique em Disconnect. Para encerrar todas as sessões, clique em Disconnect All. Clique em Refresh para restaurar a lista de sessões presentemente abertas.

Como configurar métodos de autenticação FTP

Para capacitar acesso anônimo ao seu *site* FTP, use a guia Security Accounts na página Default FTP Site Properties e selecione a caixa de seleção Allow Anonymous Connections (isto é selecionado por padrão; veja a Figura 9-4). Para limitar o acesso *apenas* a conexões anônimas, selecione a caixa de seleção Allow Only Anonymous Connections (desmarcada por padrão). Conforme discutido anteriormente, *ambas* as caixas de seleção normalmente devem estar selecionadas, para que os usuários não tentem acessar o *site* FTP usando suas credenciais de domínio. Estas credenciais seriam passadas ao servidor como texto claro e poderiam ser vistas por qualquer analisador de protocolo conectado à rede, criando riscos à segurança.

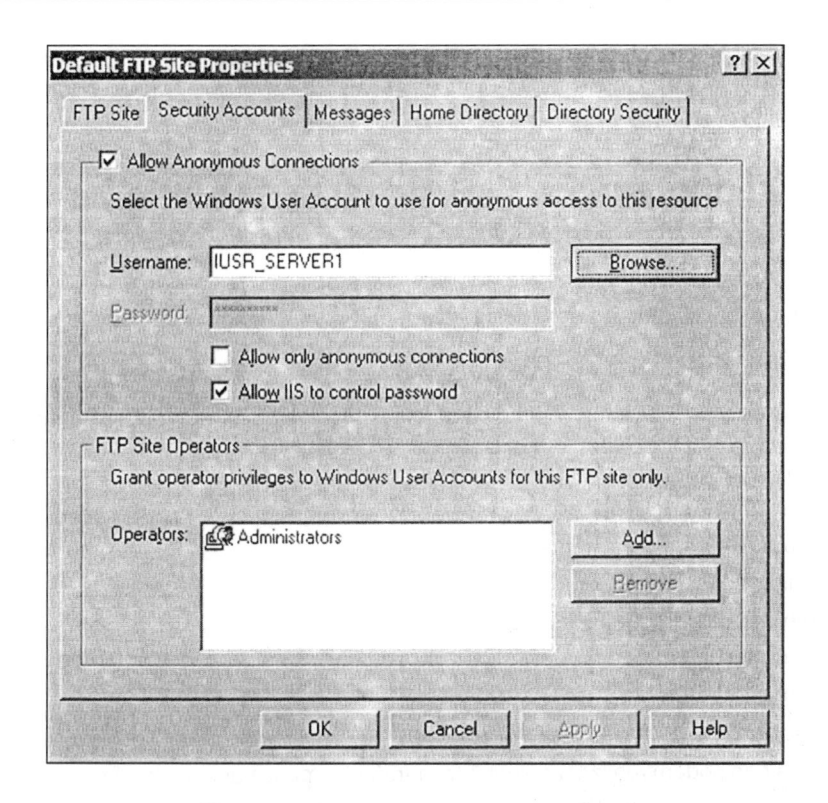

*Figura 9-4 Configuração de acesso anônimo
e concessão de privilégios de operador*

O acesso anônimo a um *site* FTP utiliza a conta IUSR_SERVERNAME que é criada quando o IIS é instalado. Se você quiser mudar esta conta, crie uma nova conta de usuário no *snap-in* Local Users and Groups MMC (Usuários e grupos locais MMC) e entre com o nome de usuário e a senha desta conta nas caixas de texto Username e Password na aba de propriedades (você também pode selecionar Browse para localizar a nova conta no diretório). Assegure-se de que esta conta tenha o direito de registrar entrada localmente no *snap-in* Local User and Groups (o acesso anônimo exige este direito). Ao invés de entrar com a senha de conta na caixa de texto Password, você pode selecionar a caixa de seleção Enable Automatic Password Synchronization para sincronizar as senhas entre esta página de propriedades e User Manager; entretanto você só pode fazer isto se a conta IUSR_SERVERNAME for uma conta *local* da máquina na qual o IIS está instalado.

Habilitar acesso anônimo ao seu *site* FTP significa que usuários *precisam* registrar a entrada com o nome de usuário anônimo, mas podem usar quaisquer caracteres como senha.

Para saber mais sobre implicações de segurança ao capacitar ou não o acesso anônimo ao seu *site* ou servidor FTP, veja a seção *Como entender a segurança do site* FTP, mais adiante neste capítulo.

Como configurar operadores do *site* FTP

Conceda privilégios de operador em seu *site* ou servidor FTP a contas de usuários Windows 2000 e a grupos, clicando no botão Add (veja a Figura 9-4) e folheie a lista de contas. Por padrão, o grupo Local Administrators recebe privilégios de operador, mas operadores de *site* FTP não *têm* que ser membros do grupo Local Administrators.

Operadores de *site* FTP têm o direito de administrar *apenas* o *site* FTP ao qual eles são designados. Operadores têm direitos limitados de administração e são capazes de realizar tarefas administrativas simples, como:

- Configurar permissões de acesso;
- Habilitar e configurar registros;
- Limitar conexões ao *site*;
- Habilitar/desabilitar acesso anônimo;
- Criar mensagens de boas-vindas e de saída;
- Configurar segurança em nível de IP;
- Escolher um estilo de listagem de diretório.

Operadores não podem realizar as seguintes tarefas, a menos que também sejam membros do grupo Local Administrators:

- Configurar uma nova conta anônima;
- Criar novos diretórios virtuais;
- Ver usuários conectados e desconectá-los;
- Mudar o endereço IP ou o número de porta TCP do *site*;
- Conceder privilégios de operador a usuários;
- Mudar o diretório base.

Tipicamente, operadores de *site* FTP serão do grupo Local Administrators e pessoal da empresa ou departamento, responsável pelo gerenciamento do *site* FTP em particular.

Como configurar mensagens FTP

Use a guia Messages para configurar mensagens de boas-vindas, saída e ocupado para seu site ou servidor (veja a Figura 9-5). Mensagens *Welcome* podem incluir informações como:

- O objetivo do *site* FTP;
- A quem pertence o site e quem o gerencia, além do endereço de e-mail do *hostmaster*;

Capítulo 9 - Como administrar o serviço FTP

- Uma breve descrição do diretório principal ou localização de um arquivo index.txt catalogando o *site*;
- Nomes e localizações de *mirrors sites* (*sites*-espelho);
- Regras para *download* e *upload*.

Mensagens *Exit* são, tipicamente, curtas e gentis. Mensagens de *conexões máximas* indicam que o *site* FTP no momento está muito ocupado para responder à solicitação do usuário por uma sessão. Elas também podem incluir uma lista de *mirrors sites* aos quais o usuário pode tentar conectar-se.

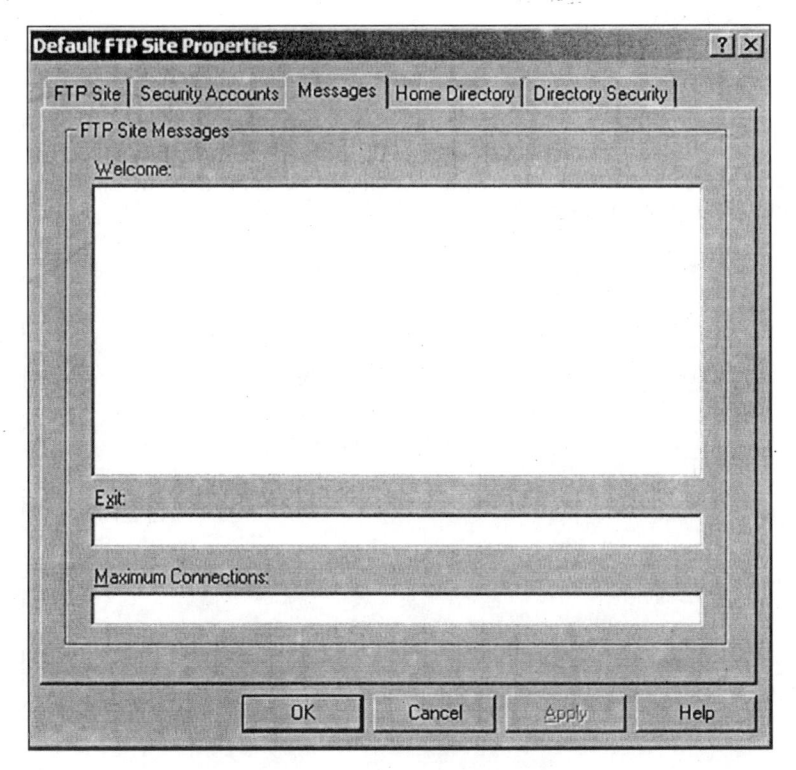

Figura 9-5 Configuração de mensagens de boas-vindas, saída e ocupado

Como configurar a localização do diretório base FTP

O conteúdo atual de um *site* FTP pode estar em uma pasta:
- No computador local (servidor IIS); ou
- Em uma rede remota compartilhada.

O *site* FTP padrão criado quando o IIS é instalado está localizado em

`C:\inetpub\ftproot`

mas esta é uma localização arbitrária.

Em propriedades *site* FTP, a guia Home Directory (veja a Figura 9-6) pode ser usada para configurar a localização do conteúdo pessoal do *site* FTP. Em propriedades Directories, a guia Virtual Directory pode ser usada para configurar a localização do conteúdo mapeado para o diretório virtual no *site* FTP.

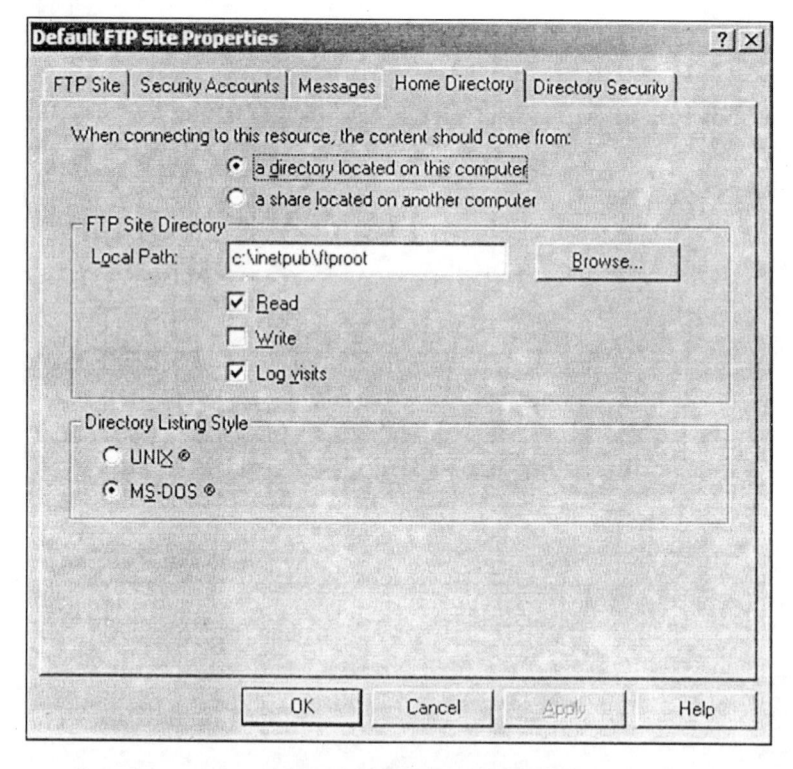

Figura 9-6 *Configuração de localização de conteúdo, permissões de acesso e estilo de listagem de diretório.*

Capítulo 9 - Como administrar o serviço FTP

- Para especificar conteúdo *local*, selecione Directory ILocated in tThis Computer e digite o caminho completo para a pasta na caixa de texto Local Path (Caminho local) ou use o botão Browse para localizá-lo.
- Para especificar conteúdo *remoto*, selecione Share Located in Another Computer e digite o caminho UNC para a rede compartilhada, na caixa de texto Network Share. Depois, você *precisa* especificar uma conta válida Windows 2000 que possa acessar permissões à rede compartilhada. Clique em Connect As e entre com uma conta apropriada na caixa de diálogo Network Directory Security Credentials. Se o acesso anônimo for habilitado no *site* FTP, pode ser designada a conta anônima IUSR_SERVERNAME NTFS, ou permissões de nível compartilhado na pasta compartilhada podem ser fornecidas na caixa Network Directory Security Credentials.

Nota:

Não forneça uma conta Administrator nesta caixa de diálogo; isto pode levar a uma falha de segurança.

Como configurar permissões de acesso FTP

Permissões de acesso a diretórios base e virtuais FTP são melhor controladas, localizando a pasta de conteúdo em um volume NTFS e designando permissões NTFS. Permissões NTFS típicas para diretórios de conteúdo FTP são de leitura (RX), acréscimo (WX) e mudança (RWXD). Se o volume também estiver localizado em um *host* remoto, permissões de pasta compartilhada também terão que ser designadas (normalmente de leitura e mudança).

As permissões designadas nesta página de propriedades (veja a Figura 9-6) combinam com permissões NTFS e redes compartilhadas na pasta de conteúdo, para que aquelas permissões que negam, explicitamente, acesso tenham precedência sobre aquelas que concedem, explicitamente, acesso. Tipicamente, você deve selecionar:

- Leitura em *sites* e diretórios FTP que permitem a usuários baixar arquivos (por exemplo, fazer o *download* do diretório);
- Escrita em *sites* e diretórios FTP que permitem a usuários descarregar arquivos (por exemplo, o diretório de entrada).

A terceira caixa de seleção, Log Visits registra todas as visitas aos diretórios base e virtuais ao *site* FTP.

> **Nota:**
> Log Visits permite que você registre, seletivamente, alguns diretórios virtuais FTP, mas não outros, reduzindo a sobrecarga do servidor devido ao custo de registro.

Como configurar estilo de listagem de diretório FTP

Quando um cliente GUI — Graphic User Interface, tal como Internet Explorer acessa um *site* FTP, ele vê uma listagem de diretório. Esta listagem de diretório pode ser configurada para ter um dos dois estilos (veja a Figura 9-6):

- Estilo MS-DOS;
- Estilo UNIX.

Em geral, o estilo UNIX é preferido para *sites* da Internet, pois alguns *browsers* mais antigos só entendem este formato. O estilo MS-DOS oferece mais facilidade de navegação e é preferido para *sites* de intranets, com o Internet Explorer adotado como *browser*-padrão.

Observe que esta opção só pode ser configurada para *sites* FTP, e não para diretórios virtuais individuais em um *site*.

Como configurar o nível de segurança IP em um *site* FTP

Usando a guia Directory Security (Figura 9-7) você pode conceder ou negar acesso a seu *site* FTP ou diretório virtual em uma:

- Base *global* (concedendo acesso a todos os computadores ou negando acesso a todos os computadores);
- Base *por host*, de acordo com o endereço IP;
- Base *por rede*, de acordo com o número IP de rede e máscara de sub-rede;
- Base *por nome de domínio totalmente qualificado*, usando DNS Lookup (se disponível).

Note que usar DNS Lookup pode tornar lento o acesso ao *site*, devido à sobrecarga relacionada ao processo de resolução de nome.

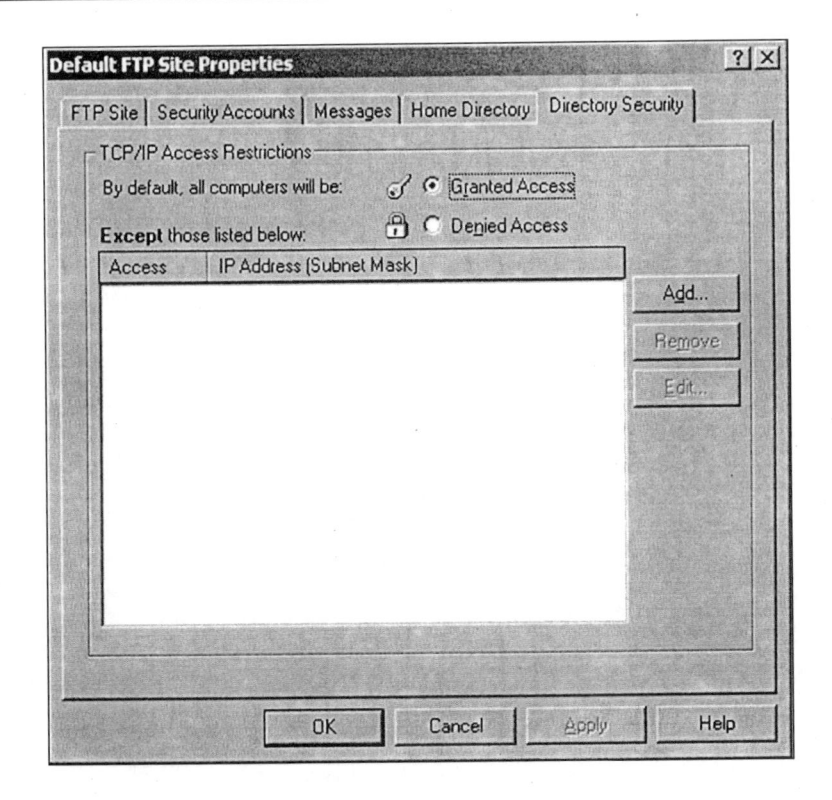

Figura 9-7 Configuração do nível de segurança IP do site FTP

Como configurar o FTP para administração pelo IIS 3.0

Se a sua rede contém um misto de servidores IIS 5.0 e IIS 3.0, você pode configurar um, e apenas um, *site* FTP em cada servidor IIS 5.0 para ser administrado pela versão IIS 3.0 de Internet Services Manager, usando a guia Service na página FTP Service Master Properties de seu servidor (Figura 9-8).

Teste — Como criar um *site* FTP

Sites FTP podem ser criados e gerenciados no IIS 5.0 com qualquer uma das seguintes ferramentas:

- ISM — Internet Service Manager *snap-in* do MMC — Microsoft Management Console;
- A versão HTML do Internet Service Manager;
- O Windows Scripting Host.

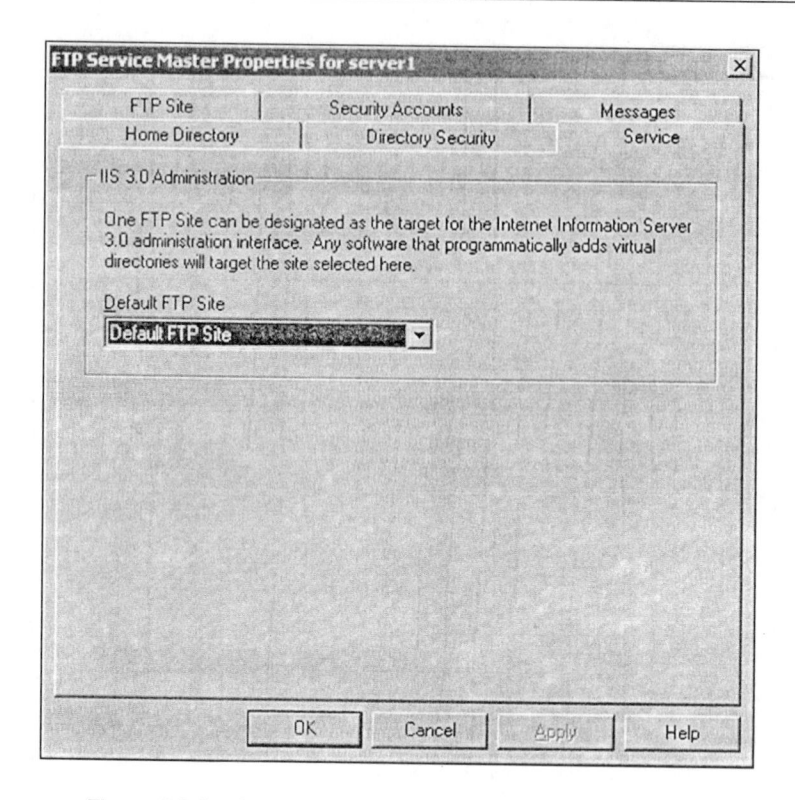

Figura 9-8 Configuração do FTP para administração pelo IIS 3.0

Este teste cobrirá o uso do MMC com o *snap-in* ISM para criar, configurar e testar um novo *site* FTP com diretórios virtuais.

Crie as seguintes pastas locais em seu servidor IIS para hospedar o conteúdo do *site* FTP:

- `C:\MtFtpHome`
- `C:\MyFtpDownload`
- `C:\MyFtpUpload`

Crie um arquivo chamado downtest.txt e coloque-o na pasta MyFtpDownload. Crie um segundo arquivo chamado uptest.txt e coloque-o na raiz da máquina que você está usando para conectar-se com o *site* FTP. Se estas pastas de conteúdo estiverem em um volume NTFS, assegure-se de que elas tenham pelo menos permissão designada de mudança (RWXD) no grupo Everyone.

Capítulo 9 - Como administrar o serviço FTP **287**

A partir do MMC, clique ncom o botão direito do mouse o nó do servidor IIS e selecione New, Site FTP a partir do menu. O New Site FTP Wizard (Assistente de novo *site* FTP) aparece. Clique em Next para prosseguir na configuração do seu *site* FTP. Forneça um nome amigável para o novo *site* FTP (aqui selecionamos o nome MyFtpSite — veja a Figura 9-9). Este nome também será definido em um registro *host* no servidor DNS, caso o *site* seja acessado através de nomes de domínio, portanto evite espaços e caracteres não-alfanuméricos para nomear o *site*.

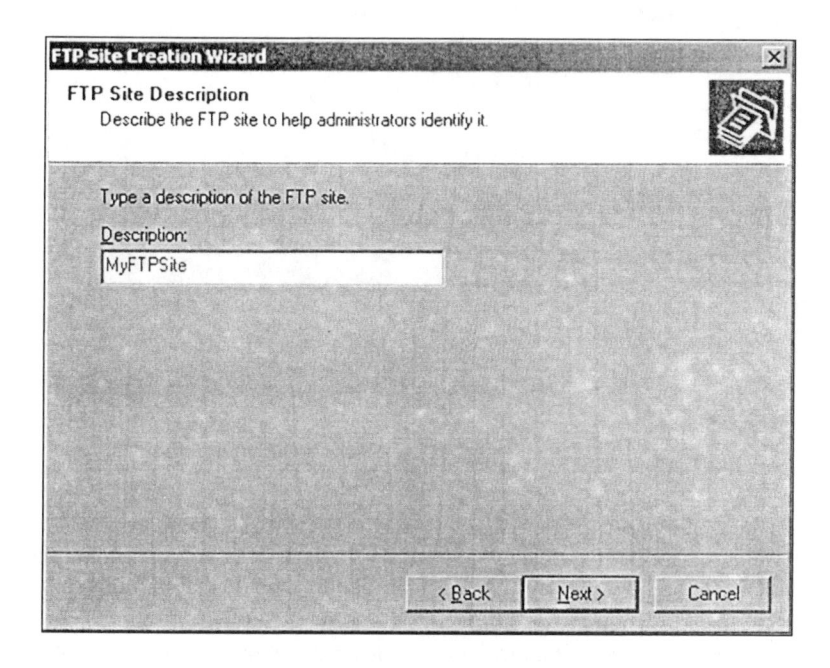

Figura 9-9 Um nome amigável para o site FTP

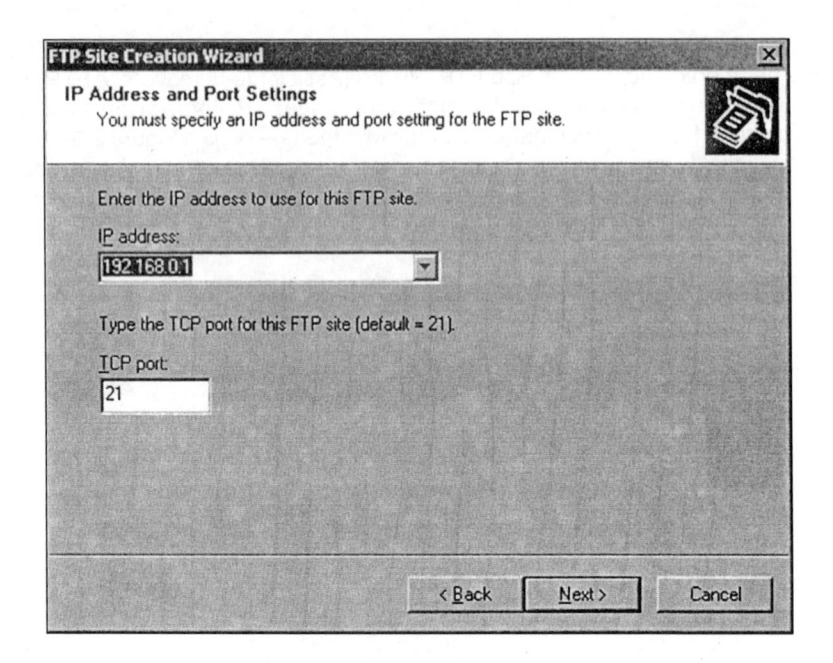

Figura 9-10 Designação de um endereço IP
e de um número de porta

A seguir, selecione um endereço IP e um número de porta para o novo *site* FTP (veja a Figura 9-10). Tipicamente, o endereço IP deve ser exclusivo para o *site*, e a porta deve ser a porta padrão 21.

Em seguida, especifique o caminho local ou de rede para o diretório base do *site* FTP (Figura 9-11). Aqui, escolhemos a pasta local

C:\MtFtpHome

como o diretório base do *site*.

O acesso de leitura agora é designado ao diretório base do novo *site* (veja a Figura 9-12). Esta é uma escolha típica, pois o diretório base geralmente só contém documentos com nível de acesso apenas de leitura, tal como o índice do *site*, a lista ou o arquivo readme.txt.

Clique em Next. Na caixa de diálogo que aparece, clique em Finish para criar o novo *site* FTP no servidor. O *site* recém-criado está parado, portanto, use o botão Start para inicializar o novo *site*.

Capítulo 9 - Como administrar o serviço FTP   **289**

Agora que criamos um novo *site* FTP chamado MyFtpSite, criaremos dois novos diretórios virtuais dentro deste *site*:

- *Downloads* serão usados para armazenar arquivos que os usuários poderão baixar;
- Como entrada será usada uma caixa *drop* para usuários que precisam fazer *uploads* no *site*.

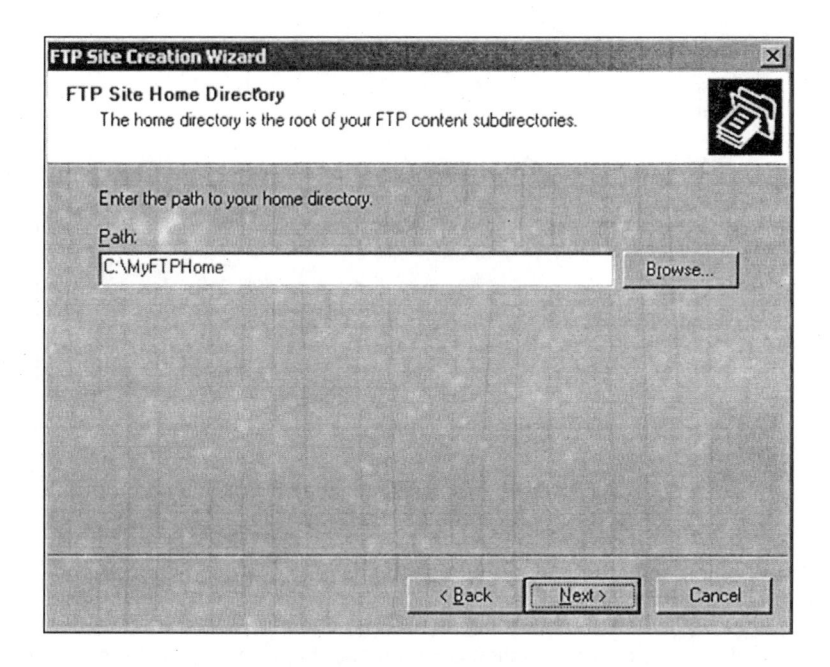

Figura 9-11 Especifique um diretório base para o novo site

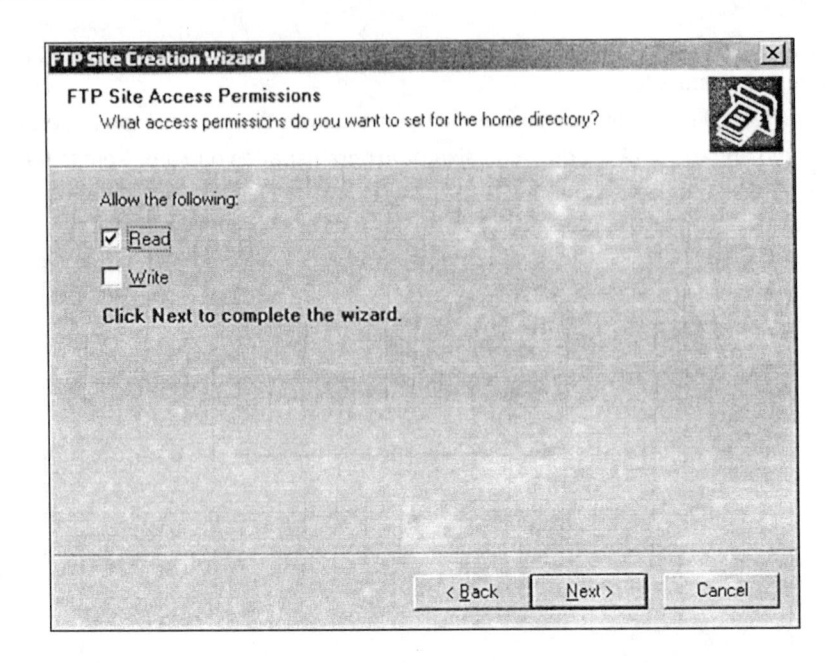

Figura 9-12 Permita acesso de leitura
ao diretório base

Crie o diretório virtual Incoming (Entrada), clicando à direita do ícone MyFtpSite no MMC e selecionando New, Virtual Directory no menu. Isto inicia o New Virtual Directory Wizard. Clique em Next para começar a configuração de seu diretório. Forneça o nome de entrada como a alternativa para o novo diretório virtual (veja a Figura 9-13).

Capítulo 9 - Como administrar o serviço FTP

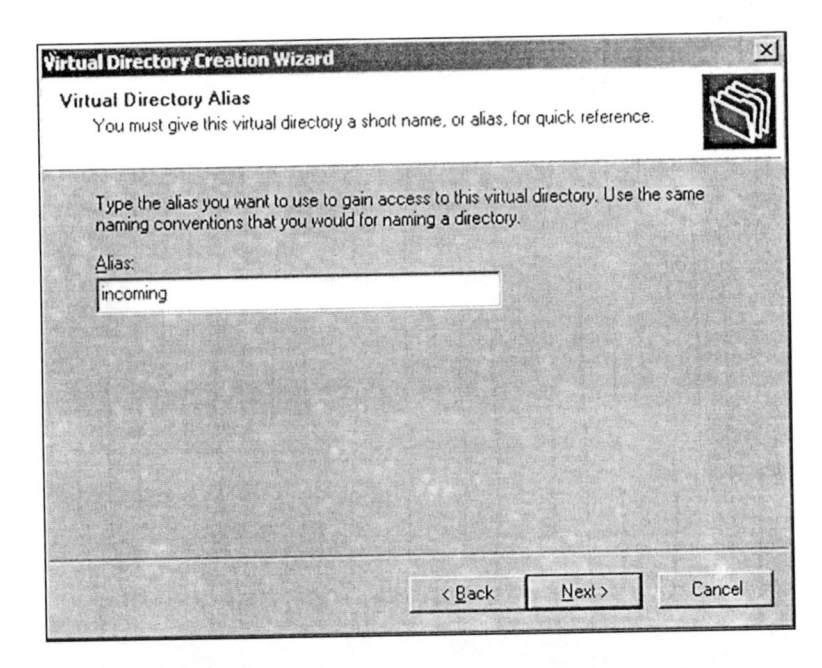

Figura 9-13 Especificação do nome do diretório virtual

A seguir, forneça o caminho para a pasta para a qual a entrada do diretório virtual será mapeada (veja a Figura 9-14), isto é:

`C:\MtFtpUpload`

Finalmente, designe acesso Write *somente* ao novo diretório virtual (veja a Figura 9-15). Isto permitirá aos usuários anônimos fazerem *upload* na entrada do diretório, mas não os capacitará a ver o *download* de outros usuários. Esta é uma configuração típica, denominada *FTP drop box*, que protege a privacidade de usuários que fazem o *upload* de seus arquivos. Isto também é chamado de localização para *blind uploads* (descarregamentos cegos).

Clique em Next. Na caixa de diálogo a seguir, clique em Finish para criar o diretório virtual. Crie o *download* de origem do diretório virtual da mesma maneira, designando-lhe apenas acesso de leitura.

Agora podemos ver os resultados no Internet Service Manager (veja a Figura 9-16). Note os novos ícones no painel de escopo (lado esquerdo) para o *site* FTP e diretórios virtuais. Se você quiser ver o conteúdo de um diretório virtual, clique à direita do diretório virtual e escolha Open ou Explore no menu.

Podemos tentar conexão com o novo *site* usando o utilitário FTP de linha de comando em um *host* Windows 2000, seja ele um *host* local ou remoto. Simplesmente abra uma sessão Command Prompt, digite `ftp` para iniciar o utilitário e depois, digite `Open` para abrir o *site* (Figura 9-17).

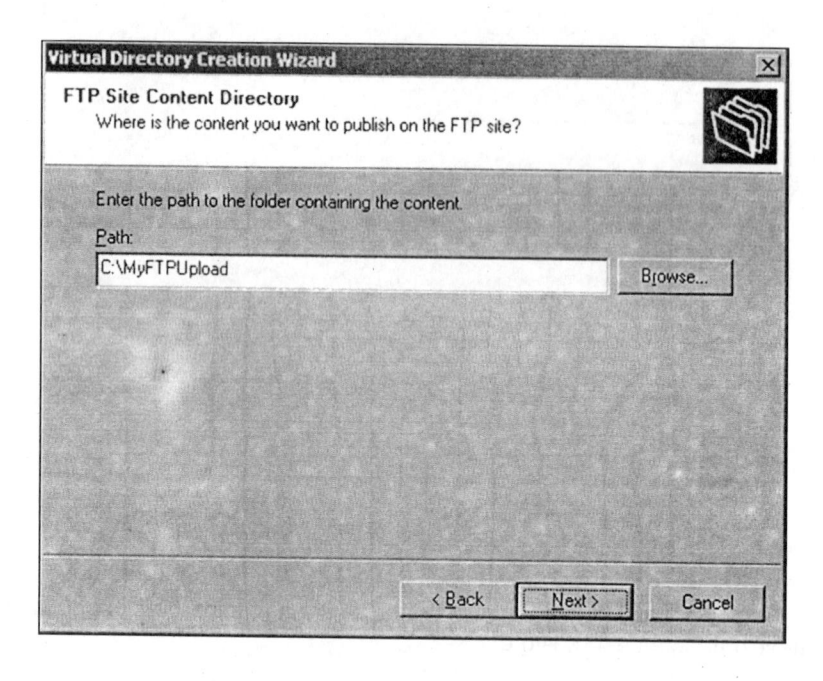

Figura 9-14 Mapeie o novo diretório virtual para uma pasta de conteúdo

Capítulo 9 - Como administrar o serviço FTP

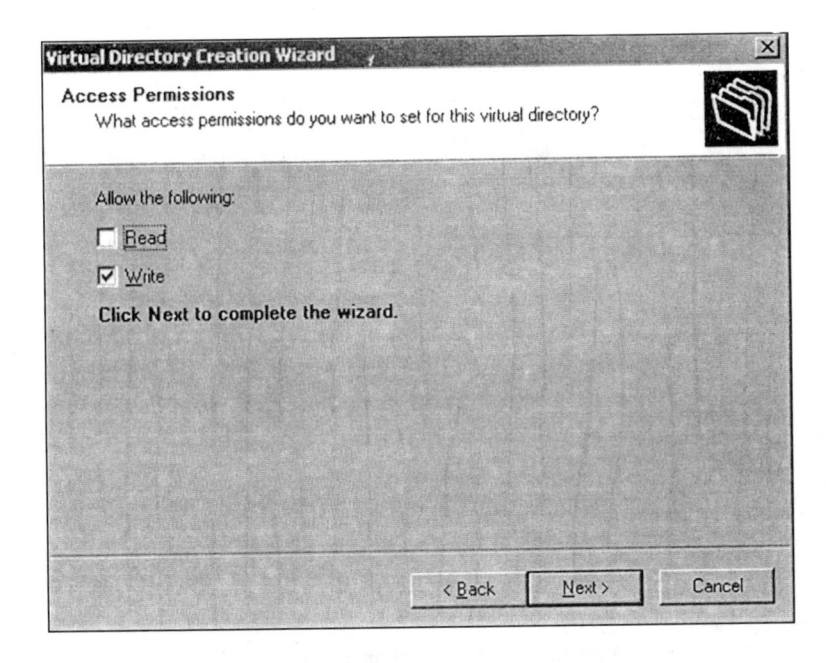

Figura 9-15 Criação de uma caixa drop FTP com acesso apenas de leitura

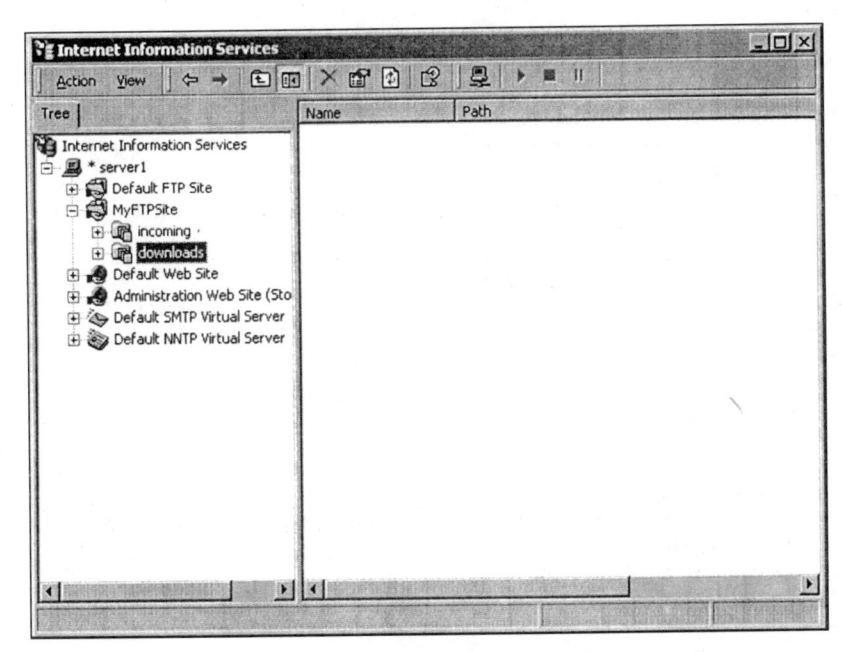

Figura 9-16 Visualização do novo site FTP no Internet Services Manager

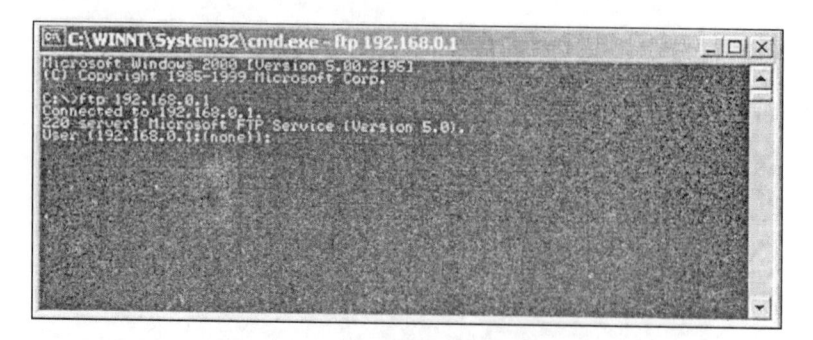

*Figura 9-17 Teste do novo site FTP
a partir do prompt de comando*

A seguir está uma transcrição de uma sessão em que conectamos o novo *site* FTP a partir de um *prompt* de comando. Nele, baixamos o arquivo download.txt do diretório /downloads e descarregamos o arquivo upload.txt no diretório /incoming.

```
C:\.ftp 192.168.0.1
Connected to 192.168.0.1.
220 server1 Microsoft FTP Service (Version 5.0).
User (192.168.0.1: ( none)) : anonymous
331 Anonymous access allowed, send identity (e-mail name) as
password.
Password:
230-Welcome to my FTP site!
230 = = = = = = = = =
230-put uploads into /incoming
230-get downloads from /downloads
230 = = = = = = = = =
230 Anonymous user logged in.
ftp. cd downloads
250 CWD command successful.
ftp. Dir
200 PORT command successful.
150 Opening ASCII mode data connection for /bin/ls.
-r-xr-xr-x  1 owner   group    87 Jan  2 16:50
downtest.txt
226 Transfer complete.
73 bytes received in 0.02 seconds (3.65 kbps)
ftp. get downtest.txt
200 PORT command successful.
150 Opening ASCII mode data connection for downtest.txt(87 bytes).
226 Transfer complete.
ftp. cd ../incoming
250 CWD command successful.
ftp. dir
```

```
200 PORT command successful.
150 Opening ASCII mode data connection for /bin/ls.
550 .: Access is denied.
ftp. put uptest.txt
200 PORT command successful.
150 Opening ASCII mode data connection for uptest.txt.
226 Transfer complete.
ftp. bye
221 Thanks for visiting!
```

Esta listagem de sessão ilustra como usar os comandos básicos de linha de comando FTP, tais como open, close, get e put. Para obter uma listagem de todos os comandos de linha de comando FTP, digite o seguinte no *prompt* de comando:

```
C:\. ftp
ftp. ?
```

Uma lista de todos os comandos FTP aparecerá. Para obter uma rápida explicação sobre um comando específico — por exemplo, o comando put — simplesmente digite

```
ftp. ? put
putsend one file
```

O número de três dígitos no início de cada linha retornada pelo servidor FTP é chamado de *FTP return code* (Código de retorno FTP). Por exemplo, o código de retorno 200 sempre significa que o comando foi executado com sucesso.

Outra maneira de testar o novo *site* FTP é usar o Internet Explorer como um programa-cliente FTP. Inicie o Internet Explorer e abra o seguinte URL:

`ftp://172.16.8.101/download`

O resultado é a listagem de diretório mostrada na Figura 9-18. Este é um exemplo do estilo MS-DOS de listagem de diretório.

Com o Internet Explorer 5.0, se o *browser* tentar acessar um *site* FTP que, ou esteja parado ou tenha acesso de leitura desabilitado, aparecerá a mensagem de erro da Figura 9-19. Mensagens de erro FTP não são configuráveis com o IIS 5.0.

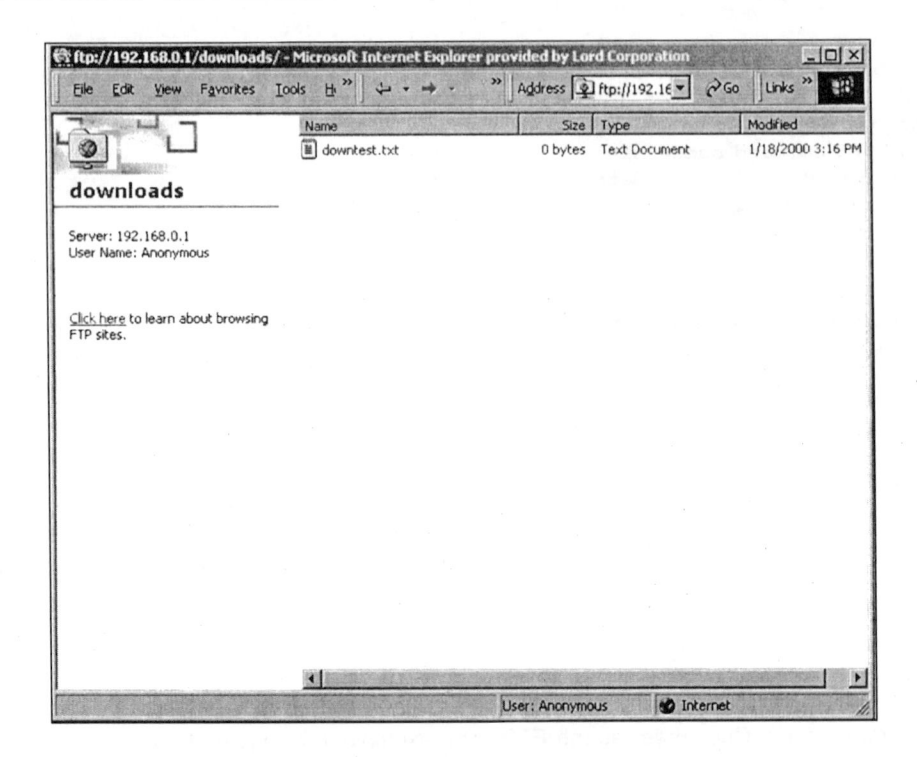

Figura 9-18 Acesso a um site *FTP*
usando Internet Explorer

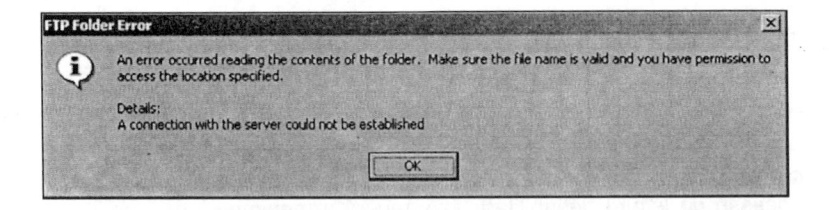

Figura 9-19 Mensagem indicando
site *FTP* inacessível

Resumo

O IIS 5.0 tem um serviço FTP totalmente configurável com capacidade de hospedar múltiplos *sites* FTP (servidores virtuais) em uma única máquina. O conteúdo de *sites* FTP pode ser hospedado tanto no servidor IIS local quanto em uma rede remota compartilhada. Os *sites* FTP são um complemento útil aos Web *sites*, fornecendo uma localização centralizada para *downloads* e possibilitando *blind uploads*.

Para mais informações

Para saber mais sobre administração do serviço FTP, tente os seguintes recursos *online*.

Microsoft Web Site

Visite um *site* FTP realmente grande:

`ftp.microsoft.com`

Veja como ele é organizado e apresentado, abrindo-o no Internet Explorer.

Microsoft Newsgroups

Você pode fazer perguntas sobre o serviço Microsoft FTP em IIS 5.0 ao grupo:

`microsoft.public.inetserver.iis`

Capítulo **10**

Como administrar a performance

Monitorar e otimizar a performance de servidores é uma tarefa importante para qualquer administrador. Garantir que servidores Web, FTP e outros serviços de Internet possam lidar eficazmente com picos de carga é crítico para qualquer empresa que utilize a Internet com objetivos comerciais. Neste capítulo, tratamos do monitoramento e das ferramentas de diagnóstico do Windows 2000 e de como elas se aplicam ao Internet Information Services 5.0, incluindo:

- Monitor de performance;
- Gerenciador de tarefa;
- Utilitários de linha de comando TCP/IP;
- Registros IIS;
- Visualizador de eventos;
- Monitor de rede;
- IIS WCAT — Web Capacity Analysis Tool.

Também discutimos diversas técnicas para sintonizar e otimizar a performance de serviços do IIS, incluindo:

- Otimização de componentes de hardware;
- Relocalização de aplicativos que consomem recursos;
- Interrupção de serviços desnecessários;

- Restrição ao uso de registro;
- Restrição ao uso de SSL;
- Estreitamento da largura de banda;
- Limitação do número de conexões;
- Maximização do tempo de uso do processador para serviços;
- Ajuste do tamanho de *cache* para otimizar o uso da memória;
- Otimização do tipo de conteúdo;
- Práticas mais eficientes para codificação ASP;
- Capacitação do HTTP Keep-Alives.

Monitoramento de performance do IIS

Monitorando a performance de servidores IIS, oferecem ao administrador informações sobre:

- Gargalos que afetam o performance do servidor;
- Carregamentos não-balanceados em conseqüência de *sites* visitados com grande freqüência;
- Falta de habilidade dos usuários para estabelecer conexões sob tráfego intenso;
- Média de utilização em tráfego médio e em momentos de pico;
- Tendências, em longo prazo, dos recursos de utilização;
- Erros do servidor devido a falhas de hardware ou software.

Estas informações de performance podem ser usadas para:

- Planejar *upgrades* de hardware e software para atender à capacidade esperada;
- Isolar e corrigir problemas que afetam a performance do hardware e do software;
- Sintonizar e otimizar serviços para atingir carregamentos na média e em períodos de pico;
- Obter relatórios estatísticos de acesso ao *site* com objetivos de cobrança;
- Minimizar despesas extraordinárias referentes a compras desnecessárias de *upgrades* de hardware.

As ferramentas usadas para monitorar a performance do IIS são as ferramentas básicas de monitoramento e solução de problemas que acompanham o sistema operacional Windows 2000 Server, além de ferramentas adicionais desenvolvidas especificamente para o IIS.

Performance Monitor

O Windows 2000 Performance Monitor é a principal ferramenta para monitorar e avaliar a performance do IIS (veja a Figura 10-1). Com o Performance Monitor, os administradores podem:

- Monitorar diversos aspectos de serviços IIS em tempo real;
- Registrar dados de performance por período de tempo para identificar linhas de referência e avaliar tendências;
- Criar gráficos e relatórios para exibir dados de performance;
- Ajustar condições de alerta para notificar aos administradores no caso de os critérios de performance serem excedidos;
- Identificar congestionamentos nos subsistemas de processador, memória, disco e rede;
- Observar alterações de performance em resposta a mudanças de configurações de hardware/software;
- Calcular a capacidade do sistema e prever necessidades futuras.

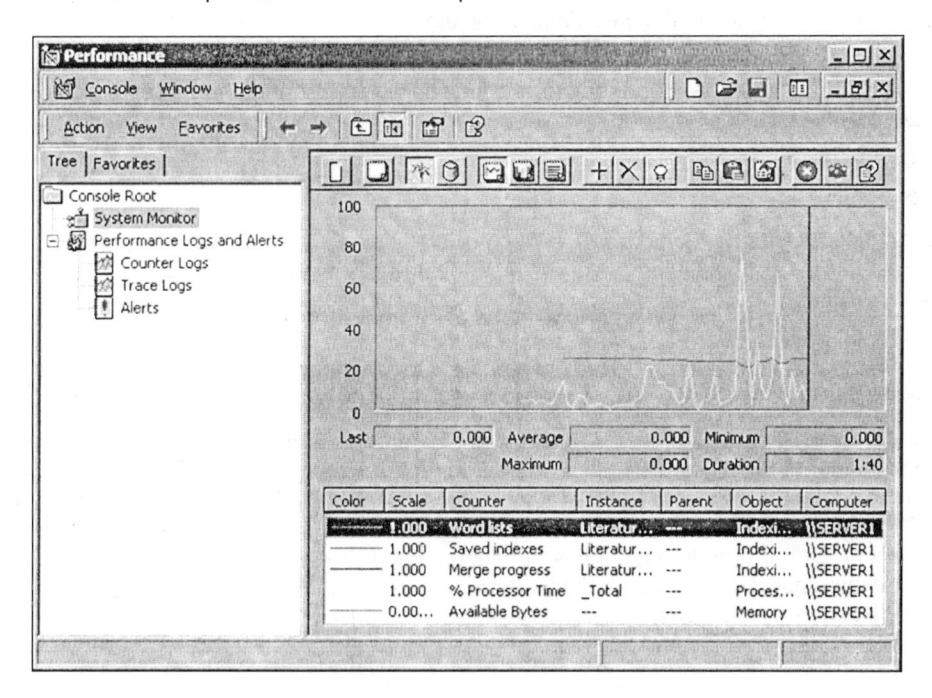

Figura 10-1 Uso do Performance Monitor em gráfico de atividade de servidor

O Performance Monitor pode exibir ou registrar a atividade de *instances of counters* (cópias de contadores) pertencentes a vários tipos de *objetos*-servidor. Objetos são processos de hardware e software que usam recursos de servidor. Exemplos de objetos são:

- Memória;
- LogicalDisk;
- PagingFile;
- Redirector.

Os *counters* (contadores) são agrupados de acordo com o tipo de objeto ao qual eles pertencem e especificam a forma em particular de atividade de hardware e software a ser monitorada. Exemplos de contadores do objeto PhysicalDisk (disco físico) são:

- % Disk Read Time (% de tempo de leitura de disco);
- % Free Space (% de espaço livre);
- Disk Bytes/Transfer (bytes de disco/transferência);
- Free Megabytes (megabytes livres).

Quando o Performance Monitor está monitorando um objeto em particular, ele coleta todas as cópias de todos os contadores daquele objeto.

Instances são ocorrências múltiplas de contadores em particular, dependendo do hardware e do software envolvidos. Por exemplo, o contador % Disk Time pode ter as *instances*:

- 0 C: D:
- 1 F: G: H:
- _Total

significando a *instance* "Partições C: e D::no disco físico 0", a *instance* "Partições F, G e H no disco físico 1" e a *instance* "Total de todos os discos", respectivamente.

A Figura 10-2 mostra uma caixa de diálogo Add to Chart (Adicionar ao gráfico), ilustrando o exemplo anterior. Para ver uma descrição dos tipos de informações que o contador selecionado coleta, clique no botão Explain na caixa Add to Chart. Aparecerá uma seção Counter Definition (Definição de contador) no fundo da caixa de diálogo.

Quando diversos componentes do IIS são instalados em um sistema, objetos do novo Performance Monitor também são instalados para capacitar os administradores a monitorarem estes serviços. Estes novos objetos, além dos objetos-padrão do Windows 2000 Performance Monitor, oferecem aos administradores uma ampla gama de ferramentas para monitorar a performance dos servidores IIS. Para rever as funções monitoradas pelos objetos-padrão Windows 2000 Performance Monitor, reporte-se ao Windows 2000 Server Resource Kit e ao Windows 2000 Professional Resource Kit, disponíveis no CD TechNet.

Capítulo 10 - Como administrar a performance

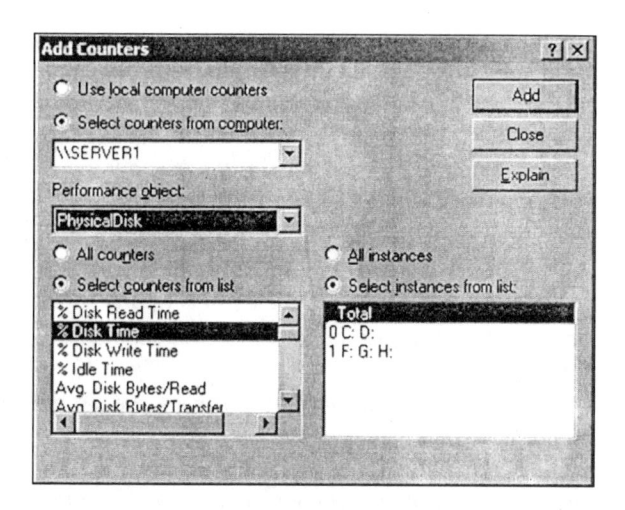

Figura 10-2 Acréscimo de uma cópia de um contador a um objeto selecionado

A seguir está uma lista detalhada dos contadores disponíveis para o IIS e serviços correlatos, juntamente com as definições de contador que podem ser vistas, clicando no botão Explain, na caixa de diálogo Add to Chart:

- Internet Information Services Global;
- Web Service;
- Active Server Pages;
- FTP Service;
- Content Index;
- Content Index Filter;
- HTTP Content Index.

Os contadores podem ser classificados em quatro categorias principais, dependendo de como eles são reunidos:

- Contadores *instantâneos* — fornecem leituras momento-a-momento;
- Contadores *de média* — fornecem valores médios de um intervalo de tempo recente (normalmente um minuto);
- Contadores *cumulativos* — fornecem valores totais, desde que o serviço associado foi iniciado pela última vez;
- Contadores *máximos* — fornecem valores de pico, desde que o serviço associado foi iniciado pela última vez.

Além de monitorar os objetos da lista apresentada a seguir, os administradores também devem monitorar os contadores básicos para detectar congestionamentos no uso do processador, da memória, do disco de *drive* e da rede, pois estes são os quatro elementos básicos de hardware que mais afetam a performance do servidor.

1. Contadores recomendados para monitorar o *processador* incluem:
   - *Processador* — % de tempo de processamento (deve ser menor do que 75% na maior parte do tempo;
   - *Sistema* — Processor Queue Length (Tamanho de relação de dados do processador) (deve ser menor do que 2 na maior parte do tempo);
   - *Processador* — interrupção/segundo (um aumento drástico aqui pode indicar uma falha de dispositivo).

   Falhar em satisfazer um ou mais destes critérios indica que o processador pode estar congestionado. A solução é atualizar o processador, acrescentar outro processador ou passar para oura máquina algum carregamento do servidor.

2. Contadores recomendados para monitorar a *memória* incluem:
   - *Memória* — bytes disponíveis (deve ser acima de 4MB na maior parte do tempo);
   - *Memória* — bytes comprometidos (deve ser menos do que a quantidade de RAM física);
   - *Memória* — páginas/segundo (deve ser menor do que 5 na maior parte do tempo).

   Falhar em satisfazer um ou mais destes critérios indica que a memória física (RAM) pode estar congestionada. A solução é acrescentar mais RAM.

3. Contadores recomendados para monitorar o *subsistema de disco* incluem:
   - *PhysicalDisk* — % de tempo em disco (não deve estar próximo a 100% por períodos freqüentes ou prolongados);
   - *PhysicalDisk* — tamanho de relação de dados em disco (deve ser menor do que 2 na maior parte do tempo);
   - Os mesmos dois contadores para o objeto LogicalDisk.

   Falhar em satisfazer um ou mais destes critérios indica que seu subsistema de disco deve estar congestionado. A solução é atualizar para um controlador melhor, um eixo mais rápido ou um conjunto de faixas RAID 0.

4. Contadores recomendados para monitorar o *subsistema de rede* incluem:
   - *segmento de rede* — % de utilização da rede (um valor entre 60% e 80% é considerado saturado);
   - *interface de rede* — bytes total/segundo (quanto mais alto o valor, melhor a placa de rede).

   Falhar em satisfazer um ou mais destes critérios indica que seu subsistema de rede pode estar congestionado. Use uma placa de rede mais rápida, acrescente outra placa de rede ou segmente a rede para reduzir o tráfego de transmissão.

Capítulo 10 - Como administrar a performance   **305**

> **Nota:**
>
> Os objetos PhysicalDisk e LogicalDisk exigem habilitação para serem monitorados. Para habilitar estes objetos a partir do prompt de comando, digite:
>
> `diskperf — y` (para um **hard drive** regular)
>
> ou
>
> `diskperf — ye` (para um conjunto de faixas RAID)
>
> O objeto Network Segment está disponível no Performance Monitor apenas quando o serviço Network Monitor Agent está instalado no servidor.
>
> O objeto Network Interface está disponível no Performance Monitor somente quando o serviço SNMP está instalado no servidor.

Contadores globais Internet Information Services — Contadores para o objeto Internet Information Services Global oferecem informações de performance referentes a todos os serviços IIS (isto é, WWW, FTP, NNTP, SMTP, etc.). Os seguintes contadores podem ser monitorados por este objeto; as descrições *verbatim* (literais) são tomadas de explicações oferecidas quando você clica no botão Explain depois de selecionar um contador para acrescentar.

Cache Flushes — O número de vezes que uma parte da memória *cache* (armazenamento temporário) expirou devido a mudanças de arquivo ou diretório em uma árvore de diretório Internet Information Services.

Cache Hits — O número total de vezes em que um arquivo é aberto, um diretório é listado ou em que um objeto de serviço específico solicitado foi encontrado no *cache*.

Cache Hits % — A razão de *cache hits* para todas as solicitações feitas ao *cache*.

Cache Misses — O número total de vezes em que um arquivo é aberto, um diretório é listado ou um objeto de serviço específico solicitado não é encontrado no *cache*.

Cached File Handles — O número de acionadores de arquivo abertos armazenado por todos os Internet Information Services.

Current Blocked Async I/O Requests — Solicitações correntes temporariamente bloqueadas devido a ajustes de estreitamento (gargalo) de largura de banda.

Directory Listings — O número de listagens de diretório armazenadas temporariamente por todos os Internet Information Services.

Measured Async I/O Bandwidth Usage — Medição de largura de banda de I/O (input/output – entrada/saída) medida em um minutos.

Objects (o contador-padrão) — O número de objetos armazenados temporariamente por todos os Internet Information Services (inclusive acionadores de arquivos de rastreamento de objetos, objetos de listagem de diretório e objetos de serviço específico).

Total Allowed Async I/O Requests — Total de solicitações permitidas pelos ajustes de estreitamento (gargalo) da largura de banda (contadas desde a inicialização do serviço).

Total Blocked Async I/O Requests — Total de solicitações temporariamente bloqueadas devido a ajustes de estreitamento (gargalo) da largura de banda (contadas desde a inicialização do serviço).

Total Rejected Async I/O Request — Total de solicitações rejeitadas devido a ajustes de estreitamento (gargalo) da largura de banda (contadas desde a inicialização do serviço).

Contadores de Web Service — Contadores do objeto Web Service oferecem informações de performance especificamente relacionados ao serviço WWW no IIS. Os contadores a seguir descritos podem ser monitorados por este objeto.

Anonymous Users/sec — A taxa segundo a qual os usuários estão fazendo conexões anônimas usando o serviço Web.

Bytes Received/sec — A taxa segundo a qual bytes de dados são recebidos pelo serviço Web.

Bytes Sent/sec — A taxa segundo a qual bytes de dados são enviados pelo serviço Web.

Bytes Total/sec (o contador-padrão) — O total de bytes enviados por segundo e bytes recebidos por segundo; isto é, a taxa total de bytes transferidos pelo serviço Web.

CGI Requests/sec — A taxa de solicitações CGI sendo simultaneamente processadas pelo serviço Web.

Connection Attempts/sec — A taxa segundo a qual conexões, usando o serviço Web, estão sendo tentadas.

Current Anonymous Users — O número de usuários atualmente em conexões anônimas, usando o serviço Web.

Current Blocked Async I/O Requests — Solicitações atuais temporariamente bloqueadas devido a ajustes de estreitamento (gargalo) da largura de banda.

Current CGI Requests — O número atual de solicitações CGI sendo simultaneamente processadas pelo serviço Web.

Current Connections — O número atual de conexões estabelecidas com o serviço Web.

Current ISAPI Extension Requests — O número atual de extensão de solicitações sendo simultaneamente processadas pelo serviço Web.

Current Nonanonymous Users — O número de usuários que têm atualmente uma conexão não-anônima usando o serviço Web.

Delete Requests/sec — A taxa segundo a qual solicitações HTTP usando o método Delete são feitas (geralmente, tais solicitações são usadas para remoção de arquivo).

Files Received/sec — A taxa segundo a qual arquivos são recebidos pelo serviço Web.

Files Sent/sec — A taxa segundo a qual arquivos são enviados pelo serviço Web.

Files/sec — A taxa segundo a qual arquivos são transferidos (isto é, enviados e recebidos) pelo serviço Web.

Capítulo 10 - Como administrar a performance   **307**

Get Requests/sec — A taxa segundo a qual solicitações HTTP, usando o método Get são feitas (geralmente, tais solicitações são usadas para recuperação de arquivo básico ou mapas de imagem, embora elas também possam ser usadas com formulários).

Head Requests/sec — A taxa segundo a qual solicitações HTTP, usando o método Head, são feitas (em geral, tais solicitações indicam que um cliente está consultando a situação de um documento para verificar se ele precisa ser restaurado).

ISAPI Extension Requests/sec — A taxa de solicitações de extensão ISAPI que estão sendo simultaneamente processadas pelo serviço Web.

Logon Attempts/sec — A taxa segundo a qual os registros de entrada, usando o serviço Web, estão sendo tentados.

Maximum Anonymous Users — O número máximo de usuários estabelecendo conexões anônimas coincidentes usando o serviço Web (contadas desde a inicialização do sistema).

Maximum CGI Requests — O número máximo de solicitações CGI processadas simultaneamente pelo serviço Web.

Maximum Connections — O número máximo de conexões simultâneas estabelecidas com o serviço Web.

Maximum ISAPI Extension Requests — O número máximo de solicitações de extensão processadas simultaneamente pelo serviço Web.

Maximum Nonanonymous Users — O número máximo de usuários, estabelecendo conexões não-anônimas coincidentes, usando o serviço Web (contados desde a inicialização do serviço).

Measured Async I/O Bandwidth Usage — A largura de banda de I/O assíncrona medida na média de um minuto.

Nonanonymous Users/sec — A taxa segundo a qual usuários estão fazendo conexões não- anônimas usando o serviço Web.

Not Found Errors/sec — A taxa de erros devidos a solicitações que não puderam ser satisfeitas pelo servidor, pois os documentos solicitados não foram encontrados (normalmente suportado como um código de erro 404 HTTP ao cliente).

Other Request Methods/sec — A taxa segundo a qual são feitas solicitações HTTP que não usam os métodos Get, Post, Put, Delete, Trace ou Head (estes podem incluir Link ou outros métodos suportados por aplicativos *gateway*).

Post Requests/sec — A taxa segundo a qual solicitações HTTP, usando o método Post, são feitas (solicitações pelo método Post normalmente são usadas para solicitações de formulários ou *gateway*).

Put Requests/sec — A taxa segundo a qual solicitações HTTP são feitas, usando o método Put.

System Code Resident Bytes — Bytes residentes em código de sistema.

Total Allowed Async I/O Requests — Total de solicitações permitidas por ajustes de estreitamento (gargalo) da largura de banda (contadas desde a inicialização do sistema).

Total Anonymous Users — O número total de usuários estabelecendo uma conexão anônima com o serviço Web (contados desde a inicialização do serviço).

Total Blocked Async I/O Requests — Total de solicitações temporariamente bloqueadas devido a ajustes de estreitamento (gargalo) da largura de banda (contadas desde a inicialização do serviço).

Total CGI Requests — Total de solicitações CGI — Common Gateway Interface (Executáveis *gateway* personalizados) — (.exe) — que o administrador instala para acrescentar formulários de processamento ou outras fontes de dados dinâmicas. As solicitações CGI geram um processo que pode ser uma grande drenagem nos recursos de servidor (contadas desde a inicialização do serviço).

Total Connection Attempts — O número de conexões que foram tentadas, usando o serviço Web (contadas desde a inicialização do serviço)

Total Delete Requests — O número de solicitações HTTP usando o método Delete (geralmente usado para remoções de arquivo; contadas desde a inicialização do serviço).

Total Files Received — O número total de arquivos recebidos pelo serviço Web (contados desde a inicialização do serviço).

Total Files Sent — O número total de arquivos enviados pelo serviço Web (contados desde a inicialização do serviço).

Total Files Transferred — A soma de total de arquivos enviados e total de arquivos recebidos, o número total de arquivos transferidos pelo serviço Web (contados desde a inicialização do serviço).

Total Get Requests — O número de solicitações HTTP usando o método Get (geralmente usadas para recuperações de arquivo básico e mapas de imagem, embora elas possam ser usadas com formulários, contadas desde a inicialização do serviço).

Total Head Requests — O número de solicitações HTTP usando o método Head (geralmente, tais solicitações indicam que um cliente está consultando a situação de um documento para ver se ele precisa ser restaurado; contadas desde a inicialização do serviço).

Total ISAPI Extension Requests — Total de *gateways* personalizados de .dll — dynamic link libraries (*links* dinâmicos de bibliotecas) que o administrador instala para acrescentar processamento de formulários ou outras fontes dinâmicas de dados; diferente de solicitações CGI, solicitações ISAPI são simples chamadas a uma rotina de biblioteca DLL, portanto mais adequadas a aplicativos *gateway* de alta performance (contadas desde a inicialização do serviço).

Total Logon Attempts — O número de registros de entrada que foram tentadas, usando o serviço Web (contados desde a inicialização do serviço).

Total Method Requests — O número de solicitações HTTP Get, Post, Put, Delete, Trace, Head e outros métodos (contadas desde a inicialização do serviço).

Total Method Requests/sec — A taxa segundo a qual solicitações HTTP, usando métodos Get, Post, Put, Delete, Trace ou Head, são feitas.

Capítulo 10 - Como administrar a performance

Total Nonanonymous Users — O número total de usuários estabelecendo uma conexão não-anônima com o serviço Web (contados desde a inicialização do serviço).

Total Not Found Errors — O número de solicitações que não puderam ser satisfeitas pelo servidor, pois o documento solicitado não pôde ser encontrado (geralmente reportado ao cliente como um código de erro 404 HTTP; contadas desde a inicialização do serviço).

Total Other Request Methods — O número de solicitações HTTP que não usam os métodos Get, Post, Put, Delete, Trace ou Head (podem incluir Link ou outros métodos suportados pelos aplicativos *gateway*; contadas desde a inicialização do sistema).

Total Post Requests — O número de solicitações HTTP usando o método Post (geralmente usado para solicitações de formulários ou *gateway*; contadas desde a inicialização do serviço).

Total Put Requests — O número de solicitações HTTP usando o método Put (contadas desde a inicialização do serviço).

Total Rejected Async I/O Requests — Total de solicitações rejeitadas devido a ajustes de estreitamento (gargalo) da largura de banda (contadas desde a inicialização do serviço).

Total Trace Requests — O número de solicitações HTTP usando o método Trace. Estas solicitações permitem ao cliente ver o que está sendo recebido e o final da cadeia solicitada e usar as informações com objetivos de diagnóstico (contadas desde a inicialização do serviço).

Active Server Pages — Os contadores de Active Server Pages fornecem informações de performance especificamente relacionadas a *scripts* ASP sendo executados no IIS. Os contadores a seguir descritos podem ser monitorados para este objeto.

Debugging Requests — O número de documentos sendo depurados.

Errors during script runtime — O número de solicitações de páginas que falharam devido a erros durante o tempo de execução no *script* (Monitore este contador para medir exatamente como *scripts* ASP são escritos pelos projetistas. Um alto número de erros pode significar *scripts* pobremente escritos ou problemas de conexão aos recursos do servidor, o que pode afetar a performance e repercutir na satisfação do cliente).

Errors from ASP Preprocessor — O número de solicitações de páginas que falharam devido a erros de pré-processamento.

Errors from Script Compilers — O número de solicitações de páginas que falharam devido a erros de compilação.

Errors/Sec — O número de erros encontrados por segundo.

Requests Bytes In Total — O número total de bytes de todas as solicitações.

Requests Bytes Out Total — O número total de bytes enviados aos clientes, excluindo-se os cabeçalhos HTTP.

Request Execution Time — O número de milissegundos necessários para executar a solicitação mais recente (outro indicativo de *scripts* pobremente escritos ou de problemas de conexão aos recursos).

Request Wait Time — O número de milissegundos que uma solicitação ficou aguardando na fila.

Requests Disconnected — O número de solicitações que foram desconectadas devido a alguma falha.

Requests Executing — O número de solicitações atualmente em execução.

Requests Failed Total — O número total de solicitações rejeitadas, devido a falhas, erros e rejeições de autorização.

Requests Not Authorized — Falhas de autorização (use este contador para ver solicitações a recursos que não devem ser feitas).

Requests Not Found — O número total de erros 404 HTTP (um indicador de *links* quebrados no Web *site*).

Requests Queued — O número de solicitações que estão aguardando.

Requests Rejected — O número de solicitações rejeitadas devido a recursos insuficientes disponíveis para elas (fique atento a este tipo de problema com o sistema).

Requests Succeeded — O número de solicitações processadas com sucesso.

Requests Timed Out — O número de solicitações que não se completaram devido a erros de tempo de encerramento (outro indicador de problemas em *scripts*, possíveis problemas de *scripts* que não se conectam a recursos).

Requests Total — O número total de todas as solicitações, incluindo solicitações bem sucedidas e solicitações não completadas.

Requests/Sec — O número de solicitações por segundo.

Script Engines Cached — O número de *script engines* no *cache* (isto é, VBScript, JScript, ActivePerl, usadas para interpretação de *script*).

Session Duration — O número de milissegundos que durou a sessão mais recente (sessões são estabelecidas quando os projetistas de *scripts* ASP usam a variável de sessão em seus códigos ASP. Quanto mais variáveis são usadas na sessão, mais recursos estão sendo alocados pelo servidor da Web para o *script*. Sempre que possível, evite usar variáveis de sessão).

Sessions Current — O número atual de sessões em andamento.

Sessions Timed Out — O número de sessões que tiveram tempo encerrado.

Sessions Total — O número total de sessões desde que o IIS foi inicializado.

Template Cache Hit Rate — Porcentagem de hits no gabarito do *cache*.

Template Notifications — O número de gabaritos invalidados devido a mudanças.

Templates Cached — O número de gabaritos atualmente no *cache*.

Transactions Aborted — Monitora transações COM+ que foram abortadas, o que pode indicar possíveis erros no aplicativo.

Transactions Commited — O número de transações bem sucedidas.

Transactions Pending — O número de transações em progresso.

Transactions Total — O número total de transações.

Transactions/Sec — Transações iniciadas por segundo.

Capítulo 10 - Como administrar a performance **311**

Contadores de FTP Service — Os contadores do objeto FTP Service oferecem informações de performance especificamente relacionadas ao serviço FTP no IIS. Os seguintes contadores podem ser monitorados por este objeto.

Bytes Received/sec —A taxa na qual bytes de dados são recebidos pelo serviço FTP.

Bytes Sent/sec — A taxa na qual bytes de dados são enviados pelo serviço FTP.

Bytes Total/sec (o contador-padrão) — A soma de bytes enviados e recebidos por segundo; a taxa total segundo a qual bytes são transferidos pelo serviço FTP.

Current Anonymous Users — O número de usuários que têm, atualmente, uma conexão anônima usando o serviço FTP.

Current Connections — O número atual de conexões estabelecidas com o serviço FTP.

Current Nonanonymous Users — O número de usuários que têm, atualmente, uma conexão não-anônima com o serviço FTP.

Maximum Anonymous Users — O número máximo de usuários estabelecendo conexões simultâneas, anônimas, com o serviço FTP (contados desde a inicialização do sistema).

Maximum Connections — O número máximo de conexões simultâneas estabelecidas com o serviço FTP.

Maximum Nonanonymous Users — O número máximo de usuários estabelecendo conexões simultâneas, não-anônimas, com o serviço FTP.

Total Anonymous Users — O número total de usuários estabelecendo uma conexão anônima com o serviço FTP (desde a inicialização do serviço).

Total Connection Attempts (todas as *instances*) — O número de conexões que foram tentadas, usando o serviço FTP (desde a inicialização do serviço), para todas as *instances* listadas.

Total Files Received — O número total de arquivos recebidos pelo serviço FTP.

Total Files Sent — O número total de arquivos enviados pelo serviço FTP desde a inicialização do serviço.

Total Files Transferred — A soma de total de arquivos enviados e total de arquivos recebidos, o número total de arquivos transferidos pelo serviço FTP desde a inicialização do serviço.

Total Logon Attempts — O número total de registros de entrada que foram tentados, usando o serviço FTP (desde a inicialização do serviço).

Total Nonanonymous Users — O número total de usuários estabelecendo uma conexão não-anônima com o serviço FTP (desde a inicialização do serviço).

Contadores de Indexing Service — Os contadores para o objeto Indexing Service oferecem informações de performance especificamente relacionadas ao Indexing Service. Os contadores a seguir descritos podem ser monitorados para este objeto.

 # document indexed — O número de documentos indexados desde que o índice foi criado.

Deffered for Indexing — Arquivos não disponíveis e deferidos para indexação.

Files to be indexed — Arquivos a serem indexados.

Index size (MB) — Tamanho de conteúdo de índice em megabytes.

Merge progress — Porcentagem de fusão atual completada.

Running queries — Número de consultas sendo executadas.

Saved Indexes — Número de índices salvos.

Total # documents — Número total de documentos no índice.

Total # queries — Número total de consultas desde que o índice foi criado.

Unique keys — Número de chaves únicas (palavras, etc.) no índice.

Wordlists (o contador-padrão) — Número de listas de palavras.

Contadores de Indexing Service Filter — Os contadores do objeto Indexing Service Filters fornecem informações adicionais de performance relativas à filtragem de documentos de Indexing Service. Os seguintes contadores podem ser monitorados para este objeto.

Binding time (ms) — Tempo médio gasto na ligação de, filtros de indexação.

Indexing speed (Mbph) — Velocidade de filtragem de conteúdo de arquivos, em megabytes por hora.

Total indexing speed (Mbph) — Velocidade de filtragem de conteúdo e propriedades de arquivo, em megabytes por hora.

Contadores de indexação HTTP — Os contadores para o objeto HTTP Indexing fornecem informações de performance relacionadas às consultas sendo executadas e sobre o armazenamento dos resultados no Indexing Service. Os seguintes contadores podem ser monitorados para este objeto.

% Cache hits — Porcentagem de consultas encontradas no *cache* de consultas.

% Cache misses — Porcentagem de consultas não encontradas no *cache* de consultas.

Active queries — Número de consultas em execução.

Cache items — Número de consultas completadas no *cache*.

Current requests queued — Número atual de solicitações de consultas em fila.

Queries per minute — Número de consultas por minuto.

Total queries — Número total de consultas executadas desde a inicialização do serviço.

Total requests rejected — Número total de solicitações de consultas rejeitadas.

Task Manager (Gerenciador de tarefa)

O Windows 2000 Task Manager é uma ferramenta útil para monitorar a performance e detectar problemas com serviços do IIS (veja a Figura 10-3). Com o Task Manager, os administradores podem:

- Monitorar em tempo real o uso da CPU e da memória de inetinfo.exe, o processo global IIS;
- Monitorar em tempo real o uso da CPU e da memória de serviços relacionados, tais como cisrv.exe e cidaemon.exe (Index Server), certsrv.exe (Certificate Server) e assim por diante;

Capítulo 10 - Como administrar a performance

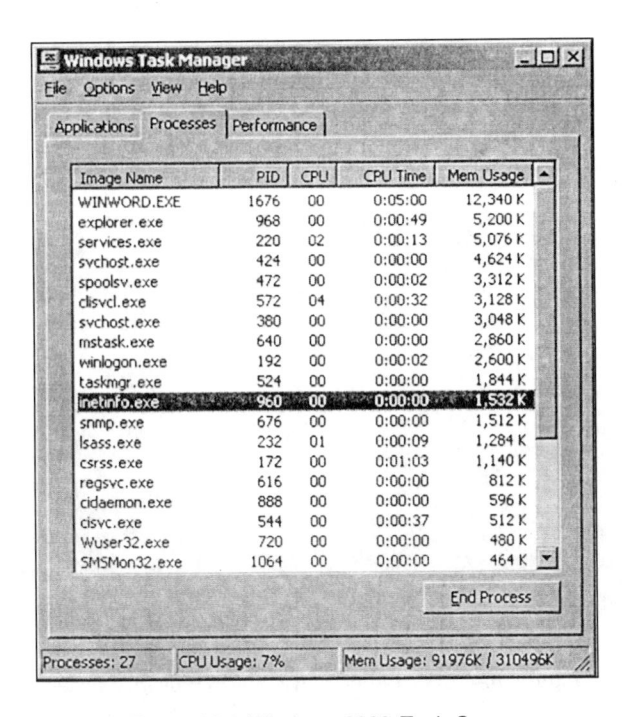

Figura 10-3 Windows 2000 Task Server monitorando o processo inetinfo.exe

- Visualizar, graficamente, a CPU em execução e a memória exigida para todos os processos combinados;
- Determinar e encerrar operações fora de controle de processos e aplicativos.

Utilitários de linha de comando TCP/IP

Diversos utilitários de linha de comando TCP/IP são úteis a administradores para monitorar e solucionar problemas de serviços IIS. Estes utilitários incluem:

- Os utilitários gerais de solução de problemas TCP/IP ipconfig e ping (veja o Apêndice A);
- A telnet, que permite que você desempenhe o papel de um cliente e envie comandos de uma linha por vez a cada serviço IIS. Por exemplo, se você estiver com problemas com clientes NNTP conectando-se ao serviço NNTP no IIS, tente conectar-se com telnet ao invés de usar a porta 119 padrão NNTP no servidor (veja a Figura 10-4). Quando uma conexão é feita, o servidor NNTP deve retornar uma mensagem de *status* 200 NNTP. Responda a esta mensagem digitando `list` e depois pressione Enter

(você precisa entrar com set local_echo em sua sessão telnet para ser capaz de ver o que digita em telnet). Se o telnet responder com uma lista de *newsgroups*, seu servidor de notícias provavelmente está funcionando adequadamente; o problema deve estar no cliente de notícias (veja a Figura 10-5). Para obter uma lista de comandos entendidos pelo serviço NNTP, digite help (ajuda) e pressione Enter;

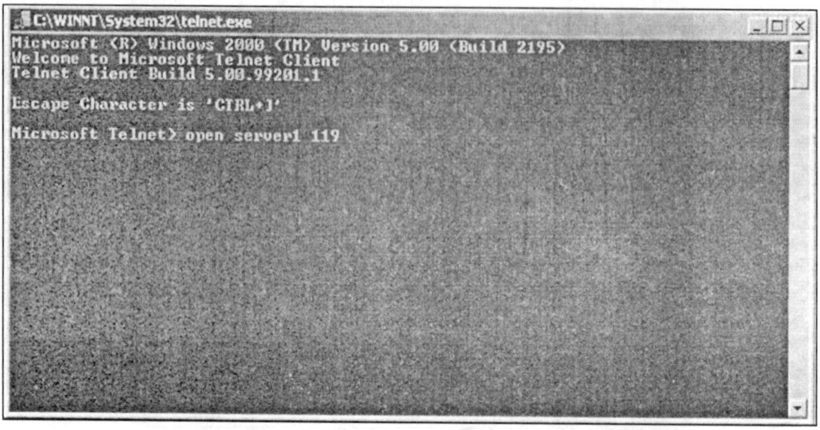

Figura 10-4 *Conexão ao servidor NNTP usando telnet*

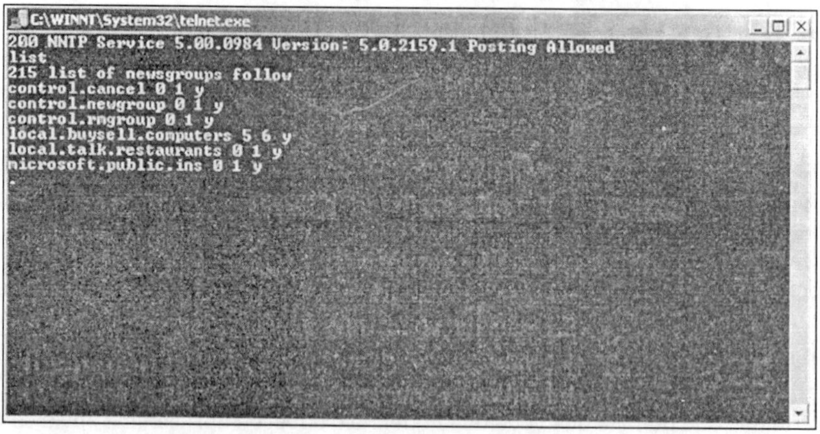

Figura 10-5 *Obtenção de uma listagem de* newsgroups *no serviço NNTP do IIS*

Capítulo 10 - Como administrar a performance   **315**

- O netstat, que exibe a situação atual de conexões TCP/IP e várias estatísticas de protocolo TCP/IP para o servidor. Digite `netstat /?` No *prompt* de comando para uso de informações sobre este comando. Alguns dos parâmetros mais importantes são descritos a seguir.

    `netstat —a`

    Exibe todas as conexões e rastreia portas (conexões do lado do servidor normalmente não são exibidas).

    `netstat —n`

    Exibe endereços e números de porta em forma numérica.

    `netstat —s`

    Exibe estatísticas por protocolo.

    `netstat —p tcp`

    Mostra conexões do protocolo TCP; isto pode ser usado com a opção —s para exibir estatísticas por protocolo.

- nslookup, um utilitário de linha de comando para examinar registros no banco de dados do servidor DNS, geralmente usado para depurar problemas relacionados com DNS (veja o Apêndice B).

Registros IIS

A capacidade de registro IIS permite aos administradores determinarem quantos clientes estão conectando-se ao servidor, o momento da conexão, o que os clientes estão vendo e assim por diante. Este tipo de informação é útil para:

- Determinar quais são os *sites* ou serviços mais populares para que estes *sites* possam ser sintonizados para máxima resposta;
- Determinar os *sites* que apresentem problemas, tais como *links* interrompidos ou falhas nos aplicativos.

As informações de registro podem ser vistas diretamente em arquivos de texto, exportadas a partir de um banco de dados compatível com ODBC ou importadas para um programa de análise de registro.

Event Viewer

O Event Viewer oferece aos administradores informações referentes a erros de sistema, avisos e eventos significativos relacionados a serviços Windows 2000. O Event Viewer grava três tipos de registros:

- Registro de sistema — contém eventos relacionados aos serviços Windows 2000 e a dispositivos de *drives*;
- Registro de segurança — contém o registro de auditoria no Windows 2000;
- Registro de aplicativos — contém eventos relacionados a aplicativos sendo executados no Windows 2000.

Eventos relacionados ao IIS e a outros serviços Internet são registrados no registro System (veja a Figura 10-6). As palavras-chave na coluna Source podem ser filtradas para focalizar um IIS em particular e serviços correlatos, tais como:

- W3SVC — o serviço WWW;
- MSFTPSVC — o serviço FTP;
- SMTPSVC — o serviço SMTP;
- NNTPSVC — o serviço NNTP.

Eventos relacionados a serviços Internet são registrados no registro Application. Palavras-chave na coluna Source incluem:

- Ci — os serviços Indexing;
- CERTSVC — Certificate Services;
- MSDTC — Microsoft COM+;
- Active Server Pages;
- FrontPage 4.0.

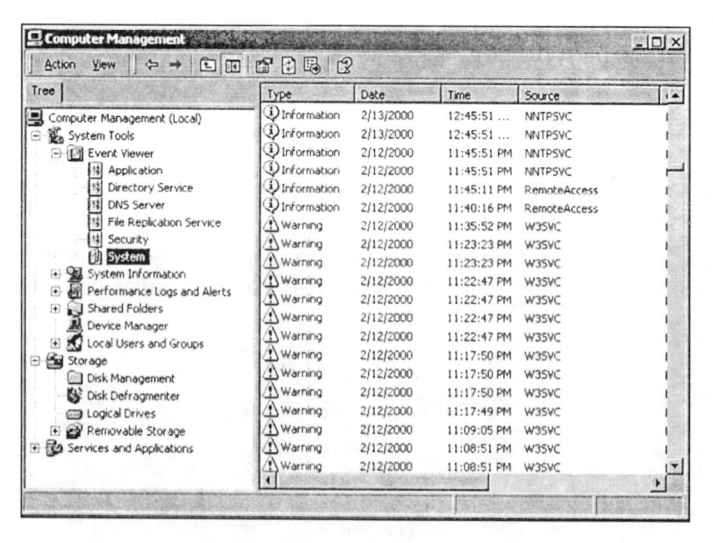

Figura 10-6 Eventos são registrados no registro System

Network Monitor (monitor de rede)

O Network Monitor pode ser usado por administradores para capturar e analisar tráfego de rede em nível de pacotes. (A Figura 10-7 mostra um Network Monitor em busca de uma solicitação HTTP Get.) O Network Monitor é mais uma ferramenta de diagnóstico do que uma ferramenta de performance, capacitando administradores a examinarem:

- Tráfego de pacotes *a partir* do servidor, para depurar problemas de conexão, problemas de endereçamento e problemas de protocolo;
- Tráfego de pacotes *para* o servidor, para detectar tentativas de invasão a servidores IIS, além dos problemas mencionados anteriormente.

IIS WCAT — Web Capacity Analysis Tool (Ferramenta de análise de capacidade Web)

Outra ferramenta no arsenal do administrador é a WCAT da Microsoft, que está incluída no Windows 2000 Resource Kit da Microsoft. A WCAT é projetada para simular cargas de trabalho em servidores IIS e para testar suas respostas a uma variedade de solicitações de cliente, incluindo métodos HTTP, FTP, SSL, ASP, ISAPI e CGI. Estudando a resposta de seu servidor IIS sob diferentes tipos de carregamentos simulados, você pode identificar estreitamentos e determinar como otimizar a performance do IIS através de atualizações de hardware e sintonização de performance de software.

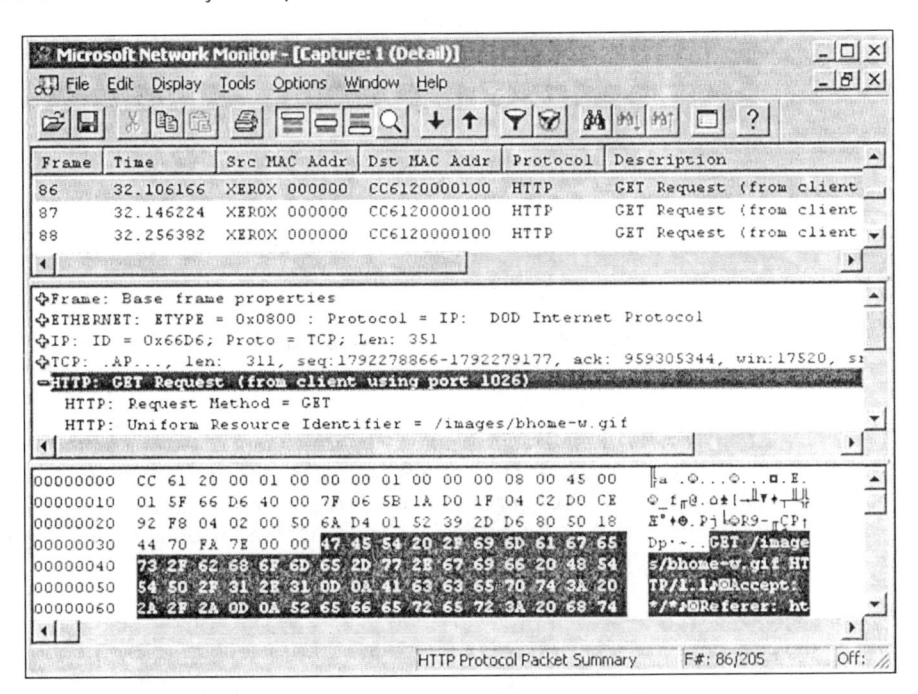

Figura 10-7 Network Monitor em busca de uma solicitação HTTP Get

Executar a WCAT requer três máquinas. As três devem estar executando Windows 2000 ou Windows NT 4.0 (veja a Figura 10-8).

- *O servidor WCAT* — Esta é a máquina sendo testada com o IIS instalado. Instalar os componentes de servidor WCAT em um servidor IIS simplesmente adiciona uma série de arquivos de texto que, mais tarde, poderão ser apagados do servidor.
- *O cliente WCAT* — Esta máquina executa os clientes virtuais que fazem conexões para e solicitam páginas do servidor WCAT. Cada cliente virtual é um processo simplificado sendo executado dentro de um único processo WCAT. WCAT suporta até 200 clientes virtuais por máquina e, porque a maioria dos *browsers* usa tipicamente quatro conexões separadas para baixar conteúdo da Web, este traduz em simulação até 50 clientes- *browser*. Para exceder este limite, você pode usar várias máquinas como clientes WCAT.

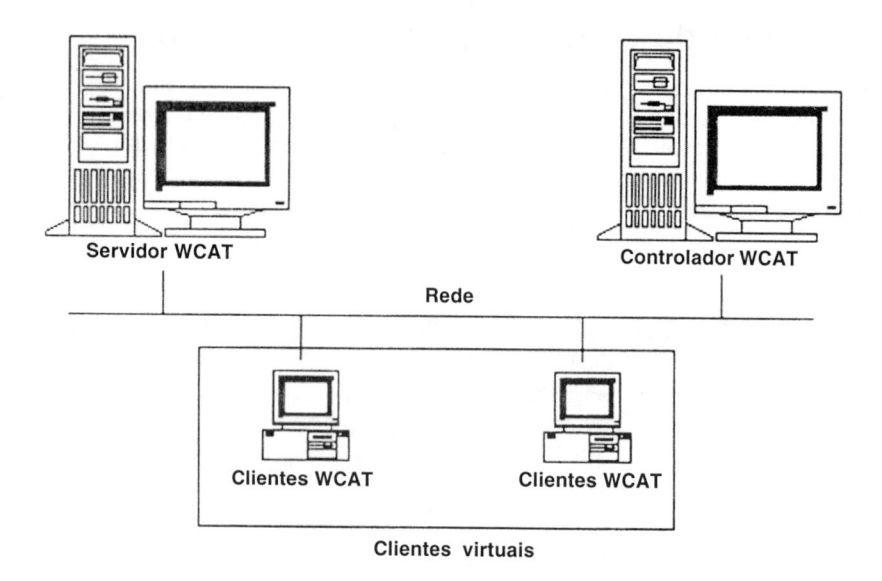

Figura 10-8 Uso da WCAT — Web Capacity Analysis Tool

- *O controlador WCAT* — Esta máquina administra e monitora o procedimento de teste WCAT e controla a qualidade do teste através do controlador de entrada de arquivos. A saída de um teste WCAT pode ser um arquivo de registro ou um arquivo Performance Monitor, o qual permite o emprego de uma variedade de métodos para analisar e interpretar os resultados dos testes.

Capítulo 10 - Como administrar a performance

WCAT vem com mais de 40 testes pré-empacotados que os administradores podem executar para determinar a performance de servidor sob diferentes cargas de trabalho. Para cada teste, o administrador pode variar parâmetros para ajustar o carregamento no servidor. Estes parâmetros incluem:

- Número de clientes no teste;
- Taxa de solicitações por clientes;
- Tamanho e tipo de página solicitada pelos clientes;
- Freqüência de solicitações a cada página;
- Quantidade total de tempo do teste.

Administradores também podem personalizar o carregamento do servidor, escrevendo seus próprios *scripts* de controle de cliente.

Para mais informações sobre WCAT, consulte o Windows 2000 Resource Kit.

Ajuste de performance do IIS

Nesta seção examinaremos várias estratégias, dicas e truques que administradores podem usar para sintonizar a performance de servidores IIS. Estes não estão relacionados em uma ordem especial.

Como remover aplicativos desnecessários

Executar outros aplicativos de recursos intensivos (por exemplo, serviços Microsoft Exchange Server, File and Print) em um servidor IIS causará grande impacto nos recursos disponíveis para serviços IIS. É uma boa idéia mover esses aplicativos para um servidor separado, garantindo, assim, que o IIS tenha controle total dos recursos de hardware da máquina.

Como parar serviços desnecessários

Cada serviço sendo executado no Windows 2000 Server usa valiosos recursos de sistema. Serviços que não são necessários à funcionalidade de sua máquina devem ser parados e ajustados para iniciar manualmente ou devem ser inteiramente desabilitados.

Os administradores devem estar cientes das dependências de serviço antes de incapacitarem serviços desnecessários. Uma boa prática é desabilitar serviços em uma ocasião e monitorar o efeito na performance e a integridade do sistema por um período de tempo antes de desabilitar o próximo serviço. Para parar ou desabilitar um serviço, use o nó Services no *snap-in* Computer Manager MMC. Para verificar as dependências entre serviços, clique duas vezes no serviço que você está estudando e selecione a guia Dependencies na página Property do serviço.

Os seguintes serviços *não são exigidos* em um servidor dedicado IIS:
- Alerter;
- Servidor ClipBook;
- Cliente DHCP;
- Messanger;
- Net Logon;
- Network DDE;
- Network DDW DSDM;
- Network Monitor Agent;
- NWLink NetBIOS;
- NWLink IPX/SPX Compatible Transport;
- Spooler;
- TCP/IP NetBIOS Helper;
- UPS.

Os seguintes serviços podem ser exigidos para *objetivos específicos*:
- RPC Locator (exigido para administração remota);
- Servidor (exigido para uso de User Manager);
- Workstation (exigido se você estiver usando raízes virtuais UNC remotas).

Como otimizar o uso do registro IIS

O registro IIS diminui a performance do servidor. É uma boa idéia habilitar o registro apenas em *sites*, diretórios virtuais e arquivos individuais que precisam ser registrados para cobrança ou objetivos de monitoramento de performance.

Para incapacitar o registro em um diretório pessoal de *site*, um diretório virtual em particular ou um arquivo individual, acesse a página Property do objeto, selecione a guia de Home Directory, Virtual Directory ou File e limpe a caixa de verificação Log Access (registro de acesso) no Content Control (controle de conteúdo).

Para incapacitar registro em todo um Web *site*, acesse a página Property do *site*, selecione a guia Web Site e limpe a caixa de verificação Enable Logging (Habilitar registro).

Capítulo 10 - Como administrar a performance   **321**

Como otimizar o uso do SSL

O SSL diminui significativamente a performance do IIS. O SSL deve ser habilitado apenas em *sites* e partes de *sites* onde ele é necessário. Por exemplo, em um *site* de compras o SSL pode ser permitido apenas àquelas páginas da Web que contenham formulários da Web para os usuários apresentarem suas informações de cartão de crédito e ser desabilitado no restante do *site*.

Para desabilitar o SSL em um diretório virtual em particular ou em um arquivo individual, acesse a página Property do objeto, selecione a guia Directory Security ou File Security, clique em Edit em Secure Communications (comunicações seguras) e limpe Require Secure Channel When Accessing This Resource Checkbox (Exige canal protegido ao acessar este recurso 0 caixa de verificação) (isto supõe que o SSL já esteja habilitado no servidor).

Para incapacitar o SSL completamente em um Web *site*, acesse a página Property do *site*, selecione a guia Directory Security, clique Edit em Secure Communications e limpe a caixa de verificação Require Secure Channel When Accessing This Resource.

Como restringir
o uso de largura de banda

Se outros aplicativos intensivos de rede precisarem ser executados junto com o IIS em uma única máquina, você pode precisar restringir a largura de banda total usada pelo IIS no subsistema de rede da máquina. Para restringir a largura de banda para todos os serviços IIS sendo executados em uma máquina, acesse a página Property do servidor e marque a caixa de verificação Enable Bandwidth Throttling. Especifique o limite para a largura de banda da rede que deve ser disponibilizado a todos os Web *sites* IIS e *sites* FTP na máquina.

Outra situação que exige largura de banda restrita é aquela em que um servidor IIS hospeda diversos *sites*, sendo um deles extremamente popular. Para garantir que os outros *sites* possam ser acessados facilmente sob pesado carregamento, você pode restringir a largura de banda disponível ao *site* mais visitado. Para restringir a largura de banda de um *site* em particular no servidor IIS, acesse a página Property do *site*, selecione a guia Performance e marque a caixa de verificação Enable Bandwidth Throttling. Especifique o limite para a largura de banda da rede que deve ser disponibilizada a este *site* em especial.

Se o servidor estiver usando mais do que 50% de sua largura de banda de rede regularmente, você precisa fazer um *upgrade* no subsistema de rede. Considere acrescentar uma segunda placa de rede mais rápida ou descarregar algum conteúdo para outro servidor.

Como restringir acesso de uso

Se vários aplicativos de processos externos estiverem sendo executados na máquina, você pode precisar restringir o uso do processador aos aplicativos sendo executados no IIS. Para restringir o uso do processador a todos os aplicativos externos do IIS sendo executados em uma máquina, acesse a página Property do servidor e marque a caixa de verificação Enable Process Throttling. Especifique o limite para o uso da CPU, em porcentagem. Se limites obrigatórios não forem marcados, a única ação que é realizada aqui é um evento escrito no Event Log (Registro de evento), quando o limite é excedido.

Se o seu servidor IIS tiver vários aplicativos sendo executados na máquina, determinando grande utilização da CPU, você precisa instalar CPUs adicionais, instalar carregamento equilibrado ou fazer *upgrade* no servidor.

Como limitar conexões

Limitar conexões ao servidor IIS é outro método de conservar e gerenciar largura de banda de rede. A limitação de conexões só pode ser feita em Web *sites*; não se aplicando a diretórios virtuais ou arquivos. Para limitar conexões a um *site* em particular, em um servidor IIS, acesse a página Property do *site*, selecione a guia Web Site e, em Connections, selecione Limited To (Limitado a) e especifique o número máximo permitido de conexões simultâneas, bem como o valor Connection Timeout (Tempo de encerramento de conexão). Devido ao fato de que *browsers*, tipicamente, realizam até quatro conexões simultâneas a um servidor da Web quando eles se conectam a arquivos baixados, o valor especificado na caixa de texto Limited To representa quatro vezes o número máximo de *browsers*-clientes que podem conectar-se simultaneamente ao servidor.

Se um *browser* tenta conectar-se ao servidor e depois é interrompido em meio à corrente (por exemplo, se o usuário espera cinco segundos pela conexão e depois clica no botão Stop no *browser* — uma ocorrência típica), o servidor continua a processar a solicitação de conexão, até que o tempo se esgote. Um valor mais baixo de Connection Timeout garantirá que estas conexões interrompidas sejam encerradas mais rapidamente, liberando recursos para outras conexões. Um valor de Connection Timeout muito baixo pode encerrar conexões de cliente antes de o cliente terminar de fazer o *download* completamente, resultando em uma resposta mais lenta do cliente final.

Como habilitar HTTP Keep-Alives

HTTP Keep-Alives são habilitados, por padrão, em todos os *sites* de um servidor IIS. Esta função de aperfeiçoamento de performance do IIS deve ser deixada habilitada pelos administradores; apenas administradores avançados podem considerar desabilitar temporariamente este recurso, sob certas circunstâncias especiais.

Capítulo 10 - Como administrar a performance

Como otimizar o uso da memória contra velocidade de resposta

Os administradores podem controlar como o IIS usa memória para otimizar a velocidade de resposta do servidor às solicitações do cliente. Para otimizar o uso de memória para velocidade de resposta a um *site* em particular em um servidor IIS, acesse a página Property do *site*, selecione a guia Performance e, em Performance Tuning, ajuste o controle deslizante para que o ajuste fique *ligeiramente mais alto* do que o número de conexões por dia (veja a Figura 10-9). Se o controle deslizante estiver ajustado *muito mais alto* do que o número de conexões por dia, o resultado será um gasto desnecessário dos recursos da memória do servidor e uma queda geral da performance.

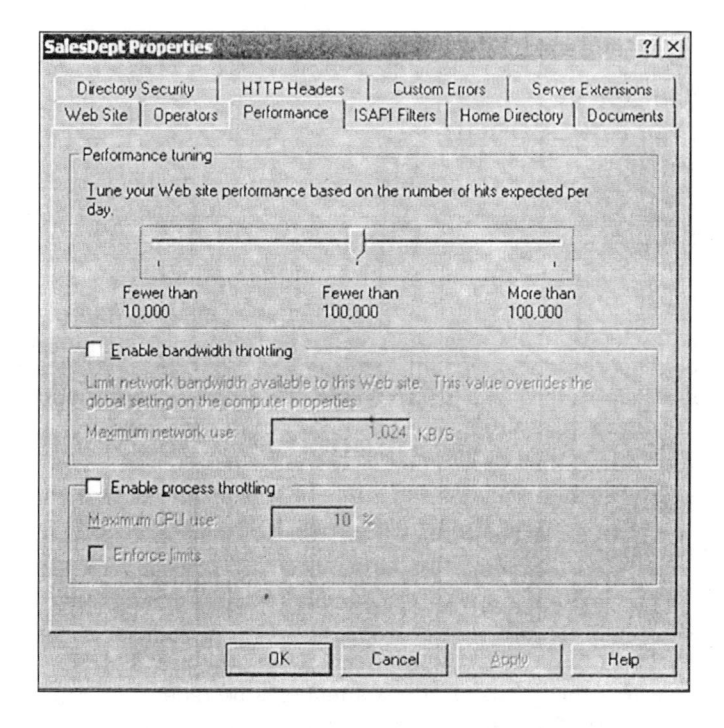

Figura 10-9 Otimização do uso da memória em oposição à velocidade de resposta.

Como otimizar tipo de conteúdo

A velocidade de resposta depende do tipo de conteúdo residente no servidor da Web. A performance do servidor pode ser aperfeiçoada, usando os seguintes tipos de conteúdo *somente quando necessário*:

- Active Server Pages;
- *Scripts* CGI;
- Aplicativos ISAPI;
- Consultas a banco de dados;
- Arquivos de vídeo;
- Arquivos de imagens JPEG de alta resolução.

Como otimizar o uso do processador

Serviços IIS se executam em *background* exatamente como outros serviços do Windows 2000. Normalmente, o Windows 2000 oferece a aplicativos de frente uma ajuda para garantir que eles recebam uma grande parcela de tempo do processador e respondam ao usuário. A performance do IIS pode ser melhorada, desabilitando esta ajuda.

Para desabilitar a ajuda ao processador para aplicativos de frente no Windows 2000, acesse o programa System, no Control Panel, para abrir a página System Properties. Selecione a guia Advanced, clique no botão Performance Options e selecione a opção Background Services na seção Application response (Resposta de aplicativo) (veja a Figura 10-10). Este ajuste otimiza o servidor para executar serviços de *background* como IIS.

Uso de aplicativos de alta performance

Embora não seja trabalho do administrador escrever código ASP, um dos principais culpados por problemas de performance do IIS é um código ASP pobremente escrito. Ao desenvolver páginas ASP, é fundamental ter em mente alguns conceitos:

- Quantidade reduzida de conexões aos recursos de rede;
- Evitar aninhar HTML em código ASP. Isso leva o IIS a separar a lógica do ASP. É melhor desenvolver o ASP para construir uma *string* e designá-la a uma variável e, ao final do processamento do *script*, fazer a escrita da *string*;

Capítulo 10 - Como administrar a performance

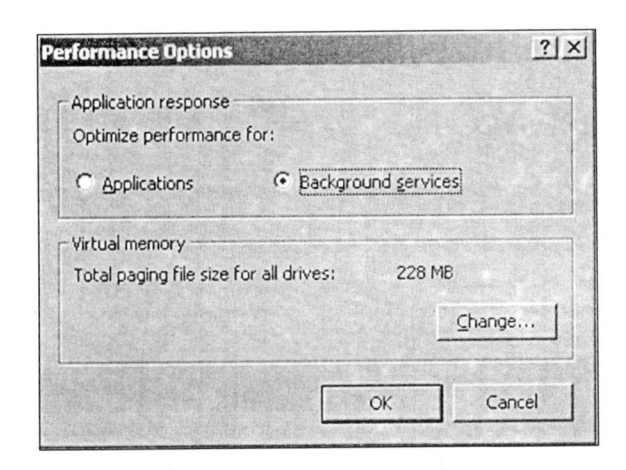

Figura 10-10 Desabilitação da ajuda (boost) do processador para aplicativos de frente

- Manter a lógica em objetos ao invés de mantê-la em *script* ASP. Objetos são códigos compilados e se executam mais rapidamente do que *scripts* ASP interpretados;
- Ao obter informações de bancos de dados, obtenha todos os dados usando uma criação de vários conjuntos de registro por página e criando diversas conexões pela rede ao SQL Server. Use o conjunto de registro desconectado sempre que possível;
- Evite usar variáveis de sessão e aplicativo, sempre que possível. Estas variáveis são armazenadas no IIS e consomem recursos;
- Considere dividir aplicativos em camadas múltiplas em diversos servidores. Por exemplo, coloque seu banco de dados em um servidor, serviços COM+ em outro, validação de dados do lado do cliente no *browser* e *script* ASP em outro servidor;
- Se o aplicativo usar extensa atividade de banco de dados, considere conexão partilhada ODBC;
- Use o monitor de performance para encontrar erros em excesso para problemas em potencial com ASP Scripts no IIS e informe aos projetistas.

Resumo

A performance dos servidores IIS pode ser monitorada com uma variedade de ferramentas-padrão Windows 2000. Muitas técnicas podem ser usadas para aumentar a performance de servidores IIS sob condições diversas. Uma parte importante do trabalho do administrador é monitorar, manter e melhorar a operação de servidores IIS tanto para uso em intranet quanto na Internet.

Para mais informações

Microsoft Web Site

Faça o *download* da Web Capacity Analysis Tool a partir do seguinte *site*:

`www.microsoft.com/TechNet/download/wccat.asp`

O Microsoft Newsgroups é uma boa referência para manter discussões sobre temas como a performance do IIS 5.0. Coloque um artigo ou *lurk* (visita sem participar das discussões) no seguinte *newsgroup*:

`microsoft.public.inetserver.iis.`

Consulte o artigo Microsoft TechNet sobre ASP Best Practices (Melhores performances ASP) para obter *script* de alta performance:

`Windows Product Family | MSWindows 2000 | Resource Kit | Windows 2000 Internet Information Services Resource Guide | Appendix A — ASP Best Practices`

Consulte também o artigo Microsoft TechNet sobre baixar balanceamento para distribuição de carregamento em rede, como servidores IIS através de servidores múltiplos:

`Windows Product Family | MS Windows 2000 | Resource Kit | Windows 2000 Server Distributed Systems Guide | Part 3 — Enterprise Technologies | Chapter 19 — Network Load Balancing`

Capítulo **11**

Como administrar SSL com Certificate Services

Administradores preocupados com segurança para o IIS têm uma opção adicional, além daquelas descritas no Capítulo 4, *Como administrar segurança*. Trata-se de habilitar o protocolo SSL — Secure Sockets Layer para transferência, entre servidores e clientes, de dados criptografados. Para simplificar o uso e a manutenção de SSL, o Windows 2000 tem uma ferramenta adicional chamada Certificate Services, que oferece aos administradores a possibilidade de emitir, instalar e revogar certificados digitais X.509. Ao término deste capítulo, você será capaz de:

- Entender como o SSL capacita transações seguras entre servidores e clientes Web;
- Instalar e configurar Certificate Services para emitir certificados digitais X.509;
- Gerar a solicitação certificada e o par de chaves pública/privada;
- Submeter a solicitação certificada a uma Certificate Authority e instalar o certificado recebido no servidor;
- Usar ferramentas HTML para solicitar um certificado;
- Habilitar o SSL em servidores virtuais e em diretórios virtuais;
- Instalar um Certificate Authority em um armazenamento *root* do *browser*.

Como entender o Secure Sockets Layer

Secure Sockets Layer versão 3.0 (SSL 3.0) é um protocolo que habilita sessões criptografadas entre *browsers*-clientes e servidores da Web. O SSL torna o uso de *chave de criptografia pública* um mecanismo que usa duas chaves de criptografia para garantir que a sessão seja protegida:

- Uma *chave pública*, que pode ser dada a qualquer aplicativo ou usuário que a solicite;
- Uma *chave privada*, que é conhecida apenas por seu proprietário.

Além do par de chaves pública/privada, o SSL utiliza *certificados digitais*, isto é arquivos emitidos por autoridades de certificação, que funcionam como um cartão de identidade para o aplicativo ou o usuário. Certificados digitais são arquivos de texto que contêm informações que identificam um aplicativo ou usuário. O certificado também contém a chave pública do aplicativo ou usuário.

Uma CA — Certificate Authority é uma agência confiável, responsável pela confirmação da identidade do aplicativo ou do usuário, e emissora de um certificado digital com objetivos de identificação. *VeriSign* é um exemplo de Certificate Authority terceirizada:

`www.verisign.com`

Alternativamente, administradores do Internet Information Services podem usar os Microsoft Certificate Services (Serviços de certificação Microsoft) para agir como sua própria autoridade de certificado, emitindo e revogando certificados digitais dentro de suas empresas, conforme a necessidade.

Certificados instalados em servidores IIS para oferecer prova de identidade aos servidores são chamados de *server certificates* (certificados de servidor). Aqueles instalados no *browser* do cliente são chamados de *client certificates* (certificados de cliente). Ambos os certificados, do servidor e do cliente, têm que ser assinados (verificação de autenticidade) por uma Certificate Authority. O certificado usado para identificar a Certificate Authority como sendo quem afirma que é, denomina-se *site certificate* (certificado de *site*) ou certificado CA, e é atribuído pela própria CA.

Os certificados podem expirar e podem ser *revogados*, se necessário. A CA mantém uma relação de certificados revogados, chamada *Lista de revogação de certificado*, que pode ser usada para verificar a identidade de detentores de certificado digital.

Como funciona o SSL

Nas sessões SSL, todos os dados que passam entre o cliente e o servidor são criptografados. Uma sessão SSL é constituída de uma série de etapas, delineadas na série de diagramas que apresentamos a seguir. Na Figura 11-1, um cliente estabelece uma conexão com um servidor. Depois que a conexão é estabelecida, o servidor envia ao *browser* sua chave

Capítulo 11 - Como administrar SSL com Certificate Services   329

pública e o certificado de servidor (veja a Figura 11-2). Neste ponto, servidor e cliente discutem e decidem qual nível de criptografia usar na criptografia dos dados a serem transmitidos (veja a Figura 11-3).

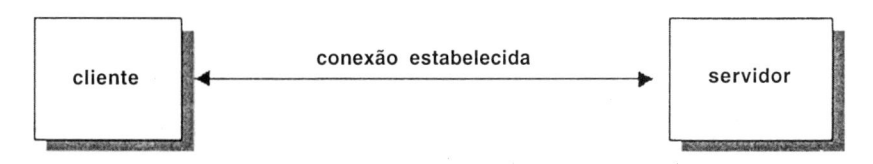

Figura 11-1 *Uma conexão é estabelecida*

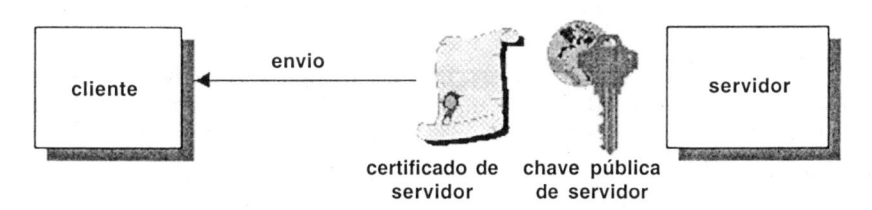

Figura 11-2 *O servidor envia seu certificado de servidor e a chave pública ao cliente*

Figura 11-3 *O cliente e o servidor negociam o grau de criptografia*

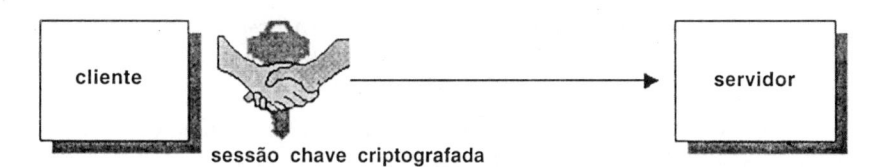

Figura 11-4 *O cliente criptografa a sessão chave com a chave pública do servidor*

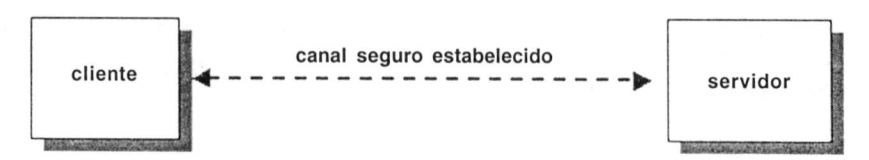

Figura 11-5 O cliente recebe a sessão chave, decodifica-a e estabelece um canal seguro com servidor

Quando um nível de criptografia é decidido, o cliente cria uma chave de sessão, que será usada para criptografar dados durante a sessão SSL atual. O cliente pega a chave criada e a criptografa, usando a chave pública do servidor. Depois, o cliente envia a chave da sessão criptografada ao servidor (veja a Figura 11-4). Se alguém capturar a chave da sessão neste estágio, não será capaz de usá-la, pois ela só pode ser decodificada pela chave privada do servidor, que apenas o servidor possui.

O servidor recebe a chave da sessão criptografada e usa sua chave privada para decodificá-la. Ambos, o cliente e o servidor, possuem agora a chave da sessão, e usam isto para estabelecer um canal seguro para enviar dados um ao outro (veja a Figura 11-5).

Finalmente, o cliente e o servidor trocam dados entre si, primeiro criptografando-os e depois decodificando-os com suas chave de sessão (veja a Figura 11-6).

Como implementar o SSL no IIS 5.0

Para habilitar uma sessão SSL entre um *browser*-cliente e um servidor IIS, é necessário o seguinte:

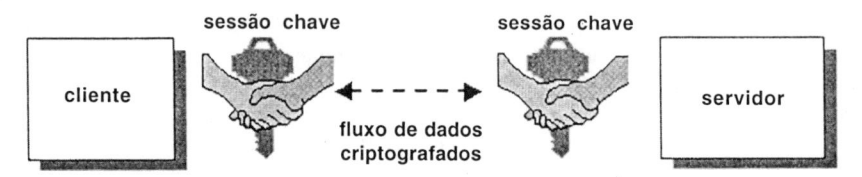

Figura 11-6 Agora é estabelecido canal seguro para transmissão de dados

- O servidor da Web exige do um certificado de servidor de uma CA confiável;
- O certificado do servidor precisa estar instalado no servidor;
- O SSL precisa ser habilitado no servidor virtual selecionado (ou diretório virtual no servidor), usando a guia Directory Security, na página Property do servidor virtual;
- O *browser* do cliente precisa acrescentar o certificado CA na área de armazenamento do diretório-raiz para que possa verificar a autenticidade do certificado do servidor;
- O cliente precisa acessar o servidor SSL habilitado, usando um URL seguro, começando com `https://`.

Este processo será ilustrado no teste, mais adiante neste capítulo.

Como entender Certificate Services

Microsoft Certificate Services oferecem a administradores a possibilidade de emitir, instalar e revogar certificados digitais padrão X.509. Estes certificados podem ser usados para fornecer antecipadamente verificação confiável da identidade de usuários de sua intranet, Extranet ou Internet corporativa.

O Certificate Server pode processar 10 solicitações de certificados padrão PKCS — Public-Key Cryptography Standards e emitir, em resposta, certificados padrão X.509. O Certificate Server também é extensível e pode suportar outros formatos de certificado, usando extensões de terceiros.

Certificate Services inclui ferramentas para administrar, registrar e revogar certificados digitais de servidores, clientes ou outras CAs. Clientes suportados incluem Internet Explorer 2.0 e superior e Netscape Navigator 3.0 e superior. Um registro de servidor (banco de dados) contém um registro de todos os certificados solicitados, emitidos e revogados pelo Certificate Server.

Certificate Services é um serviço Windows 2000 que se executa continuamente em *background* e obtém total vantagem da estabilidade, dos recursos de segurança e da confiabilidade do Windows 2000.

Como instalar Certificate Services

Antes de instalar Certificate Services, você precisa criar uma pasta compartilhada para uso de Certificate Services para armazenar seus Certificate Authority e vários arquivos de configuração (por exemplo, C:\CA compartilhado com permissão de leitura a todos). Ele precisa ser compartilhado para que clientes possam acessar e instalar certificados CA a partir dele. A pasta compartilhada precisa ser armazenada na máquina local, na qual o Certificate Services estiver instalado.

Para instalar serviços de certificação, clique em Start, Programs, Add/Remove Programs e clique em Add/Remove Windows Components. Quando o Windows Components Wizard (veja a Figura 11-7) surgir, selecione Certificate Services. Uma caixa de diálogo aparecerá, avisando-o de que o computador não pode ser acrescentado ou removido de um domínio depois de instalar Certificate Services (veja a Figura 11-8). Clique em Yes e em Next.

Na tela seguinte (veja a Figura 11-9), você precisa especificar o tipo de autoridade que será este servidor. Neste exemplo, o servidor não é um membro de um domínio Active Directory (Diretório ativo), portanto as opções Enterprise estão desabilitadas. As opções disponíveis são:

- Enterprise root CA — integrada com Active Directory para determinar a identidade do solicitante. Normalmente usada em intranets, onde os usuários serão membros do domínio Active Directory;
- Enterprise subordinate CA — autoridade subordinada a uma autoridade-raiz existente. Precisa obter um CA de uma autoridade-raiz;

- Stand-alone root CA — por padrão, solicitações serão enviadas a uma fila pendente e depois a um administrador, que pode aprovar ou rejeitar. Esta opção não requer serviços Active Directory para estar presente e pode ser usada com diretório de serviços terceirizado;
- Stand-alone subordinate CA — autoridade subordinada a uma autoridade-raiz existente; precisa obter um CA de uma autoridade-raiz. Esta opção não requer Active Directory.

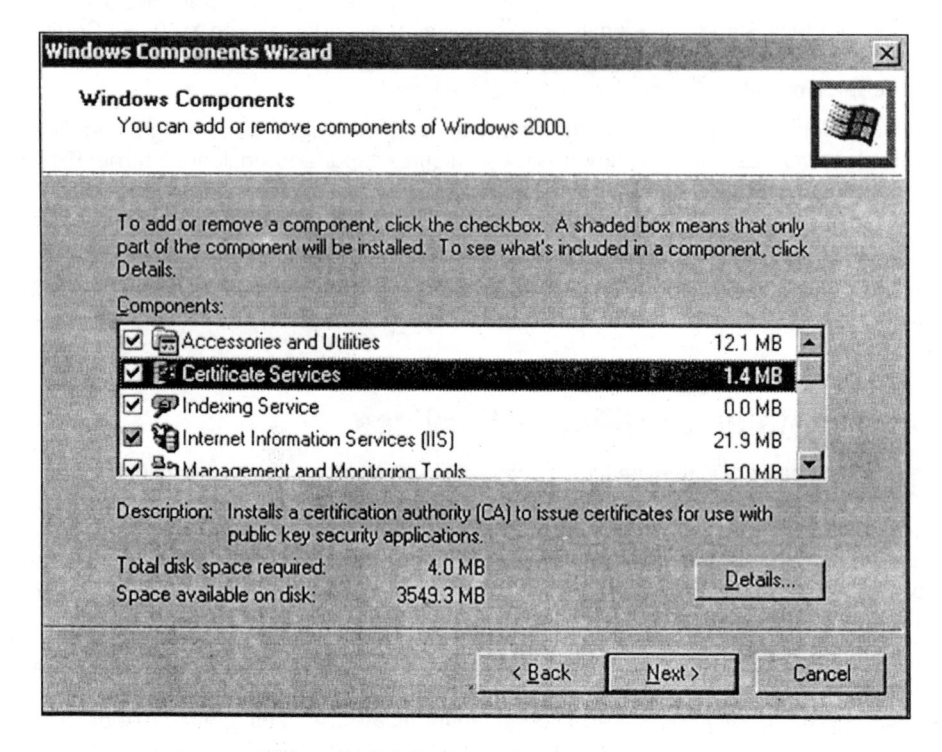

Figura 11-7 Seleção de Certificate Services no Windows Components Wizard

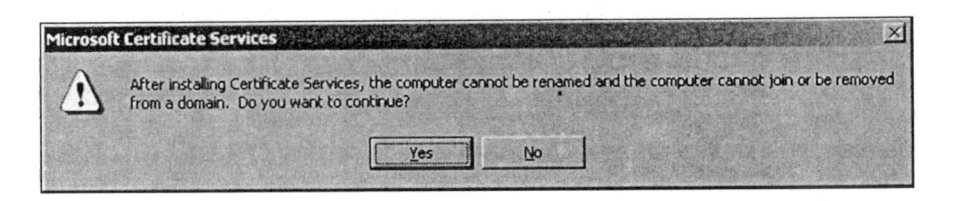

Capítulo 11 - Como administrar SSL com Certificate Services

Figura 11-8 Caixa de diálogo informando que o computador não poderá ser renomeado após a instalação de Certificate Services

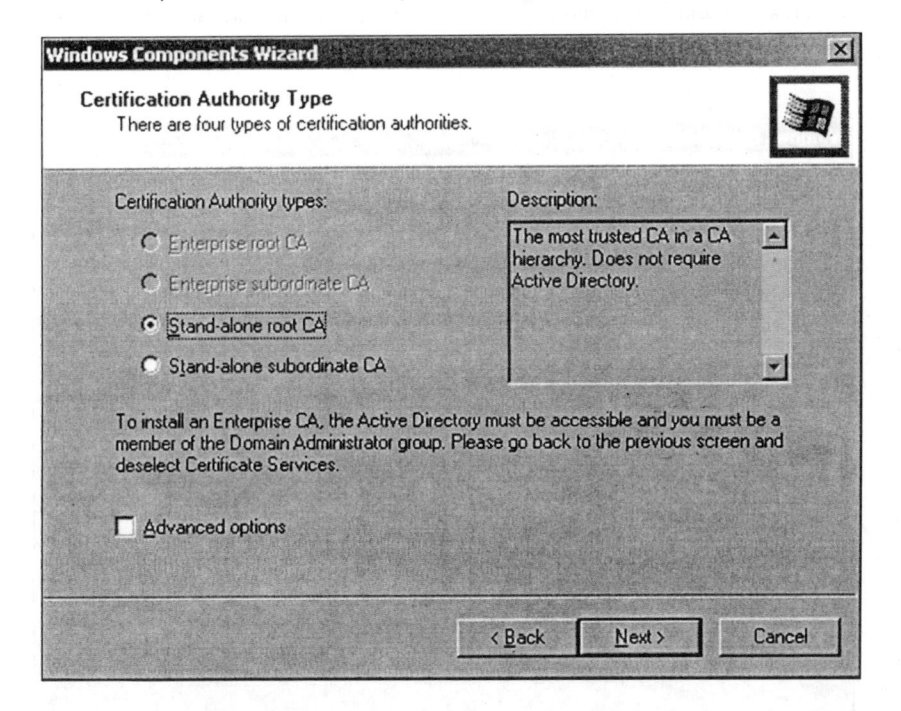

Figura 11-9 Especificação do tipo de Certificate Authority

A caixa de verificação Advanced Options permite seleção de algoritmos residuais e provedores de serviço criptográfico, além de configuração de hierarquias de Certificate Authority.

Neste exemplo, é selecionada Stand-alone root CA para um servidor da Web individual. Clique em Next para prosseguir.

Clique em Next e especifique informações de identificação para o Certificate Server (veja a Figura 11-10). Clique em Next para prosseguir.

Na tela seguinte, você precisa especificar a pasta criada anteriormente como o Configuration Data Storage Location para Certificate Service (veja a Figura 11-11). Você também pode mudar os lugares do armazenamento de banco de dados de certificados e localização de registros que, por padrão, estão em:

`C:\winnt\System32\CertLog`

Clique em Next e a tela Completing Installation aparece. O servidor de certificação agora se encontra instalado na máquina local, e as seguintes tarefas são automaticamente realizadas:

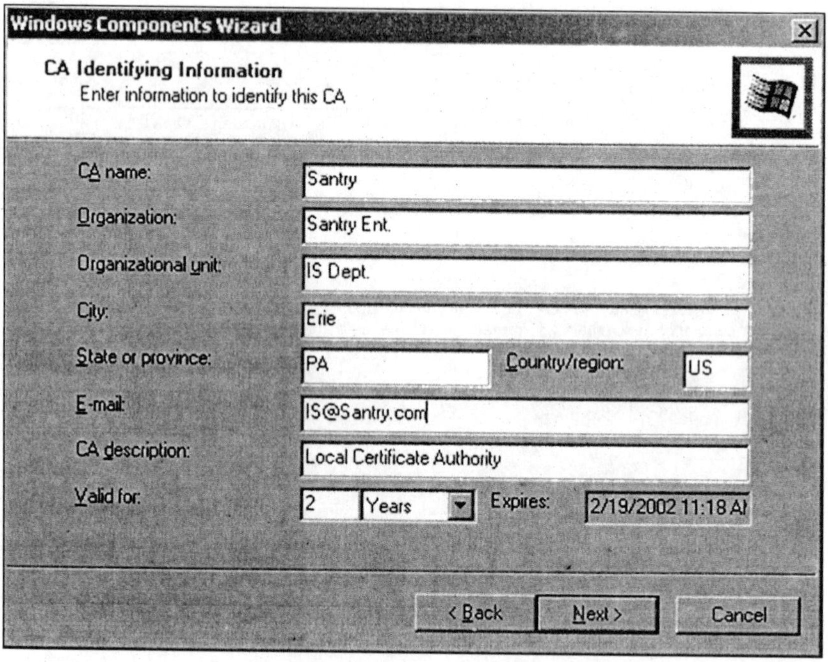

Figura 11-10 *Especifica informações de identificação para Certificate Services*

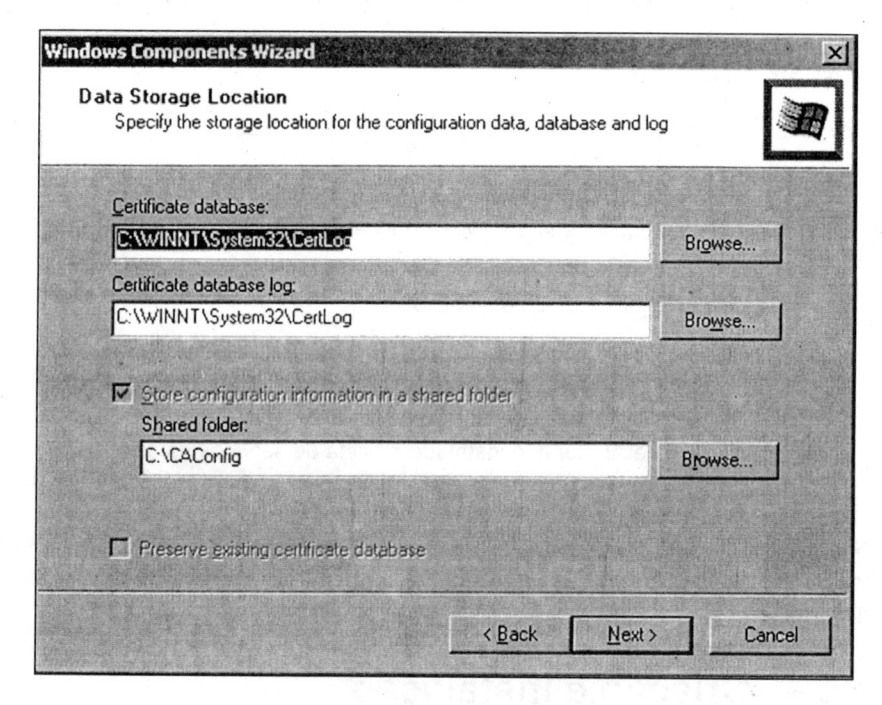

Capítulo 11 - Como administrar SSL com Certificate Services

Figura 11-11 Especifica uma configuração de local de armazenamento de dados de configuração para Certificate Services

- Os arquivos de programa Certificate Server são instalados em

    `c:\winnt\System32`

- As ferramentas HTML para solicitações de certificado baseado na Web são instaladas em

    `c:\winnt\System32\CertSrv`

    e seu diretório físico é mapeado para uma nova raiz virtual

    `/CertSrv`

- Um certificado *root* autodesignado é criado e instalado no local de armazenamento de certificado. Um *certificado root* é aquele que identifica a CA — Certificate Authority e é assinado pela própria CA ou por uma autoridade-raiz (também uma CA) superior, na hierarquia CA;
- Um par de chaves pública/privada é criado e salvo no repositório de chaves;

- Certificate Server é acrescentado à página da Web Certificate Authority Certificate List, armazenada em

  `C:\winnt\System32\CertSrv\CertEnroll\cacerts.htm`

  e também na pasta compartilhada;
- Os três arquivos seguintes são salvos no local compartilhado (C:\CAConfig):

  arquivo de configuração do Certificate Server, `CertSrv.txt`

  certificado de assinatura do Certificate Server,

  `<servername>_<CA_name>.crt`

  chave de troca de certificado do Certificate Server,

  `<servername>_<CA_name>_Exchange.crt`
- O serviço Certificate Authority é instalado na lista de serviços do sistema. O serviço Certificate Authority é configurado para iniciar automaticamente, usando a conta System na inicialização de Windows 2000.

Clique em Finish e Certificate Services iniciará. Mais adiante neste capítulo, percorreremos o processo de aprovar solicitações de certificado usando o *snap-in* Certificate Services Manager MMC.

Teste — Criação e instalação de um certificado de *site*

Para gerenciar solicitações de certificado, primeiro criaremos uma solicitação de nosso servidor de certificação. O seguinte teste consiste das tarefas:

- Gerar um arquivo de solicitação de certificado para um servidor. Um *arquivo de solicitação de certificado* é um arquivo de texto ASCII que contém informações criptografadas usadas para obter um certificado digital;
- Enviar o arquivo de solicitação e gerar um certificado de servidor. Um *certificado de servidor* identifica o servidor (ou servidor virtual) para os *browsers*-clientes e capacita estes clientes a se conectarem com o servidor através de SSL;
- Instalar o certificado do servidor e habilitar SSL em um Web *site*;
- Habilitar o cliente a reconhecer o Certificate Authority do servidor para que possa estabelecer-se a comunicação SSL.

O processo ilustrado na seção a seguir, funcionará tanto com um CA local quanto com Microsoft Certificate Services e um CA terceirizado confiável, como VeriSign.

Comece, criando um novo Web *site* no servidor IIS 5.0 e colocando algum conteúdo da Web no diretório pessoal do *site* (nós criamos o *site* `SalesDept` e atribuímos a ele o endereço IP 192.168.0.54).

Como criar um par de chaves e a solicitação de certificado

Abra o Internet Services Manager (MMC), selecione a raiz virtual (aqui, SalesDept), clique à direita na Web e selecione Properties, clique na guia Directory Security e clique no botão Server Certificate (veja a Figura 11-12). Isto iniciará o Web Server Certificate Wizard; clique em Next para iniciar o Wizard.

Na primeira tela (veja a Figura 11-13), selecione a opção Create a new certificate. Clique em Next para continuar.

Os administradores têm dois caminhos a escolher (veja a Figura 11-14) para criar chaves:

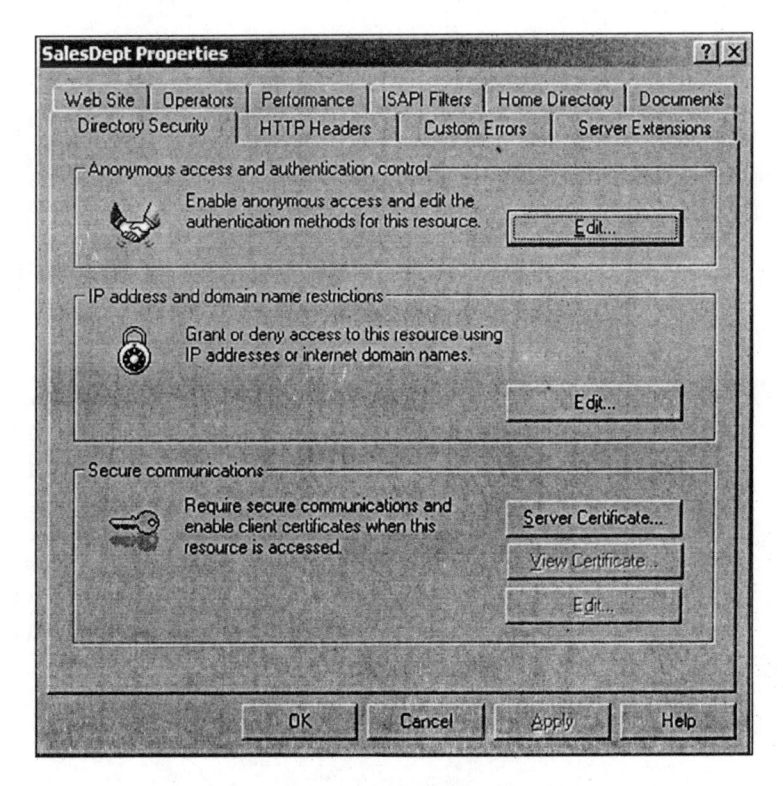

Figura 11-12 A guia Directory Security na página de propriedades IIS Web Site

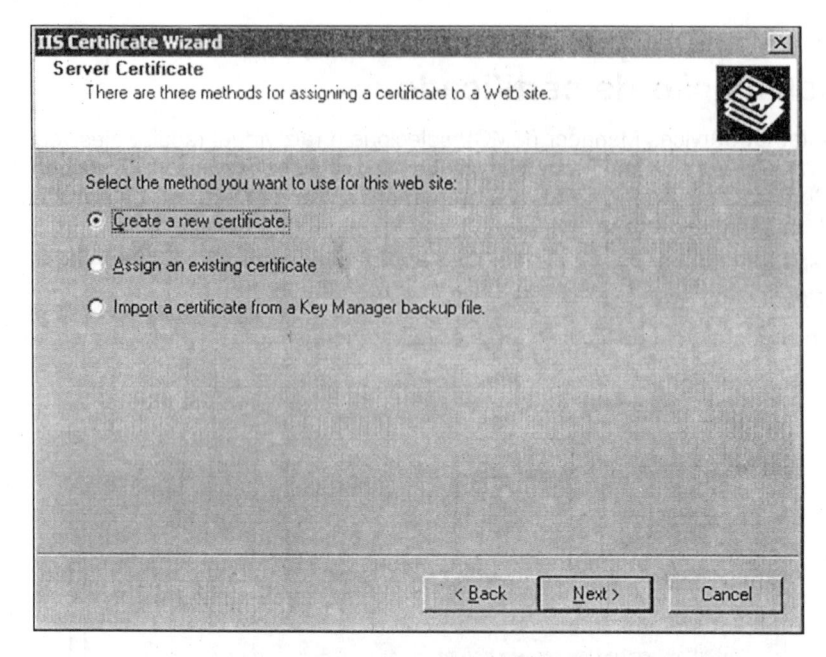

Figura 11-13 Criação de uma nova solicitação de certificado
no Web Server Certificate Wizard

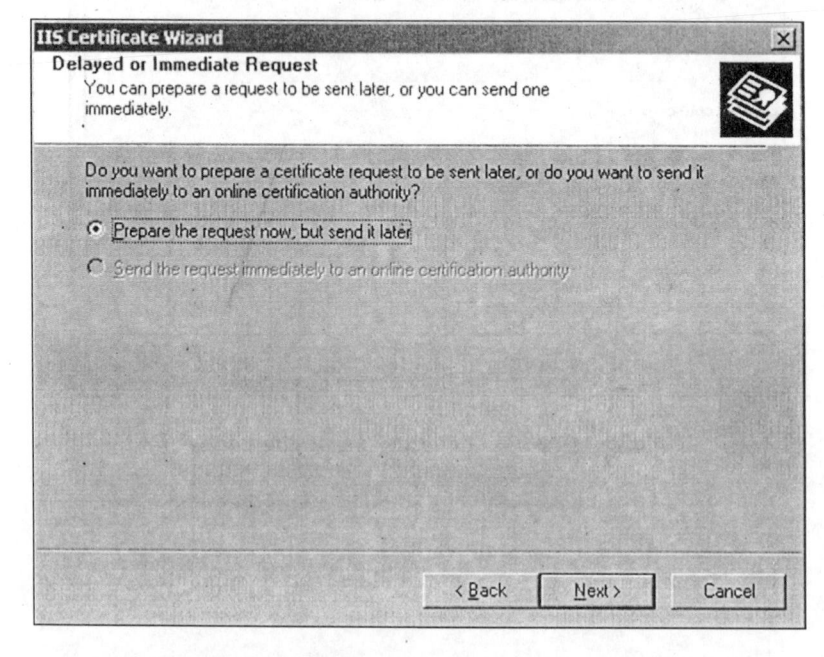

Figura 11-14 Especificação para enviar uma solicitação
imediatamente ou mais tarde

Capítulo 11 - Como administrar SSL com Certificate Services

- Selecione Put the request in a File That You Will Send to an Authority (Coloque a solicitação em um arquivo se você for enviá-la a uma autoridade), se a Certificate Authority for uma empresa terceirizada confiável, como VeriSign.

- Selecione Automatically Send the Request to an Online Authority (Enviar a solicitação automaticamente a uma autoridade *online*) se você tiver em sua rede o Microsoft Certificate Server ou outro servidor CA.

Selecionaremos a primeira opção, pois ela funciona em ambos os casos e ilustra como enviar uma solicitação de certificado a uma autoridade remota, como VeriSign. Clique em Next para continuar.

A próxima tela do assistente (veja a Figura 11-15) solicita que você:

- Atribua um nome à chave (aqui, SalesDept);
- Atribua um comprimento de bit à chave (bits maiores são mais seguros, mas demoram mais para autenticar).

As próximas poucas telas do Wizard pedem as seguintes informações (entre parênteses está o que foi submetido):

- Organization — o nome legal de sua empresa (Santry Ent.);
- Organizational Unit — a divisão, em sua empresa, responsável pela segurança de certificado digital (Sales Dept):

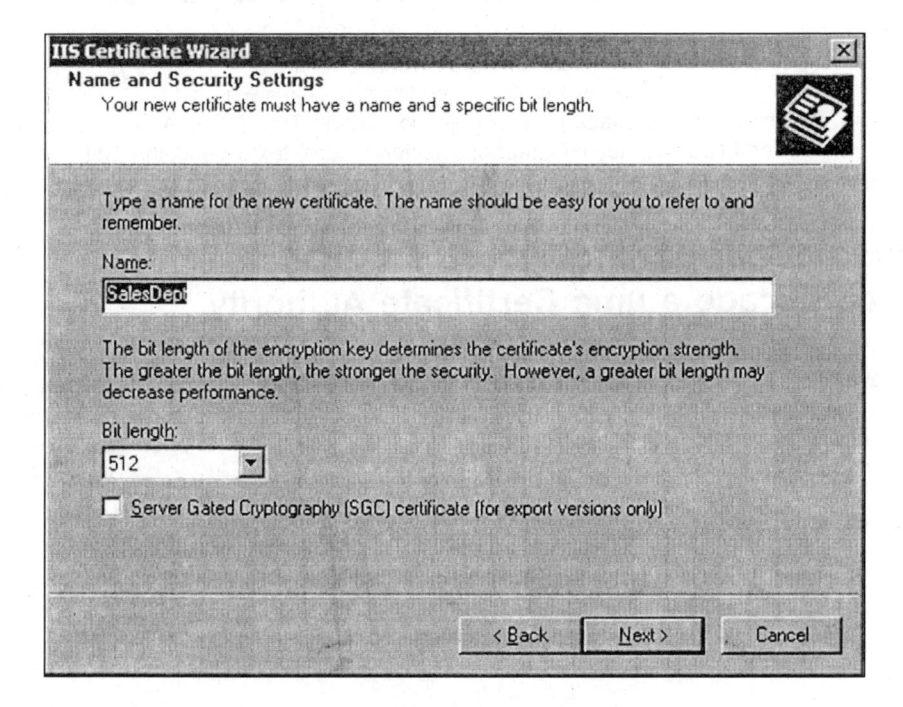

Figura 11-15 Especificação de um nome para o certificado solicitado e valor em bit

- **Common Name** — o nome de domínio totalmente qualificado (FQDN) para o servidor (aqui, `server1.santry.com`).Observe que usar o FQDN aqui como o Common Name implica o uso do DNS em sua rede para resolução de nome (veja mais adiante nesta seção a Nota sobre nomes comuns e FQDNs);
- **Country** — aqui, Estados Unidos (US);
- **State/Province** — aqui, Pensilvânia (PA);
- **City** — Erie.

Especifique o local da nova solicitação de certificado.

Um novo diretório, chamado `C:\CertTest`, foi criado primeiro para conter o arquivo gerado por certificado de solicitação. O nome padrão `NewKeyRq.txt` é usado para o arquivo de certificado de solicitação a ser gerado.

A seguir você é informado de que:

- Será criada agora uma solicitação de certificado;
- A chave será instalada no Key Manager, porém um certificado válido deve ser ativado.

Clique em Finish para gerar o par de chaves e o arquivo de solicitação. A tela seguinte informará que o arquivo de solicitação foi gerado e está armazenado no local que você especificou anteriormente (veja a Figura 11-16). Ela também fornecerá um *link* para várias autoridades de certificado com as quais você poderá completar sua solicitação de certificado.

O recém-criado arquivo de solicitação de certificado, `C:\CertTest\NewKeyRq.txt`, contém a nova *string* de solicitação de certificado codificado (veja a Figura 11-17). Este arquivo confirma o formato de solicitação de certificado padrão PKCS 10. Abra o arquivo de solicitação de certificado usando o Notepad, selecione todo o texto e escolha Edit Copy para copiar este texto destacado no *clipboard*.

Como enviar um arquivo de solicitação de certificado a uma Certificate Authority

Neste ponto, se você fosse solicitar nosso certificado de servidor a uma empresa terceirizada confiável, como VeriSign, acessaríamos um formulário HTML de solicitação de certificado em uma página da Web, colaríamos o texto do *clipboard* no formulário HTML e o enviaríamos. Uma alternativa seria enviar por e-mail o texto do *clipboard* ao endereço de e-mail apropriado. Veja o Web *site* de VeriSign:

www.verisign.com

Capítulo 11 - Como administrar SSL com Certificate Services

Figura 11-16 Finalização do Wizard para criar a solicitação de certificado

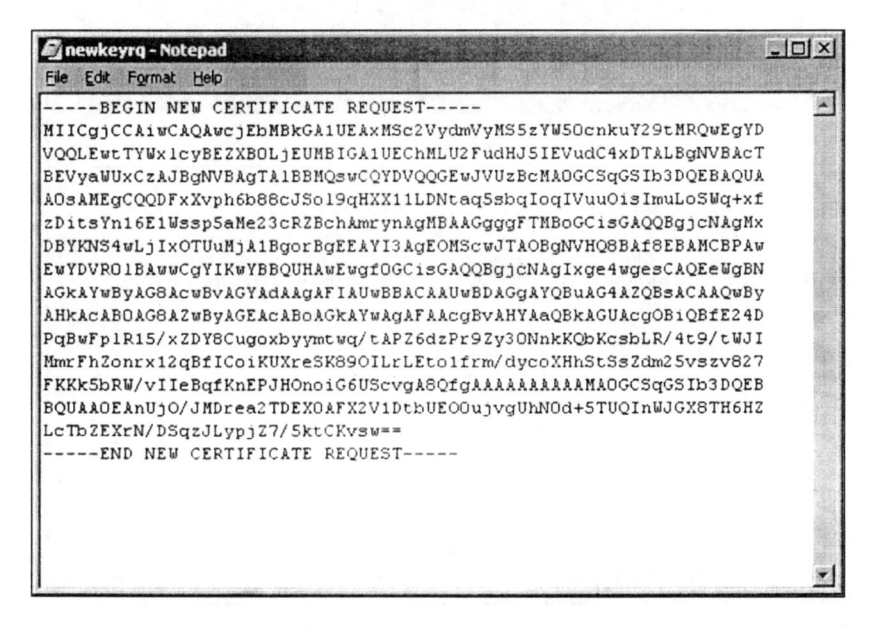

```
-----BEGIN NEW CERTIFICATE REQUEST-----
MIICgjCCAiwCAQAwcjEbMBkGA1UEAxMSc2VydmVyMS5zYW5OcnkuY29tMRQwEgYD
VQQLEwtTYWx1cyBEZXBOLjEUMBIGA1UEChMLU2FudHJ5IEVudC4xDTALBgNVBAcT
BEVyaWUxCzAJBgNVBAgTA1BBMQswCQYDVQQGEwJVUzBcMAOGCSqGSIb3DQEBAQUA
AOsAMEgCQQDFxXvph6b88cJSo19qHXX11LDNtaqSsbqIoqIVuuOisImuLoSWq+xf
zDitsYn16E1Wssp5aMe23cRZBchAmrynAgMBAAGgggFTMBoGCisGAQQBgjcNAgMx
DBYKNS4wLjIxOTUuMjA1BgorBgEEAYI3AgEOMScwJTAOBgNVHQ8BAf8EBAMCBPAw
EwYDVR01BAwwCgYIKwYBBQUHAwEwgfOGCisGAQQBgjcNAgIxge4wgesCAQEeWgBN
AGkAYwByAG8AcwBvAGYAdAAgAFIAUwBBACAAUwBDAGgAYQBuAG4AZQBsACAAQwBy
AHkAcABOAG8AZwByAGEAcABoAGkAYwAgAFAAcgBvAHYAaQBkAGUAcgOBiQBfE24D
PqBwFplR15/xZDY8Cugoxbyymtwq/tAPZ6dzPr9Zy3ONnkKQbKcsbLR/4t9/tWJI
MmrFhZonrx12qBfICoiKUXreSK89OILrLEtolfrm/dycoXHhStSsZdm25vszv827
FKKk5bRW/vIIeBqfKnEPJHOnoiG6UScvgA8QfgAAAAAAAAAAMAOGCSqGSIb3DQEB
BQUAAOEAnUjO/JMDrea2TDEXOAFX2V1DtbUEOOujvgUhNOd+5TUQInWJGX8TH6HZ
LcTbZEXrN/DSqzJLypjZ7/5ktCKvsw==
-----END NEW CERTIFICATE REQUEST-----
```

Figura 11-17 O arquivo de solicitação de certificado, que será usado para solicitar um certificado

Ao invés disso, usaremos nosso Certificate Web Site baseado em HTML para enviar a solicitação de certificado a Certificate Services.

Abra a página Certificate Services HTML usando Internet Explorer na máquina onde está instalado Certificate Services, abrindo o seguinte URL:

`http://localhost/certsrv`

Selecione a opção Request a Certificate (veja a Figura 11-18) e depois clique no botão Next para prosseguir.

Nesta tela (veja a Figura 11-19), selecione a opção Advanced e clique no botão Next para continuar.

Nesta tela (veja a Figura 11-20), selecione como enviar sua solicitação de certificado. Para usar a chave que você acabou de gerar no IIS, selecione a segunda opção para enviar o arquivo chave. Clique em Next para continuar.

Clique na área de texto, cole o conteúdo do *clipboard* no formulário HTML e clique em Submit para enviar sua solicitação de certificado a Certificate Services (Figura 11-21).

Nesta última tela (veja a Figura 11-22), você será notificado de que sua solicitação foi recebida e está dependendo da aprovação da autoridade certificadora.

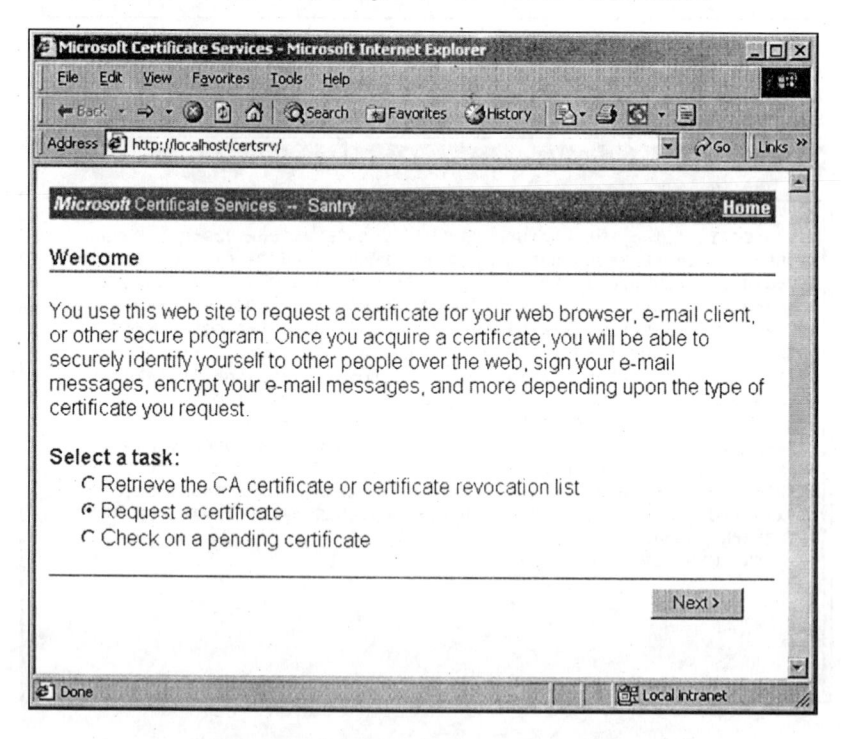

Figura 11-18 A página HTML Certificate Request

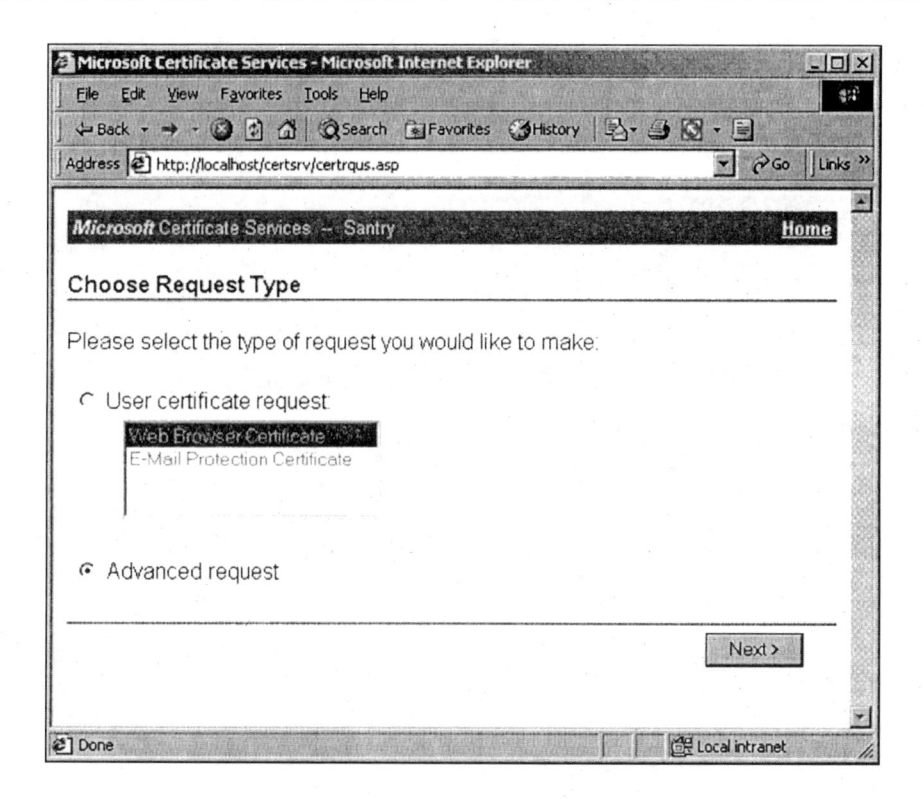

Capítulo 11 - Como administrar SSL com Certificate Services

Figura 11-19 Selecione a opção avançada para enviar uma solicitação ao servidor da Web

Ferramentas Certificate Server

Microsoft Certificate Services é administrado, usando a administração MMC através de Iniciar, Programas, Ferramentas administrativas, Certification Authority.

O *snap-in* Certification Authority MMC é exibido (veja na Figura 11-23) e tem os seguintes quatro nós sob a autoridade-raiz:

- Revoked Certificates — este nó contém todos os certificados que foram emitidos e depois revogados;
- Issued Certificates — este nó contém todos os certificados que foram aprovados e emitidos pelo administrador de serviços de certificação;
- Pending Requests — este nó contém todas as solicitações de certificado pendentes em sua autoridade-raiz. Para aprovar as solicitações, clique à direita do certificado;
- Failed Requests — este nó contém as solicitações recusadas.

Para aprovar uma solicitação recente submetida a Certificate Services, selecione o nó Pending Requests no MMC. No painel à direita do MMC, você verá as informações que você forneceu ao criar a solicitação. Clique à direita na solicitação e selecione All Tasks, Issue no menu de contexto.

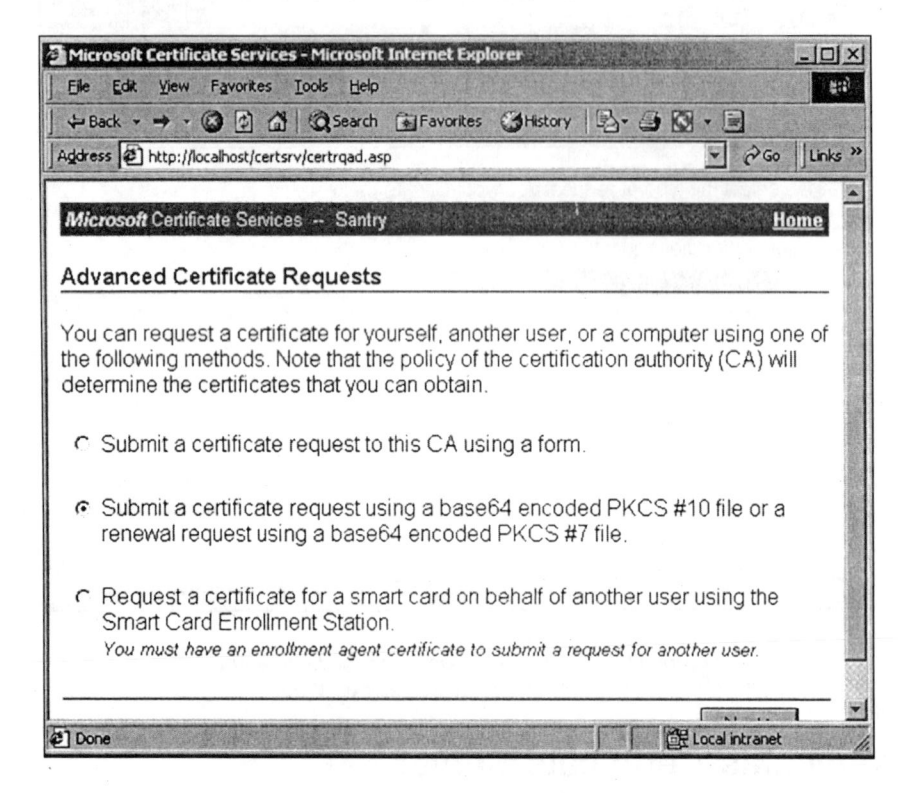

Figura 11-20   Especificação de como enviar a solicitação de certificado

Agora, selecione o nó Issued Certificates no painel esquerdo do MMC e veja que a solicitação colocada nesta pasta e é um certificado. Se você tivesse a solicitação negada, ela teria sido colocada no nó Failed Requests. Você também pode revogar certificados, que então seriam colocados no nó Revoked Certificates. Na próxima seção, instalaremos no servidor virtual, no IIS, o certificado recém-aprovado.

Capítulo 11 - Como administrar SSL com Certificate Services

Como instalar um Server Certificate

Abra a página Certificate Services HTML (veja a Figura 11-18), usando o Internet Explorer na máquina onde está instalado Certificate Services, abrindo o seguinte URL:

`http://localhost/certsrv`

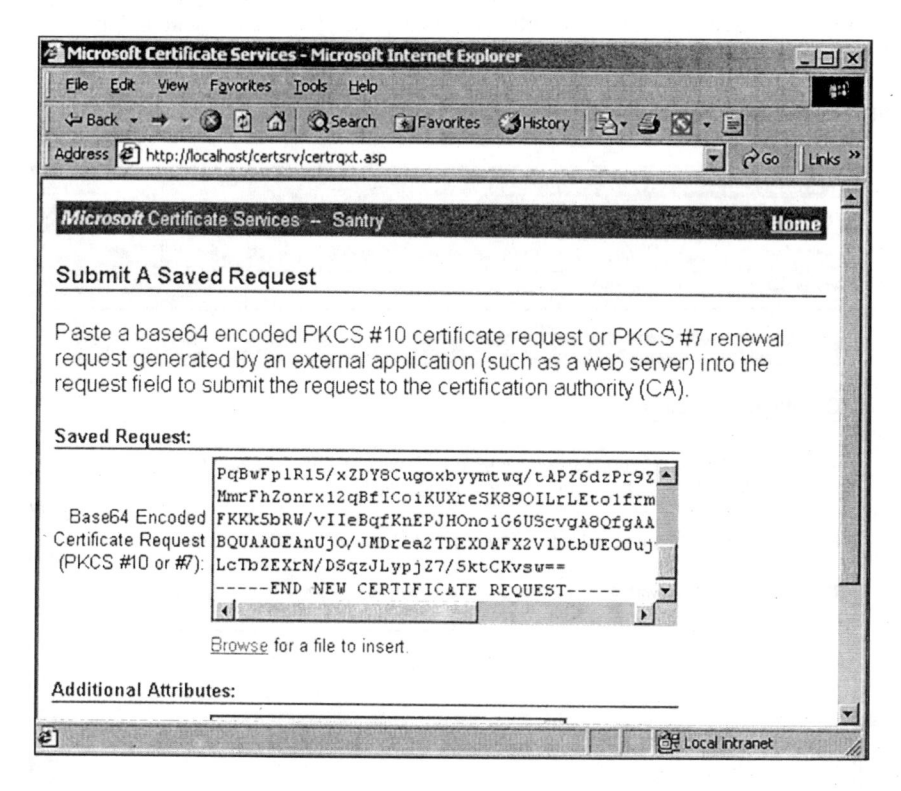

Figura 11-21 Cole a chave de solicitação de certificado no formulário

Selecione a opção Check On A Pending Certificate e clique no botão Next.

Selecione a solicitação pendente da caixa de seleção (veja a Figura 11-24) e clique no botão Next para continuar.

Na tela mostrada na Figura 11-25, selecione codificação base64 para o arquivo baixado e depois clique no *link* Download CA Certificate, para iniciar o processo de *download*. Uma caixa de diálogo aparece; selecione salvar o arquivo e gravá-lo no diretório c:\CertTest\.

Agora que recebemos o arquivo de certificado de servidor da autoridade de certificação, a próxima etapa é instalar o novo certificado de servidor em nosso servidor virtual, para que possamos habilitar o SSL a acessá-lo.

Se ele ainda não estiver sendo executado, abra o *snap-in* IIS Manager MMC e expanda o nó de servidor. Selecione o servidor virtual SalesDept. Clique à direita e selecione Properties no menu de contexto para abrir o diálogo SalesDept Properties. Selecione a guia Directory Security (veja a Figura 11-12) e clique no botão Server Certificate para iniciar o Web Server Certificate Wizard. Clique no botão Next para começar a instalação do certificado.

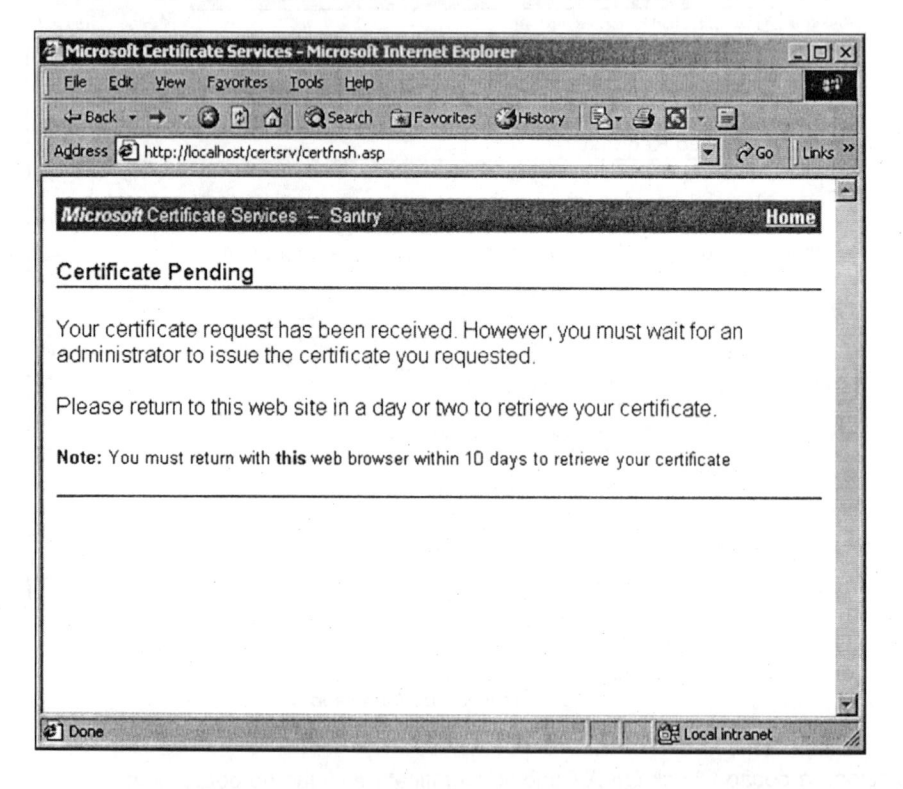

Figura 11-22 A solicitação de certificado foi completada

Nesta tela (Figura 11-26), selecione a opção Process A Pending Request and Install Certificate. Clique no botão Next para continuar.

Capítulo 11 - Como administrar SSL com Certificate Services   **347**

Nesta tela (veja a Figura 11-27), selecione o recém-criado certificado, `C:\CertTest\newcert.cer` e clique no botão Next para ver um resumo do certificado. Clique em Next e depois em Finish para completar a instalação do certificado neste servidor virtual.

Como habilitar o SSL em um servidor virtual

A seguir, habilitaremos o SSL no servidor virtual Sales Dept. No MMC, clique com o botão direito no nó Sales Dept e selecione Properties para abrir a página SalesDept Properties. Com a guia Web Site selecionada, atribua o número `443` como o número de porta SSL. Esta é a porta- padrão para comunicações seguras (veja a Figura 11-28).

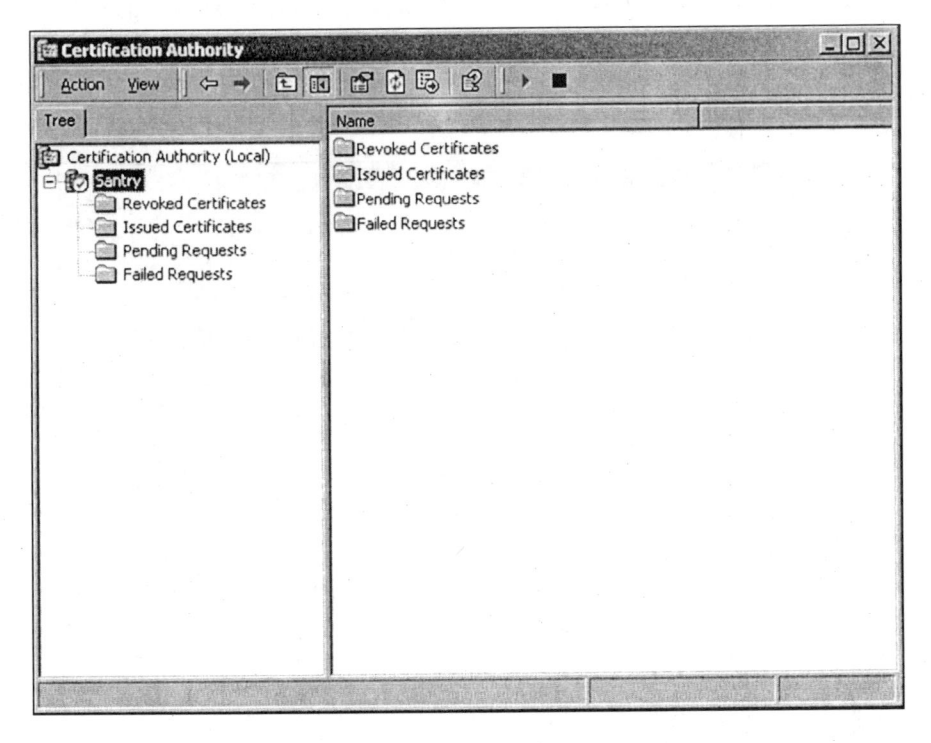

Figura 11-23 O snap-in *Certificate Services Manager MMC*

A seguir, selecione a guia Directory Security. Em Secure Communications, selecione o botão Edit para abrir a caixa de diálogo Secure Communications. Marque a caixa de verificação rotulada Require Secure Channel When Acessing This Resource. Esta ação habilita o SSL para o servidor virtual selecionado (veja a Figura 11-29). Esta caixa de diálogo também pode ser usada para determinar o que acontece se o *browser* acessando o Web *site* seguro tiver um certificado de cliente instalado. As três opções são:

- Do Not Accept Client Certificates (padrão) — se o *browser*-cliente tiver um certificado de cliente instalado, uma mensagem `Access Denied` será retornada;
- Accept Certificates — Não faz diferença ao servidor se o *browser*-cliente tem ou não instalado um certificado de cliente; em qualquer situação o acesso é concedido;
- Require Client Certificates — a menos que um cliente tenha um certificado válido concedido pela CA raiz (aqui, Certificate Server), o acesso será negado.

Esta caixa de diálogo também pode ser usada para mapear certificados de cliente para contas Windows 2000 de usuários e criar uma lista confiável. Deixe o ajuste padrão aqui e clique duas vezes em OK.

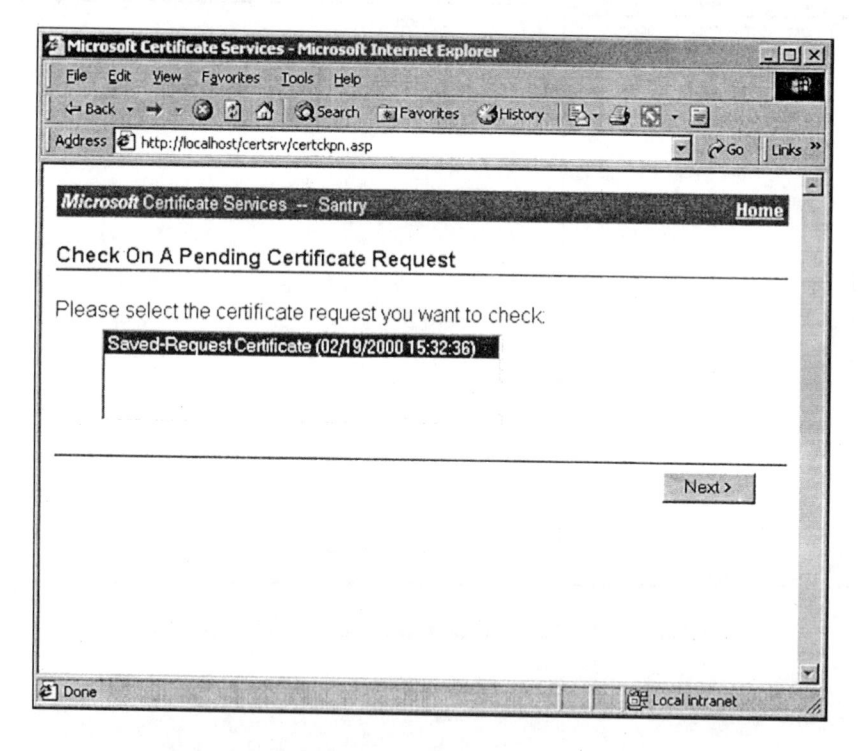

Figura 11-24 *Seleção de solicitação processada a partir de CA*

Capítulo 11 - Como administrar SSL com Certificate Services   **349**

Como acrescentar o certificado CA ao armazenamento-raiz do *browser*-cliente

Finalmente, antes que a comunicação SSL entre o *browser*-cliente e o Web *site* possa acontecer, o cliente precisa ser capaz de reconhecer o certificado do servidor como válido. Para fazer isto, o cliente precisa contatar a Certificate Authority do servidor, que, neste caso, é o Certificate Server. Neste exemplo, note que nosso cliente é o Internet Explorer 5.0.

Se você falhar em realizar a etapa precedente e tentar conectar-se diretamente com o Web *site* SSL, usando um URL HTTPS seguro, `https://server1.santry.com`, você receberá a mensagem normal e esperada Security Alert (veja a Figura 11-30). Clique em OK. Uma mensagem dizendo que o emissor do certificado não é confiável aparecerá (veja a figura 11-31). Isto acontece porque o cliente não pode verificar o certificado do servidor, pois ele ainda não reconhece o certificado raiz de CA. Clique em Yes para continuar e habilitar SSL para esta conexão.

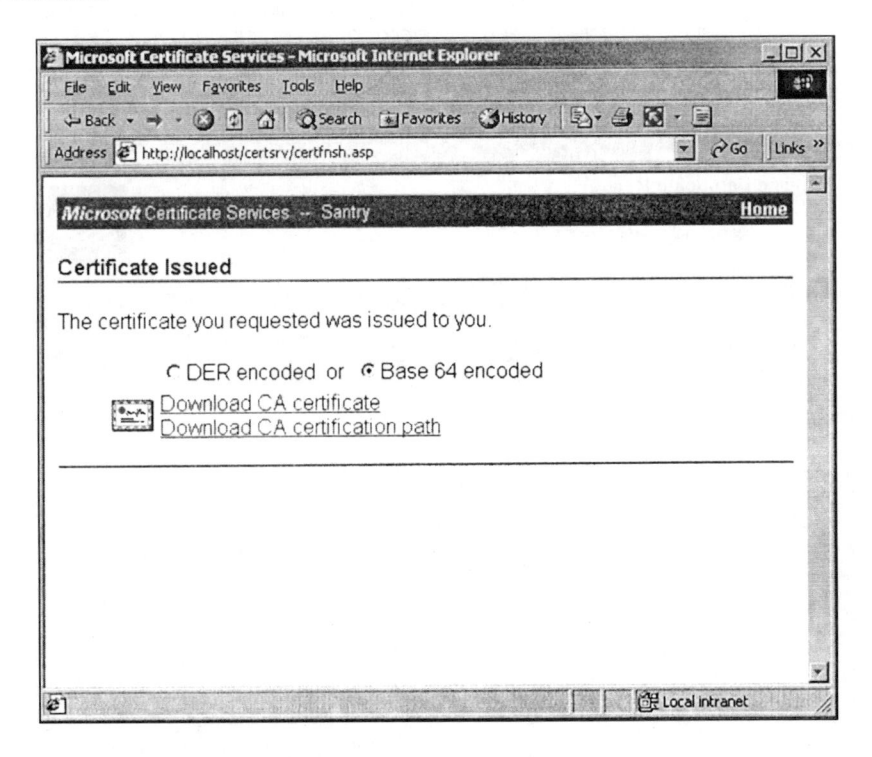

Figura 11-25 Especificação de opções de baixa

Para evitar receber um aviso cada vez que você acessar o *site*, o *browser*-cliente precisa adquirir e instalar o certificado-raiz CA do CA que emitiu o certificado ao servidor. Uma vez carregado este certificado-raiz CA no *browser*, este será capaz de verificar o certificado do servidor e estabelecer uma conexão SSL com ele.

Nota:

Observe que estamos tentando aqui conectar o servidor virtual habilitado SSL usando o nome de domínio totalmente qualificado (FQDN) do servidor virtual. Em outras palavras, no servidor corporativo DNS, há um mapeamento de registro host, o FQDN, `server1.santry.com`, *ao endereço IP do servidor virtual,* `192.168.0.54`.

Isto é importante, pois, no início deste teste para gerar a solicitação de certificado, definimos o Common Name do servidor como `server1.santry.com`.

Fornecer isto como o Common Name supõe que estamos usando DNS para analisar FQDNs em todos os URLs. Se tivéssemos desejado sermos capazes de acessar o site seguro somente através de endereço IP — por exemplo, `http://192.168.0.54` *— teríamos que ter definido* `192.168.0.54` *como o nome comum ao criarmos o par de chaves e a solicitação de certificado.*

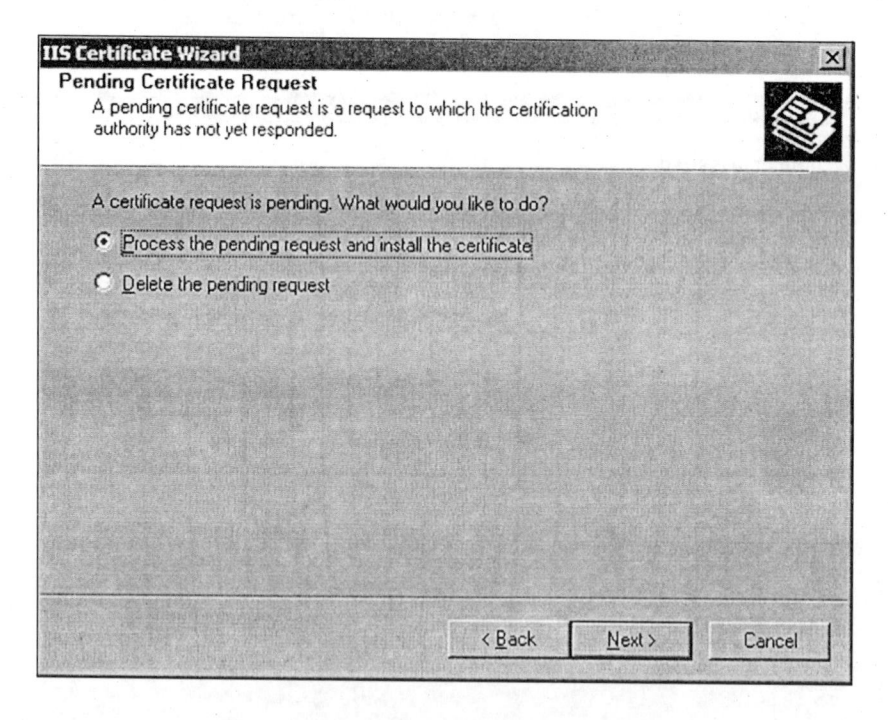

Figura 11-26 Instalação de um novo certificado usando IIS Certificate Wizard

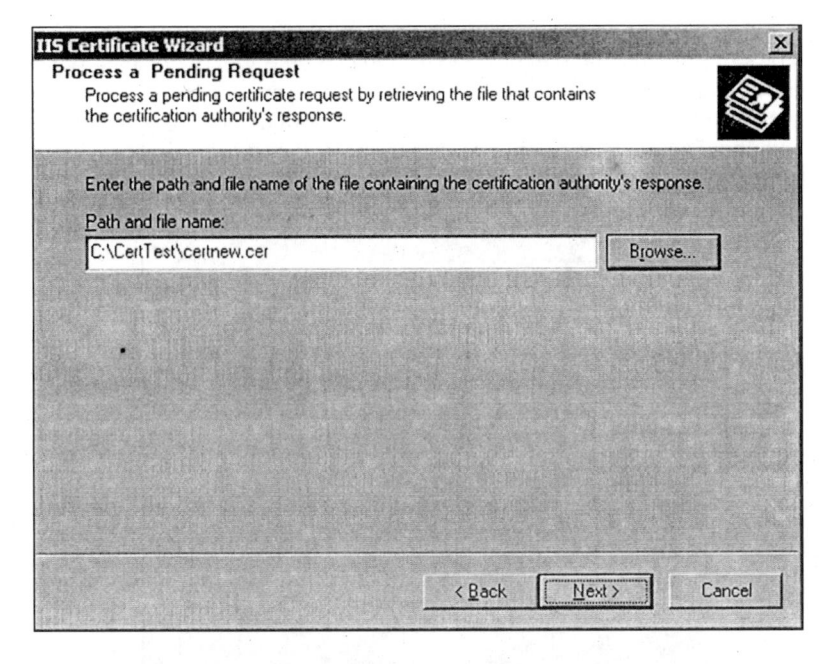

Capítulo 11 - Como administrar SSL com Certificate Services

Figura 11-27 Especificação de um caminho para o certificado

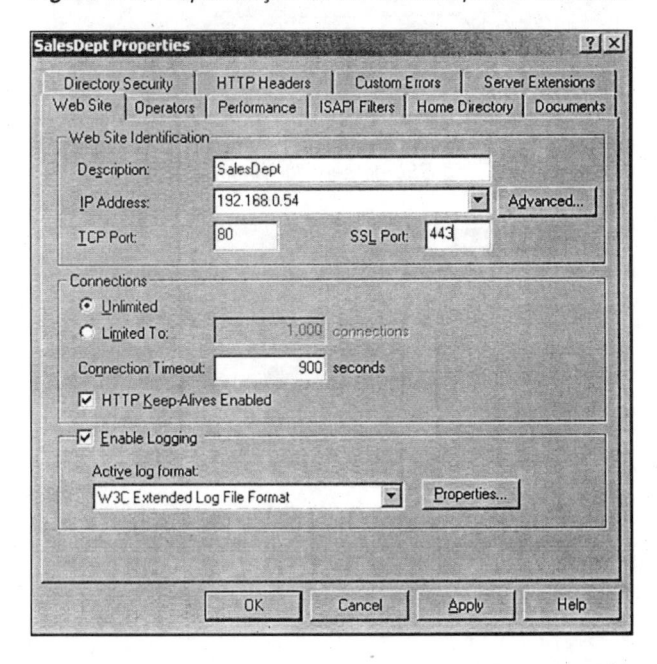

Figura 11-28 Atribuição do número padrão de porta 443 a SSL

Para concluir a verificação, o *browser*-cliente precisa instalar o certificado no Trusted Root Store do *browser*. Para instalar o certificado, clique no botão View Certificate (veja a Figura 11-31) quando a caixa de diálogo de alerta de segurança for exibida, ao acessar o servidor virtual através do Internet Explorer. Isto mostrará uma caixa de diálogo (veja a Figura 11-32) contendo informações sobre o certificado. Clique no botão Install Certificate para iniciar o Certificate Import Wizard. Clique em Next para iniciar o Wizard.

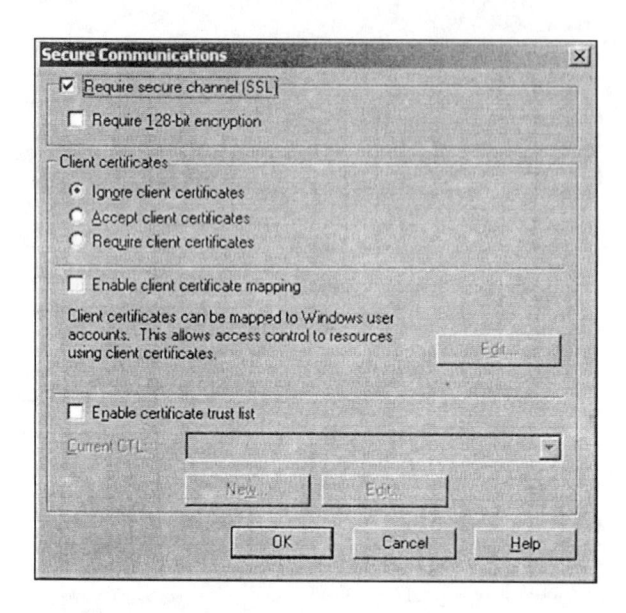

Figura 11-29 Marque a caixa de verificação para habilitar o SSL no servidor virtual

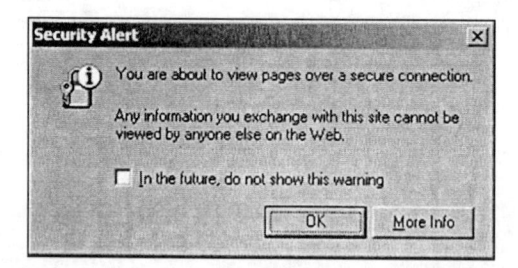

Figura 11-30 Mensagem de alerta de segurança exibida, quando você entra em um site seguro

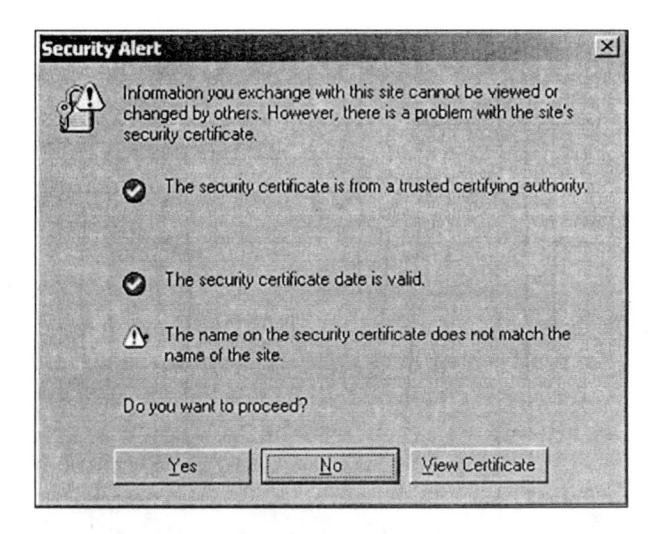

Capítulo 11 - Como administrar SSL com Certificate Services

Figura 11-31 O emissor de certificado não é confiável

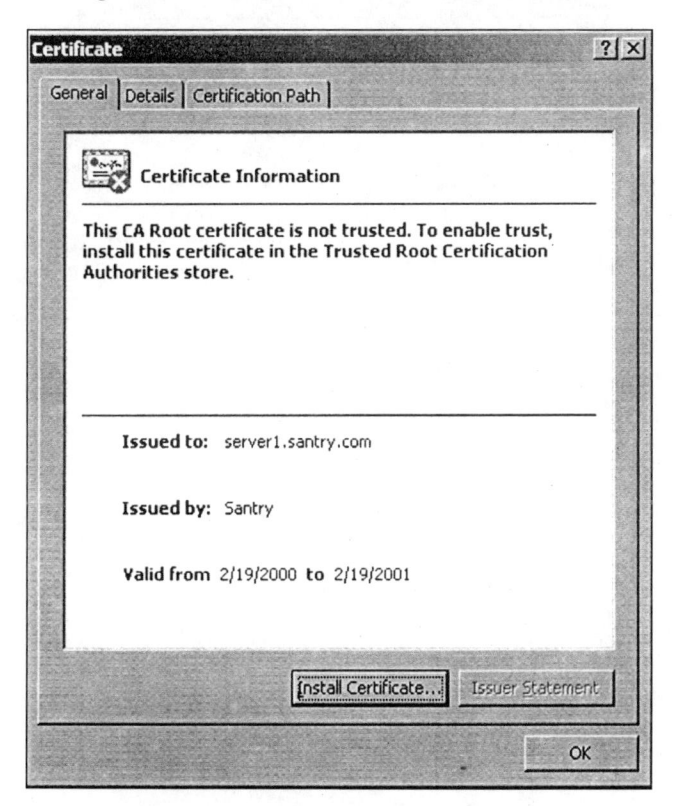

Figura 11-32 Informações sobre certificado

Nesta tela (Figura 11-33) selecione a opção padrão para colocar automaticamente o certificado no armazenamento apropriado. Clique em Next e depois em Finish para completar o Wizard (veja a Figura 11-34) e acrescente o certificado como uma raiz confiável.

Você pode confirmar que o certificado foi acrescentado ao armazenamento-raiz, selecionando Tools, Internet Options (para IE 5.0), selecionando a guia Content, clicando no botão Certificates e selecionando a guia Intermediate Certification Authorities (veja a Figura 11-35).

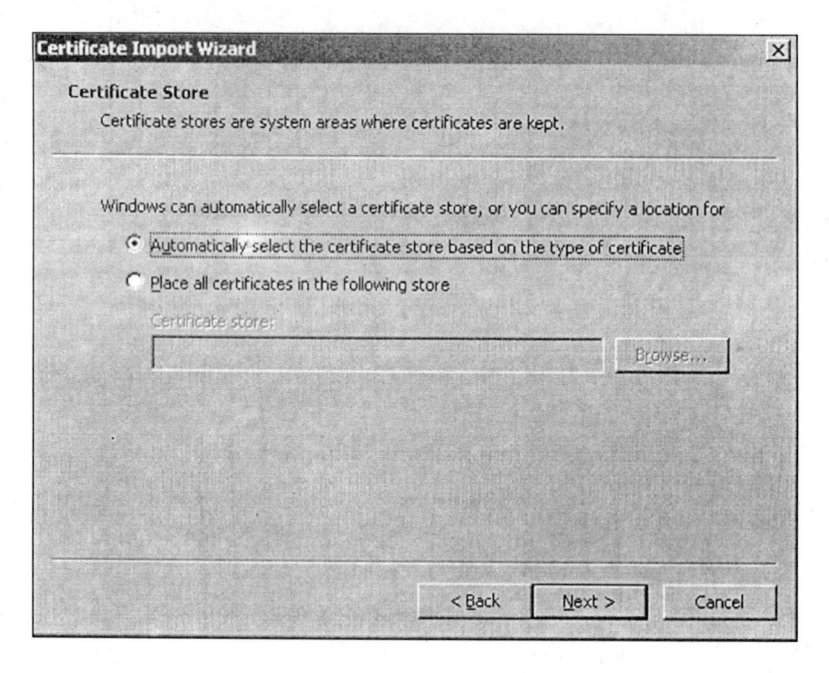

Figura 11-33 O Certificate Import Wizard do Internet Explorer 5.0

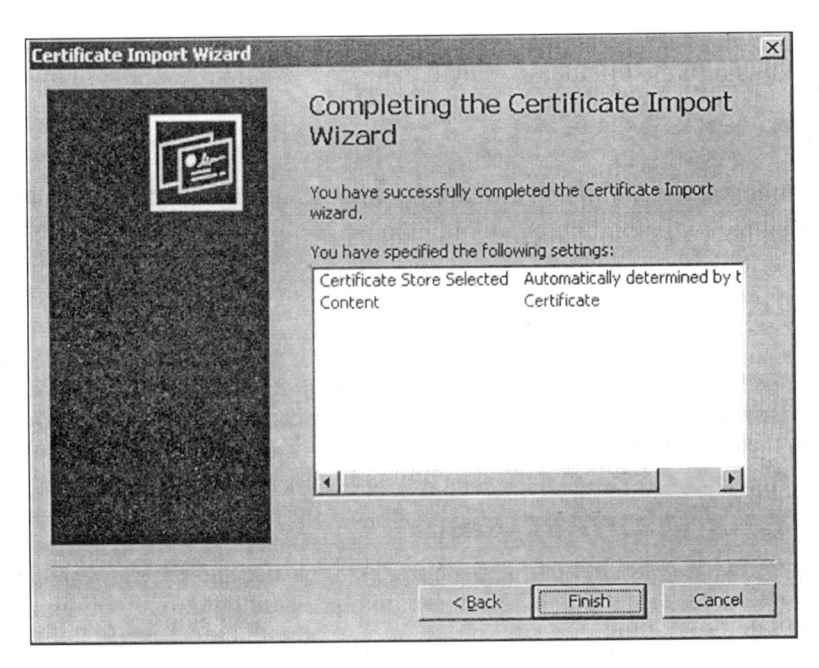

Capítulo 11 - Como administrar SSL com Certificate Services 355

Figura 11-34 A instalação do CA Root completa

Figura 11-35 Visualização de Root CAs no Internet Explorer 5.0

Finalmente, teste o *site* SalesDept habilitado em SSL com o *browser* habilitado em CA, abrindo o URL seguro HTTPS:

`https://server1.santry.com`

A página pessoal do *site* habilitado de SSL deve carregar sem quaisquer alertas de segurança.

Resumo

Usando as capacidades do SSL de Microsoft Certificate Services e do IIS 5.0, clientes e servidores podem estabelecer canais seguros para criptografar todas as transmissões de dados entre eles. Este capítulo ilustrou as etapas envolvidas na capacitação de uma sessão SSL entre clientes e servidores.

Para mais informações

Busque no seguinte Web *site* mais informações sobre os tópicos "SSL" e "Certificate":

`www.microsoft.com`

O melhor *newsgroup* para apresentar perguntas referentes a SSL e Certificate Server é:

`microsoft.public.inetserver.iis`

Mais sobre Certificate Services pode ser encontrado no CD de TechNet, em:

`Windows Product Family | MS Windows 2000 | MS Windows 2000 Server | Resource Kit | Windows 2000 Server Distributed Systems Guide | Part 2 - Distributed Security | Chapter 16`

VeriSign

Visite o *site* da VeriSign, em:

`www.verisign.com`

Capítulo **12**

Como administrar o serviço SMTP

Introdução

O serviço SMTP (Simple Mail Transfer Protocol) quando executado no Microsoft Internet Information Services 5.0 permite aos administradores configurarem, manterem e administrarem um serviço SMTP para enviar e receber mensagens pela Internet. Após o término deste capítulo, você será capaz de:

- Entender como o serviço SMTP funciona no IIS 5.0:
- Instalar o serviço SMTP no IIS 5.0;
- Administrar o serviço SMTP usando o MMC;
- Configurar as várias propriedades do serviço SMTP;
- Criar novos domínios SMTP, locais e remotos;
- Criar uma mensagem e enviá-la, usando o serviço SMTP;
- Monitorar e sintonizar o desempenho do serviço SMTP.

Como entender o serviço SMTP

O serviço Microsoft SMTP no IIS 5.0 suporta totalmente o SMTP e é compatível com a maioria dos servidores e clientes SMTP. Isso é ideal para a criação de aplicativos Internet que usam SMTP. Por exemplo, você poderia usá-lo em um aplicativo Active Server Pages que remete uma resposta a um usuário que tenha enviado um formulário. Em geral, o objetivo da inclusão do SMTP no IIS é fornecer um serviço de correio direcionado para fora, para aplicativos destinados a correio. Ele *não é* concebido como um servidor de correio da Internet de objetivos gerais para uso corporativo ou ISP.

O serviço SMTP no IIS 5.0 pode:
- Suportar centenas de conexões simultâneas;
- Suportar múltiplos domínios em um servidor;
- Receber correio de outros aplicativos ou servidores SMTP;
- Enviar correio a outros servidores SMTP;
- Suportar segurança SSL criptografada;
- Restringir e-mail comercial não solicitado.

O serviço SMTP *não* inclui:
- Suporte para POP3 ou IMAP;
- Suporte para caixas de correio pessoal de usuários.

Como funciona o serviço SMTP

Quando o serviço SMTP é instalado como parte do IIS, ele cria uma estrutura-padrão de pastas para enviar e receber mensagens. Esta estrutura é mostrada na Figura 12-1.

A pasta, localizada em

`C:\Inetpub\Mailroot`

contém as várias subpastas usadas pelo serviço SMTP para enviar e receber mensagens. A pasta Mailroot (raiz de correio) tem cinco subpastas, além de duas subpastas não-documentadas. Essas subpastas são usadas pelo serviço SMTP como descrito seguir.

- *Badmail* — Esta pasta é usada para armazenar mensagens que não são passíveis de entrega e que não podem ser retornadas ao remetente.
- *Drop* — Esta pasta é a caixa na qual são acolhidas todas as mensagens de entrada do serviço SMTP no IIS.

Capítulo 12 - Como administrar o serviço SMTP

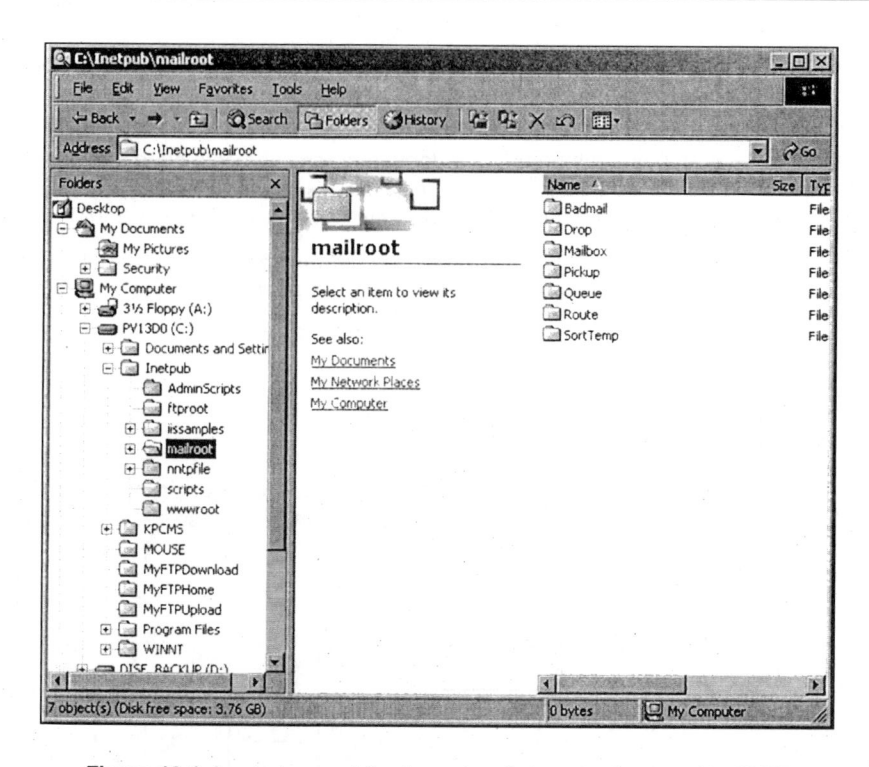

Figura 12-1 A estrutura-padrão de pasta criada, quando o serviço SMTP é instalado no Windows 2000

- **Pickup** — Esta pasta é continuamente monitorada pelo serviço SMTP, que enviará qualquer mensagem nela colocada. Se uma mensagem é colocada nesta pasta, imediatamente ela é movida para a pasta Queue para posterior processamento.
- **Queue** — Esta pasta retém as mensagens que o SMTP é incapaz de enviar, devido à má qualidade das conexões ou a servidores ocupados. Mensagens mantidas nesta pasta são monitoradas a intervalos determinados, até que possam ser enviadas; caso contrário, elas são tidas como não passíveis de entrega e são movidas para a pasta Badmail.
- **SortTemp** — Esta pasta é criada durante a inicialização, para reter arquivos temporários.

- **Route** — Esta pasta não é coberta na documentação do IIS 5.0, mas parece estar envolvida no processo de configuração de um *route domain*, que é um caminho de entrega específico a um domínio selecionado.
- **Mailbox** — Esta pasta também não é documentada. Não está claro para o que ela é usada — na atual versão, o serviço SMTP para o IIS 5.0 *não* suporta caixas de correio. Provavelmente, a caixa de correio seja habilitada em uma versão futura.

SMTP é um protocolo para entregar correio de servidor para servidor. Para entender como o serviço SMTP funciona no IIS 5.0, examinaremos separadamente o que acontece com a entrada e a saída de correio.

Como o serviço SMTP processa o correio

A seguir está uma apresentação, de certa forma simplificada, de como o serviço SMTP é usado para entregar correio. Mensagens de correio podem originar-se de duas fontes (veja a Figura 12-2).

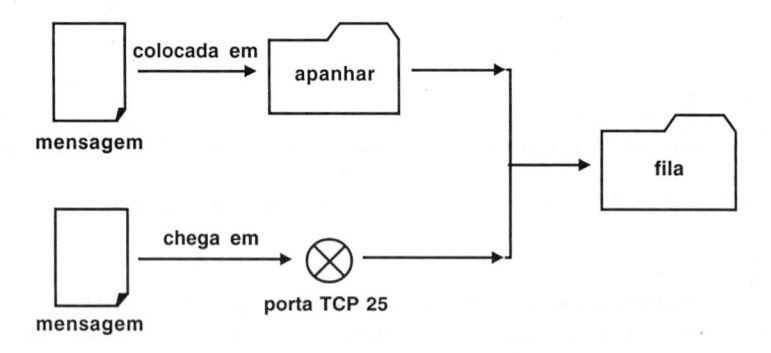

Figura 12-2 *O correio que entra é colocado no diretório Queue*

1. As mensagens podem ser manualmente criadas em um editor de texto e depois copiadas para o diretório

   `C:\Mailroot\pickup`

   Quando o serviço SMTP detecta que uma mensagem foi colocada em seu diretório Pickup, ele encaminha a mensagem para o diretório Queue, onde ela é automaticamente processada para entrega ao seu destino final, que pode ser local ou remoto.
2. As mensagens também podem entrar no serviço SMTP usando a porta TCP de número 25 (a porta-padrão do SMTP) e serem encaminhadas ao diretório Queue, onde elas serão processadas e encaminhadas a outro servidor de correio, juntamente com o rota para o destino final.

Capítulo 12 - Como administrar o serviço SMTP   **361**

O que acontece ao correio a seguir depende de seu destino: se é o serviço SMTP local em execução no IIS 5.0, ou se precisa ser entregue a outro servidor SMTP para alcançar seu destino remoto (veja a Figura 12-3).

Se o destino da mensagem é local, o serviço SMTP move a mensagem do diretório Queue para o diretório Drop. Neste ponto, o SMTP encerra a entrega da mensagem. Nesta versão do serviço SMTP da Microsoft não há suporte para entrega de mensagens a caixas de correio pessoais ou para criar e configurar tais caixas de correio.

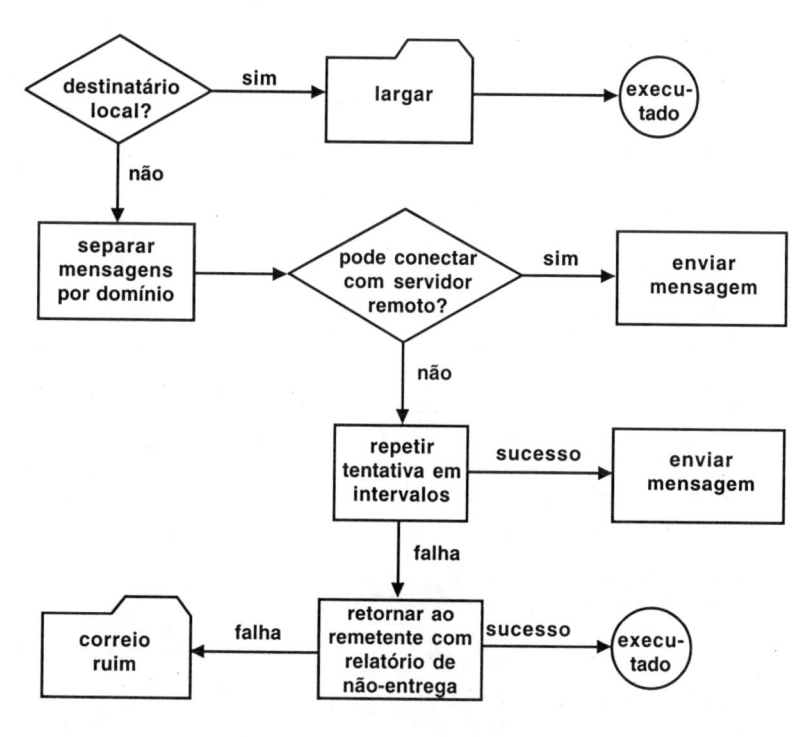

Figura 12-3 *Como o serviço SMTP entrega o correio*

Se o destino da mensagem é remoto, o serviço SMTP separa a mensagem de acordo com seu domínio de destino. Isto é feito para que o serviço possa encaminhar mensagens, enviando múltiplas mensagens a um único domínio de destino usando apenas uma conexão, o que aumenta o desempenho do serviço SMTP.

Depois que a mensagem é separada, o serviço SMTP tenta se conectar ao servidor de correio de destino. Se o servidor de correio falha em responder, ou indica que não está pronto para receber a mensagem, ela permanece na pasta Queue, e o serviço SMTP tenta entregá-la em intervalos predefinidos.

Se após um número predeterminado de tentativas o SMTP falha na entrega a mensagem, o serviço tenta conectar-se ao servidor SMTP que enviou a mensagem para retorná-la ao seu remetente. Se for bem sucedido em realizar esta conexão, a mensagem é retornada ao remetente, junto com um NDR — Nondelivery report informando sucintamente as razões da falha.

Se o serviço SMTP não pode nem entregar a mensagem, nem retorná-la ao seu remetente, ele move a mensagem para o diretório Badmail. Neste ponto, o serviço SMTP termina seu trabalho.

Como instalar o serviço SMTP

O serviço SMTP é instalado automaticamente no Windows 2000 como parte da instalação do IIS 5.0. Entretanto, se você fez uma instalação *personalizada* do Windows 2000 e não instalou o serviço SMTP, você pode instalá-lo mais tarde, executando o aplicativo Add/Remove Programs e instalando os componentes do Windows.

As exigências de hardware e software para instalar o serviço Microsoft SMTP são iguais àquelas para instalar IIS 5.0: o Windows 2000 Server.

Além disso, é recomendado que você instale seu diretório Mailroot em uma partição NTFS e assegure-se de que haja bastante espaço livre para conter a fila de mensagens SMTP.

Para instalar o serviço SMTP, clique em Start, Settings, Control Panel, Add/Remove Programs. Quando a tela inicial aparecer, clique em Add/Remove Windows Components no lado esquerdo da caixa de diálogo. O Windows Components Wizard aparecerá. Selecione IIS — Internet Information Services e clique no botão Details para abrir a caixa de componentes IIS — Internet Information Services (Figura 12-4). Marque a caixa de verificação SMTP Service, clique em OK e depois em Next para continuar a instalação.

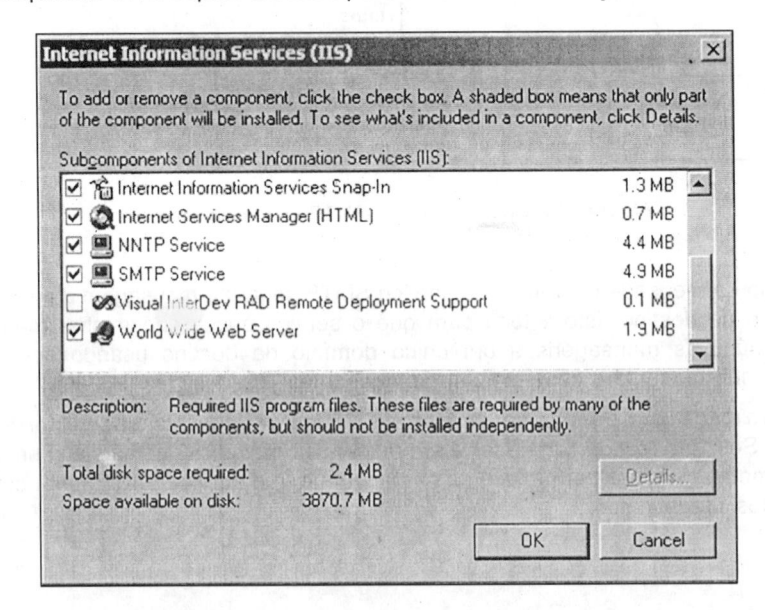

Figura 12-4 Selecione o SMTP Service para instalação

O resultado de instalar o serviço SMTP é um novo nó sob o nó Server no MMC — Microsoft Management Console (veja a Figura 12-5). Este novo nó é chamado de Default SMTP Virtual Server e tem dois subnós:

- Domínios — acessa páginas de propriedades para criar e configurar domínios para o serviço SMTP;
- Sessões atuais — informações sobre o status dos usuários atuais, localização da origem da mensagem e tempo de conexão desde o início de sessão.

Ferramentas para administrar o serviço SMTP

O Windows 2000 oferece três ferramentas para administrar e gerenciar o serviço SMTP no IIS 5.0, conforme descrevemos a seguir.

- Internet Service Manager — A extensão *snap-in* SMTP no MMC permite administração total de qualquer servidor SMTP na LAN local;
- Windows 2000 Terminal Services — O Terminal Services é integrado ao sistema operacional Windows 2000. Esta ferramenta permite que você administre remotamente os serviços do Windows 2000 a partir de um cliente executando o cliente Terminal Services, como se você estivesse fisicamente conectado à máquina.
- WSH — Windows Scripting Host — Esta ferramenta habilita *scripts* de administração VBScript para serem executados a partir do utilitário gráfico WSH (Wscript.exe) ou a partir da linha de comando (Cscript.exe).

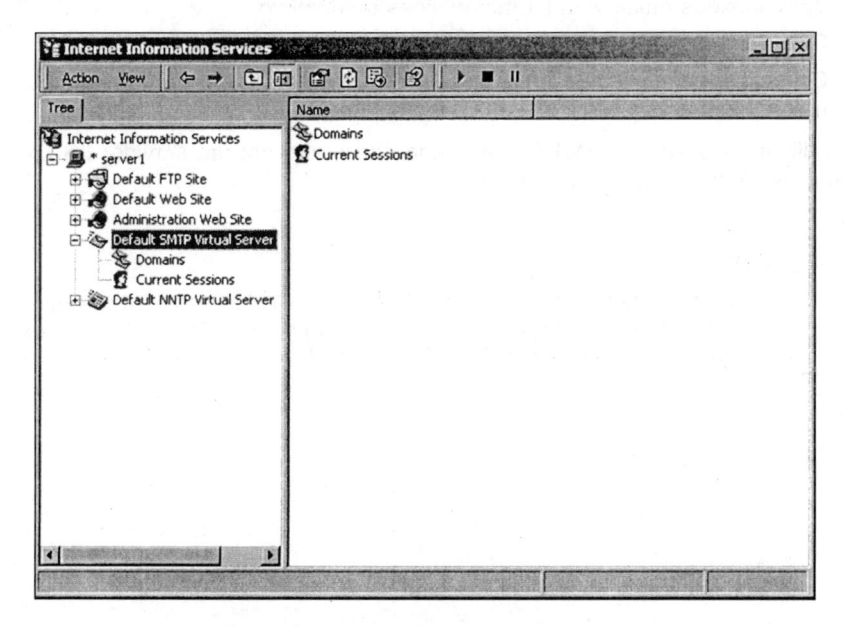

Figura 12-5 O Internet Services Manager depois da instalação do serviço SMTP

A sessão Terminal Services funciona da mesma forma que a versão MMC, exceto que, ao invés de usar o MMC atual, sua conexão é conduzida através da sessão terminal. Para informações sobre administração do SMTP através do WSH, consulte a documentação *online* de Windows 2000.

Diversas tarefas administrativas podem ser iniciadas e realizadas, usando a versão MMC do Internet Services Manager (veja a Figura 12-5). A maioria destas ações podem ser feitas, selecionando o nó Default SMTP Virtual Server no painel de escopo (painel à esquerda) e depois, ou usando os botões da barra de tarefas, acessando o menu *drop-down* Action, ou clicando com o botão direito no nó e usando o menu de contexto.

- O servidor virtual SMTP padrão pode ser parado, iniciado e interrompido.
    - *Parar* o servidor virtual desconecta todos os usuários conectados no momento e impede que novas conexões sejam estabelecidas.
    - *Interromper* o servidor virtual impede que novas conexões sejam estabelecidas, mas não desconecta as conexões em andamento.
    - *Iniciar* o servidor virtual permite que novas conexões sejam estabelecidas com o servidor.
- Páginas de propriedades podem ser abertas para o *site* SMTP padrão. Estas páginas de propriedades podem ser usadas para configurar vários aspectos do serviço SMTP e são descritas na próxima seção.
- Criar um novo domínio. Domínios em SMTP são diferentes de domínios Windows 2000 ou domínios DNS. Eles são objetos administrativos para organizar o correio para entrega.
- Ver conexões atuais e obter informações de domínio.
- Encerrar todas as conexões atuais.
- Conectar-se a servidores virtuais SMTP e administrá-los em outros servidores IIS 5.0 na LAN local.

Para verificar se o serviço SMTP está sendo executado em um servidor IIS 5.0, use o programa Services no Computer Manager.

Nota:

Tenha cuidado ao parar o serviço SMTP, pois ele fechará todas as conexões. O correio em processamento pode falhar nas entregas. Se o serviço SMTP precisar ser configurado, é melhor interromper o serviço, o que não afeta as conexões correntes.

Capítulo 12 - Como administrar o serviço SMTP

Como configurar o serviço SMTP

O servidor virtual SMTP padrão é configurado através de páginas de propriedades, da mesma maneira que os *sites* WWW e FTP executados no IIS 5.0. A página Default SMTP Virtual Server Properties é aberta com clicando-se com o botão direito no nó Default SMTP Virtual Server no Internet Services Manager e selecionando Properties no menu de atalho. Ela também pode ser aberta com o botão Properties na barra de tarefas ou através do menu *drop-down* Action nesta mesma barra.

A página Default SMTP Virtual Server Properties tem seis guias que realizam as seguintes funções administrativas:

- General — configura a identificação do *site*, o endereço IP, as portas TCP, as conexões máximas e o tempo de encerramento das conexões e habilita o registro;
- Access — seleciona usuário anônimo e concede privilégios de operador, configurando SSL e restrições IP;
- Messages — limita o tamanho das mensagens e das sessões, limita o número de mensagens por sessão e o número de destinatários por mensagem, relata falha na entrega de cc — *carbon copy* (cópia carbono, com cópia), especifica diretório Badmail;
- Delivery — limita o número de novas tentativas e o intervalo entre novas tentativas para filas local e remota; limita o pulo máximo de contagem; especifica domínio com máscara, nome de domínio totalmente qualificado e *smart host*; realiza inversão de busca DNS; configura método de autenticação para saída de segurança;
- LDAP Routing — configura um roteador LDAP — Lightweight Directory Access Protocol, que será usado para este servidor virtual SMTP;
- Security — concede privilégios de operador.

Como configurar a identificação de um servidor virtual SMTP

Usando a guia SMTP General, especifique as seguintes informações (veja a Figura 12-6):

- Descrição — aparece ao lado do nó SMTP no MMC;
- Endereço IP — especifique o endereço IP do *site*. Clique no botão Advanced para abrir a caixa de diálogo Advanced Multiple SMTP Identities Configuration (Configuração múltipla avançada de identidades SMTP), na qual você pode acrescentar endereços IP adicionais e números de *porta* TCP ao *site* SMTP. Estes endereços IP precisam já ter sido ligados ao adaptador de rede, através de Start, Settings, Network and Dial-Up Connections.

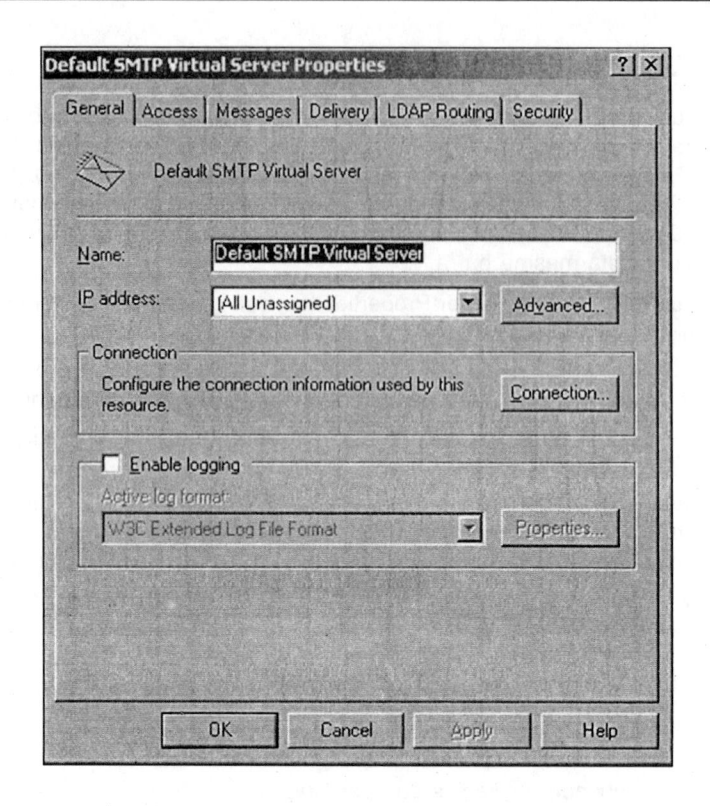

Figura 12-6 A guia General na página Default SMTP Virtual Server Properties

Como configurar conexões de entrada SMTP

As conexões de entrada são feitas por servidores SMTP remotos conectados ao *site* SMTP padrão sendo executado no IIS para enviar correio. Para estas conexões de entrada, clique no botão Connection na caixa de diálogo Default SMTP Virtual Server Properties (veja a Figura 12-6) para abrir a caixa de diálogo Connections. Você tem duas opções (veja a Figura 12-7):

- Limitado a (número) — conexões de entrada simultâneas podem ser ilimitadas ou limitadas a um número especificado (são sugeridas 1.000 conexões);
- Tempo de encerramento de conexão — o tempo de encerramento para conexões inativas pode ser especificado (o padrão é de 600 segundos, ou 10 minutos).

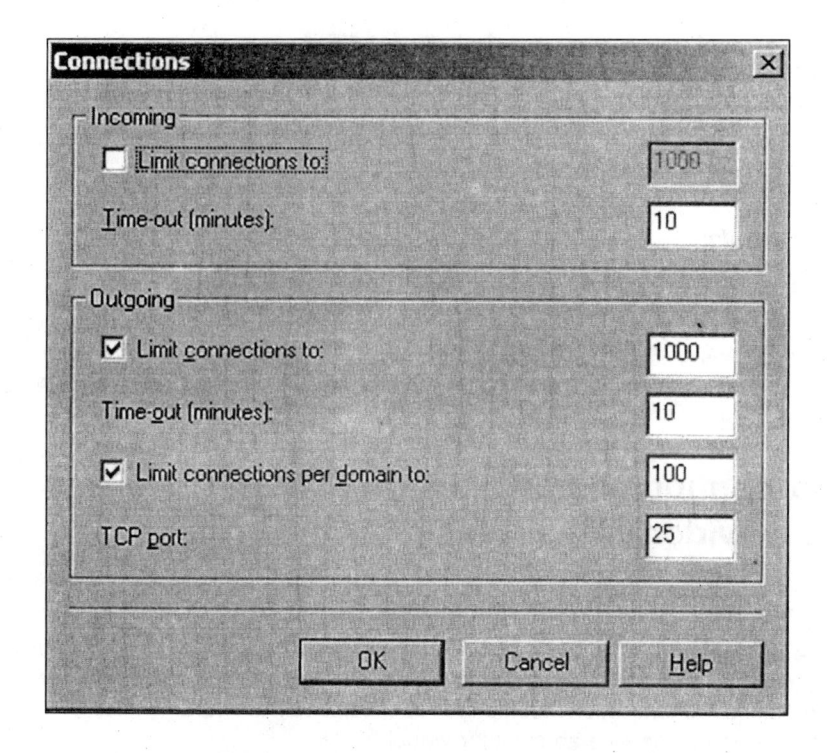

Capítulo 12 - Como administrar o serviço SMTP   **367**

Figura 12-7 A caixa de diálogo Connections

Como configurar conexões de saída SMTP

Conexões de saída são feitas pelo servidor virtual SMTP padrão sendo executado no IIS para conectar e enviar correio a servidores SMTP remotos. Para estas conexões de saída, você pode especificar (veja a Figura 12-7):

- Número de porta TCP — esta é a porta TCP que o servidor virtual SMTP padrão usa para conectar-se aos servidores SMTP remotos. A porta SMTP padrão para conexões de saída é a porta TCP 25;

- Limitado a (número) — conexões de saída simultâneas podem ser ilimitadas, ou limitadas a um número específico (são sugeridas 1.000 conexões);

- Tempo de interrupção de conexão — A interrupção de conexões inativas pode ser especificado (o default é de 600 segundos ou 10 minutos).

- Limite de conexões por domínio — o número de conexões de saída simultâneas feitas a um domínio específico pode ser ilimitado, ou ser limitado a um número específico (são sugeridas 100 conexões). Este número não pode ser maior do que o número máximo permitido de conexões de saída simultâneas.

Como configurar o registro SMTP

O login pode ser habilitado ou desabilitado para SMTP. Qualquer um dos quatro formatos-padrão de registro descritos no Capítulo 3 pode ser selecionado e habilitado (veja a Figura 12-6).

> **Nota:**
> Se você habilitar registro em SMTP e selecionar os ajustes-padrão, os eventos SMTP registrados serão acrescentados àqueles de WWW e outros serviços sendo executados no IIS. Você pode querer configurar um arquivo de registro separado para cada serviço em execução no IIS para manter registros separados e de fácil interpretação. Faça isto gravando registros SMTP em um diretório separado dos outros serviços de arquivos de registro.

Como configurar acesso a um servidor virtual SMTP

A guia Access (veja a Figura 12-8) permite que você especifique as informações descritas a seguir.

Controle de acesso — Clique no botão Authentication, na seção Access Control da guia Access, trazendo para a frente a caixa de diálogo Authentication Methods (Figura 12-9). Na caixa de diálogo Authentication Methods você especifica a Password Authentication Methods para entrada de mensagens ao servidor virtual SMTP:

- Acesso anônimo — não é necessário nenhum nome de usuário ou senha para acessar o servidor de correio;
- Autenticação básica — os usuários precisam fornecer um nome de usuário e uma senha válidos para acessar o servidor. Estas credenciais são enviadas como texto claro (texto não codificado) pela rede;
- Requer criptografia TLS — marque esta caixa para habilitar criptografia TLS — Transport Layer Security. O cliente precisa suportar criptografia TLS para esta opção funcionar;
- Domínio-padrão — especifica o domínio-padrão no qual você deseja autenticar usuários;
- Pacote de segurança Windows — é usada transmissão criptografada de credenciais de contas válidas para o Windows 2000. Isto requer Microsoft Outlook Express (IE 5.0) como os novos clientes.

Capítulo 12 - Como administrar o serviço SMTP 369

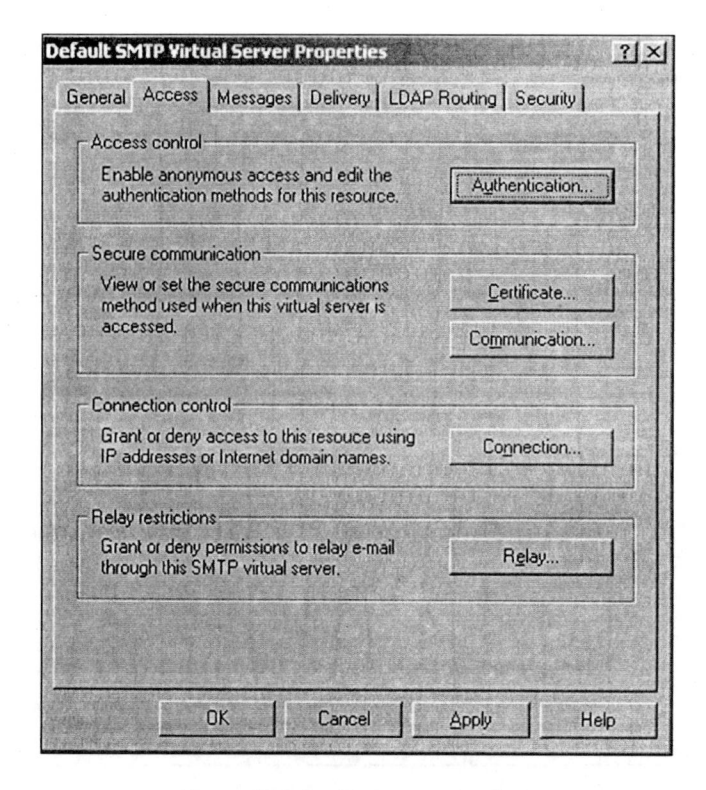

Figura 12-8 A guia Access na página
Default Virtual Server Properties

Nota:

Quando você cria domínios remotos, pode anular os métodos de autenticação globalmente permitidos, configurando outros diferentes para receber correspondência destes domínios remotos. A criação de domínios remotos é explicada mais adiante neste capítulo. Você também pode anular os ajustes globais TLS de domínios remotos individuais.

Comunicação protegida

Clique no botão Certificate na seção Secure Communication da guia Access (veja a Figura 12-6) para iniciar o Web Server Certificate Wizard. O Capítulo 11 contém informações sobre a criação de solicitações de certificado para servidores da Web e instalação de certificados. Clicar no botão Communication traz para primeiro plano a caixa de diálogo que especifica se deve ser exigido canal protegido para acessar o SMTP Virtual Server.

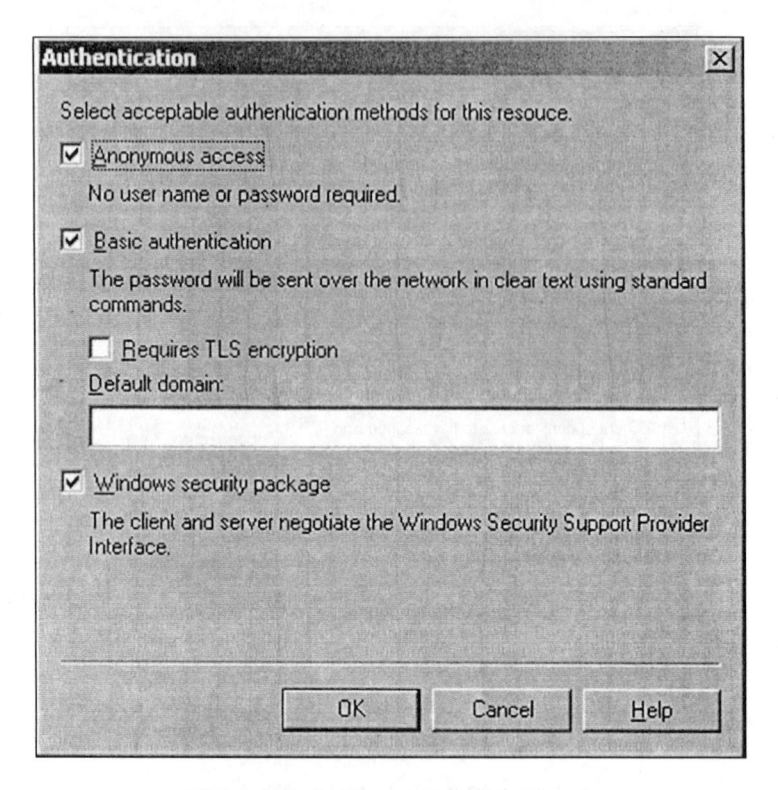

*Figura 12-9 Configuração de autenticação
para o SMTP Virtual Server*

Controle de conexão

Use o Connection Control para conceder ou negar acesso a seu Default SMTP Virtual Server, por endereço IP ou nome de domínio (veja a Figura 12-10). Isto é feito da maneira normal, semelhante ao processo para o serviço WWW descrito no Capítulo 3, *Como administrar o serviço WWW*.

Como configurar restrições de retransmissão SMTP

Você pode habilitar ou desabilitar retransmissão de entrada de correspondência para endereços remotos, clicando no botão Edit, na seção Relay Restrictions da guia Access na página Default SMTP Virtual Server Properties, para abrir a caixa de diálogo Relay Restrictions (veja a Figura 12-11). O ajuste-padrão é All Computers Are Not Allowed to Relay.

Capítulo 12 - Como administrar o serviço SMTP 371

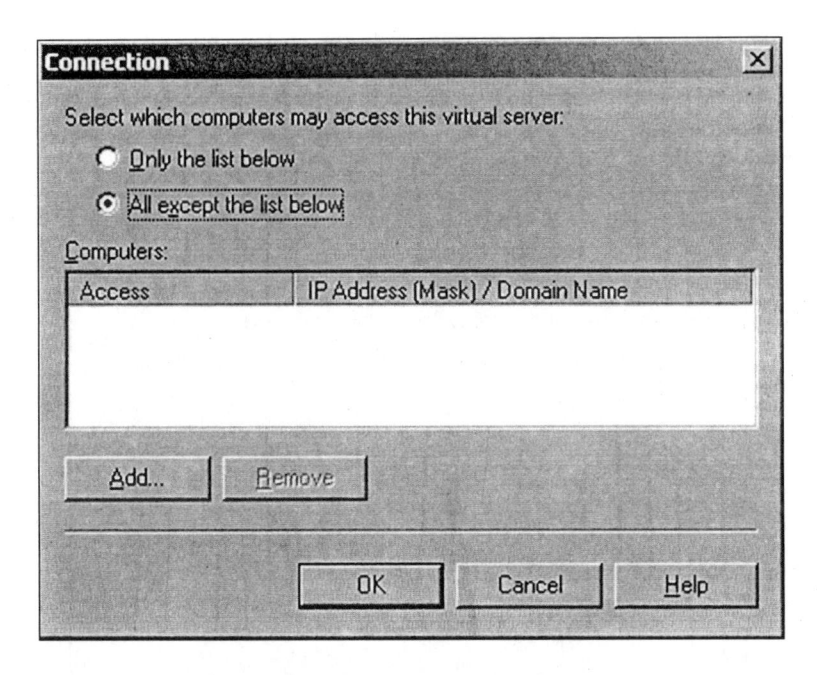

Figura 12-10 Especificação de endereço IP e restrições a nome de domínio

Você também pode habilitar qualquer computador que faça, com sucesso, a autenticação para retransmição, selecionando esta caixa de verificação.

Nota:

Esteja atento: se você estiver conectado à Internet e habilitar restrições de retransmissão sem exigir autenticação, você pode ser alvo de e-mails comerciais não solicitados, o que pode afetar negativamente o desempenho do servidor.

Como configurar limites de mensagem SMTP

Usando a guia Messages (Figura 12-12), o tamanho máximo de mensagem e o tamanho máximo de sessão (bytes transferidos por sessão) podem ser ilimitados ou limitados a valores especificados. Os ajustes-padrão são:

- Tamanho máximo de mensagem: 2048KB ou 2MB;
- Tamanho máximo de sessão: 10240KB ou 10MB;

- Máximo de mensagens por conexão: pode ser ilimitado ou limitado ao valor especificado. O ajuste-padrão é de 20 mensagens por conexão (veja a Figura 12-12). Enviar mensagens múltiplas usando uma única conexão melhora o desempenho do serviço SMTP. A determinação do melhor valor para este ajuste será discutido mais adiante, neste capítulo;
- Número máximo de destinatários por mensagens: 100 destinatários por mensagem.

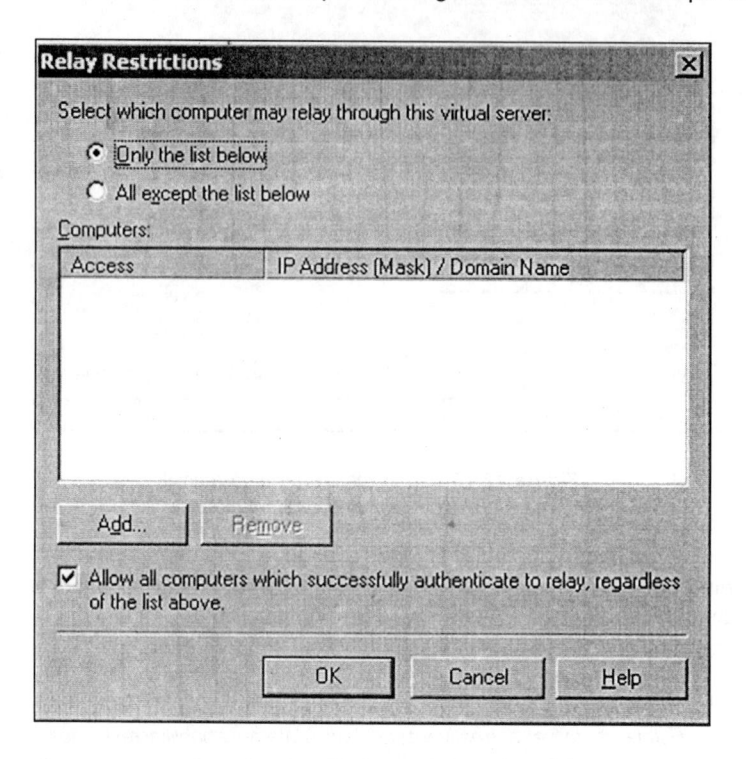

Figura 12-11 Habilitando ou desabilitando a retransmissão do serviço SMTP

Você também pode usar esta guia para especificar que o *serviço SMTP envie uma cópia de relatórios não entregues* a um endereço de e-mail especificado.

Finalmente, especifique o local do diretório Badmail. Esta pasta contém mensagens que não podem nem ser entregues, nem retornadas ao remetente — *dead letters* (cartas mortas) — e precisa estar localizada em um *drive* local.

Capítulo 12 - Como administrar o serviço SMTP

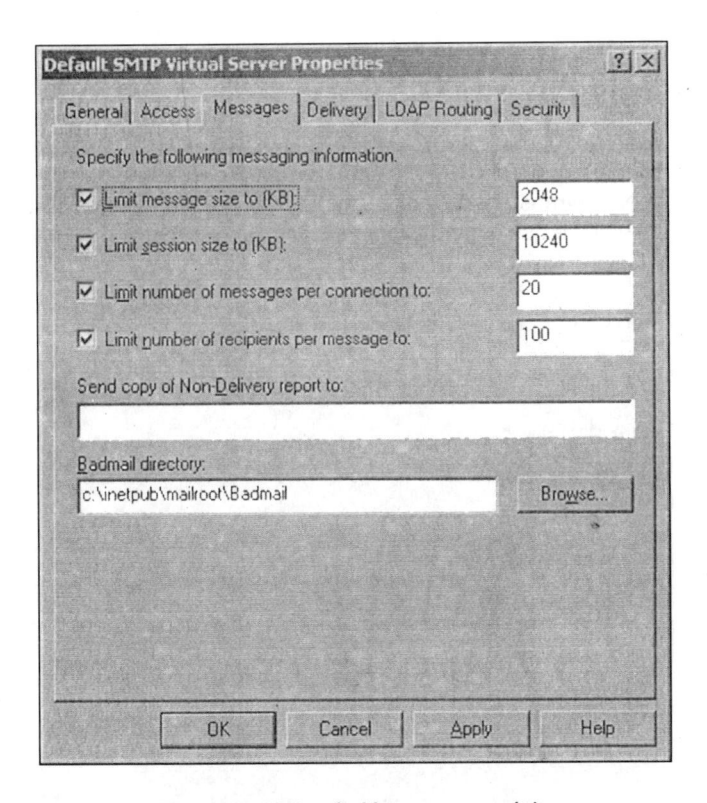

Figura 12-12 A guia Messages na página
Default SMTP Virtual Server

Nota:

Se uma mensagem excede o tamanho máximo definido para as mensagens, ela ainda será processada. Se uma mensagem de entrada é maior do que o tamanho máximo de sessão, o socket fechará, e a mensagem não será processada. Neste caso, o agente de transferência de mensagem do servidor SMTP remetente continuará a reenviar a mensagem até que o tempo se esgote, sobrecarregando o servidor. Para evitar este problema, não ajuste o tamanho máximo de sessão para um valor muito pequeno.

Como configurar ajustes de retransmissão SMTP

Usando a guia Delivery (Figura 12-13), especifique os *intervalos de retransmissão* (tempo entre as tentativas) para quando o SMTP tentar entregar uma mensagem e falhar. O valor-padrão para a primeira retransmissão é de 15 minutos, a segunda tentativa é em 30 minutos, a terceira em 60 minutos e quaisquer retransmissões subseqüentes são definidas para 240 minutos.

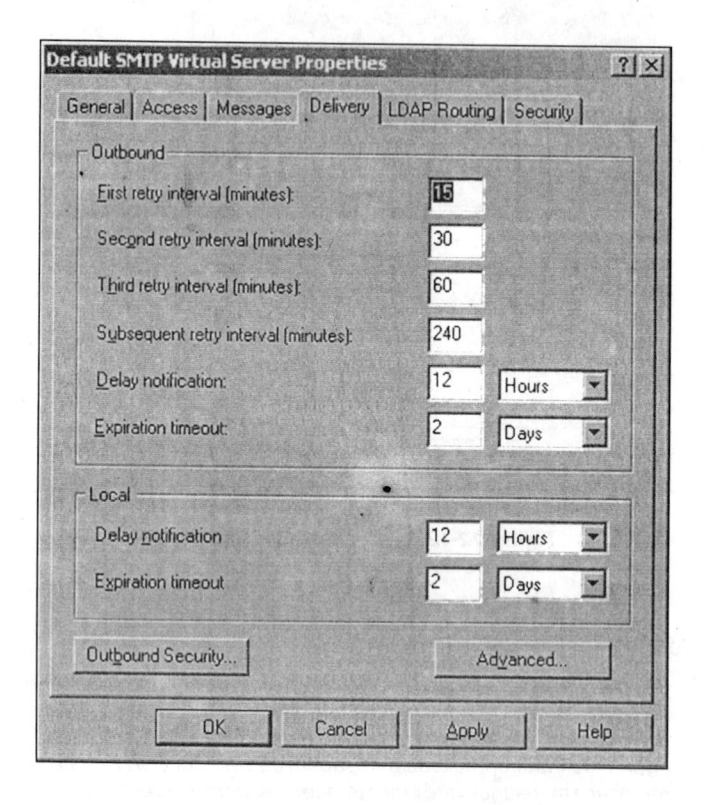

Figura 12-13 *A guia Delivery na página Default SMTP Virtual Server Properties*

Especifique a notificação de atraso — isto é, quanto tempo o servidor demorará para enviar uma notificação de entrega atrasada. O valor-padrão é de 12 horas. Este ajuste pode ser configurado separadamente para mensagens nas filas de mensagem locais e remotas.

Especifique o *tempo de encerramento* (durante quanto tempo o servidor tentará retransmitir) antes que SMTP retorne a mensagem ao remetente, junto com um relatório de não-entrega (NDR). O valor-padrão é de dois dias. Este ajuste pode ser configurado separadamente para mensagens nas filas de mensagem locais e remotas.

Configurando ajustes avançados de entrega SMTP

A *contagem máxima de hop*' (pulo) (veja a Figura 12-14) é o número máximo de servidores SMTP ao qual a mensagem pode ser dirigida pela sua rota de entrega. O valor-padrão é de 15 *hops*. Se este valor for excedido à medida que a mensagem circula pela rota, a mensagem retornará ao remetente com um NDR.

Especifique um *domínio com máscara* para substituir o nome de domínio local no campo From de mensagens enviadas a partir do *site* SMTP padrão. Esta substituição tem efeito apenas no primeiro *hop*.

Especifique um *nome de domínio totalmente qualificado* (FQDN) para o *site* SMTP padrão. Use o nome de domínio especificado na guia DNS, da página de propriedades TCP/IP, *ou* especifique um novo e, único, nome de domínio.

Por padrão, é usado o nome especificado na guia DNS da página de propriedades TCP/IP. Se você mudar o nome de domínio, precisa parar e reiniciar o serviço SMTP antes que o novo nome seja efetivado.

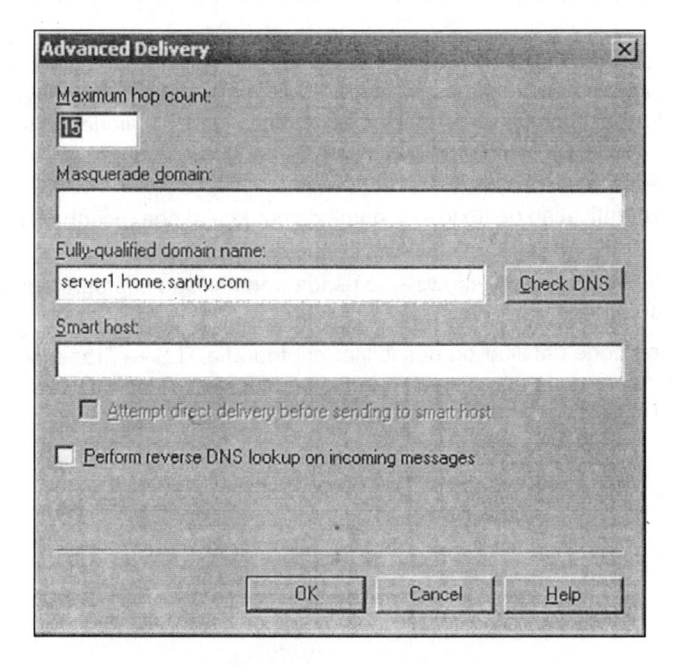

Figura 12-14 Configuração dos ajustes avançados de entrega para o servidor

Especifique um *smart host*, que é um servidor SMTP ao qual são direcionadas mensagens de saída. O nome do *smart host* pode ser:

- O FQDN do *smart host*;
- O endereço IP do *smart host* (coloque este valor entre parênteses).

Você pode escolher *tentar entrega direta antes de enviar ao smart host*. Assim, o serviço SMTP tentará entregar localmente mensagens remotas, antes de enviá-las ao *smart host*. Esta opção só estará disponível se um *smart host* tiver sido especificado, e o *host* padrão estiver desabilitado.

Você pode escolher fazer uma pesquisa reversa de DNS em mensagens de entrada para configurar o serviço SMTP, para verificar se os endereços IP no campo From da mensagem combinam com o endereço IP de origem no cabeçalho da mensagem. Este opção pode levar à diminuição de desempenho, se habilitada — ela é desabilitada por padrão.

Como configurar métodos de autenticação SMTP para mensagens de saída

Para saída de correio, você pode especificar qual método de autenticação será exigido pelo servidor SMTP receptor. Para fazer isto, clique no botão Outbound Security na guia Delivery da página Default SMTP Virtual Server Properties, para abrir a caixa de diálogo Outbound Security (Figura 12-15). As três opções entre as quais você pode escolher são:

- Nenhuma autenticação — este é o ajuste-padrão, pois escolher um método de autenticação para todos os servidores SMTP de recepção a um nível global (isto é, para todos os domínios remotos) não deve ser exigido; a maioria dos servidores SMTP aceitará conexões sem exigir quaisquer credenciais. Portanto, provavelmente, você vai preferir deixar este ajuste como padrão;
- Limpar autenticação de texto — o nome da conta e senha reconhecidos pelo servidor SMTP remoto não são enviados criptografados;
- Pacote de segurança Windows — é usada transmissão criptografada de credenciais de conta válida para o Windows 2000.

Além disso, você pode habilitar ou desabilitar criptografia TLS — Transport Layer Security globalmente para saída de mensagens a todos os domínios remotos. Neste caso, todos os servidores SMTP receptores precisam suportar TLS.

Figura 12-15 Configuração segurança de saída

Nota:

Ao criar domínios remotos, você pode especificar um método diferente de autenticação para estes domínios para entrega de mensagens, para anular um método globalmente especificado. A criação de domínios remotos é explicada mais adiante, neste capítulo.

Configurando o roteamento LDAP

Especifique as informações de conexão LDAP usando a guia LDAP Routing (veja a Figura 12-16) desta página de propriedades. Você pode usar um provedor LDAP para mapear destinatários e remetentes de e-mail a valores contidos no LDAP Directory. Se você quiser conectar seu servidor virtual SMTP a um provedor LDAP, como Exchange Server, Windows 2000 Active Directory ou Microsoft Site Server, especifique:

- O *nome de servidor* do provedor LDAP;
- O *schema* (esquema) de diretório ao qual se conectar (as possíveis opções são Exchange Server, Active Directory ou Site Server);

- A *ligação* usada para especificar como o servidor virtual se identificará ao provedor LDAP. As opções são semelhantes às opções de autenticação dos serviços WWW: anônimo, texto claro básico, Windows SSPI ou como uma Service Account (Conta de serviço) no qual o serviço SMTP está sendo executado;
- O *domínio* especifica qual domínio contém a conta que você deseja usar para se conectar com o provedor LDAP. Esta opção só estará habilitada se você estiver usando Plain Text (texto plano) ou Windows SSPI como ligação;
- O *nome de usuário* é a conta que você deseja usar para ligar o LDAP Directory. Por exemplo, se seu diretório foi estruturado na empresa como MTIT Inc., uma unidade de Membros e o recipiente ou conta de Charlie_Smith, um DN — Distinguished Name (Nome distinto) da conta que você passaria aqui é cn=Charlie_Smith, ou=Members, o=MTITInc. Esta opção só será habilitada se você estiver usando Plain Text ou Windows SSPI como sua ligação;
- Entre com a *senha* da conta de usuário. Esta opção só será habilitada se você estiver usando Plain Text ou Windows SSPI como sua ligação;
- Entre com a *base* usada quando você quiser que o SMTP inicie uma busca no LDAP Diretório.

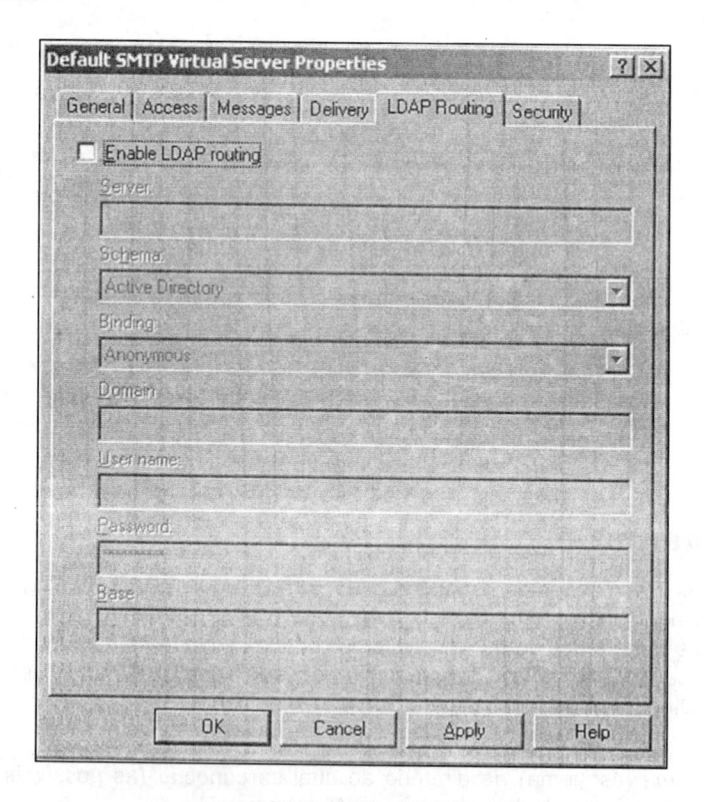

Figura 12-16 A guia LDAP Routing na página Default SMTP Virtual Server Properties

Capítulo 12 - Como administrar o serviço SMTP

Como configurar operadores de *site* SMTP

Conceda e revogue privilégios de operador para administrar o *site*-padrão SMTP usando a guia Security desta página de propriedades (Figura 12-17). Por padrão, qualquer um no grupo local Administrators no servidor IIS tem concessão de *status* de operador para SMTP.

Como entender o serviço de domínios SMTP

Serviço de domínios SMTP podem ser locais ou remotos.

- Serviços de domínio SMTP locais (também chamados de *serviços de domínio* ou *domínios suportados*) são domínios DNS que são servidos pelo serviço SMTP sendo executado no IIS. Mensagens de entrada endereçadas a um domínio local são entregues ao diretório Drop. Quando o SMTP é instalado no IIS, ele cria um *domínio-padrão*, que normalmente é o nome de domínio especificado na guia DNS da página de propriedades TCP/IP para o servidor.

  Configurar o servidor virtual SMTP padrão conforme descrito na seção anterior configura o domínio-padrão. Se você criar um novo domínio local, ele será um *alias* (alternativo) do domínio padrão e terá as mesmas propriedades do domínio padrão.

- Serviços de domínio SMTP remotos (também chamados de *domínios remotos* ou *domínios não-locais*) são domínios DNS de servidores remotos que não são locais. O SMTP precisa verificá-los, usando DNS, para que possa entregar mensagens.

  Ajustes de entrega podem ser individualmente configurados em domínios remotos, e estes ajustes anulam ajustes globais configurados, usando a página Default SMTP Virtual Server Properties.

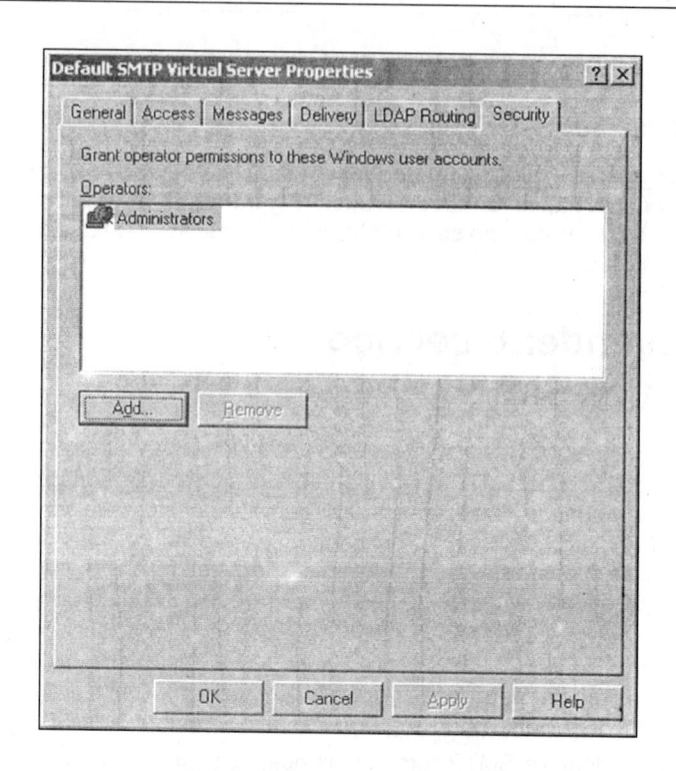

Figura 12-17 A guia Security da página
SMTP Virtual Server Properties

Como criar um novo serviço de domínio SMTP

Para criar um novo serviço de domínio SMTP usando o MMC, clique com o botão direito no nó Domains, depois Default SMTP Virtual Server e selecione New, Domain no menu de atalho, para abrir o New Domain Wizard (Figura 12-18). Selecione o tipo de domínio que você deseja criar:

- Remoto — para entrega a um servidor SMTP remoto;
- *Alias* — uma alternativa para o domínio-padrão e o ponto final para entrega de correio.

Capítulo 12 - Como administrar o serviço SMTP 381

Figura 12-18 O New SMTP Domain Wizard
para criar novos domínios SMTP

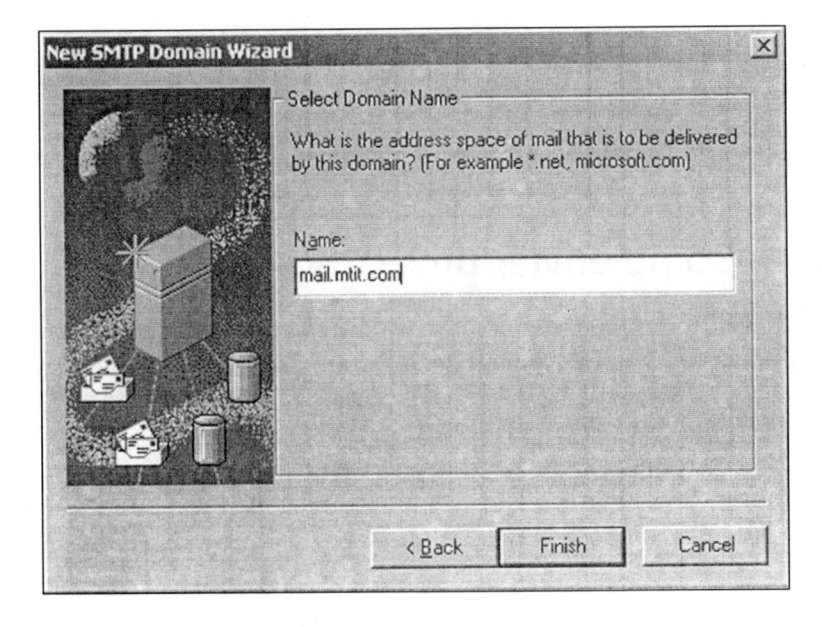

Figura 12-19 Especificação do nome
para um domínio remoto

Se você escolher a opção *remoto*, clique em Next e especifique um nome para o novo domínio (mail.mtit.com foi usado na Figura 12-19, mas você pode usar curingas, por exemplo, *.mtit.com). O procedimento é semelhante para a criação de um domínio alternativo. A Figura 12-20 mostra o MMC quando dois novos domínios foram criados, um alternativo e um remoto.

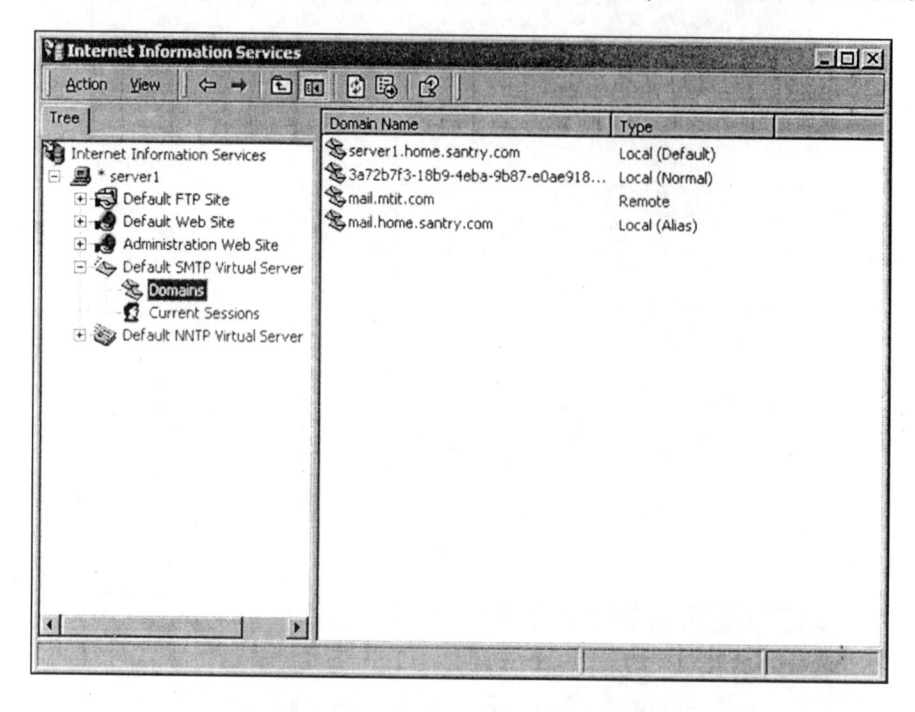

Figura 12-20 O Default SMTP Virtual Server com domínios-padrão, alternativo e remoto

Guia — Como enviar uma mensagem usando o diretório Pickup

Para enviar uma mensagem usando o serviço SMTP do IIS, use um editor de texto ASCII para criar um arquivo de texto simples, semelhante àquele mostrado na Figura 12.21.

Observe a linha em branco (CR1LF) que precisa ser incluída entre o cabeçalho e o corpo da mensagem. Há uma linha em branco semelhante (CR1LF) ao final do corpo da mensagem. Salve a mensagem como `message.txt` na pasta `C:\tempmail`.

Capítulo 12 - Como administrar o serviço SMTP   **383**

Faça as configurações, na guia Delivery, da página Default SMTP Virtual Server Properties como a seguir:
- Entre com um minuto para todos os intervalos de repetição de tentativas;
- Tempo de encerramento: cinco minutos.

Agora, use o Windows Explorer para mover a mensagem do diretório C:\tempmail para o diretório C:\Mailroot\Pickup. Clique imediatamente no diretório Pickup para ver seu conteúdo. Note que ele está vazio. O serviço SMTP monitora continuamente o diretório Pickup à procura de correio para entregar e, quando encontra uma mensagem, move-a para o diretório Queue.

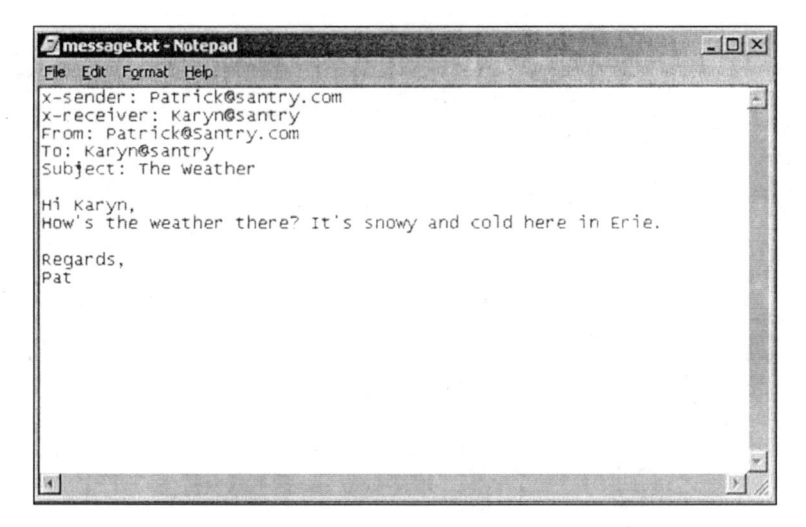

```
message.txt - Notepad
File Edit Format Help
x-sender: Patrick@santry.com
x-receiver: Karyn@santry
From: Patrick@santry.com
To: Karyn@santry
Subject: The weather

Hi Karyn,
How's the weather there? It's snowy and cold here in Erie.

Regards,
Pat
```

Figura 12-21 Exemplo de uma mensagem SMTP
composta com o Notepad

A Figura 12-22 mostra o conteúdo do diretório Queue imediatamente depois de um arquivo message.txt ter sido movido para ele. Observe a mensagem de correio aguardando para ser entregue. Note que a mensagem foi renomeada, usando um número ID de mensagem, com a extensão *.eml, que significa e-mail. Se você clicar duas vezes nesta mensagem, o Outlook Express se abrirá. A Figura 12-23 mostra o arquivo .eml aberto em Notepad. Observe os cabeçalhos acrescentados pelo serviço SMTP.

Passados quatro minutos (o total de intervalos de reenvio), o conteúdo do diretório Queue muda. O diretório inclui agora um arquivo *.rtr, que indica que o serviço SMTP não pôde entregar a mensagem e está tentando retornar a mensagem ao remetente (veja a Figura 12-24). A transcrição do arquivo remoto .rtr é um arquivo de texto que explica por que a mensagem não pôde ser entregue. Você pode abrir e ler este arquivo, se quiser.

Finalmente, depois de dois minutos, o valor máximo de tentativas de reenvio é excedido, o arquivo *.rtr é apagado e o arquivo de mensagem *.eml é movido para o diretório Badmail. Se você explorar o diretório Badmail e abrir o arquivo *.eml nele, usando Notepad, pode ver o relatório de não-entrega (NDR).

Como outro exercício, tente modificar os cabeçalhos de destinatário para enviar a mensagem ao endereço de destino `ingrid@server1.santry.com` (ou seu equivalente), que enviará a mensagem ao domínio local padrão SMTP. Mova a mensagem para o diretório Pickup, e o SMTP a transfere para o diretório Queue e, de Queue, para o diretório Drop, onde o correio de entrada é armazenado.

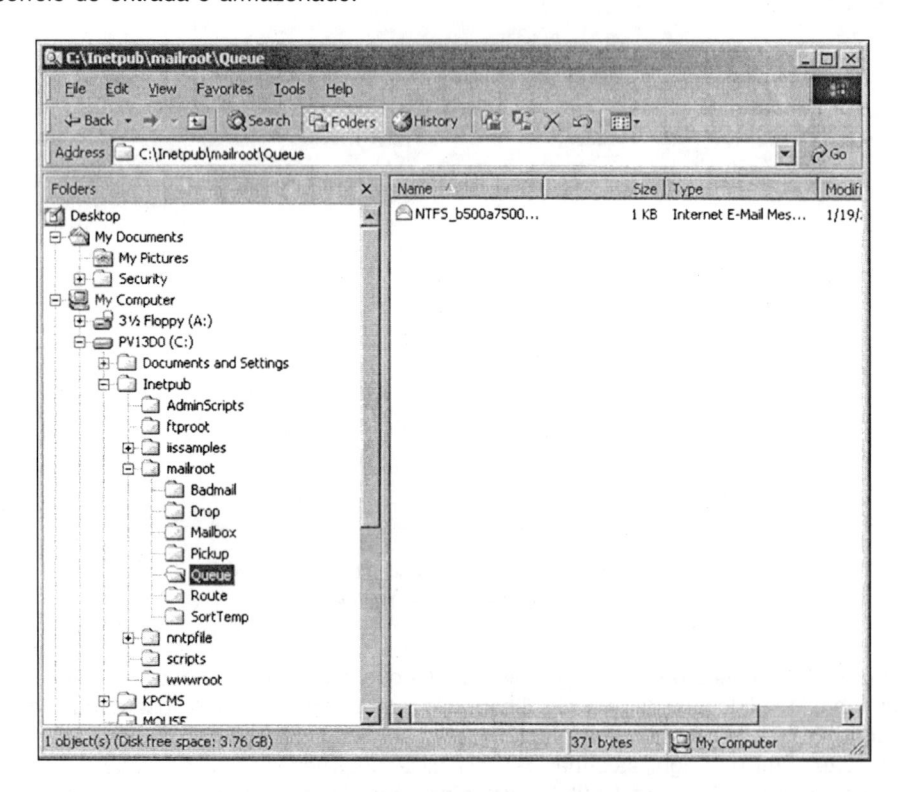

Figura 12-22 A mensagem foi movida do diretório Pickup para o diretório Queue

Capítulo 12 - Como administrar o serviço SMTP

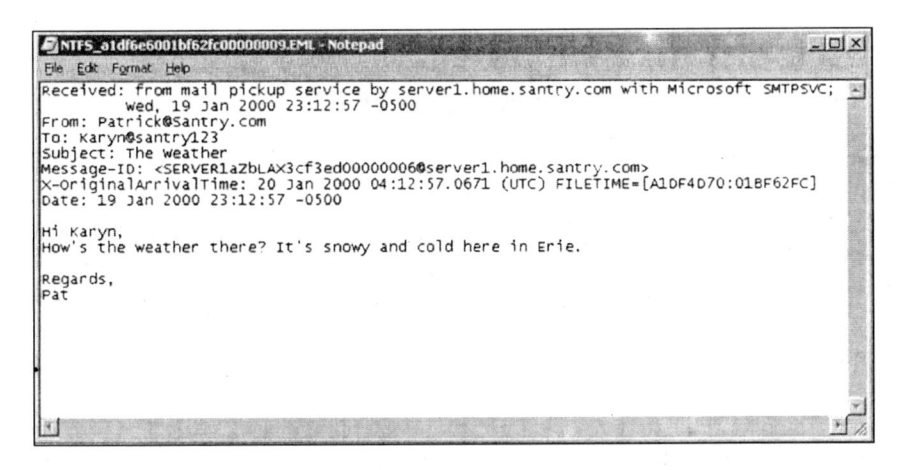

```
Received: from mail pickup service by server1.home.santry.com with Microsoft SMTPSVC;
         Wed, 19 Jan 2000 23:12:57 -0500
From: Patrick@Santry.com
To: Karyn@santry123
Subject: The weather
Message-ID: <SERVER1aZbLAX3cf3ed0000006@server1.home.santry.com>
X-OriginalArrivalTime: 20 Jan 2000 04:12:57.0671 (UTC) FILETIME=[A1DF4D70:01BF62FC]
Date: 19 Jan 2000 23:12:57 -0500

Hi Karyn,
How's the weather there? It's snowy and cold here in Erie.

Regards,
Pat
```

Figura 12-23 Uma mensagem formatada no diretório Queue, aguardando para ser entregue

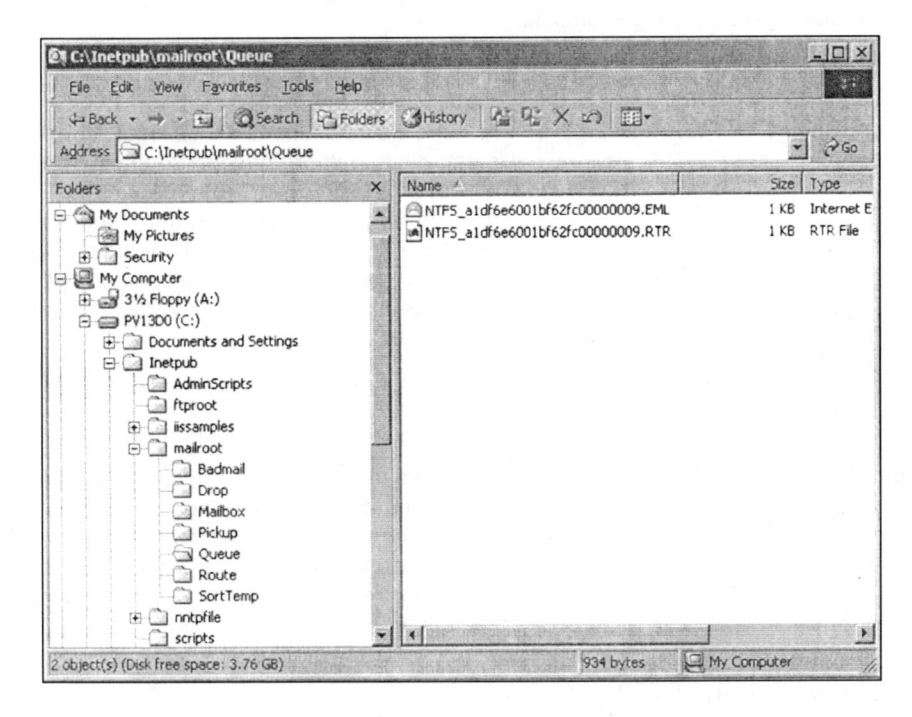

Figura 12-24 A mensagem não pode ser retornada ao remetente

Como monitorar e ajustar o desempenho do serviço SMTP

O desempenho do serviço SMTP em IIS 5.0 pode ser monitorado, usando as seguintes ferramentas:

- Visualizador de evento — o serviço SMTP registra eventos significativos no registro de segurança Windows 2000. Procure eventos cuja origem seja SMTPSVC;
- Registros IIS — veja os registros IIS em um editor de texto ou importe-os para um programa de análise de registro, para gerar relatórios de uso do *site* SMTP;
- Monitor de desempenho — o serviço SMTP inclui o objeto Performance Monitor SMTP Server, com contadores que podem ser monitorados para aquele objeto.

Você deve monitorar contadores-padrão para detectar memória, processador, disco e estreitamento de rede, além de contadores específicos SMTP. Em especial, você deve ajustar um alerta do Performance Monitor para pouco espaço em disco no volume onde o diretório Mailroot está localizado, porque as condições de pouco espaço em disco podem levar as mensagens serem corrompidas.

Alguns dos contadores mais importantes de SMTP Server Performance Monitor a verificar são descritos a seguir.

Comprimento de Queue local	Número de mensagens na fila local. Normalmente, este número deve estar em zero. Se ele for maior do que zero, o serviço SMTP pode estar recebendo mais mensagens do que pode lidar. Se ele aumentar rapidamente, algo pode estar interferindo em seu processo SMTP, ocasionando demora no processamento de mensagem.
Comprimento de Queue remota	Quantidade de mensagens na fila remota. A mesma preocupação se aplica quanto ao Comprimento do Contador de Fila Local.
Entrada atual de conexões	O número total de entrada atual de conexões. Normalmente, este deve ser maior do que zero. Se ele permanecer em zero por um período prolongado, você pode estar com algum problema que está impedindo mensagens de entrar em seu servidor.

A seguir estão algumas sugestões de providências que você pode tomar para melhorar o desempenho do serviço SMTP no IIS 5.0.

- Aplique aperfeiçoamentos gerais, tais como acrescentar mais memória, um processador mais rápido, um conjunto de faixas e uma conexão de rede mais rápida ao seu servidor.
- Desabilite o registro IIS para o serviço SMTP.

Capítulo 12 - Como administrar o serviço SMTP

- Limpe regularmente o diretório BadMail.
- Desabilite a pesquisa inversa DNS.
- Configure otimamente o número máximo de mensagens de saída por conexão, ajustando na guia Messages da página Default SMTP Site Properties. Faça isto monitorando o contador SMTP Server: *Messages Sent/sec*, e assegure-se de que o ajuste na página de propriedades seja *menor* do que o valor médio do contador Performance Monitor. Isto garantirá que o serviço SMTP abra, simultaneamente, conexões com servidores remotos, tornando mais eficiente o processamento de correio destinado remotamente.

Resumo

O serviço Microsoft SMTP é um serviço de entrega SMTP totalmente funcional que pode ser configurado para enviar correio a servidores remotos. A administração do serviço é integrada ao MMC junto com outros serviços do IIS 5.0. Também pode ser realizada administração remota usando um *browser*.

Para mais informações

Consulte o Web *site* da Microsoft — veja a palavra-chave SMTP — para encontrar mais informações sobre este serviço.

Pesquise, no conhecimento básico TechNet, em artigos referentes ao serviço SMTP. O arquivo de ajuda SMTP está localizado em `c:\winnt\help\mail.chm`.

Capítulo **13**

Como administrar o serviço SMTP

Introdução

Com o serviço NNTP — Network News Transfer Protocol sendo executado no Microsoft Internet Information Services 5.0, os administradores podem configurar, manter e administrar um servidor de *news* para hospedar grupos de discussão do estilo USENET em uma intranet ou extranet corporativa. Após completar este capítulo, você será capaz de:

- Entender como funciona o serviço NNTP no IIS 5.0;
- Instalar e configurar o serviço NNTP no IIS 5.0;
- Criar e manter *newsgroups* no IIS 5.0;
- Ler e enviar correio para *newsgroups* usando Outlook Express;
- Configurar uma política de expiração de mensagens para um *newsgroup*;
- Mapear um diretório de *newsgroup* para um diretório virtual.

Como entender o serviço NNTP

O serviço Microsoft NNTP no IIS 5.0 suporta totalmente o padrão NNTP — Network News Transfer Protocol e é compatível com a maioria dos servidores e clientes NNTP. Alguns de seus recursos incluem:

- Integração com serviços-padrão Windows 2000, tais como Performance Monitor e Event Viewer — o serviço NNTP instala uma coleção de indicadores de desempenho para monitorá-lo com o Performance Monitor. As condições de erro são escritas para serem vistas no Windows 2000 System Log, a partir do Event Viewer;
- Integração com segurança ao Windows 2000, incluindo ACLs — listas de controle de acesso em volumes NTFS — o acesso a um *newsgroup* em particular pode ser controlado, designando permissões NTFS ao diretório de conteúdo do *newsgroup*;
- Várias formas de autenticação — os usuários podem ser autenticados através de autenticação básica, integrada ao Windows 2000, ou como usuários anônimos;
- Suporte para uma variedade de formatos de conteúdo — além de texto simples ASCII, outros formatos suportados incluem formatos MIME, HTML, GIF e JPEG;
- Uma variedade de ferramentas de administração — o serviço NNTP pode ser administrado a partir do Microsoft Management Console, através de uma sessão do Terminal Services e através do Windows Scripting Host;
- Integração com Index Server —texto e propriedades de mensagens de *news* podem ser totalmente indexados;
- Integração com SSL — sessões de *newsgroups* podem ser criptografadas, usando o protocolo Secure Sockets Layer, versão 3.0.

Como funciona o Network News Transfer Protocol

O NNTP tanto é um protocolo cliente-servidor quanto um protocolo servidor-servidor. No cenário cliente-servidor, um cliente NNTP se conecta a um servidor NNTP para receber uma lista dos *newsgroups* disponíveis no servidor (veja a Figura 13-1). A porta TCP padrão no servidor para conexões de clientes é a porta 119 (a porta TCP padrão para uma conexão padrão SSL é 563).

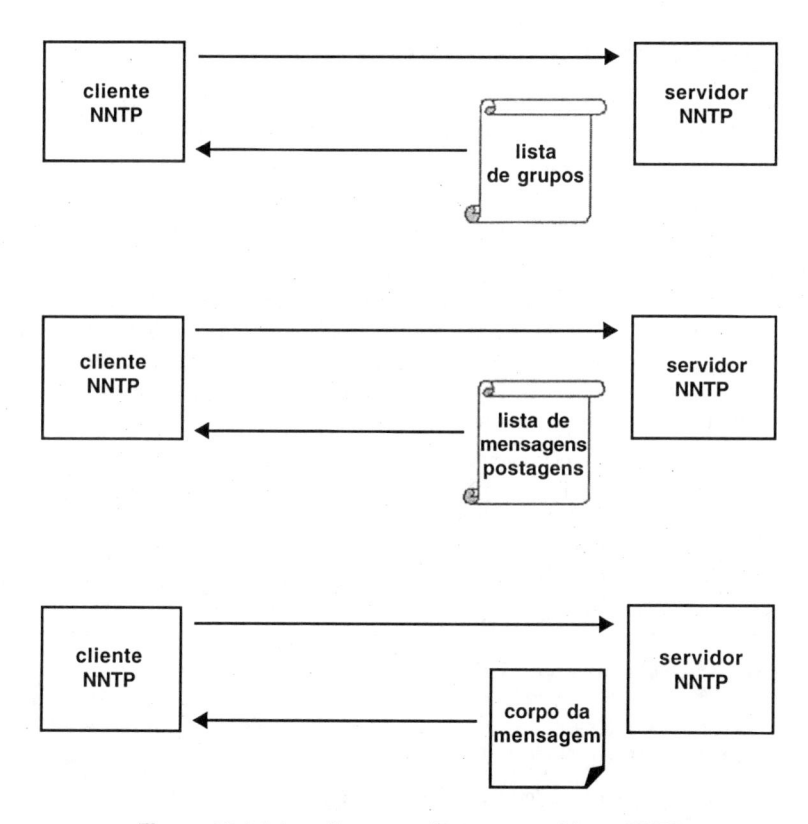

Capítulo 13 - Como administrar o serviço NNTP 391

Figura 13-1 Interação entre clientes e servidores NNTP

- O cliente seleciona um *newsgroup* disponível, e o servidor retorna uma lista de cabeçalhos de mensagens postadas no *newsgroup*.
- O cliente seleciona uma mensagem postada no *newsgroup* e o servidor retorna o corpo da mensagem para o cliente ler.

No cenário servidor-servidor, um servidor NNTP recebe uma alimentação de *news* de outro servidor NNTP para replicar conteúdo de *newsgroup* entre servidores. Esta é a base da rede mundial de servidores de *news* — USENET.

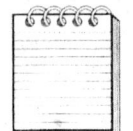

Nota:

Esta versão do serviço Microsoft NNTP não suporta recepção de alimentação de news de servidores USENET.

Como instalar o serviço NNTP

O serviço NNTP não é instalado durante a instalação de Windows 2000. Ao contrário, ele pode ser instalado fazendo uma inicialização Custom (Personalizada) ou pode ser instalado depois, executando a inicialização no modo de manutenção.

As exigências de hardware e software para instalar o serviço Microsoft NNTP são iguais àquelas para instalar o IIS 5.0: Windows 2000 Server em Advanced Server.

Para instalar o serviço NNTP em um Windows 2000 Server, clique em Start, Setting, Control Panel e em Add/Remove Programs. Quando a caixa de diálogo inicial aparecer, clique em Add/Remove Windows Components para abrir a tela Select Components. Selecione IIS — Internet Information Services e clique no botão Details para abrir a caixa de componentes do IIS (Figura 13-2). Marque a caixa de verificação NNTP Service e clique em OK. Clique em Next para continuar com a inicialização.

O resultado de executar a inicialização é um novo nó sob o nó de servidor no Microsoft Management Console (veja a Figura 13-3). Este novo nó é chamado Default NNTP Virtual Server (Servidor virtual NNTP padrão). Sob ele há quatro subnós:

- Newsgroups — você cria qualquer quantidade de *newsgroups* a serem disponibilizados em seu servidor de *news* usando o Newsgroup Wizard. Sob este nó, serão relacionados os *newsgroups* que você criar;

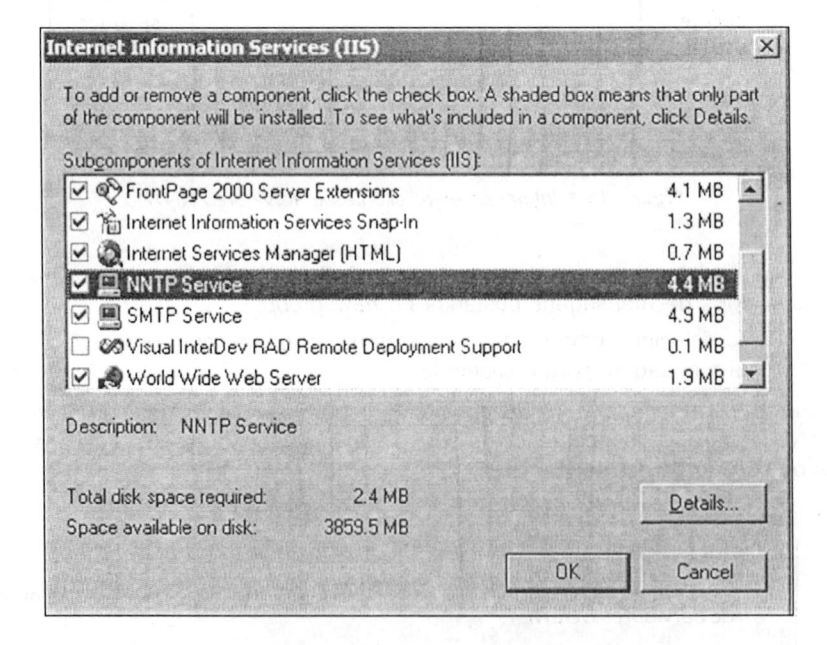

Figura 13-2 Selecione o componente NNTP Server para instalação

Capítulo 13 - Como administrar o serviço NNTP 393

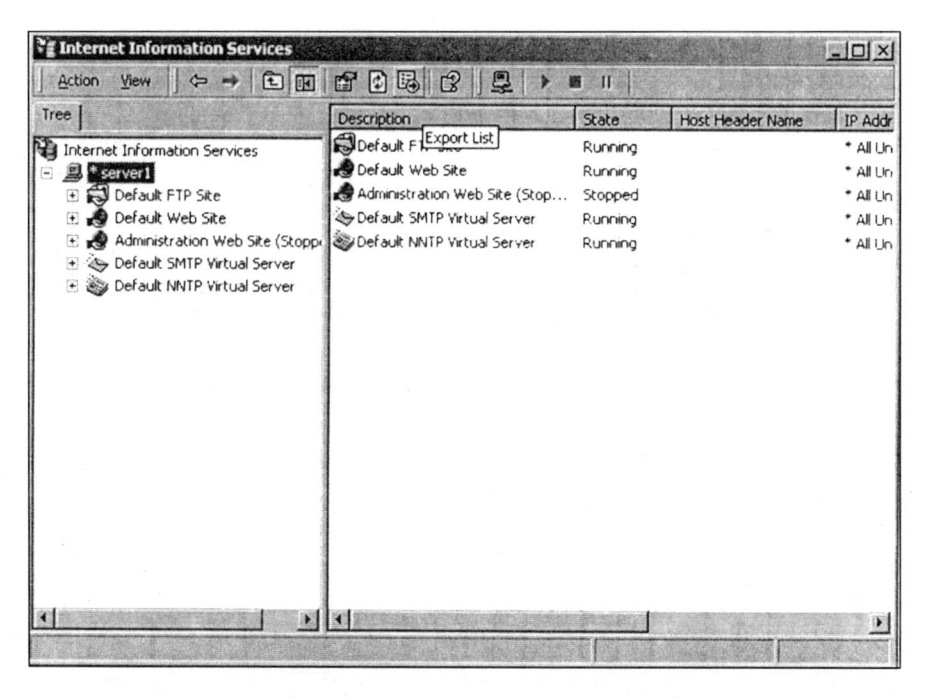

Figura 13-3 O Internet Services Manager depois de instalado o serviço NNTP

- Políticas de expiração — artigos de *newsgroup* podem ser configurados para expirar quando chegarem a um determinado número de mensagens postadas, ou quando atingirem determinado número de megabytes. Sob este nó, são listadas as políticas de expiração configuradas;

- Diretórios virtuais — diretórios de conteúdo de *newsgroup* podem ser mapeados para diretórios virtuais, tanto locais quanto remotos. Sob este nó, são listados quaisquer diretórios virtuais configurados;

- Sessões atuais — isto mostra as sessões ainda abertas, os usuários que estão conectados e o tempo da conexão.

O processo de instalação do serviço NNTP também cria a estrutura de diretório mostrada na Figura 13-4. Incluídos nesta estrutura de diretório estão:

- Inet\nntpfile — contém todo o conteúdo de diretórios, cabeçalhos de arquivos, arquivos residuais e arquivos de lista de grupos;

- InetPub\nntpfile_temp.files_ — contém arquivos temporários;

- InetPub\nntpfile\root — contém todos os *newsgroups* criados pelo administrador, e além de grupos de demonstração e de sistema.

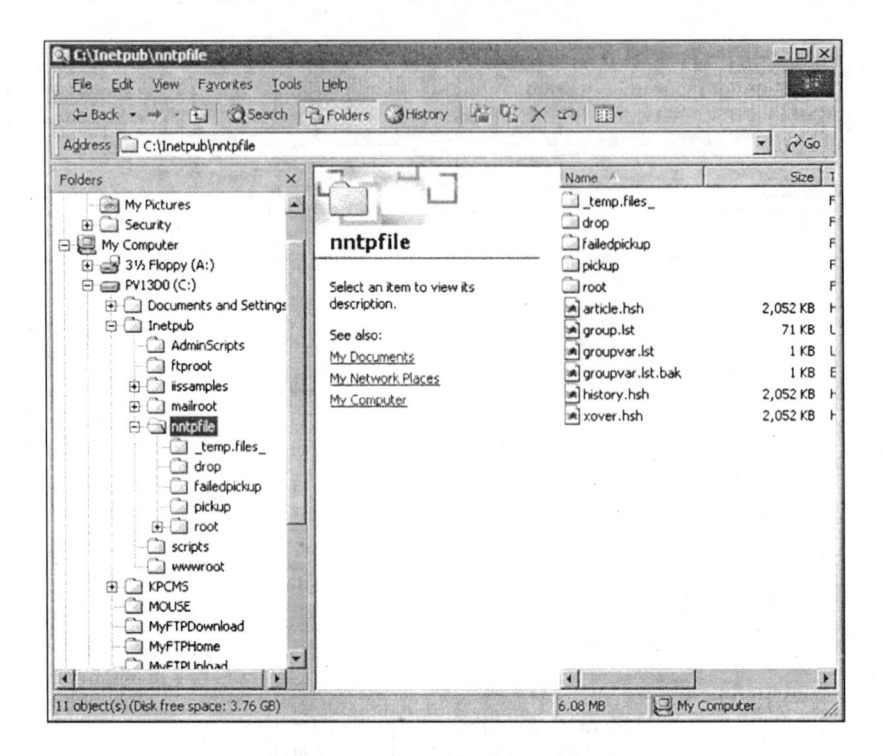

*Figura 13-4 A estrutura de diretório criada
na instalação de serviços NNTP*

Newsgroups individuais são armazenados como uma série de pastas aninhadas em
InetPub\nntpfile\root.

Por exemplo, criar o *newsgroup* local.music.tribal geraria três pastas para contê-lo:

- InetPub\nntpfile\root\local;
- InetPub\nntpfile\root\local\music;
- InetPub\nntpfile\local\music\tribal.

O conteúdo do *newsgroup* atual é armazenado na última das três pastas anteriormente relacionadas e consiste em uma série de arquivos.nws, cada qual contendo uma mensagem individual de *newsgroup*. Estes arquivos são arquivos ASCII simples e podem ser visualizados com o Notepad.

Como administrar o serviço NNTP

O Windows 2000 oferece três ferramentas para administrar e gerenciar o serviço NNTP:

- Internet Service Manager — a extensão *snap-in* NNTP no Microsoft Management Console (MMC) permite a administração total de qualquer servidor NNTP em uma rede local;
- Microsoft Terminal Services — o Terminal Services é integrado ao sistema operacional Windows 2000. Terminal Services permite que você administre remotamente seus serviços Windows 2000 a partir de um cliente executando o cliente Terminal Services, como se você estivesse fisicamente conectado à máquina;
- WSH — Windows Scripting Host (WSH) — permite ao VBScript administrar *scripts* para serem executados ou a partir do utilitário gráfico WSH (Wscript.exe) ou a partir da linha de comando (Cscript.exe). Incluídos no pacote de opções (Option Pack) estão vários exemplos de VBScripts para realizar tarefas administrativas rotineiras, como modificar políticas de encerramento, acrescentar e apagar *newsgroups* e *sites* NNTP e gerenciar sessões de usuário.

Este capítulo trata apenas do uso da versão MMC de Internet Services Manager para administrar o serviço NNTP. As sessões Terminal Services funcionam da mesma forma que a versão MMC, exceto que, ao invés de usar o MMC atual, sua conexão é conduzida através da sessão de terminal. Para informações sobre como administrar NNTP através de WSH, consulte a documentação *online* do Windows 2000.

Muitas tarefas administrativas podem ser iniciadas e realizadas com a versão MMC do Internet Services Manager (veja a Figura 13-3). A maioria destas ações pode ser executada selecionando-se o nó Default NNTP Virtual Server no painel de escopo (painel à esquerda) e, depois, ou usando os botões da barra reforçada, acessando o menu *drop-down* Action, ou clicando com o botão direito do mouse no nó e usando o menu de contexto.

- O Default NNTP Virtual Server pode ser parado, interrompido e iniciado:
    - Parar o *site* desconecta todos os usuários conectados no momento e impede novas conexões;
    - Interromper o *site* impede novas conexões, mas não interrompe as conexões dos usuários conectados no momento;
    - Iniciar o *site* permite que novas conexões sejam estabelecidas com o servidor;
- Páginas de propriedades podem ser abertas para o Default NNTP Virtual Server. Estas páginas de propriedades podem ser usadas para configurar vários aspectos do serviço NNTP e serão descritas na próxima seção.
- Uma nova política de expiração pode ser criada. Isto será demonstrado no guia que apresentamos posteriormente neste capítulo.
- Podem ser criados diretórios virtuais, locais e remotos, para hospedar conteúdo de *newsgroups*. Isto também será demonstrado no guia.
- Políticas atuais de expiração, diretórios virtuais e sessões de usuário conectado podem ser visualizados.
- *Sites* NNTP em outros servidores IIS 5.0 em uma rede local podem ser conectados e administrados.

> **Nota:**
> Parar o Default NNTP Virtual Server não pára o serviço NNTP, apenas impede os usuários de se conectarem ao servidor de news. Para, de fato, interromper o serviço NNTP, selecione Start, Programs, Administrative Tools, Component Service e selecione o nó de serviços locais do Component Services Manager. Pare o NNTP — Network News Transport Protocol. Depois que o NNTP é parado desta maneira, ele não pode ser reiniciado, usando o Internet Services Manager. Este precisa ser reiniciado, usando o nó Local Services, no Component Services Manager.

Como configurar propriedades de servidor virtual NNTP

O Default NNTP Virtual Server é configurado através de páginas de propriedades, semelhante aos *sites* WWW e FTP sendo executados no IIS 5.0. A página Default NNTP Virtual Server Properties é aberta, clicando com o botão direito do mouse no nó Default NNTP Virtual Server no Microsoft Management Console e selecionando Properties a partir do menu de atalho (ele também pode ser aberto, usando o botão Properties na barra reforçada, ou através do menu *drop-down* Action na barra reforçada).

A página Default NNTP Virtual Server tem seis abas que realizam as seguintes funções administrativas:

- *General* — configura identificação de *site*, endereços IP, portas TCP, conexões máximas e habilita gravação de registro;
- *Access* — seleciona usuário anônimo e concede privilégios de operador, configurando SSL e restrições IP;
- *Settings* — habilita/desabilita postagens de clientes, limita tamanho da postagem, permite interação com outros servidores, especifica moderador;
- *Directory Security* — especifica grupos para administrar o NNTP Virtual Server.

Como configurar identificação de servidor virtual NNTP

A aba General permite que você especifique as seguintes informações (figura 13-5):

- *Name* — aparecerá ao lado do nó NNTP no MMC;
- *IP Address* — especifica o endereço IP do *site*. Clique no botão Advanced para abrir a caixa de diálogo Advanced Multiple News Site Configuration para especificar endereços IP adicionais para o servidor de notícias. Estes endereços IP adicionais precisam já ter sido ligados ao adaptador de rede, usando o programa Control Panel, Network;
- *Path Header* — a *string* aqui especificada será usada para o cabeçalho de Path (caminho) em novas mensagens postadas (veja como um exemplo a figura 13-33).

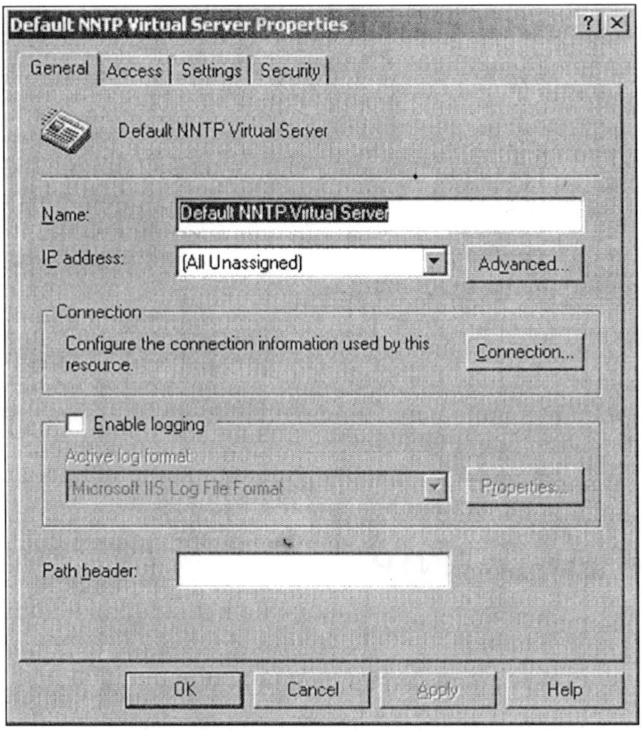

Figura 13-5 A aba General na página Default
NNTP Virtual Server Properties

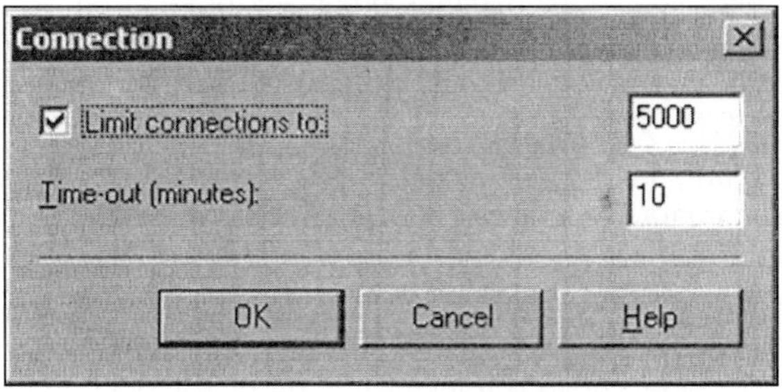

Figura 13-6 A caixa de diálogo Connection

Como configurar conexões NNTP

Clique no botão Connection nas configurações General da caixa de diálogo (veja a Figura 13-5) para abrir a caixa de diálogo Connection (veja a Figura 13-6). Conexões-cliente podem ser especificadas tanto como Unlimited quanto Limited To — um número que o administrador pode especificar (o ajuste-padrão é limitado a 5.000 conexões). *Connection Timeout* especifica o período de inatividade após o qual uma conexão de cliente é encerrada (o padrão é de 600 segundos, ou 10 minutos).

Como configurar gravação de registro para NNTP

O registro pode ser habilitado ou desabilitado, conforme podemos ver na Figura 13-5. Qualquer dos quatro formatos-padrão, descritos no Capítulo 3, *Como administrar o serviço WWW*, pode ser selecionado e habilitado.

Como configurar servidor virtual de acesso NNTP

A guia Access (veja a Figura 13-7) permite que você especifique as seguintes informações:

Access Control — clique no botão Authentication, na seção Access Control da guia Access para exibir a caixa de diálogo Authentication Methods (Figura 13-8).

Você especifica Password Authentication Methods para o NNTP Virtual Server na caixa de diálogo Authentication Methods:

- *Anonymous Access* — não é exigido nenhum nome de usuário ou senha para acessar o servidor de *news*;
- *Basic Authentication* — os usuários precisam fornecer um nome de usuário e uma senha válidos para entrar no *site*. Estas credenciais são enviadas como texto claro (de fato, texto não codificado) pela rede. Este método usa a extensão AUTHINFO padrão do NNTP.
- *Windows Security Package* — é usada a transmissão criptografada de credenciais de conta válida para o Windows 2000. Isto requer Microsoft Outlook Express (IE 5.0) como cliente de *news*;
- *Enable SSL Client Authentication* — consulte o Capítulo 11 para mais informações sobre habilitação de SSL. Normalmente, SSL é usado junto com Basic Authentication para oferecer autenticação e transmissão de dados criptografada e segura.

Capítulo 13 - Como administrar o serviço NNTP

Como especificar a conta de acesso anônimo

Clique no botão Authentication na seção Access Control da guia Access (Figura 13-7) para exibir a caixa de diálogo Authentication Methods (Figura 13-8). A partir desta caixa de diálogo, clique no botão Anonymous para exibir a caixa de diálogo Anonymous Account, que você usa para especificar a conta Windows 2000 usada para permitir acesso anônimo ao *site* de news (veja a Figura 13-9). No Capítulo 4, *Como administrar segurança*, você obtém mais informações referentes à configuração de uma conta Anonymous Access e habilitação e desabilitação de sincronização automática de senha entre esta página de propriedades e o User Manager.

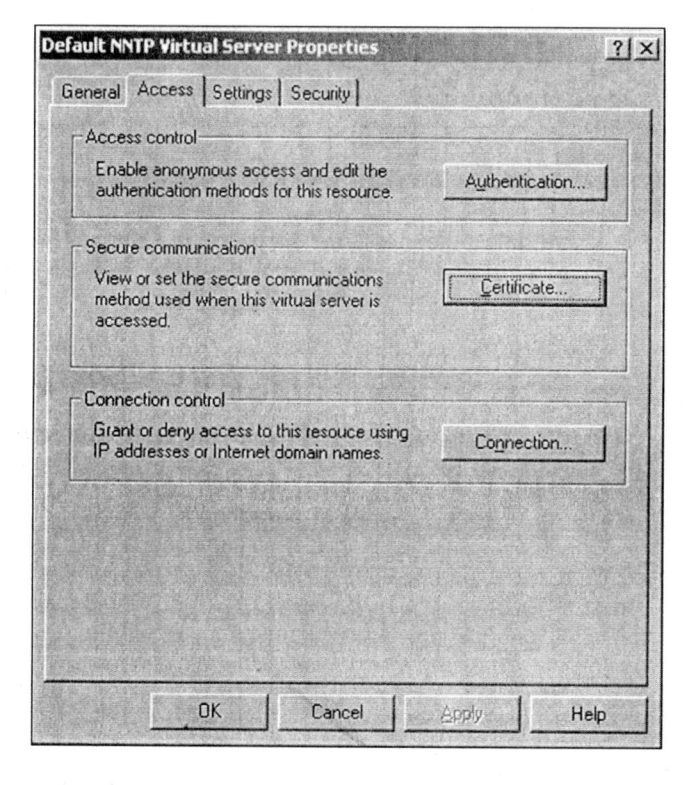

Figura 13-7 Configuração de acesso ao NNTP Virtual Server

Comunicação protegida

Clique no botão Certificate na seção Secure Communication da guia Access (veja a Figura 13-7) para iniciar o Web Server Certificate Wizard. No Capítulo 11, você encontra informações sobre a criação de solicitações de certificações para seu servidor da Web e sobre a instalação de certificações.

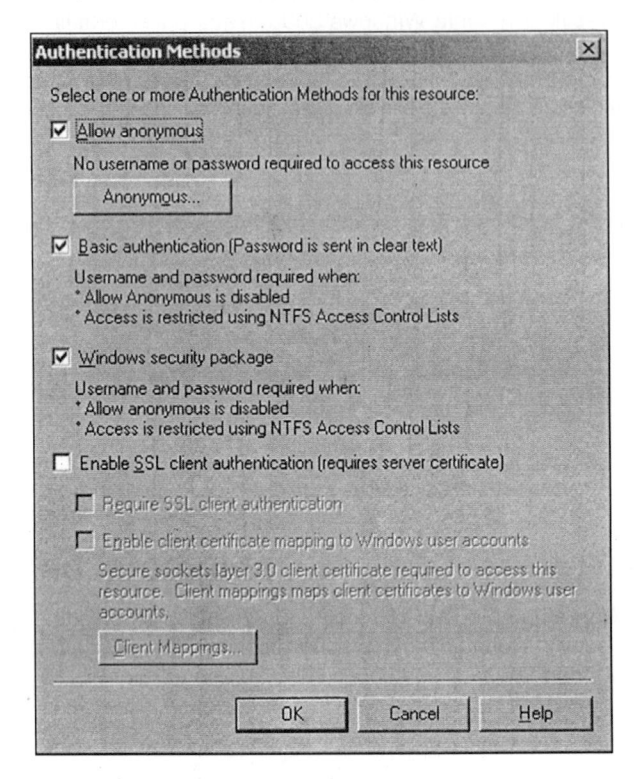

Figura 13-8 Configuração de autenticação para o NNTP Virtual Server

Restrições a endereço IP e a nome de domínio

Use a opção IP Address and Domain Name Restrictions para conceder ou rejeitar acesso ao seu *site* padrão NNTP por endereço IP ou por nome de domínio (veja a Figura 13-10). Veja o Capítulo 3 para mais informações sobre como conseguir isto.

Como configurar restrições de postagem NNTP

Limpar a caixa de verificação Allow Client Posting na guia Settings (veja a Figura 13-11) evita postagem de usuários ao NNTP Virtual Server. Limit Post Size especifica o tamanho máximo de qualquer postagem individual enviada ao servidor de news (o limite-padrão é de 1.000KB, ou 1MB, por mensagem postada). Limit Connection Size especifica a quantidade máxima de postagens que um cliente pode fazer durante uma única conexão (o limite-padrão é 20MB por conexão).

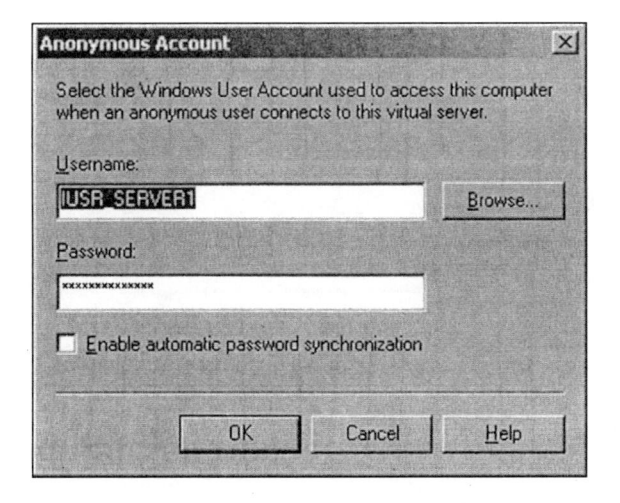

Figura 13-9 Especificação de conta Anonymous Access

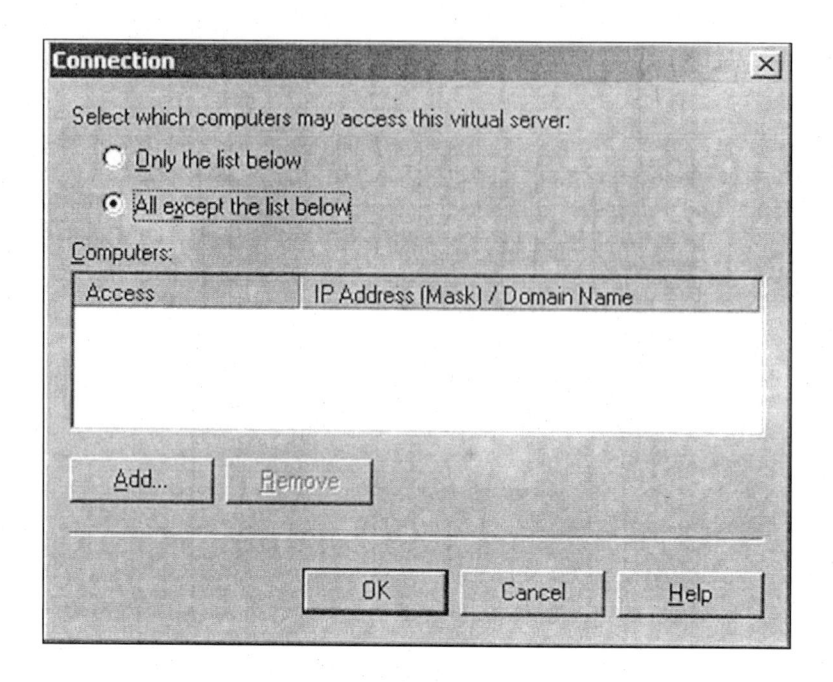

Figura 13-10 *Especificação de restrições*
a endereço IP e a nome de domínio

Limpar a caixa de verificação Allow Feed Posting (Permitir alimentação de postagens) na guia Settings evita que *newsfeeds* (envio de mensagens por outros servidores de *news*) postem no NNTP Virtual Server. (Veja a Figura 13-11.)

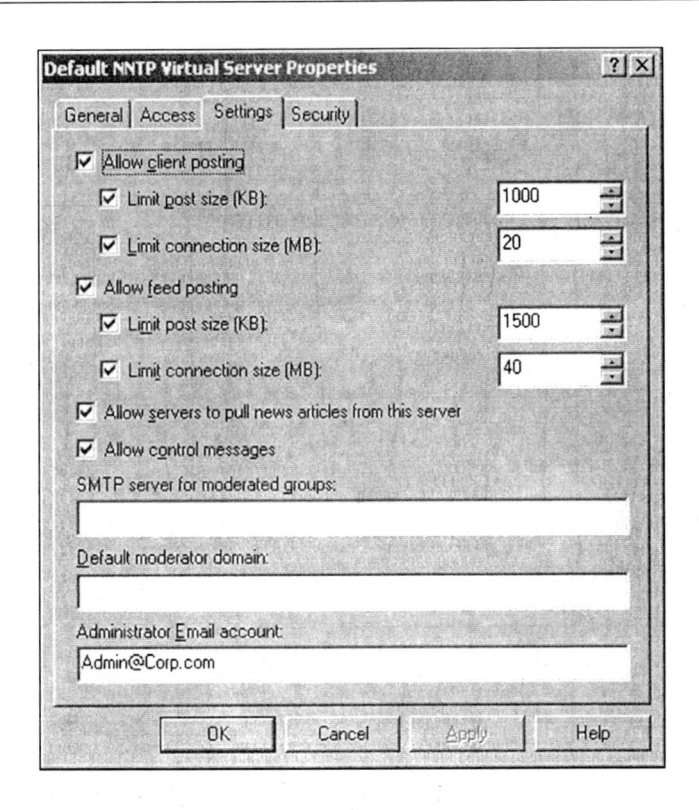

Figura 13-11 A guia Settings na página Default
NNTP Virtual Server Properties

Limit Post Size significa estabelecer o tamanho máximo de qualquer postagem individual enviada ao servidor de news (o limite-padrão é de 1.500KB, ou 1,5MB, por postagem). Limit Connection Size especifica a quantidade máxima de postagem que um cliente pode realizar durante uma única conexão (o limite-padrão é de 40MB por conexão).

Como configurar extração de servidor NNTP e mensagens de controle

Marcar a caixa Allow Server to Pull News Articles From This Server permite que outros servidores extraiam news deste servidor. Marcar Allow Control Messages permite a ambos, clientes e servidores, enviar mensagens de controle ao servidor de news. As mensagens de controle levam o serviço NNTP a realizar ações específicas, tais como:

- Remover um artigo de um *newsgroup*;
- Criar um novo *newsgroup*;
- Apagar um *newsgroup* existente.

Tipicamente, estas mensagens são enviadas por outros servidores de news, mas também podem ser usadas por *hackers* para atacar o servidor de news. Verifique, na documentação *online* do Windows 2000, como proteger seu servidor de news de ataques através do uso de mensagens de controle.

Como configurar *newsgroups* NNTP moderados

Estes *newsgroups* têm os artigos previamente encaminhados a um moderador de *newsgroup*, que pode aprová-los (e encaminhá-los) ou rejeitá-los (e descartá-los). Habilitar *newsgroups* com moderador requer um servidor SMTP para enviar artigos enviados diretamente ao moderador do grupo. O servidor SMTP para grupos com moderadores precisa ser especificado nesta página de propriedades (Figura 13-11), usando seu nome DNS; ou seja, `mail.mtit.com`.

O domínio *default* do mediador (também chamado de "moderador") endereço eletrônico ao qual são enviadas as mensagens postadas a *newsgroup* com moderador, caso o mesmo não possua um moderador específico. Por exemplo, se o nome do *newsgroup* é

`alt.talk.canola.moderated`

e o domínio default do moderador for especificado como

`canolacorp.com`

então, as mensagens enviadas serão encaminhadas para o seguinte endereço eletrônico:

`alt.talk.canola.moderated@canolacorp.com`

Se, por qualquer motivo, uma mensagem não puder ser entregue ao moderador do *newsgroup*, será enviado um NDR — Non-Delivery Report ao administrador do Default NNTP Virtual Server, como especificado pelo campo de conta Administrator Email.

Capítulo 13 - Como administrar o serviço NNTP

Como configurar operadores de servidor virtual NNTP

Conceda ou revogue privilégios de operador para administração do Default NNTP site na seção News Site Operators na guia Security (veja a Figura 13-12). Por padrão, qualquer participante do grupo Administrators no servidor IIS tem concessão de *status* de operador para NNTP.

Como configurar *newsgroups* NNTP

Selecione o nó Newsgroups sob o nó NNTP Virtual Server no MMC. Isto exibirá o *newsgroup* existente no momento para o NNTP Virtual Server no painel à direita do MMC (veja a Figura 13-13). Para editar um *newsgroup* existente, selecione o grupo no painel à direita e depois selecione Action, Properties na barra reforçada. A criação de um novo *newsgroup* é demonstrada na seção a seguir.

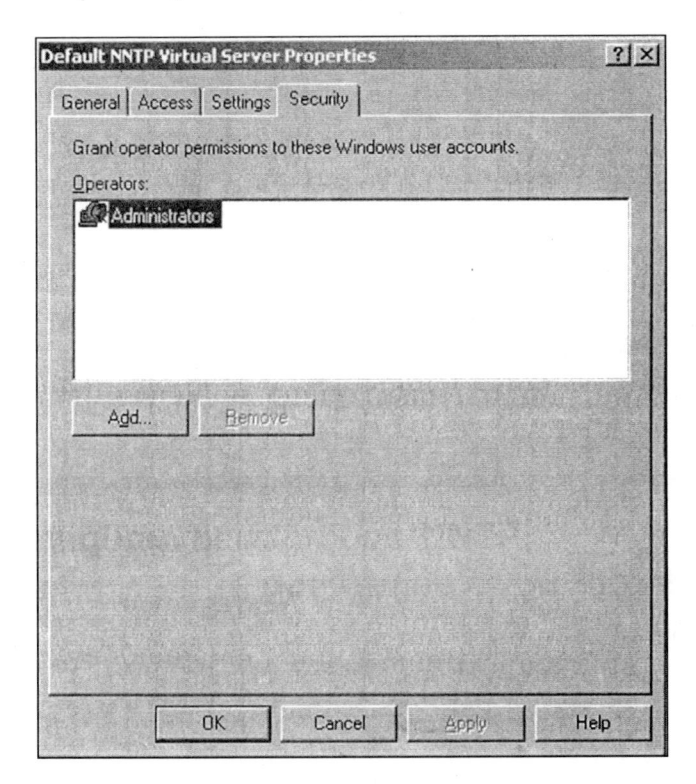

Figura 13-12 *Especificação da conta administrativa do NNTP Virtual Server*

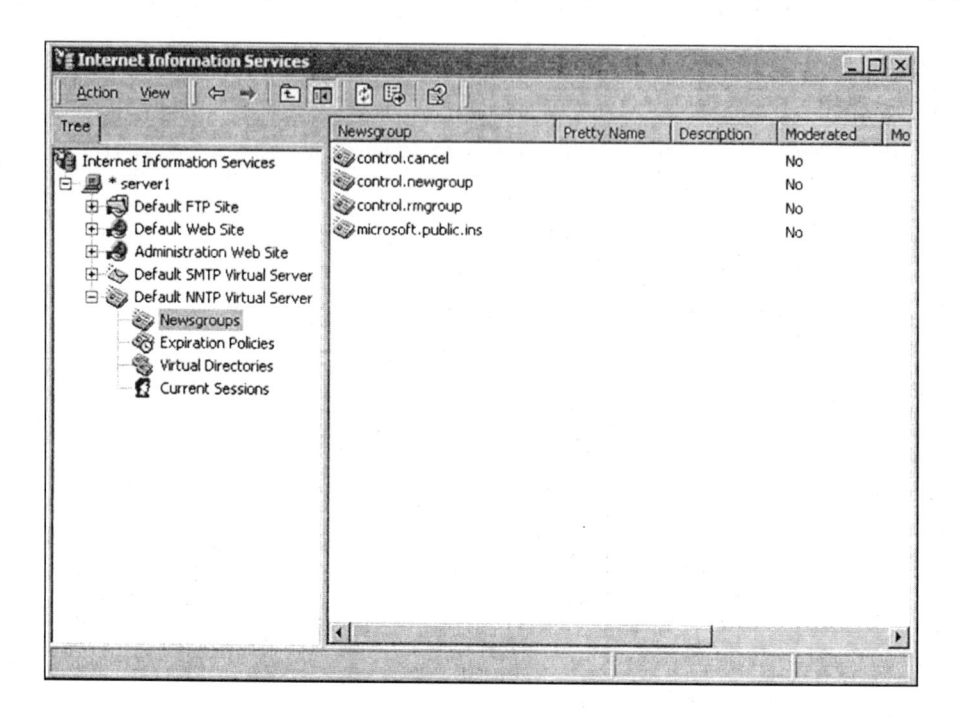

Figura 13-13 Listagem de newsgroups *existentes no Internet Services Manager*

Guia: Como criar e administrar um *newsgroup*

O guia a seguir o levará através da criação, teste e administração de um *newsgroup*. Modifique os ajustes conforme for necessário à configuração específica de inicialização do seu IIS.

Criação de um novo *newsgroup*

Clique com o botão direito do mouse no nó Newsgroup sob o nó NNTP Virtual Server no MMC e selecione New, Newsgroups, para abrir o New Newsgroups Wizard (veja a Figura 13-14).

Capítulo 13 - Como administrar o serviço NNTP

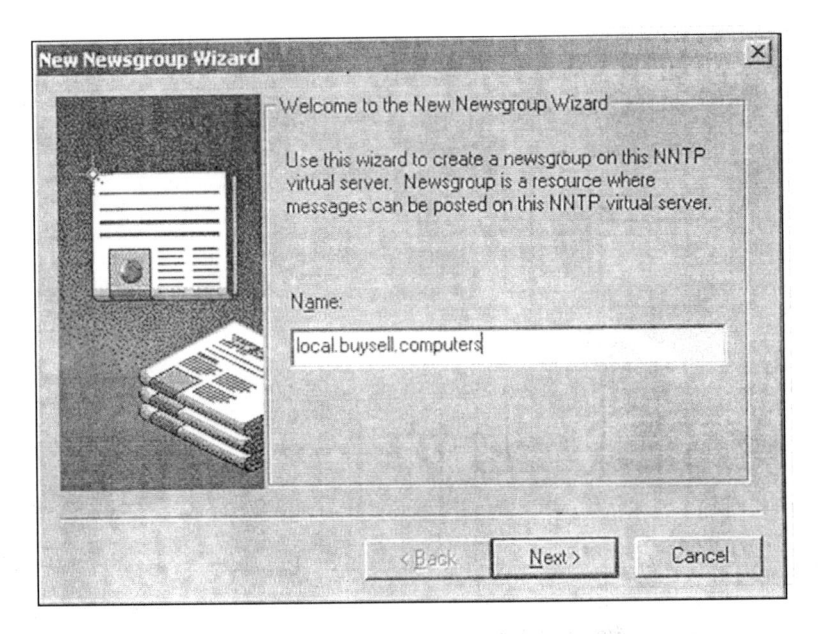

Figura 13-14 Especificação de um nome para um newsgroup no New Newsgroup Wizard

Especifique um nome para seu novo *newsgroup*. O nome que escolhemos é:

`local.buysell.computers`

Este será um grupo de news em um servidor de news da intranet local.

Clique em Next para especificar uma descrição para o *newsgroup* e um nome agradável para exibir (veja a Figura 13-15). Clique em Finish para fechar o assistente.

Observe que o novo *newsgroup* agora está relacionado no painel à direita do MMC, sob o nó Newsgroup do Default NNTP Virtual Server.

O serviço NNTP acabou de criar a seguinte estrutura de diretório para armazenar mensagens encaminhadas ao novo *newsgroup* (veja a Figura 13-16):

- `C:\InetPub\nntpfile\root\local\`
- `C:\InetPub\nntpfile\root\local\buysell\`
- `C:\InetPub\nntpfile\root\local\buysell\computers\`

A Figura 13-16 nos mostra que ainda não há conteúdo no *newsgroup*. Nosso próximo trabalho será enviar uma mensagem ao grupo.

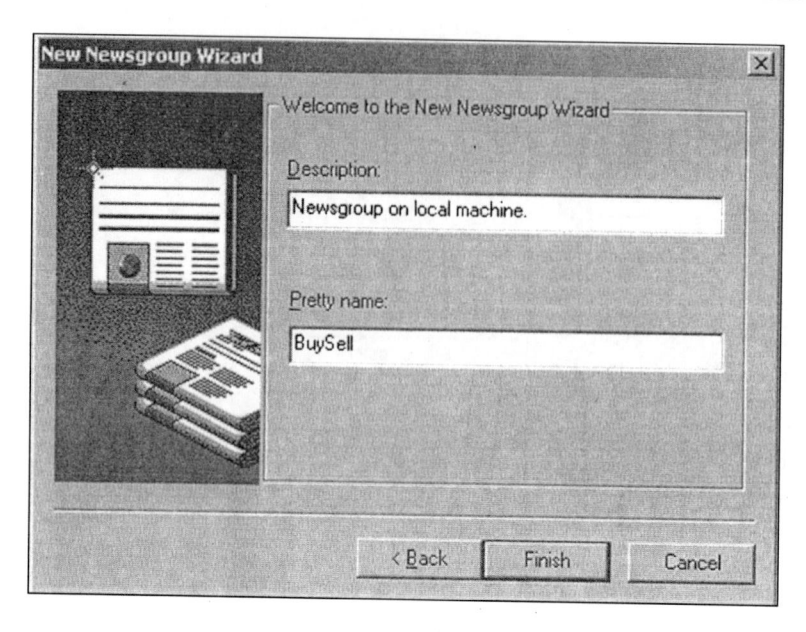

Figura 13-15 Acréscimo de uma descrição
e de um nome ao newsgroup

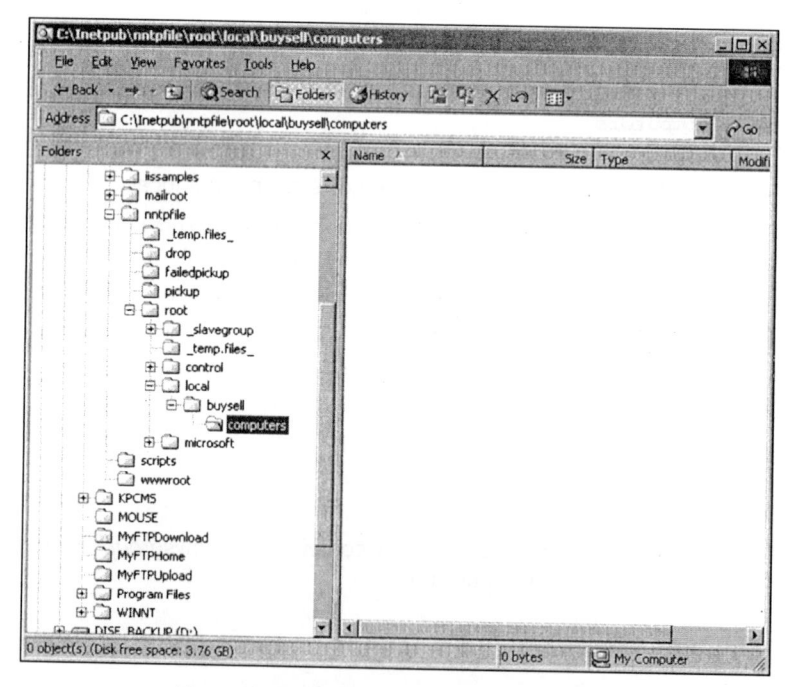

Figura 13-16 Estrutura de diretório local após
a criação de um newsgroup

Capítulo 13 - Como administrar o serviço NNTP   **409**

Postagem para um *newsgroup*, usando o Outlook Express

O Outlook Express é o cliente Internet de correio e news que vem com o Internet Explorer 5.0. Vamos supor que o Outlook Express já esteja configurado para correio SMTP/POP3 e precise apenas ser configurado para acessar *newsgroups*.

Abra o Outlook Express na máquina local (o servidor de news), clicando duas vezes em seu ícone, no *desktop*. Selecione Tools, Accounts da barra de menu para abrir a caixa de diálogo Internet Accounts.

Selecione Add, News para abrir o Internet Connection Wizard (veja a Figura 13-17). Este assistente nos conduzirá através das etapas para configurar nosso cliente de news, para conectar ao *site* NNTP default em nosso servidor local de news.

Comece, fornecendo seu nome (usamos Charlie Smith).

Clique em Next e dê seu endereço de e-mail (usamos `charlie@mtit.com`). Clique em Next. A tela a seguir é chamada de Internet News Server Name. Entre com o nome de seu servidor de news na caixa de texto (entramos com `server1`). Clique em Finish para terminar a configuração da Outlook Express para conectar com seu servidor de news.

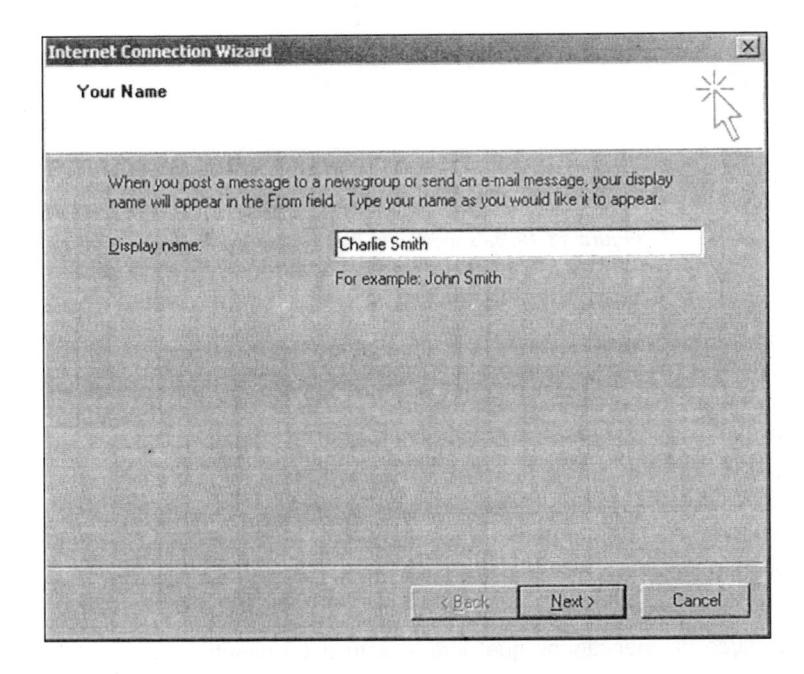

Figura 13-17 O Internet Connection Wizard

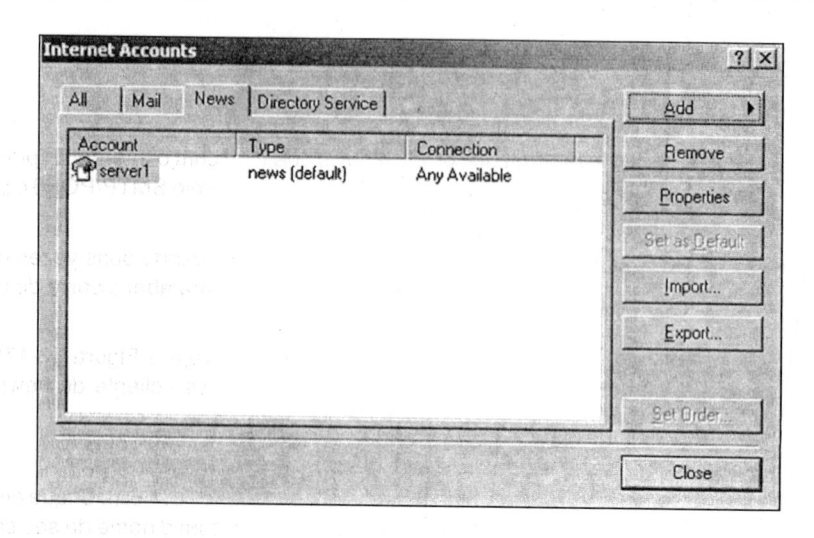

Figura 13-18 Descrição exigida

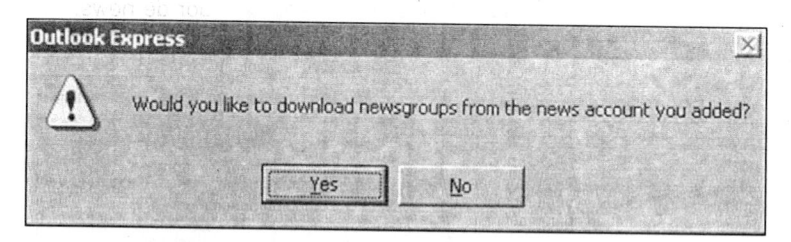

Figura 13-19 Baixando uma lista de newsgroups para o seu leitor de news

A Figura 13-18 exibe a guia News na caixa de diálogo Internet Accounts, mostrando que a nova conta de servidor de news foi criada. Para modificar ajustes da conta de servidor de news, selecione server1 e clique em Properties, para abrir a página Properties de server1. Acessar as quatro guias nesta página, permite que modifiquemos ajustes selecionados através do assistente e também ajustes adicionais na guia Advanced, tais como:

- Exigência de SSL para login no servidor de news;
- Modificação do número de porta SSL para combinar com aquela do servidor;
- Configuração de tempos-limite do servidor;
- Uso de descrições do *newsgroup*;
- Separação de mensagens que ultrapassam determinado tamanho.

Capítulo 13 - Como administrar o serviço NNTP **411**

Feche a caixa de diálogo Internet Accounts. Agora você é solicitado a baixar uma lista de *newsgroups* do servidor de news (veja a Figura 13-19). Clique em Yes e aparecerá uma mensagem, indicando que uma lista de *newsgroups* do server1 está sendo baixada.

Agora surgirá uma caixa de diálogo chamada Newsgroup Subscriptions (Assinaturas do *newsgroups*), relacionando todos os *newsgroups* no server1 que podem ser baixados (veja a Figura 13-20). Clique duas vezes no grupo

`local.buysell.computers`

para assinar o grupo de news.

Note que outros grupos já estão lá. O grupo

`microsoft.public.ins`

contém uma mensagem de boas-vindas. Os outros grupos são grupos de controle, que lidam com controle de mensagens enviadas ao servidor por outros servidores de news.

Selecione o grupo recém-criado e clique em Go To, para abrir o grupo no Outlook Express. Envie uma mensagem de teste ao seu novo *newsgroup* e depois abra para ler no Outlook Express (veja a Figura 13-21). Continue a fazer algumas postagens adicionais, respondendo a mensagens postadas existentes ou iniciando novas correntes de artigos.

Abra o Windows Explorer e veja a pasta contendo as mensagens encaminhadas para o novo *newsgroup* (veja a Figura 13-22). Esta pasta está localizada em

`C:\InetPub\nntpfile\root\local\buysell\computers\`

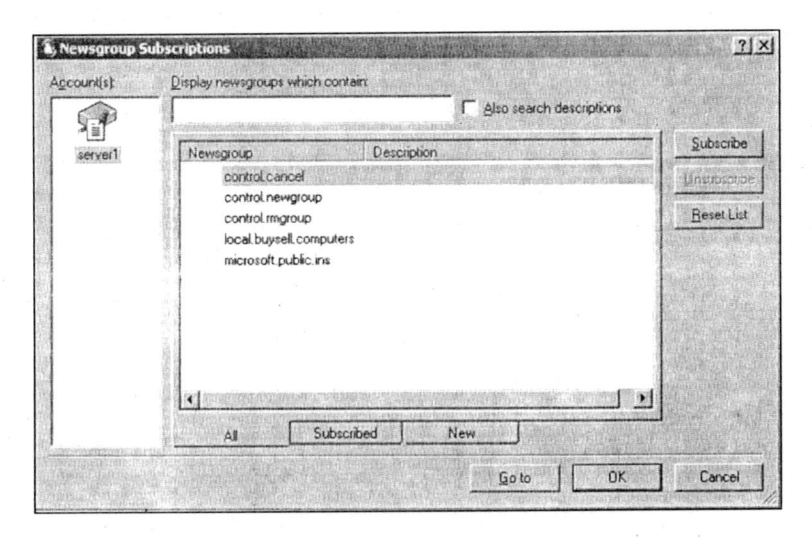

Figura 13-20 Lista de newsgroups *disponíveis no servidor de news*

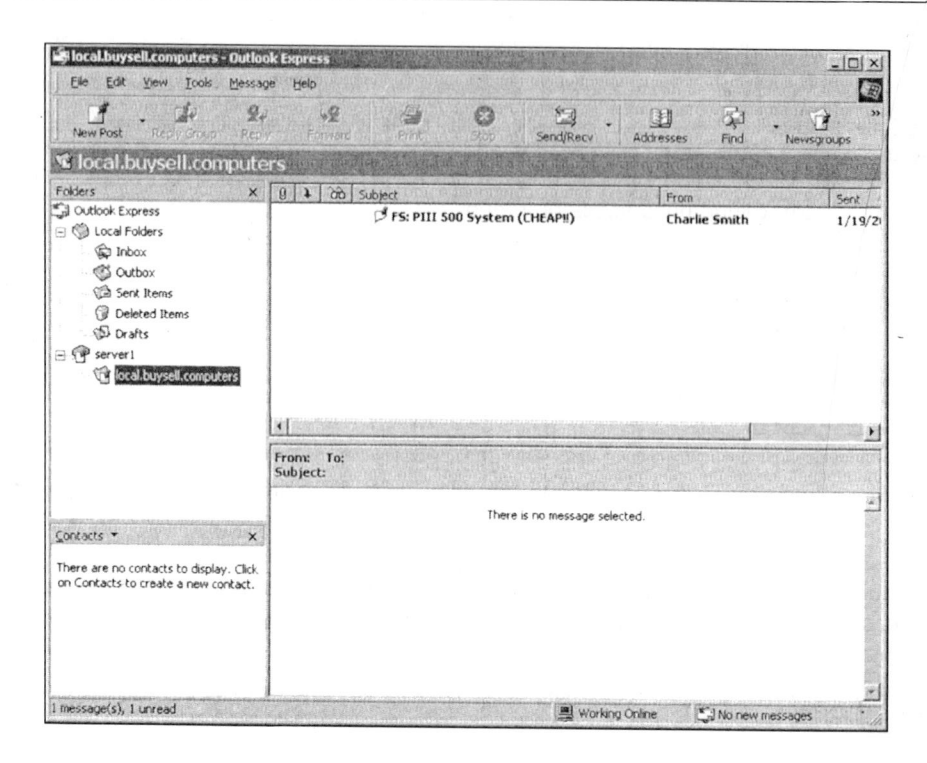

Figura 13-21 Leitura de uma mensagem postada
no Outlook Express

Observe os arquivos de news nesta pasta: 1000000.nws é uma mensagem individual encaminhada ao servidor de news.

Estes arquivos .nws são arquivos de texto ASCII simples, que podem ser abertos e examinados usando o Notepad (veja a Figura 13-23 para um exemplo). Os arquivos .nws consistem de um grupo de cabeçalhos seguidos pelo corpo da mensagem.

Como ajustar uma política de expiração de *newsgroup*

A seguir configuraremos uma política de vencimento para o *newsgroup* recém-criado. Retorne ao Microsoft Management Console, expanda o nó Default NNTP Virtual Server no painel de escopo e selecione o ícone Expiration Policies no painel de escopo. Clique com o botão direito do mouse no nó Expiration Policies e selecione New, Expiration Policy. Isto iniciará o New Expiration Policy Wizard (Figura 13-24).

Entre com uma descrição para a nova política de vencimento.

Capítulo 13 - Como administrar o serviço NNTP

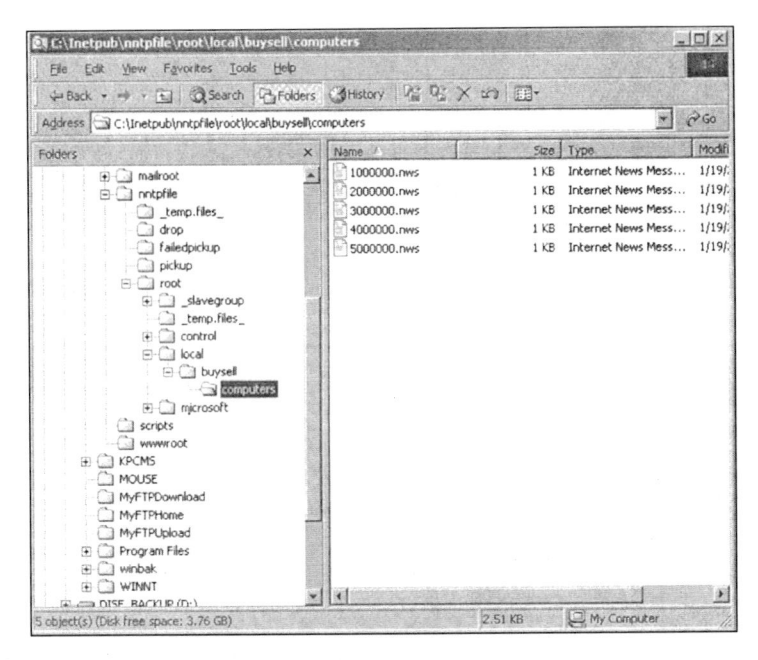

Figura 13-22 *Arquivos de news criados no diretório de conteúdo para local.buysell.computers*

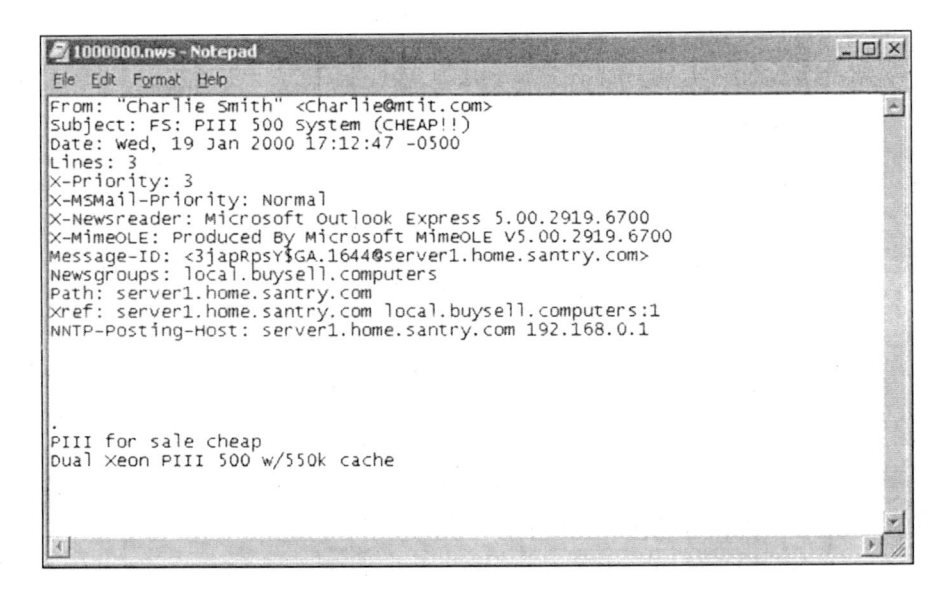

Figura 13-23 *Interior de um arquivo .nws de postagem a newsgroup*

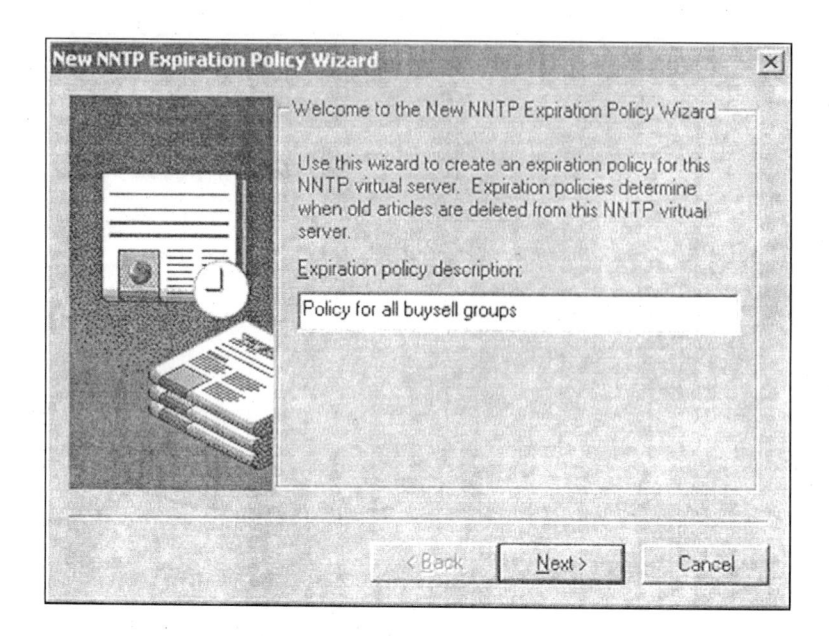

Figura 13-24 O New NNTP Expiration Policy Wizard

Clique em Next e selecione a opção Only Selected Newsgroups in this Virtual Server (veja a Figura 13-25).

Clique em Next e depois no botão Add (veja a Figura 13-26) para especificar os nomes dos *newsgroups* que serão afetados.

Clique em Next e configure quando os artigos devem ser apagados (veja a Figura 13-27). Entre com um prazo após o qual determinados artigos serão retirados do armazenamento do servidor de news.

O resultado da criação desta política de vencimento é mostrado no painel de resultados do MMC (veja a Figura 13-28). Se precisarmos editar as propriedades da política de vencimento que criamos, basta clicar duas vezes no nó Policy for all buysell groups no painel de resultados, e a página Properties de Policy for all buysell groups aparecerá (veja a Figura 13-29). Use esta página de propriedades para refazer os ajustes fornecidos durante a execução do assistente.

Como mapear um diretório base de *newsgroup* para um diretório virtual

Finalmente, concluiremos, criando um novo *newsgroup* e mapeando seu diretório pessoal ao caminho local

`D:\talkstuff`

Capítulo 13 - Como administrar o serviço NNTP

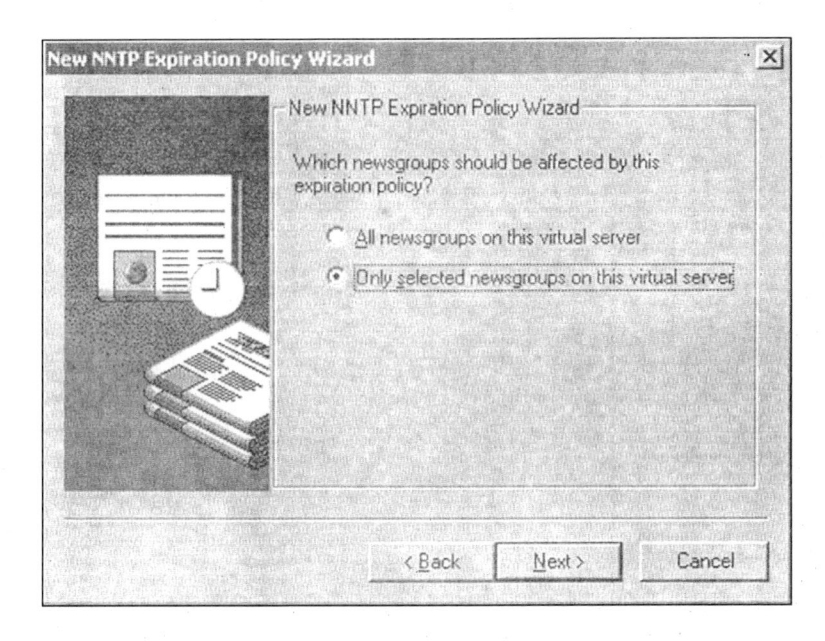

Figura 13-25 *Seleção dos Newsgroups no NNTP Virtual Server*

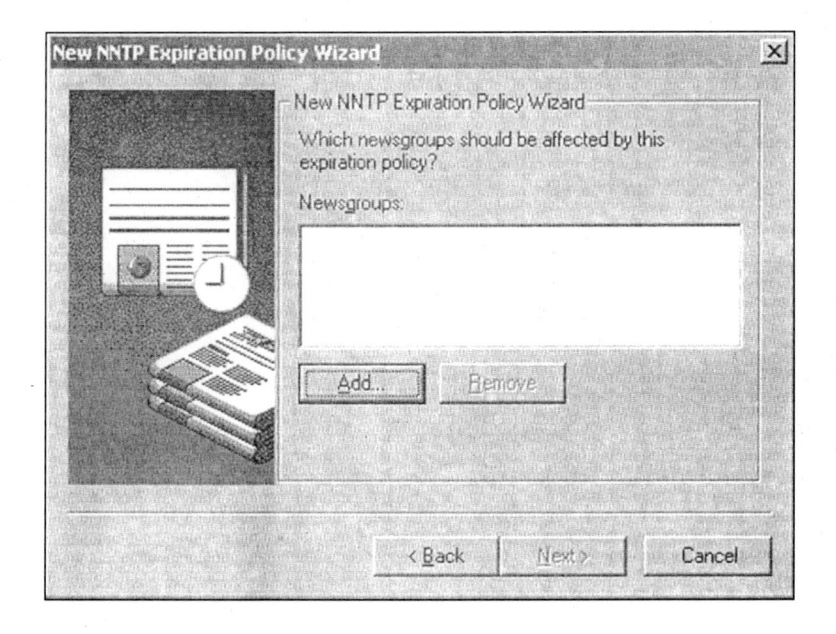

Figura 13-26 *Especificação dos newsgroups que serão afetados pela política de expiração*

Comece, criando um novo *newsgroup* chamado

`local.talk.restaurants`

Clique com o botão direito do mouse no nó Virtual Directories, sob o nó Default NNTP Virtual Server no painel de escopo do MMC e selecione New, Virtual Directory para abrir o New NNTP Virtual Directory Wizard (veja a Figura 13-30).

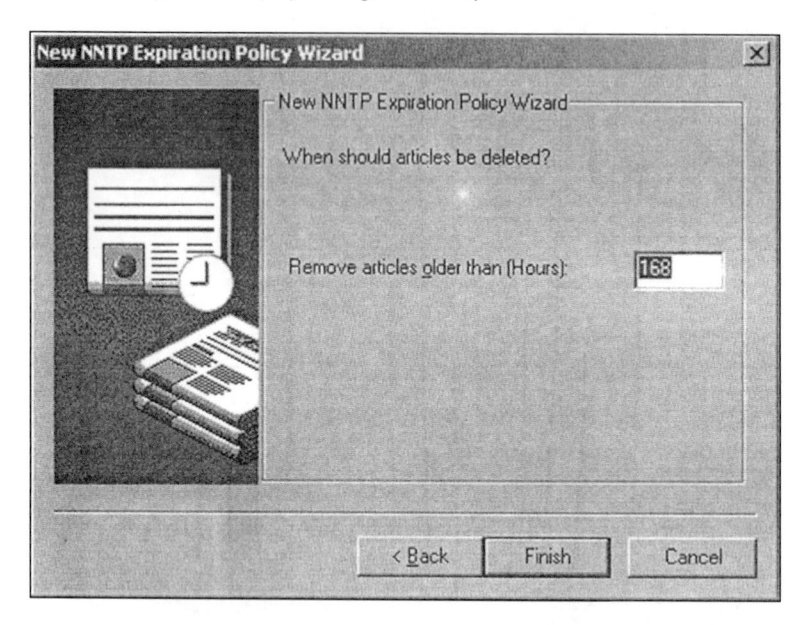

Figura 13-27 Configuração de tempo de remoção para um newsgroup

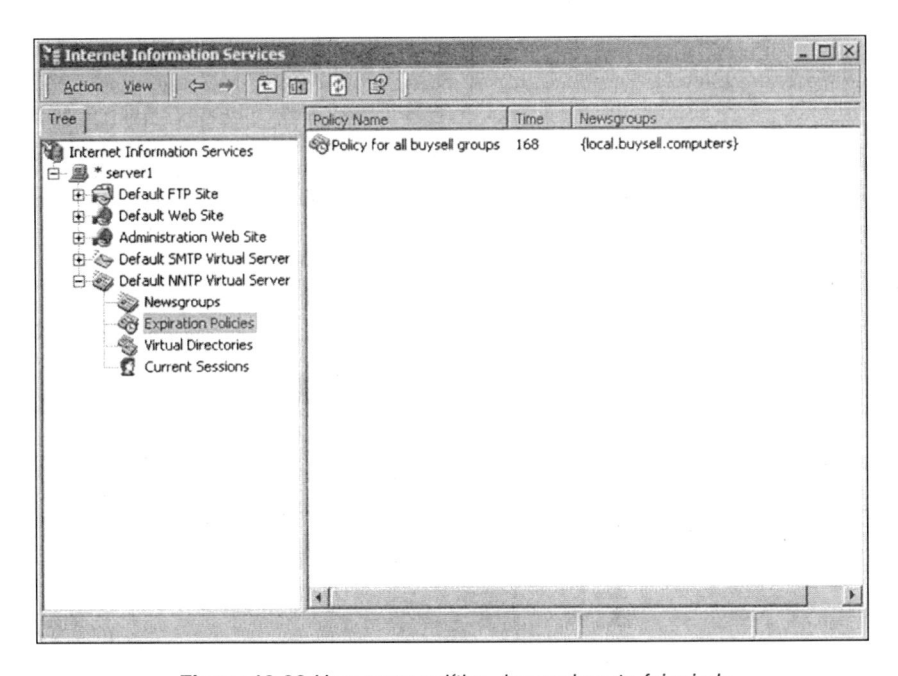

Capítulo 13 - Como administrar o serviço NNTP   **417**

Figura 13-28 Uma nova política de vencimento foi criada

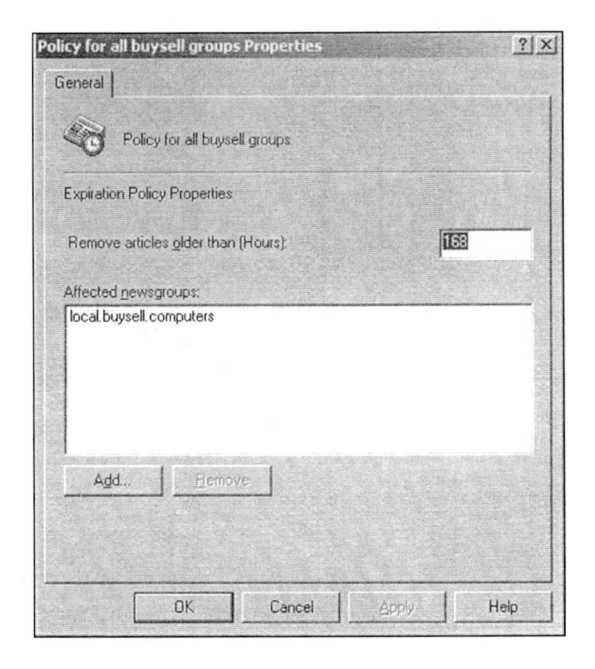

Figura 13-29 Visualização das propriedades
de uma política de vencimento

Entre com `local.talk.restaurants` no campo de texto.

Clique em Next e selecione a opção do File System para especificar que você deseja que o diretório fique na máquina local. Clique em Next. Entre com o caminho físico para a pasta onde o conteúdo do *newsgroup* será armazenado (veja a Figura 13-31). Se este diretório fosse um diretório virtual remoto (ao invés de um diretório local), você deveria fornecer aqui o caminho UNC para a pasta. Depois, na tela seguinte, você deveria pedir para especificar uma conta de usuário Windows 2000 que pudesse ser usada para conceder acesso ao conteúdo do *newsgroup*. Como estamos criando um diretório virtual local, não é necessária uma conta de usuário.

Clique em Finish para criar o novo diretório virtual.

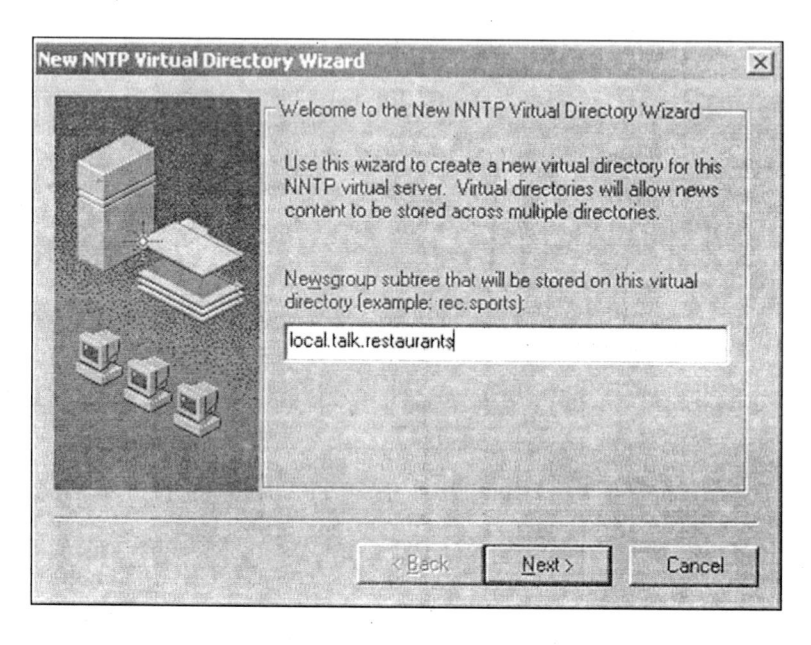

Figura 13-30 *Criação de um novo diretório virtual para conter o* newsgroup

Capítulo 13 - Como administrar o serviço NNTP

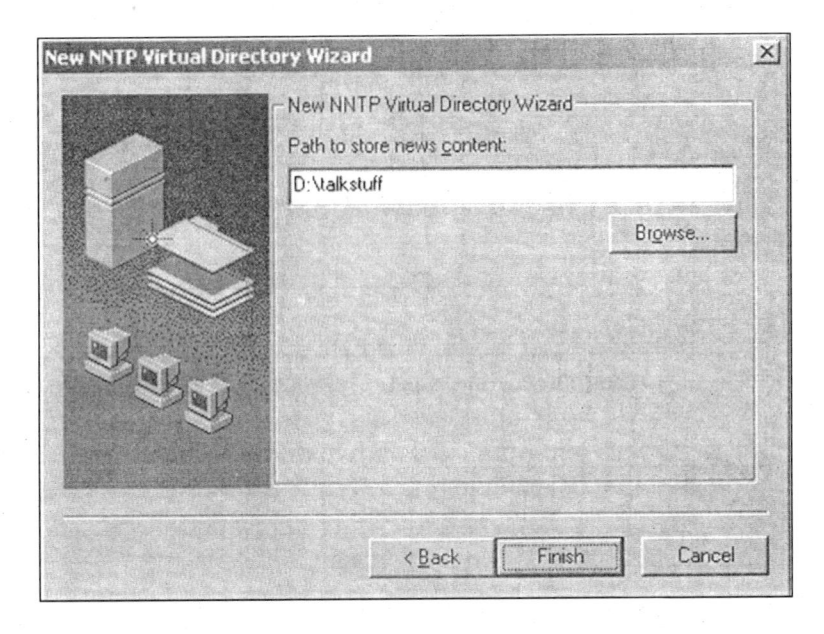

Figura 13-31 Especificação do caminho físico
a ser mapeado para o diretório virtual

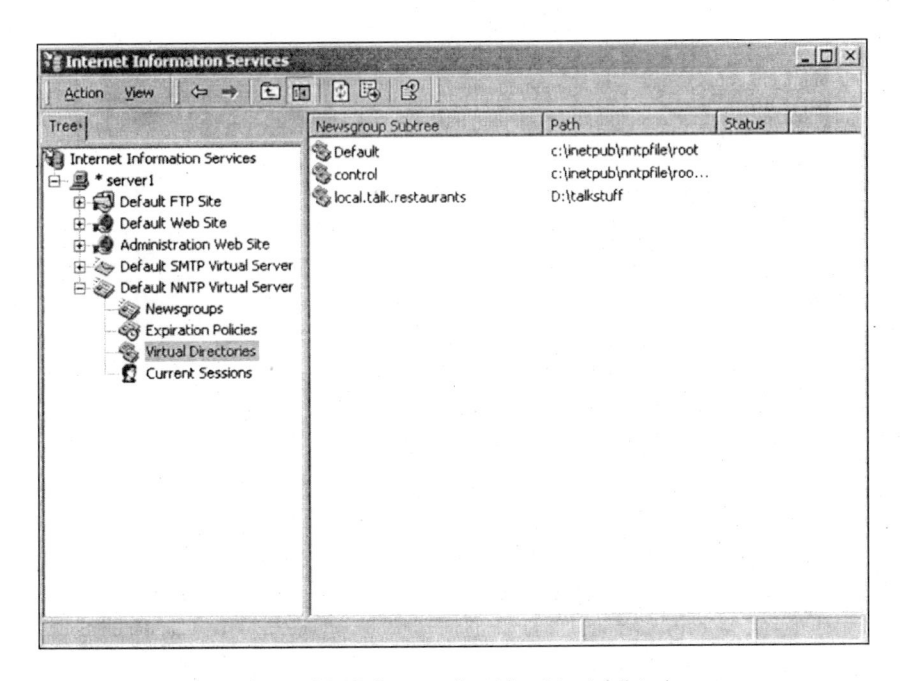

Figura 13-32 O novo diretório virtual é listado
no painel de resultados

Selecione o nó Directories sob o nó Default NNTP *site* no painel de escopo do MMC e você poderá ver o novo diretório virtual no painel de resultados (veja a Figura 13-32). Para fazer alterações nos ajustes do diretório virtual, simplesmente clique duas vezes no nó local.talk no painel de resultados e a página Local.talk Properties aparecerá (veja a Figura 13-33).

Como configurar as propriedades do diretório virtual

Clique duas vezes no Virtual Directory que você criou, para permitir que você modifique as propriedades de seu *newsgroup* (veja a Figura 13-33). Se você clicar duas vezes na subárvore Default Newsgroup, a caixa de diálogo Properties será exibida para aquele *newsgroup*. Clique no botão Contents para ver a localização do diretório virtual selecionado. O Default Newsgroup exibirá o seguinte caminho:

C:\InetPub\nntpfile\root\

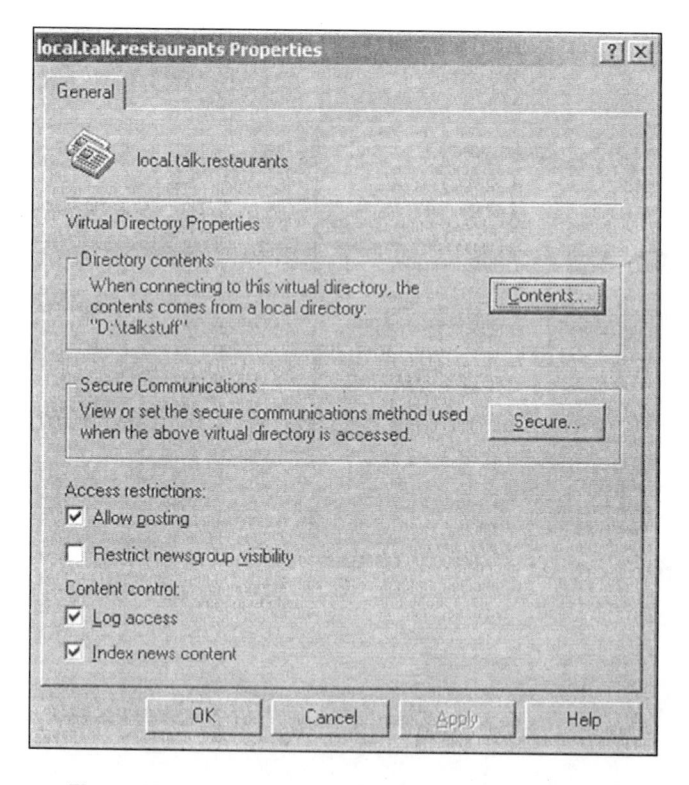

Figura 13-33 Edição das propriedades do diretório virtual

Capítulo 13 - Como administrar o serviço NNTP   **421**

Se um diretório remoto for selecionado, ele precisa ser especificado como um caminho UNC válido. Credenciais de usuário também precisam ser especificadas para conceder acesso ao diretório partilhado. Clique em OK para aceitar quaisquer mudanças e feche esta caixa de diálogo.

Clique no botão Secure para configurar as opções de criptografia para este *newsgroup*. Clique em OK para aceitar quaisquer mudanças e feche esta caixa de diálogo.

Ao fundo da caixa de diálogo Properties (veja a Figura 13-33), você verá opções para restrições de acesso para o *newsgroup* selecionado.

Com relação ao diretório NNTP base, as seguintes restrições de acesso podem ser especificadas:

- Allow Posting — permite aos clientes fazerem postagens a *newsgroups* armazenados neste diretório;
- Restrict Newsgroup Visibility — somente usuários que tenham permissões de acesso poderão ver *newsgroups* localizados neste diretório. Isto significa que:

Se Restrict Newsgroup Visibility estiver *marcada*, mas o cliente não tiver permissões de acesso aos *newsgroups*, o cliente *não* será capaz de recuperar a lista de *newsgroups* deste servidor;

Se Restrict Newsgroup Visibility estiver *desmarcada*, e o cliente não tiver permissões de acesso aos *newsgroups*, o cliente *será* capaz de recuperar a lista de *newsgroups* deste servidor, mas *não* será capaz de obter quaisquer listas de artigos dos *newsgroups* ou ler quaisquer dos artigos.

Nota:

Se a opção Restrict Newsgroup Visibility estiver marcada, uma queda de desempenho ocorrerá no servidor de news. Esta opção não deve ser marcada, se acesso anônimo estiver permitido ao seu servidor de news.

Além disso, os seguintes ajustes, de controle de conteúdo, podem ser configurados para este diretório:

- Log Access — capacita o serviço NNTP a registrar o acesso de clientes individuais aos *newsgroups*. É preciso selecionar primeiro Enable Logging na aba News Site;
- Index News Content — capacita propriedades e conteúdo de mensagens serem indexadas por Index Server para busca total de textos de artigos de *newsgroup*.

Como monitorar e otimizar desempenho de serviço NNTP

O desempenho do serviço NNTP em IIS 5.0 pode ser monitorado com as seguintes ferramentas:

- Visualizador de evento — o serviço NNTP registra eventos significativos no Windows 2000 System Log. Procure os eventos com uma origem de NNTPSVC;
- Logs do IIS — exibem os logs do IIS em um editor de texto, ou os importa para o Site Server, para gerar relatórios de uso do *site* NNTP.
- Monitor de desempenho — o serviço NNTP inclui os objetos de monitor de desempenho *NNTP Server* e *NNTP Commands* com uma quantidade de indicadores que podem ser monitorados para estes objetos.

Você deve monitorar os indicadores padrão para detectar gargalos de memória, processador, disco e rede, além dos indicadores NNTP específicos. Em especial, você deve configurar um alerta de monitor de desempenho para pouco espaço de disco no volume onde está localizado o diretório nntpfile.

Alguns dos indicadores de desempenho NNTP mais importantes a verificar são:

NNTP Server: Bytes Total/sec — a taxa total de bytes transferidos pelo serviço NNTP;

NNTP Server: Current Connections— o número de conexões ao servidor NNTP;

NNTP Commands: Logon Failures/sec — o número de logins por segundo que falharam. Se o seu servidor estiver conectado à Internet, um valor alto neste contador pode indicar uma possível tentativa de invasão ao seu sistema;

NNTP Server: Maximum Connections — o número máximo de conexões simultâneas ao servidor NNTP. Este contador deve ser *muito menor* do que o ajuste Limited To na guia News Site da página Default NNTP Site Properties.

O serviço NNTP pode exigir a ação de manutenção de *remontar o serviço NNTP*, nas seguintes circunstâncias:

- Uma falha de disco, levando à perda de uma parte de arquivos novos;
- Você apaga manualmente partes dos novos arquivos, para liberar recursos;
- O acesso a mensagens em *newsgroups* torna-se errático;
- É escrita uma mensagem de erro no System Log, indicando que você deve remontar o serviço NNTP.

A remontagem do serviço NNTP reconstrói os arquivos de índice e resíduos, e pode ser obtida com as seguintes etapas: pare o Default NNTP Virtual Server usando o MMC. Depois, clique com o botão direito do mouse no nó Default NNTP Virtual Server e selecione Task, Rebuild

Capítulo 13 - Como administrar o serviço NNTP   **423**

Server a partir do menu de atalho, para abrir a caixa de diálogo Rebuild NNTP Virtual Server (Figura 13-34). Selecione o modo de remontar:

- Modo padrão — remonta apenas group.1st;
- Modo médio — remonta arquivos com erros;
- Modo completo — remonta todos os arquivos, inclusive os arquivos .xix.

Quando a remontagem estiver completa, inicie novamente o Default NNTP Site.

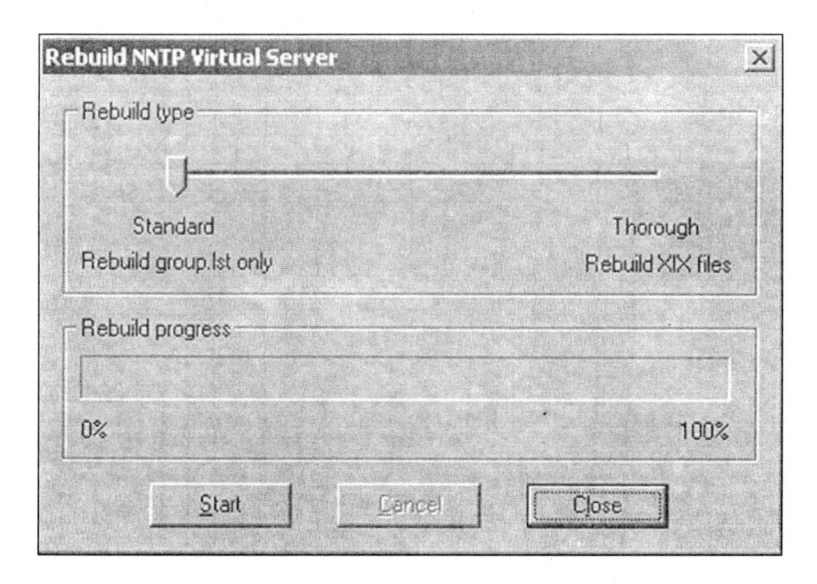

Figura 13-34 O Rebuild NNTP Virtual Server

Resumo

O Microsoft NNTP Service pode ser administrado e configurado, usando o Internet Services Manager, o Microsoft Terminal Services e o Windows Scripting Host. Assistentes simples guiam os administradores através do processo de criação e gerenciamento de *newsgroups*, políticas de vencimento e diretórios virtuais para armazenar conteúdo de newsgroup.

Para mais informações

Para mais informações sobre administração do serviço NNTP, verifique os seguintes recursos.

Microsoft Web Site

Procure, no Microsoft Web site, a palavra-chave "NNTP" para descobrir mais informações sobre este serviço.

TechNet

Busque, na base de conhecimento TechNet, artigos referentes ao serviço NNTP.

Capítulo **14**

Como administrar
Active Server Pages

Introdução

Usando ASPs — Active Server Pages, os desenvolvedores podem criar aplicativos dinâmicos para a Web, incorporando componentes HTML, *scripts* e ActiveX. Os DSNs — Data Source Names podem ser configurados no servidor para que as Active Server Pages possam ser exibidas e modificar bancos de dados contidos em tabelas. Os serviços Microsoft COM+ acrescentam funcionalidade de transação às Active Server Pages, permitindo aos desenvolvedores criarem aplicativos transacionais cliente-servidor para a Web, que são confiáveis e escaláveis. Ao término deste capítulo, os administradores serão capazes de:

- Entender o modelo Active Server Pages e compará-lo ao CGI;
- Criar Active Server Pages simples, usando VBScript;
- Criar DSN — Data Source Name no servidor Web para conexão com bancos de dados finais;
- Entender o conceito básico de uma transação;
- Conhecer os recursos dos serviços COM+;
- Explicar como as Active Server Pages integram-se ao COM+.

Este capítulo oferece apenas uma rápida introdução ao desenvolvimento de aplicativos para a Web usando Active Server Pages, bancos de dados e COM+. Um tratamento completo do assunto exigiria um livro específico e seria direcionado mais a desenvolvedores do que a administradores de redes e sistemas.

Como entender Active Server Pages

A maneira corrente e habitual de ampliar a funcionalidade de servidores Web tem sido com o uso do CGI — Common Gateway Interface. O CGI é uma especificação que descreve como um servidor da Web se comunica com aplicativos *gateway*, que são programas executados no servidor que podem receber dados de um *browser*-cliente, processá-los e retorná-los ao cliente. Programas *gateway* podem ser escritos em linguagens de programação de alto nível, como C++, mas, com mais freqüência, são escritos em linguagens *script* interpretadas, como Perl — Practical Extraction and Report Language. A especificação CGI define como dados podem ser passados do *browser*-cliente para o servidor Web usando URL's com declarações de pesquisa, URL's com informações extras de caminho ou o método HTTP POST. Da mesma forma, a especificação CGI define como os dados são passados do servidor ao aplicativo *gateway* através de argumentos de linha de comando, entrada-padrão ou variáveis de ambiente.

O CGI é amplamente implementado na comunidade de servidores Web, principalmente porque Perl é uma linguagem *script* relativamente fácil de aprender. Muitos Webmasters conquistaram suas posições aprendendo a escrever *scripts* em Perl para lidar com formulários HTML, monitorar contagem de visitas, realizar funções de busca simples—, consultas a bancos de dados e assim por diante. No entanto, o CGI sofre de uma deficiência inerente à sua concepção: O programa *gateway* precisa ser iniciado como um processo separado cada vez que ele é referenciado pelo servidor. O resultado é que o CGI tende a ser lento e carregar o servidor em demasia: cada vez que um dispositivo processador de formulário CGI é chamado, o intérprete Perl tem que ser carregado na memória, o *script* Perl recebe os dados através do CGI e os processa, e o intérprete Perl é novamente descarregado.

Um método que soluciona algumas das deficiências do CGI é usar os APIs — Application programming interface customizados de *gateway*, tais como o ISAPI da Microsoft ou o NSAPI da Netscape. Os aplicativos *gateway* escritos com estes APIs tendem a ser muito mais rápidos do que os CGIs que empregam *scripts* Perl, principalmente porque o processamento é feito por executáveis compilados, ou DLLs, escritos em linguagem de programação C++. Entretanto, o lado negativo de usar estes APIs é que eles requerem que o desenvolvedor conheça uma linguagem de programação de alto nível, como C++, e o executável binário não é portável através de diferentes plataformas de servidor, mas precisa ser recompilado para cada servidor Web.

Para superar estes problemas, a Microsoft desenvolveu o modelo Active Server Pages, que incorpora a flexibilidade dos *scripts*, a facilidade de Visual Basic e o poder de componentes de servidor compilados ActiveX para a criação de poderosos aplicativos dinâmicos, baseados na Web.

O que são Active Server Pages?

ASPs —Active Server Pages são uma metodologia para combinar HTML com três elementos adicionais:

- *Scripts* ASP — VBScript, JScript e outros *scripts* executados no servidor;
- Objetos ASP — objetos de programação, com métodos e propriedades, embutidos e/ou instaláveis no servidor;
- Componentes ASP — escritos em qualquer linguagem de programação para expandir a funcionalidade do servidor.

Active Server Pages são arquivos de texto ASCII com extensão .asp e armazenados no servidor da Web em um diretório virtual que precisa ter ambos os acessos habilitados, leitura e *script* (ou executar).

A implementação das Active Server Pages no IIS 5.0 fornece a desenvolvedores ferramentas para:

- Criar conteúdo dinâmico para a Web que responde à entrada do usuário;
- Conectividade com banco de dados para integrar uma *interface* HTML com um servidor de banco de dados relacional compatível com ODBC;
- Criar aplicativos escaláveis para a Web, usando uma arquitetura de programação baseada em componentes;
- Executar, opcionalmente, aplicativos Web em espaço de endereçamento separado, minimizando assim o impacto no servidor se o aplicativo falhar.

Como usar *scripts* Active Server Page

Scripts Active Server Page são escritos em qualquer linguagem de *script* ActiveX e contidos em uma Active Server Page. A implementação IIS 5.0 de Active Server Pages inclui um dispositivo de *script* que suporta, já de fábrica, as seguintes linguagens de *script*:

- VBScript — Visual Basic Script — um subconjunto da linguagem de programação Microsoft Visual Basic. Este é o padrão da linguagem *script* ASP;
- Jscript — Java Script — suportado pela maioria dos *browsers*. JScript não é um subconjunto da linguagem de programação Java, mas uma linguagem de *script* separada.

Além disso, motores de *script* ActiveX podem ser instalados no IIS 5.0 para outras linguagens de *script*, tais como Perl e REXX.

Scripts ASP são executados no servidor, não no cliente. Tipicamente, um *script* ASP será chamado como demonstramos a seguir (Figura 14-1).

- Um *browser*-cliente tenta acessar diretamente uma ASP ou acessa uma página HTML que chama a ASP como um processador de formulário ou evento.

- A ASP é executada no servidor e gera uma página de resposta HTML simples, que é retornada ao cliente.
- O *browser*-cliente exibe a página de resposta HTML retornada do servidor.

As vantagem de executar *scripts* no servidor incluem:
- Aproveitar o poder de processamento do servidor;
- Usar o aplicativo de bibliotecas e DLLs no servidor;

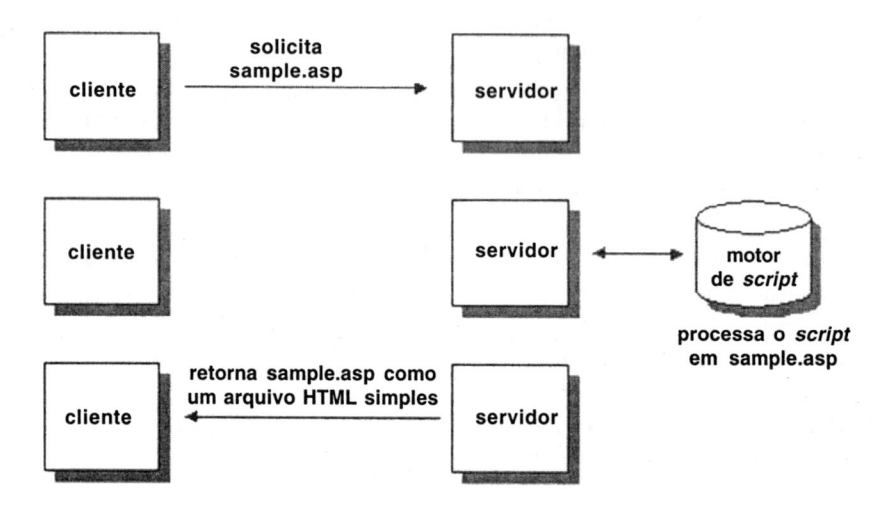

Figura 14-1 Como scripts do lado do servidor são executados nas Active Server Pages

- Retornar ao cliente um arquivo HTML simples, que é aceito da mesma forma por todos os clientes (portanto, não há preocupações quanto à compatibilidade do cliente);
- Centralização do desenvolvimento e gerenciamento de aplicativos;
- A habilidade de dividir um aplicativo em múltiplas camadas (*tiers*) para distribuição do processamento.

Alguns exemplos ilustrarão o poder e a simplicidade da metodologia Active Server Pages. Para os exemplos aqui apresentados, foi criado, no Web *site default*, um diretório virtual chamado aspstuff, para conter as ASPS e os arquivos HTML correspondentes.

Exemplo 1 — Um formulário HTML simples com um processador de formulário ASP

O primeiro exemplo é uma página da Web simples, one.htm, que cria um formulário HTML pedindo ao usuário para enviar seu nome. Quando o usuário clica no botão Submit na página, os dados são passados à Active Server Page `one.asp`, que serve,como um processador de formulário para o formulário HTML. O *script* `one.asp` é executado no servidor, que retorna o arquivo one.asp como uma simples resposta HTML, saudando o usuário.

Este é o código para one.htm:

```
<html>
<head><title>ASP Sample 1</title></head>
<body bgcolor=white>

<h1>ASP Sample 1</h1>
<hr>
Please enter your name and I will greet you!
<form method=post action=one.asp>
<input type=text name="person">
<input type=submit>
</form>

</body>
</html>
```

A Figura 14-2 mostra o cliente acessando a página `one.htm` em seu *browser* e fornecendo seu nome no formulário.

Este é o código para a ASP `one.asp` que age como um processador de formulário para one.htm:

```
<html>
<head><title>ASP Sample 1 Response</title>
</head>
<body bgcolor=white>
<p>Hello

<%
name=request.form("person")
response.write (name)
%>

</p>

<p>
Goodbye <%= name %>
</p>

</body>
</html>
```

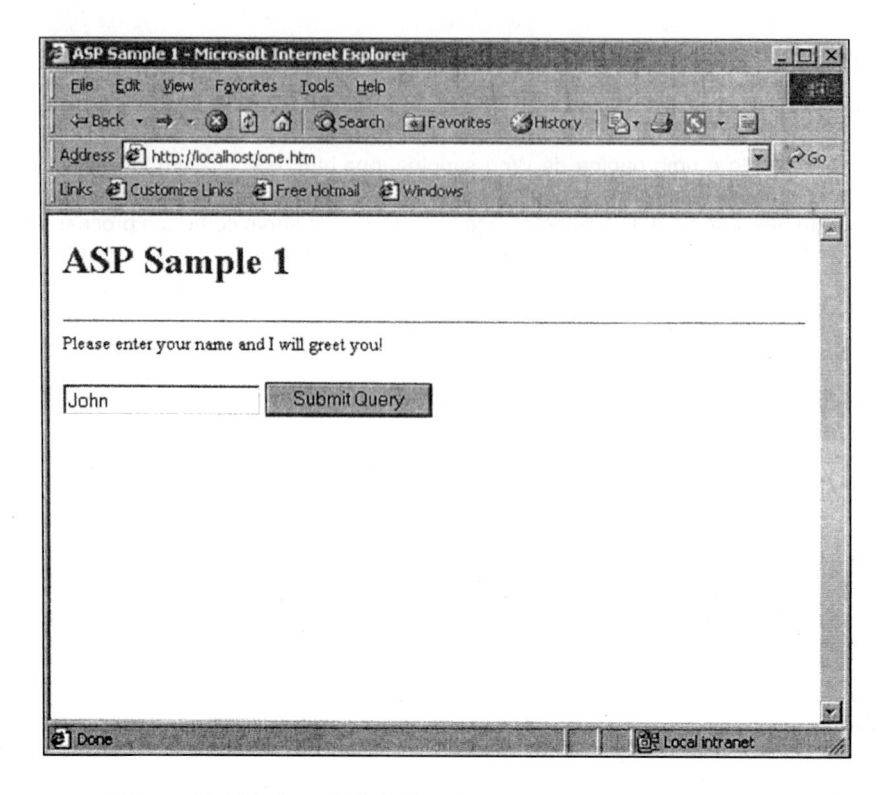

Figura 14-2 Um formulário HTML simples com um processador ASP

A Figura 14-3 mostra a página de resposta retornada ao *browser* do cliente

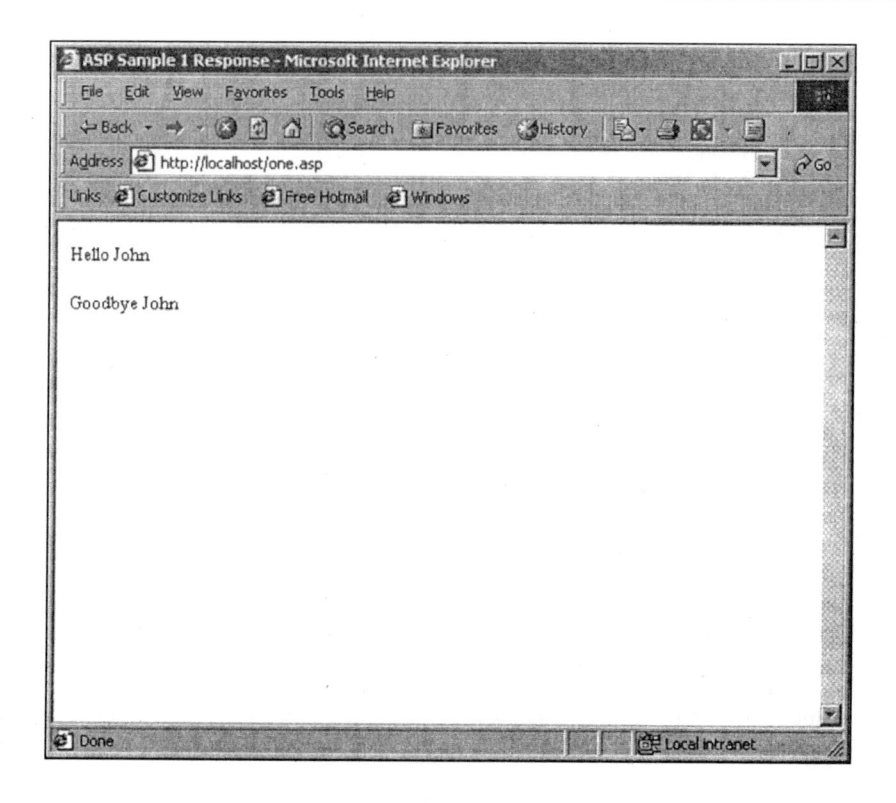

Capítulo 14 - Como administrar Active Server Pages **431**

Figura 14-3 A página de resposta retornada pelo processador ASP

Aqui está o verdadeiro código HTML retornado ao *browser*, que podemos ver selecionando View, Source no Internet Explorer. Observe que a página one.asp é retornada ao *browser*, mas o *script* na página foi executado no servidor, e a página resultante contém nela apenas HTML simples:

```
<html>
<head><title>ASP Sample 1 Response</title>
</head>
<body bgcolor=white>
<p>Hello

John

</p>

<p>
Goodbye John
</p>
```

```
</body>
</html>
```

Veja como ele funciona.

1. Todo o *script* na ASP `one.asp` é envolvido pelos delimitadores de *script* `<%...%>`.
2. O formulário `one.htm` usa o método HTTP POST para chamar one.asp como seu processador de formulário.
3. O nome que o cliente fornece na caixa de texto do formulário é passado para o servidor como a variável person (pessoa).
4. A declaração

   `name=request.form("person")`

   usa uma solitação de coleção de formulário do objeto embutido para recuperar o conteúdo da variável person e atribuí-la à variável name (nome). (Objetos embutidos são discutidos mais adiante, neste capítulo.)
5. A declaração

   `response.write(name)`

   usa o método write (escrever) da resposta do objeto embutido para escrever o conteúdo da variável name no fluxo de saída HTTP, exibindo o nome John no *browser*.
6. A expressão

   `<%= name %>`

   envia o conteúdo da variável name ao fluxo de saída HTTP, exibindo o nome John uma segunda vez no *browser*. Note que esta expressão não precisa ser parte do *script* na ASP.

Exemplo 2 — Um conversor simples de medidas de distância em ASP

O segundo exemplo é um aplicativo simples para a Web para converter milhas em quilômetros. A página `two.htm` tem uma formulário HTML para o usuário fornecer o número de milhas. Pressionando o botão Convert (Converter) os dados são enviados à ASP `two.asp`, que calcula o número equivalente em quilômetros e retorna o resultado ao usuário.

Este é o código para `two.htm`:

```
<html>
<head><title>ASP Sample 2</title></head>
<body bgcolor=white>
```

Capítulo 14 - Como administrar Active Server Pages

```
<h1>ASP Sample 2</h1>
<hr>
<p>Conversion Utility</p>
<p>
<form method=post action=two.asp>
<input type=text name="miles"> miles=? Kms
</p>
<p><input type=submit name=Convert value="Convert!"></p>
</form>

</body>
</html>
```

A Figura 14-1 mostra o cliente acessando a página `two.htm` em um *browser* e fornecendo o número de milhas no formulário da caixa de texto.

Este é o código em ASP para `two.asp` que faz o cálculo solicitado por one.htm:

```
<html>
<head><title>ASP Sample 2 Response</title></head>
<body bgcolor=white>

<%
dim sMiles, sKms
const sConv = 1.6
sMiles = request.form("miles")
sKms = sConv * sMiles
response.write sMiles & " Miles5" & sKms & " kms"
%>

</body>
</html>
```

A Figura 14-5 mostra a página resultante retornada ao *browser*-cliente.

Este é o código HTML retornado ao *browser*, que pode ser visto, selecionando View, Source, no Internet Explorer.

```
<html>
<head><title>ASP Sample 2 Response</title></head>
<body bgcolor=white>

200 Miles = 320 kms

</body>
</html>
```

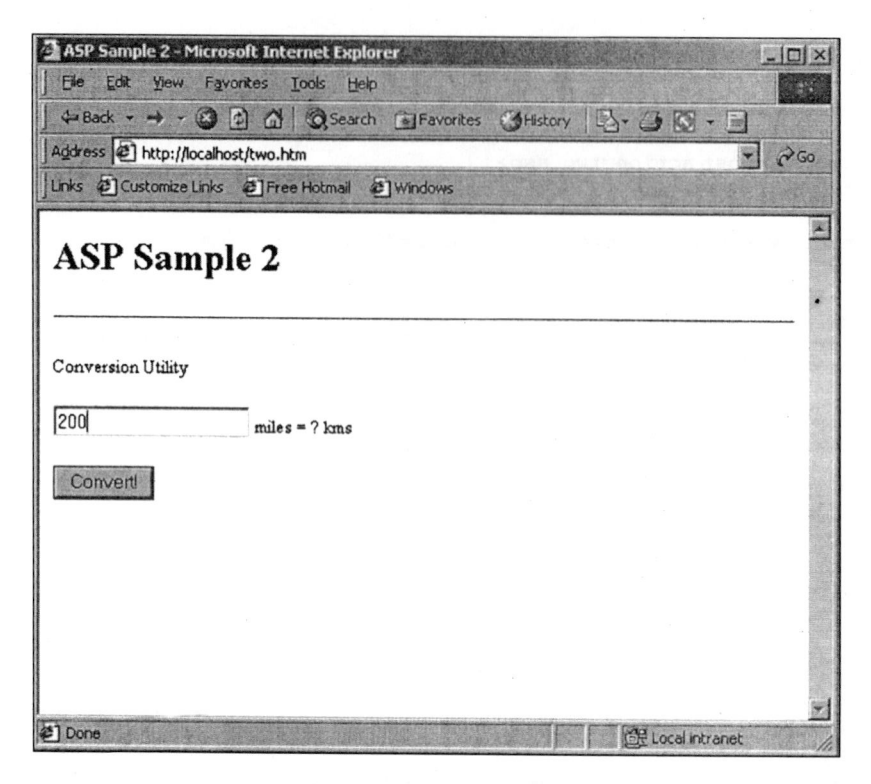

Figura 14-4 *Um exemplo de aplicativo para a Web para converter milhas em quilômetros*

Se você estiver familiarizado com Visual Basic (ou qualquer outro tipo de BASIC, para o que consta), você reconhecerá declarações como:

- `Dim sMiles, sKms` (declara duas variáveis);
- `Const sConv = 1.6` (declara uma constante e designa um valor a ela);
- `sKms = sConv* sMiles` (expressão aritmética que converte milhas em quilômetros).

Scripts Active Server Pages usam, por padrão, VBScript — Visual Basic script (que é um subconjunto da linguagem de programação Visual Basic). Assim, se você conhece um pouco de Visual Basic, pode empregar seu conhecimento para criar aplicativos para a Web no IIS 5.0.

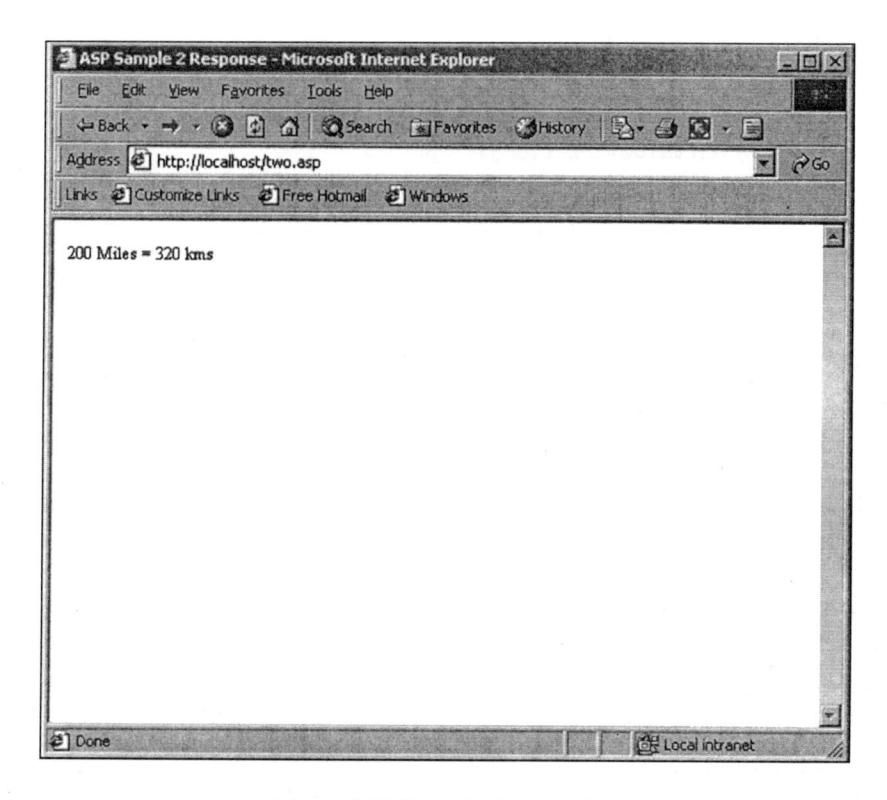

Capítulo 14 - Como administrar Active Server Pages

Figura 14-5 O resultado de realizar uma conversão de milhas em quilômetros

Exemplo 3 — Outro conversor em ASP

O terceiro exemplo é um aplicativo para a Web que gera uma tabela de conversão para converter uma unidade de distância para outra. A página `three.htm` tem um formulário HTML para o usuário selecionar as unidades a serem convertidas. Pressionar o botão Generate leva a ASP `three.asp` a criar e a retornar ao usuário um exemplo de tabela de conversão.

Este é o código de `three.htm`:

```
<html>
<head><title>ASP Sample 3</title></head>
<body bgcolor=white>

<h1>ASP Sample 3</h1>
<p>Generate table to convert: </p>
```

```
<form method=post action=three.asp>
    <p>from <select name="unit1" size="1">
        <option selected value=->miles</option>
        <option value=1>kilometers</option>
        <option value=2>furlongs</option>
        </select> to <select name="unit2" size="1">
            <option value=0>miles</option>
            <option selected value=1>kilometers</option>
            <option value=2>furlongs</option>
        </select></p>
        <p><input type="submit" name="Generate" Value="Generate!"></p>
</form>

</body>
</html>
```

A Figura 14-6 mostra o cliente acessando a página three.htm em um *browser* e escolhendo criar uma tabela de conversão de quilômetros em *furlongs* (medida linear equivalente a 1/8 de milha = 201,164m).

Eis aqui o código de ASP three.asp que gera a tabela:

```
<html>
<head><title>ASP Sample 3 Response</title></head>
<body bgcolor=white>

<h1>Conversion Table</h1>
<hr>
<%
dim sConv(2,2), sLabel(2)
sConv(0,0)=1
sConv(0,1)=1.6
sConv(0.2)=8
sConv(1,0)=.625
sConv(1,1)=1
sConv(1,2)=5
sConv(2,0)=.125
sConv(2,1)=5
sConv(2,2)=1
sLabel(0)="miles"
sLabel(1)="kms"
sLabel(2)="furlongs"
sUnit1=request.form("unit1")
sUnit2=request.form("unit2")
response.write "<table border=1 cellpadding=5>"
for k = 1 to 5 step 1
    var1=k
    var2=var1 * sConv(sUnit1,sUnit2)
```

```
            response.write "<tr>"
            response.write "<td>" & var1 & " " & sLabel(sUnit1) & "</td>"
            response.write "<td>" & var2 & " " & sLabel(sUnit2) & "</td>"
            response.write "</tr>"
next
response.write "</table>"
%>

</body>
</html>
```

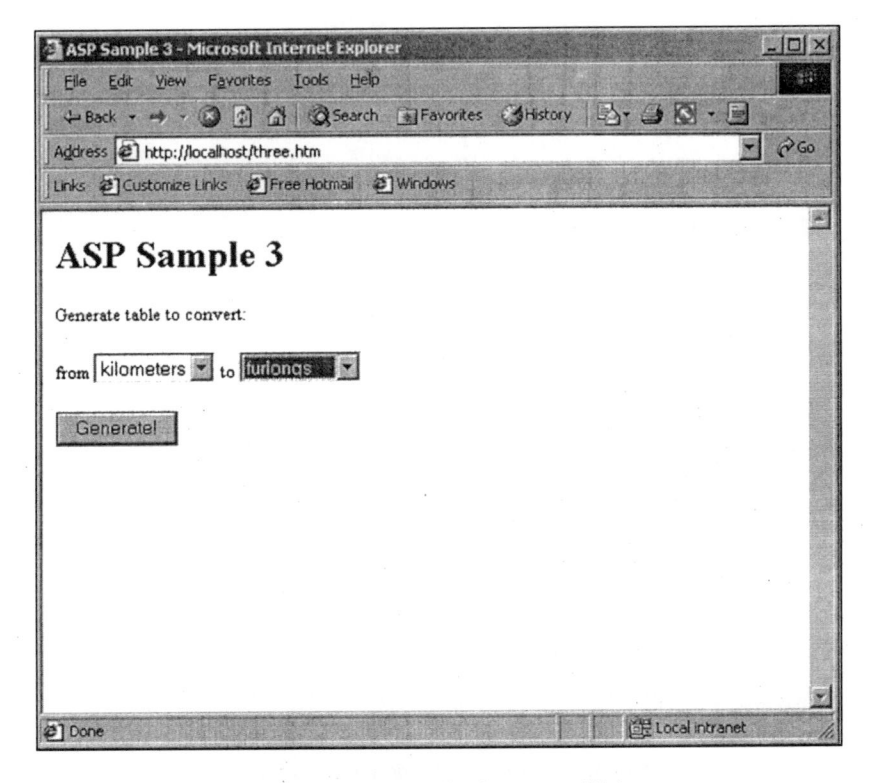

Figura 14-6 Um aplicativo para a Web
que gera uma tabela de conversão

A Figura 14-7 mostra a página resultante retornada para o *browser* do cliente.

Um simples loop For . . . Next é usado para criar a tabela. A matriz três-por-três sConv contém os fatores de conversão, enquanto o vetor de três elementos sLabel contém os nomes das unidades.

Exemplo 4 — Como usar ASP para enviar e-mail através do serviço de SMTP

O quarto exemplo sobre o uso de Active Server Pages é um aplicativo simples para a Web que permite aos usuários enviarem e-mails de um formulário HTML, `four.htm`, usando o serviço SMTP no IIS 5.0. Consulte o Capítulo 12, *Como administrar o serviço SMTP*, para entender como configurar este serviço. Aqui, a Active Server Page `four.asp` é o processador de formulário de e-mail da página da Web `four.htm`.

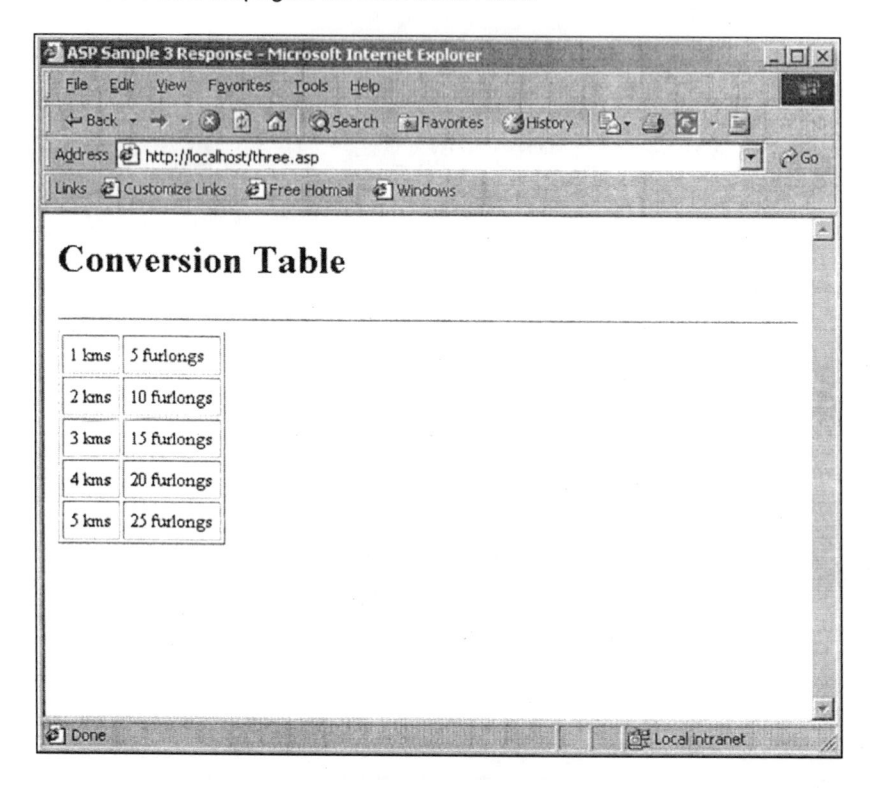

Figura 14-7 Uma tabela de conversão gerada por uma Active Server Page

Este é o código de `four.htm`:

```
<html>
<head><title>ASP Sample 4</title></head>
<body bgcolor=white>
```

Capítulo 14 - Como administrar Active Server Pages

```html
<h1>ASP Sample 4</h1>
<hr>
<h2>Send mail using the SMTP service</h2>
<form method=post action=four.asp>
<br>Sender's address:
<input type=text name="Sender" size=30>
<br>Receiver's address:
<input type=text name="sReceiver" size=30>
<br>Subject or message:
<input type=text name="sSubject" size=30>
<br>Body of message:<br>
<textarea cols=40 rows=4 name="sBody"></textarea>
<br><input type=submit value="Send mail now!">

</form>
</body>
</html>
```

A Figura 14-8 mostra o cliente acessando a página `four.htm` em seu *browser* e usando-a para enviar um e-mail.

Aqui está o código da ASP `four.asp`, que envia e-mails, usando o serviço SMTP no IIS 5.0:

```
<html>
<head><title>ASP Sample 4 Response</title></head>
<body bgcolor=white>
<%
Set fs = CreateObject("Scripting.FileSystemObject")
Set msg =
fs.CreateTextFile("c:\InetPub\mailroot\pickup\message.txt", True)
msg.WriteLine("x-sender: " & Request.Form("sSender") )
msg.WriteLine("x-receiver: " & Request.Form("sReceiver") )
msg.WriteLine("From: " & Request.Form("sSender") )
msg.WriteLine("To: " & request.Form("sReceiver") )
msg.WriteLine("Subject: " & Request.Form("sSubject") )
msg.WriteBlankLines(1)
msg.WriteLine(Request.Form("sBody") )
msg.Close
Response.Write("<html><body>")
Response.Write("<h1>Message sent!</h1>")
Response.Write("</html></body>")
Set fs = Nothing
Set msg = Nothing
%>

</body></html>
```

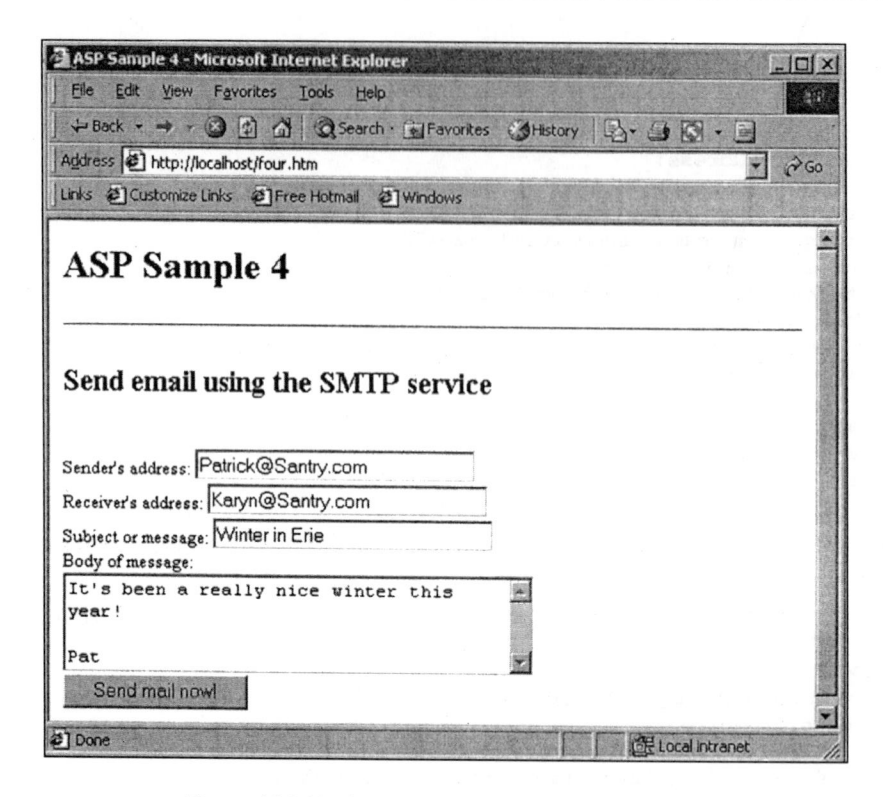

Figura 14-8 *Um formulário simples para enviar e-mail, usando um processador de formulário ASP*

Veja como ele funciona.

1. O usuário completa o formulário e passa as variáveis ao servidor usando o método HTTP POST.
2. A declaração

   `Set fs = CreateObject("Scripting.FileSystemObject")`

   cria um objeto do sistema de arquivos e o atribui à variável fs.
3. A declaração

   `Set msg = fs.CreateTextFile("c:\InetPub\mailroot\pickup\message.txt", True)`

   cria um objeto `TextStream` e o atribui à variável `msg`. De fato, ele cria e abre o arquivo de texto `message.txt` para escrita.

Capítulo 14 - Como administrar Active Server Pages **441**

4. As linhas com `msg.WriteLine` usam o método WriteLine do objeto `TextStream` msg para escrever linhas de texto para o arquivo message.txt.
5. A linha `msg.Close` usa o método Close do objeto `msg` para fechar o arquivo de texto `message.txt`.
6. Uma vez que o arquivo `message.txt` foi criado no subdiretório Pickup do diretório Mailroot, imediatamente o serviço SMTP move-o para o subdiretório Queue e o processa para entrega. Veja o Capítulo 13 para obter mais informações sobre vários subdiretórios de Mailroot.

Como usar objetos Active Server Pages

Outro elemento das Active Server Pages são os objetos ASP. Estes objetos de programação têm duas formas: objetos internos e objetos instaláveis. Os objetos ASP podem ter formulários, métodos e coleções, exatamente como os objetos VB.

Como usar objetos ASP internos

Existem seis objetos internos na metodologia ASP, que podem ser usados em *scripts* ASP. São eles:

- Application — este objeto pode ser usado para partilhamento de informações entre usuários de um aplicativo. No IIS 5.0, um aplicativo consiste de todos os arquivos .asp contidos em um diretório virtual e seus subdiretórios;
- ObjectContext — este objeto pode ser chamado para iniciar ou encerrar uma transação;
- Request — este objeto recupera o conteúdo de variáveis passadas de clientes para servidores durante mensagens de solicitação HTTP. Um exemplo do uso deste objeto é a coleção request.form, usada no Exemplo 1 para passar um valor do formulário HTML para o aplicativo ASP;
- Response — este objeto é usado para enviar uma seqüência de texto ao cliente solicitante. Um exemplo é o método response.write no Exemplo 1;
- Server — este objeto pode fornecer ao desenvolvedor propriedades e métodos no servidor IIS;
- Session — este objeto armazena valores de página para página em um aplicativo ASP.

Como usar
objetos ASP instaláveis

Além dos objetos descritos acima, sendo a estrutura ASP uma estrutura extensível, ela permite a instalação de componentes ActiveX para gerar objetos úteis. São cinco os objetos que podem ser incluídos:

- *Browser capabilities* —permite ao servidor determinar as características do *browser-* cliente que está se conectando a ele;
- *Content linking* — gera automaticamente uma tabela de conteúdo e *hyperlinks* de navegação;
- *Content rotator* — pode exibir um novo *banner* de anúncio cada vez que a página é vista;
- *Database connectivity* —permite a interação das ASPs com diversos sistemas de banco de dados;
- *File access* — permite que você use ASPs para interagir com o sistema de arquivos local.

Para mais informações sobre métodos, propriedades e coleções de objetos ASP, consulte a documentação *online* do IIS.

Como usar componentes
Active Server Page

Componentes ASP são componentes ActiveX do servidor em conformidade com o padrão COM e escritos em qualquer linguagem de programação que ofereça mais velocidade de resposta do que pode ser fornecido por *scripts* ActiveX. As linguagens de desenvolvimento de componentes ActiveX podem ser:

- C++;
- Java;
- Visual Basic.

Para mais informações sobre a criação e o uso de componentes ASP, consulte a documentação do IIS.

Guia — Como estabelecer uma conexão
de um banco de dados para um servidor SQL

Atualmente, a maioria dos aplicativos Web faz mais do que simples cálculos. Muitos destes aplicativos Web são interfaces para bancos de dados. Para conectar-se a esses bancos de dados finais através das Active Server Pages, você, como um administrador, precisará

Capítulo 14 - Como administrar Active Server Pages   **443**

configurar um DSN — Data Source Name no servidor Web. Este DSN é o que desenvolvedores ASP referenciarão em seus códigos para estabelecer conexão a um banco de dados final. O DSN contém uma referência a todas as informações necessárias para conectar-se a um banco de dados. Neste teste, criaremos uma conexão a um banco de dados SQL Server no servidor Web, para que *scripts* ASP possam conectar-se com o banco de dados localizado no SQL Server.

Primeiro, selecione Start, Programs, Administrative Tools, Data Sources (ODBC) para iniciar o ODBC Data Source Administrator (Administrador de fonte de dados) (figura 14-9). Selecione a guia System para criar um System DSN. Um System DSN estará disponível a todos os usuários na máquina que inclui o sistema. Outras opções são User DSNs (DSN de usuários), que estão disponíveis apenas ao usuário que o criar, e File DSNs.

Clique no botão Add para abrir a caixa de diálogo Create New Data Source (Figura 14-1), que contém a relação de todos os *drives* ODBC — Open Database Connectivity disponíveis no sistema. Selecione SQL Server e clique no botão Finish.

A seguir, aparecerá a caixa de diálogo Create a New Data Source to SQL Server (Figura 14-11). Entre com um nome para seu DSN — neste exemplo, usamos `dsnSQLServer`. Este é o nome ao qual desenvolvedores ASP farão referência em seus códigos para se conectarem com o banco de dados. No campo Description, entre com uma descrição para informar o que é esta conexão. Na caixa *drop-down*, selecione seu servidor SQL. Por padrão, o conector ODBC listará todos os servidores SQL disponíveis na rede. Você também pode selecionar manualmente um servidor se ele não aparecer nesta lista. Clique no botão Next para prosseguir.

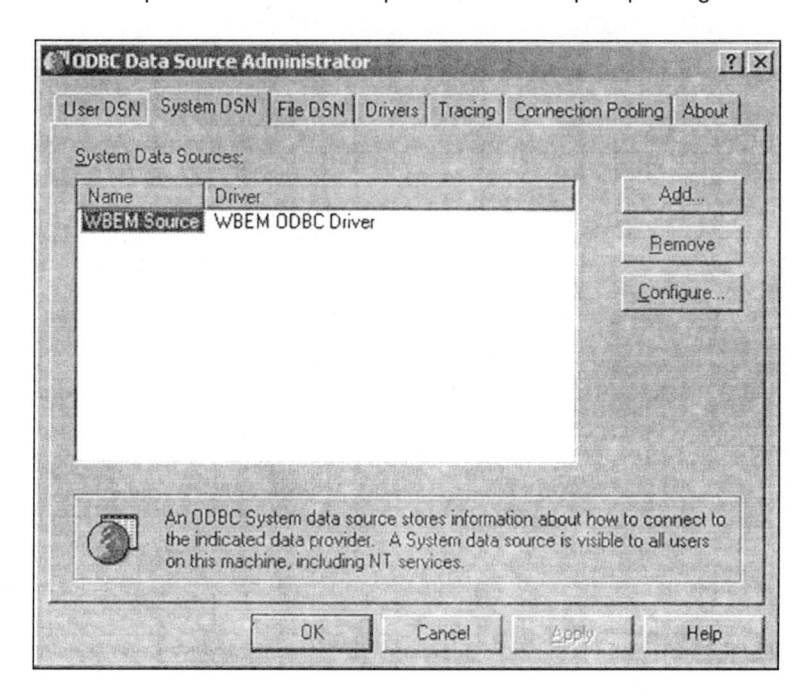

Figura 14-9 *Criação de um System DSN no servidor Web*

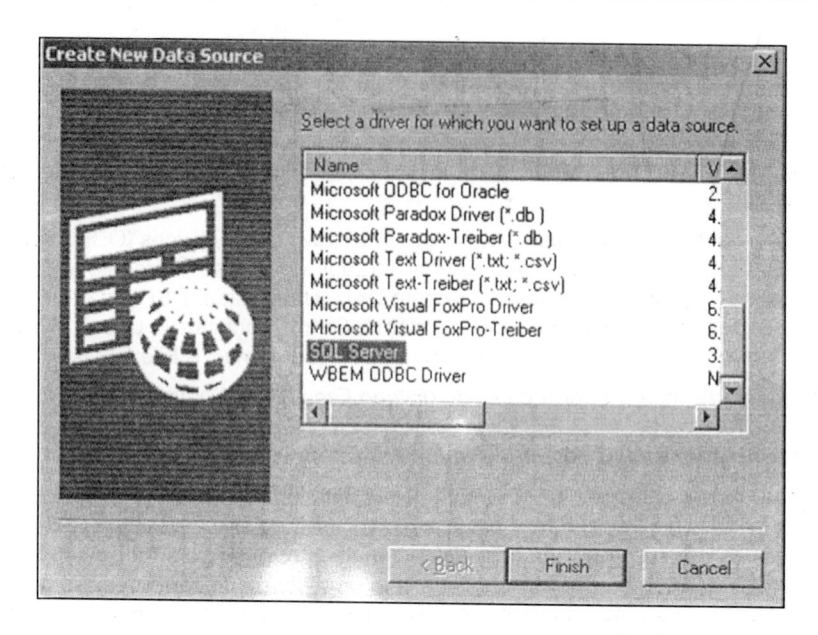

Figura 14-10 A caixa de diálogo Create New Data Source

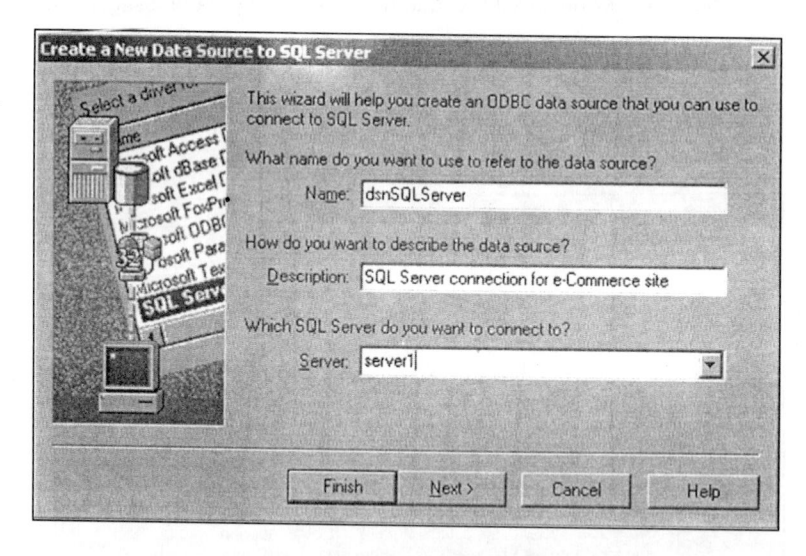

Figura 14-11 Especificação de informações de conexão

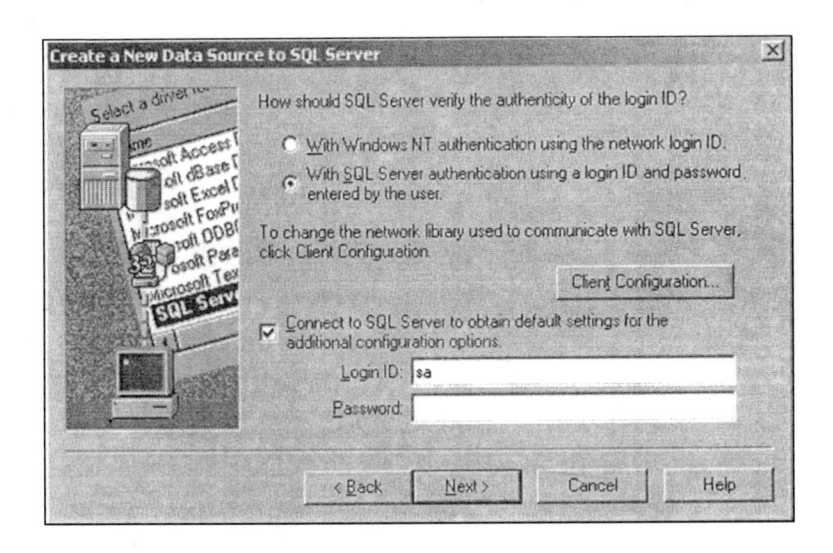

Capítulo 14 - Como administrar Active Server Pages

Figura 14-12 Especifique como você deseja conectar-se ao banco de dados

Nesta caixa de diálogo, especifique como você deseja se conectar ao banco de dados (veja a Figura 14-12). Você pode usar ou a autenticação Windows NT ou a segurança interna do servidor SQL. Consulte a documentação do SQL Server sobre segurança do SQL Server. Neste exemplo, use a conta interna sa (System Administrator) para autenticar o banco de dados. Clique no botão Next para continuar.

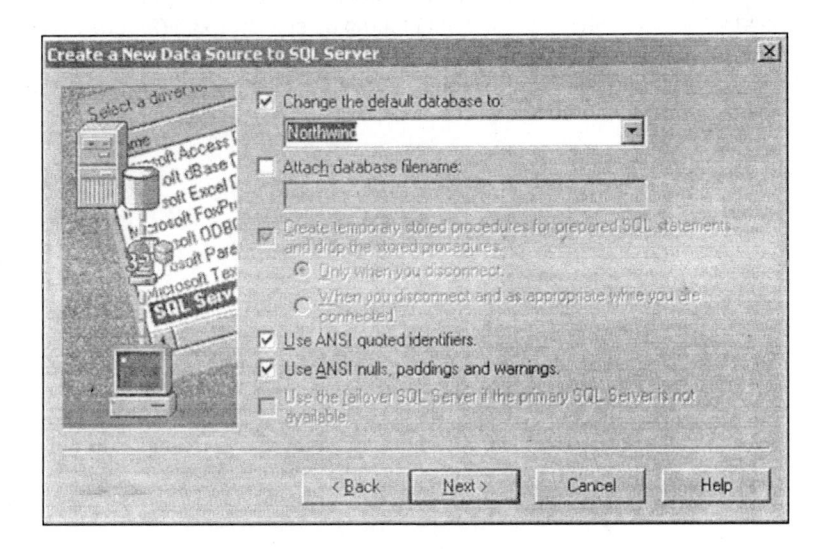

Figura 14-13 Ajuste de um banco de dados padrão

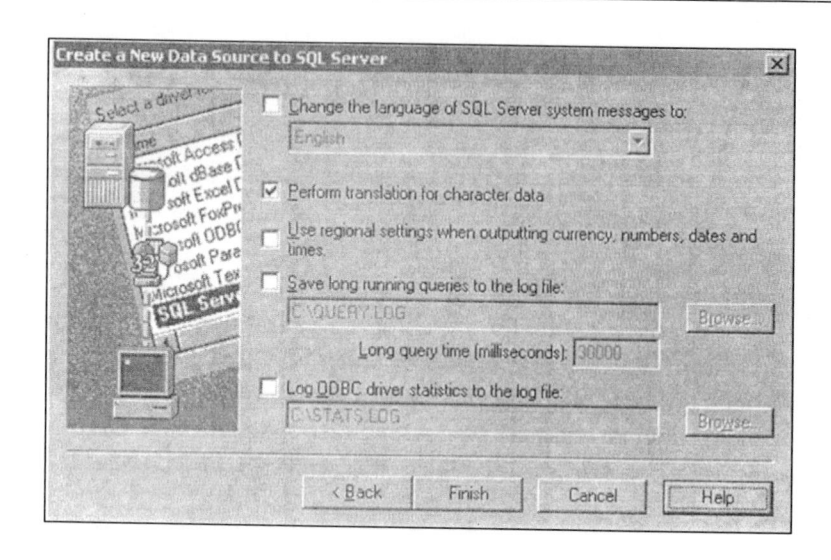

Figura 14-14 Especificação de localidade e informações de tipo de caractere

A seguir, especifique o banco de dados padrão para esta conexão. Neste exemplo (Figura 14-13), o banco de dados Northwind é selecionado. Mantenha os valores *default* e clique no botão Next para continuar.

Na próxima caixa de diálogo (Figura 14-14), você pode especificar informações sobre linguagem, informações sobre tipo de dados e registro de eventos. Mantenha os valores *default* e clique no botão Finish para exibir um resumo de sua conexão (Figura 14-15). Clique no botão Test para exibir uma caixa de diálogo (Figura 14-16), que confirma que o teste de conexão foi bem sucedido. Clique em OK três vezes para fechar as caixas de diálogo em segundo plano e para completar sua entrada ODBC.

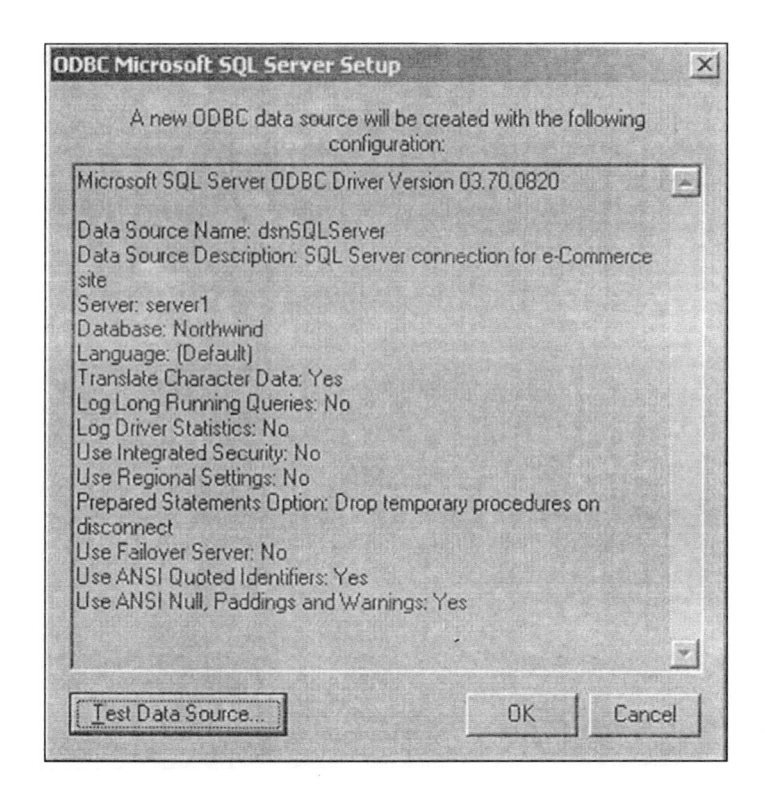

Capítulo 14 - Como administrar Active Server Pages **447**

```
ODBC Microsoft SQL Server Setup

A new ODBC data source will be created with the following
configuration:

Microsoft SQL Server ODBC Driver Version 03.70.0820

Data Source Name: dsnSQLServer
Data Source Description: SQL Server connection for e-Commerce
site
Server: server1
Database: Northwind
Language: (Default)
Translate Character Data: Yes
Log Long Running Queries: No
Log Driver Statistics: No
Use Integrated Security: No
Use Regional Settings: No
Prepared Statements Option: Drop temporary procedures on
disconnect
Use Failover Server: No
Use ANSI Quoted Identifiers: Yes
Use ANSI Null, Paddings and Warnings: Yes

   [ Test Data Source... ]          [ OK ]    [ Cancel ]
```

Figura 14-15 Resumo da configuração da conexão

Para mais informações sobre o SQL Server, consulte o Web *site* da Microsoft em:

`http://www.microsoft.com/SQL/`

Nota:

Ao se conectar com um banco de dados através de scripts ASP, lembre-se do contexto de segurança sob os quais os scripts se executam. Se você estiver tentando se conectar a um banco de dados SQL Server por uma rede, assegure-se de usar ou uma conta de domínio como sua conta de usuário IIS anônimo ou duplique a conta IIS no SQL Server. Também, no caso de bancos de dados Access, o Access cria um arquivo temporário quando você acessa o banco de dados. Tenha certeza de que a conta IIS tem permissão para escrever no diretório onde está o banco de dados, para criar o arquivo temporário. Este é apenas um dos erros mais comuns que podem acontecer ao tentar estabelecer conectividade com banco de dados com IIS. Visite o Web site da Microsoft para obter uma listagem completa de códigos de erro ODBC e seus significados

`msdn.microsoft.com/library/psdk/dasdk/odap1v77.htm`

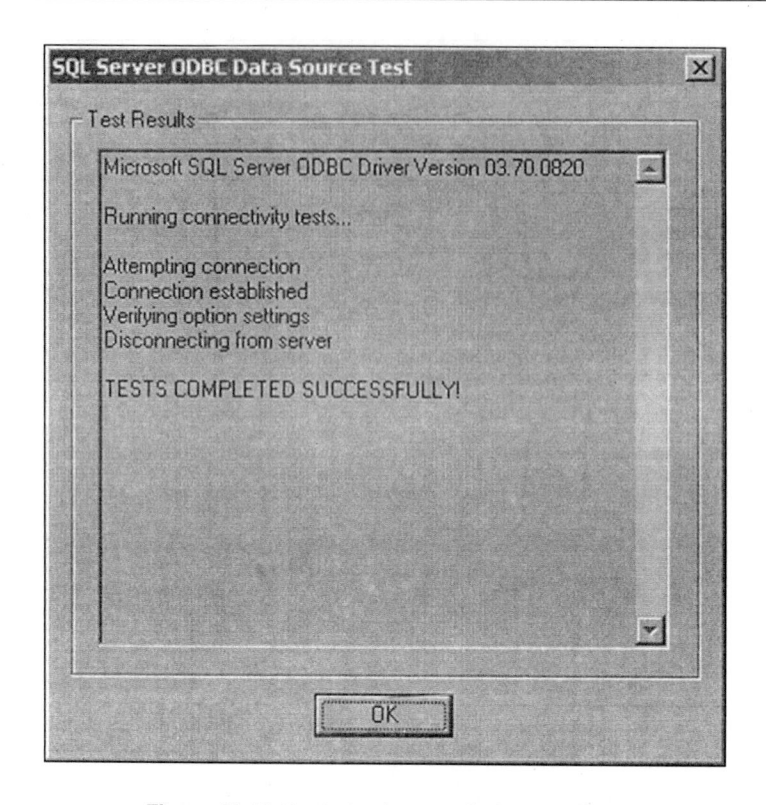

Figura 14-16 Um teste de conexão bem sucedida ao banco de dados SQL Server

Exemplo 4 — Como se conectar a um banco de dados através de ASP

O exemplo a seguir é um *script* ASP que se conecta ao DSN que foi criado no guia anterior e exibe dados de uma tabela contida no banco de dados.

```
<html>
<head><title>ASP Sample Database Display</title></head>
<body bgcolor=white>
<H1>Customer Names</H1>
<%
Set Conn = CreateObject("ADODB.Connection")
Conn.open "DSN=dsnSQLServer;UID=sa.PWD="
sSQL = "SELECT * FROM Customer"
```

```
Set rs = Conn.Execute(sSQL)
If Not rs.EOF Then
    Do Until rs.EOF
        Response.Write rs("CompanyName") & "<BR>"
        Rs.MoveNext
Loop
End If
rs.Close
Conn.Close
Set rs = Nothing
Set Conn = Nothing
%>

</body></html>
```

Veja como ele funciona.

1. Primeiro, uma instância do Active Database Connection Object é atribuída à variável Conn.
2. Depois, as informações de DSN e *logon* de entrada de banco de dados que foram criadas no guia são passadas ao objeto de conexão.
3. A declaração SQL é atribuída à variável sSQL que, depois, é passada ao método Execute do objeto de conexão. Este, por sua vez, cria um *recordset* (conjunto de registros).
4. O *recordset* é então verificado, para averiguação de combinação dos registros. Se registros são retornados, é feito um ciclo através do *recordset* e é exibido o valor do campo CompanyName no *browser*, usando o método `response.write` de ASP.
5. Todos os objetos são então fechados e colocados de volta em *nothing* (nada) para limpar o espaço de memória alocado.

Poderíamos continuar a criar *scripts* Active Server Page mais complexos e testá-los, mas o assunto é tão extenso que realmente exige um livro inteiro. Para informações mais amplas sobre *scripts* Active Server Page, consulte a documentação *online* do IIS no item chamado Scripter's Reference.

Como entender serviços COM+

COM+ é uma ferramenta para desenvolvedores para montar aplicativos de três camadas direcionados para transações na Web, usando componentes que integram e gerenciam as funções de clientes, servidores e fontes de dados. COM+ pode ser usada para:

- Empacotar componentes em aplicativos integrados;
- Gerenciar processos e subprocessos em aplicativos distribuídos;
- Gerenciar conexões ODBC para oferecer acesso de alto desempenho a banco de dados;

- Compartilhar fontes de dados entre usuários, gerenciando posições e sincronização;
- Instanciar objetos quando necessário, em demanda;
- Gerenciar transações distribuídas e fornecer habilidades de recuperação em caso de falhas;
- Isolar processos de aplicativos para oferecer um ambiente robusto para superar falhas;
- Usar DCOM para integração de componentes e comunicações através da rede.

Como entender transações

O núcleo dos serviços COM+ é o MS DTC — Microsoft Distributed Transaction Coordinator, que foi introduzido com o SQL Server 6.5. O MS DTC gerencia transações, que são coleções de processos de negócios que precisam, ou ser bem sucedidos ou falhar juntos, como um grupo. O MS DTC é executado como um serviço do Windows 2000 e pode ser parado e iniciado, usando o programa Services em Administrative Tools.

Uma boa analogia de uma transação é uma compra com cartão de crédito em um restaurante. As partes envolvidas na transação são o cliente, o dono do restaurante e a agência de crédito. Os seguintes processos de negócios precisam ser, todos eles, bem sucedidos ou falhar em qualquer determinada transação:

- O débito referente ao valor da refeição do cliente precisa entrar na conta do cliente;
- A conta comercial do dono do restaurante precisa receber o crédito no valor da refeição menos a taxa da transação;
- A conta da agência de crédito precisa ser creditada no valor da taxa da transação.

Se qualquer das partes desta transação falhar, toda a transação falha e qualquer das partes completadas precisa ser estornada; caso contrário, alguém perderá dinheiro em algum momento e, certamente, reclamará.

Microsoft Component Services (Serviços componentes Microsoft) são projetados para lidar com a arquitetura disponível para suportar tais transações distribuídas, usando aplicativos da Web como *interface*.

Active Server Pages e COM+

No IIS 5.0, Active Server Pages são agrupadas em aplicativos. Um aplicativo é uma árvore de diretórios e arquivos (Active Server Pages), normalmente começando com um servidor virtual, ou diretório virtual, e se estendendo para baixo, na direção de todos os subdiretórios, ou até que outro aplicativo seja definido.

Aplicativos podem ser executados de maneiras diferentes no IIS 5.0:

- Eles podem ser executados *in-process* (no processo) no espaço de endereço que o principal processo IIS, inetinfo.exe. (Este é o método-padrão e era a única opção nas versões anteriores do IIS);

Capítulo 14 - Como administrar Active Server Pages

- Eles podem ser executados *out-of-process* (fora do processo) e *pooled* (agrupados), isto permite que o aplicativo seja agrupado com outros aplicativos, mas ainda assim fora do IIS;
- Eles podem ser executados *out-of-process* como um processo isolado em seu próprio espaço de endereço, sendo gerenciados pela COM+.

A segunda opção de procedimento oferece o *process isolation* (isolamento de processo), que tem as seguintes vantagens:

- O processo inetinfo.exe e todos os outros processos no servidor IIS são protegidos contra falhas do aplicativo;
- Se o aplicativo falhar, o serviço COM+ pode reiniciá-lo automaticamente, sem exigir que o servidor seja parado e iniciado novamente;
- Componentes ActiveX podem ser carregados e descarregados, sem exigir que outros processos e serviços sejam antes parados.

De fato, o código servidor responsável pelo gerenciamento das Active Server Pages e aplicativos ISAPI pode ser movido do processo principal inetinfo.exe para um novo módulo, chamado de WAM — Web Application Manager, que é gerenciado pelo Microsoft COM+. O WAM atribui GUIDs — Globally Unique Identifiers aos aplicativos e os mesmos são registrados pelo COM+ como *packages* (pacotes). Até o processo IIS padrão, inetinfo.exe, é gerenciado pelo COM+ como um *pacote in-process*. Devido a este gerenciamento por COM+, no IIS 5.0, cada aplicativo pode ser iniciado e parado, independentemente de outros aplicativos.

Nota:

Pacotes MTS que estavam sendo executados sob Microsoft Transaction Services em IIS 4.0 serão automaticamente atualizados para COM+ na atualização do NT 4 para o Windows 2000.

Guia — Como configurar um aplicativo

Por *default*, quando você cria um diretório virtual no IIS, ele será configurado como um aplicativo que se executará fora do processo do IIS. Aplicativos são designados pelo ícone que tem um pacote com um objeto nele. A Figura 14-17 mostra um diretório virtual, chamado aspstuff, que é designado como um aplicativo.

Para definir o processo que este aplicativo executará, selecione o ícone de aplicativo no painel à direita (neste exemplo, ASPStuff) e clique no botão Properties, na barra reforçada, para abrir a página ASPStuff Properties (veja a Figura 14-18). Observe que o nome do aplicativo é igual ao nome do diretório virtual.

Por *default*, quando o diretório virtual é criado, o aplicativo é configurado como agrupamento Medium (médio). Isto significa que o aplicativo será executado fora do processo do IIS, mas com outros aplicativos que também estão sendo executados fora do processo IIS. Neste exemplo, o ajuste é mudado para High (alto); significando que este aplicativo será executado em um processo isolado fora do processo IIS e separado dos outros aplicativos sendo executados no IIS.

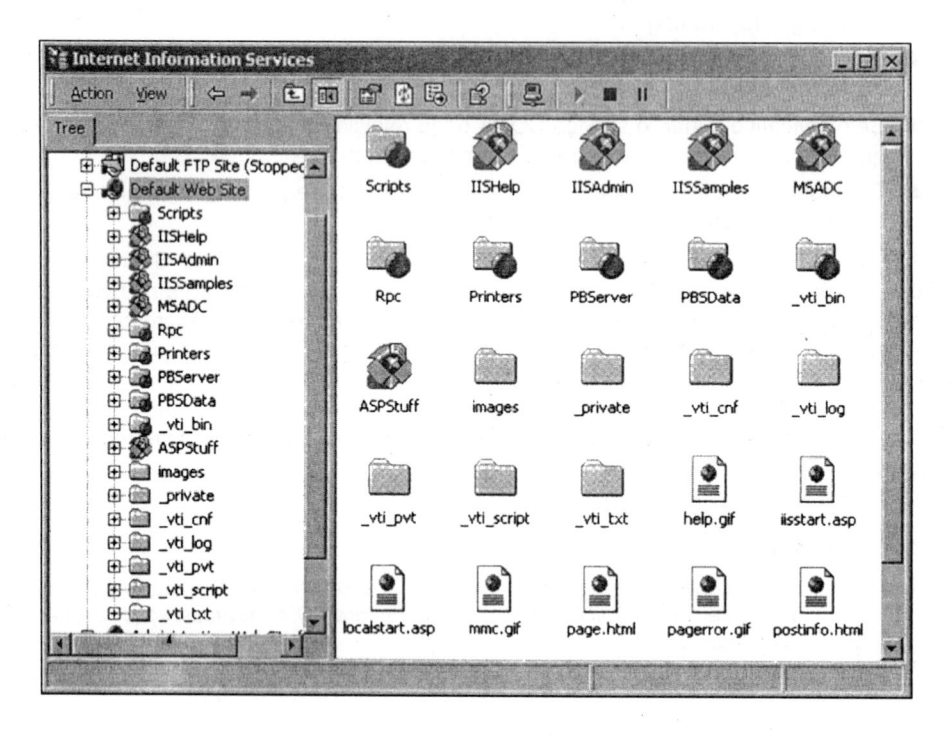

Figura 14-17 Um diretório virtual configurado como um aplicativo

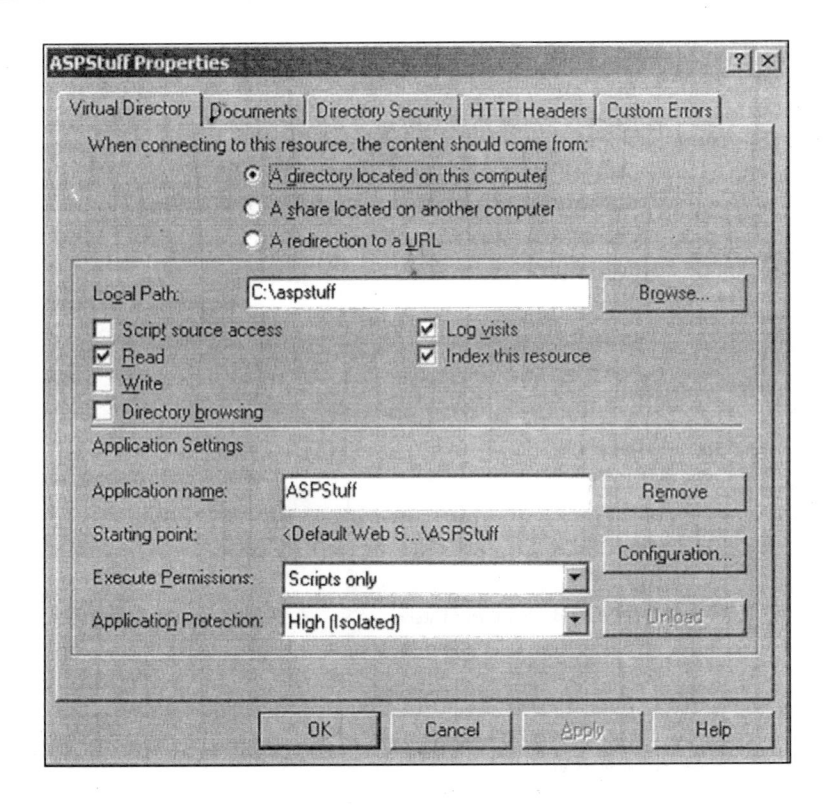

Capítulo 14 - Como administrar Active Server Pages

Figura 14-18 Mudança no tempo de execução do processo do aplicativo

Como configurar componentes de serviços

Para ver o efeito em COM+, quando um processo do aplicativo IIS é mudado para isolado, selecione Start, Programs, Administrative Tools, Component Services. Isto iniciará o *snap-in* (módulo adicional) Component Services MMC (Figura 14-19). Maximize o nó Component Services e depois expanda o nó Computers, nó My Computer e depois o nó COM+. Isto exibirá todos os aplicativos COM+ atualmente configurados no servidor. Aqui estão listados os IIS In-Process Applications e IIS Out-of-Process Pooled Applications. Abaixo destes aplicativos IIS (veja a Figura 14-19) está um IIS - -{default Website//root/aspstuff}. Este pacote é criado quando o diretório virtual é configurado para executar em um processo isolado. Você ainda pode configurar o pacote COM+ para ser executado de acordo com certa regras de segurança e configurá-lo para ser executado como uma transação.

Component Services inclui uma série de assistentes para criar soluções de negócios personalizadas, reunindo pacotes e componentes. Usar Component Services exige grande conhecimento tecnológico, como ActiveX e DCOM, além da compreensão de métodos e APIs de componentes criados com linguagens de programação de alto nível, os quais estão além do escopo deste livro. Para mais informações sobre configuração de aplicativos COM+, consulte o *COM+ Technical Series Guide*, disponível no MSDN *online*:

`msdn.microsoft.com`

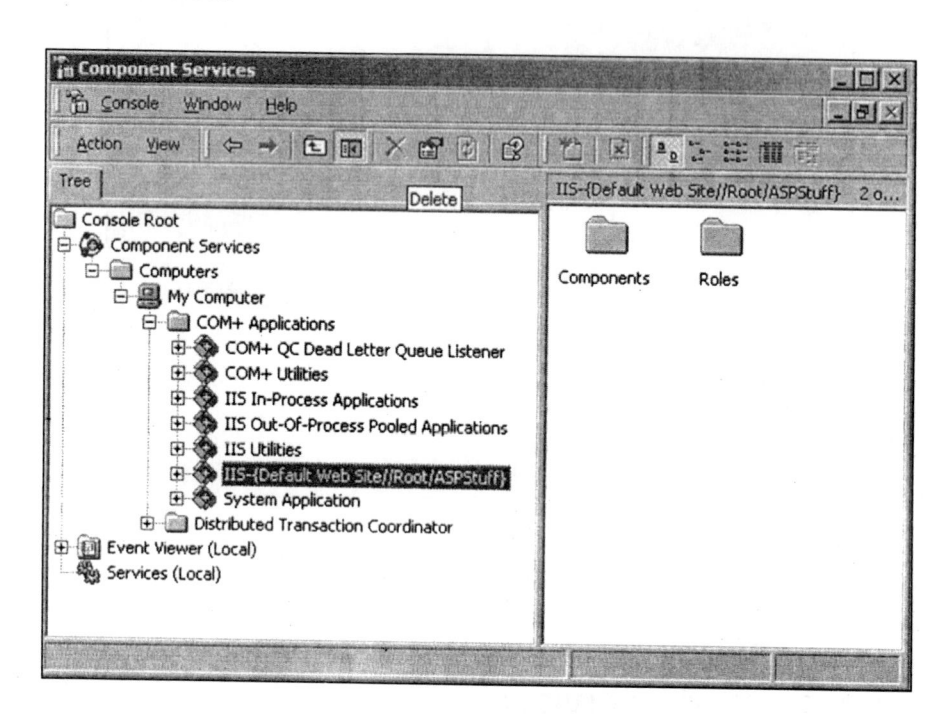

Figura 14-19 O snap-in
Component Services Manager MMC

Resumo

As Active Server Pages são uma metodologia que combina *scripts* do lado do servidor, objetos ASP e componentes de servidor para criar aplicativos para a Web que ampliam a funcionalidade de um servidor da Web. Você pode criar DSNs no servidor da Web para conectar-se a sistemas de gerenciamento de banco de dados finais. No IIS 5.0, as Active Server Pages são gerenciadas pelo Application Manager, integrante do Component Services, que lhes permitem serem executadas tanto *in-process* quanto *out-of-process*, dependendo de suas necessidades de segurança e estabilidade.

Capítulo 14 - Como administrar Active Server Pages   **455**

Para mais informações

Para informações sobre o plano da Microsoft para usar COM+ nas corporações, leia:

`www.microsoft.com/com/tech/complus.asp`

Veja o ASP FAQ no Web *site* da Microsoft:

`msdn.microsoft.com/library/backgrnd/html/msdn_aspfaq.htm`

Para obter uma referência completa sobre tecnologia de *script* Microsoft, veja

`msdn.microsoft.com/scripting/`

Para informações sobre tecnologia de acesso a banco de dados, reporte-se a:

`www.microsoft.com/data/`

Alguns outros *sites* WWW sobre ASP incluem:

`www.activeserverpages.com`
`www.aspin.com`
`www.15seconds.com`
`www.actionjackson.com`
`www.asptoday.com`
`www.santry.com`
`www.asp101.com`
`www.4guysfromrolla.com`

Capítulo **15**

Como solucionar problemas

A boa solução de problemas de um produto é, em grande parte, o resultado de três fatores:
- Experiência (você já viu algo parecido antes);
- Treinamento (você já leu algo sobre isso antes);
- Pesquisa (você procura alguém que já tenha visto isso antes).

Além disso, os seguintes fatores também ajudam:
- Imaginação (intuição);
- Raciocínio metódico (o processo de eliminação);
- Correr riscos (tente algo novo);
- Sorte (você precisa dela!).

Este livro foi planejado para ampliar suas habilidades para solucionar problemas de configurações do IIS 5.0, fornecendo testes de tarefas básicas para possibilitar que você ganhe experiência, explicando claramente opções de configuração para treiná-lo no produto e familiarizá-lo com ele, relacionando recursos adicionais que você pode consultar para mais pesquisas.

Contudo, sob o ponto de vista da experiência do autor e de muitos outros administradores e Web masters, o Internet Information Services 5.0 é um produto complexo, que às vezes age de maneira inesperada, gerando frustrações.

O autor trabalhou extensivamente com o produto e se comunicou com, e ouviu, outros administradores que trabalharam com ele. O resultado deste processo é este capítulo final, intitulado *Como solucionar problemas*. Ele não mistura, simplesmente, conceitos dos capítulos anteriores, nem é destinado a substituir um estudo profundo dos capítulos precedentes e da documentação *online* do IIS, ao contrário, este capítulo descreve muitos problemas da *vida real* que administradores enfrentaram em suas tentativas de implementar o IIS 5.0 em suas empresas e ambientes ISP, enquanto outros cenários foram *planejados* para simular problemas conhecidos que você pode encontrar quando estiver implementando o IIS 5.0 em sua rede.

O resultado não é um livro de receitas de soluções definitivas, mas, ao contrário, uma sacola de dicas, truques, movimentações e avisos, cobrindo todas as áreas tratadas neste livro. Ao invés de dizer qual produto, idealmente você deveria usar, olhamos para o que ele realmente faz em várias situações e contextos, em combinação com diferentes hardwares e softwares e sob diferentes necessidades e exigências.

Além de ler este capítulo, você pode encontrar informações sobre solução de problemas com o IIS 5.0 nas seguintes fontes:

- Capítulos de *Troubleshooting* (solução de problemas) na documentação *online*;
- Notas de versão de cada componente devem ser consultadas;
- IIS 5.0 Resource Kit;
- *Newsgroups* públicos da Microsoft;
- Suporte *online* do Web *site* da Microsoft em busca do *Knowledge Base*;
- Listas de discussão (servidores de lista) que lidam com o IIS 5;
- Edições atualizadas de *Windows 2000 Magazine* e outras publicações;
- Outros Web *sites* relevantes;
- Tome uma cerveja com colegas de outras empresas que estão usando o IIS (meu favorito!).

Insisto que você busque se especializar em Internet Information Services 5.0, destinando tempo para documentar suas histórias de frustração e sucesso e para partilhá-las com a comunidade *online* através de seu Web *site* pessoal, boletins *online*, listas de discussão e *newsgroups*. Eu também o encorajo a ser paciente e a dar conselhos claros àqueles que ainda estão lutando com aspectos que agora são claros para você.

Finalmente, peço que você não fique frustrado ou desapontado se o seu problema em particular não estiver descrito aqui. Por favor, lembre-se de que, enquanto escrevia isto, a versão de lançamento do produto tinha um mês, e isto é muito pouco tempo para se familiarizar com a riqueza dos novos recursos, descobertas individuais, documentos e correção de todos os *bugs*. De forma alguma este capítulo pretende ser a palavra final em solução de problemas do IIS 5.0.

Portanto, vejamos agora alguns exemplos de problemas reais e como administradores tentaram solucioná-los e planejaram cenários de problemas que você deve encontrar, quando trabalhar com o IIS 5.0. Todas as situações foram fantasiadas para tentar enfatizar os aspectos-chave envolvidos. As sugestões e movimentações são apresentadas "como são" pelo autor, que não se responsabiliza pelos efeitos de sua implementação, mas que, contudo, as apresenta de boa fé.

Boa sorte!

Aspectos de instalação

Instalar ou fazer *upgrade* (atualizar)?

"Olá, eu tenho uma máquina IIS 4 com NT instalado. O que você recomenda? Devo fazer uma nova instalação ou atualizar meu sistema operacional para Windows 2000?"

Esta não é uma resposta oficial, mas o consenso entre administradores e webmasters parece ser que um *upgrade* é mais bem sucedido quando atualizando seu servidor da Web. Ajustes existentes em seus aplicativos da Web serão transferidos para o IIS 5.0 e quaisquer componentes MTS legados serão automaticamente atualizados para a nova arquitetura COM+.

Servidor SQL e IIS 5.0

"Eu quero instalar o IIS 5.0 em uma máquina que também tem um banco de dados SQL. Em que ordem devo fazer as instalações?"

Embora seja recomendado distribuir seu servidor SQL e o IIS em máquinas diferentes, as seguintes etapas de instalação são recomendadas por alguns administradores:

- Windows 2000 Server;
- SQL Server 7;
- SQL Service Pack 3;
- IIS 5.0.

Cem por cento de uso da CPU

"Instalei o IIS 5.0 em um servidor com um grande número de documentos a serem digitalizados, filtrados e vinculados em um catálogo. O problema é que acabei de instalar o IIS 5.0 e, nas duas últimas horas, a taxa de utilização da CPU está oscilando em torno de 100%."

Este é o comportamento normal de um sistema recente, quando há uma grande quantidade de conteúdo pré-instalado (incluindo documentação *online*). Quando o IIS inicializa, Indexing Services começa a indexar o *corpus*, aumentando o uso da CPU por algum tempo, com variação de alguns minutos a muitas horas. Use Task Manager para observar a atividade do processo cidaemon.exe.

Problemas de documentação

Impossibilidade de acessar documentação *online* de qualquer máquina, exceto o IIS Server

"Posso acessar a documentação online do console servidor IIS usando o menu Start, mas quando tento acessá-la de qualquer outra máquina, abrindo o URL `http://server1/iishelp`, não funciona. Recebo uma mensagem de status 403.6 Forbidden IP Address (endereço IP proibido). Por quê?"

Usando o MMC, abra a página Properties do diretório virtual IISHELP sob o nó de servidor. Selecione a guia Directory Security, clique em Edit for IP Address and Domain Name Restrictions e conceda acesso ao endereço IP da(s) máquina(s) a partir da(s) qual(ais) você deseja ser capaz de acessar a documentação.

Administração remota

Impossibilidade de acessar ferramentas de administração remota (HTML) exceto no IIS Server

"Posso abrir o Internet Service Manager (HTML) no servidor IIS usando o menu Start, mas não posso abri-lo de outro computador usando o URL `http://<server_name>:<TCP_port>`. O que está errado?"

O Administration Web site no MMC tem restrições de endereço IP colocadas, concedendo acesso a `127.0.0.1`e *localhost*. Acesse a guia Directory Security na página Administration Web Site Properties e edite restrições de endereço IP para incluir a(s) máquina(s) a partir da(s) qual(ais) você deseja acessar o *site*.

Se ela já está adequadamente ajustada, verifique se o serviço RPC Locator está sendo executado.

O serviço WWW

Nenhum formato de logon disponível na página de propriedades WWW

Você tenta habilitar o logon no IIS acessando a guia Web Site da página Properties do servidor, mas nenhum formato de log aparece ns lista *drop-down* de formato de log Active.

Abra um *prompt* de comando e digite:

```
cd \winnt\system32\inetsrv
regsvr32 iislog.dll
```

```
regsvr32 iscomlog.dll
regsvr32 logui.ocx
```

Saia do *prompt* de comando e habilite o logon. Isto registrará os arquivos de log no IIS. Pare e inicie IIS depois de fazer estas mudanças.

Aspectos de acesso e autenticação

Usuários não podem acessar o Web *site*

Você cria um Web *site* para sua intranet corporativa, põe conteúdo no diretório pessoal apropriado e, como Administrador, acessa o *site* com seu *browser*. Usuários reclamam que não podem acessar o Web *site* que você criou. O que você deve fazer?

Faça as verificações sugeridas.

- A permissão de leitura do IIS está designada para o diretório pessoal do *site*? (Verifique a guia Home Directory da página WWW Properties.)
- A permissão de leitura de NTFS está designada ao grupo Users?
- Existem quaisquer restrições de endereço IP aplicáveis a este *site*? (Verifique a guia Directory Security da página WWW Properties.)
- Pelo menos um método de autenticação (anônimo, básico, desafio/resposta) está habilitado para o *site*? (Verifique a guia Directory Security da página WWW Properties.)

Usuários anônimos não podem acessar o Web *site*

Você cria um Web *site* para um servidor Internet, coloca conteúdo no diretório pessoal apropriado e, como Administrador, pode acessar o *site* com seu *browser*. Os usuários reclamam que não podem acessar o Web *site* que você criou. O que você deve fazer?

Tente fazer as verificações indicadas.

- O acesso anônimo está habilitado para seu *site*? (Verifique a guia Directory Security da página WWW Properties.)
- A conta de usuário anônimo IUSR_SERVERNAME está sincronizada com User Manager? (Verifique a guia Directory Security da página WWW Properties.)
- A conta de usuário anônimo IUSR_SERVERNAME tem o direito de se registrar localmente? (Selecione Policies, User Rights no menu User Manager.)

Usuários não podem acessar o Web *site* usando autenticação básica

Você cria um Web *site*, coloca conteúdo no diretório pessoal apropriado e, como Administrador, pode acessar o *site* com seu *browser*. Basic Authentication está habilitada no *site*, mas usuários reclamam que eles não podem acessar o Web *site* que você criou. O que você deve fazer?

- Um domínio padrão foi especificado para Basic Authentication? (Verifique a guia Directory Security da página WWWE Properties.)
- O usuário tem o direito de se registrar localmente? (Selecione Policies, User Rights no menu User Manager.)

Usuário Netscape em estação de trabalho UNIX não pode acessar o Web *site*

"Estou usando Netscape Navigator em uma estação de trabalho UNIX e não posso me conectar a um Web site em um servidor IIS 5.0. Eu obtenho uma caixa de logon, mas quando forneço uma conta Windows 2000 válida, o login falha."

Assegure-se de que Basic Authentication esteja habilitada para o Web *site*. Netscape Navigator não suporta Windows 2000 Integrated Authentication.

Ferramentas de autenticação de terceiros

Se você quer que usuários remotos sejam autenticados e não quer usar Basic Authentication, pois ela é insegura, não quer também usar Windows 2000 Integrated Authentication porque alguns usuários executam Netscape Navigator, ou porque você quer manter um usuário de banco de dados da Web separado de seu usuário de banco de dados Windows 2000, considere instalar uma ferramenta de filtro de autenticação ISAPI terceirizada. Vários administradores têm recomendado AuthentiX, da Flicks Software, em:

`www.flicks.com/flicks/authx.htm`

Diretórios e servidores virtuais

Impossibilidade de criar servidores virtuais com o IIS 5.0 no Windows 2000 Professional

"Tenho o IIS 5.0 instalado no Windows 2000 Professional e Internet Explorer 5. Tenho um Web site padrão, mas não posso criar outros adicionais. O que está errado?"

Nada está errado. O IIS 5.0 em Windows 2000 Professional não suporta servidores virtuais.

Capítulo 15 - Como solucionar problemas

Estão faltando endereços IP

"Instalei o Windows 2000 em uma máquina e criei 200 endereços IP para o Network Adapter Card (Placa adaptadora de rede) no Control Panel, Network, TCP Properties. Depois, fui para a guia Web Site ma minha página Web Site Properties e tentei selecionar um endereço IP na lista drop-down. Infelizmente, ela está em branco (ou talvez incompleta)."

O trabalho é digitar o endereço IP diretamente na caixa IP Address nesta página de propriedades. Assegure-se de usar um dos endereços IP que você criou no servidor.

Aspectos de desenvolvimento de conteúdo

Erro "Erro de servidor: impossível acessar arquivos de configuração de servidor"

Você tem extensões FrontPage instaladas em seu servidor e você habilita um *site* como um FrontPage da Web usando a guia Home Directory de sua página Web Site Properties. Você inicia FrontPage e tenta se conectar com o Web *site*, mas obtém a mensagem: "Erro de servidor: impossível acessar arquivos de configuração do servidor".

A partir do *snap-in* IIS MMC, clique com o botão direito à direita em Web e use a opção Check Server Extensions no menu de contexto.

Impossível salvar conteúdo ativo no FrontPage da Web

"Autores de conteúdo estão reclamando que eles não podem salvar seus scripts em uma FrontPage da Web. Como posso corrigir isto?"

Algumas pessoas têm notado este comportamento com extensões FrontPage 2000. A correção parece ser selecionar o nó Server no IIS Manager e selecionar Properties no menu de contexto. No diálogo Server Properties, marque a opção *Allow authors do upload executables*.

Usuários não podem fazer login no IIS usando FrontPage

"Como Administrador, posso conectar-me à Web executando FrontPage no servidor IIS local, mas usuários remotos não podem logar-se e conectar-se à Web usando FrontPage. Eles têm permissão Authoring na Web e têm as ACLs certas na partição NTFS, que contém o conteúdo. O que está errado?"

Você precisa dar ao usuário o direito de se logar localmente também no servidor IIS.

Site Server e edição comercial de Site Server

Site Server Express

"Tendo mudado para Windows 2000 Server, não podemos mais achar Site Server Express para analisar nossos arquivos de log. Onde está ele?"

Site Server Express não faz mais parte de Windows 2000 Server. Você pode optar por instalar a versão completa de Site Server, que inclui um programa de relatório e análise, como aquele no Site Server Express.

Impossível instalar Site Server ou edição comercial de Site Server

"Ao atualizar para o Windows 2000, a instalação informou que não posso usar Site Server em Windows 2000."

Você precisa baixar e instalar Site Server Service Pack 3 e a correção Windows 2000 localizados no Web *site* da Microsoft em

http://www.microsoft.com/siteserver

Proxy Server 2.0 e Windows 2000

"Ao atualizar para Windows 2000, a instalação informou que não posso usar Microsoft Proxy Server no Windows 2000. O que preciso fazer para tê-lo funcionando?"

Faça o *download* do Microsoft Proxy Server 2.0 Update Wizard para instalar o Microsoft Proxy Server no Windows 2000. Vá ao Web *site* da Microsoft para baixar o Wizard:

http://www.microsoft.com/proxy/Support

Serviços de indexação

Documentos filtrados não estão zerados após uma Filtragem Geral

"Forcei uma digitalização de todos os meus diretórios virtuais e forcei uma fusão principal, mas ainda tenho alguns documentos que não estão filtrados. O que está errado?"

Provavelmente os documentos estão abertos ou em uso por um aplicativo que bloqueia arquivos em uso, como Microsoft Word. Os documentos foram agendados para filtragem pelo serviço CI — Content Indexing e serão filtrados na primeira oportunidade disponível.

Capítulo 15 - Como solucionar problemas

Filtragem geral é interrompida antes da finalização

"Forcei uma Master Merge e estava verificando as estatísticas CI, selecionando o nó Index Server no MMC, mas notei que a indexação estava na metade e depois parou. Ainda tenho seis índices persistentes e nada mais está acontecendo. O que devo fazer?"

Verifique Event Viewer — seu disco que contém o catálogo provavelmente está cheio. Libere espaço em disco, pare e inicie o serviço CI.

Documentos em UNC remoto compartilhado não são indexados

Você cria um novo diretório virtual mapeado para um UNC remoto compartilhado. Você força uma digitalização do novo diretório virtual, mas os documentos não são filtrados.

Verifique o domínio\usuário e a senha que você usou para permitir acesso ao UNC compartilhado.

Indexing Services indexa diretórios FrontPage ocultos

Como posso impedir Index Server de indexar diretórios `hidden_vti` criados pelo FrontPage?

Acesse as páginas Properties destes diretórios ocultos no MMC e, na guia Directory, limpe a caixa de verificação Index This Directory.

Consulta não retorna o resultado esperado

"Tentei uma consulta e várias páginas voltaram o resultado, porém uma página que possui as palavras-chave da consulta não apareceu. Por quê?"

Faça as verificações indicadas.

- Você tem permissão NTFS para ler a página?
- A página já foi filtrada?
- A página está na mesma linguagem da consulta?

Mensagem "Consulta muito longa"

"Tenho um grande corpus indexado pelo Index Server e submeti uma consulta complexa no corpus e obtive a mensagem: "Query too expensive (Consulta muito longa)", ao invés do resultado."

Aumente o valor de log, ajustando MaxRestrictionNodes.

O serviço FTP

Impossível fazer upload para o *site* FTP quando o acesso anônimo está desabilitado

"Tenho um site FTP que quero que meus usuários acessem. O site não tem acesso anônimo permitido. Por que meus usuários não podem se logar e fazer uploads de arquivos?"

Se o acesso anônimo está desabilitado para um *site* FTP, um usuário precisa fornecer uma conta e uma senha de usuário Windows NT válidas para se registrar no *site*. Esta conta precisa ter designado o direito de logar-se localmente no servidor ISS.

Aspectos de desempenho

Erro "Erro Winsock: espaço em buffer não suportado"

"Tenho acrescentado mais servidores virtuais ao meu servidor e quando cheguei a aproximadamente 600 servidores virtuais, comecei a receber mensagens de erro intermitentes dizendo: "Erro Winsock: espaço em buffer não suportado". O que devo fazer?"

Seu servidor está atingindo sua capacidade de hits. Você precisará limitar o número de hits por dia para menos de 10.000 para seus *sites* mais ocupados, ou descarregar alguns *sites* para outro servidor. Você também pode tentar atualizar o hardware de seu servidor.

Limite hits por dia, acessando a guia Performance da página Web Site Properties.

SSL e Certificate Server

Impossível usar Host Header Names com SSL habilitado

Você habilitou SSL para o Web *site* padrão em um servidor IIS e criou um servidor virtual no mesmo endereço IP, usando Host Header Names. Você tenta acessar o servidor virtual e, ao invés disso, obtém o Web *site* padrão.

Host Header Names não pode ser usado com SSL.

O serviço SMTP

Mensagens são corrompidas

"Notei que, ultimamente, algumas das minhas mensagens SMTP estão corrompidas. O que devo fazer?"

Você tem pouco espaço em disco no volume onde o diretório mailroot está localizado. Libere mais espaço.

Diretório Queue cheio

"Meu diretório Queue está ficando gradativamente cheio, e usuários reclamam que algumas de suas mensagens não estão chegando aos seus destinatários."

O servidor SMTP pode estar inativo, ou algum outro problema pode estar acontecendo. Use Notepad para ver a transcrição de arquivos .rtr e .ltr no diretório de fila, para tentar determinar por que as mensagens não estão permanecendo na fila.

Verifique também se a rota de domínio para o *host* remoto está correto.

Arquivos .bad no diretório Queue

"Notei que existem alguns arquivos .bad na fila. Que são eles?"

Seu diretório badmail está cheio. Limpe-o.

O serviço NNTP

Como configurar o serviço NNTP para fornecer alimentação de notícias USENET por meio da tecnologia PUSH

"Quero configurar meu site NNTP padrão para fornecer alimentação de notícias a partir de um servidor USENET. Como configuro isto?"

Este lançamento de Microsoft NNTP Service não pode fornecer alimentação de notícias a partir de outros servidores NNTP.

Como usar Telnet para verificar qual serviço NNTP está aceitando conexões

"Não posso enviar mensagens para meu serviço NNTP no IIS a partir do Outlook Express em uma máquina-cliente. Não tenho certeza se o problema é com o servidor ou com o cliente."

Inicie Telnet na máquina-cliente, ajuste as preferências para echo local e abra o sistema remoto, `news_server.:119`.

- Se o resultado for "200 NNTP Service", então o serviço NNTP está aceitando conexões de cliente.
- Se o resultado for "502 Connection refused" (Conexão recusada), então o serviço NNTP pode estar interrompido ou ter atingido seu limite de conexão.
- Se o resultado for "Connect Failed" (Falha de conexão), então o serviço pode estar parado. Se não estiver parado, então ele não está aceitando conexões. Tente refazer o serviço NNTP.

Se você puder conectar-se ao serviço, entre com o comando

`List`

- Se o resultado for uma lista de *newsgroups*, então o serviço NNTP está sendo executado bem e o problema deve ser com o cliente.
- Se o resultado for a mensagem "480 Logon required" (Login requerido), então o acesso anônimo não está habilitado no Default NNTP Site.

Active Server Pages

Erros de aplicativo

"Criei uma virtual Web no Visual InterDev, mas agora o ASP não funciona corretamente."

Assegure-se de que a Web esteja ajustada como um aplicativo. Clique à direita na virtual Web e selecione Properties a partir do menu de contexto. Na seção Application Settings, clique no botão Create para tornar esta Web um aplicativo.

Erros ODBC

```
Microsoft OLE DB Provider for ODBC Drivers error '80004005'
[Microsoft] [ODBC Microsoft Access 2000 Driver]
The Microsoft Jet database engine cannot open the file '(unknown)'.
It is already opened exclusively by another user, or you need
permission to view its data.
```

Este erro acontece quando o banco de dados é aberto no modo *design* (projeto). Saia do modo *design* e execute novamente o *script* ASP.

Outro motivo para este erro é quando a conta IUSR_MACHINENAME (a conta usada para acesso IIS anônimo) não tem permissões na pasta para criar o arquivo temporário .idb, usado por Microsoft Access.

Capítulo 15 - Como solucionar problemas   **469**

```
Microsoft OLE DB Provider for ODBC Drivers error '80004005'
{Microsoft] [ODBC Driver Manager] Data source name not found and no
default driver specified
```

Este erro acontece quando existe problema em localizar um sistema DSN, ou o DSN está definitivamente incorreto no código ASP.

```
Microsoft OLE DB Provider for ODBC Drivers error '80004005'
[Microsoft] [ODBC SQL Server Driver] [dbnmpntw]ConnectionOpen
(CreateFile() ).
```

Isto pode acontecer quando existem problemas de conexão Named Pipe com o servidor SQL. Crie contas duplicadas (IUSR_MACHINENAME) na caixa IIS e no SQL Server, ou use uma conta de usuário de domínio como a conta de acesso Internet anônima para acessar recursos pela rede.

Assegure-se sempre de que você tem instalado o mais recente MDAC — Microsoft Data Access Components no servidor da Web para evitar problemas de conexão a bancos de dados. Baixe o mais recente MDAC em

http://www.microsoft.com/mdac

Pacotes e correções de serviço

Service Pack 1 para Windows 2000

Bem antes de este livro ser impresso, a Microsoft anunciou que lançaria o Service Pack 1 (pacote de serviço 1) para o Windows 2000 no primeiro semestre de 2000.

Windows *update*

Baixe e instale a ferramenta de notificação Critical Updates (Atualizações críticas) para ser informado das mais recentes correções ao sistema operacional Windows 2000. Selecione Start, Windows Update para ir ao Microsoft Windows Update Center, depois de instalar Windows 2000, para garantir que o sistema operacional é atual.

Apêndice **A**

TCP/IP Básico

Introdução

O protocolo suite TCP/IP é o protocolo central por trás da Internet, portanto instalar e configurar World Wide Web, FTP e outros serviços IIS exigem um bom conhecimento de TCP/IP. Este apêndice oferece uma visão geral dos aspectos básicos do TCP/IP como implementado no sistema operacional Microsoft Windows 2000 e inclui informações sobre:

- A história, a essência e os objetivos do TCP/IP;
- A arquitetura interna do Microsoft TCP/IP;
- Instalação e configuração do TCP/IP no Windows NT 4.0;
- Endereçamento e sub-rede TCP/IP;
- DHCP — Microsoft Dynamic Host Configuration Protocol;
- Solução de problemas em redes TCP/IP.

O que é TCP/IP?

TCP/IP não é um protocolo individual, mas uma *suite* (conjunto, pacote de programas), ou coleção de protocolos desenvolvidos como um padrão industrial para conectividade WAN — Wide-area Networking (Rede de área extensa). Dos três protocolos-padrão de rede incluídos com o sistema operacional Windows 2000 — NetBEUI Protocol, NWLink IPX/SPX Compatible Transport e TCP/IP Protocol —, TCP/IP é o mais amplo em escopo de implementação e o mais complexo para configurar e manter.

Em geral, TCP/IP é usado para:

- Conectividade com a Internet, rede mundial baseada no TCP/IP;
- Redes heterogêneas, que combinam Microsoft, UNIX e outros sistemas operacionais;
- Redes em escala empresarial, onde é necessário um protocolo-padrão, confiável, de encaminhamento.

História do TCP/IP

O TCP/IP originou-se no DARPA — US Department of Defense Advanced Research Projects Agency (Agência de projetos de pesquisas avançadas do Departamento de Defesa dos Estados Unidos), no final dos anos de 1960, e tem sido refinado e estendido a diversas agências e órgãos governamentais até hoje. Os padrões do protocolo suite TCP/IP são estabelecidos através de um processo de envio e aprovação de documentos, chamado RFCs — Request for Comments (Solicitação de comentários). O desenvolvimento do TCP/IP envolve a ligação por rede de uma série de agências, incluindo o IAB — Internet Architecture Board (Conselho de arquitetura de Internet), a IETF — Internet Engineering Task Force (Força tarefa de engenharia de Internet), a IRTF — Internet Research Task Force (Força tarefa de pesquisa da Internet), a IANA — Internet Assigned Numbers Authority (Autoridade de números designados à Internet) e a ISOC — Internet Society (Sociedade da Internet).

São marcos no desenvolvimento do TCP/IP:

- Telnet (1972);
- FTP — File Transfer Protocol (1973);
- TCP — Transmission Control Protocol (1974);
- IP — Internet Protocol (1981);
- TCP/IP Protocol Suite (1983);
- DNS — Domain Name System (1984).

As solicitações de comentários passam por uma série de estágios antes de serem aceitos como padrão:

- Padrão proposto;
- Padrão rascunho;
- Padrão Internet.

Apêndice A - TCP/IP Básico   **473**

Quando uma RFC é publicada, ela recebe um número. Por exemplo, o protocolo FTP original foi definido na RFC 454. Com freqüência, uma RFC posterior sucederá uma anterior, devido a revisões e a extensões no protocolo. Para mais informações sobre RFCs e para baixar e ver RFCs, visite

http://www.isi.edu/rfc-editor/rfc.html

Para obter um índice de todas RFCs, consulte a página

ftp://ftp.isi.edu/in-notes/rfc-index.txt

Comparação com outros protocolos

O outro protocolo usado para redes empresariais, NWLink IPX/SPX, em geral é semelhante ao TCP/IP em número de *frames* Ethernet gerados para realizar processos básicos de rede, tal como transferir arquivos, registro de eventos e assim por diante. Onde NWLink e TCP/IP diferem é que o TCP/IP é o protocolo original da Internet e, com o aparecimento de interesse em conectividade corporativa à Internet, tornou-se padrão instalar o TCP/IP como protocolo de rede, ficando NWLink reservado para suporte de compatibilidade com sistemas NetWare.

NetBEUI não é adequado para computação a nível empresarial, pois ele não pode ser encaminhado. Por esse motivo não é adequado para grandes redes.

Arquitetura da suite de protocolos TCP/IP

A base para o desenvolvimento de protocolos de rede para reunir sistemas desiguais é o modelo OSI — Open Systems Interconnection (Interconexão de Sistemas Abertos), desenvolvido em 1978 pela ISO — International Standards Organization (Organização Internacional de Padrões). O modelo OSI serve como ponto de partida a partir do qual fabricantes podem desenvolver protocolos de rede e softwares comerciais.

O modelo OSI usa um modelo de sete camadas, no qual cada camada em uma máquina se comunica logicamente com a mesma camada em outra máquina, independente de se as duas máquinas vêm do mesmo fabricante ou executam os mesmos sistemas operacionais. O modelo OSI é esboçado na Figura A-1.

A suite de protocolos TCP/IP é baseada em uma versão simplificada do modelo OSI, que tem apenas quatro camadas:

- Camada de aplicativo;
- Camada de transporte;
- Camada de Internet;
- Camada de rede.

A correspondência entre os modelos OSI e TCP/IP é mostrada na Figura A-2.

```
┌─────────────────────────┐
│  camada de aplicativo   │
└─────────────────────────┘
┌─────────────────────────┐
│ camada de apresentação  │
└─────────────────────────┘
┌─────────────────────────┐
│   camada de sessão      │
└─────────────────────────┘
┌─────────────────────────┐
│  camada de transporte   │
└─────────────────────────┘
┌─────────────────────────┐
│    camada de rede       │
└─────────────────────────┘
┌─────────────────────────┐
│ camada de *link* de dados │
└─────────────────────────┘
┌─────────────────────────┐
│    camada física        │
└─────────────────────────┘
```

Figura A-1 O modelo de rede OSI de sete camadas

Dentro das quatro camadas do modelo de arquitetura TCP/IP, uma série de protocolos tem sido definida (Figura A-3).

- Protocolos de camada de aplicativo — São protocolos usados pelos aplicativos de usuário para acessar tecnologia da Internet. Dos diversos protocolos, apresentamos alguns exemplos:
    - FTP — File Transfer Protocol — usado para transferir arquivos de uma máquina para outra;
    - Telnet — permite emulação de terminal para executar aplicativos remotos;
    - HTTP (Hypertext Transfer Protocol) — permite transferência de páginas HTML da Web;
    - SNMP — Simple Network Management Protocol — para monitorar dados de rede.

Apêndice A - TCP/IP Básico

OSI:
- camada de aplicativo
- camada de apresentação
- camada de sessão
- camada de transporte
- camada de rede
- camada de *link* de dados
- camada física

TCP/IP:
- camada de aplicativo
- camada de transporte
- camada de Internet
- camada de *interface* de rede

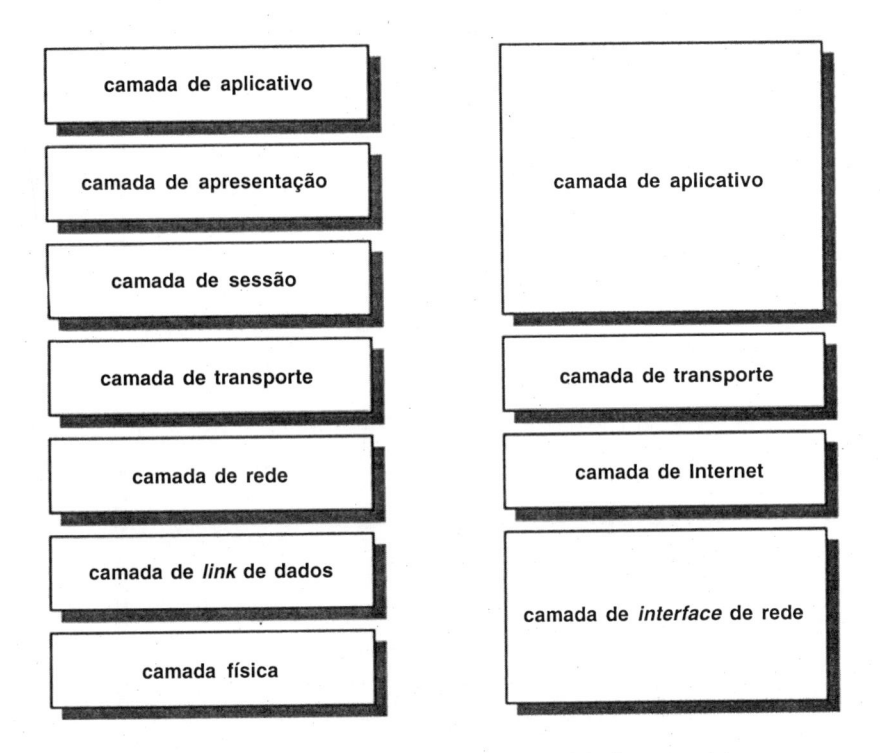

Figura A-2 Comparação entre o modelo OSI (à esquerda) e o modelo TCP/IP (à direita)

- Protocolos de camada de aplicativo se interconectam com protocolos de camada de transporte através de um dos dois métodos em Microsoft TCP/IP:
    - WinSock — soquetes Windows — uma interconexão entre aplicativos baseados em soquete e TCP/IP;
    - NetBT —NetBIOS sobre TCP/IP — habilita sessões NetBIOS e funções de atribuição de nomes.
- Protocolos de camada de transporte habilitam sessões entre *hosts*, para que a comunicação seja possível. Os dois protocolos definidos são:
    - TCP — Transmission Control Protocol — para sessões de transferência de grande quantidade de dados, que sejam orientadas por conexão, ponto-a-ponto, confiáveis e de envio garantido;
    - UDP — User Datagram Protocol —para sessões de transferência de pequenas quantidades de dados, que não sejam críticas, não precisem de conexão e sejam realizadas de um ponto para vários outros;

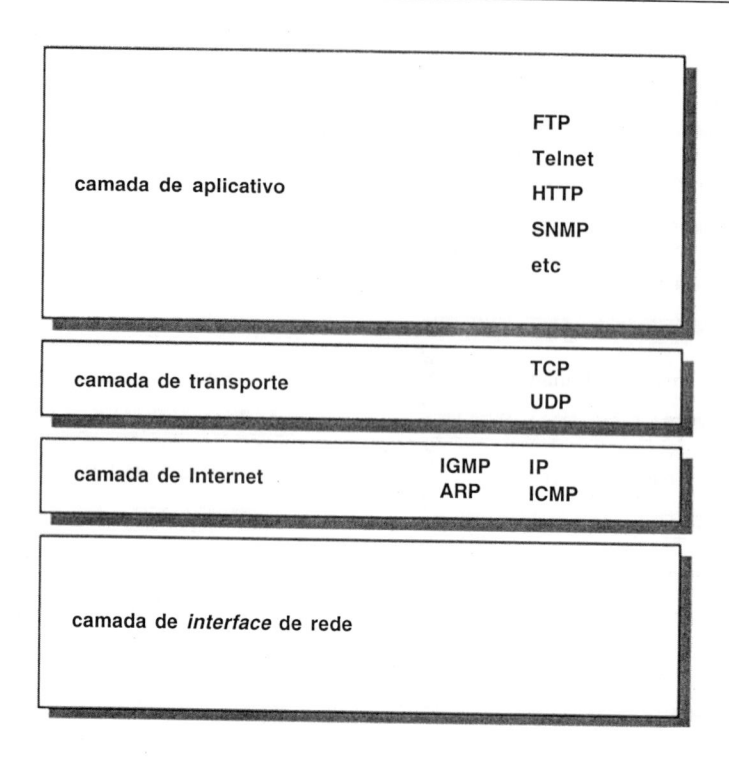

```
┌─────────────────────────────────────────┐
│                              FTP        │
│                              Telnet     │
│     camada de aplicativo     HTTP       │
│                              SNMP       │
│                              etc        │
└─────────────────────────────────────────┘
┌─────────────────────────────────────────┐
│     camada de transporte     TCP        │
│                              UDP        │
└─────────────────────────────────────────┘
┌─────────────────────────────────────────┐
│     camada de Internet   IGMP   IP      │
│                          ARP    ICMP    │
└─────────────────────────────────────────┘
┌─────────────────────────────────────────┐
│                                         │
│     camada de *interface* de rede       │
│                                         │
└─────────────────────────────────────────┘
```

Figura A-3 Os diversos protocolos no protocolo suite TCP/IP

- Protocolos de camada de Internet — habilitam o roteamento de pacotes de endereço IP, bem como outras funções de gerenciamento de protocolo. Os quatro protocolos são:
  - IP — Internet Protocol — para endereçamento e encaminhamento de pacotes em uma rede de Internet;
  - ICMP — Internet Control Message Protocol — para relatar erros de entrega;
  - IGMP Internet Group Message Protocol — usado para difusão múltipla;
  - ARP — Address Resolution Protocol — para decompor endereços IP em placas de endereços de *interface* de rede de camada física.
- Protocolos de camada de *interface* de rede, de fato, lidam com movimento de dados dentro e fora do cabo de rede. Nenhum protocolo TCP/IP é definido nesta camada; ao contrário, aqui são usados *drivers* de placa de *interface* de rede dependentes de topologia para fornecer serviços de rede.

Apêndice A - TCP/IP Básico

Estrutura de um *frame* TCP/IP

Na Figura A4 ilustramos como uma típico *frame* TCP/IP é formado e transportado por uma rede.

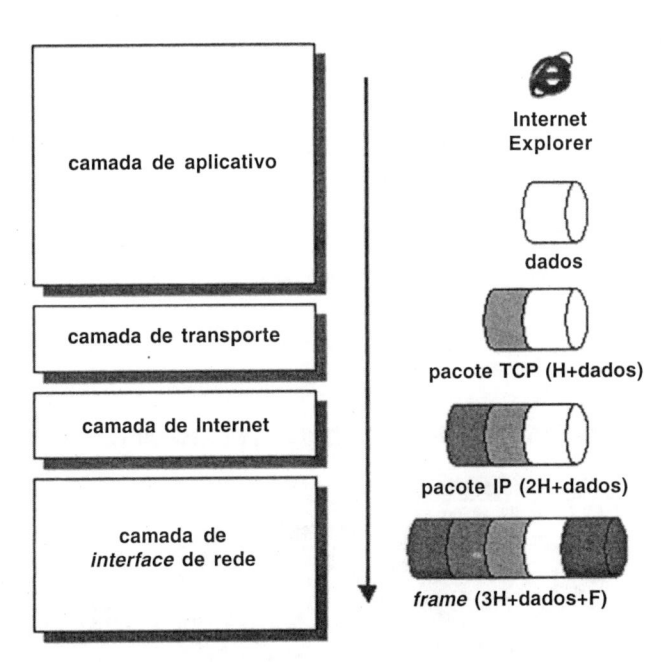

Figura A-4 Formação de um frame *TCP/IP* pelo encapsulamento de protocolo

Um aplicativo como o Internet Explorer sendo executado na camada de aplicativo formula uma *instrução*, tal como HTTP GET e passa esta instrução para a próxima camada, a camada de transporte.

A camada de transporte segmenta as informações enviadas para ele pela camada de aplicativo em pacotes de dados não maiores do que 1460 bytes e acrescenta um cabeçalho TCP de 20 bytes, que especifica as portas de origem e de destino, o número de seqüência e outras informações. O pacote TCP assim construído é então passado para a camada de Internet.

A camada de Internet acrescenta um cabeçalho de 20 bytes ao pacote TCP enviado a ela pela camada de transporte. A camada IP inclui informações referentes a endereços IP de origem e destino, o pacote TTL — Time to Live (Tempo de vida) e outras informações referentes a funções de roteamento. O pacote IP assim construído é então passado para a camada de *interface* de rede.

A camada de *interface* de rede formata o pacote passado da camada de Internet de uma maneira apropriada para o método de rede que será usado (Ethernet, Token Ring, FDDI e assim por diante). Por exemplo, se o pacote IP estiver destinado a viajar em uma rede Ethernet, ele é formatado em um *frame* 802.3 Ethernet, acrescentando um cabeçalho de 22 bytes contendo os endereços físicos de origem e de destino e um rodapé de quatro bytes contendo informações totais. O resultado é um *frame* Ethernet de comprimento de até 1514 bytes.

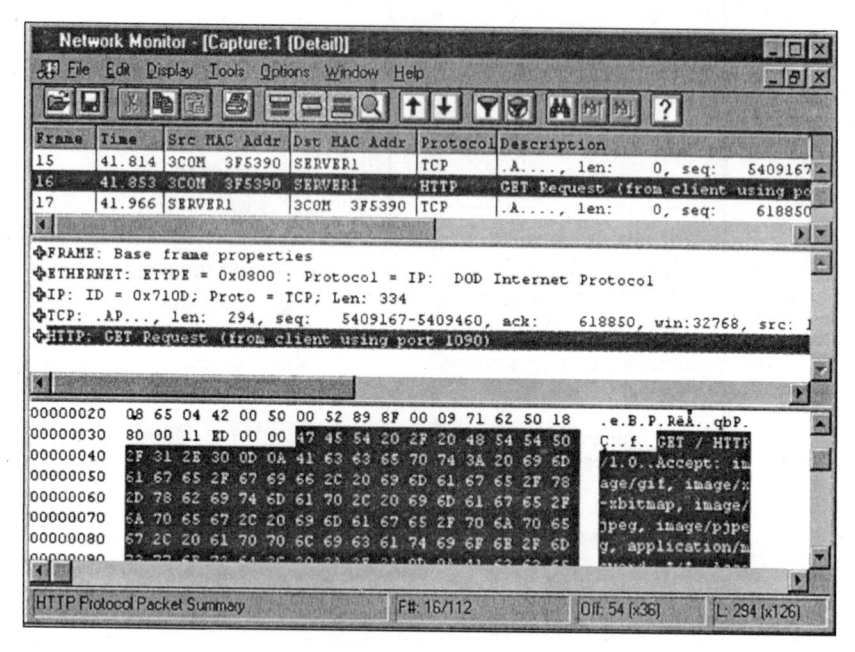

Figura A-5 Uma captura Network Monitor mostrando uma solicitação HTTP GET

Podemos ver a estrutura de *frames* TCP/IP em detalhe, usando a ferramenta Microsoft Network Monitor. Uma versão limitada desta ferramenta está incluída no Windows 2000 sob o item de menu Administrative Tools Start. A Figura A-5 mostra uma captura do Network Monitor (Monitor de rede) com informações detalhadas sobre os vários protocolos encapsulados de uma solicitação HTTP GET em uma rede Ethernet.

Apêndice A - TCP/IP Básico   **479**

Vejamos o pacote de informações detalhado a partir do *painel de detalhe* (painel central) da janela de exibição do Network Monitor, na Figura A-5. Observe o encapsulamento de vários protocolos, as portas de origem e de destino, endereços e vários outros detalhes. Note também a complexidade do protocolo TCP/IP.

```
FRAME: Base frame properties
     FRAME: Time of capture5Feb 21, 1998 22:10:39.862
     FRAME: Time delta from previous physical frame: 39
     milliseconds
     FRAME: Frame number: 16
     FRAME: Total frame length: 348 bytes
     FRAME: Capture frame length: 348 bytes
     FRAME: Frame data; Number of data bytes remaining5348
     (0x015C)
ETHERNET: ETYPE50x0800 : Protocol15IP: DOD Internet Protocol
     ETHERNET: Destination address : 48543300CD6A
            ETHERNET: .......05Individual address
            ETHERNET: ......0.5Universally administered address
     ETHERNET: Source address : 02608C3F530
            ETHERNET: ......05No routing information present
            ETHERNET: ......1.5Locally administered address
     ETHERNET: Frame Length : 348 (0x015C)
     ETHERNET: Ethernet Type : 0x0800 (IP: DOD Internet Protocol)
     ETHERNET: Ethernet Data: Number of data bytes remaining5334
     (0x014E)
IP: ID50x710D; ProtoTCP; 334
     IP: Version54 (0x4)
     IP: Header Length520 (0x14)
     IP: Service Type50 (0x0)
            IP: Precedence5Routine
            IP: ...0....5Normal Delay
            IP: ....0...5Normal Throughput
            IP: .....0..5Normal Reliability
     IP: Total Length5334 (0x14E)
     IP: Identification528941 (0x710D)
     IP: Flags Summary52 (0x2)
            IP: .......05Last fragment in datagram
            IP: ......1.5Cannot fragment datagram
     IP: Fragment Offset50 (0x0) bytes
     IP: Time to Live532 (0x20)
     IP: Protocol15TCP - Transmission Control
     IP: Checksum50x8003
     IP: Source Address5172.16.8.20
```

```
        IP: DestinationAddress5172.16.8.101
        IP: Data: Number of data bytes remaining5314 (0x013A)
TCP: .AP..., len: 294, seq: 5409167-5409460, ack: 618850,
Win:32768, src: 1090 dst: 80
        TCP: Source Port50x0442
        TCP: Destination Port5Hypertext Transfer Protocol
        TCP: Sequence Number55409167 (0x52898F)
        TCP: Acknowledgment Number 5618850 (0x97162)
        TCP: Data Offset520 (0x14)
        TCP: Reserved50 (0x0000)
        TCP: Flags50x18 : .AP...
                TCP: ..0.....5No urgent data
                TCP: ...1....5Acknowledgment field significant
                TCP: ....1...5Push function
                TCP: .....0..5No Reset
                TCP: ......0.5No Synchronize
                TCP: .......05No Fin
        TCP: Window532768 (0x8000)
        TCP: Checksum50x11ED
        TCP: Urgent Pointer50 (0x0)
        TCP: Data: Number of data bytes remaining5294 (0x0126)
HTTP: GET Request (from client using port 1090)
        HTTP: Request Nethod5GET
        HTTP: Uniform Resource Identifier5/
        HTTP: Protocol Version5HTTP/1.1
        HTTP: Accept5image/gif, image/x-xbitmap, image/jpeg,
        Image/pjepg, application;mswo
        HTTP: Accept-Language5en
        HTTP: Undocumented Header5UA-pixels: 800x600
                HTTP: Undocumented Header Fieldname5UA-pixels
                HTTP: Undocumented Header Value5800x600
        HTTP: Undocumented Header5UA-color: color8
                HTTP: Undocumented Header Fieldname5UA-color
                HTTP: Undocumented header Value5color8
        HTTP: Undocumented Header5UA-OS: Windows 95
                HTTP: Undocumented Header Fieldname5UA-OS
                HTTP: Undocumented Header Value5Windows 95
        HTTP: Undocumented Header5UA-CPU: x86
                HTTP: Undocumented Header Fieldname5UA-CPU
                HTTP: Undocumented Header Value5x86
        HTTP: User-Agent5Mozilla/4.0 (compatible; MSIE 4.0; Windows 98)
                HTTP: Host5server1
                HTTP: Connection5Keep-Alive
```

Apêndice A - TCP/IP Básico

Como instalar o TCP/IP no Windows 2000

TCP/IP é o protocolo-padrão de rede para o Windows 2000. Logo que você instala o Windows 2000 em uma máquina limpa com uma placa de rede, ele pedirá as informações de como configurar sua conexão TCP/IP. Nesta seção, trataremos da instalação do TCP/IP em uma *interface* de rede que não tem o TCP/IP instalado.

Clique em Start, Settings e Network and Dial-Up Connections (Conexões de rede e discagem) (veja a Figura A-6). Clique à direita de Local Area Connection (Conexão de área local) e selecione Properties no menu de contexto para configurar sua *interface* de rede interna. Isto trará para a frente a caixa de diálogo de propriedades Local Area Connection (veja a Figura A-7).

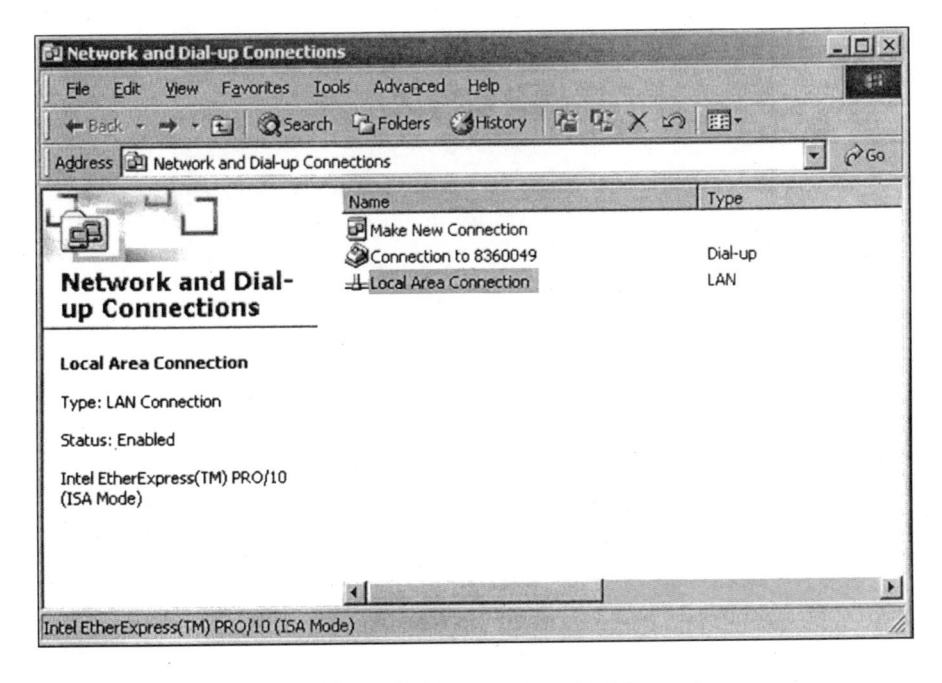

Figura A-6 As conexões de rede e discagem do Explorer

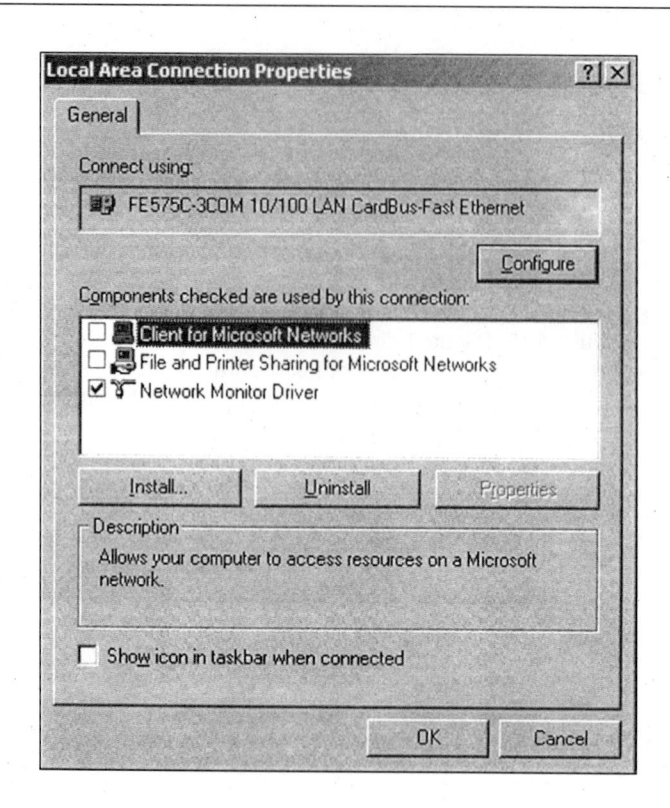

Figura A-7 Acréscimo de TCP/IP à conexão de área local

Clique no botão Install para trazer para a frente a caixa de diálogo Select Network Component Type (Selecionar tipo de componente de rede) (veja a Figura A-8). A partir daqui, você pode selecionar serviços e protocolos que serão usados em sua máquina-cliente de rede. Selecione Protocol e clique no botão Add para adiantar a caixa de diálogo Select Network Protocol (Selecionar protocolo de rede) (veja a Figura A-9).

Selecione Internet Protocol (TCP/IP) e clique em OK. Windows 2000 fará a instalação da suite de protocolos TCP/IP em sua máquina. Quando a instalação estiver completa, a caixa Local Area Connection Properties aparecerá (Figura A-7); desta vez, com o protocolo TCP/IP listado.

Apêndice A - TCP/IP Básico

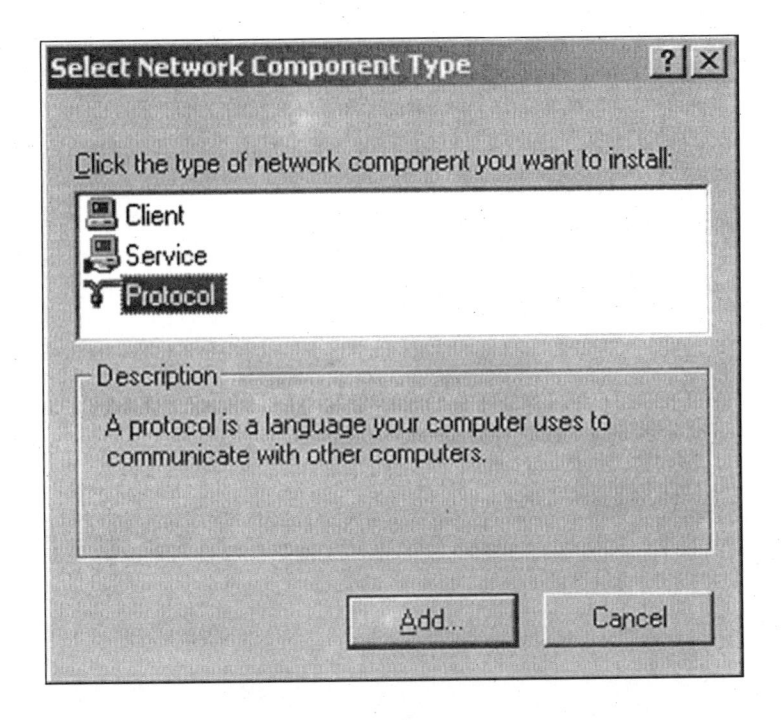

Figura A-8 Seleção de um tipo de componente de rede

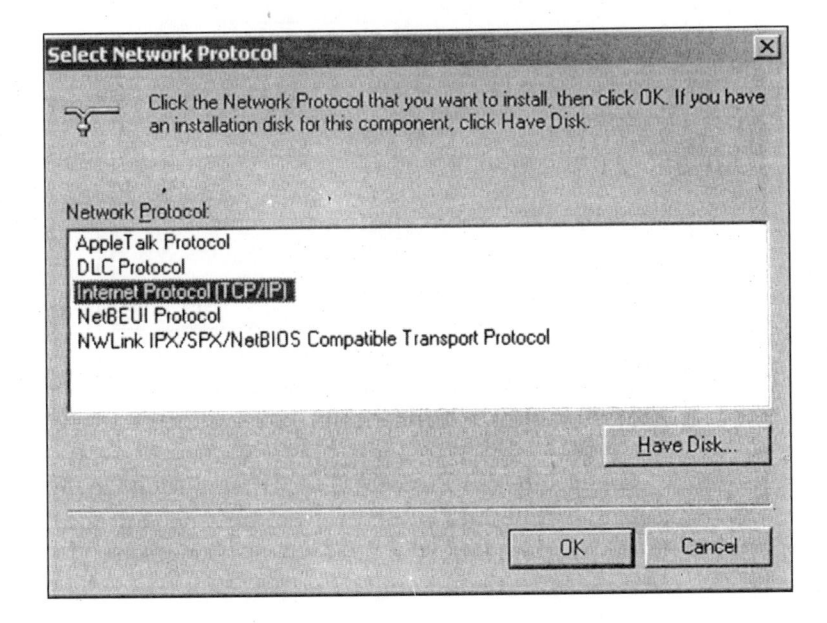

Figura A-9 Seleção de um protocolo para instalar no Windows 2000

A configuração *default* de seu recém-instalado TCP/IP será para usar DHCP (discutiremos isto mais adiante, neste capítulo). Na próxima seção, trataremos da configuração do protocolo TCP/IP em uma máquina Windows 2000.

Como configurar o TCP/IP no Windows 2000

A configuração do TCP/IP é feita, usando a caixa Local Area Connection Properties, conforme ilustra a figura A-7. Selecione o Internet Protocol (TCP/IP) nas listagens de protocolo disponíveis e clique no botão Properties. Isto exibirá a caixa de diálogo Internet Protocol (TCP/IP) (veja a Figura A-10).

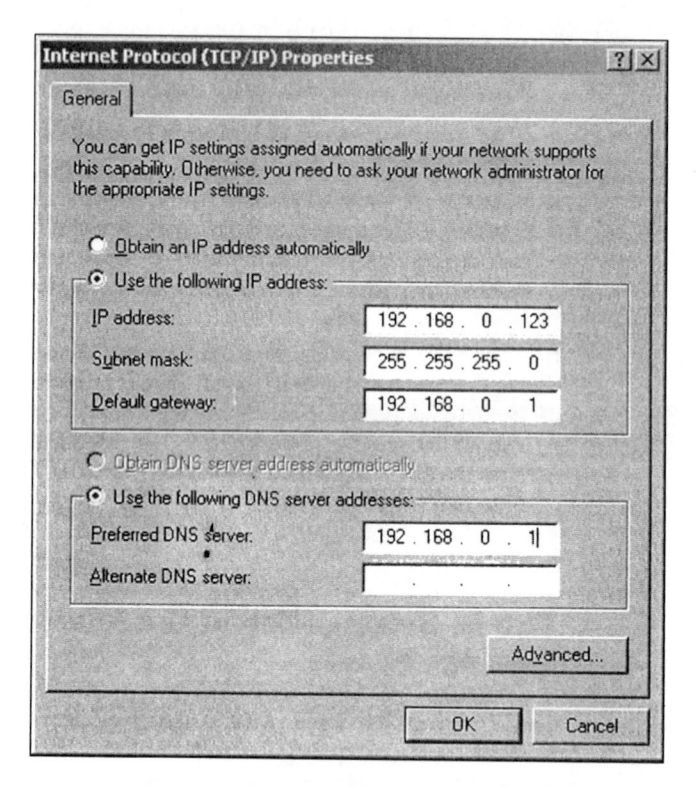

Figura A-10 *A caixa de diálogo Internet Protocol (TCP/IP) Properties*

A página de propriedades Internet Protocol (TCP/IP)

A guia General (Figura A-10) é usada para as configurações do TCP/IP.

Escolha especificar manualmente um endereço IP ou obter automaticamente um endereço IP a partir de um servidor DHCP. Um *servidor DHCP* tanto pode ser um servidor Microsoft Windows 2000 executando o serviço do servidor DHCP, quanto algum outro servidor DHCP. Endereços IP podem ser obtidos por uma rede local ou através de um roteador de discagem PPP (por exemplo, quando você se conecta a um ISP através de rede de discagem, o servidor DHCP no ISP passará para sua máquina um endereço IP através da linha serial PPP).

Se sua máquina for um servidor, ela terá sido atribuído manualmente um endereço IP ou uma reserva DHCP, para receber sempre o mesmo endereço IP do servidor DHCP. Se sua máquina for uma máquina-cliente, é mais fácil obter seu endereço IP de um servidor DHCP.

Se você fizer manualmente as configurações, você deve fornecer três ajustes:

- IP Address (Endereço IP) — identificador único de 32 bits para a máquina na rede TCP/IP;
- Subnet Mask (Máscara de sub-rede) — um número de 32 bits que divide o endereço IP em dois números, um número *host* e um número rede. A máscara de sub-rede é usada durante comunicações TCP/IP para determinar se a máquina de destino está em uma sub-rede local ou em uma rede remota, para encaminhá-la adequadamente;
- Default Gateway (Meio de acesso padrão) — o *Default Gateway* é um número de 32 bits especificando para onde *frames* IP devem ser enviados se não houver roteamento especificado para a máquina de destino. Nota: Especificar um *Default Gateway* é opcional, mas se um não for especificado, o acesso pode ser restrito apenas à sub-rede local. Clique no botão Advanced para abrir a caixa de diálogo Advanced TCP/IP Settings (Figura A-11).

A guia IP Settings da página Advanced TCP/IP Settings

A guia IP Settings (Figura A-11) é usada para os seguintes ajustes TCP/IP:

- Endereços IP adicionais para a conexão selecionada — acrescente mais endereços IP a esta conexão ou adaptador de rede;
- *Gateways* adicionais para a conexão selecionada — use *metric* (métrico) para definir os melhores roteiros a tomar, com a quantidade mínima de *hops*. Se uma máquina precisa enviar um pacote a um *gateway* e este não responder, o próximo *gateway* na lista será tentado;
- *Interface* métrica para a conexão selecionada — se existirem roteiros múltiplos, isto define qual roteiro tomar com *metric*, que é igual ao valor métrico padrão. Um *metric* define quantos *hops* são necessários para chegar ao destino.

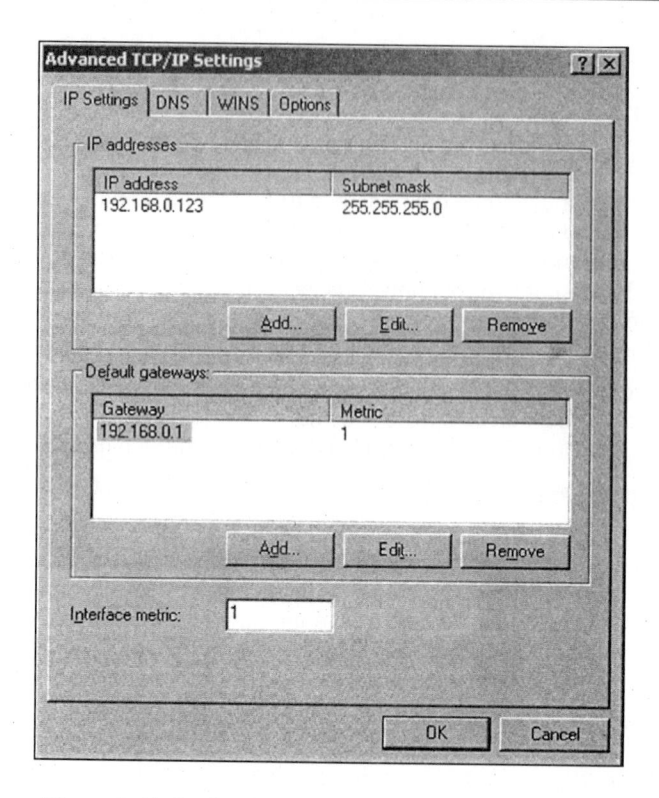

Figura A-11 Configuração de ajuste IP da conexão TCP/IP

A aba DNS da página Advanced TCP/IP Settings

A aba DNS (veja a Figura A-12) é usada para configurar os seguintes ajustes TCP/IP:

- DNS Server Addresses (endereços de servidores DNS) — este será o endereço IP *default* atribuído na configuração TCP/IP, na guia General, da caixa de diálogo TCP/IP Properties (veja a Figura A-10). Aqui você pode acrescentar mais servidores DNS, clicando no botão Add;

- Domain Name Suffixes (sufixos de nome de domínio) — este é o domínio Internet ao qual pertence o *host*. O nome de domínio é a última metade do FDQN — Fully Qualified Domain Name da máquina. Neste exemplo, se nosso domínio fosse home.santry.com e o nome da máquina fosse server1, o FQDN para acessar este servidor seria

    server1.home.santry.com;

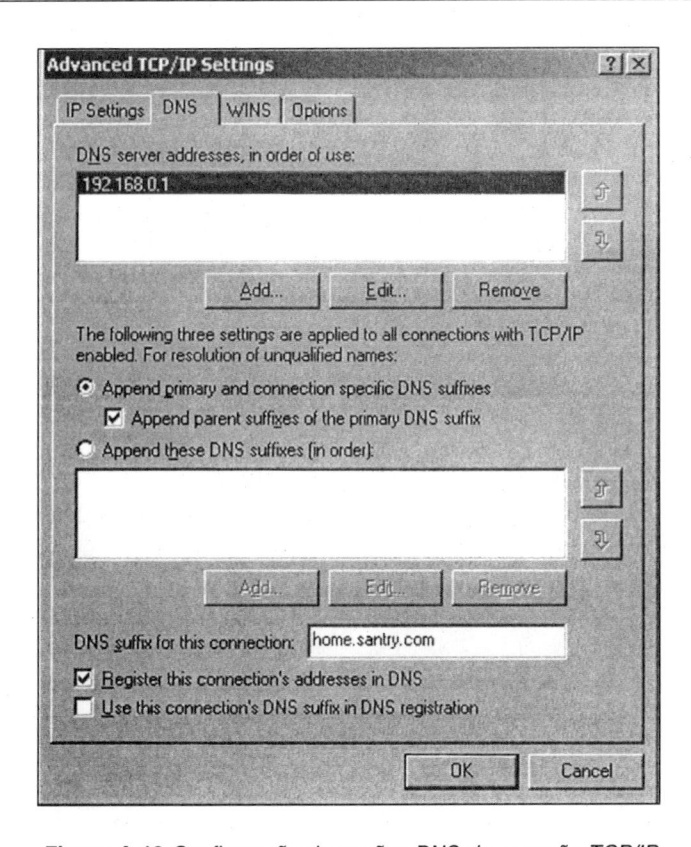

Figura A-12 Configuração de opções DNS da conexão TCP/IP

- Ordem de busca de sufixo de domínio — especifica sufixos DNS adicionais que devem ser anexados aos nomes *host* para resolução de nome DNS;
- Registro DNS dinâmico — no fundo desta caixa de diálogo, estão opções para registrar o endereço IP e o nome de seu servidor nas tabelas Dynamic DNS (DNS dinâmico) em seu servidor DNS.

A guia WINS da página Advanced TCP/IP Settings

A guia WINS (veja a Figura A-13) é usada para configurar os seguintes ajustes TCP/IP:

- *WINS Server* (servidores WINS) — estes são os endereços IP dos servidores WINS que devem ser usados pelo adaptador de rede selecionado. WINS significa Windows Internet Naming Service e representa uma alternativa Windows ao Domain Name System, adequada a redes de pequeno e médio porte. No entanto, usar o TCP/IP, DNS é preferível ao WINS. Embora WINS suporte um banco de dados de nome dinâmico e tenha sobrecarga administrativa menor do que o DNS, o DNS ainda é preferido para redes de médio a grande porte, devido à sua compatibilidade com funcionalidade padrão Internet. Os servidores WINS serão consultados em ordem de cadastramento nesta caixa de lista de endereços IP;

- *Enable LMHOSTS Lookup* (permissão para busca LMHOSTS) — isto permite o uso de um arquivo local LMHOSTS para resolução de nome NetBIOS. Arquivos LMHOSTS contêm mapeamentos de nomes NetBIOS para endereços IP e podem oferecer suporte ou uma alternativa para resolução WINS de nomes NetBIOS. Um exemplo de arquivo LMHOSTS está localizado em

  `C:\winnt\system32\drivers\etc\;`

- *NetBIOS over TCP/IP* (NetBIOS sobre TCP/IP) — estas opções são usadas para especificar como você deseja NetBIOS e WINS na conexão TCP/IP. Habilite esta opção, se sua rede consistir de clientes legados NT e servidores que usam WINS para analisar nomes NetBIOS.

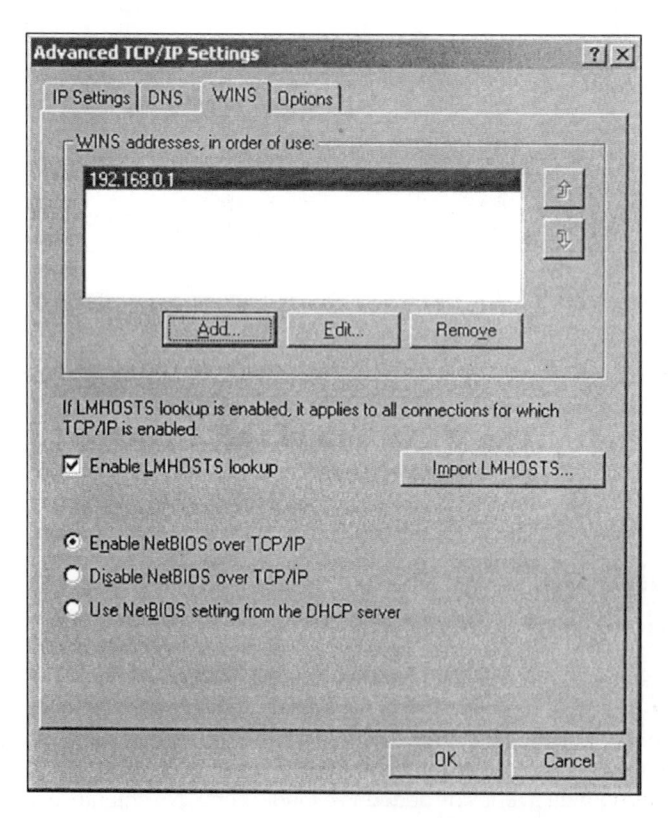

Figura A-13 Configuração de informações WINS

Apêndice A - TCP/IP Básico

A guia Options da página Advanced TCP/IP Settings

Use esta aba (veja a Figura A-14) para especificar outras opções para a conexão. Neste exemplo, listamos segurança IP e filtragem TCP/IP. Segurança IP é usada para se comunicar com servidores que têm segurança habilitada. Você pode selecionar dentre políticas diferentes que estão disponíveis no sistema. Filtragem TCP/IP permite que você filtre a porta e o tipo de protocolo de entrada e saída de pacotes. Outras opções podem ser listadas aqui, dependendo dos serviços instalados em sua máquina. Refira-se à documentação de Windows 2000 para referência.

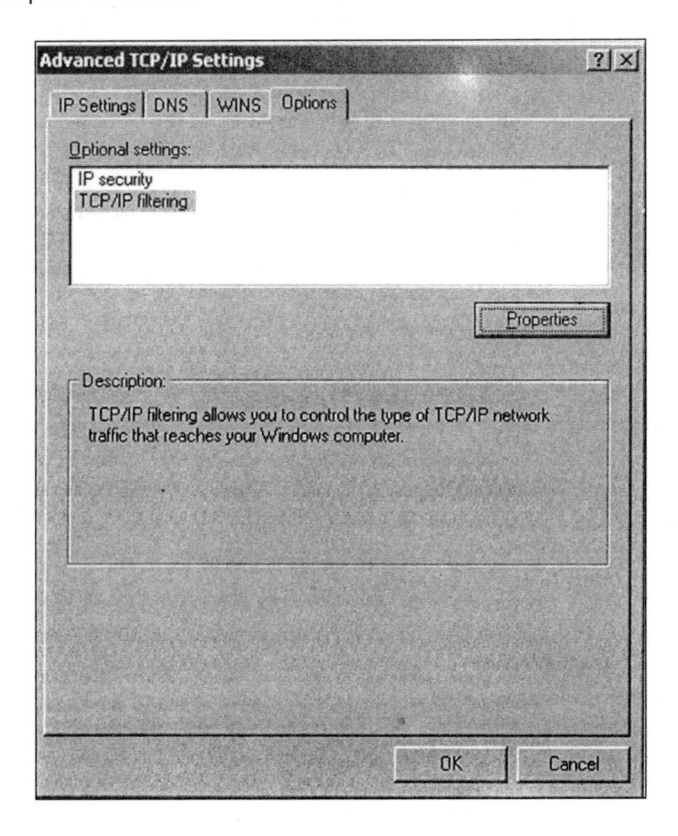

Figura A-14 Configuração de outras opções para a conexão TCP/IP

Como entender endereçamento e sub-rede IP

Endereços IP são números binários de 32 bits que são representados de forma decimal, como *w.x.y.z*, onde *w, x, y* e *z* podem variar de 0 a 255. Endereços IP oferecem uma maneira única de identificar maquinas, roteadores e outros hardwares ativos de rede em uma rede de trabalho TCP/IP. Um único endereço IP é exigido para cada máquina em uma rede TCP/IP. Se duas ou mais máquinas tiverem o mesmo endereço IP, as comunicações na rede podem não funcionar adequadamente.

Endereços IP podem dividir-se em duas seções:

- Network ID (Identidade de rede) — a parte do endereço que identifica a sub-rede em que está o computador. Computadores na mesma rede podem comunicar-se, usando TCP/IP; computadores em redes diferentes precisam ter suas mensagens encaminhadas por um roteador dedicado ou por um computador Windows NT de hospedagem múltipla;

- Host ID (Identidade de hospedeiro) — a parte do endereço que identifica o *host* na sub-rede. Esta parte precisa ser única na sub-rede definida pelo número de rede acima.

Classes de endereço IP

São definidas cinco classes de endereços IP, sendo que, destas, você precisa estar familiarizado apenas com três: A, B e C. A Tabela A-1 esboça algumas informações sobre estas três classes. Observe o seguinte:

- 127.*x.y.z* é reservada para funções *loopback* (teste);
- IDs de rede e *host* não podem ser todos zeros nem todos 1;
- O ID host precisa ser único no ID de rede definido localmente.

Se sua rede não está conectada à Internet, ou se você estiver usando uma combinação de *firewall*/servidor *proxy* para proteger sua rede na Internet, você pode usar qualquer um dos seguintes blocos de endereço IP que são reservados para redes TCP/IP privadas:

Classe A (uma rede): 10.*x.y.z;*

Classe B (16 redes): 172.16.*y.z* a 172.31.*y.z;*

Classe C (255 redes): 192.168.*y.z*.

Apêndice A - TCP/IP Básico

Tabela A-1 Classes de endereço IP

Classe	Endereço IP	Número por rede	Número de host	Início do primeiro octeto	Término do primeiro octeto	Número de hosts de rede
A	w.x.y.z	w	x.y.z	1.x.y.z	126.x.y.z	16.777.214
B	w.x.y.z	w.x	y.z	128.x.y.z	191.x.y.z	65.534
C	w.x.y.z	w.x.y	z	192.x.y.z	223.x.y.z	254

Máscaras de sub-rede

Endereços IP são divididos em IDs de rede e *host*, aplicando uma máscara de sub-rede. As *máscaras-padrão de sub-rede* para as três classes de endereços descritos acima são:

Classe A: 255.0.0.0;

Classe B: 255.255.0.0.;

Classe C: 255.255.255.0.

O endereço IP e a sub-rede são somados através do operador lógico AND em notação binária para determinar o número da rede que pertence ao endereço IP:

```
192.168.12.45    511000000 10101000 00001100 00101101
255.255.255.0    511111111 11111111 11111111 00000000
```

Usando o AND novamente, o endereço IP com a máscara de sub-rede, resulta no número de rede:

`192.168.12.0511000000 10101000 00001100 00000000`

O número *host* é a parte restante:

`4500000000 00000000 00000000 00101101`

Quando TCP/IP deseja contatar um *host*, primeiro ele precisa determinar se o *host* é local ou remoto. O *host* é remoto se:

(IP de origem) AND (máscara de sub-rede de origem)
não é igual a
(IP de destino) AND (máscara de sub-rede de destino)

Se for encontrado uma rota para o *host* remoto na tabela local de roteamento, esta rota é usada; se não for encontrado nenhuma rota, o *frame* IP é enviado ao *Default Gateway*.

Sub-rede de redes IP

Para utilizar melhor o número limitado de endereços IP disponíveis, podem ser montadas *máscaras personalizadas de sub-rede* para subdividir mais a rede. O processo de criar máscaras personalizadas de sub-rede é chamado de *subnetting*.

Como exemplo, considere o seguinte endereço IP de classe B e a máscara-padrão de sub-rede:

```
172.16.119.5      510101100  00010000  01110111  00000101
255.255.0.0       511111111  11111111  00000000  00000000
```

São usados 16 bits (a quantidade de algarismos 1 na máscara-padrão de sub-rede) para o ID de rede, por isso os 16 bits restantes (a quantidade de zeros na máscara-padrão de sub-brede) podem ser usados para IDs de *host*. O que isto significa é que a rede 172.16.0.0 pode ter um máximo de 2^{16} 22565,534 *hosts*, pois existem 16 bits no número *host* e os casos de endereços "todos zeros" e "todos uns" não são permitidos (portanto, subtrair 2).

Com *subnetting*, podemos "tomar emprestados" bits do ID host e usá-los para o ID de rede. Por exemplo, considere o mesmo endereço IP, desta vez usado com a máscara personalizada de sub-rede 255.255.240.0, no seguinte exemplo:

```
172.16.119. 5510101100  00010000  01110111  00000101
55.255.240. 0511111111  11111111  11110000  00000000
```

Este arranjo dá mais bits para IDs de rede (20 bits) e, assim, mais sub-redes, mas menos bits para IDs de *host* (12 bits); portanto menos *hosts* possíveis por sub-rede. De fato, o número de *hosts* possíveis por sub-rede agora está reduzido a 2^{12} 2254,094 *hosts*.

Em geral, *subnetting* é algo matematicamente complicado para fazer, mas a Tabela A-2 oferece uma ferramenta básica que pode ser usada para realizar cálculos simples de *subnetting* para redes de classe B. Tabelas semelhantes podem ser construídas para redes de classe A e classe C.

Tabela A-2 Cálculo de *subnetting* para ajuda em redes classe B

N, número de bits emprestados de ID Host para ID de rede	2^N-2 Número de sub-redes possíveis	Terceiro octeto = $256-2^{(8-N)}$, Máscara personalizada de sub-rede	$2^{(8-N)}-2$ Incremento de ID de rede	$2^{(16-N)}-2$ Número de *hosts* por sub-rede
1	Inválido	Inválido	Inválido	Inválido
2	2	255.255.192.0	64	16.382
3	6	255.255.224.0	32	8.190
4	14	255.255.240.0	16	4.094
5	30	255.255.248.0	9	2.046

Apêndice A - TCP/IP Básico

Tabela A-2 Continuação

N, número de bits emprestados de ID Host para ID de rede	2N-2 Número de sub-redes possíveis	Terceiro octeto = 256-2(8-N), Máscara personalizada de sub-rede	2(16-N)-2 Incremento de ID de rede	2(16-N)-2 Número de *hosts* por sub-rede
6	62	255.255.252.0	4	1.022
7	126	255.255.254.0	2	510
8	254	255.255.255.0	1	254

É importante entender o item da tabela chamado *incremento de ID de rede*. Baseando-se no exemplo anterior, se o endereço IP e máscara de sub-rede de um *host* forem configurados como

Endereço IP: 172.16.119.5

Máscara de sub-rede: 255.255.240.0

qual faixa de endereços IP representa *hosts* na *mesma sub-rede* que este *host*? A resposta está no incremento de ID de rede. Para um terceiro octeto de 240, na tabela o incremento dado é 16. Existem 14 redes, cada qual diferindo no terceiro octeto em 16 da anterior; as 14 redes possíveis são dadas na Tabela A-3.

A partir da entrada distinta na Tabela A-3, podemos ver que o ID de rede para o *host* em nosso exemplo é 172.16.112.0 e que nosso *host* será capaz de se comunicar diretamente (isto é, sem a necessidade de um roteador) com todos os outros *hosts*, cujos endereços IP variam de 172.6.112.1 a 172.16.127.254.

Tabela A-3 Redes possíveis para o exemplo

ID de rede	Endereço IP inicial	Endereço IP final
172.16.0.0	Inválido (bits emprestados todos 0)	Inválido
172.16.16.0	172.16.16.1	172.16.31.254
172.16.32.0	172.16.32.1	172.16.47.254
172.16.48.0	172.16.48.1	172.16.63.254
172.16.64.0	172.16.64.1	172.16.79.254
172.16.80.0	172.16.80.1	172.16.95.254
172.16.96.0	172.16.96.1	172.16.111.254
172.16.112.0	172.16.112.1	172.16.127.254

Tabela A-3 Continuação

ID de rede	Endereço IP inicial	Endereço IP final
172.16.128.0	172.16.128.1	172.16.143.254
172.16.144.0	172.16.144.1	172.16.159.254
172.16.160.0	172.16.160.1	172.16.175.254
172.16.176.0	172.16.176.1	172.16.191.254
172.16.192.0	172.16.192.1	172.16.207.254
17.16.208.0	172.16.208.1	172.16.223.254
172;16;224.0	172.16.224.1	172.16.239.254
172.16.240.0	Inválido (bits emprestados todos 1)	Inválido

Uma aplicação para usar IDs de rede e máscaras personalizadas de sub-rede deveria conceder ou rejeitar acesso a um Web *site* em IIS, de acordo com o número IP. Veja o Capítulo 3, *Como administrar o serviço WWW*, para informações sobre onde fazer estas configurações.

Como instalar o serviço Microsoft DHCP Server

Se você quiser usar DHCP para configurar automaticamente TCP/IP para máquinas em sua rede, terá que tornar pelo menos um de seus servidores um servidor DHCP.

Para configurar seu Windows 2000 Server como um servidor DHCP para atribuir automaticamente endereços IP, máscaras de sub-rede, *gateways*-padrão e outras informações TCP/IP para máquinas cliente em sua rede, você precisa primeiro instalar o serviço Microsoft DHCP Server em seu servidor. Note que a máquina na qual você deseja instalar o serviço DHCP Server precisa ter um endereço IP manualmente (estático) instalado.

Clique em Start, Settings, Control Panel e Add/Remove Programs para iniciar o aplicativo Add/Remove Programs. Clique no ícone Add/Remove Windows Components no lado direito da caixa de diálogo, para iniciar o Windows Components Wizard (veja a Figura A-15). Deslize para baixo e selecione Networking Services. Clique no botão Details, para abrir uma caixa de lista contendo os serviços de rede disponíveis (veja a Figura A-16). Selecione Dynamic Host Configuration Protocol (DHCP) a partir dos serviços disponíveis e clique em OK. Isto o trará de volta ao Windows Components Wizard (veja a Figura A-15). Clique em Next para completar a instalação.

Apêndice A - TCP/IP Básico

Guia — Como criar um novo DHCP Scope

Um *scope* (escopo) é um conjunto de endereços IP que estão disponíveis para serem arrendados por clientes DHCP a partir do servidor DHCP. Para criar um novo *scope* para seus servidos DHCP, clique em Start, Programs, Administrative Tools e DHCP. O *snap-in* (módulo adicional) DHCP MMC abre uma listagem de seu domínio local (veja a Figura A-17). Para criar um *scope*, clique com o botão direito do mouse no domínio local no painel esquerdo do MMC, neste exemplo, `server1.santry.com`. Depois, selecione New Scope do menu de contexto. Isto iniciará o New Scope Wizard. Clique em Next para iniciar o assistente.

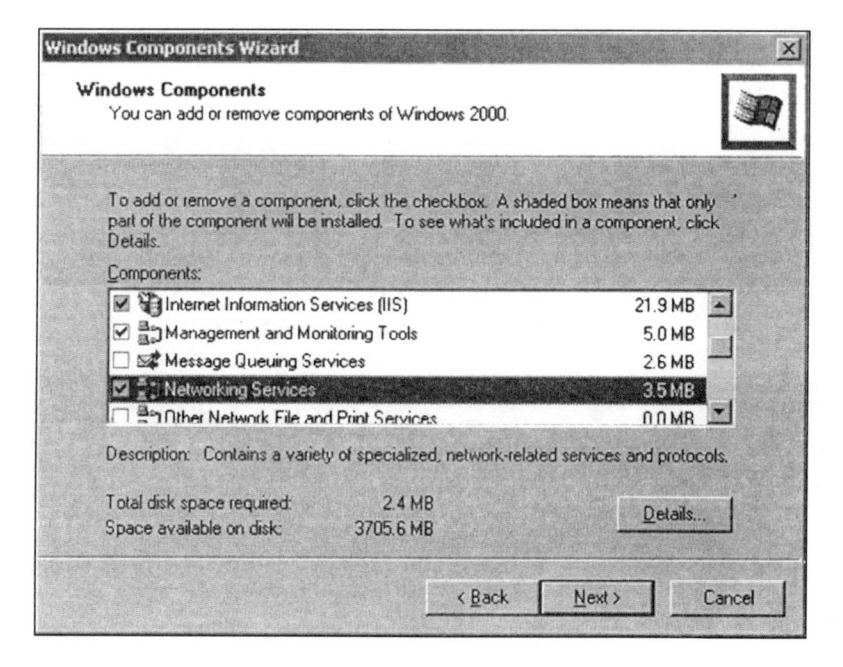

Figura A-15 O Windows Components Wizard

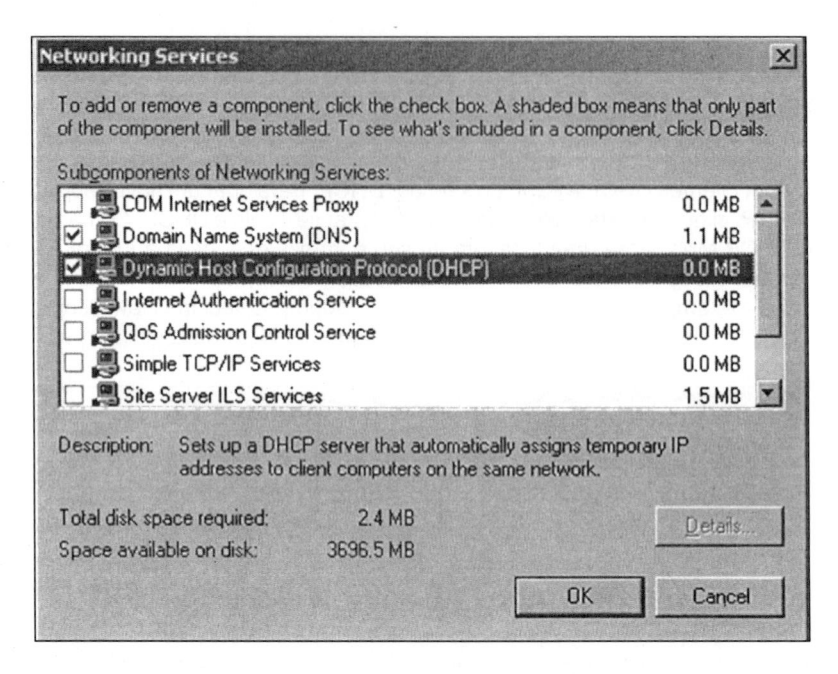

Figura A-16 Instalação de serviço DHCP

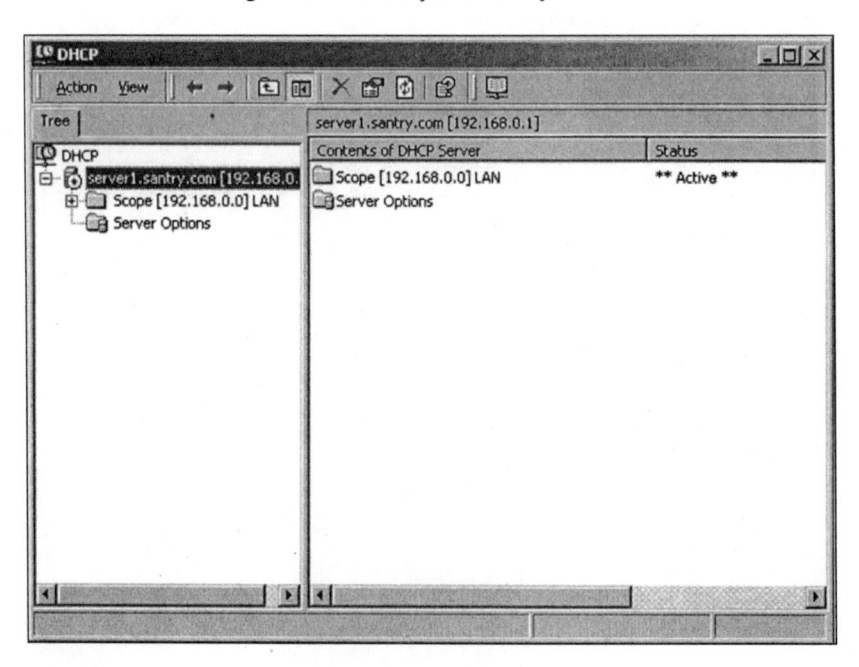

Figura A-17 O snap-in DHCP MMC

Apêndice A - TCP/IP Básico

Nesta caixa de diálogo (veja a Figura A-18), entre com nome e descrição para seu *scope*. Neste exemplo, usamos Santry Home LAN como nome de *scope*. Clique em Next para acrescentar um *scope* IP.

Nesta caixa de diálogo (veja a Figura A-19), definiremos uma faixa para nosso *scope*. Entre com 192.168.0.125 para um endereço IP de partida. Entre com 192.168.0.149 como endereço IP final. Confirme 255.255.255.0 tendo sido fornecido para a máscara de sub-rede. Clique em Next para continuar. Esta faixa contém os endereços IP disponíveis que podem ser atribuídos a um cliente ao fazer uma solicitação ao nosso servidor DHCP.

Nesta caixa de diálogo (veja a Figura A-20), podemos especificar endereços IP que serão excluídos de nossa faixa original. Digamos, por exemplo, que você tenha um servidor de correio que tenha um IP estático de 192.168.0.130. Você não quer que este endereço IP seja atribuído a clientes fazendo solicitações ao servidor DHCP. Isto excluirá o IP dos endereços IP disponíveis. Entre com 192.168.0.130 na faixa Start Address e clique em Add. Este endereço IP agora aparecerá nas listagens de faixa de endereço excluído. Isto evitará conflitos no caso de duas máquinas terem o mesmo endereço IP. Clique em Next para prosseguir.

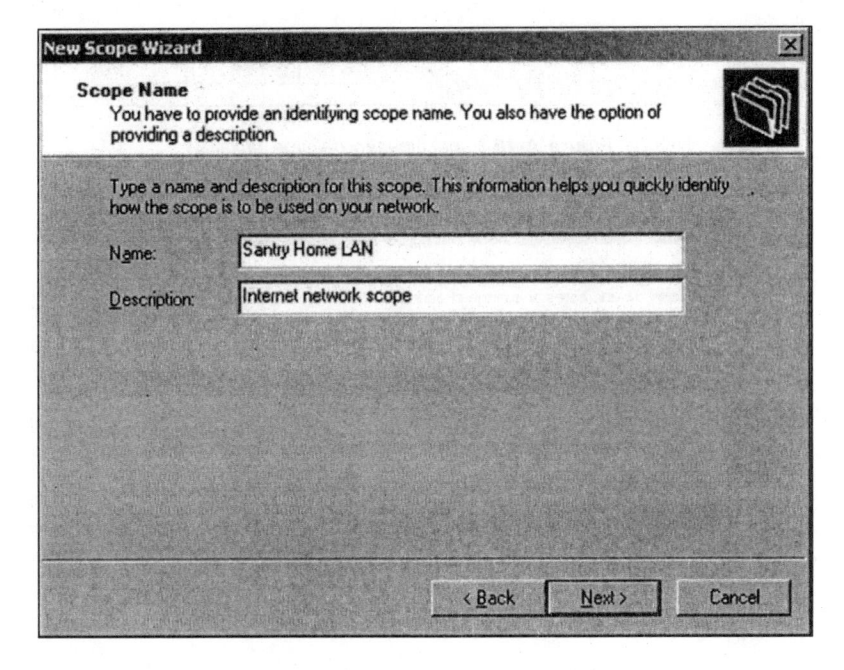

Figura A-18 Como dar um nome a um scope

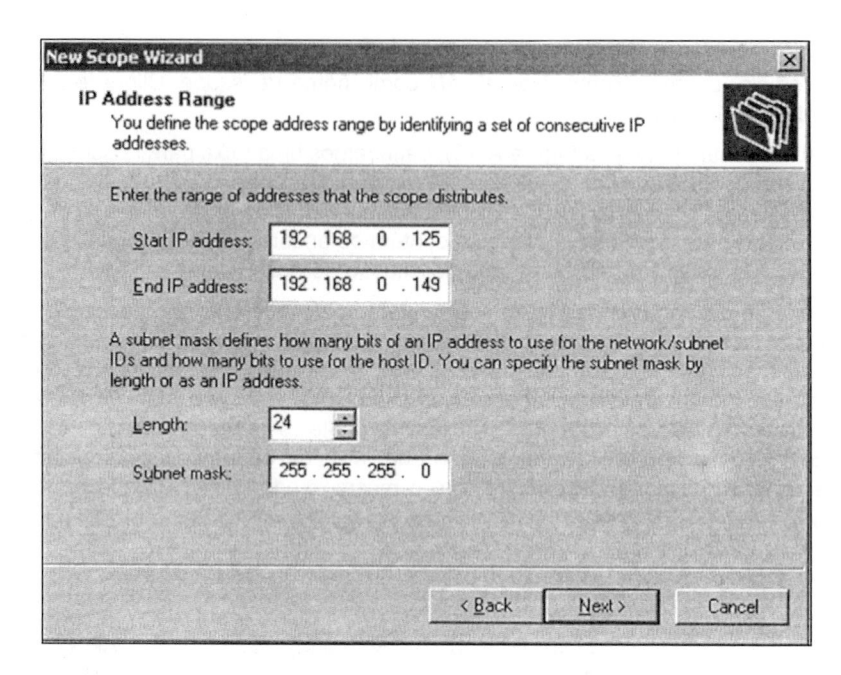

Figura A-19 Especificação de uma faixa
de endereços IP para um novo scope

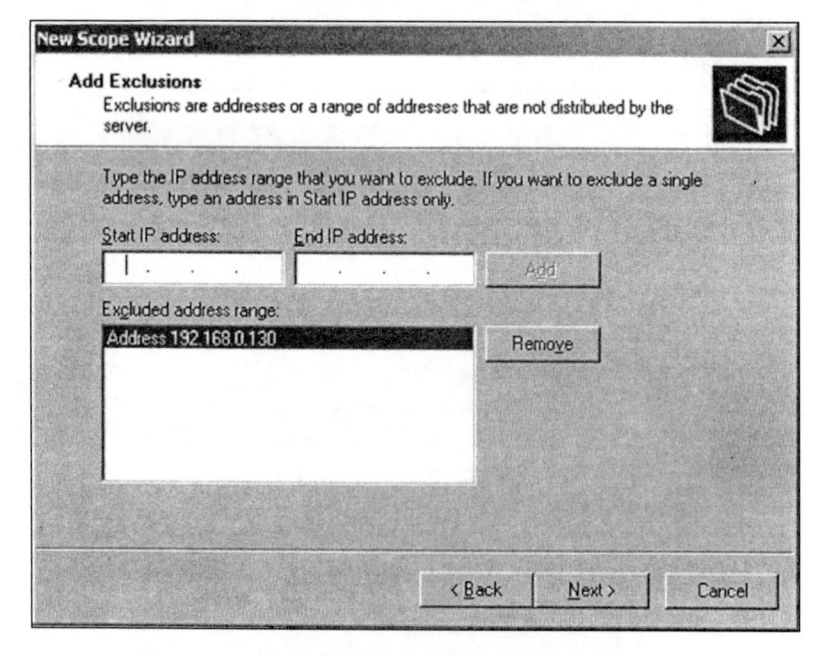

Figura A-20 Especificação de uma faixa de endereços IP
a serem excluídos do scope

Apêndice A - TCP/IP Básico   **499**

Nesta caixa de diálogo (veja a Figura A-21), definiremos o comprimento do *lease* (alocação) que os clientes obtêm ao fazerem uma solicitação ao nosso servidor DHCP. Você pode especificar a quantidade de dias, horas e minutos que o cliente terá para ao seu dispor no endereço IP antes de fazer qualquer outra solicitação ao servidor DHCP. Aceite o valor-padrão de oito dias e clique em Next para continuar.

Esta caixa de diálogo (veja a Figura A-22) oferece a opção de continuar com o assistente e configurar opções tais como o servidor local DNS, servidor WINS, *gateways* e outras informações de rede TCP/IP. Selecione a opção No (não) e clique no botão Next para prosseguir. Isto completará o assistente, que informará que você precisará ativar o *scope* e que poderá configurar opções de *scope* oportunamente.

Para ativar este novo *scope*, no *snap-in* DHCP MMC, expanda o nó de servidor local e clique com o botão direito do mouse no novo *scope*. A partir de Activate, selecione o menu de contexto. Agora seu novo *scope* está ativo, e os clientes podem receber um IP alocado neste servidor DHCP.

Na próxima seção deste capítulo, trataremos da configuração do novo *scope* e servidor DHCP.

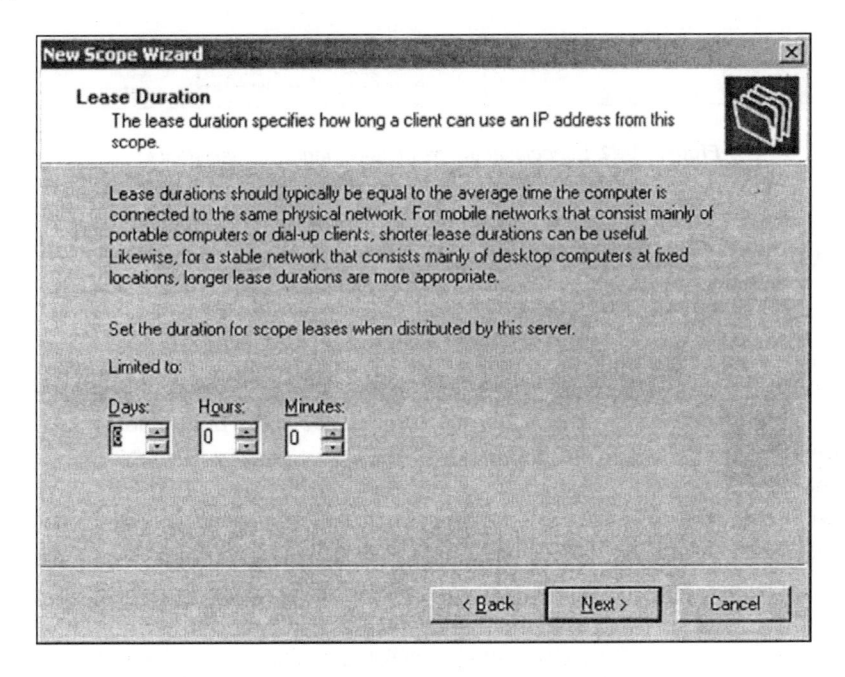

Figura A-21 Especificação de duração de arrendamento do endereço IP

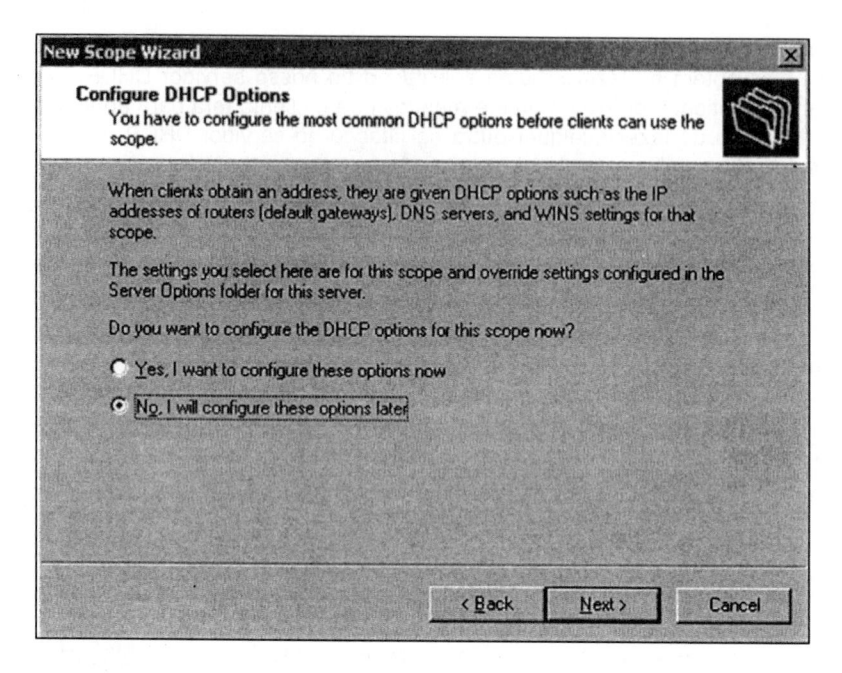

Figura A-22 Especificação de encerramento do assistente e configuração posterior do scope DHCP

Como configurar serviço Microsoft DHCP Server

Para modificar um *scope* existente em seu servidor DHCP, expanda o nó do servidor local no painel esquerdo do *snap-in* DHCP MMC (veja a Figura A-17). Selecione um *scope* existente sob o nó de servidor e expanda-o. Sob o *scope* estão quatro nós:

- Address pool (Conjunto de endereços) — exibe sua faixa IP e exclusões, se elas forem definidas;
- Address leases (Alocação de endereços) — estes são os clientes que fizeram uma solicitação ao servidor DHCP e os endereços IP que foram atribuídos a eles;
- Reservations (Reservas) — se um cliente deve ter um endereço IP específico, você deve ver todos os IPs existentes reservados no painel direito desta vista MMC;
- Scope Options (Opções de *scope*) — uma listagem das várias opções que podem ser designadas aos seus clientes — informações tais como servidores DNS, servidores WINS, roteadores, etc., podem ser configuradas assim. Estas informações serão atribuídas aos clientes junto com seus IPs designados.

Apêndice A - TCP/IP Básico   **501**

Até agora, configuramos nosso servidor DHCP para lidar com endereços IP e uma máscara de sub-rede. Mas como configurá-lo para lidar com outras informações, como *Default Gateways*, endereços IP de WINS, servidores DNS e assim por diante? Para fazer isto, selecione o *scope* ativo no *snap-in* DHCP Manager MMC e expanda o nó. Selecione o nó Scope Options e clique nele com o botão direito do mouse. Selecione Configure Options no menu de contexto. Isto abre a caixa de diálogo Scope Options.

Para habilitar o DHCP para atribuir um endereço *Default Gateway* a clientes DHCP em sua rede, selecione o 003 Router Unused Option (Opção não usada de roteador 003) e clique na caixa de verificação próxima a ela para ativar a opção. Abaixo da opção selecionada aparecerão informações que poderão ser especificamente configuradas para a opção. Entre com o endereço IP do *Default Gateway* e clique em Add (veja a Figura A-23).

Outras opções de *scope* que você pode definir são:

- Servidores 006 DNS — endereço IP de servidores DNS;
- Tipo de nó 046 WINS / NBT — tipo de NetBIOS em TCP/IP (NBT) nome de resolução usado pelo cliente (normalmente você escolherá nó 85 H);
- Servidores 044 WINS / NBNS — endereço IP de servidores WINS;
- Scope ID 047 NetBIOS — NetBIOS local de ID de *scope*.

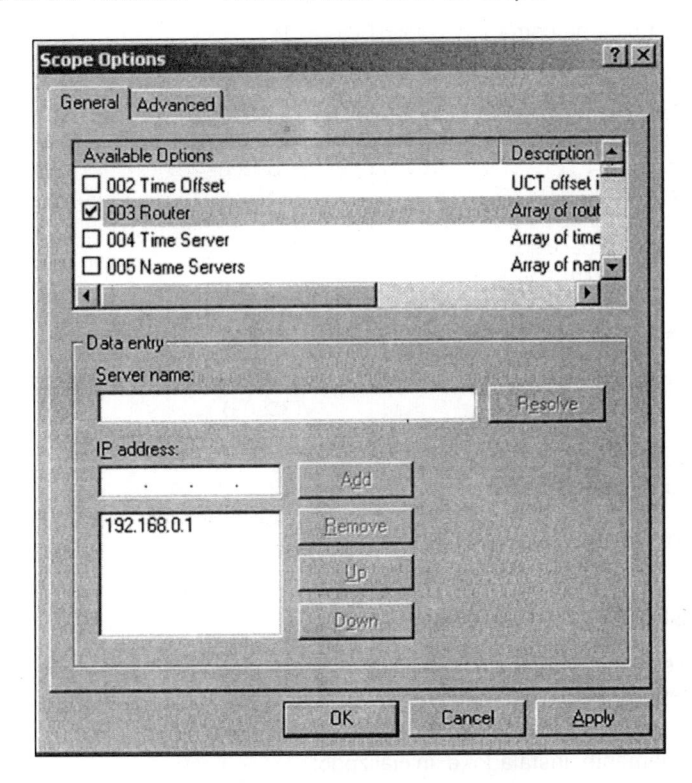

Figura A-23 Configuração do Default Gateway

Se você tiver definido todas as suas opções de *scope*, clique em OK para fechar a caixa de diálogo Scope Options e retorne aos *snap-ins* DHCP MMC.

Solução de problemas TCP/IP

Finalmente, o Microsoft TCP/IP inclui uma série de ferramentas de linha de comando padrão para solução de problemas TCP/IP. Esta seção examinará resumidamente três delas.

Como usar o utilitário `ipconfig`

A ferramenta `ipconfig` pode ser usada para relacionar as configurações de TCP/IP atualmente atribuídas ao *host*. Opções de linha de comando incluem:

- `ipconfig` — mostra configurações TCP/IP básicas;
- `ipconfig /all` — mostra todas as configurações TCP/IP;
- `ipconfig/release` — libera endereços IP arrendados (apenas clientes DHCP);
- `ipconfig/renew` — solicita novos arrendamentos de endereço IP (apenas clientes DHCP).

Veja uma saída típica do comando `ipconfig/all`:

```
Windows NT IP Configuration
        Host Name . . . . . . . . . . :  server1.santry.com
        DNS Servers . . . . . . . . . :  192.168.0.1
        Node Type . . . . . . . . . . :  Broadcast
        NetBIOS Scope ID. . . . . . . :
        IP Routing Enabled. . . . . . :  No
        WINS Proxy Enabled. . . . . . :  No
        NetBIOS Resolution Uses DNS   :  No

Ethernet adapter NE20001:

        Description . . . . . . . . . :  3Com Fast EtherLin1 XL Adapter
                                         (3C509)
        Physical Address. . . . . . . :  48-54-33-00-CD-6A
        DHCP Enabled. . . . . . . . . :  No
        IP Address. . . . . . . . . . :  192.168.0.131
        Subnet Mask . . . . . . . . . :  255.255.255.0
        Default Gateway . . . . . . . :  192.168.0.1
```

Como usar o utilitário `ping`

Outro utilitário eficiente para testar o TCP/IP e solucionar problemas é `ping`. A seqüência de comandos a seguir usa `ping` para testar, progressivamente, o TCP/IP em uma rede Internet:

1. `ping 127.0.0.1` — "pinga" o endereço de loopback para testar se o TCP/IP está adequadamente instalado e inicializado;
2. `ping 192.168.0.1` — "pinga" o seu próprio endereço IP para verificar se ele está corretamente configurado;

Apêndice A - TCP/IP Básico

3. `ping 192.168.0.1` — "pinga" o *Default Gateway* para ver se está funcionando corretamente;
4. `ping 172.16.23.95` — "pinga" um *host* remoto para saber se ele está ao alcance.

Esta é uma saída típica do primeiro comando acima:

```
Pinging 127.0.0.1 with 32 bytes of data:
Reply from 127.0.0.1: bytes532 time,10ms TTL5128
Reply from 127.0.0.1: bytes532 time,10ms TTL5128
Reply from 127.0.0.1: bytes532 time,10ms TTL5128
Reply from 127.0.0.1: bytes532 time,10ms TTL5128
```

O tempo é o tempo decorrido entre o envio do pacote e a recepção do pacote de resposta. O TTL é o Time to Live restante do pacote. TTL é decrementado para cada *hop* através de um roteador e pode ser mais decrementado se o congestionamento do roteador causar atraso do pacote.

Como usar o utilitário `tracert`

O utilitário `tracert` pode ser usado para rastrear roteiro (isto é, os *hops* através dos roteadores) a partir de sua máquina para um *host* de destino na Internet. Ele é útil para solucionar problemas em conexões WAN, para determinar se roteadores estão funcionando corretamente.

O exemplo a seguir mostra o resultado de digitar o comando `tracert ntt.co.jp`:

```
Tracing route to www.ntt.co.jp [210.130.164.102] over a maximum of 30 hops:
1    227 ms     185 ms     185 ms     tnt01.escape.ca
                                      [204.112.225.50]
2    196 ms     208 ms     211 ms     bb.escape.ca [204.112.225.4]
3    241 ms     209 ms     221 ms     escape.mbnet.mb.ca
                                      [204.112.54.194]
4    210 ms     252 ms     198 ms     e0.manitoba.mbnet.mb.ca
                                      [204.112.54.193]
5    207 ms     217 ms     199 ms     psp.mb.canet.ca
                                      [192.68.64.5]
6    240 ms     241 ms     254 ms     border1-atm1-0.quebec.canet.ca
                                      [205.207.238.45]
7    252 ms     258 ms     240 ms     psp.ny.canet.ca
                                      [205.207.238.154]
8    245 ms     239 ms     257 ms     border2-hssi2-0.Boston.mci.net
                                      [204.70.179.117]
9    817 ms     666 ms     245 ms     core2-fddi1-0.Boston.mci.net
                                      [204.70.179.65]
10   363 ms     325 ms     342 ms     core7.SanFrancisco.mci.net
                                      [204.70.4.93]
```

11	327 ms	323 ms	320 ms	mar-west3.SanFrancisco.mci.net [204.70.10.246]
12	328 ms	341 ms	320 ms	mae-west.iij.net [198.32.136.47]
13	337 ms	339 ms	334 ms	PaloAlto0.iij.net [202.232.0.109]
14	488 ms	478 ms	489 ms	iijgate.iij.net [202.232.0.245]
15	517 ms	678 ms	502 ms	otemachi00.iij.net [202.232.1.129]
16	498 ms	495 ms	493 ms	www-nttgw.iij.net [202.232.10.134]
17	550 ms	794 ms	539 ms	www.ntt.co.jp [210.130.164.102]

Trace complete.

Apêndice **B**

DNS Básico

O DNS — Domain Name System é um sistema de denominação hierárquico distribuído, usado para nomear *hosts* na Internet e redes TCP/IP em escala empresarial. É muito importante compreender o DNS se você planeja usar o IIS como um servidor de Internet ou em intranet/extranet corporativas em larga escala. Este apêndice apresenta uma visão geral resumida dos aspectos mais essenciais do DNS, conforme implementado no sistema operacional Microsoft Windows 2000 e inclui informações sobre:

- História, essência e objetivos do DNS;
- Nomes de *hosts* e como analisá-los em redes Microsoft;
- Instalação e configuração do Microsoft DNS Server em Windows 2000 Server.

Como entender o DNS

O DNS é um sistema para gerenciar a denominação de *hosts*, principalmente na Internet, e também em redes TCP/IP em escala empresarial. Trata-se de um sistema cliente-servidor, para onde clientes DNS (denominados *resolvers*) enviam solicitações de resolução de nomes a servidores DNS (denominados *name servers*). Um único servidor DNS não pode lidar com todas as solicitações de resolução de nome; ao invés disso, vários servidores DNS em todo o mundo são responsáveis por um espaço de nome de sub-rede DNS, chamado de *zona de autoridade*. Juntos, os servidores DNS, em todo o mundo na Internet, formam um banco de dados distribuído para analisar nomes de *host* em qualquer lugar do mundo.

Name resolution (Resolução de nome) é o processo através do qual um cliente (*resolver*) envia uma solicitação ao servidor (*name server*), solicitando que o nome de *host* de um terceiro computador (destino ou máquina-alvo) seja resolvido em um endereço IP. Por exemplo, suponha que você esteja conectado à Internet e digite o comando

`ping www.yahoo.com`

Primeiro, sua máquina terá que analisar o FQDN — Fully Qualified Domain Name www.yahoo.com em seu endereço IP (Figura B-1). Para fazer isto, uma solicitação *name lookup* DNS (por exemplo, "Quem diabos é www.yahoo.com?") é enviada a um servidor DNS, e o servidor DNS retorna uma resposta *name resolution* (www.yahoo.com é 204.71.200.67) com o endereço IP da máquina-alvo. Neste ponto, `ping` é capaz de executar (na verdade, `arp` precisa ser usado a seguir, para analisar o endereço IP da máquina-alvo em um endereço de placa de *interface* de rede de camada física). Se o servidor de nome for incapaz de analisar a solicitação, ele pode passar a solicitação para outro servidor DNS para fazê-lo.

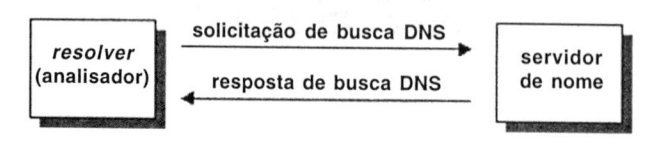

Figura B-1 *Um exemplo de solicitação de pesquisa de nome DNS*

História do DNS

A história do DNS é ligada à história do TCP/IP, discutida no Apêndice A, *TCP/IP Básico*. A ARPANET original (precursora da DARPA, que resultou na Internet de hoje) tinha apenas algumas centenas de *hosts* nos anos de 1970. A resolução de nome era feita, copiando um arquivo de texto simples, chamado HOSTS, em cada máquina da ARPANET. O arquivo HOSTS tinha uma tabela estática de mapeamentos entre nomes de *hosts* (ou FQDNs) e seus endereços IP associados.

Como a ARPANET evoluiu para a Internet, e a quantidade de *hosts* cresceu enormemente, um novo sistema de gerenciamento de espaço de nome teve que ser projetado, porque arquivos HOSTS estavam ficando tão grandes que demoravam muito para processar solicitações de resolução de nome. Este sistema foi chamado de DNS — Domain Name System, e seu novo recurso foi aquele que dividiu o espaço de nome da Internet em uma estrutura hierárquica de máquinas, chamada servidores de nome, cada qual sendo responsável pela administração de uma pequena parte deste espaço. A versão mais amplamente implementada de DNS por muitos anos foi o servidor BIND — Berkeley Internet Name Daemon, sendo executado em UNIX. O Windows 2000 tem sua própria implementação, chamada *Microsoft DNS Server Service (Serviço Microsoft DNS Server)*, que é o foco principal deste apêndice.

Apêndice B - DNS Básico

Como entender o DNS Namespace

O *namespace* (espaço de nome) de todos os *hosts* da Internet no mundo é organizado em uma estrutura hierárquica (Figura B-2). No alto do *namespace* está o *root domain* (domínio raiz), que é simbolizado por um ponto (.), normalmente isto é omitido e uma etiqueta de "nulo" é usada em seu lugar.

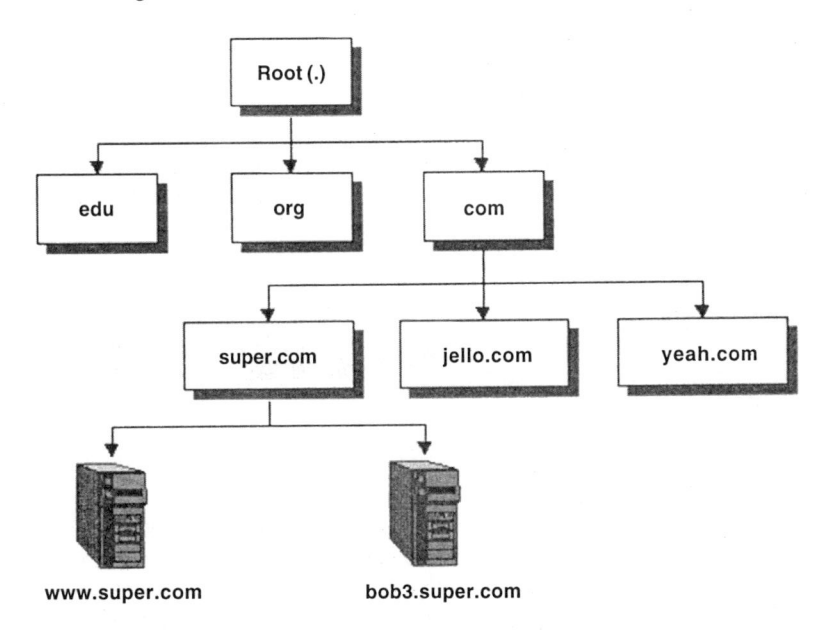

Figura B-2 Estrutura hierárquica do namespace DNS

Abaixo do domínio *root* estão os *domínios de nível superior*. Estes incluem domínios tais como os seguintes:

    com — empresas comerciais em qualquer lugar do mundo;

    edu — universidades, a maioria nos Estados Unidos;

    org — organizações sem fins lucrativos;

    net — empresas de rede;

    gov — governo dos Estados Unidos;

    mil — exército dos Estados Unidos.

Outros domínios de alto nível incluem códigos de duas letras de país, tal como estes:

    ca – Canadá;

    uk – Reino Unido;

    fr – França.

Abaixo dos domínios de alto nível, empresas e organizações individuais podem solicitar e registrar seus próprios domínios de segundo nível, como:

- `microsoft.com`
- `yahoo.com`
- `canola-council.org`
- `manitobanow.com`

Se sua empresa deseja registrar um nome de domínio e será conectada à Internet, você pode ver uma lista de onde se registrar em

www.internic.net/regist.html

Abaixo dos domínios de segundo nível, você pode ou registrar *subdomínios* ou, mais freqüentemente, registrar nomes de computadores *hosts* TCP/IP individuais, tais como

- `ftp.mtit.com`
- `www.mtit.com`
- `charlie.mtit.com`

Estas últimas expressões são exemplos de FQDNs — Fully Qualified Domain Names. Assim, por exemplo, no FQDN `charlie.supercorpinc.com`, temos:

- O *host* `charlie`
- O domínio de segundo nível `supercorpinc.com`
- O domínio de alto nível `com`

Para configurar nomes de *hosts* em uma máquina Microsoft Windows 2000, clique em Start, Settings, Network and Dial-Up Connections. Selecione a conexão que você deseja modificar e clique em Properties, selecione TCP/IP e clique em Properties para abrir a caixa de diálogo Microsoft TCP/IP Properties. Clique no botão Advanced, selecione a guia DNS e entre com o Host Name desejado na caixa de texto.

Nomes de *host* devem ser compostos apenas de letras, números e hífens. Não use sublinhas ou outros caracteres especiais. Se você não seguir esta regra, sua resolução de nome *host* falhará. Para determinar o nome de *host* de seu computador a partir da linha de comando, digite

`hostname`

Como é administrado o DNS Namespace

Idealmente, cada domínio no espaço DNS deve ter seu próprio servidor DNS. Por exemplo, se a empresa MTIT Enterprises tem 20.000 computadores, provavelmente ela deve ter seu próprio servidor DNS (ou talvez vários) para analisar solicitações de pesquisa de nome para qualquer coisa no domínio `mtit.com`. Os administradores de MTIT Enterprises devem ser responsáveis por configurar e administrar seus próprios servidores de nome para resolução local de nome dentro da empresa. Os servidores locais de nome devem ser responsáveis por uma *zona de autoridade* que inclui todos os *hosts* (ou partes de *hosts*, se houver múltiplos servidores de nome) dentro do domínio mtit.com.

Entretanto, na prática, muitos nomes de domínio ou são usados por pequenas empresas ou se aplicam apenas a um único servidor da Web e a um ISP — Internet service provider (Provedor de serviços Internet), que hospeda o Web *site* da empresa detentora daquele domínio. Neste caso, nomes no domínio devem ser analisados, usando o servidor DNS pertencente ao ISP e devem ser por ele administrados.

Uma *zona de autoridade* é a seção do espaço de nome DNS pelo qual um servidor DNS em particular é responsável. Servidores DNS podem ter autoridade sobre:

- Um ou mais domínios;
- Alguns, todos ou nenhum dos subdomínios de qualquer domínio.

Independente de como eles se relacionam com outros servidores de nome e são configurados, servidores DNS podem ser configurados como a seguir:

- *Servidores de nome principais* armazenam suas *zonas de dados* (*hostname* para arquivos de mapeamento IP) como arquivos locais;
- *Servidores de nome secundários* recebem suas zonas de dados de um *servidor de nome master* através da rede, por meio de um processo chamado *zona de transferência*; servidores de nome secundários fornecem redundância e balanceamento de carga, mas zonas de transferência podem aumentar tráfego de rede;
- *Servidores de nome master* são a origem de zonas de dados dos servidores de nome secundários e podem ser, eles próprios, servidores de nome principal ou secundário;
- *Servidores de nome apenas de coleta* não são autorizados por qualquer domínio, mas simplesmente captam consultas de busca de nome e seus resultados (os outros tipos de servidores de nome acima também captam buscas de nomes, mas servidores de nome apenas de coleta *somente* coletam buscas de nomes e não têm qualquer zona de informações).

Como são feitas consultas DNS

Dois tipos de consultas podem ser enviados por um *resolver* para um servidor de nome:

- Recursive queries (Consultas recursivas) — significam, basicamente: "Por favor, dê-me o endereço IP correspondente a este nome de *host*; se não puder, por favor retorne um erro indicando que os dados não existem";
- Iterative queries (Consultas iterativas) — significam basicamente: "Por favor, dê-me o endereço IP correspondente a este nome de *host*; se não puder, dê-me o endereço IP de outro servidor de nome que possa ser capaz de me ajudar".

Existe também um terceiro tipo de consulta que é um pouco diferente. São as *Inverse queries* (Consultas invertidas) e significam basicamente: "Por favor, dê-me o nome de *host* correspondente a este endereço IP". Consultas invertidas usam um domínio especial chamado in-addr-arpa, que é usado para buscas invertidas de nome. No entanto, não iremos considerar este tipo de consulta.

Apresentamos um cenário para ilustrar como a resolução de nome pode funcionar em uma grande empresa que tem seu próprio servidor DNS e que também está conectada à Internet (Figura B-3).

Digamos que alguém na empresa tenta navegar pelo *site* www.yahoo.com usando o Internet Explorer. Antes que uma solicitação HTTP GET possa ser enviada ao servidor da Web que hospeda este *site*, o *host* www.yahoo.com precisa ser resolvido para um endereço IP. Aqui estão as etapas mostradas na Figura B-3, que são típicas:

1. Uma consulta recursiva é enviada pelo *resolver* (cliente) ao servidor de nome local da empresa, que diz, basicamente: "Ou analise o nome de *host* www.yahoo.com ou dê-me um erro, informando que ele não existe". Isto coloca o peso de mais trabalho no servidor local de nome da empresa;

2. O servidor local de nome procura em sua zona de banco de dados para verificar se ele não pode responder à consulta. Pelo fato de que ele tem que dar uma resposta, de um jeito ou de outro, ele envia uma consulta *iterativa* a um servidor de nome *root*, dizendo, "Quem diabos é www.yahoo.com?". Há pouco menos de uma dúzia de servidores de nome *root* no mundo, e sua responsabilidade é rastrear quem são os servidores de nome de domínio de alto nível;

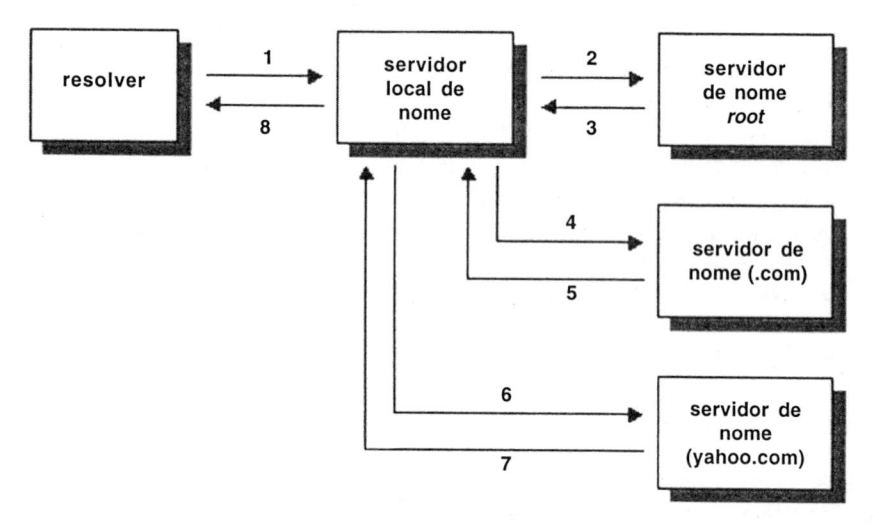

Figura B-3 Exemplo de uma consulta de nome DNS sendo executada

Apêndice B - DNS Básico

3. O servidor de nome *root* recebe a consulta e envia uma resposta ao servidor local de nome, dizendo: "Sinto muito, não sei quem é www.yahoo.com, mas há um IP de um servidor de nome .com que provavelmente pode ajudá-lo";
4. O servidor local de nome então envia uma consulta iterativa ao servidor de nome.com, dizendo; "Quem diabos é www.yahoo.com?";
5. O servidor de nome .com responde ao servidor local de nome, dizendo, "Sinto muito, não sei quem é www.yahoo.com, mas há o endereço IP do servidor de nome que é autoridade sobre o domínio yahoo.com de segundo nível." Existem diversos servidores de nome .com no mundo, e eles são responsáveis pela análise de domínios de segundo nível sob o domínio .com de alto nível;
6. Então, o servidor local de nome envia uma consulta iterativa ao servidor de nome que é autoridade sobre o domínio yahoo.com, dizendo: "Quem diabos é www.yahoo.com?";
7. O servidor de nome, que é autoridade sobre o domínio yahoo.com, responde ao servidor local de nome, dizendo: "Claro! Sei exatamente de quem você está falando. O endereço IP do *host* www.yahoo.com é ...";
8. O servidor local de nome armazena no *cache* os resultados de toda a série de consultas e respostas (para o caso de algo semelhante ser solicitado em breve) e retorna o endereço IP de www.yahoo.com ao *resolver* (cliente) que o solicitou.

Métodos Microsoft para resolução de nome

Em uma rede Windows 2000, computadores são identificados por seu FQDN. Ao instalar Active Directory, você precisará configurar seu servidor DNS na rede. Então, o Active Directory usará o DNS como seu principal serviço para resolução de nome em sua rede. Planejar e migrar o Active Directory e seu uso com o DNS está além do escopo deste livro. Para mais informações sobre como planejar seu Active Directory e a sua integração com o DNS, consulte o Capítulo 6 do Windows 2000 Resource Kit, *Windows 2000 DNS*.

Nesta seção, trataremos dos conceitos básicos sobre o funcionamento da resolução de nome em uma rede Windows 2000. A Figura B-4 ilustra o processo pelo qual nomes *host* (ou FQDNs) são analisados em uma rede TCP/IP por plataformas Microsoft. O processo pode ou não percorrer todas as sete etapas, dependendo de como o TCP/IP esteja configurado nos computadores e se uma etapa anterior foi ou não bem sucedida. Uma etapa será pulada se ele não estiver configurado nos ajustes TCP/IP do cliente que está tentando analisar o nome de *host*.

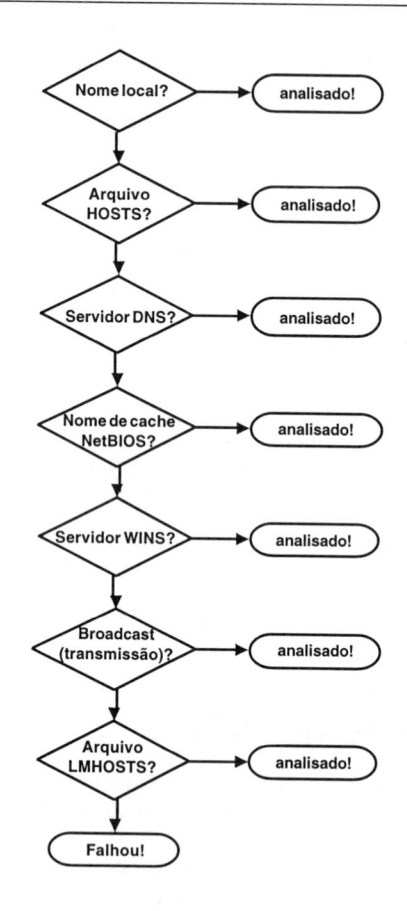

```
         ┌─────────────┐      ┌───────────┐
         │ Nome local? │─────▶│ analisado!│
         └─────────────┘      └───────────┘
                │
                ▼
         ┌─────────────┐      ┌───────────┐
         │   Arquivo   │─────▶│ analisado!│
         │   HOSTS?    │      └───────────┘
         └─────────────┘
                │
                ▼
         ┌─────────────┐      ┌───────────┐
         │ Servidor DNS?│────▶│ analisado!│
         └─────────────┘      └───────────┘
                │
                ▼
         ┌─────────────┐      ┌───────────┐
         │Nome de cache│─────▶│ analisado!│
         │  NetBIOS?   │      └───────────┘
         └─────────────┘
                │
                ▼
         ┌─────────────┐      ┌───────────┐
         │Servidor WINS?│────▶│ analisado!│
         └─────────────┘      └───────────┘
                │
                ▼
         ┌─────────────┐      ┌───────────┐
         │  Broadcast  │─────▶│ analisado!│
         │(transmissão)?│     └───────────┘
         └─────────────┘
                │
                ▼
         ┌─────────────┐      ┌───────────┐
         │   Arquivo   │─────▶│ analisado!│
         │  LMHOSTS?   │      └───────────┘
         └─────────────┘
                │
                ▼
           ┌─────────┐
           │ Falhou! │
           └─────────┘
```

Figura B-4 *Métodos Microsoft para analisar nomes de* host *ou FQDNs*

Apresentamos uma rápida explicação de cada etapa, supondo que, para este cenário, o usuário digitou

`ping hal.santry.com`

na linha de comando da máquina local do usuário:

1. A máquina local do usuário primeiro verifica se o *seu próprio* nome de *host* é `hal`. Se for, ela retorna seu próprio endereço IP e o `ping` e depois executa;
2. Se isso não funcionar, a máquina local analisa seu arquivo HOSTS (se houver um). O arquivo HOSTS contém nome de *host* estático para mapeamentos IP e pode ser usado como alternativa para servidores DNS de pequenas redes TCP/IP. Em um sistema Windows 2000, o arquivo HOSTS está localizado em

`C:\winnt\system32\drivers\etc\HOSTS`

Apêndice B - DNS Básico   **513**

O exemplo de arquivo HOSTS que foi instalado aqui quando o TCP/IP foi inicialmente instalado em seu sistema Windows NT, contém instruções sobre como montar um arquivo HOSTS, mais um mapeamento:

`127.0.0.1=localhost`

3. Se falhar, a máquina local envia uma consulta de busca de nome ao servidor DNS, especificado em suas propriedades TCP/IP (ou pelas opções de escopo do servidor DHCP). Se o servidor DHCP não responder depois de cinco segundos, a consulta é re-enviada após 10, 20, 40, 5, 10 e 20 e mais segundos.

   Se estes três métodos falharem, o *host* local pode tentar realizar as seguintes etapas, se o TCP/IP estiver configurado para permiti-las. De fato, estas etapas são etapas de resolução de nome NetBIOS; isto é, se a resolução de nome *host* falhar, a plataforma Microsoft tentará usar a resolução de nome NetBIOS para analisar o nome de *host* de um endereço IP. NetBIOS é usado principalmente nas redes NT legadas e também é suportado por Windows 2000 para redes heterogêneas consistindo de clientes Windows 2000 e clientes legados;

4. A máquina local verifica seu *cache* de nome local NetBIOS para ver se o mapeamento está presente;

5. Se a ação falhar, a máquina local tenta três vezes contatar um servidor WINS (se algum tiver sido especificado nos ajustes TCP/IP da máquina local);

6. Se a ação falhar, a máquina local envia três transmissões NetBIOS de solicitações de nome para a rede local;

7. Se a ação falhar, a máquina local separa seu arquivo LMHOSTS (se houver um). O arquivo LMHOSTS contém nome NetBIOS estático para mapeamentos IP e pode ser usado como alternativa para servidores WINS para pequenas redes. Em um sistema Windows 2000, o arquivo LMHOSTS está localizado em

   `C:\winnt\system32\drivers\etc\LMHOSTS`.

   O arquivo de exemplo LMHOSTS que está instalado aqui quando oTCP/IP é instalado inicialmente em seu sistema Windows 2000, não contém mapeamentos, mas apenas instruções de como montar um arquivo LMHOSTS válido.

8. Se a ação falhar, é retornado um erro, indicando que o nome de *host* não pode ser analisado.

Considerando a complexidade do processo acima, alguns minutos devem ser necessários para analisar com sucesso um nome de *host* de um endereço IP, e sem incluir consultas iterativas a outros servidores DNS!

Como instalar
o serviço DNS Server

Antes de instalar o serviço Microsoft DNS Server em um Windows 2000 Server, você precisa estar certo de que o TCP/IP está adequadamente instalado na máquina e de que o nome de *host* e o nome de domínio estão apropriadamente especificados na guia DNS da página Microsoft TCP/IP Advanced Properties. O endereço IP do servidor DNS também deve estar especificado na DNS Service Search Order (Ordem de busca de serviço DNS) na guia DNS. Veja, no *Apêndice A*, instruções sobre como realizar estas etapas.

Os serviços DNS serão automaticamente instalados junto com os serviços Active Directory em sua rede usando o Active Directory Installation Wizard. Quando você iniciar o Wizard, ele consultará a rede para ver se há um servidor DNS que suporte atualizações dinâmicas. O DNS dinâmico capacita um cliente a notificar o servidor DNS de sua existência; e então o servidor DNS criará uma entrada para o cliente em sua tabela de nomes. Se o Wizard não puder encontrar um servidor DNS que suporte atualizações dinâmicas, então ele prosseguirá com a instalação e a configuração de um servidor DNS para suportar o Active Directory.

Para instalar o Active Directory e o DNS em seu servidor, clique em Start, Programs, Administrative Tools e depois clique em Configure Your Server (Configurar seu servidor).Use Configure Your Server Wizard para instalar Active Directory e serviços DNS em sua máquina. O Wizard fará perguntas sobre a configuração de rede e o guiará através do processo de ajustar o DNS e o Active Directory em seu servidor. Na maioria dos casos, você não precisará configurar servidores DNS para suportar seu Active Directory; toda configuração será feita, usando o Wizard. Para mais informações sobre a configuração do Active Directory, consulte a documentação do Windows 2000.

Para instalar o DNS separado do Active Directory, selecione Start, Settings, Control Panel, clique duas vezes em Add/Remove Programs e depois clique em Add/Remove Windows Components. O Add/Remove Windows Components Wizard aparecerá. Selecione Networking Services e clique no botão Details.

A partir da caixa de diálogo Networking Services (Figura B-5), marque a opção DNS — Domain Name System. Clique no botão OK e depois, clique no botão Next para começar a instalação. Terminada a instalação, clique no botão Finish para fechar a caixa de diálogo.

Guia — Como configurar
o Microsoft DNS Server

Um tratamento completo de configuração do Microsoft DNS Server está além do escopo deste apêndice, pois a configuração depende, em grande parte, do *namespace* DNS no qual o servidor estará autorizado, como o servidor será configurado para consultas iterativas e zonas de transferência com outros servidores DNS e de sua relação para com o Active Directory. Este teste se limitará a criar uma zona principal e a acrescentar um novo registro de *host* ao servidor.

Apêndice B - DNS Básico

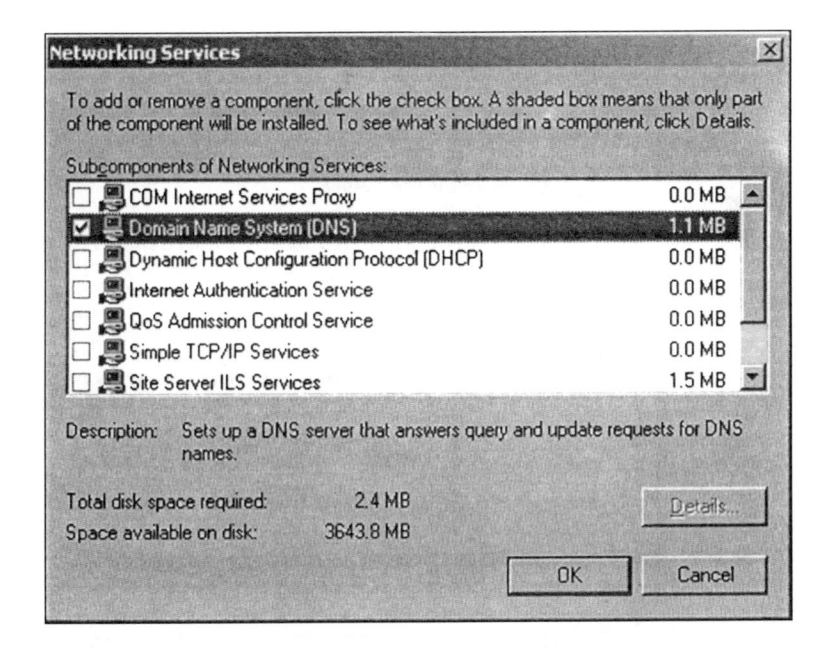

Figura B-5 Instalação do serviço Microsoft DNS Server

Clique em Start, Program Files, Administrative Tools, DNS para abrir o *snap-in* (módulo adicional) DNS MMC (Figura B-6). O *snap-in* DNS MMC configura os arquivos de banco de dados DNS e outros arquivos DNS associados. Estes arquivos são arquivos de texto ASCII e estão localizados em

`C:\<system root>\system32\dns\`

Estão incluídos os seguintes arquivos de texto:
- Arquivos `<zone>.dns` contém registros de determinada zona (um exemplo destes arquivos pode ser mycorpinc.com.dns);
- `z.y.x.w.in-addr.arpa` contém os registros de busca reversa;
- `cache.dns` contém os FQDN e os endereços IP de servidores de nome *root* na Internet;
- `boot` não é compatível com as RFC e não é necessário, mas ele pode ser usado para controlar como o servidor DNS age quando iniciado.

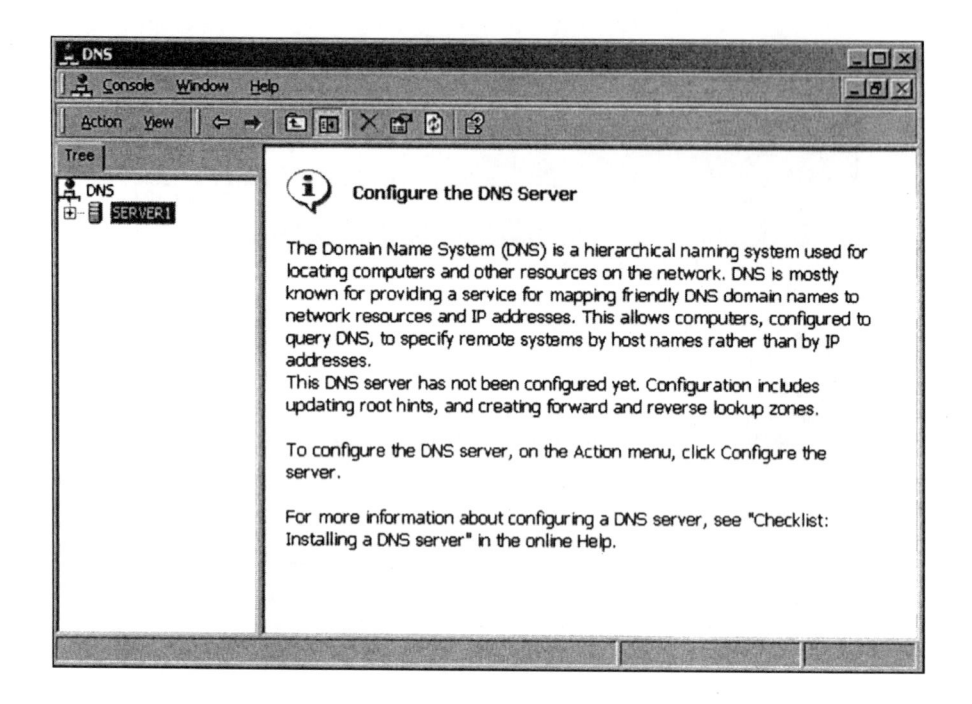

Figura B-6 O snap-in *DNS Manager MMC*

Incluídos no caminho anterior também estão exemplos de arquivos para cada um dos arquivos demonstrados acima e instruções de como você pode criar manualmente arquivos DNS usando um editor de texto como o Notepad.

Clique com o botão direito do mouse no nó de servidor e selecione Configure the Server. Isto iniciará o Configure DNS Server Wizard (Figura B-7). Clique no botão Next para iniciar o Wizard.

Nesta caixa de diálogo (veja a Figura B-8), selecione Yes, Create a Forward Lookup Zone (Sim, crie uma zona de busca avançada). Se você selecionar No, isto encerrará o Wizard e criará um servidor de armazenamento DNS, sem autoridade sobre qualquer parte do *namespace* DNS. Clique no botão Next para continuar.

Nesta tela (veja a Figura B-9), você especificará qual será este tipo de servidor DNS. Selecione Standard Primary (Padrão principal) para criar uma nova zona. Clique no botão Next para continuar.

Na caixa de diálogo a seguir (veja a Figura B-10), entre com o nome para esta zona. Neste exemplo, foi usado `home.santry.com`. Clique no botão Next para continuar.

Nesta tela (veja a Figura B-11), selecione Create a New File with File Name (Crie um novo arquivo com este nome de arquivo). Isto criará um novo arquivo dns com as informações *root*.

Na tela seguinte, selecione No, Do Not Create a Reverse Lookup Zone (Não, não crie uma zona de busca reversa). Clique no botão Next para continuar e depois no botão Finish para encerrar o Wizard.

Apêndice B - DNS Básico   517

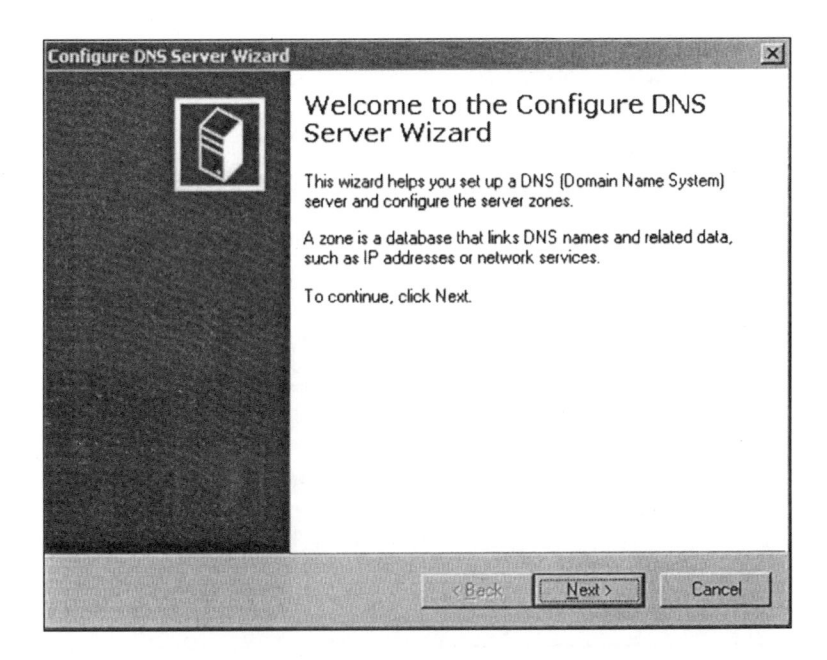

Figura B-7 *A configuração de DNS Server Wizard*

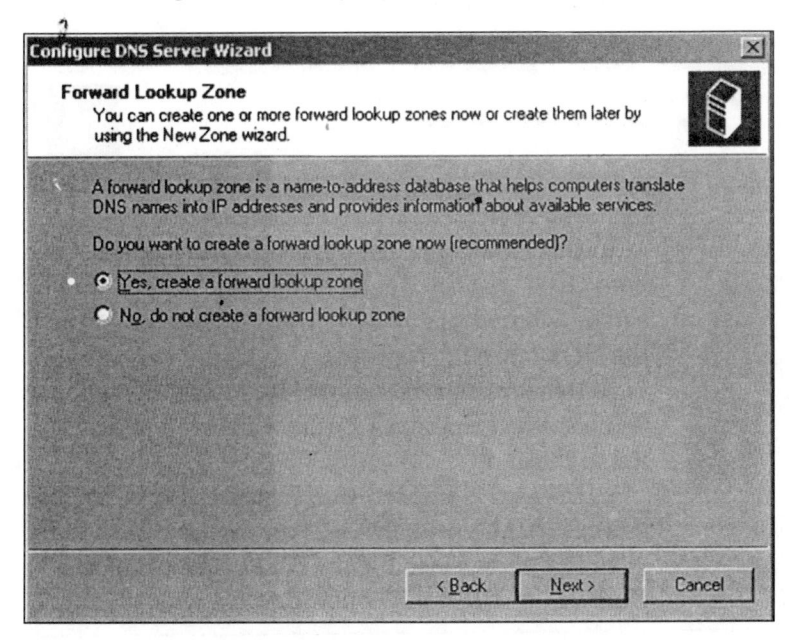

Figura B-8 *Especificação de opção de zona*

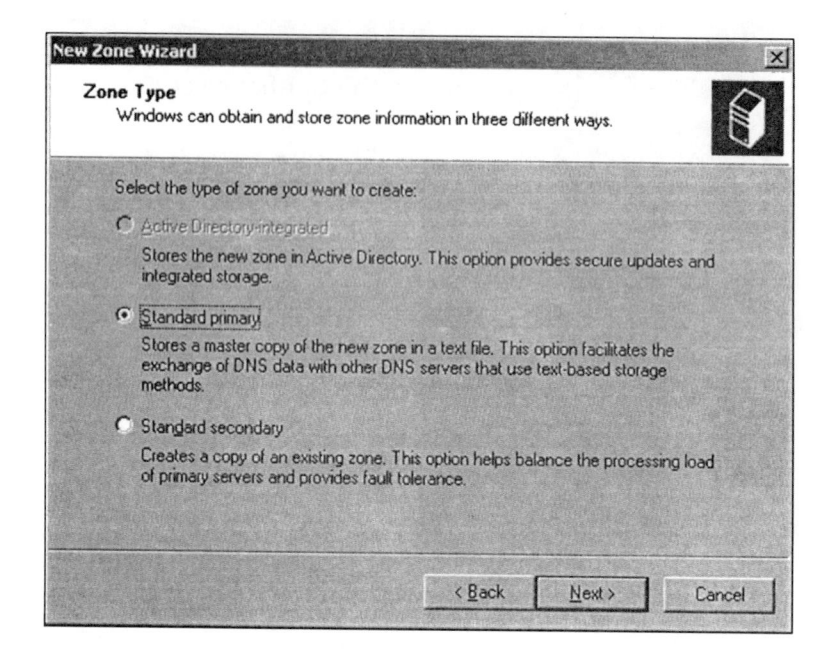

Figura B-9 Especificação de tipo de servidor DNS

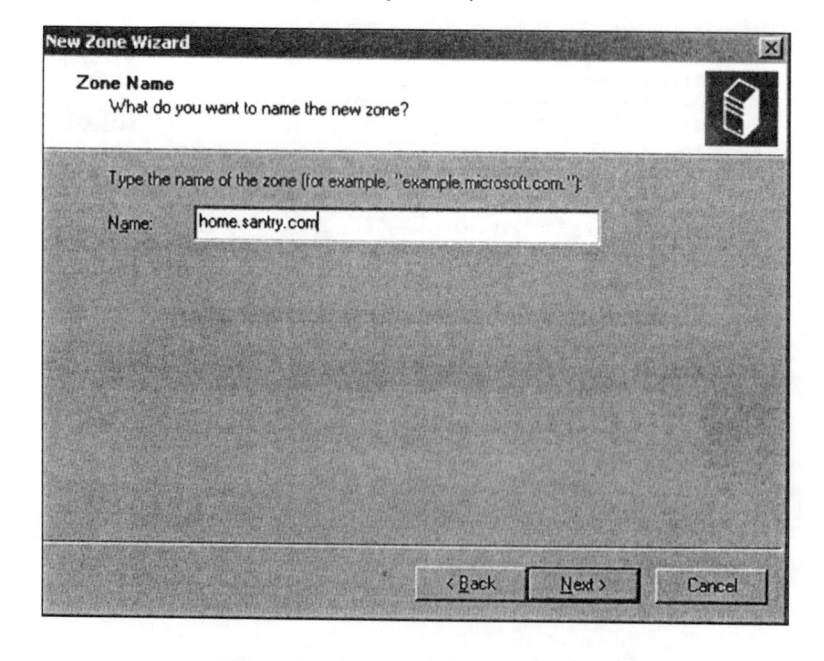

Figura B-10 Especificação de nome da zona

Apêndice B - DNS Básico

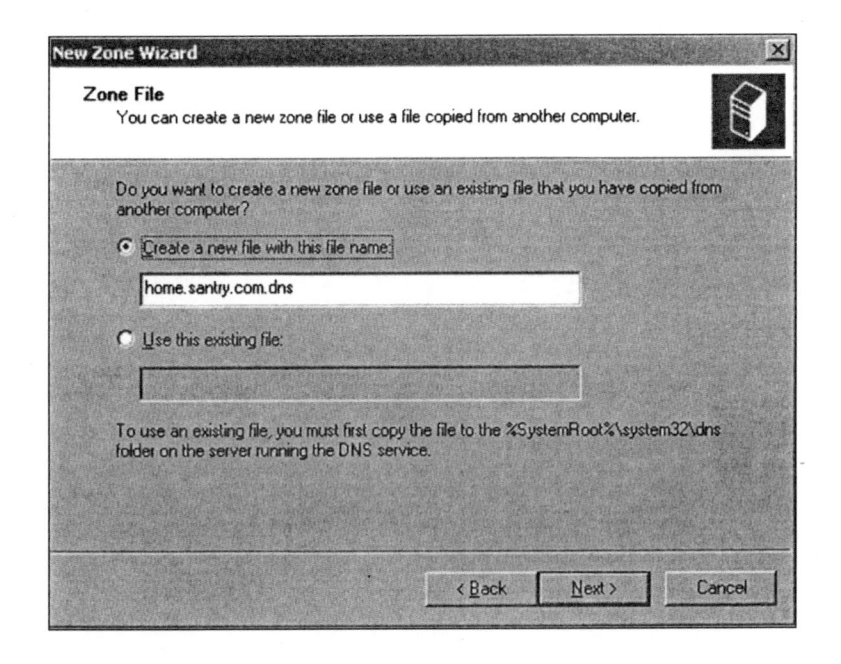

Figura B-11 Especificação para criar um novo arquivo dns

Algumas das outras opções serão incluídas se você tiver instalado Active Directory e desejar integrar o servidor DNS com o diretório. Para usar o servidor DNS com Active Directory, você precisaria configurar a zona de busca avançada para permitir atualizações dinâmicas. Atualizações dinâmicas permitem que estações de trabalho atualizem suas informações de endereço IP em DNS, para que a resolução de nome possa ser colocada em sua rede.

Existe *muito* mais para configurar o DNS, mas isto é tudo que podemos cobrir no escopo deste rápido apêndice. Consulte o *Windows 2000 Server Resource Kit* para obter mais informações sobre as configuração do DNS.

Índice

A
acesso anônimo, 114, 118-120
   FTP, 273-274, 278
   NNTP, 398-399
   serviço WWW, 97
   solução de problemas, 461
Acesso, apresentação de bancos de dados para Web sites, 191-193
acionadores, 429.
   conversão de milhas para quilômetros, 432-433
   e-mail SMTP, 438-441
acionadores de formulário, ASPs, 429-430
ACLs (Access Control Lists), 130
acréscimo
   componentes, 9-10
   nós MMC, 40-42
   snap-ins para MMC, 35-36
Active Setup, Internet Explorer, 205-206
administradores de intranet corporativa, IEAK, 207
administração
   Certificate Services, 343-344
   conteúdo de Web site, 171-172
   ferramentas, 28

Indexing Services, 247-248
Internet Explorer, 200
NNTP, 395
serviço SMTP, 363-364
sites FTP, 285-286
administração FTP, 285
administração remota
   MMC, 46
   problemas de acesso, 460
ajustes de segurança, 204
alimentação de notícias, NNTP, 404
alternativas, diretórios virtuais, 148
API (Application Programming Interface), 426
aplicativo de registros, 315
aplicativos
   configuração, 451-452
   em processo, 450-451
   fora de processo, 451
   sendo executado sob IIS, 451
   serviço WWW, 93-95
aplicativos em progresso, 450-451
aplicativos, executando, 451
aplicativos fora do processo, 451
apresentação de bancos de dados para Web sites, 190-193

armazenamento temporário, HTTP, 64
arquivos
   propriedades de serviço WWW, 68-69
   registro, 78
   restantes após desinstalação, 10-11
   transferência, FTP, 271
arquivos wsh, scripts baseados em Windows, 59
aspectos de compatibilidade, 4
ASPs, (Active Server Pages), 427
   acionadores de formulário, 429-431
   apresentação de bancos de dados para Web sites, 190-193
   componentes, 442
   conexões de bando de dados, 442-445, 448
   contadores de desempenho, 309-311
   conversão de milhas para quilômetros, 432-433
   formulários de conversão de distância, 435-437
   formulários de e-mail SMTP, 438, 441
   objetos, 441
   scripts, 427-428
   solução de problemas, 468
   visão geral de funcionalidade, 426
auditoria, 140-141
autenticação, 114-117
   acesso anônimo, 118-120
   básica, 121-123
      solução de problemas, 462
   combinação de métodos, 126
   combinação de métodos, 126
   ferramentas de terceiros, solução de problemas, 462
   FTP, 278
   leitura, 124
   opções MMC, 49-50
   serviço SMTP, 368
   serviço WWW, 97
   Windows integrado, 124-126
autenticação básica, 114, 121, 123
autenticação de leitura, 115, 124
autenticação de saída, serviço SMTP, 376
autenticação terceirizada, 462
autenticação Windows integrada, 115
avaliação, lista de verificação de instalação, 19

avaliação, lista de verificação de instalação, 23
AVS (Automatic Version Synchronization) tela, 213

B
backups, diretórios virtuais, 149
baixar
   ajustes de segurança, 204
   IEAK, 207-208
   WSH, 56
balanceamento de carga, diretórios virtuais, 150
banco de dados
   apresentação para Web sites, 190-193
   conexões, ASPs, 442-445, 448
barra de ferramentas principal, MMC, 34
barra de menu, MMC, 33
barra reforçada, janela console MMC, 30-31
browsers
   Internet Explorer, 199
   vendo Web sites, 186
browsers para a Web
   Internet Explorer, 199
   vendo Web sites, 186
buscas DNS inversas, serviço SMTP, 376

C
cabeçalhos HTTP personalizados, serviço WWW, 99
cache temporário, catálogo de propriedades, 253
CAs (Certificate Authorities), 328, 340-342
Catálogos
   forçando fusões, 255
   Indexing Services, 237, 241-242
   perguntas, 244-245
   propriedades armazenadas, 253
   propriedades de cache temporário, 253
certificados de servidor, 328, 336
   instalação, 345-346
   verificação, 349, 352
certificados de site, 328, 336, 339-340
certificados digitais, 327
certificados root, 335
Certificate Revocation Lists (CRLs), 328
Certificate Services
   certificados root, 335

Índice 523

instalação, 331-334
Certificate Services, 331
 administração, 343-344
 certificados de sites, 336, 339-340
 certificados root, 335
 instalação, 331-334
CGI (Common Gateway Interface), 426
chaves públicas, SSL, 328
chaves privadas, SSL, 328
clientes
 browsers, verificação de certificados de servidor, 349, 352
 certificados, 328
 conexão com Web sites, 183
 FTP, 269-271
CMAK (Connection Manager Administration Kit), configuração de pacote de conexão Internet Explorer, 219
COM+, 449-450
componentes
 acréscimo, 9-10
 ASPs, 442
 ferramentas administrativas, 27
 IIS, 2
 remoção, 9-10
componentes, 1
Component Services, configurando, 453-454
comunicações protegidas
 NNTP, 400
 SMTP, 369
conexões
 banco de dados, ASPs, 442-445, 448
 clientes de Web site, 183
 limites de serviço WWW, 77
 limites de site FTP, 277
 NNTP, 398
 serviço SMTP, 366-367
conexões de entrada, serviço SMTP, 366
conexões de saída, serviço SMTP, 367
configurações de Web site MMC, 45
configuração
 aplicativos, 451-452
 autenticação, 115-117
  acesso anônimo, 118-120
  básica, 121, 123
  leitura, 124
  Windows integrado, 124-126

contadores cumulativos, 303
contadores instantâneos, 303
contadores, monitorando desempenho, 302-303
contadores máximos, 303
conta hop máxima, serviço SMTP, 375
contas
 Internet Guest, 6, 118
 Web Application Manager, 7
contas Internet Guest, 6, 118
conta Web Application Manager, 7
conteúdo, Web sites
 administração, 172
 controles de serviço WWW, 92
 criação, 183-184
  Microsoft Office, 193
 encerramento, serviço WWW, 97
 ferramentas de desenvolvimento, 174-178
 filtros, indexação de documentos, 239
 políticas e procedimentos, 173
 provedores, IEAK, 207-208
 rateios, serviço WWW, 100-102
controles ActiveX, opções de segurança, 204
cookies, ajustes de segurança, 204
correções, 469
correio, veja serviço SMTP
correção automática de erro, Indexing Services, 246
correção de erro, Indexing Services, 246
CPU, uso extremo por ocasião de instalação do IIS, 459
criptografia
 certificados digitais, 328
 SSL, 122, 328-330

D

denominação, serviço WWW, 76
desabilitando serviços desnecessários, protocolos e
 ligações, 137-139
descrições
 serviço WWW, 76-77
 sites FTP, 276
desempenho de sintonização, 319
 limitação de conexões, 322
 otimização
  registro, 320

SSL, 321
velocidade de resposta, 323
parando serviços desnecessários, 319-320
remoção de aplicativos desnecessários, 319
restrições de largura de banda, 321
restrição de uso de processador, 322
serviço WWW, 86
desinstalação do IIS, 10
desktop, executando scripts, 59
Desktop Update, Internet Explorer, 219
digitalização de diretórios virtuais, 255
digitalização de documentos indexáveis, 237
diretório de coleta, serviço SMTP, 382-384
diretório de fila, solução de problemas, 467
diretórios
 determinando quais estão sendo indexados, 251
 indexação, 257
 NNTP, 394
 propriedades
  serviço WWW, 68-69
  sites FTP, 274-275
 restantes após desinstalação, 10-11
 sites FTP, estilos de listagem, 284
 virtual, 148, 183
  digitalização, 255
  indexação, 256
  visualização, 181
diretórios pessoais
 newsgroups, mapeamento a diretório virtual, 414
 servidores virtuais, 157, 162
 sites FTP, configuração, 282-283
diretórios virtuais, 148-156
 alternativas, 148
 configuração, 154-155
 digitalização, 255
 exemplo de uso, 156
 indexação, 256
 local, 148
 NNTP, 393, 420-421
 remoção, 155
 remotos, 149
 sites FTP, 285-290, 293-294
 vantagens, 149-150

vista, 181
Web sites, 183
diretórios virtuais, 154-155
diretórios virtuais locais, 148
diretórios virtuais remotos, 149
distribuição, instalar lista de verificação, 20-21
documentação, lista de verificação de instalação, 22
documentação online, 13
documentos, indexação, 237-240
 conteúdo e propriedades, 235
 determinando diretórios sendo indexados, 251
 estratégia de planejamento, 247
 filtros de conteúdo, 238-239
 perguntas, 242-245
 verificação de status, 248-249
domínios de serviço local, serviço SMTP, 379
domínios de serviço remoto, serviço SMTP, 379
domínios mascarados, serviço SMTP, 375

E
editando conteúdo para Web site, WebDAV, 190
e-mail
 serviço WWW, ver serviço SMTP
 Web sites, 181
encadeamento, HTTP, 64
encerramento de sessões FTP, 278
encerramento de tempo esgotado, serviço SMTP, 375
endereços, IP
 em falta, 463
 segurança, 112-113
 servidores virtuais, 158
endereços IP em falta, 475
envio de mensagens por e-mail, serviço SMTP, 382-384
espaço em buffer, solução de problema, 466
estágio Customizing Browser, Internet Explorer, 219-222
estágio Customizing Components, IEAK Wizard, 225, 228
estreitamento de largura de banda, serviço WWW, 72
estreitamentos (gargalos), detecção, 303

Event Viewer, 316
executando a partir de desktop, WSH, 59
executando a partir de linha de comando, WSH, 57-58
executando scripts ASP, 427
exigências
    IEAK, 208-209
    IIS, 2-4
    WebDAV, 189
exigências de sistema
    IEAK, 208
    IIS, 2-4
    WebDAV, 189
exigências de sistema, 2-4
Extended Log File Format, W3C, 80-81
extensões, snap-ins, 35

F

ferramentas
    administrativas, 28
    desenvolvimento de Web site, 174-178
filtragem, ISAPI, serviço WWW, 87
filtros ISAPI, serviço WWW, 87-88
forçando fusões de índice, 255
formulários, ASPs
    conversão de distância, 435-437
formulários de conversão de distância, ASPs, 435-437
FQDNs (Fully Qualified Domain Names), sites FTP, 274
FrontPage, desenvolvimento do Web site, 175-178
FTP, 274-275
    administração IIS, 285
    autenticação, 278
    descrições de site, 276
    diretórios pessoais, 282-283
    estilo de listagem de diretório, 284
    limites/tempo de encerramento de conexão, 277
    mensagens, 280-281
    nível de segurança IP, 284
    operadores, 280
    permissões, 283
    registro, 277
FTP (File Transfer Protocol), 269-270
    acesso anônimo, 273-275
    administração, 285
    autenticação, 278
    clientes, 270
    configuração, 46, 274-275
        descrição de site, 276
        diretórios pessoais, 282-283
        estilo de listagem de diretório, 284
        limites/tempo de encerramento de conexão, 277
        mensagens, 280-281
        níveis de segurança IP, 284
        operadores, 280
        permissões, 283
        registro, 277
    contadores de desempenho, 311
    encerramento de sessões, 278
    FQDNs (Fully Qualified Domain Names), 274
    monitorando conexões, netstat, 271-272
    segurança, 273-274
    servidores, 269
    sites, 285-290, 293-294
    solução de problemas, 466
    transferência de arquivo, 270-271
    visão geral de sessão, 270-271
    visualização de sessões atuais, 277
fusões
    índices master, 239
    índices persistentes, 255
fusões master, 258
fusões shadow, ajustes Registry, 257-258

G-H

gráficos, Web sites, 186
grupo Everyone, permissões de acesso total, 131
grupos, acesso a Web site, 179
GUIDs (Globally Unique Identifiers), 451
hardware, exigências IIS, 2-3
heranças sobrepostas, serviço WWW, 70
hotfixes, 157, 469
HTTP (HyperText Transfer Protocol), 63
    armazenamento, 64
    compactação, serviço WWW, 106
    encadeamento, 64
    keep-alives, serviço WWW, 87
    mensagens de erro, serviço WWW, 47,

103-105
pacotes, 65
processo de transação, 64
serviço de indexação, contadores de desempenho, 312
sessão de exemplo, 65-66
solicitações GET, 65

I-J

ICPs (Internet Content Providers), IEAK, 207
identidades múltiplas, Web sites, 168
identificação
   serviço WWW, 76-77
   sites FTP, 276
IEAK (Internet Explorer Administration Kit), 199
   baixar, 207
   exigências de sistema, 208
   IEAK Wizard
      distribuição de pacotes Internet Explorer, 210
      estágio Customizing Browser, 219-222
      estágio Customizing Components, 225, 228
      estágio Customizing Setup, 215
      estágio Specifying Setup, 213
   Internet Explorer
      administração, 206
      pacotes de distribuição, 209-229
   Profile Manager, edição de pacotes Internet Explorer, 231
IIS (Internet Information Services)
   acréscimo de componentes, 9-10
   ferramentas administrativas, 27-28
IIS Manager, 32
IIS Permissions Wizard, iniciação de site de segurança, 133-134
início
   Internet Service Manager, 66
   Internet Service Manager (HTML), 52
   MMC, 29
   NNTP, 395
   servidores virtuais, 164
   serviço Content Index, 255
   serviços, 32
indexação
   catálogos, 241-242
   determinação de diretório sendo indexado, 251
   diretórios, 257
   documentos, 237-239
      conteúdo e propriedades, 235
      estratégia de planejamento, 246-247
      filtros de conteúdo, 238
      verificação de status, 248-249
   fusões forçadas, 255
   índices Master, 239-240
indexação automática, 237
Indexing Services, 236
   administração, 247-248
   catálogos, 236, 241-242
      propriedades armazenadas, 253
   configuração, 246-247
      propriedades globais, 249-250
   contadores de desempenho, 311-312
   contadores de filtragem de desempenho, 312
   correção de erro, 246
   indexação de servidores virtuais, 258-264
   perguntas, 242-245
   serviço Content Index, 237
   solução de problemas, 464-465
   verificação de status de documentos indexados, 248-249
Indexing Services, 246-247, 249-250
índices master, 239-241
índices persistentes, 239-240, 255
índices shadow, 241
inicialização
   distribuição de pacotes Internet Explorer, 213
   IIS, 4-5
instalações sem uso das mãos, Internet Explorer, 215
instalações silenciosas, Internet Explorer, 215
instalação
   certificados de servidor, 345-346
   certificados de site, 336, 339-340
   Certificate Services, 331-334
      certificados root, 335
   com servidores SQL, 459
   configuração-padrão, 4-6
   IIS, 4-6

Índice

personalização, 7
restrições de sistema operacional, 4
restrições de sistema operacional, 4
serviço NNTP, 392
Serviço SMTP, 362
Site Server, solução de problemas, 464
upgrades, 8
instances, monitoramento de desempenho, 303
Internet Explorer
Internet Explorer
   Active Setup, 206
   Active Setup, 206
   administração, 199
   configuração de zonas de segurança, 201-203
   instalações silenciosas, 215
   instalação sem uso das mãos, 215
   pacotes de distribuição, 209-229
   zonas de segurança, 201-203
Internet Service Manager
   gerenciamento de serviço SMTP, 363
   início, 66
   MMC, 29-30
Internet Service Manager (HTML), 51-52
   configuração de propriedades de Web site, 53, 55
   início, 52
   IP (Internet Protocol)
      endereços
         segurança, 112
         servidores virtuais, 158
         solução de problemas, 463
      níveis de segurança, sites FTP, 284
interrupção NNTP, 395
interruptor de palavra, indexação de documento, 239
intervalos de nova tentativa, serviço SMTP, 374
isolamento de processo, 451
ISPs (Internet Service Providers), IEAK, 207
janela console, MMC, 29
   barra de ferramentas Main, 34
   barra Menu, 33
   barra reforçada, 31
   personalização, 38-39
Java, configurações de segurança, 204

L

largura de banda
   estreitamento, serviço WWW, 72-73, 86-87
   restrição, sintonização de desempenho, 321
ligações, incapacitação desnecessária, 137-139
linha de comando, executando scripts, 57-58
lista de verificação de instalação, 14-15
   avaliação, 15, 23
   distribuição, 20-21
   documentação, 22
   manutenção, 24
   monitoramento, 22-23
   obtenção, 19
   previsão, 24
   propostas, 16
   recrutamento, 18
   teste de instalação, 19-20
   treinamento, 18-19
lista de verificação para instalação, 14-15
   avaliação, 15, 23
   distribuição, 20-21
   documentação, 22
   manutenção, 24
   monitoramento, 22-23
   obtenção, 19
   previsão, 24
   propostas, 16
   recrutamento, 18
   teste de instalações, 19-20
   treinamento, 18-19
listas de palavra, indexação de documento, 240, 257

M

manutenção, lista de verificação de instalação, 24
média de contadores, 303
memória, contadores de desempenho, 304
mensagens
   limites de serviço SMTP, 371-372
   sites FTP, configuração, 280
mensagens de controle, NNTP, 404
metabase
   propriedades de serviço WWW, 68
   propriedades MMC, 45

Metabase Editor, 45
Microsoft Certificate Services, 331
Microsoft Web Site
   conteúdo de site Office, 186
   conversão de milhas para quilômetros, ASPs, 432-433
   ferramentas de gerenciamento, 61
   informações IIS, 25
   Site FrontPage
      desenvolvimento, 175-178
MMC (Microsoft Management Console), 28
   administração
      Indexing Services, 247, 258
      NNTP, 395
   administração remota, 46
   autenticação, 50, 115
   barra de ferramentas Main, 34
   configuração de Web sites, 45-49
   diretórios virtuais, 150, 154-155
   início, 29
   janela-console, 29
      barra de Menu, 33
      barra reforçada, 30-31
      personalização, 38
   Metabase, 45
   namespace, 30
   newsgroups, 61
   nós, acréscimo, 40-42
   painel de escopo, 29
   painel de resultados, 30
   páginas de propriedade, 44
   salvando configuração, 43
   servidores virtuais, 160
   serviço SMTP, 363-364
   sites FTP, 285-290, 293-294
   snap-ins, 35-36
MMV (Microsoft Management Console), 28
monitoramento
   conexões FTP, 271-272
   desempenho, 300, 302-304
      contadores ASP, 309-310
      contadores de indexação HTTP, 312
      contadores de serviço da Web, 306-309
      contadores FTP, 311
      contadores globais, 305-306
      contadores Indexing Service, 311-312

   serviço SMTP, 386
   Task Manager, 312
   utilitários TCP/IP, 313-315
   desempenho NNTP, 422-423
   lista de verificação de instalação, 22-23
monitoramento de desempenho, 300-304
   contadores ASP, 309-310
   contadores de indexação HTTP, 312
   contadores de serviço da Web, 306-309
   contadores FTP, 311
   contadores globais, 305-306
   contadores Indexing Service, 311-312
   NNTP, 422-423
   serviço SMTP, 386
   Task Manager, 312-313
   utilitários TCP/IP, 313-315
monitoração de desempenho, 300, 304
   contadores ASP, 309-310
   contadores de indexação HTTP, 312
   contadores FTP, 311
   contadores globais, 305
   contadores Indexing Service, 312
   contadores serviço da Web, 306-309
MS-DTC (Microsoft Distributed Transaction Coordinator), 450
método de empurrar, apresentação a partir de banco de dados para Web sites, 190
método de puxar, apresentação a partir de bancos de dados
   para Web sites, 190
mudança de permissões NTFS, 129

N

namespace, MMC, 30
NCSA, Common Log File Format, 79
NDRs (relatórios de não-entrega), serviço SMTP, 362
Netscape, solução de problema de acesso ao site, 462
Netstat, monitoramento de conexões FTP, 271-272
Network Monitor, 317
newsgroups, 25
newsgroups, 25
   configuração, acesso Outlook Express, 409-412

Índice

mapeamento de diretório pessoal a diretório virtual, 414
MMC, 61
newsgroups moderados, NNTP, 404
números de porta, servidores virtuais, 159, 162
NNTP
   acesso anônimo, 399
   alimentação de notícias, 404
   comunicação segura, 400
   conexões, 398
   controle de mensagens, 404
   diretórios virtuais, 420-421
   identificação de servidor virtual, 396
   newsgroups, 404-407
   newsgroups moderados, 404
   opções de acesso, 398
   privilégios de operador, 405
   propriedades de servidor virtual, 396
   registro, 398
   restrições de postagem, 401
   término de políticas, 412
NNTP (Network News Transfer Protocol), 390-391, 395
   administração, 395
   configuração, 405-407
      acesso anônimo, 399
      alimentadores de notícias, 404
      comunicação segura, 400
      conexões, 398
      controle de mensagens, 404
      diretórios virtuais, 420-421
      identificação de servidor virtual, 396
      newsgroups, 405-407
      newsgroups moderados, 404
      opções de acesso, 398
      políticas de encerramento, 412
      privilégios de operador, 405
      propriedades de servidor virtual, 396
      registro, 398
      restrições de postagem, 401
   diretórios, 394
   diretórios virtuais, 393
   início, 395
   instalação, 392
   interrupção/pausa, 395
   monitoramento de desempenho, 422-423
   newsgroups, 392, 394
   mapeamento de diretório pessoal para diretório virtual, 414
   parada, 395
   políticas de encerramento, 393
   sessões, 393
   solução de problemas, 467
   visão geral de funcionalidade, 390
nomes de cabeçalho host, Web sites, 168-170
nomes de domínio, restrições de segurança, 112
Normalizer, indexação de documento, 239
notas de lançamento, 12
notas de versão, 12
nós, MMC, 30, 40-41
NTFS (NT File System)
   ACLs (Access Control Lists), 130
   configuração de permissões, 129-131
   segurança de acesso, 111

O

objetos
   ASPs, 441
   monitoramento de desempenho, 301-302
objetos instaláveis, ASPs, 442
objetos internos, ASPs, 442
ODBC (Open DataBase Connectivity) formato
   de arquivo de registro, 81
   solução de problemas, erros, 469
Office, ver documentação online de Microsoft Office, 13, 460
   operadores
      sistemas operacionais, restrições IIS, 4
      sites FTP, 280
      serviço WWW, 84-86
      sites NNTP, 405
      Web sites, 159
   operadores de site
      serviço SMTP, 379
      serviço WWW, 84-86
opções Connection Control, serviços SMTP, 370
opções Relay Restrictions, serviço SMTP, 370
Outlook Express, acesso a newsgroups, 409-412

Outlook Express, configuração de acesso a newsgroup, 409-412

P

pacotes de distribuição, Internet Explorer, 209-229
pacotes, HTTP, 65
pacotes, Internet Explorer, 209-229, 451
padrões
    configuração IIS, 4-6
    documentos serviço WWW, 96
    SMTP Virtual Server, 363
painel Results, MMC, 30, 38
painel Scope, MMC, 29, 38
parar
    NNTP, 395
    serviço Content Index, 255
    Serviços, 32
Performance Monitor, 301-302
perguntas
    índices, 242-245
    solução de problemas, 465
perguntas, 242-245
    ajustes Registry, 257-258
    digitalização de diretórios virtuais, 255
    diretórios virtuais, 256
    indexação shadow, 241
    Web sites, 258-264
Perl (Practical Extraction and Report Language), 426
permissões
    combinação de IIS e NTFS, 132
    configuração, 127
    NTFS, 129-131
    servidores virtuais, 164
    serviço WWW, 90-91
    sites FTP, 283
    Web sites, 179
permissões de acesso, 127, 129-131
    FTP, 283
    NNTP, 398
    servidores virtuais, 164
    serviço SMTP, 368
    serviço WWW, 90-91
    Web sites, permissões de grupo, 179
permissões de configuração, 127
permissões Delete NTFS, 129
permissões Execute, 128-129
permissões IIS, 126-127
permissões NTFS, 129-131
permissões NTFS de propriedade Take, 129
permissões Read (de leitura), 128-129
permissões Write, 128-129
Permissions Wizard, inicialização de segurança de site, 133-134
personalização
    IIS, 7
    MMC, janela console, 38-39
personalização, 7
personalização de código-chave, IEAK, 207-208
PKCS 10 (Public-Key Cryptography Standards), 331
planejamento de indexação de documento, 247
plug-ins, ajustes de segurança, 204
políticas de segurança corporativa, 144
previsão, lista de verificação de instalação, 24
problemas, ver solução de problemas
processador
    contadores de desempenho, 303
    sintonização de desempenho, 322
processo de transação, HTTP, 64-65
Profile Manager, edição de pacotes Internet Explorer, 231
propostas, lista de verificação de instalação, 16
propriedades
    catálogos, armazenamento temporário, 253
    FTP, 274-275
    Indexing Services, 249
    Master, 75
    MMC, 44
    NNTP, 396
    padrões, 72
    serviço WWW, 66-71, 75
    tipos MIME, 73-74
propriedades de Web site
    Internet Service Manager (HTML), 52-55
    opções MMC, 46-48
propriedades globais, Indexing Services, 249-250

Índice

propriedades master
   serviço WWW, 68, 75
   sites FTP, 275
protocolos
   FTP, 269
   HTTP, 63
   incapacitando desnecessários, 137-139
   NNTP, 390
   SMTP, 358
Proxy Server, solução de problemas, 464

R

recrutamento, lista de verificação de instalação 18
redes, contadores de desempenho, 304
registro, 140, 315
   formato de arquivo, 78
   formato de arquivo de registro comum NCSA, 79-80
   NNTP, configuração, 398
   ODBC, 82
   otimização, 321
   serviço SMTP, 368
   serviço WWW, 78-81
      solução de problemas, 461
   sites FTP, 277
registro, 315, 320
registros de entrada, local, solução de problemas, 463, 464
registros de segurança, 316
registros de sistema, 316
Registry, ajustes de indexação, 257-258
remoção
   diretórios virtuais, 155
   servidores virtuais, 165
remoção de componentes, 9-10
restrições de acesso, 112
restrições de postagem, NNTP, 401
restrição de largura de banda, 321
rodapés de documento, serviço WWW, 97
roteiro LDAP, serviço SMTP, 377-378

S

salvar
   configuração MMC, 42
   conteúdo para a Web, solução de problemas, 463

scripts
   ASPs, 427
   acionadores de formulário, 429-430
   execução, 427
   formulários de conversão de distância, 435-437
   formulários de conversão de milhas para quilômetros, 432-433
   formulários de e-mail SMTP, 438-441
   tarefas administrativas, 56
scripts de tarefa administrativa, 55
Searches, Web sites, 236-237
segurança, 110-111
   autenticação, combinação de métodos, 126
   combinação de permissões IIS e NFTS, 132
   desabilitando serviços desnecessários,
protocolos
   e ligações, 137-139
   diretórios virtuais, 149-150
   FTP, 273-274
   IP
      endereços, 112-113
      sites FTP, 284
   opções MMC, 50
   permissões, 126-131
   registro, 140
   restrições de nome de domínio, 112-113
segurança, 110, 137
segurança de endereço IP, 112
Service Packs, 143, 469
servidores
   arquivos de configuração, solução de problemas de acesso, 463
   FTP, 269-270
   monitoramento de desempenho, 300
   SMTP, 358, 365
   virtual, 157
      SSL, 347-348
servidores SQL
   conexões ASP, 442-445, 448
   instalação IIS, 459
servidores virtuais, 157-170
   configuração, 165
   criação, 160
   diretórios pessoais, 162

endereços IP, 158
identidades múltiplas, 168
início, 164
indexação, 258-264
números de porta TCP, 159, 162
NNTP, 396
nomes de cabeçalho host, 168-170
operadores, 159
permissões, 164
remoção, 165
serviço SMTP, 365, 368
solução de problemas, 462
SSL, 347-348
servidores virtuais, 165
serviço Content Index, 235-237, 255
serviço de domínios, serviço SMTP, 379
serviços
    desabilitando desnecessários, 137-139
    início, 32-33
    NNTP, instalação, 392
    parar, 32-33
serviços da Web, contadores de desempenho, 306-309
serviço SMTP, 358
serviço SMTP, 358
    configuração, 365
        acesso a servidor virtual, 368
        autenticação de saída, 376
        buscas DNS inversas, 376
        conexões de entrada, 366
        conexões de saída, 367
        contagem máxima de hop, 375
        controle de acesso, 368
        domínios mascarados, 375
        identificação de servidor virtual, 365
        intervalos entre tentativas, 374
        limites de mensagem, 371-372
        operadores de site, 379
        opções Connection Control, 370
        opções Relay Restriction, 370
        opções Secure Communication, 369
        registro, 368
        roteiro LDAP, 377-378
        smart hosts, 376
        término de tempo de encerramento, 375
    domínios de serviço local, 379

domínios de serviço remoto, 379
envio de mensagens através de diretório Pickup, 382-384
formulários de e-mail, ASPs, 438-441
instalação, 362
monitoramento de desempenho, 386
NDRs (relatórios de não-entrega), 362
solução de problemas, 467
visão geral operacional, 358-362
serviço SMTP, 365
    acesso a servidor virtual, 368
    autenticação de saída, 376
    buscas DNS inversas, 376
    conexões de saída, 367
    controle de acesso, 368
    domínios mascarados, 375
    encaminhamento LDAP, 377-378
    entrada de conexões, 366
    identificação de servidor virtual, 365
    intervalos de novas tentativas, 374
    limites de mensagem, 371-372
    máxima contagem de hop, 375
    operadores de site, 379
    opções Connection Control, 370
    opções Relay Restrictions, 370
    opções Secure Communications, 369
    registro, 368
    smart hosts, 376
    tempo esgotado, 375
serviço WWW
    ajustes de aplicativo, 93-95
    armazenamento de conteúdo, 89-90
    autenticação, 97
    cabeçalhos HTTP personalizados, 99
    compactação HTTP, 106
    controle de conteúdo, 92
    descrições de nome, 76
    documento-padrão, 96
    estreitamento de largura de banda, 72, 86
    filtros ISAPI, 87-89
    keep-alives HTTP, 87
    limites/tempo de encerramento de conexão, 77
    mensagens de erro HTTP, 103-105
    operadores de site, 84-86
    permissões, 91-92
    páginas de propriedades, 71-72

propriedades Master, 75
propriedades-padrão, 72
rateio de conteúdo, 100, 101-102
registro, 78-82
rodapés de documento, 97
sintonização de desempenho, 86
tipos MIME, 73-74
término de conteúdo, 97
serviço WWW (World Wide Web), 64, 66
certificados digitais X.509, 331
   configuração
      ajustes de aplicativo, 93-95
      armazenamento de conteúdo, 89-90
      autenticação, 97
      cabeçalhos HTTP personalizados, 99
      compactação HTTP, 106
      controle de conteúdo, 92
      desempenho de sintonização, 86
      documento-padrão, 96
      encerramento de conteúdo, 97
      estreitamento de largura de banda, 86
      filtros ISAPI, 87-89
      keep-alives HTTP, 87
      mensagens de erro HTTP, 103-105
      operadores de site, 84-86
      permissões, 91
      páginas de propriedades, 71-72
      rateios de conteúdo, 100-101
      registro, 78-82
      rodapés de documento, 97
   descrições de nome, 76
   estreitamento de largura de banda, 72
   limites/tempo de encerramento de conexão, 77
   páginas de propriedades, 66-68
   propriedades, 66
   propriedades Directory, 70
   propriedades File, 70
   propriedades Master, 68, 75
   propriedades Site, 69
   registro, solução de problemas, 460-461
   sobregravações herdadas, 70
   tipos MIME, 73-74
sessões
   FTP, 270-271, 277-278
   HTTP, 65-66
   NNTP, 394

sessões atuais, NNTP, 393
sessões-chave, SSL, 330
sintonização de desempenho, 319
   limitação de conexões, 322
   parando serviços desnecessários, 319-320
   registro, 320
   remoção de aplicativos desnecessários, 319
   restrições de largura de banda, 321
   restrição de uso de processador, 322
   SSL, 321
   velocidade de resposta, 323
sintonização de desempenho, ver desempenho de sintonização
sites
   FTP, ver sites FTP
   Web, ver Web sites
Site Server Express, problemas de acesso, 464
Site Server, solução de problemas de instalação, 464
smart hosts, serviço SMTP, 376
SMTP (Simple Mail Transfer Protocol), 358
snap-ins, 28, 35
snap-ins individuais, 35
sobregravando heranças, serviço WWW, 70
software, exigências IIS, 3-4
solicitações de certificado, 336, 340-342
solicitações GET, HTTP, 65
solução de problemas, 457-458
   acesso à administração remota, 460
   acesso à administração remota, 460
   acesso ao arquivo de configuração de servidor, 463
   acesso à documentação online, 460
   acesso à documentação online, 460
   acesso anônimo, 461
   acesso anônimo, 461
   acesso a site de usuário UNIX, 462
   acesso a Site Server Express, 464
   acesso a Web site, 461
   acesso a Web site, 461
   acesso Site Server Express, 464
   arquivo de acesso à configuração de servidor, 463
   ASPs, 468

ASPs, 468
Basic Authentication, 462
Basic Authentication, 462
conexões FTP, 271-272, 466
contadores de desempenho, 303
desinstalação, 10-11
diretório de fila, 467
diretório de fila, 467
endereços IP em falta, 463
endereços IP em falta, 463
erros ODBC, 468-469
erros ODBC, 469
espaço em buffer, 466
espaço em buffer, 466
ferramentas de autenticação terceirizadas, 462
Indexing Services, 464-465
instalação de Site Server, 464
NNTP Service, 467
perguntas, 465
Proxy Server, 464
registro de serviço WWW, 460-461
registros de entrada locais, 463, 464
salvando conteúdo para a Web, 463
servidores virtuais, 462
serviço FTP, 466
serviço NNTP, 467
serviço WWW, 66
site de acesso a usuário UNIX, 462
SMTP Service, 467
upgrades, 8, 459
uso de CPU, 459
WCAT (Web Capacity Analysis Tool), 317-319
SSL (Secure Sockets Layer), 122, 328
  implementação, 330
  otimização, 321
  servidores virtuais, 347-348
  sessões-chave, 329
  visão geral de funções, 328-330
status de documentos indexados, 248-249
subsistema de disco, contadores de desempenho, 304

T
Task Manager, monitoramento de desempenho, 312-313

TCP/IP (Transmission Control Protocol/Internet Protocol), utilitários de monitoramento de desempenho, 313-315
TCP (Transmission Control Protocol), números de porta,
  servidores virtuais, 158, 162
temas, Web sites, 186
tempos de encerramento
  serviço WWW, 77
  sites FTP, 277
Terminal Services, serviço de gerenciamento SMTP, 363
teste de instalações, lista de verificação de instalação, 19-20
tipos MIME, serviço WWW, 73-74
têmpera de fusões, indexação de documento, 241
transferência de arquivos, FTP, 270
treinamento, lista de verificação de instalação, 18-19
término de políticas, NNTP, 393, 412
Trusted Root Store, verificação de certificados de servidor, 349, 352

U
UNIX, solução de problemas de acesso ao site, 462
upgrades, 8, 459
URLs (Uniform Resource Locators)
  diretórios virtuais, 148
  servidores virtuais, 157
usuários
  acesso anônimo, 119
  autenticação, 204
utilitários
  administrativos, 27
  netstat, monitoramento de conexões FTP, 271-273

V
vendo
  diretórios virtuais, 181
  sessões FTP atuais, 277
  Web sites, 186
verificação de certificados de servidor, 349, 352

Índice **535**

VeriSign, certificados digitais de site, 336, 339-342
vistas, Web sites, 185

W-Z

W3C, Extended Log File Format, 80
WAM (Web Application Manager), 451
WCAT (Web Capacity Analysis Tool), 317-319
WebDAV (Web Distributed Authoring and Versioning), 189-190
Web sites, 160, 178
   acesso
      opções de grupo, 179
      problemas, 461
   administração de conteúdo, 172
   apagando, 165
   apresentação a partir de bancos de dados, 190-193
   armazenamento de conteúdo, diretórios virtuais, 148
   atividade de registro, 140
   auditoria, 140-141
   autenticação, 117
   buscas, Indexing Services, 236-237
   conexões de cliente, 183
   configuração, 165
      Internet Service Manager (HTML), 53, 55
      opções MMC, 45-49
   diretórios pessoais, 162
   diretórios virtuais, 183
   edição de conteúdo, WebDAV, 190
   e-mail, 181
   endereços IP, 158
   exemplo de uso, 167
   ferramentas de desenvolvimento de conteúdo, 174-178, 183-186
   identidades múltiplas, 168
   indexação, 258-264
   Microsoft, informações IIS, 25
   números de porta TCP, 162
   NNTP, 396
   nomes de cabeçalho host, 168-170
   operadores, 159
   permissões, 164, 179
   salvando conteúdo, solução de problemas, 463
   segurança, opções Permissions Wizard, 133-134
   servidores virtuais, 157
   temas, 186
   visualizações, 185
   visualização através de browsers, 186
Webs, veja Web sites
Windows 2000
   acréscimo de componentes, 9
   autenticação integrada, 124-126
   configuração-padrão do IIS, 4-6
   remoção de componentes, 9-10
Windows Desktop Update, Internet Explorer, 219
Windows Update, pacotes de hotfixes/serviços, 143
Wizards, Permissions, iniciação de segurança de site, 133-134
WSH, 57
WSH (Windows Scripting Host), 55-56
   download, 56
   gerenciamento de serviço SMTP, 363-364
   scripts, 57-59
zona de sites confiáveis, Internet Explorer, 201
zona de sites restrita, Internet Explorer, 201
zonas de segurança, Internet Explorer, 200-203
zonas locais intranet, Internet Explorer, 201

Os autores

Mitch Tulloch é um profissional MCT — Microsoft Certified Trainer e MCSE — Microsoft Certified Systems Engineer. Ele vive em Winnipeg, Canadá. É consultor independente de produtos Microsoft BackOffice, como Exchange Server e Internet Information Server. Escreveu uma série de livros sobre computador, incluindo *Administering Exchange Server 5.5*.

Patrick Santry é um MCT — Microsoft Certified, MCSE — Microsoft Certified Systems Engineer, MCSD — Microsoft Certified Solutions Developer, MCP+SB — Microsoft Certified Professional + Site Building (MCP+SB) e é também certificado em iNet+ pela CompTia. Vive em Erie, Pensilvânia. Ele é especialista em desenvolvimento de soluções de *e-business* com tecnologia Microsoft. Escreveu vários livros e artigos sobre o programa Microsoft Certified Professional. Patrick pode ser contatado através do endereço Patrick@Santry.com.

Impressão e acabamento
Editora Ciência Moderna Ltda.
Rua Alice Figueiredo, 46
CEP: 20950-150, Riachuelo – Rio de Janeiro – RJ – Brasil
Tel: (021) 201-6662 /201-6492 /201-6511 /201-6998
Fax: (021) 201-6896 /281-5778
E-mail: lcm@lcm.com.br